D I N G   L I N G

丁玲 传

蒋祖林——著

人民文学出版社

图书在版编目(CIP)数据

丁玲传／蒋祖林著．—北京：人民文学出版社，2015
ISBN 978-7-02-011396-5

Ⅰ．①丁… Ⅱ．①蒋… Ⅲ．①丁玲（1904～1986）—传记 Ⅳ．①K825.6

中国版本图书馆 CIP 数据核字（2016）第 023834 号

责任编辑　王一珂
装帧设计　李思安
责任校对　罗翠华
责任印制　苏文强

出版发行　人民文学出版社
社　　址　北京市朝内大街 166 号
邮政编码　100705
网　　址　http://www.rw-cn.com

印　　刷　北京千鹤印刷有限公司
经　　销　全国新华书店等

字　　数　480 千字
开　　本　720 毫米 ×1020 毫米　1/16
印　　张　37.75　插页 29
印　　数　1—8000
版　　次　2016 年 10 月北京第 1 版
印　　次　2016 年 10 月第 1 次印刷

书　　号　978-7-02-011396-5
定　　价　68.00 元

如有印装质量问题，请与本社图书销售中心调换。电话：010-65233595

◇ 丁玲像

◇ 1912年，丁玲与母亲余曼贞（左二）、弟弟蒋宗大（左四）等在湖南常德

◇ 1923年，丁玲在湖南常德

◇ 1926 年 6 月 17 日，丁玲与胡也频在北京

◇ 1928年，丁玲与胡也频（中）、沈从文在杭州

◇ 1937年春，丁玲在延安

◇ 1938年初，丁玲在山西

◇ 1938年2月，丁玲（前排右二）、朱德（后排中）、彭德怀（后排右一）、左权（后排右一）、康克清（前排左一）与美国友人弗朗西斯·鲁特（前排左二）、朱莉·克拉克（前排右一）、约翰·福斯特（后排右二）、查利·希金森（后排左二）在山西洪洞马牧村八路军总部驻地

◇ 1946 年，丁玲在张家口

◇ 1948年，丁玲在莫斯科

◇ 1949年的丁玲

◇ 1949年9月，中国人民政治协商会议第一届全体会议部分女代表合影。前排左起：何香凝、宋庆龄、邓颖超、史良；中排左起：罗淑章、蔡畅、丁玲；后排左起：李德全、许广平、张晓梅、曾宪植

◇ 1949年10月21日，中央人民政府任命丁玲为政务院文化教育委员会委员。图为全体委员合影，前排左起第三人为丁玲

◇ 1949年11月，丁玲（前排右一）与苏共中央委员、苏联妇联主席、国际民主妇联副主席尼娜·波波娃（前排右二）等苏联妇联领导人及工作人员在莫斯科

◇ 1949年11月，丁玲与部分代表团团员在莫斯科。前排自右二起：沙可夫、丁玲、白杨、丁西林、吴晗；后排右起：赵树理、许之桢、曹禺、李凤莲

◇ 1950年初，丁玲在北京多福巷寓所

◇ 1952年3月，荣获斯大林文艺奖金时的丁玲

◇ 1954年夏，丁玲在黄山写作长篇小说《在严寒的日子里》

◇ 1978年，丁玲在长治嶂头村

◇ 1979年，复出后的丁玲

◇ 1979年，病中的丁玲在友谊宾馆写作

◇ 1979年，丁玲在友谊宾馆

◇ 1979年，丁玲在第四届全国文代会上

◇ 1979年的丁玲

◇ 1979 年的丁玲

◇ 1981 年，丁玲在纽约

◇ 1981年，丁玲在美国爱荷华

◇ 1982年10月,丁玲回到母校长沙周南女中

◇ 1982年，丁玲在北京寓所

◇ 1982 年，丁玲在北京寓所

◇ 1983年1月，丁玲在澜沧江上

◇ 1983年4月，丁玲应法国总统密特朗邀请访问法国。27日，密特朗总统在爱丽舍宫会见丁玲

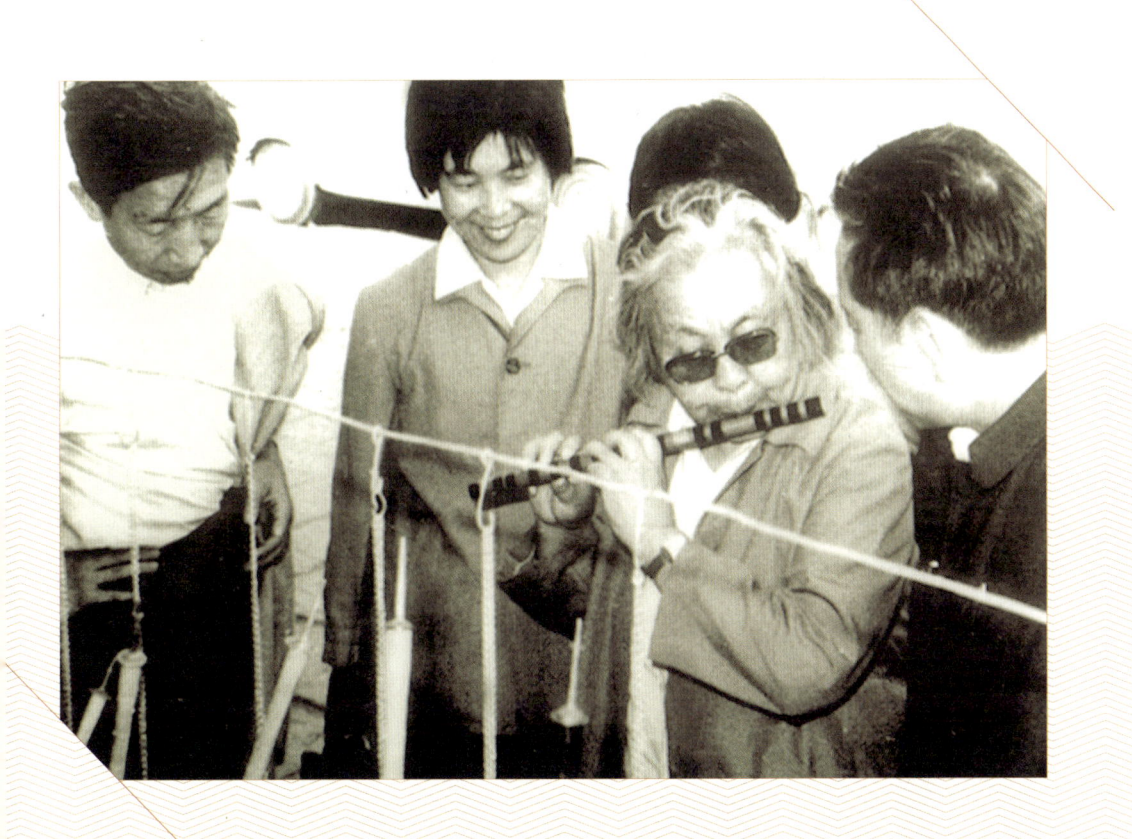

◇ 1983年10月，丁玲在母校湖南长沙岳云中学吹笛

◇ 1983年的丁玲

◇ 晚年丁玲在北京寓所

◇ 晚年丁玲在北京寓所

◇ 晚年丁玲在北京寓所

◇ 晚年丁玲

◇ 1985年4月5日，丁玲在轩辕黄帝陵

◇ 青年时代的丁玲（雕塑家张德蒂作于 1982 年）

◇ 坐落在丁玲家乡——湖南醴陵县的丁玲雕像

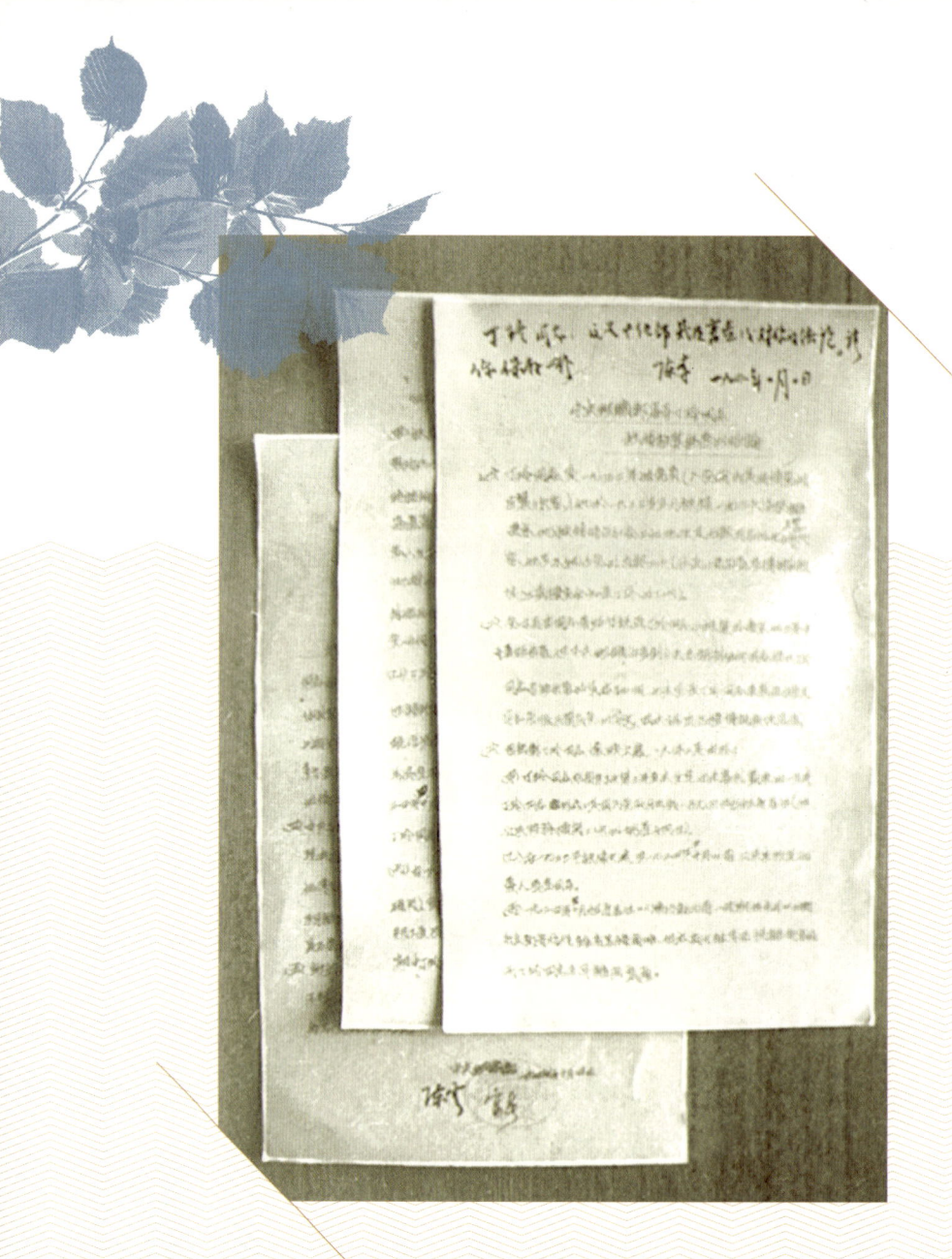

◇ 1940年，中组部关于丁玲南京一段历史的结论

中央组织部文件

中组发〔1984〕9号

各省、自治区、直辖市党委，中央各部委，国家机关各部委党组，各人民团体党组，解放军总政治部：

我部《关于为丁玲同志恢复名誉的通知》业经中央书记处批复同意，现发给你们，以消除影响。

中共中央组织部
一九八四年八月一日

（此件请转发至县、团级）

◇ 1984年，中组部发出《关于为丁玲同志恢复名誉的通知》

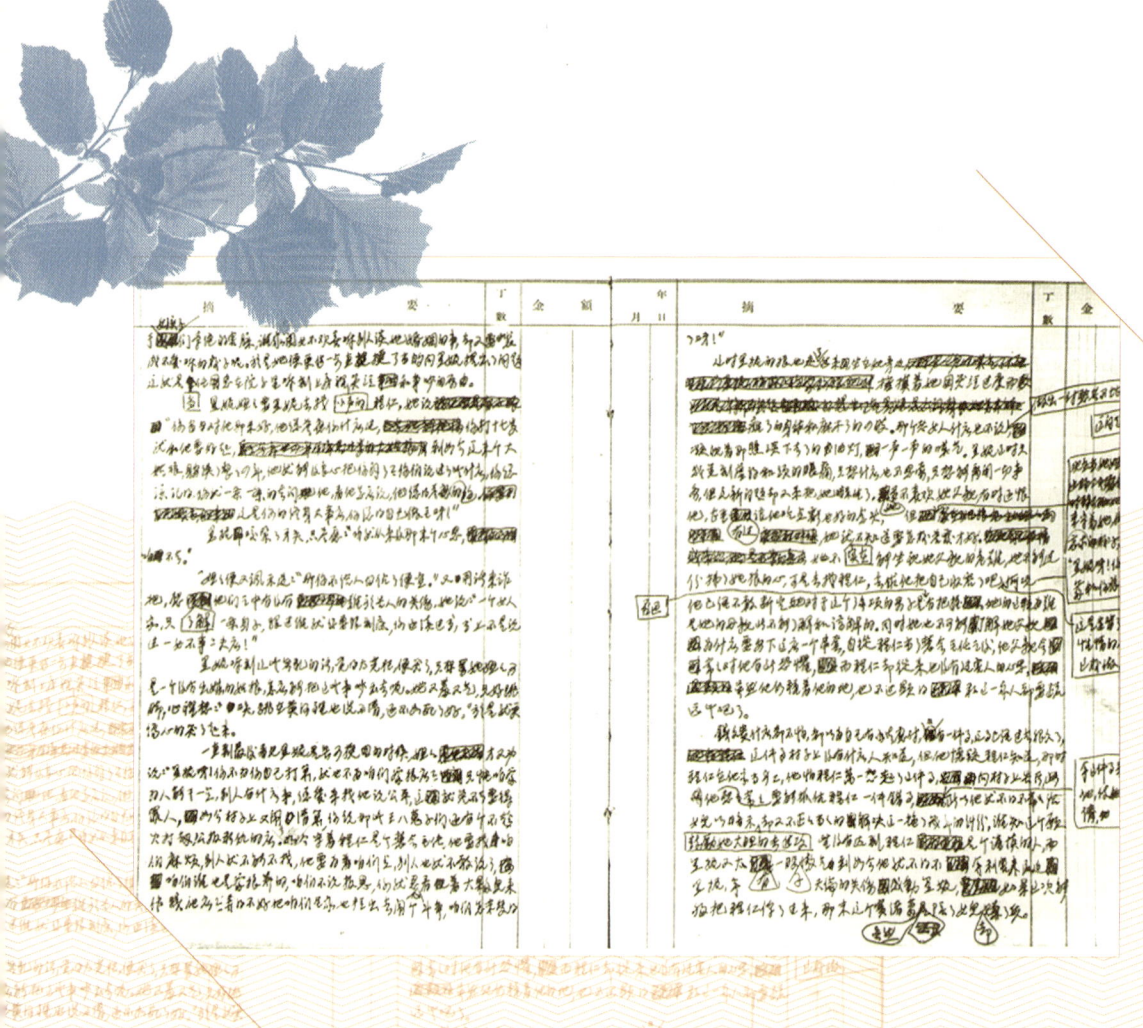

◇ 《太阳照在桑干河上》手迹

◇《魍魉世界》手迹

◇ 《风雪人间》手迹

◇ 丁玲因长篇小说《太阳照在桑干河上》获苏联斯大林文艺奖金。图为证书和奖章

◇ 1986年2月，美国文学艺术院授予丁玲"荣誉院士"称号。图为丁玲荣誉院士证书

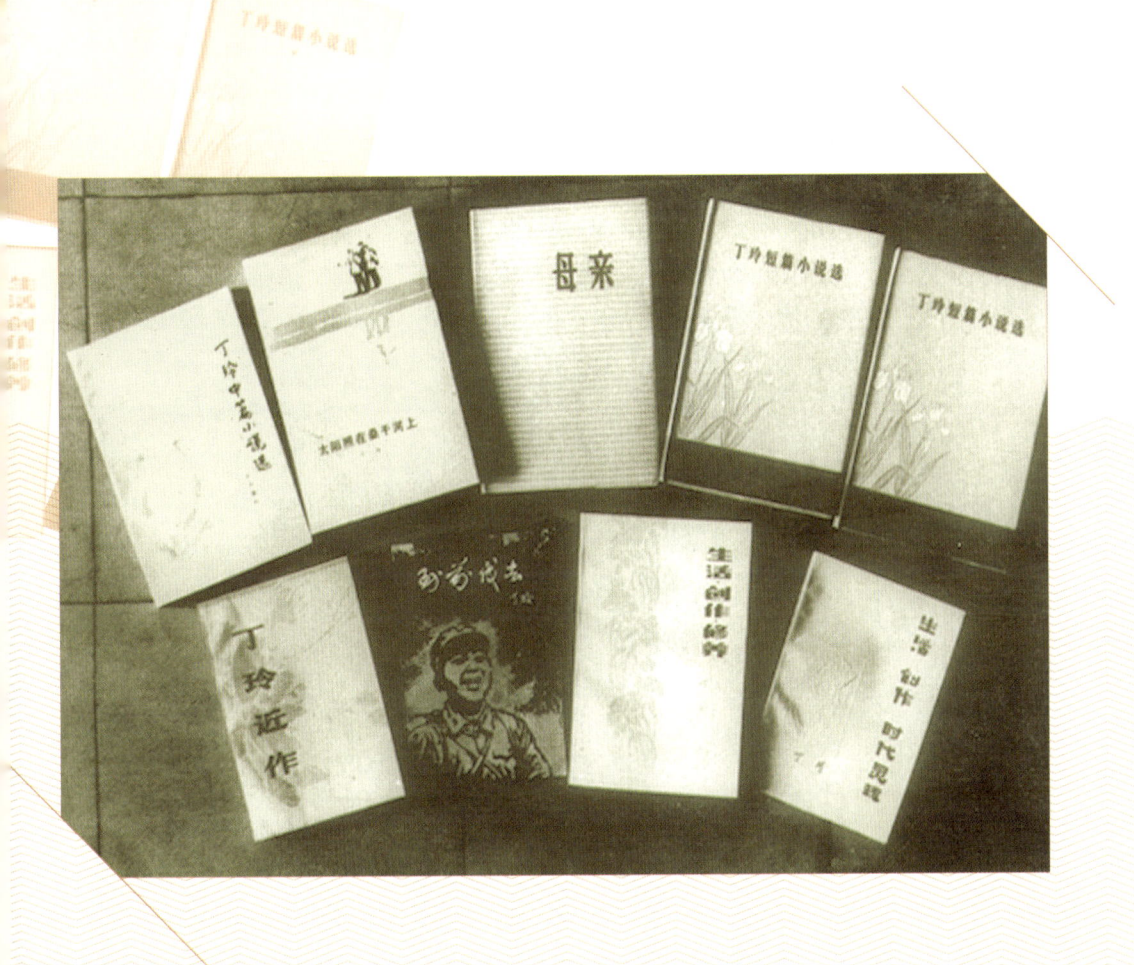

◇ 国内出版的部分丁玲著作

◇ 国外出版的部分丁玲著作

谨以此书献给我亲爱的母亲丁玲

目 录

丁玲传

第一章	她是李自成的后裔？ / 001
第二章	困苦的童年 / 008
第三章	『五四』运动的洗礼 / 029
第四章	平民女学的生活 / 048
第五章	丁玲与秋白 / 050
第六章	等待与体验的日子 / 076
第七章	从文学走向革命 / 094
第八章	文艺的花是带血的 / 115
第九章	前仆后继 / 142

目录

丁玲 传

第十章 魍魉世界 / 161

第十一章 当红军 / 197

第十二章 奔赴抗日前线 / 229

第十三章 延安岁月 / 264

第十四章 太阳照在桑干河上 / 302

第十五章 辉煌年代 / 327

第十六章 劫难 1955—1957 / 406

第十七章 风雪人间 / 474

第十八章 新生与涅槃 / 509

尾声 / 597

后记 / 599

第一章 她是李自成的后裔？

湖南临澧蒋家有一部始祖为周公旦第四子伯龄的《蒋氏宗谱》，共十八卷。《宗谱》中写道："蒋之所姓，自伯龄封于蒋（现河南省固始、光山地区），为授氏之始。"丁玲为其第九十二代孙女。

女子不入谱，所以丁玲只在她父亲一栏中有一句说明，为："女一冰脂，即丁零女士"。现在看到的这部《宗谱》，是1948年续修的。当时正处于解放战争时期，丁玲是共产党员，时在解放区。显然，在国统区的续修者担心受到牵连，有意将"丁玲"写成"丁零"，将"冰之"写成"冰脂"。丁玲原名冰之。

与湖南临澧蒋氏家族直接有关的是第七十一世孙蒋官一。蒋官一，字南泉，以总兵官之职随明太祖朱元璋讨伐湘西一带的"南蛮"至永定卫（今张家界市），太祖命其镇守。官一于永乐二年（1404年）解甲归田，迁澧阳之马鞍山（即永定卫屯田区，后设安福县，划入该县，民国初年改为临澧县）安家。代代繁衍，遂成临澧蒋氏家族。在明代，其子孙多有为官者，高至将军，封侯封伯，他们继续发扬光大家族，从而使临澧蒋家成为名门望族。

澧阳为今澧县，旧澧州州治所在地。

然而，从清初至民国，蒋氏家族中丁玲这一支却不忘认"逆"、认"贼"、认"寇"为祖，代代相传，说："我们实乃李自成之后裔。"

可想而知，这代代相传，起初是代代密传，随着时间的推移，到清末就比较公开了，民国以后就在当地广为传播开来。而现今，该支族人几乎是异口同声如是说。

我第一次听到"丁玲是李自成之后裔"这个传说，还是1944年在延安。

那年夏天，在毛泽东主席倡导下，延安的机关、部队、学校都在学习郭沫若的《甲申三百年祭》。这篇文章是作为整风运动的补充文件来学的，目的在于要全党，尤其是高级干部以此为戒，不要重犯胜利时骄傲的错误。笔者那年十四岁，在延安大学中学部学习，也参加整风运动。我们学校全体师生也都投入到这个学习中，语文和历史教员为我们这些学生讲解书中的文言文，做些辅导。

笔者小时候对历史有些爱好，所以当时学郭沫若的这本书时，不单是把它当作一个学习任务，而是抱着很大的兴趣来学的。

一个星期六的傍晚，笔者从学校回到家里，和母亲丁玲一起坐在窑洞门口乘凉，就向母亲说起了学校里学习《甲申三百年祭》的事和自己的心得体会。我好像并不觉得李自成有多么伟大；相反，觉得李岩还比他高明一些，作为人也完美一些，他对起义军忠心耿耿，屡有建树，却因牛金星由妒进谗，李自成偏听偏信，竟将其冤杀，我寄予了他许多的同情。回忆起来，我当时就此唠唠叨叨地说了这许多。

丁玲听我说完后，道："你知道吗？有传说，我们还是李自成的后代哩！"我心里顿时为之一震，竟然有这样的事！接着她向我讲了这样一个传说：

> 清初顺治年间，有一个四十多岁的中年人带着一个八九岁的孩子，来到湖南石门县的一所寺庙。这所寺庙已为兵乱所毁，破败不堪。他就在这所庙里做了和尚，成了住持。那个孩子则依于邻县临澧蒋家，从蒋姓。不几年这孩子已长大，便频频出游，声言出外经商，而每次出去必带回一大笔钱财，实际上是把埋藏在这一带的金银财宝一次次取出来。于是他成家、置地，数年间已成大富。与此同时，他捐资把这所寺庙修复一新，寺前还建了一座十分壮丽的紫石牌坊。平时给这所寺庙的布施既频繁又优厚，并且对这位住持关心、照顾甚周。这个住持就是李自成，那孩子就是他的儿子。代代相传，我们就是他的后代。这位住持，也就是李自成圆寂后，已长成中年人的他的儿子离家出游半年有余，说是访友，实则回到老家陕西米脂县，在那里造了同样的一座紫石牌坊。后人还有人去米脂看过，回来说两个牌坊一模一样。听说族里有几房还存得有明朝宫廷里的器具哩！

这个传说真是太新鲜了，从而深深地镌刻在我的记忆里。

我已经不记得，在这之后的许多年月里，母亲和我是否再说起过这件事。可能现实生活已经把这个传说中的遥远的故事，推到了一个几乎可以被人遗忘的角落。我只记得母亲再向我说到李自成时，已距离讲这个传说的时候三十二年了。在这三十二年里，她经历了一番沉浮，从被誉为"中国革命的女儿""杰出的无产阶级文学家""斯大林奖金获得者"，跌落到被斥为"反党分子""资产阶级右派""'一本书主义'倡导者"。"文化大革命"中又被关进位于北京郊区的秦城监狱。当时已被释放出来，流放在山西长治太行山下的一个山村。

在一个寒风凛冽的冬日，我去看望她，在那里住了七八天。我见她墙壁上挂着一本画有红娘子的挂历，十二幅红娘子都画得不错，英姿飒爽。我们的话题就从这本挂历说起。母亲说："我打算以后写一本李岩和红娘子的小说。"我感到有点儿意外，但是十分赞同。我想，她或许是由于感同身受的缘故而有此念吧！于是我说："到时候我帮你收集关于这方面的历史资料。"往下的谈话自然涉及了李自成。一年后，我的妻子和女儿去丁玲那里，她也向她们说起自己的这一创作打算。她是认真的，只是天不假年，未能实现。

1979年，丁玲平反复出，重现文坛。

1981年的一天，母亲向我说："今天来了几个从事历史研究的人，他们说根据考证李自成的确是在湖南石门做了和尚。这样看来，我们家是李自成后代的传说向事实又靠近了一步。"我听着也觉得挺有意思，在记忆深处沉淀了许多年的那个传说又浮现在眼前。

为何祖籍陕西米脂的农民起义领袖李自成会和远在数千里之外、位于湘西北的临澧蒋家有此关联，那要回溯到三百多年前的一段历史。

顺治元年（1644年）清兵入关后，李自成率领的大顺军屡战屡败，于顺治二年退守湘西北并以澧州（辖临澧、石门等县）为中心继续抗击清兵，坚持了七年；顺治八年，终于溃败。所以，李自成与临澧蒋家也就有了地缘上的关联。

关于李自成的归宿，历来多存歧说，史学上主要有两种说法：一是兵败后在湖北九宫山遇害，即"九宫山殉难说"；一是在湖南石门县夹山寺为僧，即"夹山寺禅隐说"。

1980年，湖南石门县发掘了夹山寺奉天玉大和尚墓并相继在夹山及其周围出土和发现了许多文物,而这些文物又可与历史上的一些文献相印证,进一步证明了"禅隐说"的合理、正确,认定顺治九年在石门夹山寺出家的奉天玉和尚就是李自成。

从而,"夹山寺禅隐说"崛起。夹山寺被定为国家文物保护单位。

临澧蒋家,不止丁玲这一个小分支说他们是李自成的后裔,还有几个小分支也这么说。一致的说法是,李自成在兵败后,为留一血脉,曾将一幼子过继给蒋家。

将这几个分支一代一代溯源而上(自丁玲上溯九代),无不源于一名叫蒋其魁的人。也就是说,这几个小分支合为一支,都是蒋其魁的后人。而这个名叫蒋其魁的人极为可能就是李自成过继给蒋家之幼子。

根据《宗谱》记载:自蒋官一下传十二代,有蒋之显(字玉卿)和蒋之璠(字瑞卿)兄弟二人。兄蒋之显,生万历四十四年(1616年),殁康熙二十九年(1690年)。弟蒋之璠,生天启三年(1623年),殁顺治五年(1648年)。蒋瑞卿先于兄逝世,死于顺治五年,并且无嗣,卒年二十五岁。蒋玉卿时年三十二岁。他们的父亲文旻殁崇祯五年,早已去世。于是蒋玉卿"从山中拾来一个孩子"过继在弟弟蒋瑞卿房下,但由自己将其抚养成人,取名蒋其魁。

《安福县志·人物》篇中亦有所载:"有蒋玉卿,明清战乱时,山中拾侄抚养成人,取名蒋其魁。"

根据《宗谱》载:"其魁,字子中,生顺治元年(1644年),殁康熙五十五年,为蒋之璠(瑞卿)独子。"

如果与"李自成曾将一幼子过继给蒋家"的传说相联系,那么蒋其魁就极可能是那个李自成的幼子。显然,"从山中拾来的"只不过是诳语,否则,不仅此幼子性命不保,自己也要受到株连。

封建社会的家庭,具有特定的排他性,某房无嗣,通常是从相邻近的房中过继一子。像蒋家这样殷实的大家族,正常的情况下,是不会"从山里拾来一个孩子"过继的。

《宗谱》当然不可能明确写入"李自成过继一子于蒋家"这样的事实。对于这样的事实,只会采取避嫌的记法。连1948年《宗谱》的续修者尚且忌讳直书丁玲之名,清朝初期之人何敢言"此乃李自成过继而来之子"。

从山中"拾"来孩子的时间,与顺治二年至八年大顺军一直活动在这一带并于顺治八年兵败,与李自成于顺治九年禅隐夹山寺,在时间上契合。此子生于顺治元年,在年龄上也契合。

此其一。

纵观《蒋氏宗谱》，从汉至明，官至宰相、大将军，爵公、侯、伯者不下十数人，至于刺史、太守、知府就更多了，且不乏忠臣义士，真可说是上不"愧对"祖宗，下足以"昭示"后人。在封建社会里的确是一部显赫的《宗谱》，至少在湘西这一带还是为数不多的。

对于临澧的蒋氏族人来说，有这么一部可光耀门庭的《宗谱》，入仕可藉其世代簪缨，为绅亦助以安富尊荣。可奇怪的是，家族中这几个分支的族人却是始终不忘认"贼"、认"逆"、认"寇"为祖，代代相传，言"我们实乃李自成之后裔"，这不是很值得深思的吗？

此其二。

中华人民共和国成立后，临澧蒋家这一支曾将一批传世文物上交给国家。这些器物，经国家文物鉴定小组鉴定为明代宫廷器物，均为国家一级文物。

此其三。

此外，给这个"从山中拾来"的孩子取名魁，字子中，顾名思义，魁为首领、首选之意，魁星为北斗七星之首；其字子中，可理解为其处于中心之意。名字取得大气，颇有王者之气，这也有点儿耐人寻味。姓名中，蒋为姓，其为家族中的排行，都是固定的。

还有，有文称，经实地考察，夹山"为当事者所扑碎"的紫石牌坊剩下的残雕龙纹饰，与米脂盘龙山李自成行宫的牌楼雕龙纹饰二者完全相同，证明母亲给我讲的传说中的这一事实不虚。

另外，蒋家的土地一直延伸到石门境内夹山之下。民间传说说李自成与蒋家的关系很好，从地理上说，也有这个条件。

关于李自成与蒋家关系的始末，临澧民间有一传说：

一天，夏日炎炎，李自成路过蒋家，下马讨口水喝。蒋家一老妇从水缸里舀了一碗水，然后从灶里拈了一点儿灰撒在水上，递给了李自成。李自成见此，心有不快，只好每喝一口水，先吹一口灰。当要第二碗时，老妇仍旧拈一点灰撒在水上，李自成心里已有怒气，但是隐忍了。当他要第三碗水时，见老妇又将灰撒于水上时，他怒火中烧，按捺不住了，喝道："你怎敢戏弄于我！"拔出宝剑，欲杀老妇。老妇道："将军你且息怒,我是见你汗流浃背,此时凉水喝得太猛,就会生病,故而拈点灰撒于水上,让你慢慢地喝。"李自成一听此言,顿时愧恨交加,弃剑双膝跪地,向老妇谢罪。自此,李自成与蒋家建立了情谊。李自成兵败之时,就将幼子托付与蒋家,并言无须你们花金钱养育,我有许多财宝留与你们。

丁玲五岁时即随外祖母离开了临澧蒋家。几十年后,她七十八岁高龄时回到故乡,看到一部《蒋氏宗谱》,方知还有始祖为周公旦第四子伯龄之说。那么母亲对自己身世的这个问题是抱什么态度呢?有文字记录的,是写给甘肃政法学院穆长青的一封信:

长青同志:

来信及赠书均收到,谢谢。

安福蒋家是否为李自成后代,我幼时也曾听到一点传说,但印象中并无定论。八一年某杂志来找我求证,我把当年听到过的传闻转告,供学者们作为研究的参考;在我的思想上或言谈上,都没有有力的考据去肯定和否定它。八二年我回湖南一趟,在家乡临澧县政府看到一套蒋氏族谱十余本,从第一代记到九十余代。

我所经历和知道的都属实无误。这族谱一直记到一九四八年。根据这族谱的记载,我一点也看不出我和李自成有什么血缘关系。因为我不治史,也无暇及此,未能进一步研究立论。你如有兴,当可进一步探索,并向临澧县政府接洽借阅参考。

专此颂

学安!

丁玲 85.1.20

有人将此信文,解释为:

丁玲在晚年的这封信里,并没有自称是李自成的后代,而是明白、确切、不容误解、毫不含糊地说:"我一点也看不出我和李自成有什么血缘关系。"

我以为,如此的解释,似有断章取义加以曲解之嫌,且用词武断,并将武断之词强加于丁玲身上。

如果仔细读读丁玲的这封信,就不难看出,依时间有三层意思:

一是在看到《宗谱》之前,说她幼时曾听到一点"为李自成后代"的传说,但"印象中并无定论"，八一年曾将此传闻告有关人士"作为研究的参考"，至于她自己，"没有有力的考据去肯定它或否定它"。

二是看到《宗谱》时，她说："根据这族谱的记载，我一点也看不出我和李自成有什么血缘关系"。她只是就《宗谱》实话实说，说《宗谱》里没有这样的记载。可是，试想一下，《宗谱》里又怎么可能有明确的这样的记载呢？有据可查，在清朝曾分别于嘉庆二十三年、咸丰十年、光绪二十五年三修《宗谱》，1924年、1948年又分别续修两次。不言而喻，在清朝，此等之事，避嫌尚恐不及，岂会如实记入，而在民国期间，可能是因此传说"并无定论"，故而仍依前谱。

三是看到《宗谱》之后，或是写信之时，她说："因为我不治史，也无暇及此，未能进一步研究立论。你如有兴，当可进一步探索。"这话说得很明白，她并没有因看到这部《宗谱》而肯定或否定那个"是李自成后代"的传说，更不是"明白、确切、不容误解、毫不含糊"地加以否定。相反，她认为这也仍是一个可以"进一步研究立论""进一步探索"的问题，只是她自己"不治史，也无暇及此"。"你如有兴"，这个"你"，当然也包括其他所有对这一问题有兴趣的人。

我认为丁玲是客观的，虽不治史，但有史家风范。

关于李自成归宿的问题，史学界仍在继续讨论，尽管赞同"夹山寺禅隐说"的学者愈来愈多，但两"说"并存的局面也可能还会延续相当长时间。关于丁玲是否为李自成后裔的问题，我现在也只能说：丁玲有很大的可能是李自成的后裔。

第二章 困苦的童年

临澧（原安福县）蒋氏家族，是一个人丁兴旺的大家族。众多家族中人都是走的做官、收租的航道，鼎盛时土地遍及临澧、常德、澧县、石门等县。

在清朝，直到清朝中叶嘉庆年间，蒋氏家族中方才有不少人出去做官，不过官都做的不很大，做得最大的也不过是道台、知府这样等级的官。

丁玲的祖父名定礼，也出去做官。

《蒋氏宗谱》关于丁玲的祖父的记载是：

> 定礼，榜名尊典，号秩臣，禀生，咸丰辛酉科拔贡，同治庚午科举人，四川补用知县，贵州补用道候补知府，署理贵州普安厅同知，充光绪丙子科贵州乡试内帘监试官，钦加盐运使司衔，赏戴花翎，诰授中宪大夫，晋封通奉大夫；生道光二十四年（1844年）甲辰五月二十一日子时，殁光绪五年（1879年）已卯十月十五日酉时，终于贵州官寓，葬车堰坪乾山巽向有碑志华表。妣史，诰封淑人。生三子，保釐、保川、保黔，女二。

丁玲的祖父十二岁考取秀才，十六岁应辛酉科被选为拔贡。按清朝的制度，拔贡为特科取仕，凡拔贡均于当年赴京应朝考。可是于他来说时运不济，此时为咸丰十一年，太平军与清兵正在江苏、江西、安徽、湖北等省鏖战，南北交通梗塞，致使他未能赴京朝考，从而失去了这次机会。于是他居家更为刻苦读书。六年后，也就是同治五年，有诏补行朝考。在此两年前，清兵攻陷南京，太平天国的农民起义被清廷镇压下去。可是他迷信占卜，占卜曰路途有风险，故而未成行，最终失去了因被选拔贡去京朝考的机会。次年他入湖南巡抚刘蕴斋幕，做了三年幕宾。同治九年，他二十六岁，经过十年周折之后，再去乡试。考试合格，沿例以补用知县分发四川。但他并没有去四川。因贵州巡抚某公知其才，争先奏调，擢升他为补用道候补知府，晋运司阶。他在贵州做了九年官。起初督修平定黔匪纪略。光绪二年，还担任过贵州乡试内帘监试官，后来署普安厅同知三年。这是一个实职地方父母官。他卸任未几就遭嗣母之丧，悲哀成疾，四个月后死于贵州官寓，终年三十五岁。

署理，就是暂任、代理或试充官职的意思。厅，是清代在新开发地区的一种政区建制，略低于府，其行政长官以府的同知或通判（即知府的副职）充任。

丁玲的祖父一死，蒋氏家族中的这一个小小的分支就开始走向衰落了。他留下了三个儿子和两个女儿，丁玲的父亲是最小的儿子，才三岁，有一个姐姐和一个妹妹。丁玲的祖母带着他们扶灵回归到故里临澧县。

丁玲的父亲十五岁时，就分了家，独立门户过日子，跟着他的有他的母亲和他的妹妹，也就是丁玲的姑姑，他的姐姐这时已经出嫁。在他十七岁时，他的母亲也不幸故世。自此，还没有学会理财的他就担负起了独撑家门和照管幼妹的责任。

《蒋氏宗谱》中，关于丁玲的父亲的记载：

保黔，定礼三子，榜名鹏，号毓兰，庠生，留学日本；生光绪二年（1876年）丙子三月初五日吉时，殁光绪三十四年（1908年）戊申五月二十二日丑时，葬车堰坪祖茔旁乾山巽向。

配余，名胜眉，旧制常德女师毕业，历任桃源县立女校职员，创办常德公立育德女校，妇女俭德会评议部部长，自办平民工读女校，临澧县立女校校长，俭德会文艺女会会长，常德筹备地方自治会职员，武陵辛酉科拔贡，道衔，历任云南大理、普洱、楚雄等府知府泽春公三女，生光绪四年（1878年）戊寅七月十二日寅时。

女一，冰脂，即丁零女士。

《宗谱》中这一栏，既有丁玲的父亲与母亲的记载，也有关于丁玲的外祖父的一段记载。

丁玲的外祖父姓余名鹗，字泽春。

根据《宗谱》中这段记载，丁玲的外祖父与祖父乃武陵辛酉科（辛酉乃咸丰十一年、1861年）同科拔贡，她外祖父时年三十五岁。由此，合理的推测是，他被选为拔贡后，也由于同样的原因，即因清兵与太平军在中原的战争，南北交通梗塞，而未能及时去京朝考，从而继续在家乡开馆授业，在同治五年，丙寅，即1866年时，有诏补考，便去京应朝考，并考试合格，时年四十一岁，自此步入仕途。

他在贵州知府任上，时年五十二岁时，得最幼之女，即丁玲的母亲，取名曼贞，号似梅。

丁玲的母亲出生的第二年，在她还不满周岁的时候，就定下了亲事，丁玲的父亲那时也才两岁多。当时丁玲的祖父和外祖父同在贵州做官。丁玲的母亲对此回忆道：

> （1879年）春，太夫人饮于同乡蒋家，酒后戏言，竟将幼女许给伊三公子。太守公不以为然，说：吾家乃清寒士族，攀此富贵家子，悉他日若何？恐误我爱女。母说既已许诺，不便翻悔。假若自己有能力，命运佳，亦无所谓，好歹听其自为。

这桩婚事订得既轻率，又颇似旧小说中的故事。定亲半年后，丁玲的祖父就病逝于贵州官寓。

丁玲的母亲有四个姐姐、两个兄长、一个弟弟。二兄长她三岁，三弟则小她两岁，大兄在她出生前就已亡故，遗下一子，比她二兄还年长三岁。大姐亦早亡。因余鹗老年得女，所以丁玲的母亲是最受父母宠爱的一个女儿，又因为她自幼体弱，父母给她的照拂也更多一些。

丁玲的母亲三岁时，她的父亲余鹗奉调去云南大理任知府。原因是：上峰认为他对当地的少数民族采取了一些"抚"的措施，也就是采取了比较缓和的政策，从而使得所管辖的地区社会比较安定，做出了一定的政绩，所以将他调到少数民族更多的云南去任职。但路远山高，难以携眷属同行，他就将家眷送回家乡湖南常德，自家上京面圣。也不知道他觐见的是光绪皇帝，还是慈禧太后，总之，他履行完这个当年被视为十分荣耀的程序之后，就独自到云南上任去了。

常德是湘西北的一个中等城市，南临沅江。它有着源远流长的历史。常德地区最早名黔中郡，战国中期楚威王（公元前339—前329年）时所设。秦昭王三十年令大将白起伐楚，占领了黔中郡。起留部将张若镇守。张若筑城拒楚（公元前277年）。此城即称张若城，在今常德城东一带。后来的常德城即从张若城发展而来。西汉时，改黔中郡为武陵郡，在今常德设临沅县，为郡治所在地，因南临沅江而得名。南朝梁、陈时期常德先后改称武州、沅州。隋、唐时期改称朗州。据说有一朗水，源于辰州，流至常德城南注入沅江，故而以此为名，然今朗水已不复存在。北宋时期改称鼎州。据说也是因沅江的一条支流鼎水而为名，或说沅江下游称鼎江而得名。北宋后期，因鼎州东有洞庭之险，西临五溪蛮夷，故在鼎州设置军事辖区"常德军"，后升"常德军节度"。南宋时，将行政辖区也改称常德府。从此，常德一名沿用至今。常德县城与临澧县城相距九十里。现常德为地级市，辖临澧、石门、桃源等县。

丁玲的母亲就在家乡伴着她的母亲度过了自己的童年。因是书香人家，丁玲的母亲得以与哥哥、弟弟同在家塾中读书，但因她身体荏弱，她母亲和教书先生均听其自便，不加管束。这对于旧社会的女子无才便是德的规矩总算是一点儿突破，当然应归因于她父母的开明。她闲时，还随她的姊姊们学习绘画、写诗、吹箫、下棋、看小说。她的几个姊姊都善琴棋书画。

丁玲的外祖父在云南先后任大理、楚雄、普洱知府。丁玲的母亲九岁那年，全家也都去到云南。

丁玲的母亲随她的父亲余鹗在云南住了三年，她的父亲就辞官了。辞官的缘由是，他的下属官员中有人贪赃枉法、结党营私，而他却奈何不了他们，因为他们有比他这个知府官更大的后台。他无法改变这个状况，又不愿同流合污，于是只有洁身自好，引退辞职。

余鹗素懂医药，也喜欢大理石做面的桌、凳，返归故里时就买了一些药材和大理石驮回去。这些都是云南的特产。

20世纪50年代初，丁玲的母亲（我的外祖母）在向我叙述那次回乡发生的一件事时说："多亏驮的都是些石头、药材，要不全家性命不保。"她说，途中他们被一伙强盗盯住，打听到他们是卸任的知府，而且看他们马匹上驮的驮子很重，以为有许多银两、财宝，于是计划深夜来他们住处打劫，天黑后先派了人来摸底，用刀划开驮子上的麻布包一看，原来尽是些石头、药材，认为没油水，所以没来。全家事后才听说有此一险，都吓出一身冷汗。他们虽然也带得有几个仆役，但那是寡不敌众的。我外祖母对我说："好在我父亲是个清官，假若是个贪官，带许多脏银，岂不全家遭难。"

余鹗回到常德后在城西置了一所宅院居住。这是一所两进的房屋，有一个小后花园，靠后墙盖了三间房的小楼，作放书之用，屋顶一律灰瓦，他并继续授徒，做教书先生。

丁玲的母亲十九岁（1897年）那年出嫁。至冬月，婚期将近。余、蒋两家分居常德、临澧两地，相距百多里。丁玲的外祖母因爱女儿，不欲远离，故要丁玲的父亲蒋保黔在常德城里租屋婚嫁。蒋保黔此时上无父母，自己就是一家之主，他又是一随和之人，自然答应。

新婚之后不多日，就在丁玲的母亲深切思念父母的心情尚未平静下来的时候，一个意外的悲痛从天而降。这时他的父亲余鹗突患急病，只三五日竟撒手人寰。这个打击对于丁玲的母亲是太大了，她纵声号泣，昏厥数次，日依父侧，恨不相随父亲于地下。

但是为礼法所制，她不得不辞别自己的母亲、兄弟，乘轿去临澧以完所谓新妇之礼。快到临澧蒋家时，她始将丧服换成吉服；抵家时，宾客满堂，鼓吹盈门，而她此刻的心情却是悲痛、愤懑、茫然交织在一起，形似痴呆。

蒋保黔这一支，是住在一个名叫黑胡冲的地方，离县城约二十华里。他们这一支，通常叫渥沙溪蒋家。黑胡冲离渥沙溪两华里，渥沙溪是一个很大的村庄。黑胡冲的房子是丁玲的曾祖父留下的产业，宅院连宅院，宅院和宅院之间还有甬道，一大片房子，据说有三百多间。

丁玲的母亲嫁到渥沙溪蒋家之后，才体验到蒋家这个大家族之大。仅到本房族各亲长处拜见，三日才完毕。叔祖母有三，叔婶氏有七，仅后来常来往的妯娌就有二十余人、小姑十余人。由于有许多庭院，设有甬道相通，晚上行走，尚须带人结伴。

稍久，丁玲的母亲也就看出了这个家族走向颓败的景象：多虚伪，好奢侈，争竞对外的排场，子弟考中一秀才，就不再读书，不思进取了。而蒋家的许多事情又须经家族议决，故她每一念及此，就自嗟此身已矣，而常常萌生出悲戚的心绪。

蒋保黔早已分家，独立门户，此时，他母亲已去世，跟着他的还有一个妹妹。分家时大约有一百石土地，在临澧算是一个中小地主，此时大约还有五十石地。后来妹妹出嫁，又卖去一些田地。

蒋氏家族的一些人，原先都是走的当官、收租的道路。但是，蒋保黔没有继续考举人、进士，沿着以士取仕的路走下去，不是他不想，而是前清后来也偏向洋务，废除了科举。于是他就只好靠收租过日子。

蒋保黔是一个善良、随和的人，他尊重妻子的意旨，给妻子许多的自由，所以丁玲的母亲得以常常回归娘家去住。丁玲的母亲见丈夫的父母去世得早，从未享受过天伦之乐，而且还要受伯叔之欺凌、兄嫂之淡视，也同情他的遭遇。两人可说是相敬如宾，但习性相悬殊。蒋保黔体气弱，意志消沉。他不让妻子过问家务，而且他的早已出嫁的大姊还常常回来干预家事，于是丁玲的母亲虽名为家中之主妇，却实乃一闲客。再者，她习性素不重物质，心想总不至饿饭，不管事，少烦心。伯婶妯娌私下议论，都说她是个没用的小姐。加上她从他父亲那里学的都是些作诗、吹箫、吹笛、抚琴、画画、弈棋那一套，故而她诸事不问，闲暇时则在室中读书以消磨时光。夫妻十年，零零碎碎加起来，倒有四年时间是住在娘家。

家庭经济已呈困窘。两年后，当丁玲母亲的第一个女儿病重时，她只有将自己的衣饰拿去典当用来买药。这个三岁的女孩，终不治夭折。

蒋保黔也是有一番抱负的，也就在这时去日本留学学习法律，却受到"家族经济的阻难"，就是家族祠堂的公积金不给他资助。这也是欺负他的地方，祠堂本规定凡家族中男子出外读书都给以资助。他的确下了一番决心去留学，去日本前，把抽鸦片烟的习惯戒除了，还剪去了辫子。丁玲的母亲也支持他去留学，但家中经济拮据。他终因经费无以为继，中途辍学，而壮志未酬。

灰心之余，无奈之下，他就更潜心于医学研究，竟成了一个名医，真的是手到病除。乡间有人接他去看病，他常常一去几日，留连不返，守护病人。他性情好，无论同什么人都合得来，若来接他的人家里困难，他就轿子也不坐，只要一个人扶着，哪怕夜深或下雨，随即就走，并且开药方还要代他们计算经济。后来索性开了一个药铺，以方便看病，抓药。他的药铺可以赊账，穷人付不出现钱，可以赊，熟人碍于情面可以赊，结果赊账的越来越多，付现款的越来越少。管药铺的账房先生见此状，料知这药铺迟早会倒闭，干脆将铺内药材现金席卷一空逃走了。蒋保黔也不报官追究，将药铺关门了事。以后就自备一些难买之药，放在家里供病人所需。方圆百余里人人都说他好。

这也可说是他在仕途不通,留学不成的境况下在乡间做的一点儿造福于人的善事吧!

丁玲曾回忆说:"他不以金钱为意,常布施穷人。因为他的慷慨,后来在一次因水灾而发生盗劫和一般骚扰的时期,许多人家被抢,我父亲的家里可没给碰过。"[1]

1904年重阳节前,丁玲的母亲生下第二个女儿,也就是我的母亲丁玲。他父亲为她取名冰之。丁玲出生在常德。那年春天她父亲去日本后,她外祖母就要她母亲住回娘家,在娘家生产,以便照顾。丁玲出生数月后,方才随母亲返回临澧。

丁玲出生于公历1904年10月。至于生于何日,她自己一生直到去世都没有弄清楚,弄确切。想来,是颇为遗憾的。

现在都说她的生日是10月12日,其实有误,准确的应是10月16日。

我在延安时曾问过母亲,她的生日是哪一天,她回答:"是重阳节那天。"我又问她:"那么阳历是哪一天?"她说:"那就弄不清楚了。"母亲素来没有为自己过生日的习惯。究其原因,可能是自幼离家独自在社会上闯荡,到陕北后又过着军事共产主义生活,而且一生中家人分离之日多,团聚之时少的缘故。从而她也就对自己出生于公历何日没有深究。我猜测,她填写干部履历表时,大概是自己估摸一个差不多的公历日子填上去罢了。

1980年,当她七十六岁的时候,有人热心地为她"查阅"出1904年的重阳节公历为10月13日,于是就根据母亲自己认定的"重阳节那天"和外祖母回忆录中"重阳节前,第二个女出世",两者为据,定为节前一日,即12日为生日。于是,这年10月12日那天,家里做了一桌丰盛的晚餐,为她过了一个生日。此后,编写她的年谱的学者,书写她文学传记和生平文章的作者在年谱、传记和文章中,关于她的出生日,都书写为:"1904年10月12日"。

前些年,我查阅《万年历》,发现这实乃谬误。经查,1904年之重阳节为10月17日,因此她的生日应为10月16日才是。真不知此公是如何"查阅"的,竟误了这许多学人,也使母亲在这个有误的日子里过了她一生中最后几个生日。

丁玲小时候是什么模样?丁玲的母亲在她的回忆录里对三岁的丁玲有这样一段描述:"眉长而秀,眼大而黑,两颊有酒窝。"至于那时的性格,她写道:"她的聪敏一点儿不显露,外貌像柔和,内实钢质,且赋于情感。"

丁玲的母亲为她女儿做的最关重要的一件事,就是冲

[1] 尼姆·威尔斯:《续西行漫记》。

破当时的封建陋俗,不给女儿缠足。这当然遭到族人的非议和反对,说不缠足嫁不出去。她决然表示:"嫁不出去就不嫁,我还不舍得哩,愿养老女。"丁玲的父亲对此也支持。

丁玲的母亲嫁过来时,他们是与其叔伯兄嫂住一处。蒋保黔不愿在黑胡冲住,也知道妻子不愿同家族中人住在一起。为了使妻子生活得适意一些,"由其家族议决",在丁玲出生之后,他就在离黑胡冲几里远的一个名车堰坪的地方自己设计,盖了一所两进房子的小院。他的父母就葬在这里,小院对面就是他们的坟墓。这小院设计得小巧精致,丁玲的母亲极其欢喜,心想到底是留学生,与众不同。新居还没有完全完工,他们就搬了过去。他们一家在新居过了一个十分快乐的旧年。丁玲的母亲回忆道:"我来伊家十年,才稍微适意,唉!也不过一刹那间耳。"

真正是"不过一刹那间耳"!

过完年,才两个月,蒋保黔就一病不起,虽经治疗,病情却日益严重。临终前嘱咐妻子道:"我诸事没有做好,把你苦了,你自己好好地去做。此女很聪敏,天资亦不错,你又善教,男女现在是一样的。"丁玲的母亲只有忍着眼泪,劝他不要提这些,安心养病。

蒋保黔在嘱咐这些话之后的第二天便离开了人世。

丁玲记忆中最早的事,就是她父亲的死。她回忆道:

> 在我最早的记忆中,我最害怕的是我国传统的,前面吊着三朵棉花球的孝帽。我戴这样的孝帽的时候是三岁半,因为我父亲死了。家里人把我抱起来,给我穿上孝衣,戴上孝帽,那白色颤动的棉花球,就像是成团成团的白色的眼泪在往下抛。因而给我的印象太深了。他们给我戴好那帽子后,就把我放到堂屋里。堂屋的墙壁上都挂着写满了字的白布,那就是孝联,也就是挽联。可我不懂,只看到白布上乱七八糟地画了很多东西。我的母亲也穿着一身粗麻布衣服,跪在一个长的黑合子后面;家里人把我放在母亲的身边。于是,我就放声大哭。我不是哭我的命运,我那时根本不会理解到这是我一生命运的一个转折点:从此以后,我的命运就要同过去不同了。我觉得,我只是因那气氛而哭。后来,人们就把我抱开了。但那个印象,对我是深刻的,几十年后都不能忘记。[1]

[1] 丁玲:《死之歌》,《丁玲全集》第8卷。

丈夫的死,使丁玲的母亲极度绝望。她此时已有七个月身孕,三个月后,产下一遗腹子。然而,又一桩不幸的事接踵而来。她此时接到她三弟的信，云："母已于九月仙去，并嘱迟告姊，现已浅葬祖山。"她悲痛地哭得晕厥数次。命运的悲苦、眼前的艰难、前途的黑暗，没有一个人可以商量，没有一个人可以依赖，在丈夫死了以后，还存在着一丝希望，希望能倒在慈爱的母亲怀中去哭泣，从母爱中得到一点儿温暖，谁知连这一丝可怜的希望也意外地破灭了。在这一次又一次的打击下，她再也支持不住，一病四十余日。

丈夫死后，她方才知道家产已空，田亩都已抵当于人，只剩住屋门前一块秧田，并且还欠有债。而人家欠我者，均无账票之据可查。丧事一过，讨债人就不断上门，都是本族的伯伯、叔叔、兄弟。别的亲戚则避而远之，再也不上门了。丈夫的死，给她留下无限的悲苦。

经族中公议：售所余之产，还所欠之债，仅留坟茔田数亩作母子之生活费。丁玲的母亲这一家就这么彻底地破产了，家破人亡，好不凄惨。靠茔田数亩，如何生活？如何教育子女？一副千斤重担无情地压在她这个年方三十岁的青年女子的肩上。

这时正处于辛亥革命前夕，社会上有一股"教育救国"的思潮，一些仁人志士认为应提倡女学。这种思潮也涌向湘西北的常德。丁玲母亲的三弟来信说，他们几个从日本归来的留学生正筹办一所速成女子师范学校，以培养女教师，定期两年毕业。这消息像一股春风，吹进了丁玲母亲的心坎，真使她觉得绝处逢生，看到远方出现了一线光明。她雄心陡起，决意报名入学，与环境奋斗，勇敢地为自己开辟一条新的人生道路。于是一面复弟函，嘱代报名，一面打主意，争取家族主事者同意。在这个家族里，女子对外无丝毫之权，有事非告房族伯叔不可。于是她去晤深晓事理之伯兄，申明事之轻重，不能顾小节而失此时机。最终得到了他们的赞同。

丁玲的母亲环顾这尚未建完、只住了不到两年而就要离弃的小院，眺望院对面丈夫的坟墓时，默默地念着："可惜你天资，生不逢时。恨我俩缘分太浅，只做十年之伴侣。性情虽各异，彼此俱能谅解，相敬如宾，从未争执。可叹你留学壮志，竟为家族经济所阻，以至中道废弃，使你百念心灰，满腔忧虑而亡。只要我三寸气在，不怕儿小女幼，势必继你之志。九泉有知，默佑你爱女孤儿。"她就怀着这样的心情，携子女，一挑行李，凄然别此伤心之地，奔返常德城里娘家。

娘家已今非昔比，父母已亡故，这里现在是三弟和弟媳在当家。三弟名余笠云，是一个有为的，从小就以聪明能干为人称道的男子，又去日本留学两年，学到一些维新思想，在当时的常德，属于思想比较先进的人。他有产有业，继承了他的父亲遗留下的一半田产和城里的这所宅院，并且在一所男学校教书，也是在当地创办女学的倡导者之一。弟媳李氏才二十八岁，精明、干练、伶俐、利害。丁玲后来回忆起她这位三舅妈，说她是一个王熙凤式的人物。

从初到时弟弟、弟媳接待中透出的客气，丁玲的母亲感到自己在这家里似乎成了客人，日子久了，还要忍受弟媳指桑骂槐的冷言冷语。

尽管如此，她只能暂住此处。她住进后花园藏书楼下的两间小房，变卖了首饰，自己开伙，小儿子由奶妈带，自己和女儿一起上学，自己读成人班，女儿读幼稚班。

这时她改名为蒋胜眉，字慕唐。此后就一直用这个名字，"余曼贞"再未用过。丈夫已死，自己又离开了蒋家，用蒋姓，无疑是对丈夫的纪念；不言而喻，"胜眉"是胜过须眉的意思，表示她立志投身社会事业，不亚于男子的抱负；"慕唐"则是对有女皇、女官，比较开明的唐朝社会的羡慕与向往。她并给女儿取名"伟"，给小儿子取名"大"，大概是希望她的女儿、儿子伟大，将来成为伟大人物吧！

1909年，也就是辛亥革命前两年，丁玲的母亲蒋慕唐成为常德女子师范学校的一名学生，时年三十一岁。这事现在看来很平常，但那时却轰动了整个县城，许多人在背后叽叽喳喳议论她，说哪里见过，一个名门望族的年轻寡妇这样地抛头露面！蒋慕唐不理会这些，坚定地走自己选择的道路。

学习对于她来说，是十分艰辛的。她早出晚归，集苦学生、慈母、看护、保姆于一身，每天都读书到深夜。尤其是上体操课，她是缠过脚的，一节课下来，脚痛得都麻木了，只觉得像火一样的烧，把脚放在冷水盆里泡，水都被脚暖热了。她决心放脚，有意解开缠脚布睡觉、走路。缠脚痛苦，放脚更痛苦。但在她顽强的努力下，她的脚一天比一天放大，她后来还一度当过体育教员！

在学校里，蒋慕唐结识了后来成为中国共产党妇女领袖的向警予。向警予对蒋慕唐思想的发展以及丁玲的人生观的形成，都起到引导的作用。

向警予原名向俊贤，生于1895年，湖南溆浦人。1918年参加毛泽东组织和领导的新民学会。1919年赴法国勤工俭学，1922年回国，同年加入中国共产党。1925年去莫斯科东方大学学习，1927年回国，先后在武汉总工会、中国共产党湖北省委工作。1928年春在武汉被捕，5月1日英勇就义。

蒋慕唐与向警予相识时，向警予还只是一个十五岁的少女。她知道常德开办了女子师范学校，便从溆浦来求学。向警予长得俊秀、端庄，虽然年岁小，但非常老成，不苟言笑。丁玲母亲的年龄几乎比她大一倍，却很敬重她。

蒋慕唐通过在学校里接受的新知识，她的思想从个人读书、自立于社会逐渐发展到要革新、救国，同时认识到妇女若要立于社会、革新、救国，单靠个人的力量是不行的，应将志同道合者组织起来。于是她与向警予商议，创立一校友研究会，向警予极表赞同。经过一番筹备，做宣言，定会章，然后开成立大会，群众热血沸腾，全校气象更新。她们聚会在学校里研究文学，畅议中外时事，述古谈今，不独热闹，而且很有秩序。蒋慕唐只觉思想勃勃，精神兴奋，感到另换了一个境界。她还与向警予等七人共同结拜，誓愿同心协力，振奋女子志气，励志读书，在男女平等声中，图强获胜，以达到教育救国的目的。

辛亥革命后，常德女子师范学校停办。蒋慕唐便考入长沙稻田第一女子师范学校，携子女去到长沙，她住宿学校，把儿子寄放在她的姨母家。女儿进附属小学一年级。向警予等几个常德女师的同学也进了这个学校。

蒋慕唐求学长沙，日子过得极艰难，生活很贫困。一边读书，一边记挂着儿女，而学校规则很严，只有周末才能见面。冬天，她把厚被子留给了儿女，自己只剩一床薄被。向警予见状，就抱被来与她共眠，两个人盖两条薄被，睡时稍暖和一些。她身上只穿得一件薄棉衣，下面两条单裤。听课时，一股由地而生的寒气自脚经背至头顶，不由得浑身战栗，下了课，将两手呵气，搓捻搓捻，跳几下，才觉有生气，还未温好，就又上课了。

最为艰难的是，此次来长沙求学，每到假期都要回常德筹借下学期的学费、生活费。拖儿带女往返十分艰难。

蒋慕唐只在长沙师范学校读了两年，终因没有钱继续读下去，于1914年，托人在桃源县找了一个小学教员的缺额，带着幼子去了桃源，把女儿留在长沙，寄宿在第一女子师范学校的幼稚园里，并托向警予照管。

蒋慕唐在桃源安顿好后，托人把女儿接回。自此，她靠自己的劳动自立于社会，开始了自食其力的生活，并且从此以校为家。那时的学校大都是以庙宇为校舍，所以丁玲童年的大半岁月都是在庙宇中度过的。蒋慕唐曾感叹地说道："我母女丢掉那座古庙，又来守此古庙。唉！真真可叹。"[1]母女相依为命，过着孤寂却又是充满活力的生活。

蒋慕唐在桃源教了一年书就返回常德，担任常德县立女子高级小学的管理员。管理员是一个对学生思想负训育之责的职务。这所学校系初创，所以蒋慕唐是创办人之一。她初去时学生只有四五十人，校舍在一所庙宇里。

她对这个工作很满意，认为这是为社会尽力的一个好场所。她关心、爱护学生，尤其是贫穷和有困难的学生。她经常到学生家里访问，帮助解决学生家里的困难。她在学生和家长中很有威信。

这几年里，遇到寒暑假，向警予每次回溆浦或去长沙，都必定路过常德，常常在常德停留两三天或三四天，大都住在蒋慕唐的学校里。向警予像一只报春的飞燕，把她在长沙听到的、看到的、经历的种种新闻新事、新思想、新道理，把她个人的抱负理想，都仔细地讲给蒋慕唐听，给她们母女俩的生活增添了新的活力。蒋慕唐如饥似渴地把她讲的这些一点一滴都吸收过来，指导自己的行动，并用来教育她的女儿和她的学生。她经常向女儿讲，要她好好地向向警予学习。向警予是丁玲从小就崇拜的人。

1918年，一件最可怕的事发生了。寄宿在一所男子高小学校的丁玲的十岁的弟弟患白喉（或是肺炎），因丁玲的母亲忙于学校的公务，没能及时照顾而耽误了治疗，不幸夭折了。这是丁玲的母亲在丧夫之后遭受的又一次最大的打击。她懊悔悲伤，痛不欲生。

此时向警予去法国勤工俭学，去长沙途中路过常德。在向警予等挚友的开导下，她才又振奋起来。向警予劝她振作起精神，将眼光放远大些，不可灰心，还介绍她看几种书。蒋慕唐听了向警予这番话，如梦方醒，又好像波涛中的船泊了岸。真有"闻君一席话，胜读十年书"之感。

蒋慕唐重振精神投入事业。这年夏天，她与二三同志发起组织女界团体。第一次筹备会到会百余人，会议决定名为"妇女俭德会"，以俭德和争取妇女平等为宗旨。秋天，成立大会召开，到会数千人，并请各界人士与会。会议推举蒋慕唐为临时主席，报告筹备情况和俭德会之宗旨。会内设事务、评议等部，她被推举为评议部部长。从此，常德之女界开会，结社，彼此往来，研究社会与妇女问题，生气勃勃。

自此，蒋慕唐从获得一技之长，自食其力，立足于社会，到在学校里用民主主义思想教育学生，进而将自己

[1]《丁母蒋慕唐回忆录》，《丁玲全集》第1卷附录。

的活动扩大到社会，积极投入民主主义妇女运动，并成为当地妇女运动的组织者和领导者之一。

妇女俭德会办了一所平民女校，通称会校。起初办得颇有起色，但一年后，不意发生职教之冲突，而学生亦分为两派，后来，闹得以至于停课，教员也走了。这种情况下，会员们要求蒋慕唐来主持会校。对于蒋慕唐来说，这可真是一个难题。她原来任教的县立女子高小学校，经过几年的努力，已很具规模，学生从初办时四五十人，发展到八百余人，还新建了规模颇大的校舍。她每月工薪有三十余串钱，这是她一生中拿薪最优之数，而她是靠工薪维持生活的人。校长很器重她，还打算给她加薪。若是去会校负全面责任，她无法两边兼顾，只能辞去县立女子高小的职务。而在会校，则几乎是尽义务，只有少许车马费。她考虑再三，认为这个会校是妇女界自己创办的学校，决不能让它垮掉。为了这个妇女界共同的事业，她毅然辞去了有较丰工薪的职位，到会校去做既难做又几乎是尽义务的工作。当她向县立女子高小校长面陈辞职缘由时，校长非常佩服，不禁情见于色，眼含泪水。

在蒋慕唐主持下，妇女俭德会的会校大为改观，一年间，学生已增至二百余人，分六级，呈现一番欣欣向荣的景象，又添设"缝纫专科班"实行半工半读，很得人们的称赞。

这时，蒋慕唐见城东乡间风气闭塞，欲提高平民女子知识和解除她们的痛苦，便在东关城郊，自己创办了一所"工读女校"。这是一所成人学校，实行半工半读，使贫民女子既可受到教育，又不须交一文学费，而且还有收入补助家庭。这所学校同样办得有声有色，学生越来越多。

蒋慕唐日以继夜地为这两所学校和妇女俭德会的事务操劳，常常忙碌一日，晚上拿开水将就泡碗饭，略塞饥肠。在这两所学校和妇女俭德会的工作中，蒋毅仁给了蒋慕唐很大的帮助。她会理财，懂会计，协助蒋慕唐管理两校的总务，她还是妇女俭德会的事务部部长。而会校正是俭德会的主要活动场所。蒋慕唐与蒋毅仁志同道合，工作上互相支持，感情上互相体贴，生活上她给蒋慕唐许多关心，两人成为挚友。

辛亥革命以后的那些年，湘西地方军阀混战，社会很不安宁。1920年，常德曾一度筹备自治。蒋慕唐因热心于妇女事业，在社会上有相当的威望，被推举为自治筹备委员会女界代表之一。因常常开会议事，她的活动也从教育进入到政治领域。

蒋慕唐经过十多年的奋斗，在常德社会上已有一些名望。1924年春，她夫家的家乡临澧县政绅两界联名写信给她，并派代表持信来常德，请她回临澧担任女校校长，她虽言现负两校之责，难于分身，但家乡意甚诚，只好答允。她将两校事务拜托蒋毅仁照应，然后聘请了数位教员，便去临澧就职。

想当年一挑行李，携一双儿女，凄然离别此地，而今在当地政绅两界邀请下返回桑梓主持女校。这十数年间，她流尽了多少泪水，耗费了多少心血，付出了多少辛劳！

这学校初办，亦有欣欣向荣的景象，可是事与愿违。在第二个学期的时候，湖南地方军阀之间的战争蔓延到这个小县城，弄得教师不敢来教课，学生不敢来上学。她作为校长还要为寄宿在学校里的女教师、女学生的安全担心，设法把她们送回家去。学校只好暂时停办。她辞了职，又回到常德，忙她的那两所学校的事去了。

这所学校至今还在，名临澧县第二高级小学。

向警予去法国后，还经常给蒋慕唐来信，介绍外边世界的一些新思潮；也寄来了她和蔡和森并坐阅读马克思著作的照片，还有她们一群女同志的合影。她远行万里，有了新的广大的天地，还不忘故旧，频通鱼雁，策励盟友，共同前进。向警予介绍蒋慕唐读《共产党宣言》《唯物史观》等书籍，蒋慕唐也就逐渐接受她介绍的这些新理论。她还读了《响导》《新青年》等书刊。由此，她的思想逐渐从民主主义思想进而发展到具有初步的社会主义思想。在1925年开始的大革命中，她就在当地宣传这些思想和宣传解放工农等革命主张。

1927年，蒋介石发动"四一二"反革命政变后，湖南军阀何键在蒋介石指使下于5月21日在长沙发动了"马日事变"，袭击湖南省工会、农会及其他革命组织，捕杀共产党人、国民党左派及工农革命群众。这个反革命浪潮很快就涌向常德。

蒋慕唐不是共产党员，但那些年她总是宣传向警予介绍给她的那些书里的共产党的思想和主张，而且总是办那些贫民女子的工读学校和工读班，所以她有嫌疑。她自己似乎也有被怀疑的感觉，从她的回忆录中"每向侄辈说，恐我一旦物化，无知之者，尔等须收捡吾躯"句来看，她好像也为自己可能被杀做好了思想准备。

"马日事变"后，丁玲母亲的教育生涯和社会活动都停止了，学校的事都由别人代替，其他的学校也都不聘用她，她不能不蛰居家中，苦闷极了，但她的思想一直是向往革命的。她也老了，这年五十岁。

她是一位非凡的女性。我常常想，如果没有我外祖母那样一个伟大的母亲，也就不会有后来的丁玲。

丁玲从小聪颖、灵巧、听话、懂事。

丁玲的父亲死了，这个家也就完了。她跟着她母亲去到常德住在她的三舅家，开始过着寄人篱下的生活。在这个家里，她们既不是主人，也不是仆人，而是客人。她的短篇小说《过年》，记述的就是当年这种寄人篱下生活的一个侧影。她写道：

（过年那天）直到快二更天了，才真的热闹起来。舅舅刚从罗家赶回来，赢了三百多吊现钱。一家人更笑脸相逢了。十斤的大蜡烛点起时，香炉里的檀香也燃起来了。影像前，观音菩萨前，天井角，所有的地方都为蜡烛光辉煌着，八盏吊灯也燃起来了。堂屋当中放得有一大盆炭火。铜的盆沿更闪起刺目的光。舅妈又从香儿屉子里取出一大包东西来，是有一万响声的炮仗。又拿出许多顶品放在一处，归老于来管这事。蒲团前面放的纸钱上，也由老大把那割了喉管的公鸡，来滴满了血。小孩，大人，底下人，都站满一堂屋，大家都静静的，满面放光。互相给与会意的笑。等到一切都预备妥帖了，舅舅就做了一个手势给强哥，于是强哥和毛弟就排排站在红毡前了。连同在前面的舅舅是刚成一品字。穿着水红百褶裙的舅妈就款步走到香几旁边，去举那黄杨木的磬锤来。锵的一下击中那铜磬时，老于手上的炮仗便劈劈拍拍的放起来。强哥们也已跪下了，在慢慢的叩首。小菡经了这热闹的、严肃的景象，她分析不出她的郁郁来。她望到舅舅舅妈就难过，她望到默然站在房门口的妈，她简直想哭了。这年又并不属于她，那为什么她要陪人过年呢？她悄悄的走回自己的房，把头靠在床柱上只伤心。炮仗震天价响，她只想在炮仗声中大喊，大叫。一颗小小无愁的心，不知为什么却有点欲狂的情绪存在了。

祖宗拜完了，神也敬完了，才又大家真的来拜年。于是才发现了小菡不在。妈喊了几声，都不见回答。妈又四处来找，才从她房里把她牵出来。她看见妈不抱她，又不难过，她简直在恨妈了。但当她替妈跪下去时，听见妈柔声说：

"小菡！听到啊，你又大一岁了，百事莫还要妈来为你担心才好。为了妈，放懂事些啊！"

眼泪又流出来了。她只是想拉过她妈来，倒在妈脚边哭，告诉妈，小菡一切都懂得，不要妈操心，小菡要发奋读书，要争气。但她又懂得，若真是这样，妈一定会骂她的，说她糊涂，所以她又隐忍着，磕下第二个头去，是给舅舅舅妈拜年。舅妈说："恭喜你呵！"她简直不知道是什么意思。[1]

小说里的小菡就是丁玲自己，她后来也曾用过"晓菡"为笔名。从这段描述中，可以看到这个小女孩，也就是我的母亲，在这个过年的热闹中的孤寂和无奈。不仅如此，在这寄人篱下的生活中，她还必须抑制自己的感情，时时懂事地克制自己，有着与她年龄不相符的乖巧与世故。

回顾丁玲的一生，她小时勉强表现出来的乖巧和世故，长大以后，在她的性格上并没有保持下来。要不，她的命运或许就是另一个样子了。

在丁玲的眼里，她的三舅是一个威严、高大、不可亲的人，她的三舅妈则是一个漂亮、伶俐、精明、干练的出色人物，走起路来款款袅袅，说起话来玲珑周到，可是在她那总是带笑的脸上常常透出掩藏不住的令她害怕的冷淡的神情。她不仅善于修饰，而且很懂得摆身份架子。他们根据他们所认为的伦理道德，顾念姐弟之情收留了她们母女；但她们是客人，她们并不属于这个家庭。在这个家庭里，丁玲幼小的心灵也体验到了人情的冷暖、事态的炎凉。然而，正是这样的生活环境，作为这个家庭的一个旁观者，丁玲在小小年纪时就长于观察。她回忆道：

> 我从小就喜欢观察人，那是因为我在当年封建社会里没有发言的权利，只能旁边听。我家庭的组成很复杂，真有点象《红楼梦》，我舅妈是一个道道地地的王熙凤；也有人搞枪，招兵买马，占山为王，这又有点象《水浒传》中的人物；也有书呆子和其他各种特色的人，所以我的家庭本身就是一部有丰富内容的小说。家里人都看我不起，因为我是女的，又穷又小，大小事都不让我参预。这就使我有了很好的条件，所谓旁观者清，我可以好好地在一旁观看，仔细考察。所以我对那个封建社会，那个摇摇欲坠即将垮台的旧社会，是确实有些体会的。[2]

这种不幸的寄人篱下的环境所造就的她在感情上的敏感与纤细，使她善于观察周围世界中的人，易于体验生活中的事。而这些，从文学的意义上来说，却是一个

---

[1] 丁玲：《过年》，《丁玲全集》第3卷。
[2] 丁玲：《我怎样跟文学结下了"缘分"》，《丁玲全集》第8卷。

作家所不可缺少的，为她日后的文学创作事业准备了条件。

在表兄妹的娇宠中，她也看到自己的不幸。她看到表兄妹逢年过节都穿新衣裳，就问她母亲，为什么不替她和弟弟做新衣穿。她的母亲告诉她："父亲不在了，应该穿孝。"同时勉励她，"你是个好孩子，要加紧读书，不要羡慕别人穿得好。你看那绣花枕头，外表好看，里面装的却是一堆糠。所以有学问是比穿戴打扮更重要的啊！"丁玲理解母亲的心，说："我不做绣花枕头，我要做一个有学问、有出息的人。"她用功读书，在小学从来都是第一名。

在丁玲三岁的时候，她母亲就教她读唐诗，依着她母亲的口述和讲解，她记下几十首，能背诵不错一个字。七岁的时候，她母亲又教她读《古文观止》《论语》等。

丁玲从小就喜欢读书。有几年，她的母亲住在学校，她独自住在她舅舅家。舅舅家的阁楼上有许多藏书，大多是她外祖父留下来的，也有她舅舅买的新式的书。她就钻到这些书堆里去了。这其间，有许多中国古典文学也有不少外国文学作品。

在母亲的启蒙下，丁玲从小接触文学作品，读了大量的书，使她从这些作品中吸取了文学的营养，很自然地掌握了许多文学的叙述、描写的方法和技巧，培养了丰富的想象力。这无疑对她后来走上文学创作道路有着最初的影响。

丁玲寄居在她舅舅家里，她的朋友不是她的表姊妹，而是舅舅家的丫鬟。她从小就同情那些受压迫、受凌辱的人，这也是她日后会走向革命的一个原因。

她的母亲也经常给她讲一些革命义士的故事。秋瑾的革命事迹是最喜欢讲的内容。秋瑾是丁玲的母亲最崇拜的人。秋瑾生于1875年，比她大三岁，是同时代的人。她的母亲还向她讲法国革命女杰罗兰的故事。受母亲的影响，丁玲从小就对封建社会很不满意，憧憬革命的新社会。这些女革命家的崇高的品质、非凡的勇气、坚贞不屈视死如归的精神，都深深地镌刻在丁玲的脑海中。

丁玲1918年夏天从常德女子小学毕业。

丁玲的母亲非常爱丁玲，尤其是丁玲弟弟夭折之后，母女相依为命。但是丁玲的母亲很少把爱表露在外，藉以培养丁玲自立和自强的精神。她对丁玲的要求也很严格，当有人夸奖她功课好、聪慧、伶俐、懂事时，她母亲总是淡淡地说："小时了了，大来未必。"也就是说，小时尚可，长大了是否仍好，还很难说。她用这样的话来勉励和督促女儿奋发向上。可是母女间的关系却是仿佛朋友一般。丁玲说："我们相互间树立一个民主制度,一切事情,我都有发言权——但我却很怕我的母亲。"[1]

丁玲的母亲在她那一代妇女中的确是非凡的。她从前清时代一个官宦人家、书香门第的小姐,成为一个具有民主主义思想和初步社会主义思想的我国早期妇女运动者;从一个旧式的、三从四德的地主阶级的寄生者,成为一个自食其力的知识分子、一个热忱于教育的工作者。她是一个勤奋、正直、热情、豁达的妇女,是一个具有坚韧不拔的性格和为公忘私精神的人。她一生的奋斗和她奋斗的精神,都深深地影响着丁玲,教育着丁玲。

丁玲的童年是不幸的,但又是有幸的。有幸的是她有着这么一位有理想,有毅力的母亲。她的母亲灌输她反封建的民主主义思想,教导她以一些女革命家为楷模,也通过讲故事,引导她读书,对她日后的文学事业起着启蒙的作用。而丁玲始终从她母亲一生奋斗的献身精神和坚忍不拔的性格中吸取营养,以有这样一位母亲而骄傲。

[1] 尼姆·威尔斯:《续西行漫记》。

◇图1：1904年，丁玲之父蒋保黔（字浴岚）摄于留学日本时
◇图2：1938年，丁玲之母蒋慕唐（名胜眉，字慕唐，原名余曼贞）摄于湖南常德

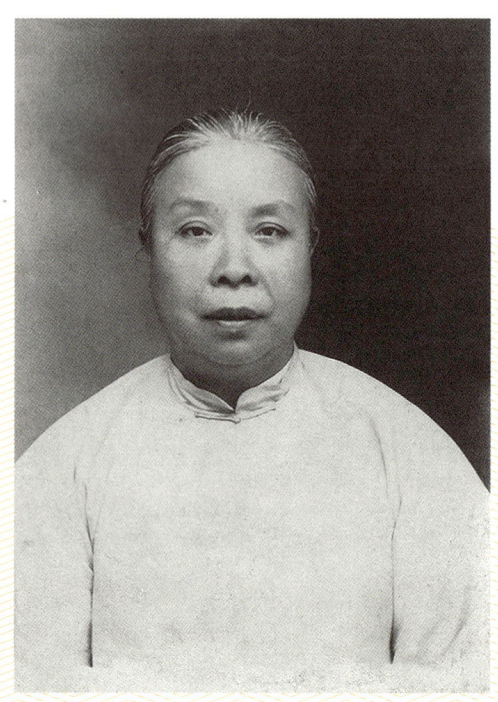

图1

图2

◇ 1921年重阳节，丁母蒋慕唐（右）与蒋毅仁（左）在常德

◇ 1918年，丁玲与弟弟蒋宗大在常德

第三章 "五四"运动的洗礼

1918年，丁玲十四岁，小学毕业了。暑假中，她母亲送她到桃源县考湖南省立第二女子师范学校。这是湖南省三所省立女子师范学校中的一所，创建于1912年，是湘西的最高女学府。

桃源县因桃花源而得名。桃花源离县城约二十里。晋代著名文人陶渊明在他的《桃花源记》里，藉此描写了一个与世隔绝，没有皇权，没有战乱，人人平等、自由的世界，寄托了他的乌托邦思想。

那时师范学校是政府供给开支，学生除交十元保证金外，学费与食宿、书籍、纸张都免费。保证金到毕业时退还。

丁玲1978年9月给孙女胡延妮的一封约一万字的长信（后来略加删节以《我的中学生活片断——给孙女的信》为题发表）里，回忆她的母亲送她入学的情景：

> 桃源县离常德约九十里，是乘轮船（小火轮）去的。学校的校舍很整齐，临沅江，风景很好，运动场也大，我非常高兴。我妈妈住了一天，把我托给学校的一个女管理员（像现在学校里的生活指导员），并且交给她一个金戒指。妈妈说没有钱交保证金（如果我考取了就要交十元保证金，这个保证金要到毕业时才能退还），这个戒指留下，如果我考取了，开学时，妈妈有钱就寄来；如果没有，就请这位女管理员朋友代卖代交；如有多的，就留给我零用。我难受了两天，因为我妈妈

> 只剩我一个女儿，这年春天我弟弟死了，妈妈是很伤心的。我怕她一个人时想我弟弟，心里很难过。但学校里很热闹，我同几十个等待考试的新生同住一个大屋子，所以很快就不那么忧愁了。
>
> 住了一个月才考试。同学们都很用功地准备功课，只有我比较爱玩。我常常在楼上寝室的窗口一站半天，从疏疏密密的树影中看沅江上过往的帆船，听船上人唱着号子。拉纤的、撑篙的船夫都爱唱，那些歌声拌着滔滔的江水和软软的江风飘到窗口，我觉得既神往，又舒畅。我喜欢在大运动场上散步。这个运动场周围都是参天大树……[1]

丁玲对入学考试自信心很足，因为她读的书多，比一般同学懂得多，在小学时，又经常是考第一名的，所以不把考试放在心上。不久就考试了，她果然考了第一名。

这时，她母亲却无钱寄来学校。那位管理员变卖了她母亲留下的戒指，交了保证金，把剩余的三元多钱给了丁玲，并嘱咐她不要乱花，说她妈妈生活很艰苦。丁玲拿着这三元多钱，想着她们母女相依为命的困苦生活，眼眶都红了，她小心地把这些钱放在床下的小木箱里，用换洗衣服压着。这钱，她一直没有花，在寒假回常德时才用了几角钱作路费。

在桃源女师，丁玲是一个经常受鼓励的学生。她这时的爱好比较全面，除作文常常只有八十多分外，其他功课都得一百分。她最喜欢数学，如果数学得了九十八分，她就会流泪，恨自己疏忽了。至于其他功课，那就不花什么脑子，随随便便就过去了，学期考试总得第一名。至于她的作文为什么只得八十多分，别的同学的作文分数比她多，她在给小延的这封信里回忆道："因为她们常常抄那些什么作文范本，所以文章条理好，字句通顺，之乎者也用得都是地方。我不愿抄书，都是写自己的话，想的东西多，联想丰富，文章则拉杂重叠，因此得分少，也不放在玻璃柜中展览。可是老师总喜欢在我的文章后面加很长很长的批语，这是那些得百分的人所羡慕，而且不易得到的。特别是学校的校长，一位姓彭的旧国会议员代课时，常常在我的文章后面写起他的短文来。他分析我的作文，加批，加点，鼓励很多，还经常说我是学校的一颗珍珠，但他也总是要说，我写得拉杂的原因是太快，字又潦草。他对我的批评，即使到现在，我看仍是有用的。"[2]

丁玲喜欢绘画。她画的每一张画，都会放在玻璃柜

[1][2] 丁玲1978年中秋节致孙女胡延妮信，《丁玲全集》第11卷。

里展览。她还代一些同学画，把每一张都画得稍微不同一点儿，好让老师看不出来是出于她一个人的手笔。这些画也常常被展出，名字虽不同，却都是她画的，她看到后，心里很是得意！她也喜欢唱歌和体育，班上的体育课，早晚做操和开运动会，都是她喊口令。

至于这一时期她的思想状况，她回忆道：

> 学生大半是中产阶级的子女。因为富有的人家，认为女子不需要读书，能找个有钱的丈夫就行。真正贫苦人家又连小学也进不去。这些中产人家的子女，学师范也还是只想有个出路，可以当小学教员。同学中有发奋的人，但那时所谓人生观、革命等等，头脑里都是没有的。我个人的思想，受我妈的影响，比较复杂一点。对封建社会、旧社会很不满意。有改造旧社会的一些朦胧的想法，但究竟该怎么改、怎么做，都是没有一定的道路的。[1]

第一学年快结束的时候，"五四"运动爆发了。

"五四"运动的革命风暴也席卷了湘西小城桃源，桃源女师沸腾了起来。三年级学生杨代诚（后改名王一知）、二年级学生王淑璠（后改名王剑虹）发起成立了桃源学生联合会。学生会组织学生上街游行示威，高喊"打倒封建主义！打倒帝国主义！""取消二十一条！""严惩卖国贼！"等口号，声援北京的爱国学生。学生们还上街抵制日货，并在公共场所当众烧毁收来的日货。学生会天天集会讲演，有全校的，也有各班自行组织的，宣传爱国，讨论时事，也讨论社会问题和妇女问题。

丁玲是这些活动的积极参与者，她还参加了学生会的工作。其实，在此之前，丁玲幼小的心灵就已从革命的运动中感受到了血的战栗。

一次是辛亥革命，时间虽短，在常德气氛还是很紧张的。当地的革命党人响应武昌起义，也点燃了起义之火，县城里彻夜响着枪声，以前科举应试的考棚成为战场。丁玲大姨父的弟弟就在考棚战死了，另有一个叔叔也被清兵杀死了，他们都是革命党人。对他们的死，家里亲戚们都很沉痛。

> 那些烈士的鲜血，好像苦水一样浸透了我周围大人们的心。在这样的时候，我小小的心灵也受伤了，感到有一

---

[1] 丁玲1978年中秋节致孙女胡延妮信，《丁玲全集》第11卷。

种说不出的痛苦和难受。然而，也就在这同时，我站在大人们的后面，看到了游行队伍的灯笼火把象天上的繁星一样，在我面前滚滚地冲过去。我跟着队伍蹦蹦跳跳，高兴得大叫大闹。我究竟能懂什么呢？我那时还小，但是那种国家要独立，民族要解放，人民要自由的气氛感染着我。就在这样的气氛底下，背负着旧时代的封建重压和痛苦，满怀着对于生活的未来和国家的希望，我一天天长大了。[1]

另一次是宋教仁被袁世凯爪牙刺杀。宋教仁是桃源人，那时丁玲的母亲在桃源教书，丁玲跟着她的母亲，在桃源的一个小学念书，年方八岁。学校要开追悼会，指名丁玲代表同学在台上讲话。她母亲为她写了稿子。这稿子写得很有感情，她念的时候，引起了全场的激动。这激动使她很受感染，她说："我觉得，这是我最初的，在心底埋下的一种从群众那里感染到的革命的激动。"[2]

所以当"五四"运动的浪潮涌来的时候，丁玲就积极地投入到这个活动中去。当时，学生会还动员剪辫子，破除封建旧俗。在那个时候，剪不剪辫子，是革新还是保守的标志。一日内全校有六十多人剪了发辫。她也剪了。学生会还办了贫民夜校，向附近的贫苦妇女宣传反帝反封建，给她们上识字课。她在夜校里教珠算。因为她年龄小，个头比讲台才高出一点儿，学生们都叫她"崽崽先生"。

"五四"运动激荡着丁玲的心灵，使她开始思考中国应走的道路和她自己应走的道路。她如饥似渴地寻找《新青年》和其他北京和上海出版的报章杂志来读，想从里面找出答案。

喜欢她的那位彭校长很不赞成学生的这些活动，有时也在会上讲话，但都被长于辩论的王一知、王剑虹所驳倒。彭校长见丁玲——他最喜欢的这个学生也跟着她们跑，直对她摇头叹气。他见劝说无效，就用提前放暑假的办法来破坏这个运动。放假了，多数人回家了，留在学校里的少数人也就闹不出什么名堂，于是丁玲也就回到了常德。

这位彭校长名彭施涤，其实也还是一位热心教育，为公忘私的教育家。他只是思想循旧保守，认为学生应只安于书斋，不问国事，跟不上革命运动的形势而已。

丁玲乘船从桃源回到常德。码头离她三舅家近，离她母亲的学校较远，她先去了她的三舅家。舅父一见她剪

[1] 丁玲：《解答三个问题》，《丁玲全集》第8卷。
[2] 丁玲：《死之歌》，《丁玲全集》第6卷。

了发辫,就怒火冲天:"哼!你真会玩,连个尾巴都玩掉了。"她舅母冷冷地说道:"身体发肤,受之父母,不可毁伤。"

她的三舅,在辛亥革命前后那段日子,原是思想比较先进的,主张维新、变革,支持丁玲的母亲进学堂,走上社会。但是后来他成了绅士,在地方上出头露面,有了一定势力,县官上任也得去拜访他,于是思想倒退了,保守了,复辟了。丁玲经过这场运动的洗礼,已然不像过去那样温顺。她直对三舅说:"你的尾巴不是早就玩掉了吗?你既然可以剪发在先,我为什么就不能剪发在后?"她三舅留学日本时,就曾剪去了发辫。回国后,他要出去见人时,就在帽子后面拖一条假辫子,那还是在前清时代。她又对三舅母说:"你的耳朵为何要穿一个眼?你的脚为何要裹得象个粽子?你那是束缚,我这是解放。"她的三舅和舅母气得两个眼睛瞪得好大,哼哼不已,只是不敢打她。丁玲就走出他们家,看她母亲去了。

丁玲的母亲听她讲学校里的各种事,很支持她的这些行为。原来在"五四"运动中,她母亲也领着自己的学生上街游行,举行各种反帝反封建的活动。她看见女儿有头脑,功课好,不乱花钱,不爱穿戴,非常喜欢。这时她的母亲刚刚辞去工薪较丰的县立女校的职务,去做几乎是尽义务的妇女俭德会办的女校的校长。她看母亲热心公益,为公忘私,向往未来,年虽已过四十,一生受尽磨难,却热情洋溢,青春饱满,也非常高兴、放心。母女俩心心相印。

"五四"运动的浪潮,使得丁玲不安于在桃源读书,而向往一个思想更活跃、更先进的地方。这时她向她母亲提出一个要求,希望转学到省城长沙的周南女子中学去。周南女中是湖南有名的学校,思想活跃、进步,提倡妇女解放。"五四"运动期间,这所学校的活动很有名。周南女中的校长朱剑凡曾是丁玲母亲在长沙念书的第一女子师范学校的校长。他是一位进步的教育家、热心公益事业的社会名流。他提倡妇女解放,毁家兴学,于1905年初创周氏女塾(1912年改名"周南女子师范学堂",后又改名"周南女子中学")。校址就是他家的花园。其中,亭台楼阁,大厅长廊,小桥流水,富丽堂皇,曲折多姿。蒋慕唐从心里同意女儿的要求,但有点儿犯难。因为这所学校是私立学校,要收学费、膳宿费、书籍纸张费。这对于只有微薄薪金的她,自然是问题,但是她考虑,一个人要为社会做事,首先得改革这个社会,如何改革这个社会,是今天必学的学问。一般师范学校的课程不能解决这个问题。周南女中要进步得多,那里有新思想。所以她仍答应了女儿,并且亲自送她去长沙。

回顾历史,的确从这所学校走出了一些中国共产党妇女运动的风云人物:向警予、蔡畅、杨开慧、丁玲等等。

丁玲到周南女中的当晚就进行考试,主考的是二年级语文老师陈启民,作文题目是:"试述来考之经过"。丁玲根本没有写这些来考经过之琐事,而是写了她对周南女中的希望,写了她的抱负;她是为求新知识而来,要寻找救国的道路,要为国家有人而学习。这篇作文,固然有些偏离题目,但却是一篇对周南女中寄予厚望,并且以天下为己任的有思想的文章。陈启民很是欣赏,立即批准她插班在二年级学习,并且关心地询问她过去学习的情况。丁玲高兴极了,认定这是个好老师,当晚就把这个印象告诉了母亲。她的母亲也很高兴,把她托给周南女中的管理员——她以前在第一女子师范学校的同学陶斯咏,第二天就匆匆忙忙赶回常德,忙她的学校开学的事去了。

陈启民又名陈书农,同毛泽东在湖南第一师范学校同学。他和陶斯咏(又名陶毅)都是新民学会会员。

新民学会是毛泽东、蔡和森、何叔衡等早期组织的革命团体,1918年在长沙成立,宗旨是"改造中国和世界",研讨俄国革命的经验,寻求改造中国的道路和方法,会员发展到七八十人。"五四"运动爆发后,组织和领导了湖南各阶层人民的反帝反封建的斗争。

在"五四"新文化运动的推动下,周南女中的语文课已是用白话文教学。陈启民是一个思想先进的教师,在学生中很有威信,学生们把他看作一个神圣的人物。他从陈独秀主编的《新青年》杂志上摘录文章来作教材,并且选一些有思想性的外国文学作品作教材,如都德的《最后一课》、莫泊桑的《二渔夫》等。以中国那时的社会情况、国家命运来看,这都是非常切合实际并能深深打动学生的心的文章。这两篇文章也是丁玲很喜欢的作品。陈启民对丁玲很好,给她很多帮助和鼓励。他说丁玲的一篇把陶渊明的《桃花源记》改为白话文的作文很出色,有《红楼梦》的笔法。一次,丁玲到他宿舍去玩儿。他问她要不要借书看,丁玲看了他书架上的文学书只有《二十年目睹之怪现状》未读,就借了这本。陈启民惊讶她读书之多,便推荐她读梁启超的《饮冰室文集》和吴稚晖的《上下古今谈》,说这样你的文章将会比较雄浑。他常常向丁玲介绍报纸上经他划了红圈圈的一些文章和消息,这都是省城和全国的一些重要的社会活动。通过读这些文章,丁玲的思想更开阔,更关注社会问题了。

陈启民鼓励丁玲多写，于是丁玲动手写诗歌和散文，第一学期就写了三本作文、五本日记，并且请陈启民指点。陈启民还把丁玲写的一首白话诗拿到报上去发表。从此，丁玲对文学真正发生了兴趣。正如她自己所回忆的："我年纪虽然只有十五岁，我已记日记，还写了几卷创作，这些创作从未刊行。我的诗发表在一张教员之一编的长沙报上。我现在记不起这些诗是写些什么，但当时看到登出，非常兴奋，兴奋得到夜里睡不着觉。""我对文学的兴趣大大地增加起来。"[1]

遗憾的是，这首刊之于报纸的白话小诗已难查询，终成佚文。

至于以前所喜欢的数学，则因老师不公平对待学生的缘故，她根本无兴趣去学。

在陈启民的影响下，大部分学生都喜欢国文，喜欢谈论社会问题。反封建成为那时的主要课题。在这样的气氛下，丁玲的思想更趋向于激进。

丁玲一直感谢陈启民对她的教导和鼓励。她回忆起那段生活时说："后来我在社会上四处碰壁，无路可走的时候，我会想起用一支笔来写出我的不平和对中国旧社会的反抗，揭露统治阶级的黑暗，一直到现在，使我有这支笔为中国人民服务，陈启民先生给我的鼓励是有作用的。"[2]

"五四"运动之后有一股复古的逆流。校长朱剑凡迫于形势，不得不把经常宣传"五四"精神的陈启民解职，换来了一位冬烘先生。丁玲看着这位不关心国家大事，咬文嚼字的冬烘先生，想着陈启民教她们读都德的《最后一课》和秋瑾的"秋风秋雨愁煞人"、范仲淹的"先天下之忧而忧,后天下之乐而乐"等名句时教室里的那种溶溶之气，想着和他在宿舍谈《今古奇观》《儒林外史》《红楼梦》，以及当时《新潮》上的一些时兴的白话文小说等时的情趣，心里感到十分地苦闷与惆怅。对她的作文、日记的鼓励也没有了，她虽然还常写点儿日记，却只有压在桌子的抽屉里，而不上交。所以，她就更沉湎于小说之中。

但是，丁玲并没有把自己关进书斋，在"五四"精神孕育下，她继续关注社会问题，探求改革社会的道路，并积极参与社会活动。

妇女解放，自然是丁玲和她的同学们所关注的一个问题，在当时男女不平等的社会制度下，妇女不仅要自立、自强，而且还必须争取与男子具有平等的权益。在当时的妇女解放运动中，"年仅十四岁的丁玲还到处游说，希望湖南有关当局承认妇女的平等权

[1] 尼姆·威尔斯：《续西行漫记》。
[2] 丁玲：《我怎样飞向了自由的天地》，《丁玲全集》第5卷。

益,使妇女享有合法继承权,当然都没有成功"。[1] 丁玲在她的回忆里则说得更为生动:"女孩子们对于政治方面,也极活跃。当湖南省议会召集会议,讨论新省法的时候,周南的女孩子们要求女子平等权,女子得有承受遗产权。议会不接受此项请求,全校学生就去包围会议厅,就用旗杆打他们。于是议会不得不答应加以采纳——但却永远也没有实现。"[2]

丁玲也关注教育问题。她回忆道:"英国教育家罗素来华讲演。他在长沙青年会讲了几次;我每次都去听。在听讲中认识了第一女子师范学校的几位同学,随她们到第一女师去玩,互相探讨教育问题。"[3]

伯特兰·罗素不仅是一个教育家,还是哲学家、数学家和逻辑学家。他受梁启超的新知讲演社邀请于1920年年底来华讲演,这时他刚结束访问苏联。他的讲演对当时中国的知识界很有影响。他在教育观点上主张自由教育,认为教育的基本目的应该是培养"活力、勇气、敏感、智慧"四种品质。在政治态度上,他反对侵略战争,主张和平主义,认为不用暴力,通过教育和启蒙也可达到革命的目的。听了这些讲演的感想,对于一个初出茅庐、十五岁的丁玲来说似乎也很简单:那时"许多著名的学者到长沙来演讲,我去听了杜威、罗素、吴稚晖等的演讲。杜威和罗素并不给我多少印象,但我也不批评他们,我只以为,只要他们是从国外来的,那他们一定是好的。那时,学生通常与进步的教员的意见相一致"[4]。也就是说,他们对丁玲的影响远不及她的新民学会会员老师陈启民、陶斯咏等。

丁玲参加的更为激烈,更为广泛的一次社会活动是"驱张运动"。她回忆道:"我们全校参加反对张敬尧的运动。是由学生会领导的。我们整队游行包围省政府。后来知道驱张运动也是由毛主席领导的。"[5] 张敬尧乃北洋皖系军阀,时任湖南督军。他在湖南进行残暴统治,激起民众不满。1919年9月,毛泽东以湖南学生联合会为基础,联络教育界、新闻界人士发动了驱张运动。同年12月,发动长沙教员、学生万余人总罢课,并派代表分赴北京、上海、衡阳等地扩大驱张宣传,造成了广泛的人民斗争的声势,并且利用地方军阀与张之间的矛盾。在人民斗争和湘军的进逼下,张敬尧被迫于1920年6月退出湖南。驱张运动取得了胜利。

1920年夏,丁玲因不满学校无理解聘陈启民,愤而退学。

丁玲对周南女中还是很有感情的,晚年回首往事时,

[1][2][4] 尼姆·威尔斯:《续西行漫记》。
[3][5] 丁玲1978年中秋节致孙女胡延妮信,《丁玲全集》第11卷。

对周南有颇多的叙述。周南学校也没有忘却丁玲，20世纪80年代初成立校友会，提议蔡畅为名誉会长，丁玲为会长。

1920年暑假，一些比较要求进步的学生，由男子第一师范学校的部分教员和毕业生协助，自己组织办了一个多月的暑期补习班。补习班设在王船山书院。这个补习班也是在毛泽东支持下办起来的，曾传说他要来讲课，但他始终没来。丁玲参加了这个补习班，参加的还有杨开慧、杨开秀（杨开慧的堂妹）等。丁玲就是这时知道毛泽东的。

王船山即王夫之，明末清初文人，曾随南明永历帝抗清，晚年居衡阳之石船山，故称船山先生。《永历实录》即为他所编撰。

丁玲回忆："暑期补习班结束之后，一部分人又都转读岳云中学。岳云是男子中学，这次接受女生在湖南是革命创举。我也进入岳云中学。一道去的有许文煊、周毓明、王佩琼、杨开慧、杨没累、徐潜等。"[1]

她们七个女孩子转入岳云中学读书，开湖南男女合校之先例，为众目所视之创举。毛泽东对杨开慧等人转入岳云读书之事亦极为称赞，说："男女共学，亦一新生面也。"

丁玲回忆在岳云的学习与思想："我那时忙于功课，因为岳云的功课要比周南紧些，特别是英语课完全用英语教授，课本是《人类如何战胜自然》，是书，而不是普通课本。文法也较深。虽然如此，但我对学习的前途，学什么，走什么道路，总是常常思考，愿意摸索前进，而且也仍然感到有些彷徨和苦闷。"[2]

"五四"运动对丁玲的人生道路产生了决定性的影响。她回顾道："这次运动给了我很大的启发，它把我从狭小的天地，即以为读书只是为了个人的成就，可以独立生活，可以避免寄人篱下，可以重振家声，出人头地的浅陋的思想境界中解放了出来，认识到应以天下为己任，要出人民于水火，济国家于贫困，要为中华祖国挣脱几千年来的封建枷锁和摆脱百年来半殖民地的地位而奋斗。"

1922年初，学校放寒假，丁玲回到常德，同母亲一起住在她的三舅家里。这时，王剑虹同她的堂姑王醒予来看丁玲的母亲和丁玲。她们的姐姐都曾经是丁玲母亲的学生，她们代表她们的姐姐来看丁玲母亲，并动员丁玲去

---

[1] 丁玲1978年中秋节致孙女胡延妮信，《丁玲全集》第11卷。母亲曾对我说，一同去的徐潜，是徐特立的长女。但母亲显然把名字记错了，应为徐静涵。徐静涵后来成为中共党员，在上海做地下工作，于1932年被捕，失踪，有女名徐舟。徐特立儿媳名徐乾，多年给徐特立当秘书，"乾""潜"音谐，母亲可能因此而记错。抗日战争期间，徐舟、徐乾都曾在延安自然科学院学习，与我同学。她们班次比我高，年龄也比我大，是为学长。作者注。

[2] 丁玲1978年中秋节致孙女胡延妮信，《丁玲全集》第11卷。

上海，进陈独秀、李达等创办的平民女学。王剑虹是四川酉阳人，酉阳位于四川、湖南、贵州三省交界的地方，离常德不太远。她的父亲王勃山是一个老同盟会会员，也是国会议员。王剑虹自幼丧母，这时家在常德。在桃源女师，她比丁玲高一年级；她的堂姑王醒予和丁玲同班。原来王剑虹这位"五四"运动中口才流利、善于宣传鼓动的学生领袖是从上海回来的。她也从桃源女师退学，然后去了上海，住在她父亲的熟人谢持家。谢持也是老同盟会会员、国会议员，后来成了国民党里的右派西山会议派的主要成员。王剑虹在上海没有进学校，认识了当时中国共产党做妇女工作的王会悟（李达夫人）、孔德沚（沈雁冰夫人）、高君曼（陈独秀夫人）等，还有国民党元老黄兴的夫人黄宗汉。她参加她们的工作，还为王会悟负责的刊物《妇女声》写过文章。

丁玲和王剑虹在桃源女子师范学校虽然相知，却从未说过话。丁玲对王剑虹的最初印象是："我们的教室，自修室相邻，我们每天都可以在走廊上相见。她好像非常严肃，昂首出入，目不旁视。我呢，也是一个不喜欢在显得有傲气的人的面前笑脸相迎的，所以我们从来都不打招呼。但她有一双智慧、犀锐、坚定的眼神，常常引得我悄悄注意她，觉得她大概是一个比较不庸俗，有思想的同学吧。"[1] 后来"五四"运动爆发了，王剑虹成了全校的领头人。这当然加深了丁玲对她的印象，觉得她"象一团烈火，一把利剑，一支无所畏惧勇往直前的队伍的尖兵"[2]。但她们两人仍没有说过话，丁玲总觉得她是"一个浑身有刺的人"。丁玲不知道王剑虹对自己的印象如何，心想：也许她觉得我也是一个不容易接近的人吧！不过，因为王剑虹的姐姐是丁玲母亲的学生，她自然会对丁玲有些了解。两年多来，丁玲几乎已经把她忘记了。但1922年初寒假的会见和以后短暂的接触却使她们一下子就有了很深的了解。这时，丁玲正对岳云中学感到失望，对人生的道路感到彷徨。她怀疑学校的培养、教育，就算将来能进大学，拿了大学文凭又怎么样？顶多做个平平庸庸的"书虫"。丁玲决定终止只差半年就可拿到毕业文凭的岳云的学业，同王剑虹冒险到一个熟人都没有的上海去寻找真理，去开辟人生大道。共同的社会革命理想、共同的人生追求，以及共同的文学志趣把她们联结在一起，两人从此成为生死不渝的挚友。

丁玲要去上海，遭到她三舅的反对。三舅说："不行，上海是个坏地方，那里你没有亲戚，身边没有大人，那怎么行。而且你十八岁了，明年毕业了，就回来完婚。"

[1][2] 丁玲1978年中秋节致孙女胡延妮信，《丁玲全集》第11卷。

原来，丁玲的母亲在丈夫死时曾经一度十分绝望，欲相从丈夫于地下，嘱咐曰："惟怜此女（丁玲）太作孽，愿将此女与弟做媳，情关手足，望善待之。"[1]她母亲知悉后便做主把丁玲许配给她的表兄余伯强。她三舅也遵母命应诺。

可是丁玲的母亲支持丁玲，她说："她去上海不是去学坏，她们是去寻找她们年轻人的理想，不是到十里洋场，花花世界去玩。她是要去找一盏明灯，找一条路，我们完全可以相信她。我自己的女儿，我就相信她，她到哪里我都放心。"丁玲三舅问："那婚姻问题怎么办？"丁玲的母亲说："婚约可以解除嘛。他们如果有感情他们就好，他们没感情就算了。这件事原是我们大人包办的。"丁玲三舅听罢很不高兴："你们对我们家不满意，那你们可以自由了。"

他这天请客，请了丁玲的母亲、丁玲的二舅和丁玲的一个表兄余嘉锡（长丁玲大约有二十岁，古文学学者、书法家），原是想借助他们劝阻丁玲去上海在家完婚的。这一闹一吵，中间人劝也劝不好，这婚约就这样吹了。

自此，丁玲的三舅更怨恨她们母女俩了。他自有他的想法，甚至委屈。他会认为，把丁玲许配给他家做媳妇，原是最先由丁玲母亲提出，现在她又提出解除婚约，反悔、爽约，他是在她们困难的时候将其收留。实际上这是一个思想问题，丁玲母亲的思想向前进了，认为时代不同了，应该让年轻人婚姻自主，包办婚姻是封建制度下的东西。可是丁玲三舅的思想却停留在封建的观念上。双方都有道理，丁玲的母亲占大道理，丁玲的三舅占小道理。

丁玲的三舅在家里的那种封建专制家长作风，也常使曾经寄居于他家数年的丁玲母亲委屈，而丁玲则更是备感压迫。得知婚约解除，丁玲自然高兴得不得了，她本就极不愿意在她三舅家做媳妇。经过"五四"运动，她更明确地认识到反封建礼教的意义，早就想解除这个婚约，挣脱这个束缚她的锁链。不过，她觉得表兄人也还是不坏的，但这是包办婚姻，而且他们相互间没有感情，理应反对，解除。

婚约是在过年前两三天解除的，两家关系不好，许多事情都不好办。丁玲的母亲心里想，要过年，马上搬走不好，毕竟是姐弟，以后还有来往，所以就留下来过年，打算过了正月十五元宵节以后再搬回学校。但没有等到元宵节，就发生了一场大的冲突。

冲突因一件小事而起，主要是丁玲三舅一肚子不满要发泄出来。一天，他请了几个朋友在后花园的几间屋子

[1]《丁母蒋慕唐回忆录》，《丁玲全集》第1卷。

里打牌，丁玲和来看她的王剑虹等几个女伴去后花园看花。第二天，他就发作了，大声责备丁玲的母亲："太不像样子了！怎么把她放任到这个样子。应该讲点规矩。这样像什么人家，男女不分，跑到后面抛头露面，太惯她了！"丁玲的母亲解释道："她们不知道后面有客人。"她三舅仍责备不已。这时丁玲从屋子里跑出来，向她三舅说："不准你说我母亲，对我有气，你就对我说。"她三舅就骂她："你上学读书读到哪里去了，读到狗肚子里去了？越来越不像话了。"丁玲就回嘴道："这家里谁男女不分，有人嘴里讲仁义道德，肚子里男盗女娼呢！"丁玲知道她三舅有些见不得人的男女关系上的丑事。她三舅一听就跳了起来，喊道："你再说，我就打你！娘亲舅大，我打不得你吗？"丁玲说："你打打试试，你打我，我就上街喊冤，让全城都知道你欺负我们孤儿寡母。"这一场大吵，丁玲卷着铺盖，搬回到她母亲在一座古庙里的学校去了，丁玲的母亲不好走，过了元宵节才回学校。

丁玲一住回古庙，就写文章骂她三舅这个"豪绅"。把他管理公益事业，从中捞钱（其实缺乏证据，多是猜疑），虐待用人，生活享受，和那些男女间事一起抖搂出来。那时常德有两家报纸，一家是地方办的，不登她的文章。她和王剑虹就到另一家《民国日报》（是上海《民国日报》的分社）。开始他们也不登，两个女孩子就说："你们这里不登，我们就拿到上海去，就说你们不肯登，不维护民众利益，在地方上不起作用。"报社畏于舆论只好登了丁文，但把丁玲的名字打了三个叉叉，把她三舅的名字打了三个框框，隐去了真名实姓。这篇文章一出来，她三舅就看到了，他向丁玲的母亲大发脾气，说："你们俩母女商量着登我一报！"他还指丁玲，说："她以后还回常德'吃饭'吗？"其实丁玲的母亲根本不知此事。

那一代青年中的先进分子反封建，大多是从封建的家庭里反起，都比较激进。在做法上常常是，不"过正"岂能"矫枉"。

丁玲从此再也没有进过她三舅的家门。丁玲的母亲和他们家倒还一直都有往来。

丁玲的三舅家土地不多，算不上是大地主，但是喜排场，入不敷出，家道也就逐渐中落。到抗日战争胜利时，他已无土地，在城里一所中学教书。所以，全国解放后，土地改革时给他划了个"自由职业者"成分。他死于1952年。在北京的丁玲的母亲获悉后，失眠两夜，于枕上咏悼亡诗四首。她对这个弟弟还是有感情的。

◇ 1919年，丁玲在常德

◇ 1923年，丁玲（左）与王剑虹（右）在常德

第四章 平民女学的生活

1922年2月，丁玲怀着一颗寻求真理的心和王剑虹从湖南常德前往上海，入平民女学读书。同去的还有王一知、王醒予、王佩琼、薛正源一行共六人。

在那个年代，上海被称之为"冒险家的乐园"。买办、帮会、地痞、流氓、娼妓遍布在这个号称"十里洋场"的城市。这里既有风险，也有诱惑。对于年方十八的丁玲来说，来到这样一个举目无亲的地方闯荡，的确需要些勇气。

母亲同我闲聊时，说过她那时在上海的一段奇遇。那是1922年夏天的事。她和王剑虹等四五个女孩子从平民女学的宿舍搬出来，另租了间房子住。房东是一个有钱人，有一部专用的、带铃铛的人力车，还配有车夫。住了几天，她们发现这位房东老爷每天吃过晚饭必坐人力车出去，深夜才回来，好奇心大发，于是决定跟踪他。一天夜晚，她们跟踪发现这位房东老爷进了一栋花园洋房，人力车就停在花园里。她们透过篱笆围墙的缝隙往里面看。这一看，把她们全惊呆了，只见在楼下布置成中式客厅的大厅里，这位房东老爷正跪在当堂，而高踞正堂交椅中的一位竟然是他的车夫，厅堂两旁还站立着几个彪形大汉。她们观看良久，看出好像是在审问这位房东老爷什么事情似的。直到夜深她们才往回走，走到半路，忽然听见铃铛响，回头一看，原来是房东老爷正坐在人力车上。老爷瞥了她们一眼，还有意地咳嗽了一声，人力车就跑到她们前面去了。她们想，糟了，被发现了。几个人一夜没有睡好觉，第二天一早就跑回平民女学述说这件离奇事。李达、王会悟等人说："你们大概是遇到青红帮，或是拆白党了。

还不赶快搬家,要不把你们卖了还不知道怎么被卖的。"于是几个人回去拿了行李就走,连预交的房租也没敢去退。

然而,上海也是中国无产阶级最集中的地方,在这里不断传播着先进的思想。就在她们来到上海的前七个月,中国共产党第一次代表大会在上海召开,中国共产党宣告成立。刚成立不久的中国共产党集中力量开展工人运动,并把妇女解放运动作为主要任务之一。陈独秀和李达商议在上海创办一所平民女学,以期培养妇运人才,开展妇运工作。

在帝国主义和北洋军阀统治下的上海,共产党处于秘密状态,不能公开办学,所以平民女学是以上海女界联合会名义办的。上海女界联合会会长黄宗汉是同盟会元老黄兴的夫人,在社会上很有声望,与陈独秀、李达及李达夫人王会悟都有交往。她很赞同办这所平民女学,并且赞助了部分课桌椅。但是上海女界联合会并没有派人参加办校工作。平民女学的主要负责人是李达,他的公开身份是校务主任,王会悟协助管理学校的行政事务。李达当时是中国共产党中央局宣传主任。

平民女学的校址设在上海南成都路辅德里632号A(今成都北路7弄42号和44号)。校舍不大,仅是一栋两楼两底的石库门房子。平民女学分设高级班和初级班,还有一个工作部,一共三十几个学生。丁玲和王剑虹、王一知、王醒予等六人都在高级班。在初级班的有钱希均等人。教员大都是在社会上有声望的共产党人。陈望道、邵力子、高语罕教她们语文,沈雁冰、沈泽民教她们英语,李达教她们数学,陈独秀教她们社会学、经济学、教育学等课程。另外,每周有两小时的讲演,由学校的教员轮流担任,讲的都是关于平民女子的切身问题。还有临时来讲一课的,如刚从苏联回来的刘少奇讲苏联的情况。在那年的马克思生日纪念会上,李汉俊讲马克思主义等。这样的讲演就一起听,不分班次。

丁玲进入平民女学,感到很新鲜。她本是想找一条社会革命的道路而来的,所以也就有趣地,生吞活剥地学着这些共产主义、社会主义、资本主义、帝国主义、唯物主义、唯心主义、形而上学、辩证法这些名词,只是既听不系统,自己也很难讲清楚。

平民女学上课不是很正规,教员都另有职业和社会活动,不能按钟点来上课,什么时间有空就什么时间来,于是讲课成了讲座。有时教员夜里来了,学生便从床上爬起来听课。平民女学表面上是一所学校，实际上还是共产党的一个秘密接头的地方，常常有人来找陈独秀、李达等人，来来往往的共产党人很多，一会儿这个来，一会儿那个来，有时还在这里开会，很是热闹。所以丁玲认识了不少早期共产党人，除了教她的上述教员外，还有：张太雷、施存统、刘少奇、张秋人、柯庆施等等。当时，沈泽民、张闻天、汪馥泉还搞了一个文学社，找丁玲等参加，大家兴致很好，但没能搞起来。

丁玲也热衷于平民女学组织的社会活动。在1922年上海工人罢工斗争中，丁玲和她的同学们打着"支持罢工"的旗子，到杨树浦、闸北的纱厂去宣传讲演。丁玲也讲演了，可是她的湖南话女工们听不大懂，张秋人就给她翻译，把她的话翻成上海话。张秋人是浙江人，后来担任中共浙江省委书记，"四一二"反革命事变后牺牲。她还和同学们一起去上海的闹市区贴标语，散传单，还拿着竹筒到马路上和一些娱乐场所门口为罢工工人募捐。她和同学们还参加了被湖南军阀杀害的爱国者庞人铨、黄爱的追悼会，以示抗议。

在一股革命热情的涌动下，丁玲和王剑虹、王一知等六个人实行"共产主义"，每个人都把从家里带来的钱拿出来，放在一起，由王醒予一个人管。她们生活得很融洽，因为她们有着共同的理想。她们还"废姓"，六个人都不用姓。丁玲从念小学起用名蒋伟，进周南女中后自己改"伟"为"玮"名蒋玮，现在就用她小时的名字"冰之"，王剑虹叫"剑虹"，王一知叫"一知"。可是，那个时代废姓麻烦得很，人家总是要问贵姓？她们说没有姓，人家又要问，为什么没有姓呢？她们就给他们讲道理，名字不过是人的记号嘛，何必要姓呢？不喜欢姓就不要姓嘛，用个代号就行了。但结果很麻烦，遇到的人总还是要问，还得一次次地解释，没办法，还是找个姓吧！丁玲嫌"蒋"字笔画太多，就找了个两画的字"丁"，就姓"丁"了，叫丁冰之。

关于平民女学，茅盾曾回忆："平民女学是党办的，目的是培养一批妇运工作者。最初设想，这个新事业必然大有可为，不料本地学生一个也没有，都是外地学生，有从湖南来的，其他地方也有几个，全校不过二三十人。要学英文的，是王剑虹、王一知和蒋冰之（丁玲）等六人，王剑虹是四川人，王一知和丁玲都是湖南来的，我教的就是这六个学生。""平民女学的教员都是尽义务的，当时陈独秀、陈望道、邵力子都去讲课，泽民从日本回来后也去那里讲过课。课程内容除了社会科学的一般常识外，也教文学、英语等,但主要是妇女运动。并无固定的教学大纲和教材,教员分到一个题目,准备一下(甚至不做准备)就去讲,因此所谓讲课,实际上是演说。"[1]

对于平民女学的学习和社会活动,开始时,丁玲和王剑虹都很有兴趣,认为这是革命。但是半年下来,她们觉得这样东跑西跑,东听一课,西听一课,有些浪费时间。语文课是讲"五四"以后的白话文,包括散文、短篇小说等,而这些作品她们老早就看过了。所以丁玲和王剑虹觉得还不如自己读些书。于是这年暑假后,丁玲和王剑虹就退学了,决定自学。而平民女学也只办了这半年。这时,李达应毛泽东的邀请,去湖南自修大学任教,平民女学改由蔡和森、向警予负责,但因缺少经费而停办了。

丁玲曾说:"我小时候的志向不是写文章,而是向往做个革命的活动家。"她怀着投身社会革命的热情来到上海,进了中国共产党办的平民女学,接触到不少早期共产党人,接受了他们的一些教导和影响,但是却离开了。其原因是多方面的,一方面如她所说:"当时共产党还很年轻,不很懂得怎样以革命道理来影响我们这些青年人,教育培养我们这些青年人。那时学校没有一个系统的教学计划,好像只是多搜罗几个人,多一些年轻人来背棍打旗,跑腿,壮声势,没有要我们认真地念书,很好的理解马克思列宁主义。"[2] 另一方面则是丁玲当时自己的思想情况。她虽然经过"五四"运动的洗礼,反叛封建礼教,崇尚社会革命,也认为共产党是好的,但同时充满了小资产阶级的不切实际的幻想,追求个性解放,个人自由,不愿受党的铁的纪律的约束。所以一度离开了革命的行列。

丁玲进入平民女学后同李达的夫人王会悟成了很好的朋友,同李达也有着亦师亦友的情谊。

平民女学停办后,她们六个从湖南来的女孩子也就风流云散了。王一知和施存统结婚,并于1922年加入了中国共产党,以后长期做地下工作,新中国成立后任101中学(北京的一所干部子弟学校)校长,行政八级。王醒予去吴淞中国公学读书,再去北京大学旁听,后来嫁给一个军阀,全国解放时自杀了。王佩琼和薛正源两个回湖南去了。

丁玲在给她孙女胡延妮的信里,在述及她们,以及在周南、岳云与她比较接近的女孩子们时,感慨地说:"历

[1] 茅盾:《文学与政治的交错》——回忆录(六),《新文学史料》1980年第1期。
[2]《丁玲同志答问录》,《新文学史料》1991年第3期。

史就是激烈的波涛，同是一样的女孩子，可是由于时代、环境、教育和个人的努力，各个人的生活途径都是不一样的。"[1]

丁玲和王剑虹，这两位自视颇高的少女，起初在上海自学了一些日子，后来因仰慕六朝遗迹，秋天就到南京去了。她们决定按照自己的理想去读书，去生活，自己安排自己在世界上所占的位置，自己遨游世界，不管它是天堂或地狱。她们两人租一间房同住，过着极度简朴的生活，如果能买一角钱一尺的布做衣服的话，也决不买两角钱一尺的布，没有买过鱼、肉，去哪里都是徒步，把省下来的钱全买了书。她们生活得很有兴趣，很有生气。

年底，丁玲和王剑虹回到了常德。

春天，丁玲跟她母亲回了一次临澧，一是为她父亲扫墓，二是为她出外求学向蒋家祠堂申请资助和向她的伯父要两百吊钱的债，因为丁玲要出外读书，她母亲没有钱供给。父亲死后，丁玲母亲卖房子卖田，由丁玲的伯父经手帮她们卖，卖了以后，伯父扣了两百吊钱，说是暂时用一用，以后还，一拖就是十四年。这两百吊钱那时可以折合七八十块钱，还要加上利息。蒋家有祠堂，每年都收很多谷子很多钱。凡是蒋家的子弟，到省城去读书的，祠堂每年可以补助十石谷子；凡是出省的，像丁玲这样去上海读书的，每年可以补助二十石谷子，大概合四十元钱，于是丁玲和她母亲向祠堂管事的伯父提出来，请求补助。她们先后在几个爷爷家里住过，表面上都招待得很好，还把丁玲的伯母姑母都请了来，说丁玲是蒋家的姑娘，大了有出息啊，称赞不已，面子上做得很好，亲热得很哪！但是，祠堂不补助女的；账呢，没有，两百吊钱就是要不回来。丁玲的母亲一生气，当众把借据撕了，说："这钱本是姓蒋的，我就不要你们蒋家的钱，看我们会不会饿死。"丁玲从此再没有回过临澧，她是对她临澧的这些蒋氏族人没有感情。也就是毛泽东所说的"世界上没有无缘无故的爱"吧！多年后，即使1954年丁玲回了一次湖南，去了常德，去了吉首，却没有去临澧。直到晚年，她想想，觉得对家乡也还是有感情的，对乡亲们的生活，也是挂念的，才回了一次临澧。

王剑虹一回到常德就生病，且一时未好，丁玲和她就暂时滞留在常德。春天，丁玲的母亲任校长的常德妇女俭德会的小学遭了火灾，校舍被毁。她决意修复，不使学校关闭，牺牲以往之心血。

[1] 丁玲1978年中秋节致孙女胡延妮信，《丁玲全集》第11卷。

她向县政府申请资助,向社会募捐,但都受到冷淡的对待,最后还是蒋毅仁拿出钱来先垫上用。丁玲和王剑虹对此很气愤,说"这干人真是冷血动物",表示:"这学期我们不出去了,自学,听你们俩领导,有用我们处,自当尽力。"[1] 她们四人同心协力,与恶劣环境奋斗,竟然使学校不到一个月就修复了。所以,丁玲和王剑虹延迟到 7 月才离开常德去往南京。

[1]《丁母蒋幕唐回忆录》,《丁玲全集》第 1 卷附录。

◇ 1923年，丁玲与母亲蒋慕唐在常德

第五章 丁玲与秋白

瞿秋白1935年2月24日在福建长汀水口被俘，6月18日牺牲于长汀县罗汉岭下。瞿秋白在囚禁长汀期间，写了一篇《多余的话》，此外还留有一份《未成稿目录》，写作时间注明："民国二十四年夏汀州"。[1]

《未成稿目录》中，分《读者言》与《痕迹》两个部分。

《痕迹》：1. 环溪。2. 大红名片。3. 父亲的画。4. 娘娘。5. 宁姐（以上《家乡》）。6. 黄先生。7. 出卖真理。8."饿乡"。9. 郭质生（以上《第一次赴俄》）。10. 丁玲和他。11."生命的旅伴"。12. 独伊。13. 误会（以上《上海》）。14. 蓝布袍子。15. 庐山（以上《武汉》）。16. 忆太雷（以上《一九二七年年底》）。18."老爷"。19. 忆景白。20. 面包问题。21. 夜工（以上《第二次赴俄》）。22. 油干火尽时。23."做戏"（以上《退养时期》）。24. 那松林的"河岸"。25. 真君潭（雪峰）。26. 只管唱，不管认。27. 淡淡的象（以上《苏区》）。28. 逃！29. 饿的研究。30. 不懂的（以上《上杭》）。31. 得其放心矣（《汀州》）。[原抄件无第17。]

就《痕迹》的三十个题目来看，乃是拟从家世开始，按时间顺序，通过他生活道路上与他关系密切的人与事，来忆述自己的一生。可惜，天不假年，未能完稿。

其中，第十个题目是《丁玲和他》。

"他"是谁？瞿秋白没有明说。一些文章有所猜测，有说是胡也频，有说是王剑虹。我以为都不是。若说是

[1] 转录自陈铁健《瞿秋白传》。

胡也频，瞿秋白同胡也频只有几面之缘，对胡知之不深，而且从时间顺序上看也不对；若说是王剑虹，则无须用"他"，完全可以直书其名，依常情常理亦应如此，何况，所用乃"他"，而非"她"。

我认为，《丁玲和他》中之"他"就是瞿秋白自己。因为瞿秋白和丁玲的关系的确非同寻常。

话从头说起。

如果在1923年的8月份丁玲和王剑虹不与瞿秋白相识，那么她们或许仍旧按照她们自己所选择的自修的道路走下去。正是瞿秋白来到她们中间，使她们的生活发生了重大的转折。

1923年8月20至25日，中国社会主义青年团在南京举行第二次全国代表大会，瞿秋白代表共产国际少共出席大会。瞿秋白生于1899年，江苏常州人，1920年作为北京《晨报》记者访问苏联，著有《饿乡纪程》和《赤都心史》，向国内介绍了苏联十月社会主义革命后的真实情况；1922年在苏联加入中国共产党；1923年1月从苏联回到北京，4月，经李大钊推荐，担任上海大学社会科学系主任，作为三十名代表之一（党员人数四百三十二人）参加了这年6月举行的中国共产党第三次全国代表大会。

同瞿秋白一起来南京参加社会主义青年团代表大会的还有丁玲和王剑虹在平民女学的老熟人施存统（时任青年团中央书记）、柯庆施（那时叫柯怪君，在青年团中央工作）。

丁玲在《我所认识的瞿秋白同志》一文中，记下了她和瞿秋白相识的情景和对瞿秋白最初的印象：

> 一天，有一个老熟人来看我们了。这就是柯庆施，那时大家都叫他柯怪，是我们在平民女子学校时认识的。他那时常到我们宿舍来玩，一坐半天，谈不出什么理论，也谈不出什么有趣的事。我们大家不喜欢他，但他有一个好处，就是我们没有感到他来这里是想追求谁，想找一个女友谈恋爱，或是玩玩。因此，我们尽管嘲笑他是一个"烂板凳"（意思是他能坐烂板凳），却并不十分给他下不去。他也从来不怪罪我们。这年，他不知从什么地方知道我们在这里，便跑来看我们，还雇了一辆马车，请我们去游灵谷寺。这个较远的风景区我们还未曾去过哩。跟着，

> 第二个熟人也来了,是施复亮(那时叫施存统),我们认为他是一个好人,他是最早把我们的朋友王一知(那时叫月泉)找去作了爱人的,他告诉我们他同一知的生活,他们已经有了一个女儿,这些自然引起了我们一些旧情,在平静的生活中吹起一片微波。后来,他们带了一个新朋友来,这个朋友瘦长个,戴一副散光眼镜,说一口南方官话,见面时话不多,但很机警,当可以说一两句俏皮话时,就不动声色的渲染几句,惹人高兴,用不惊动人的眼光静静的飘过来,我和剑虹都认为他是一个出色的共产党员。这个人就是瞿秋白同志。
>
> 不久,他们又来过一次,瞿秋白讲苏联故事给我们听,这非常对我们的胃口。过去在平民女校时,也请刘少奇同志来讲过苏联情况,两个讲师大不一样,一个象瞎子摸象,一个象熟练的厨师剥笋。当他知道我们读过一些托尔斯泰、普希金、高尔基的书的时候,他的话就更多了。我们就象小时候听大人讲故事似的都听迷了。[1]

从这段文字中的描述来看,在与瞿秋白的第一次见面中,丁玲对瞿秋白的观察是相当细微的,并且留下了极为深刻的印象,乃至五十八年后写来,瞿秋白的形象、神情仍那么逼真、生动。

丁玲与王剑虹初次见到瞿秋白后,就"都认为他是一个出色的共产党员"。丁玲与王剑虹当时都是心气颇傲、自视甚高的少女,在此之前她们也接触过一些共产党人,但似乎没有对谁有过这样的评价。

瞿秋白对丁玲和王剑虹这一年来东流西荡的生活与立志于自己奋斗的想法,都抱着极大的兴趣和赞赏。他鼓励丁玲与王剑虹随他们去上海,到上海大学文学系听课。丁玲和王剑虹起初有些犹豫,怀疑这可能是第二个平民女学,是培养共产党员的讲习班,但又不能认真地办。瞿秋白耐心地解释,说这学校要宣传马列主义,要培养年轻的共产党员,但这是一所正式的学校,如她们去文学系学习,可以学到一些文学基础知识,可以接触到一些文学上有修养的人,也可以学到一些社会主义。施存统和柯庆施也帮助劝说。于是丁玲和王剑虹决定前往上海大学,在瞿秋白他们走后不几天,就到上海去了。

上海大学的前身是东南高等专科学校,1922年秋,因师资缺乏、办校无方,引发学潮,师生一致请求国民党

---

[1] 丁玲:《我所认识的瞿秋白同志》,《丁玲全集》第6卷。

元老于右任出任校长。于右任任校长后，于1922年10月将学校改名为上海大学。上海大学最初设在闸北青云路一条叫青云里的弄堂里，校舍只有几栋石库门房子，既老又破，设备也很简陋，有一百来个学生，被人讥为"弄堂大学"。当时国共两党正酝酿合作，经李大钊推荐，1923年4月邓中夏担任该校总务长，主持校务；瞿秋白担任社会科学系主任。在这之后，学校的面貌才有所改变。也就是说，从这时起，上海大学实际上成为中国共产党培养干部的一所学校。它同时也是国共合作的一个产物。至1924年初，学生增至三百人，学校迁至西摩路（今陕西北路）。

上海大学的确为中国革命培养出了一批人才。曾先后在社会科学系学习的有：刘华、贺昌、秦邦宪、王稼祥、杨尚昆、李硕勋、杨之华、张琴秋、阳翰笙等等。康生（当时名张耘）也就读于此。在文学系学习过的有：丁玲、戴望舒、施蛰存等等。陈伯达也就读于文学系。他入学时，丁玲已离校。

丁玲和王剑虹进了上海大学文学系，住在校舍的一栋一楼一底的亭子间里，施存统、王一知夫妇住在隔壁，瞿秋白住在离学校不远的一座比较西式的楼房里。由于怕上海大学是第二个平民女学，既要办学又不能认真办的担心没有完全消除，丁玲与王剑虹是以旁听生的身份就读于上海大学。

上海大学虽是具有革命性的一所学校，但在当时的社会风气影响下，似乎还存在男女有别。施蛰存回忆道："每堂上课，总是男生先进教室，从第三排或第四排课桌坐起，留出最前的两三排让女生坐。待男生坐定后，女生才鱼贯入教室。她们一般都是向男同学扫描一眼，然后垂下眼皮，各自就座，再也不回过头来。只有当老师发讲义，让第一排的同学传给后排时，才偶尔打个照面。"丁玲和王剑虹也是如此。后来成为著名诗人和作家的戴望舒和施蛰存就坐在她们后面的第三排或第四排，同学半年，只看到她们的后脑勺。后来丁玲与施蛰存都成为作家，而且比较熟悉后，施蛰存有诗喻丁玲曰："六月青云同侍讲，当时背影未曾忘"。

在学校的生活中，尽管丁玲和王剑虹表面有些傲气，但她们是合群的，也是随和的。新年时，女生们排演一个戏，邀丁玲和王剑虹参加，她们俩表示支持，一口就答应了。可是在分配角色时一些人发生了矛盾，都不愿意演配角，戏里只有一两句台词的两个小丫头的角色，谁也不愿意演，丁玲和王剑虹就自告奋勇去演这两个小丫头，才平息了这场风波。她俩的戏虽说很少，可是她们的朋友瞿秋白、施存统、王一知看后却很为她们高兴，既为她们的演出，更为她们对待角色的态度。

上海大学文学系的课程比较正规，原来在平民女学的一些教员也在这里授课。陈望道讲古文，邵力子讲易经，沈雁冰讲西方古典文学，俞平伯讲宋词，田汉讲西洋诗等等。

可是，丁玲认为最好的教员却是瞿秋白，尽管瞿秋白并不在文学系授课。她回忆道："他几乎每天下课后都来我们这里。"于是，丁玲和王剑虹住的小亭子间就热闹了。瞿秋白谈话的面很宽，除了俄罗斯文学，他还讲希腊、罗马，讲文艺复兴，也讲唐宋元明，总之，古今中外，无所不谈。丁玲不仅感到他学识渊博，而且觉得他讲话的方式也与人有别。他不是对小孩讲故事，也不是对学生讲书，而是把她们当作同游者，一同游历上下古今，东南西北。瞿秋白是社会科学系主任，但他不同丁玲和王剑虹讲哲学，他只讲文学；他也不同她们讲社会科学的高深理论，却讲社会生活，讲社会生活中的形形色色。丁玲常常怀疑地自问：他为什么不在文学系教书，而在社会科学系教书呢？后来，瞿秋白为了帮助她们很快懂得普希金的语言的美丽，教她们读俄文的普希金诗作。他的教法很特别，稍学字母拼音后，就直接读原文的诗，在诗句中讲语法，讲俄文用语的特点，讲普希金用词的美丽。为了读一首诗，要记二百多个生词，记许多语法，但由于诗，这些生词，这些语法，就好像完全地记熟了。当丁玲和王剑虹读了三四首诗后，她们自己简直以为已经掌握了俄文。

瞿秋白这年二十四岁。一个青年男子，"几乎每天下课后"，都来两位少女的住处，当然是很不寻常的。由志趣相投，到情有所钟，自然会演绎出一段爱情故事。

丁玲回忆道：

> 冬天的一天傍晚，我们同住在间壁的施存统夫妇和瞿秋白一道去附近的宋教仁公园散步赏月。宋教仁是老同盟会的，湖南人，辛亥革命后牺牲了的。我在公园里玩得很高兴，而且忽略了比较沉默或者有点抑郁的瞿秋白。后来，施存统提议回家，我们就回来了，而施存统同瞿秋白却离开我们没有告别就从另一条道走了。这些小事在我脑子里是不会起什么影响的。
>
> 第二天秋白没有来我们这里，第三天我在施存统家里遇见他，他很不自然，随即就走了。施存统问我："你不觉得秋白有些变化吗？"我摇头。他又说："我

问过他，他说他确实堕入恋爱里边了。问他爱谁，他怎么也不说，只说你猜猜。"我知道施先生是老实人，就逗他："他会爱谁？是不是爱上你的老婆了。一和是一个很惹人爱的，你小心点。"他翻起诧异的眼光看我，我笑着就跑了。

我对于存统的话是相信的。可能瞿秋白爱上一个他的"德瓦利斯"，一个什么女士了。我把我听到的和我想到的全部告诉剑虹，剑虹回答我的却是一片沉默。于是我们的小亭子间寂寞了。

过了两天，王剑虹对我说：住在谢持家的（谢持是一个老国民党员）她的父亲要回四川，她要去看他，打算随他一道回四川，她说，她非常怀念她度过了童年时代的四川酉阳。我要她对我把话讲清楚，她只苦苦一笑："一个人的思想总会有变化的，请你原谅我。"

这是我们两年来的挚友生活中的一种变态。我完全不理解，我生她的气，我躺在床上苦苦思磨，这是为什么呢？两年来，我们之间从不秘密我们的思想，我们总是互相同情，互相鼓励的，她怎么能对我这样呢？她到底有了什么变化呢？唉！我这个傻瓜，怎么就毫无感觉呢？……

我正烦躁的时候，听到一双皮鞋声慢慢地从室外的楼梯上响了上来，无须我分辨，这是秋白的脚步声。不过比往常慢点，带点踌躇，而我呢，一下感到有一个机会可以发泄我几个钟头来的怒火了。我站起来，猛地把门拉开，吼道："我们不学俄文了，你走吧！再也不要来！"立刻就又把门猛然关住了。他的一副惊愕而带点傻气的样子留在我的脑际，我高兴我做了一件有趣的事，得意地听着一双沉重的皮鞋声慢慢地远去。为什么我要这么恶作剧，这完全是无意识无知的顽皮。

我无聊地躺在床上，等着剑虹回来，我并不想找什么，却偶然翻开垫被，真是使我大吃一惊，垫被底下放着一张布纹信纸，在上密密地写了一行行长短诗句。自然，从笔迹，从行文，我一下就可以认出来是剑虹写的诗。她平日写诗都给我看，都放在抽屉里的，为什么这首诗却藏在垫被底下呢？我急急地拿来看，一行行一节节。呵！我懂了，我全懂了，她是变了，她对我有隐瞒，她在热烈地爱着秋白。她是一个深刻的人，她不会表达自己的感情，她是一个自尊心极强的人，她可以把爱情关在心里，窒死她，她不会露出来让人议论或讪笑的。我懂得她，我不生她的气了，我只为她难受。我把信揣在怀里，完全为着想帮助她，救援她，惶惶不安地在小亭子间里踱着。至于他们该不该恋爱,会不会恋爱,他们之间能否和谐,能否融洽,能否幸福,还有什么不妥之处,在我的脑子里没有生出一点点怀疑。剑虹呵!你快回来呵!我一定为你做点事情。

她回来了,告诉我已经决定跟她父亲回四川,她父亲同意,可能一个星期左右就要成行了。她不征询我的意见,也不同我讲几句分离前应该讲的话,只是沉默着。我观察她,同她一道吃了晚饭,我说我去施存统家玩玩,丢下她就走了。

秋白的住处离学校不远,我老早就知道,只是没有去过。到那里时,发现街道并不宽,却是一排比较西式的楼房。我从前门进去,看见秋白正在楼下客堂间同他们的房东——一对表亲夫妇在吃饭。他看到我,立即站起来招呼,他的弟弟瞿云白赶紧走在前面引路,把我带到楼上一间比较精致的房间里,这正是秋白的住房。我并不认识他弟弟,他自我介绍,让我坐在秋白书桌前的一把椅子上,给我倒上一杯茶。我正在审视房间的陈设时,秋白上楼来了,态度仍和平素一样,好像下午由我突然发出来的那场风暴根本没有一样。这间房以我的生活水平来看,的确是讲究的,一张宽大的弹簧床,三架装满精装的外文书籍的书橱,中间夹杂得有几摞线装书。大的写字台上,放着几本书一些稿子、稿本和文房四宝;一盏笼着粉红色纱罩的台灯,把这些零碎的小玩艺儿加了一层温柔的微光。

秋白站在书桌对面,用有兴趣的、探索的目光,亲切的望着我,试探着说道:"你们还是学俄文吧,我一定每天去教。怎么,你一个人来的吗?"

他弟弟不知什么时候走开了。我无声地把剑虹的诗慎重地交给了他。他退到一边去读诗,读了许久,才又走过来,用颤抖的声音问道:"这是剑虹写的?"我答道:"自然是剑虹。你要知道,剑虹是世界上最珍贵的人。你走吧,到我们宿舍去,她在那里,我将留在你这里,过两个钟头再回去。秋白,剑虹是我最好的朋友,我不忍心她回老家,她是没有母亲的,你不也是没有母亲的吗?"秋白曾经详细同我们讲过他的家庭,特别是他母亲吞火柴头自尽的事,我们听时都很难过。"你们将是一对最好的爱人,我愿你们幸福。"

他握了一下我的手,说道:"我谢谢你。"

等我回到宿舍的时候,一切都如我想象的,气氛非常温柔和谐,满桌子散乱着他们写满字的纸张,看来他们是用笔谈话的。他要走了,我从桌子前的墙上,

> 取下剑虹的一张全身像，送给了秋白，他把像揣在怀里，望了我们一眼，就迈出我们的小门，下楼走了。
>
> 事情就是这样，自然，我们以后常去他家玩，而俄文却没有继续读下去了。她已经不需要读俄文，而我也没有兴趣坚持下去了。

事情的结局就是这样，王剑虹成了瞿秋白的第一位妻子。

1977年1月上旬，我去探望住在太行山下嶂头村的母亲。在这之前，母亲已遭受了二十年的苦难。1957年她被定为文艺界"反党集团"的首要分子、"右派"，随后在北大荒生活了十二年，"文化大革命"中又被投入位于北京郊区的秦城监狱，在经历了五年之久的牢狱之灾后，戴着"右派""叛徒"两顶帽子流放于此。

我在嶂头逗留的七八天里，每天都同母亲谈到深夜，有几天竟谈到鸡叫头遍。在一支微弱的烛光下，母亲娓娓地向我述说她的一生。此时此地，此情此景，我感到母亲急于把她一生的经历都告诉我。她那时还难以预料她自己就一定能够活着等到重见天日，也不知道今后还有多少这样的可以和我倾心相谈的机会。

有一天谈到她和瞿秋白之间的事，她若有所思地稍稍停顿了一下，随之说道："其实，那时瞿秋白是更钟情于我，我只要表示我对他是在乎的，他就不会接受王剑虹。"她又说，"我看到王剑虹的诗稿，发现她也爱上瞿秋白时，心里很是矛盾，最终决定让，成全她。"

母亲向我说到她把诗稿拿给瞿秋白看时的情景："瞿秋白问：'这是谁写的？'我说：'这还看不出来吗？自然是剑虹。'他无言走开去，并且躺在床上，半天没说出一句话来。他问我：'你说，我该怎样？'我说：'我年纪还小，还无意爱情与婚姻的事。剑虹很好。你要知道，剑虹是我最好的朋友，我不忍心她回老家去。你该走，到我们宿舍去……你们将是一对最好的爱人。'我更向他表示：'我愿意将你让给她，实在是下了很大的决心的呵！'他沉默了许久，最后站起来，握了一下我的手，说道：'我听你的。'"

我听后，实在觉得这是一个纯洁、高尚而又凄婉的爱情故事。

我问她："你说自己年纪还小，无意于爱情与婚姻，这是真话吗？"

她说："当然不是真话。瞿秋白是我那几年遇到的最出色的一个男子，而且十分谈得来。不过也有一点是真的，就是在这以前我的确无意于恋爱，我觉得应该多读点书，立足于社会。"

我有些不解:"为什么要做出这样的自我牺牲呢?要让呢?"

她答:"我很看重我和王剑虹之间的友谊,我不愿她悲伤,不愿我和她之间的友谊就此终结。"

我问:"那么王剑虹当时知道瞿秋白更钟情于你吗?"

她答:"我想,她或许不知道。但婚后,我想,她定会知道的。"

母亲说这些话时,语气淡淡的,平淡地述说着这件往事。

我还有些不解,我问母亲:"为什么瞿秋白会更钟情于你呢?"

母亲摇摇头:"说不清楚,或许是气质、性格方面的原因。"我想,可能是这样的,感情方面的事大概是有一些说不清、道不明的原因。

一年后,我的妻子李灵源带着女儿小延去嶂头看望母亲,母亲也向灵源述说了她与瞿秋白和王剑虹之间的这件事。其实灵源已从我这里知晓,母亲也应知道这点。

母亲还把瞿秋白所刻的送她的图章交给灵源,说:"就交给你们保存下去吧!"灵源听此话,心里顿时一愣,觉得母亲似乎是在交代后事似的。她接过了图章,心里十分难过。

母亲于1979年底开始写《我所认识的瞿秋白同志》这篇文章,完稿于1980年1月2日。关于这件事,文中的一些文字与她向我所述的是不一样的。母亲不愿吐露她和瞿秋白之间的这段隐情。但在文章中仍不自觉地留下了些许说明他们之间有着不同寻常的感情的文字,尽管做了某些与真实情况不同的书写,说了不少"多余的话",仍然留下了一些蛛丝马迹。从而引起一些读者与研究者的猜疑。看来,为了掩饰这一隐情,母亲是很动了一番脑筋的。但其结果是,除非不真实地写,若要真实地写出一个她所认识的真实的瞿秋白,而又欲掩饰其中某些部分,那实在是一件不容易的事。

上海大学发展很快,学生不断增加,寒假时搬到西摩路(现陕西北路),这里校舍宽敞。丁玲也随瞿秋白和王剑虹一起住到学校附近的慕尔鸣路(现茂民路)。丁玲本欲去学校宿舍,但瞿秋白和王剑虹一定要她和他们以及施存统一家住在一处。这是一栋两楼两底临大街的弄堂房子。施存统、王一知住在楼下统厢房,中间客堂间作餐厅;瞿秋白的弟弟瞿云白住在楼上正房,瞿秋白、王剑虹住在统厢房后面的一间小房间里，统厢房放着他的几架书。丁玲住在过街楼的小房里。娘姨阿董住厨房上面的亭子间。这屋里九口之家的生活、吃饭等，全由瞿云白当家。丁玲按学校的膳宿标准每月交给他十元钱，王剑虹也是这样，别的事她们全不管，这自然是瞿秋白的主张，也是他精心的安排。

瞿秋白的工作是十分繁忙的，除了上海大学的教务，他还是中共上海区委员会的执行委员，参与上海党组织的领导工作。1923年8月底，鲍罗廷受共产国际委派来到中国，促进国民党改组和国共两党合作，瞿秋白既参与高层决策，又担任鲍罗廷的翻译。但"也常眷恋着家"，丁玲回忆："他每天写诗，一本又一本，全是送给剑虹的情诗。也写过一首给我，说我是安琪儿，赤子之心，大概是表示感谢我对他们恋爱的帮助。剑虹也天天写诗，一本又一本。"[1]

丁玲和瞿秋白与王剑虹都保持着纯真的友谊，她回忆道：

> 我不知道他（瞿秋白）怎样支配时间的，好像他还很有闲空，他们两人好多次到我那小小的过街楼上来坐谈。因为只有我这间屋里有一个烧煤油的烤火炉，比较暖和一些。这个炉子是云白买给秋白和剑虹的，他们一定要放在我屋子里。炉盖上有一圈小孔，火光从这些小孔里射出来，象一朵花的光圈，闪耀在天花板上。他们来的时候，我们总是把电灯关了，只留下这些闪烁的微明的晃动的花的光圈，屋子里的气氛也美极了。他的谈锋很健，常常幽默的谈些当时文坛的轶事。他好像和沈雁冰、郑振铎都熟识。他喜欢徐志摩的诗。他对创造社的天才家们似乎只有对郁达夫还感到一点点兴趣。我那时对这些人、事、文章，以及文学研究会和创造社的争论，是没有发言权的。我只是一个小学生，非常有趣地听着。这是我对于文学上的什么浪漫主义、自然主义、写实主义，以及为人生、为艺术等等所上的第一课。那时秋白同志的议论广泛，我还不能掌握住他的意见的要点，只觉得他的不凡，他的高超，他似乎是站在各种意见之上的。[2]

瞿秋白希望丁玲和王剑虹都走文学的道路。这是他自己十分向往的，但是作为一个职业革命家却又是不容易实现的。他从不把他的客人引上楼来，也从不同丁玲和王剑虹谈他的工作，谈他的朋友，

[1][2] 丁玲：《我所认识的瞿秋白同志》，《丁玲全集》第6卷。

谈他的同志。

丁玲在这个时期，更读了大量外国文学作品，她原来追求社会革命应有所行动的热情慢慢转到了对文学的欣赏与思考。她开始觉得文学不只是消遣的，而是对人有启发的。她好像悟到了文学于社会的作用的问题，虽仍是理解不够深，有点朦朦胧胧。

这时，施存统来征求丁玲的意见：是否愿意参加中国共产党，如果她有这个意愿，他愿意介绍她入党。丁玲去征求瞿秋白的意见。瞿秋白没有正面答复她，却毫不思考的昂首答道："你么，按你喜欢的，去学，去干，飞吧，飞得越高越好，越远越好，你是一个须要展翅高飞的鸟儿，嘿，嘿嘿，就是这样……"[1]

丁玲曾说过，如果瞿秋白是一个普通党员，是一个对她没有很深了解的党员，那他一定会说，很好，我支持你入党。但是，瞿秋白不是这样的一个党员。他看出了丁玲在文学上的天分和潜在的才能，而且希望丁玲走他虽然向往却在当时不可能实现的文学道路。因为他深知当时党内的情况。

刚成立不久的中国共产党，那时还没有认识到文学在革命中的作用。真正认识到文学在革命中的作用是到了1929年时的事。1924年前后，在共产党内实际上还存在一种轻视文学乃至排斥文学的气氛，认为共产党员首先是要做党的实际工作。这或许可以被理解为是当时时代的要求。在这样的气氛下，如果一个共产党员要把文学作为正业，那么势必会同党组织的要求发生矛盾。

早期共产党员郑超麟曾回忆中国共产党早期派往苏联学习的留学生内部在这方面的情况："旅莫支部中当时造成一种气氛，仿佛说：我们来莫斯科是要学习革命，不是要学习学问的。我们要做革命家，不要做学院派。支部领导并不明白地反对文学，却鄙视文学青年，以为这些人不能成为好同志。"所以，郑超麟等几个在法国勤工俭学又爱好文学的青年，于1923年春天转学到莫斯科东方大学后，见此情况，就都把文学书"收起来了，绝口不谈文学"。这批留学生中的主流派，回国后大多在党内担任要职，他们这种思想情绪自然会在党内产生影响。郑超麟还说到党内这种状况下的瞿秋白，他说："瞿秋白自己不搞文学活动,但支持蒋光赤（即蒋光慈）从事文学活动。"[2]

我想，这就是为什么当丁玲问瞿秋白她是否要入党时，瞿秋白却说了"你么，按你喜欢的，去学，去干……

[1] 丁玲：《我所认识的瞿秋白同志》，《丁玲全集》第6卷。
[2] 郑超麟：《郑超麟谈蒋光赤》（郑晓方记录），载《新文学史料》1990年第3期。

你是一个须要展翅高飞的鸟儿"那么一番话。瞿秋白似乎也没有鼓励王剑虹加入中国共产党，夫妻半年，王剑虹到死也还只是一个党外人士。

丁玲没有加入中国共产党，当然主要还是自身的原因。她虽然接受了"五四"运动的洗礼，参加了反帝反封建的斗争，反叛旧的礼教，但她同时也充满了小资产阶级种种不切实际的幻想，她追求个性解放、个性自由，担心加入组织后纪律的约束。虽然先后进了共产党办的平民女学和上海大学，但对共产主义仍缺乏明确的认识，而"对某些漂浮在上层、喜欢夸夸其谈的少数时髦的女共产党员中的几位熟人有些意见"，也妨碍她与党组织的进一步靠拢。

再者，她对当时共产党实行的国共合作采取党内合作的形式，即要求共产党员、共青团员一律加入国民党的政策有些不赞成，她有一次曾同我说："我那时对共产党要求党员参加到国民党里去也有不赞同的看法，也影响到我加入共产党的愿望。"她的这一态度，可能受了李达的一些影响。李达就是持此种观点，认为这"模糊了阶级意识"，从而也使他萌发脱离党的念头。[1] 丁玲本就看不上国民党，可是现在共产党却要自己的党员加入到国民党里去。她不想做国民党员，也因此动摇了她对共产党的看法。

也就在嶂头村母亲同我谈瞿秋白的那个晚上，我问母亲："好像有一个说法，说你在上海大学时，同瞿秋白的弟弟瞿云白'非常友好'，发生了恋情。我以前仿佛从哪本书上看到过，这是真的吗？"

我的确读过这么一篇文章，那还是在延安保小学习的时候，从学校图书馆里借来的一本书里看到的，天长日久，这本书的名字、这篇文章的名字及其作者都忘记了，只是包括这件事在内的一些内容却深深地留在脑海里。20 世纪 70 年代末，翻阅一本由每日译报社于 1938 年出版的名为《女战士丁玲》的书，只一翻，就觉得十分眼熟，想起来四十年前读的就是这本书，其中 Earl H. Leaf 著的《丁玲——新中国的先驱者》里就说了这回事。

母亲摇摇头，不加思索肯定地说："没有这样的事，这是谣传。"

母亲似乎觉得这样的谣传很可笑，她继续说道："我那时自视很高，怎么会看上瞿云白。他那时只是个替瞿秋白管家的角色，并没有多少趣味。"

[1] 宋镜明：《李达》，中共一大代表丛书，河北人民出版社 1997 年出版。

丁玲多年来写过好几篇纪念瞿秋白的文章，那都是以纪念一位党的领袖人物、一位党的先烈的语气来写的。即使在《我所认识的瞿秋白同志》一文中，写出了作为一个普通人的瞿秋白，但在她自己与瞿秋白的交往上，仍适度地把握住"谦逊"。这当然是由于后来地位的悬殊和考虑到现实的社会影响。其实，在她同我谈她与瞿秋白的这段交往时，从她的语气，给我的印象是，在她的心目中，他们是平等的朋友，说到瞿秋白时也是只呼其名"秋白"。母亲的这种态度，在一次访谈[1]时，流露了出来："瞿秋白，我们觉得还是可以与之聊天的。"这样的随问即答的访谈，往往即答时缺少缜密的思考。这不是什么如有人说的：是"后来傲气十足地说"，而是真实情况的吐露。

丁玲当时比较崇拜的人物是李达和向警予。李达那时已是一个著名的马克思主义学者，著有众多宣传社会主义的文章，而且丁玲同他们夫妇，尤其是他的夫人王会悟有着很好的私交。而对于向警予，则是从小就有的，随着向警予成为一位女革命家，丁玲对她的崇敬也就更为深化。另外，施存统那时的名气还比瞿秋白要大一点儿。

时光流逝，丁玲就生活在这个"九口之家"的狭小的圈子里。她觉得王剑虹渐渐在变，变得沉入爱情，脱离人世，这不是她所希望和喜欢的。她的心正因此而倍感寂寞，她向往着广阔的世界，她也怀念起另外的旧友。她常常有一些新的计划，而这些计划却只密藏在心里。她眼望着逝去的时日，深感惆怅。

暑假将到的时候，丁玲向瞿秋白和王剑虹提出要回湖南看望母亲，而且她已经同在北京的周敦祜、王佩琼等约好，看望母亲之后，就直接去北京求学。周、王是丁玲在周南女中的同学，也是一同从周南转学到岳云中学的。丁玲提出这个意见后，瞿秋白和王剑虹"没有理由反对，他们同意了，然而，却都沉默了。都象是有无限的思绪"[2]。

其实，丁玲从"让"的那一时刻起，就预示着她必然要离开瞿秋白和王剑虹，慕尔鸣路的"九口之家"的生活，是瞿秋白和王剑虹对她生活的关切、心情的体谅，但这样的生活却是不可能长久的，丁玲也不可能在这样的氛围里长期生活下去。

我曾经问母亲为什么要离开上海，因为当时的上海大学也还是比较理想的，有一些有名望的教员，而且上课比较正规，为何要到一个前途未卜的北京去呢？她回答："我既然成全了王剑虹，也就想离开他们，既然走，就走

[1]《丁玲早年生活二三事》，《新文学史料》1986年第2期。
[2]丁玲：《我所认识的瞿秋白同志》，《丁玲全集》第6卷。

得远一点。"

丁玲回忆她离开上海时的情景：

> 我走时，他们没有送我，连房门也不出，死一样的空气留在我的身后。阿董买了一篓水果，云白送我到船上。这时已是深夜，水一样的凉风在静静的马路上漂漾，我的心也随风流荡："上海的生涯就这样默默的结束了。我要奔回故乡，我要飞向北方，好友呵！我珍爱的剑虹，我今弃你而去，你将随你之所爱，你将沉沦在爱情之中，你将随秋白走向何方呢？……"[1]

这离别的情景的确是迥异寻常的。许多读者对此不解，有些研究者，依不同的猜测，做出种种的推论，或曰，因情之深，别之痛，不忍经受那种"泪沾襟"的离别情景；或曰，瞿秋白和王剑虹愧对丁玲。我想，在我把这之间的真实情况写出来之后，是无须再对此多做解释的了。

丁玲怀着一种复杂的心情登上了西行的轮船，既有展翅高飞的壮志和对前途的新的梦想，也有回顾往事时的伤感与惆怅：

> 长江滚滚向东，我的船迎着浪头，驶向上游。我倚遍船栏，迴首四顾，这是我有生以来第一次独自长途跋涉，我既傲然自得，也不免因回首往事而满怀惆怅。十九年的韶华，五年来多变的学院生活，我究竟得到了什么呢？我只朦胧的体会到人生的艰辛，感受到心灵的创伤。我是无所成就的，我怎能对得起我那英雄、深情的母亲对我的殷切厚望呵！[2]

人的思想、感情是复杂的。丁玲采取了无私的勇敢之举成全了王剑虹，然而她所做出的自我牺牲却也使她自己的心灵受到了创伤。

"朦胧的体会到人生的艰辛"的丁玲回到了她的母亲身边。丁玲的母亲敏锐地觉察出女儿的心态与以前回家时的不一般，她在自己的回忆录中写道："不日女回，吾心甚慰，惟伊悒悒不乐，非复往日之态度。"故而"吾不胜忧虑，对伊百般体贴，任其所欲，曲尽慈母之职，殷

---

[1][2] 丁玲：《我所认识的瞿秋白同志》，《丁玲全集》第6卷。

勤如育幼孩，常常把伊拥抱怀中，或供她郊外闲逛。她欲研究古乐，即为伊置笙笛琵琶等，又找善于此乐者共同研究。每至夕阳西下，则弦索叮咚，清风拂面，月色溶溶，花馨馥馥。"[1]

丁玲依傍在她的母亲身旁，享受着母女难得相聚在一起的那一点点幸福。蒋慕唐的学校放假了，只有她们母女留在空廓的校舍里。往事已成过去，新的生活还没有到来。母亲在幽静的、无所思虑的闲暇之中度着暑假。

大约回家半月，她收到王剑虹的来信，说她病了。丁玲尚在上海的时候，王剑虹身体就有些不适，她自己并不重视，也没有引起瞿秋白、丁玲或旁人的注意。丁玲收到信后，虽感不安，但未引起重视，以为过些天就会好的。只是："瞿秋白却在她的信后附写了如下的话，大意是这样：'你走了，我们都非常难受。我竟哭了，这是我多年没有过的事。我好像预感到什么不幸。我们祝愿你一切成功，一切幸福。'"[2]

这短短的附记给丁玲的印象很深，她在文中写道："我对他的这些话是不理解的，我对秋白好像也不理解了。"是否真的不理解呢？我想不会是真的。

有些读者对瞿秋白的"附言"，有所不解，有所猜测。

有了母亲向我说的那段"隐情"，瞿秋白在信后的附言"你走了，我们都非常难受。我竟哭了，这是我多年没有过的事"就得到了解释。否则，一个成熟的男子为了一个朋友的离去（还不是永别），哭什么呢？而且还是多年没有过的事。

又过了半个月，丁玲忽然收到王剑虹的堂妹从上海发来的电报："虹姊病危，盼速来沪！"

千般思虑，万般踌躇，丁玲决定重返上海，匆匆忙忙独自奔上惶惶不安的旅途。

我到上海以后，时间虽只相隔一月多，慕尔鸣路已经完全变了样子，"人去楼空"。我既看不到剑虹——她的棺木已经停放在四川会馆。也见不到秋白。他去广州参加什么会去了。

瞿秋白用了一块白绸巾包着剑虹的一张照片，就是他们定情之后，我从墙上取下来送给秋白的那张。他在照片背后题了一首诗，开头写着："你的魂儿，我的心"。这是因为我平常叫剑虹常常只叫"虹"，秋

[1]《丁母蒋慕唐回忆录》，《丁玲全集》第1卷附录。
[2] 丁玲：《我所认识的瞿秋白同志》，《丁玲全集》第6卷。

白曾笑说应该是"魂",而秋白叫剑虹总是叫"梦可"。"梦可"是法文"我的心"的译音。诗的意思是说我送给了他我的"魂儿",而他的心现在却死去了,他难过,他对不起剑虹,他对不起他的心,也对不起我……

我看了这张照片和这首诗,心情复杂极了,我有一种近乎小孩子的感情。我找他们的诗稿,一本也没有了;云白什么也不知道,是剑虹焚烧了呢?还是秋白密藏了呢?为什么不把剑虹病死的经过,不把王剑虹临终前的感情告诉我?就用那么一首短诗作为你们半年多来的爱情的总结吗?慕尔鸣路我是不能再呆下去了!我把如泉的泪水,洒在四川会馆,把沉痛的心留在那凄凉的棺柩上,我象一个受了伤的人,同剑虹的堂妹们一同坐海船到北京去了。我一个字也没有写给秋白,尽管他留了一个通信地址,还说希望我写信给他。我心想:"不管你有多高明,多么了不起,我们的关系将因剑虹的死而割断。……"[1]

王剑虹短暂的如花年华就此终结,年方二十二岁。作为"五四"运动中涌现出的一位先进女性,是始终值得为后人崇敬的。她的名字,除了瞿秋白在临就义前郑重地留了一笔之外,尚存留于丁玲的多篇回忆文章里。

丁玲曾想因王剑虹的死而终结同瞿秋白的友谊,然而这友谊却未能割断。

初到北京的丁玲,欢快地生活在旧友与新友之中。至于同瞿秋白的交往,她回忆道:

我倘佯于自由生活,只有不时收到的秋白来信才偶尔扰乱我的愉悦的时光。这中间我大约收到过十来封秋白的信。这些信象谜一样,我一直不理解,或者是似懂非懂。在这些信中,总是要提起剑虹,说对不起她。他什么地方对不起她呢?他几乎每封信都责骂自己,后来还说,什么人都不配批评他,因为他们不了解他,只有天上的"梦可"才有资格批评他。那末,他是在挨批评了,是什么人在批评他,批评他什么呢?这些信从来没有直爽地讲出他心里的话,他只把我当作可以了解他心曲的,可以原谅他的那样一个对象而絮絮不已。我大约回过几次信,淡淡地谈了一点有关剑虹的事,谈剑虹真实的感情,谈她的文学上的天才,谈她可惜的早殇,谈她给我的影响,谈我对她的怀念。我恍惚地知道,此刻我所谈的,并非他所想的,但他现在究竟在想什么,

[1] 丁玲:《我所认识的瞿秋白同志》,《丁玲全集》第6卷。

> 为什么所苦呢？他到底为什么要那么深的嫌厌自己、责骂自己呢？我不理解，也不求深解，只是用带点茫然的心情回了他几封信。

瞿秋白写给丁玲的被她称之为"谜"似的十来封信,应是写于1924年的9月、10月、11月这三个月的时间内。至于上面引文中，丁玲对瞿秋白信中深深责备自己的缘由的"猜测"："那末，他是在挨批评了，是什么人在批评他，批评他什么呢？"，我以为即使有批评的话，也不会是革命工作方面的批评，因为瞿秋白从不和她谈他工作上的事，而且这时在工作上也无不顺之处，他不久即当选为中央委员和中央局委员。呈现给丁玲面前的自责，应是来自于生活方面的事。

那年我在嶂头的时候，母亲就向我讲过，瞿秋白在给她的信里说："只有天上的梦可和地上的冰之才有资格批评他。"1980年1月，我读《我所认识的瞿秋白同志》一文后，同母亲说起这篇文章，我说："这句话，你只写了一半。把后面的'和地上的冰之'隐去了。"她点点头："是的。"当然，这无须再问下去，她的用意是很明白的。

母亲逝世不久，我在《新文学史料》上看到一篇题为:《早年生活二三事》的丁玲访谈录。[1]其中有："瞿秋白说只有两个女子最了解他，能批评他，一个是天上的女子王剑虹，一个是世上的女子杨之华"句。

这句话几经修改成了这样。为隐去她与瞿秋白之间那段短暂的超乎友情的感情，在文中，将真实的"只有天上的梦可和地上的冰之才有资格批评他"改为"只有天上的梦可才有资格批评他"。这倒也说得过去。而为了平息她那篇文章发表后出现的猜疑与议论，而再在访谈时作如此的修改，岂不是有画蛇添足之多余。因为瞿秋白给丁玲的这些信中并未说到杨之华，丁玲与杨之华在上海时也无交往，而且她当时也并不知道瞿秋白和杨之华恋爱并于这年11月底结婚，瞿秋白如何会在这些信里向她如是说。

丁玲与瞿秋白在北京有过一次会面：

> 是冬天了，一天傍晚，我走回学校，门房拦住我，递给我一封信，说："这人等了你半天，足有两个钟头，坐在我这里等你，说要你去看他，地址都写在信上了吧！"我打开信，啊！原来是秋白。他带来了一些欢喜和满腔希望，这回他可以把剑虹的一切，死前

[1]《丁玲早年二三事》,《丁玲全集》第10卷。

的一切告诉我了。我匆匆忙忙吃了晚饭，便坐车赶到前门的一家旅馆。可是他不在，只有他弟弟云白在屋里，在翻阅他哥哥的一些什物，在有趣的寻找什么，后来，他找到了，他高兴的拿给我看。原来是一张女人的照片。这女人我认识，她是今年春天来上海大学，同张琴秋同时入学的，剑虹早就认识她，是在我到上海之前，她们一同参加妇女活动中认识的。她长得很美，与张琴秋同来过慕尔鸣路，在施存统家里，在我们楼下见到过的，这就是杨之华同志。……。一见这张照片我便完全明白了，我没有兴趣打问剑虹的情况了，不等秋白回来，我就同云白告辞回学校了。……我没有再去前门旅舍，秋白也没有再来看我，我们同在北京城，反而好像不相识者一样。

又过了一个多月，我忽然收到一封从上海发来的杨之华给秋白的信，要我转交。我本来可以不管这些事，但我一早仍去找到了夏之诩同志。夏之诩是党员，也在我那个补习学校，她可能知道秋白的行踪。她果然把我带到当时苏联大使馆的一栋宿舍里。我们走进去时，里边正有二十多人在开会，秋白一见我就走了出来。我把信交给他，他一言不发。他陪我到他的住处，我们一同吃了饭，他问我的学习，问我的朋友们，问我对北京的感受，就是一句也不谈王剑虹，一句也不谈杨之华。他告诉我他明早就返上海，云白正为他准备行装。我好像已经变成了一个老人，静静的观察他。他对杨之华的来信一点也不表示惊慌，这是因为他一定有把握。他为什么不谈到剑虹呢？他大约认为谈不谈我都不相信他了。那末，那些信，他都忘记了么？他为什么一句也不解释呢？我不愿再同他谈剑虹了。剑虹在他已成为过去了！去年这时，他是一种怎样的情景，如今，过眼云烟，他到底有没有感触？有什么感触？我很想了解，想从他的行动中来了解，但很失望。晚上他约我一同去看戏，说是梅兰芳的老师陈德霖的戏。我从来没有进过北京的戏院，那时北京戏院是男女分坐，我坐在这边的包厢，他们兄弟坐在对面包厢，但我们都没有看戏。我实在忍耐不住这种闷葫芦，我不了解他，我讨厌戏院的嘈杂，我写了一个字条托茶房递过去，站起身就不辞而别，独自回学校了。[1]

---

[1] 丁玲：《我所认识的瞿秋白同志》，《丁玲全集》第6卷。

王剑虹逝世三个多月后，瞿秋白同杨之华于1924年11月底正式结婚。婚礼在常州瞿氏宗祠举行，还在报上登了启事，颇为轰动。但从瞿云白翻出一张照片，即杨之华的照片给丁玲看，丁玲"一见这张照片我便完全明白了"来看，丁玲并不知道瞿秋白和杨之华的这些事情，至少在此以前不知晓。

也就在嶂头的那天夜晚，母亲向我说："我明白之后，为了王剑虹（我想，或许也有一点点为了她自己），对瞿秋白不免有些许怨气，同时也不免认为瞿秋白有些薄悻（在谈话中，"薄悻"二字出现过两三次）。"但是她又说："我也能理解秋白，知道他又实在是藏有秘在心头的隐恨。"

瞿秋白因受上海反动当局通缉，于1924年12月初秘密来到北京，于1925年1月初回到上海出席1月11日至1月22日举行的中共第四次代表大会，此次在北京逗留约一月。

在着笔写母亲和瞿秋白之间曾有过的这一点点极其短暂的不同寻常的感情时，坦诚地说，我是非常犹豫和十分踌躇的。因为这是违背母亲的心意的。但是面对她那篇文章发表后所出现的种种猜测与议论，心想不如把我之所知，陈述如文；再说，这毕竟是历史，是她的一段历史。

那以后，丁玲和瞿秋白五年多没有见面，也不通音信。在这五年里，两人都有许多的变化。

瞿秋白在1925年1月11日至22日举行的中国共产党第四次全国代表大会上被选为中央委员和中央局委员，当时党员人数约九百九十余人；在1927年4月29日至5月9日举行的中国共产党第五次全国代表大会上被选为中央政治局委员。他主持了1927年8月7日的党中央紧急会议，结束了陈独秀机会主义在党内的统治，一度成为党的最高领导人。但在1927年冬至1928年春，因犯盲动主义错误，他受到了共产国际和党内的批评。1928年他去莫斯科主持与参加了中国共产党第六次全国代表大会，继续当选为政治局委员，会后留在莫斯科担任中国共产党驻共产国际代表团团长。1930年夏天，他从苏联回到国内，同周恩来一起主持召开了扩大的六届三中全会，停止了危害党的李立三的"左"倾错误。然而不久，在1931年1月7日召开的扩大的六届四中全会上，瞿秋白受到米夫、王明的打击，被开除出政治局，排斥于中央领导之外。

丁玲于1927年底和1928年初先后发表了短篇小说《梦珂》和中篇小说《莎菲女士的日记》，"震惊了一代文艺界"，步入文坛。她并且以瞿秋白和王剑虹为原型创作了长篇小说《韦护》，发表于 1929 年。为什么把小说中的男主人公取名韦护，丁玲说："韦护，是秋白的一个别名。他是不是用这个名字发表过文章我不知道。他用过屈维陀的笔名。他用这个名字时对我说过，韦护是韦陀菩萨的名字，他最是疾恶如仇，他看见人间的许多不平就要生气，就要下凡去惩罚坏人，所以韦陀菩萨的神像历来不朝外，而是面朝着如来佛，只让他看佛面。"

我母亲和我的父亲胡也频于 1925 年在北平结婚，1928 年初从北平迁居上海。回想母亲三年前离开上海时，还是一个前途未卜的女学生，而今重返上海时，已是一位颇负盛名的女作家。他们在 1930 年 5 月参加了中国左翼作家联盟。

1927 年大革命失败以后，中国共产党转入地下状态，瞿秋白又处在党的领导核心，丁玲自然不可能知道他的情况。第一次知道他的信息，是 1930 年夏天，胡也频参加党在上海召开的一个会议，在会上见到瞿秋白。瞿秋白托他带一封信给丁玲，信如过去一样，字仍写得工工整整、秀秀气气，对丁玲关切很深，信末赫然署着"韦护"二字。这时，大约是瞿秋白刚从苏联回到国内，主持召开中共六届三中全会的时候。

丁玲没有回瞿秋白的信，也无法回他的信，对他这些年在政治斗争中的处境也无从知晓。但过了大约四五个月，却意外地见到了瞿秋白。

> 但在阳历年前的某一个夜晚，秋白和他的弟弟云白到吕班路我家里来了。来得很突然，不是事先约好的，他们怎么知道我家地址的，至今我也记不起来。这突然的来访使我们非常兴奋，也使我们狼狈。那时我们穷得想泡一杯茶招待他们也不可能，家里没有茶叶，临时去买又来不及了。他总带点悒郁，笑着对我说："士别三日，当刮目相看，你现在是一个有名的作家了。"他说这些话，我没有感到一丝嘲笑，或是假意的恭维。他看了我的孩子，问我有没有名字。我说，我母亲替他取了一个名字，叫祖麟。他便笑着说："应该叫韦护，这是你又一伟大作品。"我心里正有点怀疑，他果真喜欢《韦护》吗？而瞿秋白却感慨万分的朗诵道："田园将芜，胡不归！"我一听，我的心情也沉没下来了。我理解他的心境，他不是爱《韦护》而是爱文学。他想到他最心爱的东西，他想到多年来对于文学的荒疏。那末，他是不是对他的政治生活有些厌倦了呢？后来，许久了，当我知道一点他那时的困难处境时，我就更为他难过。我想，一个复杂的人，总会有点偏，也总

会有点失。在我们这样变化激烈的时代里，个人常常是不能左右自己的。那时我没有说什么，他只仍然带点忧郁的神情，悄然离开了我们这个虽穷，却是充满了幸福的家。他走后，留下一缕惆怅在我心头。[1]

也就在瞿秋白来访后不到一个月，丁玲的生活发生了骤变。丈夫胡也频于1931年1月17日被国民党当局逮捕，并于1931年2月7日英勇就义。丁玲勇敢地踏着烈士的血迹前进，在严酷的白色恐怖下，毅然担负起创办"左联"机关刊物《北斗》的重任，并担任其主编。

这时，瞿秋白匿住在上海中国地带旧城里的谢澹如家，只有冯雪峰知道这个地址，并与他联系。这期间，他同鲁迅合作领导革命文艺运动。瞿秋白对丁玲主编《北斗》的工作，给以很大的支持。他用司马今等笔名，写《乱弹》，从《北斗》第一期起连载。《乱弹》的内容涉及很广，对当时的社会的腐败、黑暗，加以讽刺，给予打击。这些稿件由冯雪峰带给丁玲。丁玲从他那里才又了解到一些瞿秋白的情况。

这期间，丁玲在鲁迅家里遇见过瞿秋白一次。可是，他们之间的谈话，"完全只是一个冷静的编辑和一个多才的作家的谈话"。丁玲对瞿秋白的处境本应有所关心，但她无从说起；瞿秋白对丁玲的遭遇应该有所同情，但他也噤若寒蝉。两人心灵上都有伤痛，都不愿触动伤痛的弦。

1932年3月，丁玲的入党仪式在上海南京路大三元酒家的一间雅座里举行，瞿秋白代表中央宣传部出席并讲了话。

此后，丁玲于1933年5月被国民党特务机关绑架。这一事件激起国内外社会上的强烈抗议，而国民党当局却矢口否认，一时丁玲下落不明。

瞿秋白根据党中央的决定，于1933年底离开上海，并于1934年1月到达中央苏区瑞金，担任苏维埃中央政府教育部长。

1934年10月，中共中央机关和红军主力撤离苏区，开始长征。当时的"左"倾路线执行者决定瞿秋白留在苏区。以瞿秋白那样患有肺病的身体状况，显然是不适合留在苏区打游击的。瞿秋白终于1935年5月20日，在福建长汀县被俘，并于1935年6月18日牺牲于长汀罗汉岭下。

瞿秋白被囚禁长汀期间，《福建日报》记者李克长曾

[1] 丁玲：《我所认识的瞿秋白同志》，《丁玲全集》第6卷。

访问过他，并将访问记录以《瞿秋白访问记》为题，发表于1935年7月8日《国闻周报》第十二卷第二十六期。其中：

> 问：鲁迅、郭沫若、丁玲等与共产党之关系若何？
>
> 答：……丁玲原为上海大学学生，我当时有一爱人，与之甚要好，故丁玲常在我家居住。丁玲适时尚未脱小孩脾气，常说，"我是喜欢自由的，要怎样就怎样，党的决议的束缚，我是不愿意受的。"我们亦未强制入党，此时仍为一浪漫的自由主义者，其作品委甚为可读。与胡也频同居后，胡旋被杀，前年忽要求入党，作品非愈普罗化，然似不如早期所写的好。[1]

从这一段话看，瞿秋白迷惑敌人，保护丁玲的用心是再明显不过的了。短短几句话，他一再强调，丁玲是"喜欢自由的"，不愿受党的决议的束缚，"此时仍为一浪漫的自由主义者"，而且"作品非愈普罗化"。正如前述，瞿秋白参加了1932年3月丁玲的入党仪式，明知丁玲已是共产党员，却说："前年忽要求入党"，首先故意混淆时间，此刻所说的前年，乃1933年，比丁玲入党时间晚了一年，且为被捕之年，那年5月丁玲就被捕了。其次，只说："忽要求入党"，而究竟入党了没有亦含糊其词。丁玲被绑架，或言被捕后，中国民权保障同盟曾发起声势浩大的营救活动，许多报刊也刊登这样那样的有关丁玲的消息，当时身处上海的瞿秋白不可能不知道。他也知道，这个访问记会公之于众。瞿秋白在自己生命的最后时刻，仍用心良苦地竭力保护身陷囹圄的丁玲。

"文化大革命"中，瞿秋白因《多余的话》被斥责为叛徒，一时间，《多余的话》被刊印在红卫兵和造反派编的小报上广为传播。我那时看到过一份小报上的《多余的话》，其结尾处有这么一段文字：

> 秉之也不知在何处，她是飞蛾扑火，非死不止。

我一看，就明白是说我母亲无疑；而且，这样的文字对于我来说，只看一遍，就可牢记终生。因为，在此之前，母亲就向我讲过，瞿秋白曾说她是"飞蛾扑火，非死不止"，也就是总是勇于追求真理、

[1] 转录自陈铁健《瞿秋白传》。

追求革命的意思。

我对这句话的理解是："秉之"，即"冰之"也。"秉"，"冰"音谐。这个误写，或许是翻印的错误，或许是瞿秋白有意的误写，"冰"以"秉"讳之。我以为更多的可能属后者。母亲被国民党特务机关绑架后，在一段时间里，生死不知，下落不明，故有"秉之也不知在何处"句。

可惜，因多次迁徙、搬家（包括从上海迁北京），这份小报我没有能保存下来。

20世纪80年代，我从中共中央办公厅转发中央纪律委员会《关于瞿秋白同志被捕问题的复查报告》所附的《多余的话》里，却没有看到有这么一段话。

然而，"秉之也不知在何处？她是飞蛾扑火，非死不止"这样的文字只有出自瞿秋白本人的笔下，而非任何其他人，更不是红卫兵、造反派们所能编造得出来的。由于《多余的话》的原稿一直没有发现，并曾在多种刊物上刊登，因此我想，有不同的版本也是可能的。

《多余的话》，即使在文化大革命之前，也曾为一些人不理解，从而认为可能是国民党伪造，或经其篡改过的。丁玲第一次读到《多余的话》是在延安。张闻天同她谈到，有些同志认为这篇文章可能是伪造的。于是她就从中央宣传部图书室借来看。她后来在20世纪80年代回忆道：

> 我读着文章仿佛看见了秋白本人，我完全相信这篇文章是他自己写的。那些语言，那些心情，我是多么的熟悉呵！《多余的话》那样无情的解剖自己，那样大胆的急切地向人民、向后代毫无保留地谴责自己。我读着这篇文章非常难过、非常同情他、非常理解他，尊重他那时的坦荡胸怀。我也自问过：何必写这些"多余的话"呢？我认为其中有些话是一般人不易理解的，而且会被某些思想简单的人、浅薄的人据为话柄，发生误解或曲解。但我决不会想到后来"四人帮"竟因此对他大肆污蔑，斥他为叛徒，以至挖坟掘墓，暴骨扬灰。他生前死后的这种悲惨遭遇实在令人愤慨、痛心。[1]

其实，她的这种对《多余的话》的看法和读时的心境，早在延安读后就表达过：

[1] 丁玲：《我所认识的瞿秋白同志》，《丁玲全集》第6卷。

> 昨天我又苦苦的想起了秋白，在政治生活中过了那么久，却还不能彻底的变更自己，他那种二重的生活使他在临死时还不能免于有所申诉。我常常责怪他申诉的"多余"，然而当我去体味他内心的战斗历史时，却也不能不感动，哪怕那在整体中，是很渺小的。[1]

相隔四十年，丁玲的看法和心境都是一致的。在这里，丁玲很自然，不自觉地用了"责怪"二字，若非心心相印，曾有过亲近的关系，是不会这么遣词的。

1946年，母亲又写了《纪念瞿秋白同志被难十一周年》，说："在那个时期，秋白同志的文章，我大半都读过，我在他的影响和鼓励之下，曾努力去创作，努力从各方面去尝试。"她称瞿秋白为"一个最可怀念的导师"。

尤其是在1979年底，在她刚刚改正"右派"问题，恢复党籍，而政治问题还未全部平反时，就写了《我所认识的瞿秋白同志》一文，奋笔疾书，为瞿秋白及其《多余的话》辩解。她认为瞿秋白"对马列主义的信仰是坚定不移的"，"他有自知之明，他是不愿当领袖的，连诸葛亮都不想做，但在革命最困难的严重关头，他毅然走上党的最高领导岗位，这完全是见义勇为，是他自称的韦护的象征"。而对于《多余的话》，她认为瞿秋白是："在用马克思主义的利刃，在平静中，理智地、细致地、深深地剖析着自己的灵魂，挖掘自己的矛盾，分析产生这矛盾的根源。"她并认为，"这对知识分子革命者，和一般革命者至今都有重大的教益"。她更进一步认为，瞿秋白"这样把自己的弱点、缺点教训，放在显微镜下，坦然的、尽心的交给党，交给人民，交给后代，这不也是一个大勇者吗？我们看见过去有的人在生前尽量为自己树碑立传，文过饰非，打击别人，歪曲历史，很少有象秋白这样坦然无私、光明磊落、求全责备自己的"。

她也指出，瞿秋白写《多余的话》时，"仍是王明路线统治的时候，他在敌人面前是不能暴露党内实情、批评党内生活的，他只能顺着中央，责备自己，这样在检查中出现的一些过头话，是可以理解的"。

她并且从客观环境来分析，认为："正因为我们生活中的某些不够健全，一个同志在工作中犯了错误，就被揪着不放，攻其一点、不及其余，这种过左的做法，即使不是秋白，不是这样一个

[1] 丁玲：《风雨中忆萧红》，《丁玲全集》第5卷。

多感的文人，也是使人寒心的。特别是当攻击者处在有权、有势、有帮、有派、棍棒齐下的时候，你怎能不回首自伤，感慨万端的说：'田园将芜，胡不归'。而到自己临离世而去的时候，又怎会不叹息是'历史的误会'呢？"

丁玲同时也指出《多余的话》有些灰暗的情绪："但也有些遗憾，它不是很鼓舞人的。大约我跟党走的时间较长，在下边生活较久，尝到的滋味较多，更重要的是我后来所处的时代、环境与他大不相同，所以，我总还是愿意鼓舞人，使人前进，使人向上，即使有伤，也要使人感到热烘，感到人世的可爱，而对这可爱的美好的人世要投身进去，而不是惜别。我以为秋白的一生不是历史的误会，而是他没有能跳出一个时代的悲剧。"

这最末一句说得好，说得十分深刻、十分精辟。不仅对于瞿秋白，究丁玲自己的一生而言，她不也是未能跳出一个时代的悲剧吗？

她的《我所认识的瞿秋白同志》一文，写于中共中央为瞿秋白作出平反决定之前，她的这篇文章和其他一些回忆瞿秋白的文章，对中央正式作出为瞿秋白平反昭雪起到了促进的作用。

综观丁玲和瞿秋白各自的一生，除了1923年底那一点点极短暂的超出友情的感情之外，存在于他们之间的是真挚的友情，这友情并没有如她所决心的那样，因王剑虹的死而割断，而是珍藏在他们各自的心底，直到他们各自生命的终结。这友情也随着他们在革命实践中的不断成熟，而更加深化，升华。也可说是人世间少有的一段友情吧！

我认为母亲是用一支史笔来写《我所认识的瞿秋白同志》这篇文章的。只是在涉及她与瞿秋白之间在极短暂的时间里曾有过的一点点超出一般友情的感情这一个人隐私时有所保留，而为了回避与掩饰这点个人隐私，也终不免说了些许"多余的话"。

◇上海大学旧照

第六章 等待与体验的日子

丁玲在北京的这三年，是一段等待与体验的日子。作为"五四"运动中涌现出的中国第一批觉醒的女性，她在湖南参加反帝反封建的学生活动与在上海为支持女工罢工宣传讲演、募捐、散发传单的那些激进岁月已经过去，而投身于共产主义运动的时期还没有到来。

丁玲怀着一颗受伤了的心和对新生活的憧憬来到了北京。初到北京的生活还是新鲜和可爱的。这里有她在周南女中的旧友王佩琼、杨没累、周敦祜，而王佩琼、杨没累正是当年同她一道，冲破当时男女不同校的封建习俗，从周南转学到岳云男子中学去的。丁玲还在上海时，她们几位就写信给她，说北京有一个为考大学作准备的补习班，是几个湖南新民学会的人办的，并且动员她去。她还结识了新的女友谭惕吾、曹孟君。这两位后来都成为社会活动家。新中国建立后，谭惕吾曾是全国人大代表、民革成员，1957年时，因说了一些不合时宜的话，不幸被打成右派；曹孟君是全国妇联书记处书记之一。丁玲与她们相处得很投机，她成了友谊的骄子。此外，还有不少人喜欢她，或者只是一般相近的朋友。有时丁玲都不理解，她们为什么对她那么好。那时，丁玲表面上是在补习数学、物理、化学等功课，实际上是在满饮友谊之酒，常常与这些朋友们在一起畅谈人生。有时大家还一起朦胧的夜色中漫步陶然亭边的坟地，从那些旧石碑中寻找诗句。

虽然丁玲在北京有旧友和一些新朋友，但在她的心里，她们都不能代替逝去的王剑虹。她对王剑虹感情之深，实为世上所少有。她的这种感情一直保留到生命的终结。

可是，现实生活对于丁玲却并不平顺。起初，她在这所补习学校补习数学、物理、化学，作进入高等学府的准备，回过头来作一个正式的学生，但不久就觉得毫无兴味。同她住在一起的曹孟君有一个男朋友左恭，是一个兴趣广泛的青年编辑，正想学习绘画，于是丁玲同他一起去一个私人画家那里学画，希望美术能够使她那翻滚的心得到平静。不久，左恭不去了，她就自己去，去了十多次，兴趣逐渐淡薄。面对着画室里的那些冰冷的石膏像，她直感到寂寞。她努力锻炼自己的意志，想象各种理由，说服自己学下去，但终究没有能坚持。

母亲晚年颇带感叹地向我说："这成了我一生有时要后悔的事，如果当初我真能成为一个画家，我的生活也许是另一个样子，比我后来几十年的曲折坎坷可能要稍好一点；但这都是多余的话了。"

对于有着一颗躁动的心的丁玲来说，安静的教室和画室的确是不适合于她的。从她幼时的生活看，她具有反叛精神；从她在平民女校和上海大学所受的共产党教育看，她倾向社会革命。但是由于有着不切实际的幻想，她又疏远了革命的队伍。本来在上海，她离进入到中国共产党的组织只有一步之遥，如果她当时表示同意加入，她会轻易地跨过这一步，可现在她远离了组织，远离了她的那些老朋友。为了瞿秋白和王剑虹，她决意远走高飞，上海，她是不想回去了，可是在北京，她的生活与学业又都没有着落，她苦闷极了。

于是她又沉湎于读书之中。由于有了这几年来的阅历，她的心比以前深沉了，当她重读她所喜欢的一些书，像托尔斯泰的《复活》、雨果的《巴黎圣母院》《悲惨世界》，小仲马的《茶花女》，以及波兰作家显克微支的《你往何处去》等等作品时，她的感受也就比以前深刻得多了。她以前就读过一些鲁迅的作品，重读之下，在她的心里，"鲁迅"成了两个特大的字。她从鲁迅的书里，认识真正的中国社会，鲁迅是那么体贴人情、细致、尖锐、深刻地把中国社会、中国人解剖得那么清楚，令人凄凉，却又使人罢手不得。她想，鲁迅真是一个非凡的人。于是她如饥如渴地寻找鲁迅的小说、杂文，翻旧杂志，寻找过去被她疏忽了的那些深刻的篇章，买刚出版的新书，一篇也不愿漏掉在《京报副刊》《语丝》上登载的鲁迅的文章。

然而，丁玲仍是处在极度苦闷之中，她的人生道路该怎么走呢？她这一生总该做一番事业。她将何以为生？难道能靠她母亲的微薄薪水，在外面流浪一生？在这苦闷之中，她忽然看到了一线光明。她想来想去，只有求助于她深信的指引着她的鲁迅先生，她相信鲁迅先生会向她伸出援手。于是她以极大的勇气和希望给鲁迅先生写了一封信，把她的境遇和困惑都仔细、坦白地向鲁迅先生倾诉。这就是《鲁迅日记》1925年4月30日记的"得丁玲信"。

信发出去以后，丁玲就日夜盼望着。但如石沉大海，等了两个星期，仍没有得到回信。她焦急不堪，以至绝望了。

至于鲁迅为何没有给丁玲回信，后来荆有麟以"艾云"为笔名在1942年7月22日的《新华日报》上发表了一篇《鲁迅关怀的丁玲》，文中对此有所说明，原来那是一场误会。而这件误会，丁玲许多年之后方才知晓。

这时王剑虹的父亲王勃山在北京，他是为参加纪念孙中山的会来北京的，正准备回去。他邀丁玲同他一起回湖南，此时正逢直奉战争，他说东北军正在入关，如不快走，怕以后不好走，此地是否会打仗也说不定。丁玲在北京，没有入学，也没有做事，唯一能系留她的就只是鲁迅的一封回信，然而等了半个月，却连一点儿音信也没有，得到的只有苦恼和失望，那么还住在北京干什么呢？再说，丁玲的母亲也已经快一年没有见到她了。于是在5月上半个月的一天，丁玲就随着王勃山离开了正是繁花似锦的春天的北京，登上了南下的火车。

丁玲回到常德，同她母亲一起住在母亲任教的学校里。有一天，听见有人敲门，她便与母亲同去开门，只见门外站着一个穿着月白长衫的青年。丁玲诧异地望着他，心想，这个我在北京刚刚只见过两三次面的，萍水相逢，印象不深的人，为什么远道来访？

这个青年就是我的父亲胡也频。

胡也频原籍江西省新建县（与南昌市相邻）。他的祖父，名胡寿林（又名家义），原是一名耕田的农夫。太平军打到江西时，他投入太平军，曾任石达开部下的一名小武官，后随军入闽，太平军失败后，定居福州。他因自幼喜唱京剧，故入戏班充当京剧演员谋生，初当武生，后改青衣，颇负盛名，不久便自创戏班。

胡也频的父亲名胡廷玉（又名品玉）。胡廷玉年轻时就经常协助他父亲料理戏班业务，在他父亲年迈后，便接管了戏班。这个戏班名叫大吉祥星戏班，当时在福州是颇有名气的，只是戏班由他接管时，境况已不如前。

之后，胡廷玉改做包戏院再包给他人戏班演出的业务。起初生意同领戏班的收入也相差不多，但后来每况愈下，生意从赢利转为亏本，实在难以维持下去，只好停止了这项业务。这大概是1916年间的事。

胡也频的家，位于福州市城里乌石山下城边街买鸡弄3号，他就出生在这里。正院两旁还有一些小屋，都是他祖父置下的房产。两旁的小屋是领戏班时，安置演员眷属居住的。后来，停包戏院以后，家中经济拮据，这些小屋就一间一间地卖掉了，只剩下正院。这是一座坐北朝南土木结构的院落，前后两进，有两个天井，前进三间一厅，后进两层楼，楼下六间，楼上两间。此处现在建了一个胡也频故居纪念馆。

胡也频出生于1903年5月4日，农历四月八日，取名培基。他五岁时入当地的一所私塾读书，由于家庭经济状况不佳，他断断续续地读了七年私塾，一年新式小学。

1918年，胡也频十五岁时，他的父亲停止了包戏院的业务后，家里已经没有了多少收入，就靠一间一间地变卖房子以补家庭经济之不足。为了减少家庭负担，他便去一家慎祥金铺当学徒，开始度过他一生中最为凄苦的日子。

1921年7月，经亲戚介绍，胡也频进了大沽海军学校，成为一个海军学生。那里是免费的，不特可以不愁学膳费，还可以找到一条出路。那时，他一点儿也没有想到他会与文学发生关系，他只想成为一个海军的专门技术人才；同时也不会想到他与无产阶级革命有什么关系，他那时似乎很安心于他的学习。

胡也频只在大沽海军学校学习了两年多。1923年冬，大沽海军学校的校舍毁于直奉战争的炮火，学校停办。他想成为海军技术人才的梦破灭了。

海军学校停办后，胡也频漂泊到了北京。他希望投考一个官费的大学，没有成功。他去找事做，也没有找到，于是流落在一些小公寓里。他常常帮公寓的老板记账、算账、跑跑腿、干点儿杂事，晚上就给老板的儿子补习功课，以致老板简直无法把他赶出门。加上北京的公寓老板一般比较厚道一些，也就这样地让他继续住了下去。

这样流落无着的日子，约有大半年的时间。

北京是一个文化名城，有着众多的高等学府。很多来求学的学子和年轻的文人就住在学校周围的公寓里。这些人都是一些歌德、海涅、拜伦的崇拜者，是普希金、托尔斯泰、屠格涅夫的崇拜者，是李白、杜甫、白居易、曹雪芹的崇拜者，是鲁迅的崇拜者。这些大学生们似乎对学校的功课并不十分注意，他们爱上旧书摊，爱游览名胜古迹，爱上茶馆、小酒馆，爱互相过从，寻找朋友，谈论古今，尤其爱提笔写诗，写文，四处投稿。胡也频住在北京，既然清闲，也就跑旧书摊，读起外国文学作品来了。不过，他因为没有钱买书，都是站在书摊旁读。这些古典文学中的新世界，浪漫的情调、艺术的气质，一天天地吸引着他，侵蚀着他，并把他一步步地引向文学的殿堂。他的海军梦破灭了，已不再思考做一个技术专门人才，新的幻想在萌生，一个文学梦在他的头脑里开始酝酿起来。他开始结交公寓里的一些志趣相同的年轻人，在交流之余，也相互作些鼓励。这些青年同他一样，都境况贫苦，如同他住在一起的，后来被称为新月派诗人的刘梦苇，在贫病交加之下凄然而逝，死后无钱安葬，还是胡也频和几个朋友一起把他安葬了。后来胡也频写了一首诗《忆梦苇》纪念他。

胡也频从幻想向现实迈进。他的处女作，也是第一篇小说创作《雨中》，在1924年8月10日《京报》副刊《火球旬刊》第一号发表。在这一年里，他陆续发表了短篇小说《希望》《梦后》《前夜》和散文《心曲》。他的文章给孙伏园留下很深的印象。孙伏园是当时著名的作家，文学研究会发起人之一，与鲁迅有较多的接触。孙伏园曾任《晨报》副刊主编，1924年10月改任《京报》副刊主编。

就在胡也频发表他的第一篇作品之后几个月，由孙伏园举荐，胡也频和他海军学校的同学项拙、荆有麟为《京报》副刊合办一星期一张的《民众文艺周刊》。《民众文艺周刊》于1924年12月9日创刊。它的宗旨是："艺术原是人生的表现"，反对"专以吟花弄月""纯粹的艺术"和"为艺术"的倾向。《民众文艺周刊》自创刊之日起，就受到鲁迅的关心和支持。鲁迅不仅把稿子给它发表，在创刊之初，还负责为它审定稿件。胡也频在编辑刊物之余，也奋力创作，半年的时间，发表了十几篇短篇小说、散文、诗、杂文，从而奠定了他作为一个作家的地位。这是他创作的第一个高峰期。在这期间，胡也频与鲁迅有一些交往，他的"艺术原是为人生"的创作思想、他的杂文的风格，都明显地受到鲁迅的影响。

自此，胡也频结束了漂泊无着的生活，虽然依然贫困，但他有了人生奋斗的方向，他的文学梦也已成真。

1925年1月13日的《民众文艺周刊》发表了笔名为"休芸芸"的一个无名作者的文章。随后，胡也频和项拙又一起去探望了他。这位作者就是沈从文。

沈从文出生于 1902 年，湖南凤凰县人，曾在湘西军阀军队任文书。在此三年前，他来到北京，投考大学，没有考取，流落在北京，与胡也频一样，在贫困中做着文学梦。他在那被他自命为"窄而霉斋"的公寓里，在饥寒交迫之下，不停地写作、投稿，然而又不断地被退稿。正当他绝望到对自己的文学才能都发生疑问时，《民众文艺周刊》发表了他投寄的稿子，这当然使他喜出望外。自此，胡也频与沈从文之间建立了很深的友谊。

胡也频是在丁玲给鲁迅写信之后几天认识丁玲的。1925 年 3 月间，丁玲从香山搬回到西城辟才胡同与好友曹孟君、谭惕吾同住在一所公寓里。这时，曹孟君正同左恭谈恋爱，三位女友常常一起去左恭那里。于是，在丁玲此次逗留北京的最后几个日子里，她认识了与左恭同住在一个公寓的胡也频。

胡也频对丁玲一见钟情。但是他们的相见并没有在丁玲的心里激起感情的波澜。丁玲此时想的主要是事业、前途，收不到鲁迅的回信，失望之下，就回到她母亲的身边去了。

然而，胡也频却有着诗人的热情、勇士的执拗和锲而不舍的精神。他一知丁玲回湖南去了，便借钱、当衣，随丁玲之后赶赴湖南常德。丁玲在她晚年写的纪念胡也频的文章中回忆道：

> 在这所作为校舍的空寂的庙宇里，原来只响着母亲的读书声，她每天按时读古文、写字，孜孜不倦地啃着几本刚买来的唯物辩证法的书籍；还有我的单调的、不熟练的琵琶声。当时五卅运动所激起的爱国情绪还笼罩着我母亲的整个身心，她高谈阔论，叹古伤今，向我们讲述着她几十年的生活经历，痛斥帝国主义、封建主义的毒害。我呢，好像一个战败的勇士、归林的倦鸟，我用极复杂的心情反刍着近几年来自己所遇到的人和事，以及我曾有的向旧社会的出击，与颓伤的感怀。在母亲面前，我是惭愧的，只觉得辜负了她对我的希望和信任。我极想重鼓双翅，飞越万水千山。可是，哪里是我向往之处？哪里是我安身立命之所？哪里将成为我一生的归宿？我身虽然回到家了，回到母亲的身边了，但一颗心呵，仍徘徊于高山峡谷之间，奔腾在汹涌的大海与温柔的湖水之间。古琴一曲，《梅花三弄》《十面埋伏》都诉不出我的抑郁忧伤。而也频却像一只漂流的小船停靠在

风和日丽的小港。他一天到晚,似乎充满了幸福的感觉,无所要求,心满意足,像占满了整个世界一样那么快乐。过去,他很少知道我母亲所经历的身世,对我们家庭所处的社会也是陌生的,对我过去在上海的朋友们更是没有接触过。他津津有味地听着,后来曾摄取其中的某些片断写过小说。但他最熟悉的是一个漂泊者的生活,饥饿寒冷,孤单寂寞,冷淡的人世,和求生的奋斗。但他很少喋喋饶舌,他常常痴痴呆坐,咬着手指,然后写下几首悲愤的、惆怅的诗篇。只有从他的诗里面才能理解他为人世困苦、冷酷和缺少天伦之乐、缺少友谊而感到刺痛,并从而铸成了一颗坚强的心。他虽然在我们这里,在这所空廓的庙堂里,日子过得无忧无虑,但他的心仍沉沦在长久的漂泊生活中,不过,他似乎又并不以为意。[1]

胡也频受到丁玲母亲热情的接待。他感受到这是一个慈祥、可亲的母亲。丁玲母亲向他讲述的关于自己的身世,和她冲破封建主义的牢笼,在社会上奋斗的事迹,也使他深深感到这是一位非凡的女性。

身处常德的这段短暂的日子,胡也频和丁玲之间有了进一步的了解。在北京的时候,胡也频只是通过左恭之口,对丁玲有些了解,最初的两三次见面,他为丁玲的容貌和气质所吸引,但他很少知道她的家庭、她的经历。这时他才了解到,丁玲十五岁时投身于"五四"运动,十八岁时闯荡上海,进共产党办的平民女校和上海大学,以及这期间结识的人和经历的事。这些都使胡也频感到新鲜,而且都是他生活中从未涉及过的。丁玲也为胡也频的勇猛、热烈、执拗、乐观所惊异,虽说她还觉得他有些简单,有些稚嫩,但有着完美的品质,他还是一颗未经雕琢的璞玉,比起那些光滑的燃料玻璃珠子,不知高到什么地方去了。所以他们开始建立了很深的友谊。

尽管如此,丁玲对胡也频火一般的热情,并没有给以相应的回应。在经历了同瞿秋白的短暂的感情上的波折和王剑虹爱情的悲剧之后,她此时还没有涉足爱情的想法,她心灵上的创伤似乎也还没有完全愈合。

也就在丁玲回到常德不久,上海爆发了"五卅"运动。这一事件激起了全国人民对帝国主义的愤怒。运动中,丁玲曾就读的上海大学起到了带头和骨干的作用。在这样的形势下,当丁玲回顾与审视自己近一年来在北京的无所作为时,她在犹豫是否仍应回到南方。

[1] 丁玲:《胡也频》,《丁玲全集》第6卷。

但胡也频的到来，使得她不得不再返北京。丁玲觉得，胡也频是她的客人，身无分文，她总不能让她母亲用她微薄的工资长时期的供养他们两人吧！住了两三个月后，丁玲就向胡也频说："我们一起回北京吧。"自然，两人去北京的路费，还是由丁玲的母亲提供的。丁玲就怀着这般复杂、矛盾的心情陪伴着胡也频向北行去，而一路上心里却仍犹豫着是否应该南下。

然而，回到北京不多久，他们就结婚了。这个结合，是丁玲即使在北行的路上也没有想到的。她曾这样回忆：

> 1925年暑假，胡也频到了湖南。我那时对恋爱毫无准备，也不愿意用恋爱和结婚来羁绊我。我是一个要自由的人。但那时为环境所拘，只得和胡也频作伴回北京。本拟到北京后即分手，但却遭友人误解和异议。我一生气，就说同居就同居吧。我们很能互相谅解和体贴，却实在没有发生夫妻关系。我那时就是那样认识的。我们彼此没有义务，完全可以自由。但事实慢慢变得似乎应该要负一些道义的责任。我后来认为那种想法是空想，不能单凭主观，1928年就决定应该和也频白首终身。即绝了自己保护自由的幻想。[1]

胡也频和丁玲回到北京后，就在香山脚下的一个村庄里租了一间房子住。这里环境优美、清净，便于写作、读书，而且房租比较便宜，一个月九元钱。这时，沈从文在香山图书馆任职。胡也频、丁玲与沈从文重逢于香山的那天正是中秋节。三个人漫步在香山的静宜园，互相诉说着分别后这几个月各自的境况，从这时起，他们与沈从文开始有了较多的往来。

胡也频和丁玲这一段生活常常是很窘迫的。他们的经济来源，一是靠胡也频的稿费，一是靠丁玲的母亲从她微薄的工薪中挤出一些钱来接济。这时《民众文艺周刊》已经停刊，胡也频失去了发表作品的主要阵地，稿费收入也就大为减少。这样，胡也频也就不得不常常进当铺，以解燃眉之急。

日子虽然过得贫困，但是新婚后的生活却是甜蜜的。平时只要有了稿费，胡也频总是舍得为丁玲买最好的衣料和其他的东西。

当寒冷的冬天来到的时候，胡也频和丁玲从香山搬

---

[1] 丁玲致白滨裕美信，《丁玲全集》第12卷。

回到城里，住在北大附近的一个公寓里。丁玲继续同她的女友们往来着，并且不时地去北大旁听课程，再就是在家里静静地读书。对于他们开始的新生活，当然使她感到新鲜和甜蜜。然而，由于与胡也频的结合，使她原已思考的南下的计划未能实现。她继续留在北京的无所作为，常常使她感到抑郁。她心中的苦闷，只有凭借醉心的文学方能稍稍给以排遣，于是她广泛地涉猎，大量阅读世界名著，反复地读她所喜欢的书。她在北京的这段日子，对于她今后的文学创作来说，实在是一段充实与体验的岁月，为她今后步入文坛，终生从事文学事业，作了充分的准备。

在一些记述她生平的作品里，在述说她所读的书及这些书对她以后创作的影响时，大多说是福楼拜的《包法利夫人》。我曾为此问过母亲。她并不以为然，她说："仅从文学作品而言，自然《包法利夫人》以及小仲马的《茶花女》都是我喜欢的书，但是若从外国文学对我的影响来说，我觉得还是俄罗斯文学，屠格涅夫、托尔斯泰等人的作品影响多些。"

我以为，可能就是这样的。我记得1950年前后那两三年间，她推荐我读屠格涅夫的《罗亭》《父与子》《贵族之家》《猎人日记》，托尔斯泰的《战争与和平》《复活》（《安娜·卡列尼娜》此前我已经读过了），普希金的《上尉的女儿》，果戈理的《死魂灵》；对于法国作家，她推崇巴尔扎克，介绍我读他的《贝姨》《高老头》《邦斯舅舅》等，也推崇雨果，她没有向我推荐过《包法利夫人》这本书。她最喜好的作品可能还是《红楼梦》和《三国演义》《水浒》这些中国的古典作品。她在关于创作问题的讲话中，常常引用这些作品对于人物的刻画，同我谈得最多的也是这些作品。

1937年她接受海伦·斯诺访谈时也如是说："我最喜欢俄国的文学作品，因为它深沉、现实，人物充满活力。我什么外文都不懂，我是个土生土长的作家，不想到外国去。俄国的短篇小说，无论是新的，还是旧的，我都喜欢。这是因为我们的问题相似，尤其是农民的心理相似。我最喜欢高尔基、契诃夫，喜欢屠格涅夫。我喜欢果戈理，喜欢陀思妥耶夫斯基的《罪与罚》。托尔斯泰的有些著作我是喜欢的有些不喜欢（我喜欢《安娜·卡列尼娜》）。"

丁玲虽然蛰居在北京，但是她在平民女校和上海大学所受到的那些共产党教育仍深深地留在她的脑海里，自中学时代就参加学生运动和工人运动的激情也仍蕴藏在心底，只要一遇到时机，它们就会爆发出来。

1926年3月18日，北京发生了"三一八"惨案。那年3月12日，冯玉祥所部革命军与奉系军阀作战期间，日本帝国主义军舰掩护奉军军舰驶进天津大沽口，炮击国民军，经国民军守军还击并将其击退。日本竟联合美、英等八国以违反"辛丑条约"为由，于16日向北洋军阀段祺瑞政府发出最后通牒，提出拆除大沽口军事设备、道歉、赔偿等无理要求，并限18日正午之前答复。日本并集结二十余艘军舰于大沽口外，进行威胁。段祺瑞政府外交部立即表示愿意协商。3月18日，北京群众五千余人，在李大钊领导下，到天安门前集会抗议；会后，李大钊率领两千余人游行赴铁狮子胡同执政府请愿，要求拒绝八国通牒。但是段祺瑞竟下令卫队开枪。群众死四十七人，伤一百五十余人。这次惨案激起了全国人民的极大愤怒。

丁玲参加了天安门前的集会，又跟随李大钊游行到铁狮子胡同，一路呼喊着反对帝国主义和卖国贼的口号。当一些群众冲进执政府大门时，她也冲了上去，刚刚冲到大门口，枪声就响了。她目睹倒在血泊中的烈士，心里充满了愤怒和悲哀。

鲁迅先生为此写下了著名的《悼刘和珍君》，以哀悼"三一八"惨案中牺牲的烈士。

1926年年初，一种新的艺术出现在北京，那就是电影。凡是看过它的人，都被它的新颖而吸引，尽管那时还是无声电影。在中国，当时电影也才刚刚产生，它的发源地在上海。当时在北京师范大学任教的戏剧家洪深从上海把电影带到了北京。丁玲看过电影后，就萌生了当电影演员的念头。她写信给洪深，希望洪深帮助自己实现这个愿望。洪深约她在北海公园见面。丁玲向洪深表示，她想演电影是喜欢电影这种艺术形式，可以充分运用想象力，并且把它形象地表现出来，而并非仅仅为了找一个工作。洪深看丁玲的态度很诚挚，从外形容貌、言谈举止也都具有做一个演员的条件，便慨然相助，介绍她去上海明星电影公司。

丁玲的女友们很支持她去当电影演员，并且凑钱给她作路费去上海应试。对这样的新鲜事，她们当中有的人也想去一试，但却缺少丁玲这般的勇气。胡也频起初反对丁玲去当电影演员，但拗不过丁玲，也就表示同意了。

然而，当丁玲去到上海明星电影公司试演了两次之后，她对从事电影事业彻底地失望了。她完全不适应当时电影演艺圈里的那种商业习气和低级趣味，甚至对其厌恶之极。当她听到有人品评着她，说："她倒是挺漂亮的，演戏一定能赚钱"时，她怒道："我不是商品。"她也拒绝签约，原来同洪深说好的签一年合同，但是公司要她签三年的合同。丁玲有些担心，三年太长了。总之，她认为这里不是合乎自己志趣的地方。

丁玲去拜访她在上海大学的老熟人田汉。田汉当时是南国剧社的负责人。丁玲本想看看是否可以走通作一个戏剧演员的路，但所看到的南国剧社的人和环境的状况与电影公司一般无异，她也失望了。田汉好意地看望了她，写信给她，希望她忍耐、等待，并说他将特意为她写一个表现崭新的、前进的女性的剧本，由她来演。但是丁玲去意已决，她写信给田汉，表示谢谢他的好意，同时也表示她以后再也不和演艺界发生关系了。

就丁玲后来的事业来说，自然她不可能不同演艺界发生关系。抗日战争时期，她领导的八路军西北战地服务团，其宣传工作方式之一就是戏剧，她也写了几个剧本。新中国成立后，她作为全国文联党组副书记，中宣部文艺处处长，也有责任关注戏剧、电影方面的事，她还是中央电影指导委员会委员。这当然都是后话。

丁玲想当电影演员的幻想破灭了，不得不回到北京，这时她才体会到胡也频的意见是对的。她在北京又寂寞地住了一个多月，越来越思念远在家乡的母亲，6月，便同胡也频一起回到湖南常德。

这是她到北京后第二次回家，结婚后第一次回家，丁玲的母亲十分高兴，并为他们的归来作了充分的准备。她回忆道："接女来函云：端午节后回里。吾甚慰，托琳找一栋小屋子，有十多间，余下数间租人，离校很近，预先打扫洗刷毕，将什物迁移新居，还没清楚，他们已经到了。""至八月（阴历），各校才开学，女见时局未定，伴我未走，婿自北上，依依不舍，嘱咐寒假早回。"暑假里，"侄等放了学，即来我处玩，女伴我曲尽天伦之乐。数年来唯此次相伴较久。至冬月，女决意北上"。[1]

此次回湘，胡也频住了两个月，丁玲大约住了有五个月。胡也频北上之后，他和丁玲都感受到离别的折磨。10月底，丁玲离常德去北京，也就在丁玲北上的同时，胡也频却南下来常德，他们正巧在洞庭湖错过。胡也频在洞庭湖上赋诗两首：一首是《洞庭湖上》，一首是《离情》，倾吐他心里的离愁别绪。他在丁玲母亲那里住了三天，就又赶回北京。

胡也频在这年秋、冬创作了大量作品，共十八首诗和八篇短篇小说，大多发表于《晨报副刊》。

胡也频是一个对朋友坦诚而又豪爽的人，在他周围聚

[1]《丁母蒋慕唐回忆录》，《丁玲全集》第1卷附录。

集了一些志同道合的小有名气的青年作家。他和丁玲那时结识的好友徐霞村（又名徐元度）回忆道：

> 要是谈起谁的生活有困难时，也频就会说："生活有困难，我这儿有十块钱，我们俩一人五块！"也频就是这样个人，真是交朋友。我从来没有听到他背后说哪个朋友不好，没有听过，当面也罢背后也罢，碰到朋友的缺点，他笑笑，还不是讽刺的笑，就是笑笑。他实在是好朋友，因此只要是认识他的人，都爱往他那儿跑，跑的人很多。[1]

1926年春天，胡也频，还有沈从文，同一些有点儿名气的青年作家组织了一个文学社团："无须社"。这时胡也频和丁玲住在北大附近的银闸公寓。所谓"无须社"，顾名思义就是聚集的是一些没有胡子的青年文学者，也有无须取名、无须存在的意思，这大约是从"未名社"，未名的含义引发构思而来的。[2] 这个"无须社"的参与者还有蹇先艾、焦菊隐、徐霞村、于赓虞、王三辛等。

丁玲没有参加"无须社"，她那时还没有写文章，她从不承认她是"无须社"的成员，不过有些文史资料把她也算在里面。她那时只不过是一个热情诗人的妻子，在他们聚会高谈阔论时，她在一旁或是一边看自己的书，一边不经意地听着他们的议论，很少说一点话。但说出的话，却常常是惊人的。

沈从文曾这样回忆当时的丁玲：

> 在文字方面没有显出这个作家的天才时，在批判上却先证明了她某种惊人的长处，业已超过了男子。什么作品很好，好处在某一点上，好中小小疏忽处又在某章某段，由她口中说出皆似乎比我们说的中肯。我们既然正在写作，对于一切作品皆极容易堕入偏见里去，对于本国的作品，容易从人的生熟爱憎上决定好恶，对于国外作品的标准，也容易以作风与译者的爱憎决定好恶，故难得其平，也实为事所当然。丁玲女士则因为同人相熟较少，自己又不写作，并且女人通性每一篇文章总那么细心地看了又看，

---

[1][2]《徐霞村访谈录》，《新文学史料》1999年第2期。

> 所看的书又那么纯，因此对于好坏批评，比起两个男子来实在公正一些。不拘什么成篇成本的小说，给她看过以后，请她说出点意见时，这意见必非常正确，绝不含糊。这也就正是一个作家当他执笔以前所必需的一份长处，需要这份长处，能明白一个作品成立的原因，能明白文字的轻重，且能明白其他事情，就为了从别人作品方面知识的宽博，等到自己下笔时也稳重多了。
>
> 她一面因为身体与性格，皆宜于静，而情感则如火如荼，无可制止，混合两面的矛盾，表现于文字时，就常常见得亲切而温柔。她还不着手写她的《在黑暗中》时，的的确确就以长写信著闻友朋间。她善写平常问讯起居报告琐事的信，同样一句话，别人写来平平常常，由她写来似乎就动人些，得体些。同样一件事，一个意见，别人写来也许极其费事，极易含混，她可有本事把那事情、意见，弄得十分明白，十分亲切。[1]

除了"无须社"这些人外，因胡也频的关系，丁玲还结识了女作家庐隐、凌叔华。她结识的女作家可能还有石评梅。徐霞村在回忆石评梅是不是"无须社"社员时，说："石评梅不是，她跟我们有来往，但是我的印象中她不是每次开会都去。"[2]

胡也频与庐隐是福建同乡，常有来往。后来当她听到胡也频因共产党之故牺牲后，说："想起也频那样一个温和的人，原来有这样的魄力，又是伤感，又是佩服"；当听到丁玲被捕失踪，又看到《时事新报》有丁玲已被杀害之说后，她著文《丁玲之死》，认为："那是中国文坛一大损失"，并说："时代是到了恐怖，……究竟哪里是我们的出路？想到这里，我不仅为丁玲吊，更为恐怖时代下的民众吊了。"[3]

就在丁玲第二次返湘回到北京不到半年的时间，在上海就发生了"四一二"事变。轰轰烈烈的大革命失败了。紧接着在丁玲的故乡湖南也发生了"马日事变"。大批共产党员和革命群众遭到国民党反动派的屠杀。这使丁玲震惊了，也使她觉醒了。在传来的消息中，许多她敬重的人牺牲了，许多她的朋友在艰苦中坚持，也有朋友动摇了。她极想到南方去，回到她的老师和朋友那里去，但是迟了，她已经找不到人了。这时，共产党的组织已经全部转入地下。她精神上苦闷极了。

就在这个时候，她认识了冯雪峰。冯雪峰是刚入党不

[1] 沈从文：《记丁玲》。
[2]《徐霞村访谈录》，《新文学史料》1999年第2期。
[3] 转引自《中国现代女作家》，严纯德：《庐隐》，黑龙江人民出版社1983年出版。

久的共产党员，但此时与党组织暂时失去了联系。丁玲回忆：

> 我认识雪峰是在一九二七年冬天，王三辛介绍他来教我的日文。那时留在北京的左倾知识分子较少。我们都因种种关系，限于条件，未能到火热的革命的南方去，既感到寂寞，又十分向往。特别是在国民党反共的"四一二"政变以后，经常听到一些使人沉痛的消息时，我们象飘零在孤岛上的人，四望多难的祖国，心情无限愤慨、惆怅。因此我们相遇，并没有学习日语，而是畅谈国事，和那时我们都容易感到的一些寂寞情怀。不久，一九二八年春天，雪峰到南方去了，我和胡也频也随即到了南方，我们是各自奔忙。
>
> ……
>
> 雪峰是最了解我的朋友之一，是我文章最好的读者和老师，他是永远支持我创作的。我们的友谊是难得的，是永远难忘的。[1]

---

[1] 丁玲：《悼雪峰》，《丁玲全集》第6卷。

◇ 1924年夏，丁玲在北京古观象台

◇图1：少年时代的胡也频
◇图2：1923年，胡也频在北京

图1

图2

◇ 1924年，胡也频在北京

◇ 1927年，胡也频与丁玲在北京

第七章 从文学走向革命

"四一二"事变后,苦闷的丁玲开始写小说了,用文学这一武器反抗旧社会,为真理而奋斗。

丁玲的第一篇小说《梦珂》,主要取材于她自己投考电影演员的那段生活经历和对这段生活的体验与感受。

她以笔名"丁玲"把稿子寄给当时负有盛名的在上海的《小说月报》,深得编辑叶圣陶的赏识,叶将其以头条发表于该刊第十八卷第十二号,于1927年12月18日出版。

从此她就以"丁玲"为名。

叶圣陶在收到《梦珂》的稿子后就复信丁玲,说她的《梦珂》写得非常好,一定刊用,他没有给她修改,只订正了个别错别字,并且问她,还有稿子没有?有多少就寄多少给他。丁玲受到这样的鼓励,感到十分兴奋,于是决定赶快写一篇,用了两个星期的时间,写成《莎菲女士的日记》,寄给了叶圣陶。所以,还在《梦珂》发表之前,丁玲就已经动手写《莎菲女士的日记》了。叶圣陶又以头条把《莎菲女士的日记》发表于《小说月报》第十九卷第十二号,于1928年2月10日出版。

《莎菲女士的日记》后来被人们称之为丁玲的成名著。

《莎菲女士的日记》的发表,立即引起了文艺界和广大读者的关注与惊喜。有人认为:

> 因着她的《莎菲女士的日记》的发表，而震惊了一代文艺界。[1]

被称之为丁玲成名著的《莎菲女士的日记》是一篇以日记为体裁的小说，以主人公莎菲女士在三个多月中的三十三篇日记，记述她的感情生活和内心的矛盾与苦闷。小说的时代背景是在"五四"落潮，大革命失败以前。这篇小说之所以获得极大的成功，产生如此大的轰动效应，在于她创造了一个在她以前的女作家笔下未曾有过的有着叛逆性格的知识女性的人物形象和她的极其深刻、细腻而又大胆的对人物内心的生动刻画和描写。

茅盾在《女作家丁玲》一文中这样评价《莎菲女士的日记》：

> 人们于是更深切地认识到一位新起的女作家在谢冰心女士沉默了的那时，以一种新的姿态出现在文坛，在《莎菲女士的日记》中所显示的作家丁玲女士是满带着"五四"以来时代的烙印的；如果谢冰心女士作品的中心是对于母爱和自然的赞颂，那么，初期的丁玲的作品全然和这"幽雅"的情绪没有关涉，她的莎菲女士是心灵上负着时代苦闷的创伤的青年女性叛逆的绝叫者。[2]

丁玲一举成名。《小说月报》编辑部里络绎不绝地收到询问丁玲是何许人也的信件，上海的编辑家、著作界也四处探问这个在杂志上刚露面的新人。

在这之后的几个月里，丁玲陆续创作了短篇小说《在暑假中》和《阿毛姑娘》，同样被叶圣陶以头条先后发表于5月10日《小说月报》第十九卷第五号，和7月10日《小说月报》第十九卷第七号。叶圣陶写信给丁玲，说可以出一本集子了，并亲自去交涉推荐。终于，1928年10月由上海开明书店出版了她的第一个短篇小说集《在黑暗中》。书名是丁玲自己取的，她解释说："我这本集子里的主人公，都是在黑暗中追求着光明的女性，所以书名定名为《在黑暗中》。"

评论界也掀起了"丁玲热"，认为：

---

[1] 钱谦吾：《现代中国女作家》，1931年8月北新书局出版，收入《丁玲研究资料》，天津人民出版社1982年出版。

[2] 茅盾：《女作家丁玲》载1933年7月15日《文学月报》第2号，收入《丁玲研究资料》，天津人民出版社1982年出版。

> 丁玲是一位新近的一鸣惊人的女作者。自从她的处女著《梦珂》《莎菲女士的日记》《在暑假中》《阿毛姑娘》等在《小说月报》上接连发表之后，便好似在这死寂的文坛上，抛下一颗炸弹一样，大家都不免为她的天才所震惊了。[1]

至于丁玲为什么会投稿《小说月报》，她早年同我说过的一段话，至今记忆犹新。那是1942年的事，我正在看一本短篇小说集，那里面有冰心的，有卢隐的，也有叶绍钧（叶圣陶）的。我便问她这些作家的情况。她说："我的第一篇文章就是投给叶绍钧编辑的《小说月报》的，多亏他的赏识，接连发表了几篇，我就成作家了。"我问："在这之前你认识他吗？"她摇摇头："不认识。"我问："那你怎么会投给他呢？"她回答："《小说月报》是一个有名气的大杂志，我当时想，要投稿就投一个有影响的大杂志，另外我赞同这个杂志的文学'为人生'的思想。"

丁玲始终对叶圣陶怀有感激之情，十分尊重。

丁玲在文学上的成功，自然首先归因于她的写作才能、她的勤奋、她自小时起的文学积累和她对社会生活的观察与体验，也由于有她母亲的启蒙、陈启民的鼓励、瞿秋白的期望、叶圣陶的赏识，但是胡也频的启发、鼓励与支持对于丁玲走上文学道路有着最直接、最具体、最实际的作用。胡也频的创作实践也影响着丁玲，使她认为可以并且有信心、有勇气在文学上为自己开辟出一条路来。

丁玲在《在黑暗中》出版时写道："不过在我个人一方面，这本书算为我生活中的一个纪念。不敢说是拿来献赠给我的频，……但为了他给我写这本书的动机和勇气，我愿作为我另外的一部分，在频的心上，是奢望着要盘踞一个地位的。"同时她也写道："末了，我要向一些曾勉励我而且希望着我的先生们，女士们，尤其是我的母亲致谢。"[2]

包括《莎菲女士的日记》在内的《在黑暗中》的成功，使丁玲获得了很大的名声，从而奠定了她在现代文学史中的地位。

然而，这篇作品却同作者的命运一样，伴随着作者的坎坷人生，历经沧桑，备受责难。1957年丁玲被打成"右

[1] 毅真：《丁玲女士》，1930年7月《妇女杂志》第16卷第7期《当代中国女作家论》，收进《丁玲研究资料》，天津人民出版社1982年出版。
[2] 《在黑暗中》跋，《丁玲全集》第9卷，河北人民出版社2001年出版。

派",《莎菲女士的日记》也就首当其冲地受到了批判。

> 许多同志提到了《莎菲女士的日记》。要了解丁玲的性格和思想,读一读她三十年前的这篇成名之作,倒是很有帮助的。书中的主人公是一个可怕的虚无主义的个人主义者。她说谎、欺骗、玩弄男性,以别人的痛苦为快乐,以自己的生命为玩具。这个人物虽然以旧礼教的叛逆者的姿态出现,实际上只是一个没落阶级的颓废倾向的化身。当然作家可以描述各种的社会典型,问题在于作者对于自己所描写的人物采取什么态度。显然,丁玲是带着最大的同情描写了这个应该否定的形象的。[1]

于是在这场"大辩论"中,出现众多责难、否定、贬斥、讨伐《莎菲女士的日记》的文章。这些文章又集中的在于批判莎菲这个人物形象上。莎菲被指为是一个极端的个人主义者,她自私,她说谎,她欺骗,她不诚实,她玩弄男性甚至放荡,她是虚无主义者等等。总之莎菲是一个彻头彻尾的集一切坏品质于一身的没落颓废资产阶级的人物,是一个必须彻底否定的反面人物典型,而更重要的是,莎菲就是丁玲的化身,而丁玲就是上述莎菲式的人物。也有文章责难丁玲,为什么不写大革命失败后革命者与反动派的浴血奋战,却把莎菲带到文坛上,这是她的耻辱。

于是1957—1958年间,批判《莎菲女士的日记》的文章,蜂拥而起。

在中国现代文学史上,可能还没有一篇文章如《莎菲女士的日记》这样,既曾受到那样巨大的赞誉,又受到如此不堪的贬斥。其反差之大,令人咂舌。当然这些贬斥已不是正常的文学评论,这是出于政治斗争目的的政治斗争的产物。当然也有一些人著文批判"莎菲",是为了"紧跟浪头",甚至不得不为之。

当时还只是一个小小编辑的文痞姚文元,也不失时机地投左倾之机,写了《莎菲女士们的自由王国》等几篇文章,得到某些人的欣赏而挤进了文坛。

这种莎菲即丁玲,丁玲即莎菲,莎菲乃丁玲的化身的说法,以及后来按此逻辑引申的把所谓的具有极端个人主义和坏品质的女人都归于"莎菲式"的人物的做法,不仅伤害了作者本人,也祸及无辜。

我身边即有一例。"文革"中,1968年秋天,我妻子

---

[1] 周扬:《文艺战线上的一场大辩论》,作家出版社1958年版。

的姐姐、女作家李纳,从她工作的合肥市给我们寄来一封信,拆开信封一看,没有信,只有一份她们安徽文联系统造反组织出的一份铅印的"战报",报端有她用钢笔写的四个字:"勿再来信",打开"战报",原来有三分之一的版面刊登着她的"罪行",而用大一号的字作为小标题标出的她的"罪行"之一的,就是:"莎菲式"的人物。见此"战报",我们知道她已大祸临头,果然被隔离审查,整得死去活来。我想,在文艺界或其他知识界,在政治运动中,被如此冠以"莎菲式"人物帽子的女同志,可能不止她一人吧!

1979年中国共产党第十一届三中全会之后,丁玲的冤案得到平反。于是《莎菲女士的日记》也逐步得到"平反昭雪"。许多学者著文重评《莎菲女士的日记》,一一驳斥1957年之后强加在它头上的种种荒谬之词,并对这篇文章的成功与不足进行深入的研究,使评论走上了正规的轨道。

平反后的丁玲,也有机会为自己的作品说话。她说:

> 莎菲这个人在实际生活中没有这个人;写小说不一定非写其人不可。有些人老问这篇小说的主人公是否作家本人?也有人说莎菲就是丁玲,把丁玲当作莎菲。后来有的人取名叫什么莎什么菲的,说是因为崇拜我。莎菲不是以生活中某一个人为依据的。但或多或少都有我熟悉的朋友们的一点影子,都是我认识的人,是我把所见到的人的东鳞西爪一点印象凑起来的。……可是有的人老说我是莎菲。我写这篇文章的时候与胡也频生活了两年,我不需要男性,我不需要朋友,这我都有了。我是写那个时代,有那样一种人,她们有愤怒,有不满,但又不知道该怎么办;这种人那时候多着啦。我是个作家,我常常注意看啊,看这个看那个,积累得多了,脑子里就产生了把这种人表现出来的想法,于是就写开了。拿什么形式来反映呢?我想用日记体裁比较方便,就用日记体裁吧。《莎菲女士的日记》就是这样写成的。……莎菲、梦珂,我是把她们当典型写的,在那样黑暗的社会里,有那么一批苦闷的知识分子嘛。莎菲的苦闷也不完全只限于一个女人!不少男人也具有这样的思想苦闷,有莎菲那种感情和思想,不过对于我,写一个女人比较更方便一点嘛,主要是要表现处在那样时代里面那样一些人的苦闷。但《莎菲女士的日记》并不反映第一次大革命失败后的黑暗,因为这篇作品写于1927年,

> 当时我不可能把大革命失败后的社会反映到作品里去,我写的是第一次大革命以前一些人的苦闷。[1]

关于莎菲的原型问题,自1926年初就与胡也频和丁玲相识,并在其后的五六年里过从甚密的徐霞村对"莎菲就是丁玲"的说法持否定态度,他曾著文加以论述:

> 有人说莎菲身上有丁玲的影子,在一定的条件下,我还可以接受这个论点。因为一个作家在创作一个人物时,首先必须象熟习自己那样熟习自己的人物,至少也要象一个成功的演员那样,能够"进入角色",否则,就写不出一个活生生的人物。只有在这个意义上,才能说"莎菲身上有丁玲的影子"。
>
> 然而,莎菲决不是丁玲。我之敢于下这个判断,有两个理由:一是根据我在与青年时代的丁玲的直接交往中,对丁玲性格和气质的认识;二是因为我知道莎菲自有其原型,至少可以说是原型之一。
>
> 我所见到的青年时代的丁玲,是个性格开朗、情绪稳定、平易近人、生活态度极为严肃的女性。她的朋友大部分是胡也频的朋友,或是以前上海大学的教师。朋友们聚在一起的时候,她总是睁着一双炯炯有神的大眼,倾听别人的谈话。偶然插一两句,都是要言不烦,显示出高度的理智,与莎菲那种有点病态神经质的性格,截然不同。
>
> 因为除了丁玲和莎菲在性格和气质上的差异外,我还知道,丁玲笔下的莎菲,是有其原型的,而且原型不止一个。其中,首先使我想到的是一位名叫杨没累的女青年。杨没累是丁玲在长沙周南女中和岳云中学时期的同学,是个脾气很特别,很有个性的女性。一九二四年,丁玲又在北京见到这位中学时代的同学,那时杨没累已经有了恋人,这人叫朱谦之。朱谦之是个纯朴忠厚,不修边幅而又富于空想的青年,写过一本书,名叫《唯爱哲学》。他俩第一次见面,杨没累二话没说,就带朱谦之到理发店去理发,然后又让他去洗个澡,从此就和朱谦之住在一起。如果有朋友去找杨没累,坐上十分钟,杨没累就要下逐客令,说:"你们把我们的时间占得太多了,不行!我还要同谦之谈话呢。"一九二八年,丁玲和胡也频住在杭州西湖葛岭山上14号,杨没累和朱谦之住在山下14号,丁玲常去看他们两人。他俩还象初恋的人一样生活着,有时很亲

---

[1]《丁玲同志答问录》,《新文学史料》1991年第3期。

热,有时吵嘴。杨没累时常向丁玲发牢骚,说她的理想没有实现,言外之意是不满意当时自己的生活。这时候杨没累已身患重病,心情有些不正常。几个月之后,杨没累就死了,丁玲和胡也频都很难过。有一天,朱谦之很激动地对丁玲和胡也频说:"没累这个人太怪了,我们同居四五年,到现在还只是朋友、恋人,从未有过夫妇关系。我们这种关系是不近人情的,可是没累就是这么坚持,就是这么怪。"对于朱谦之的这一番话,丁玲写信给我说:"也许旁人不相信他的话,可是我相信,并认为这是很平常的事。因为那个时代的女性对爱情太理想了,太讲究精神恋爱了。"丁玲在信中又说:"我见过一些女性,或多或少都有这样的情况,看样子极需要恋爱,但又不满于一般的恋爱,即使很幸福,也还感到很空虚。她们幻想太多,不切实际。"

一九二八年底或一九二九年初,我在上海胡也频和丁玲的住所见到了朱谦之。朱走后,丁玲大略地向我提到了他和杨没累的关系。一九三二年,我在北京认识了丁玲在湖南的老同学周敦祜。周敦祜说:"《莎菲》写的就是杨没累。"并向我介绍了杨没累的一些情况。

自然,杨没累并不是塑造莎菲这一形象的唯一模特儿。譬如,现实生活中的杨没累,是一个追求精神恋爱的人,并不象莎菲那样,追求"灵与肉的统一"。在莎菲身上,除了杨没累之外,还有着其他人的影子,包括丁玲所接触的其他众多"五四"时期的觉醒的女青年。丁玲把自己所熟悉的一些类似的女性的生活、理想、心情进行综合归纳,加工提炼之后,才塑造出莎菲这样一个艺术典型。

正因为如此,作为莎菲同时代的人,我个人才觉得莎菲并不是当时现实生活中很少见的怪人,而是"五四"后期曾经生活在中国大地上的某一类型的女知识青年的典型概括。

为了慎重起见,我在写论文以前,特地写了封信给丁玲同志,问及杨没累这个人。丁玲同志在回信中进一步告诉我一些有关杨没累的情况,并指出莎菲身上"有杨没累,但又不只是杨没累"。又说:"你是看见过丁玲本人的,又是写《莎菲》时候的丁玲的。你是最有权威说出'丁玲不是莎菲'或'莎菲就是丁玲自己'的人了。"这就使我更加有把握地在论文中提出关于莎菲原型的看法。[1]

[1] 徐霞村:《关于莎菲的原型问题》,《新文学史料》1984年第4期。

八十年代以来，已有众多的评论、分析、研究《莎菲女士的日记》的文章。有些文章说莎菲在爱情生活中追求的是性爱，甚或说是莎菲具有现代的性爱意识。丁玲不同意这样的分析：

> 她要求的不是一个男性，她说得很明白嘛。她要的是人家了解她，需要的是一个自己的知心朋友，这意思在小说里说得很清楚。
>
> 本来男性可以爱女性，女性也可以喜欢男性，问题是你喜欢那一点、这就说明你恋爱的高与低。说莎菲是追求性爱，我觉得可笑得很，我恰恰是说莎菲不要性爱。[1]

八十年代，母亲还在世的时候，在谈到《莎菲女士的日记》这篇文章时，我好几次听母亲说："说莎菲是追求性爱，那是没有读懂这篇文章。"

1927年"四一二"反革命政变后，国民党在南京成立了国民政府。随着政治中心的南移，文化的中心也随之从北京移向上海。北新书店、新月书店、《现代评论》都先后迁往上海。由于文化中心的南移，更主要的是丁玲的《梦珂》《莎菲女士的日记》相继在上海的《小说月报》发表后，首先在上海引起了轰动的效应，而且正受到叶圣陶的热情鼓励，所以胡也频和丁玲也决计南下。

2月，胡也频和丁玲来到上海。先他们两个月来上海的沈从文到车站接他们，并把他们安置在事先租好的善钟路（今常德路）一间房子里暂时住下。这时，丁玲最想见到的人自然是叶圣陶先生。叶圣陶和茅盾、郑振铎等人组织了"文学研究会"，提倡文学"为人生"，并且在他的创作和编辑工作中认真地实践这个主张。丁玲和胡也频都是赞同这种主张的。过了几天，丁玲和胡也频就去景云里拜望叶圣陶。叶圣陶这年三十四岁，年长胡也频、丁玲十岁，温文尔雅，平和敦厚，使胡也频和丁玲感到兄长般的温暖。稍晚些时候，他们又一起去宁海观潮。

过了不多天，胡也频和丁玲就前往杭州，住在葛岭山庄14号。这时，胡也频和丁玲才成为真正意义上的夫妻，原来在一起生活的两年多时间是如朱谦之和杨没累那般生活的。大概也是崇尚精

[1]《丁玲同志答问录》,《新文学史料》1991年第3期。

神恋爱吧！

1983年她在复白滨裕美信里公开披露了这一情节。

在这封信里她也说到了她同冯雪峰的关系：

> 一九二七年我写完《莎菲女士的日记》后，由王三辛介绍我们认识的。王三辛告诉我他是共产党员。这是最重要的一点，我那时实在太寂寞了，思想上的寂寞。我很怀念在上海认识的一些党员，怀念同他们在一起的生活，我失悔离开了他们。那时留在北京的作家都是一些远离政治的作家，包括也频在内，都不能给我思想上的满足。这时我遇见一个党员了。我便把他当一个老朋友，可以谈心的老朋友那样对待。我们很谈得来，但我从来没有想离开胡也频，我认为我们三个都可以长期做朋友生活下去的。雪峰对我也好像只有谈心的要求，我们相处时间很短，但三个人都很好。一九二八年我和也频住在杭州，也频对我们的友谊提出了意见，我同情他，便与雪峰中断了一时的友谊。后来雪峰结婚了，我们仍旧很理解、很关心。但我这个人是不愿意在一个弱者身上取得胜利的，我们终身是朋友，是很知心的朋友，谁也没有表示，谁也没有想占有谁，谁也不愿意落入一般男女的关系之中。我们都满意我们之间的淡淡的友谊。这些话我向来很少同人谈过，因为一般人不容易理解。威尔斯的记录（注：指《续西行漫记》）不详细，也不十分准确。先生诚恳相问，我坦然相告。不过这都不过是个人生活中的小事，没有什么值得研究的。[1]

"四人帮"刚被粉碎之际，我和妻子李灵源去她被流放的太行山下的嶂头村看望她的时候，她同我们谈到这个问题，基本的意思就是这样的。她那时的心情是急于把她一生中的一切都告诉我们。我们问她："父亲牺牲以后，你是自由人了，你有没有想过要同冯雪峰结合的事？"她说："没有。没有想过。"她说："如果我想的话，我相信我可以把他抢过来，但我不愿意欺负弱者。"话是同我们分别谈的，都说过这样的话。

她致白滨裕美的这封信，是坦诚的、真实的、可信的，也是认真的、严肃的、负责任的。

[1] 丁玲1985年3月1日致白滨裕美信，《丁玲全集》第12卷。

被丁玲认为是"不过是个人生活中的小事，没有什么值得研究的"的这件事，近年来，在她身后，为不少研究者所关注，为文、著书（包括几本传记），加以论述、考证。有些报刊则摘编、转载，好像一时间有点沸沸扬扬。不过母亲对这些作者现在在论述中所引用，"考证"中所依据，并认为是可信的一些文献，早就抱保留态度。在她生前，我不止一次地听她说过，这其中有夸张、有编造，可能是为了艺术的效果或吸引读者吧！即使对于她称之为老友的美国友人，作家威尔斯的《续西行漫记》中的这一部分叙述，她也委婉地、客气地道出："不详细，也不十分准确。"她就此也向我说过，一个美国人，通过翻译转达，再记录下来的谈话，结果常常是这样的。

胡也频和丁玲在杭州住了大约三个多月，过了一段亲密的日子。从丁玲所写《潜来了客的月夜》即可见其一二。丁玲在这里完成了短篇小说《在暑假中》和《阿毛姑娘》，在创作上也是丰收。

打破这和谐、宁静生活的唯一一件事，就是向警予在武汉被国民党反动派杀害的消息。

向警予1928年在武汉被捕，5月1日被杀害。

向警予的死使她震惊，使她愤怒，也使她陷入深深的悲哀之中。这位"九姨"的形象一幕幕地萦回在她的脑际。向警予是她从小就崇拜的偶像，是她思想的启蒙者、引路人。她也没有忘记，就在前几年向警予对她的一次谆谆教导。那是在1923年，她有些不切实际的幻想，同时也看不惯当时她接触的个别共产党员的浮夸言行，对某些漂浮在上层、喜欢夸夸其谈的少数时髦的女共产党员中的熟人也有些意见，她还不愿意加入共产党。于是，自然有人在向警予面前说她孤傲，说她有什么无政府主义思想。向警予同她做了一次非常委婉的谈话。整个谈话中，向警予谈得很多，但没有一句触及她的这些"缺点"，或者某些人所看不惯她的地方。向警予只是说："你母亲是一个非凡的人，是一个有理想、有毅力的妇女。她非常痛苦，她为环境所囿，不容易有大的作为，她是把全部希望寄托在你身上的……"[1] 这是一个十分了解丁玲的人对她的一次谈话，如果不是对她的性格有如此深刻的了解，谈话不会这样进行。向警予的话，句句打到丁玲的心里。那时的丁玲，深知自己是母亲的唯一的精神寄托和全部的希望，最怕的就是自己不给母亲争气，不成材，无所作为。

向警予的话丁玲牢记一生。她永远都不会忘记向警予

---

[1] 丁玲：《向警予同志留给我的影响》，《丁玲全集》第6卷。

对自己的教导和对自己母亲的同情、了解。

向警予的牺牲，也使丁玲和胡也频进一步觉醒，进一步看清了中国现实社会的黑暗，使他们进一步认识到要用手中的笔这一武器同反动派斗争。这些思想不久之后，就在他们的文章中体现了出来。

胡也频和丁玲结束在杭州的平静生活，纯属一件意外的事情。胡也频的父亲和母亲，也就是我的祖父母，带着我的四叔、五叔来到了上海，这时的四叔十四五岁，五叔十一二岁。

早在延安的时候，母亲就向我聊过这回事。她说："一天，你父亲的四弟找到我们这里来了，说他的父母带着他们已经来到了上海，暂时住在他们亲戚开的小友天酒家。这样，我们就退了杭州的房子赶忙回到上海。恰巧我收到了《阿毛姑娘》的一笔稿费，有五六十元钱，就租了两间房子，把他们接了过来。原来也频的父母（母亲的一生中，她同我谈到胡家的人时，极少用你祖父、你祖母、你几叔这样的措辞）不知从什么地方听到什么，以为我们发了财，说是写文章每个月有两百多元的稿费收入，所以带了全家来享福来了，不走了。这对我们太突然了，也无法答应。你父亲只好向他们说明情况，说服他们回福州去。他们在隔壁房间里谈，说的都是福建话，我听不清，也听不懂。经过商谈，初步达成的一致意见是，他们回去，但留也频的四弟在上海读中学，由我们供给。我们收入不稳定，虽觉得经济上仍有困难，但认为这样也好，再说你父亲也是很爱他的弟弟的，我也是失去弟弟的人。可是问题又来了，也频的父母又提出，不能让他四弟睡现在睡的行军床，说对发育不好，要买个新床，这没有问题，可以办到；还提出要为他四弟买一部自行车上学用，这就没法做到，要知道，那时的自行车都是外国造的，是稀罕货，价钱很贵的，根本买不起。也频的父母住了些日子，也了解了情况，看出我们还是一对穷作家，也舍不得让小儿子在这里吃苦，决定全家回去，但要我们每个月寄三十元钱给他们，经你父亲和他们商量,最后达成寄二十元。他们走后，我们就租便宜的房子，一个月八元钱房租的亭子间（法租界贝勒路永裕里），省吃俭用，给他们寄了几个月钱，但以后也难以为继。"

上海的房东不像北京的公寓老板，在北京时，有一次，胡也频因交不出房租，被房东留着为房东的儿子补习功课，用这种方法抵消了房租。胡也频和丁玲在香山碧云寺居住时，房东看见他们在天寒之际，整天在外面晒太阳，只有到晚上才生一次火炉，又看见他们天天只吃菠菜面条，便主动告诉他们房租还可以欠着。而上海的房东就不那么客气了。到日子交不出房租，就得看他的面孔，听他的冷言碎语，过三五天还没有交，房东就逼上门来，一个月再交不出，就赶你走，还要扣家具，倘若家具也是租来的，那就扣箱子、铺盖。

丁玲的母亲在大革命时期宣传社会主义，工农革命，大革命失败后，虽然没有把她当成共产党，但是她任校长和兼课的三个学校的事，当局都不要她插手了。她失业了，就靠一点点房租生活，因为租金有限，她已不可能再接济自己的女儿。

这时彭学沛在上海的《中央日报》当主编，要找人编副刊。他是"现代评论派"，沈从文认识他。沈从文就推荐胡也频去编副刊，这对于经济拮据，没有稳定收入的胡也频来说，自然是一个机会。胡也频当时并不了解这个报纸同国民党的关系，只以为是"现代评论派"。1926年和1927年胡也频与丁玲困顿在北京的时候，北京只剩《晨报》和《现代评论》，间或可以对滞留在北京的作家有点儿周济。那时胡也频也向《现代评论》投点稿，每月可以有三五元、七八元的稿费，以补丁玲的母亲每月寄给她的生活费之不足。胡也频不是现代评论派，只不过为生存计，给这个刊物投过稿，是一般的作者与刊物的关系。《中央日报》副刊第一号是1928年7月19日出刊，起初是周二周四出两次，自8月15日第八期起，改为每周四期周二至周五按日出版，八开一版。

胡也频编这个副刊，每月大致可以拿七八十元的编辑费和稿费。以胡也频和丁玲一向的生活水平，这简直是不可想象的优遇。但是不久，他们逐渐懂得要从政治上看问题，处理问题。当知道这个刊物同国民党的关系后，他们认为，虽然彭学沛对副刊的日常编辑工作从不参与意见，但是这个副刊是不应继续编下去的。于是胡也频就毅然辞去了这份待遇优厚的工作。这个副刊于10月31日终刊，出了四十九期。胡也频共编了三个月多一点时间。

虽然贫困，但是丁玲却有着自己的做人的清高。她这时已有了一些名声，一次，一家书店请她参加宴会。在这个人数众多的宴会上，她默默地坐在一隅，观察着出席这个会议的上海滩上各流派的作家。忽然，有几个穿着非常讲究，西装革履，油头粉面的人向她自我介绍是《真善美》杂志的编辑，说是要出一期"女作家"专号，约请一些有名气的女作家写稿，希望她也写一篇，文章不拘形式，不拘长短，稿费从优，而且可以预支。稿费从优，还可预支，又同当代一些比她写文章早的著名女作家名列一起，是一件多么诱人的好事！但是丁玲认为她们同她不是一路，而且她不懂得在文学创作中还要分什么性别，于是就婉言拒绝了。那几个编辑不理解她为什么拒绝，还不停地解释。丁玲只好直率地答道："我卖稿子，我不卖'女'字。"

当时的上海，文学纷争骤起。一方面，无产阶级文学运动蓬勃兴起，然而爆发了创造社、太阳社的作家和鲁迅、茅盾等人之间的关于"革命文学"的论争；另一方面，国民党政府着手实施党治文化，正酝酿所谓"民族主义文艺运动"，以抗衡无产阶级文学运动。胡也频和丁玲自然不会与国民党的"民族主义文学运动"同流合污，但是也没有介入关于"革命文学"的论争。胡也频初接触马克思主义文艺理论，丁玲刚刚登上文坛，他们还须思考。他们当然关注这场关于"革命文学"的论争，思想上是倾向鲁迅的。对于丁玲来说，她似乎从创造社、太阳社那方面听到了自己过去在平民女校、上海大学所听到过的熟悉的声音，比较空洞地解释马克思主义的教义。她也很不理解他们对鲁迅的笔伐围攻，感到他们的革命的甲胄太坚，刀斧太利，气焰太盛，火气太大，而且是几个人，一群人攻击鲁迅一个人。而对于鲁迅既要反抗国民党的围剿，又要应付自己阵营里的攻击的处境深表同情。对于鲁迅在酣战的空隙里，还大力介绍、传播马克思主义文艺理论，倍感佩服，并从中受益很多。她丝毫没有因为鲁迅不曾回她的信而影响她对鲁迅的崇拜。

这时的上海，新书业蓬勃发展，北新书局迁沪后很是兴旺，相继又出现了现代、春潮、水沫、复旦、开明等等。这个形势也激发了胡也频、丁玲和沈从文办出版社的热情。他们想模仿上海的小出版社，自己搞出版工作，小本生意，只图维持生活，兼能出点儿好书。早在北京的时候，他们就有这个想法，办个出版社，一是自己的作品发表有了保障，二是可以免除书商的剥削。可是他们没有钱，无非是空议论了一番而已。如今要办，仍然是首先要有钱才行。恰巧胡也频的父亲来到上海，答应为他们转借一千元，每月三分利。于是胡也频就打算借这笔钱来办出版社。丁玲虽然认为办出版社是一件好事，可是不赞成借钱举债。小时候她的母亲就再三告诫她，无论怎么穷也不要借债，她父亲就是借了债，死后她母亲受逼不过，只得变卖全部家产。她的母亲省吃俭用，从不借债，一生贫困，却不曾为人所迫。但是胡也频不以为然，沈从文也支持，一些朋友也赞成。于是红黑出版社和《红黑月刊》就都办起来了。

胡也频编《中央日报》那个副刊之始，就搬到萨坡赛路（今淡水路）196号居住。

为筹备红黑出版社，沈从文几乎每天都到这里来，连伙食也包在一处。一个多月后，发现房东年轻丰满的妻子对沈从文有一种微妙的感情欲望，胡也频觉得在那里继续住下去已不合适。而沈从文也正需搬家，所以三人共同租赁了萨坡赛路204号。《红黑》文学月刊挂名由胡也频编辑，自己出版，自办发行。另一《人间》文学月刊是"人间书店"的，由人间书店发行，书店的老板与沈从文认识，让他编，于是《人间》月刊挂名由沈从文和丁玲编。事实上，这两个刊物都是三个人一起编的。他们还出版以住处而取名的《二百零四号丛书》，由远东、尚志等书店出版。

萨坡赛路204号，是用借来的钱租的，是一栋三层楼的二楼一底的房子。胡也频和丁玲住二层，沈从文和他的母亲、妹妹岳萌住三层，一层是出版社的办公处，起初雇了一个办事员，一两个月后，这位办事员大概看出这个出版社的前途渺茫，就辞职不干了。

至于为什么要取"红黑"这么一个名字，《红黑》月刊发刊词《释名》里这样写道：

> 红黑两个字可以象征光明与黑暗，或激烈与悲哀，或血与铁……这红和黑，的确是恰恰适合于动摇时代之中的人性的活动……。但我们不敢掠美。我们取红黑为本刊的名称，只是根据湖南湘西的一句土话，例如"红黑要吃饭的"！这句话中的红黑便是"横直"意思，"左右"意思，"无论怎样总得"意思。……因为对于这句为人"红黑都得吃饭的"这个土话感到切身之感，我们便把这"红黑"作为本刊的名称。[1]

《红黑》月刊和《人间》月刊的创刊号，分别于1929年1月10日和1月20日出版发行。他们的愿望终于成为现实。《红黑》的封面是杭州国立美术学院刘既漂教授设计的，白色的封面上用红和黑两种颜色印的"红黑"两个字，十分醒目、大方。丁玲在杭州时与蔡元培的女儿蔡威廉过从颇密，蔡也在美术学院任教，故而她介绍刘既漂来设计。几十年后，丁玲还为封面上未署上刘的名字这一疏忽而感到遗憾。

《红黑》创刊号出版发行后，胡也频、丁玲、沈从文三个人就到书店集中的四马路和北四川路各个书店看刊物的销售情况，心情既紧张又兴奋。当看到各家书店的橱窗里都陈列着这本新刊物，

[1]《释名》，载《红黑》第1期，1929年1月。

而且正有读者翻阅着它们的时候，他们的脸上都漾出欣喜的神色。

三个人办两个刊物，这是一项繁重的工作，但这是他们自己的刊物，是他们多年来所希望的产物，虽然忙碌，却心情愉快。胡也频更表现出他实干家的精神。他既要编辑，又要承担几乎所有的事务：跑印刷厂，校对，同书商谈代销，收款，算账等等。他没有读书人的秀才架子，和工人谈工作，和商人谈生意，他都无所谓，无所怕。在印刷厂，要帮忙，他就卷起袖子同工人一起干。丁玲和沈从文则待刊物印出，便忙着抄写订户名单，然后按名单将刊物分寄各处或把刊物送到各书店。

《红黑》的销售很不错，第一期仅在上海就卖出了一千册，这在当时，是一个很可观的数目。北京、厦门、武汉、广州等地都有朋友们来信，要他们多寄一些去，愿意为他们在发行上帮忙。这使他们很振奋，打算各期增印到五千份。

胡也频、丁玲、沈从文三个从无从商经历的文人下海经商，实在是一个既天真、又冒险的行为。果然，不久就险象环生。《红黑》销路虽好，但书店却拖欠书款，资金投进去了，却收不回来。资金周转不灵，出版事业也就难以为继，再加上是小本生意，面临的便是破产的悲惨命运。《人间》出了四期就终刊了。《红黑》出了八期，"红黑出版社"便于1929年8月份关门了。正如丁玲后来所说，是"几个又穷又傻的人，不愿受利欲熏心的商人的侮辱，节衣缩食想要改造这种惟利是图的社会所进行的共同冒险"。[1]

剩下的便是还债，沈从文给了三百来元，胡也频把后来去山东教书的预付工资拿了出来，还差三百五十元，最后是丁玲向她母亲要了来，才把本利一起还清，这当中蒋毅仁也帮助了些。

丁玲如今成了作家，有了稿费收入，在搬到萨坡赛204号后，就同胡也频商量把她母亲接来。这时她母亲已经失业，年龄也已五十一岁，二十多年，母女聚少离多，丁玲想尽孝心，让母亲今后同她一起生活。她的母亲于1929年3月底离开湖南常德乘船来上海。在上海的那些日子，丁玲的母亲过得很快乐。总之，丁玲和胡也频曲尽心意要使老人生活得快乐，而丁玲的母亲只要同女儿生活在一起，一切都心满意足了。住了几个月，丁玲察觉母亲"厌繁华，喜清幽"，就建议去杭州一游，并顺便参观9月在那里举办的博览会。于是写信给在常德的蒋毅仁，要她速来沪一同前往。9月，胡

[1] 丁玲：《胡也频》，《丁玲全集》第6卷，河北人民出版社2001年出版。

也频、丁玲陪着母亲和蒋毅仁去杭州游玩了十数日，尽兴而归。回到上海，适逢丁玲的生日（重阳节前一日），于是丁玲的母亲买了十几只肥蟹，为女儿过了一个难得的生日。

可是，好景不长，此时红黑出版社已陷绝境，只有关门了事，事业未成，反而连本带利欠了一大笔债。丁玲打算长期和母亲一起生活的计划，终成泡影。丁玲的母亲只好再回常德独自一人生活，小城市的生活水平低些，实在有困难，蒋毅仁等她的朋友还可稍事接济。10月底，丁玲的母亲和蒋毅仁就一起回常德去了。

红黑出版社关门后，胡也频和丁玲就又搬回到萨坡赛路196号住。

从1928年起，胡也频和丁玲就开始阅读鲁迅和冯雪峰翻译的马克思主义文艺理论著作，进而读一些社会科学、政治经济学、哲学等书。胡也频的思想逐渐左倾。这些马克思主义的养分，立即被他吸收，并反映在他的创作上。在1929年3月10日《红黑》月刊第三期上，他发表了《卷首题辞》：

> 如同凶猛的海水击着礁石，强硬地、坚实地生出回响的声音，这是人间苦的全人性活动的反映，也正是一切文艺产生的动力。
>
> 为一个可悲的命运，为一种不幸的生存，为一点渺小的愿望而奋力争斗，这是文艺的真意义。
>
> 负担着，而且深吻着苦味生活的人，才能够胜任这文艺的使命。
>
> 地球上没有黄金是铁色的；所以要经历一个黯淡人生，才充分的表现这人生的可悲事实。
>
> 文艺的产生是因为缺陷的，并且为这缺陷的人类而存在着。
>
> 要创作，必须深入的知道人间苦，从这苦味生活中训练创作的力。
>
> 文艺的花是带血的。[1]

在这篇《卷首题辞》里，胡也频初步运用马克思主义，阐明了他关于文艺的使命，文艺的对象，文艺的产生等问题的观点，并强调作家必须深入到生活的底层，了解人类的"人间苦"。

而"文艺的花是带血的"这句话，竟成了他自己的

[1]《胡也频选集》第1078页，福建人民出版社1981年版。

箴言。

1929年5月，胡也频完成了中篇小说《到莫斯科去》。由于在国民党的白色恐怖的环境下，无法用"莫斯科"这个字眼，发表时改为《到M城去》，刊于《红黑》第七期。可见，胡也频是怎样的倾心于作为世界无产阶级革命的圣地的莫斯科。《到莫斯科去》是写一个新女性断然抛弃优越的生活，跟随革命者奔向莫斯科的故事。这是一部具有鲜明革命倾向的作品，标志着胡也频创作上的明显转变。

丁玲在《红黑》月刊上发表了书评：《介绍〈到M城去〉》，向读者推荐此书，认为这篇小说"是十年来文学作品中的一篇小说的杰作"。

> 《到M城去》——只要知道这M城是一个什么地方，就可以想见这一篇小说思想集中的焦点了。全篇以革命成功之后的一部分政局为背景，写出厌恶于新贵族生活，终于用坚强的意志而离开那环境，毅然走向M城去的一个新女性。在其中，和他最有关系的是一个政治家和一个X主义者，几个最解放的女子，以及一个消极的悲观主义的男人。从其中这些人物身上，我们可以看到现今中国的各种典型，而且使我们预料着这一个正在大变动的时代，最后应该是一种怎样的倾向。[1]

这是丁玲继《序〈也频诗选〉》之后写的又一篇书评。丁玲热情的宣传，极力赞许《到M城去》，说明她的思想与胡也频有着同步的变化。此时她也正在酝酿写作革命题材的《韦护》。

《韦护》是以瞿秋白和王剑虹为原型，取材于他们的一段爱情生活，通过加工、提炼而写成的一篇小说。小说的社会背景是"五卅"运动以前。全书共八万字，当时称为长篇小说。

丁玲在《我所认识的瞿秋白同志》一文中回忆道：

> 我想写秋白、写剑虹已经许久了。他的矛盾究竟在哪里，我模模糊糊地感觉一些。但我却只写了他的革命工作与恋爱的矛盾。当时，我并不认为秋白就是

[1] 丁玲：《介绍〈到M城去〉》，《丁玲全集》第7卷，河北人民出版社2001年出版。

这样，但要写得更深刻一些却是我力量达不到的。我要写剑虹，写剑虹对他的挚爱。但怎样结局呢？真的事实是无法写的，也不能以她的一死了事。所以在结局时，我写她振作起来，重新鼓起生活的勇气战斗下去。……自然，我并不满意这本书，但也不愿舍弃这本书。韦护虽不能栩栩如生，但总有一些影子可供我自己回忆，可以作为后人的研究资料。[1]

《韦护》也是在胡也频的鼓励与帮助下完成的。

丁玲在晚年回顾与评价自己的《韦护》时，写到：

> 这篇《韦护》突破了过去的一些东西，写了一些新的事新的人，那些人从黑暗逐步走向光明，而光明还没有全部到来，有光明还有黑暗，因此有矛盾，就写了这个东西……我觉得《韦护》在我的写作上是比过去进了一步，当然，还没有跳出恋爱啊、革命啊的范围，但它已经是通向革命的东西了。[2]

以《介绍〈到 M 城去〉》和《韦护》为标志，丁玲完成了她从文学走向革命的过程。

---

[1] 丁玲：《我所认识的瞿秋白同志》，《丁玲全集》第 6 卷，河北人民出版社 2001 年出版。

[2] 丁玲：《答〈开卷〉记者问》，《丁玲全集》第 8 卷，河北人民出版社 2001 年出版。

◇ 1928年春,丁玲与胡也频在杭州

◇ 1928年，丁玲、胡也频与母亲蒋慕唐及蒋毅仁（右二）在杭州

◇ 1928年，胡也频在上海

第八章 文艺的花是带血的

红黑出版社倒闭欠了一大笔债，胡也频和丁玲商量，丁玲留在上海写文章，胡也频出外挣钱还债。经陆侃如和冯沅君介绍，胡也频于1930年2月22日离开上海，去济南山东省立高级中学教书。

1930年，是国民党在山东结束了北洋军阀张宗昌的统治，取得政权的第二年。教育随之也有一些改革，原山东大学附属高中被改为省立高中。当时，这所济南省立高中是全省唯一的一所省立高级中学。一年前，这所学校就国文课程而言，读的全是文言文，如《诗经》《书经》《古文观止》等，如今才开始用白话文作品教学，作文也改为用白话文作文。可教师仍是那些老先生，于是他们就从《胡适文存》中选些作品来敷衍。这时，"五四"运动已经过去十年，社会已有很大的发展，学生思想更有飞跃的进步，《胡适文存》怎能使青年人满足呢？

济南省立高中的校长张默生力图改革，首先是聘请一些具有新思想的人士来任教，除胡也频外，还聘请了楚图南、董每戡等进步教师。当时省立高中分文、理、商三科。胡也频担任了文科主任。

胡也频的到来，使学生们欢欣鼓舞。当年担任学生会主席，后来投身革命的冯毅之回忆道：

> 就在这时候，——1930年的春天，忽然传来一个好消息，说革命作家胡也频，

要来任我们的国文教员了。

同学们听说胡也频是个思想进步的革命文学家,不仅十分欢迎、崇敬,还感到有点神秘。因为大家虽然看过一些革命作家的作品,但亲自看到并听其教诲却是极难得的。同学们听说胡也频老师是福建省人,写过诗、小说和剧本,还编辑过刊物,他的作品《到莫斯科去》,在当时很有影响。因此,大家的希望和心情就更加急切地盼望他早日到校了。

胡老师终于到校了。那是初春二月,教室前的冰雪溶解、迎春花盛开的时候,记得当时大家都提前在教室里肃静地坐着,喜悦的心在跳动,眼睛不时地向门外张望,象舞台前的观众,渴望名角出场似的。

胡老师穿一身陈旧西服,身材不高,却健壮结实。他的行动灵活有力,神态和蔼可亲,他走进教室、上讲台,都是跳跃式的。他虽是福建省人,北方话却说得十分清晰易懂。他讲课有条有理,声音宏亮,带有鼓动性。他知识渊博、观点新颖,第一堂课就给同学们一个极好的印象。下课后,同学们赞叹道:"这样年青就成了全国闻名的作家,真是了不起!"[1]

当年曾是胡也频的学生,后来成为著名作家、学者的季羡林在胡也频牺牲五十九年后,感叹地回忆道:

胡也频,这个在中国近代革命史上和文学史上宛如夏夜流星一闪即逝但又留下永恒光芒的人物,知道其名者很多很多,但在脑海中尚能保留其生动形象者,恐怕就很少很少了。

我有幸是其中的一个。

我初次见到胡先生是六十年前在山东济南省立高中的讲台上。我当时只有十八岁,是高中三年级的学生。他个子不高,人很清秀,完全是一付南方人的形象。

他教书同以前的老师完全不同。他不但不讲《古文观止》,好像连新文学作品也不大讲。每次上课,他都在黑板上大书:"什么是现代文艺?"几个大字,然后就滔滔不绝的讲了起来,直讲得眉飞色舞,浓重的南方口音更加难懂了。下一

[1] 冯毅之:《缅怀胡也频老师》,《冯毅之六十年作品选》,山东文艺出版社1991年版。

次上课，依然是七个大字："什么是现代文艺？"我们这一群年轻的大孩子听得简直象着了迷。我们按照他的介绍买了一些当时流行的马克思主义文艺理论书籍。那时候"马克思主义"这个词儿是违禁的，人们只说"普罗文学"或"现代文学"，大家心照不宣，谁也了解。……然而"现代文艺"这个名词却时髦起来，传遍了高中的每一个角落，仿佛为这古老的建筑增添了新的光辉。

他不但在课堂上宣传，还在课外进行组织活动。他号召组织了一个现代文学研究会，由几个学生积极分子带头参加，公然在学生宿舍的走廊上，摆上桌子，贴出布告，昭告全校，踊跃参加。当场报名、填表，一时热闹得象是过节一样。时隔六十年，一直到今天，当时的情景还历历如在眼前。当时的笑语声还在我耳畔回荡，留给我的印象之深，概可想见了。[1]

这个现代文学研究会是在胡也频的领导下，以学生会为基础，以进步的教师、职工和学生为核心，争取广大学生组织起来的，共有四五百人。研究会的成立，取得了学校当局的同意，采取了合法的斗争形式。而且学校还同意出经费，由研究会出版文学月刊，定名为《齿轮》。一时间，搞得热火朝天，盛极一时，并且很快地影响与激荡着全济南市。一些学校的学生会也找上门来，要求介绍情况，帮助他们也组织起来。

就在胡也频把他这两年所学习到的马克思主义理论不仅反映在他的作品上而且又付诸于革命的实践的时候，离别一个多月的丁玲来到了济南。

原来是两人约好，一人去济南教书挣钱，一人在上海安心写书。但是丁玲耐不住离别的痛苦，独居的寂寞，又发现体内正孕育着一个新生命，加之她的母亲也不赞成两人分开，觉得三人既不能在一起，仅仅两人了，何苦还要她挂心两处。

还在送别胡也频从码头回到家里的那天晚上，丁玲就满怀不忍离别之情给胡也频写信，说："本是预计写信不拿这稿纸的，不过临时又变计了。心想拿两本同时用，一本写文章，一本写信（专给你写），看到底还是谁先写完，总之是每天都得写文章，也得写信。而且到底也不知道你还是希望我的信写得多，还是文章写得多。"

仅在胡也频离去的三四天里，丁玲就给胡也频写了三封信，如此看来，在这一个多月里，丁玲和胡也频之间应是有许多信的，但是除了这三封信之外，都因为丁玲后来生活中的剧变和坎坷而

[1] 季羡林:《纪念胡也频先生》，《文汇报》1990年2月24日。

未能存留下来。这三封信曾刊于1934年6月1日《文艺风景》第一卷第一期。

从这三封信里，可以看到丁玲为这次离别对胡也频的深切的思念和作为妻子的柔情与缠绵。

也频，美美，写着这名字时，不觉引起一种甜蜜的美感。想起有时当你睡熟，而我细审你的酣态时所低低在心里叫着的"美美"来，便仿佛你还在我身边一样，而且仿佛你也正叫着我似的。然而别离是证实了，我们还要许多日子后才能再互相紧紧拥着而唤着只有我俩才知道的一切迷人的名字。爱！到底是希望时间快点跑去呢，还是希望慢点，好让我们多做一点事？

文章只抄了两页，没有继续写下去，为了心不能十分安静下去，还抽不出一种能超然一切的心情，而写文章是非有一种忘记一切现实和理想，神往到自己所创造的那境地里去不可的。就是说我实在太想到你，在每次长针走过一个字时，我便会很自然的想着关于你的一切情形，而不放心。你的一切环境太陌生了，不是我能想得出的，若是有完全为你一人冲入陌生的围阵中去的需要，我还是应该不离开你。然而现在我却留住了，是谁假定的理由！难道我爱你不厉害吗？或是你能恝然离我而去？但这都不是的……爱！请你告诉你这时的心情，你后悔吗？我呢？我还找不到勇气来说一句感伤的话。仿佛觉得我们已经不是闹着玩的时代了。我们已有了互相的深的爱和信仰，我们只能努力同心合一的在生活的事业的路上忍耐着。

我永远只能用平凡的语调写出我平凡的情调。我永远缺乏你的美的诗样的散文。一直到晚上才坐在桌边，想写一首诗，用心想了好久，总不会，只写了四句散文：

没有一个譬喻，

没有一个恰当的成语；

即使是伟大的诗人呵，

也体会不到一个在思念着爱人的心情。[1]

丁玲的到来，在济南省立高中产生了轰动的影响。季羡林回忆道："正在这时候，当时蜚声文坛的革命女作家，胡先生的夫人丁玲女士到了济南省立高中，看样子是来探亲的。她是从上海去的。

[1] 丁玲致胡也频信，《丁玲全集》第11卷。

当时上海是全国最时髦的城市，领导全国服饰的新潮流。丁玲的衣着非常讲究，大概代表了上海最新式服装。相对而言，济南还是相当闭塞淳朴的。丁玲的出现，宛如飞来的一只金凤凰，在我们那些没有见过世面的青年学生眼中，她浑身闪光，辉耀四方。"[1]

丁玲发现胡也频完全变了一个人，她简直不了解为什么他被那么多的学生拥戴着。天一亮，他的房子里就有人等着他起床，到深夜还有人不让他睡觉。他成了省立高中的核心人物，成天宣传马克思主义，宣传唯物史观，宣传普罗文学。她看见那么年轻的他，被群众所包围、所信仰，而他却是那样地稳重、自信、坚定、侃侃而谈，心里说不出的欣喜。她问他："你都懂吗？"他答道："为什么不懂得？我觉得要懂得马克思也很简单，首先是你要相信他，同他站在一个立场。"后来丁玲才明白胡也频的这番话，理解到他为什么一下就能这样，这的确和他的出身、他的生活、他的品格有很大的关系。[2] 而且，胡也频是一个喜欢行动的人。当他接触到马克思主义的时候，他就毫不怀疑地相信它，努力地了解它，并且坚定地进行实践。

这一切都如丁玲在《一个真实人的一生——记胡也频》一文中所说："已经不是文学的活动，简直是政治的活动"。这时胡也频和丁玲都感到了问题的严重性。丁玲凭着她以前的经验，认为一定要找到济南的共产党组织，取得他们的协助，否则会失败。但是济南的党组织怎么去找呢？她觉得胡也频和她总不会长期留在济南，终归是要回到上海去的。胡也频特别着急，他觉得他已经带上了这么大的一个队伍，他需要更有计划。他们也议论，是否到上海去找党，通过他们联系上济南的党组织，由济南的党组织来领导，为此，胡也频还打算去一次上海。

但是形势发展很快，5月4日那天，在这个具有纪念意义的日子里，全校更是轰动起来，一批批学生到胡也频家里来，大家兴奋得无可形容。晚上，胡也频和丁玲正在议论这件事时，校长张默生来了，说省政府已经通缉胡也频，说第二天要来抓人，受通缉的还有楚图南和学生会主席。教育厅长何思源透露了消息，张默生并送来两百元钱，叫胡也频赶快逃走。看来是好意。

其实，这样的结局早有预兆。国民党省党部的宣传部长就曾在一个会议上发出恐吓威胁说：自从济南来了几个敲破锣的（他把普罗说成"破锣"），到处听到破锣声，都快把济南敲红了。我警告他们，若再这样下去，非把

---

[1] 季羡林：《纪念胡也频先生》，《文汇报》1990年2月24日。
[2] 丁玲：《序〈胡也频选集〉：一个真实人的一生——记胡也频》，《丁玲全集》第10卷。

破锣砸得粉碎不可。[1] 可见，国民党早就注意着胡也频等人的活动。胡也频认为，他又不是共产党，宣传普罗文学犯什么罪？

张默生来通报这个消息时，同胡也频一道教书的董每戡也在场，消息来得太突然，三个人都没有什么经验，也不懂得什么害怕。胡也频的意见是不走，或者过几天走，他想明白一个究竟，更主要的是他舍不得那些学生，他要向他们说明，要勉励他们。丁玲也以为，胡也频又不是共产党，没有参加什么秘密组织活动，只不过是宣传普罗文学而已。后来还是学校里另一个教员董秋芳来了，劝胡也频尽快走。他同胡也频、丁玲是比较靠近的，也多懂些世故。这样才决定离开。胡也频很难受地搭夜车去青岛。当丁玲第二天也赶到时，楚图南和学生会主席冯毅之也到了青岛。楚图南去了东北，冯毅之跟随胡也频和丁玲一同回到了上海。

20世纪80年代，何思源回忆当时的情节：

> 胡也频在济南，很受学生们的欢迎和拥护。有一天，韩复榘（山东省主席）在开会后对我说："你们高中有个叫胡也频的教员吗？中央要他，据说他是个共产党在北方的重要负责人。"我说："办学很难，没有一点进步思想，学生们有意见；请一个有进步思想的人，政府又怀疑人家是共产党。其实，青年人有些过激算不了什么，当年我还做过学生运动。"经我解说，韩复榘就摆了摆手，说："算了。"我回去立即打电话把张默生找来，叫他转告胡也频赶快离开济南……胡当天下午就搭火车去青岛转赴上海。因当时只捉拿胡也频，并未提及丁玲，所以丁玲并未同行，是随后赶往上海的。不料终未逃脱蒋介石的魔掌。此事已过去五十多年了，我还记得很清楚。[2]

胡也频在济南短短几个月的革命实践，无疑是有成效的。他播种了革命思想的种子，也收到了结出的果实。他影响了一些，甚至可以说影响了一批学生，使他们走上了为共产主义事业奋斗的道路。

胡也频和丁玲于5月上旬回到了上海，住进环龙路（现南昌路）临马路的一家客堂间里。这时上海的革命形势

[1] 冯毅之：《缅怀胡也频老师》，《冯毅之六十年作品选》，山东文艺出版社1991年出版。

[2] 李士钊：《关于胡也频离开济南的补充》，《济南日报》1981年8月18日。

已与他们离去时大不一样，中国左翼作家联盟已在上海成立。这个革命文学团体是在党中央的关怀下成立的。党中央的意见是，停止革命阵营内部的论争，由创造社、太阳社和鲁迅及鲁迅影响下的作家联合起来，组成一个统一的革命文学团体。1930年3月2日，中国左翼作家联盟在上海北四川路中华艺术大学的一个教室里举行了成立大会。当时担任中共中央宣传部秘书的潘汉年代表党中央宣传部讲了话。鲁迅到会作了重要发言，即著名的《对于左翼作家联盟的意见》一文。从此，在党的关怀下和在鲁迅的直接指导下，中国的革命文化运动走上了一个新的阶段。

胡也频在济南几个月的革命实践，不仅影响了一批学生，也使他和丁玲都受到许多的教育。回到上海，他们回顾这一段生活，总结着自己在工作中的得失，更思索着如何在上海这个新环境和新条件下继续斗争下去。早在济南的时候，他们就要寻找党的组织，现在这一要求就越来越强烈了。

就在他们筹划着未来的时候，潘汉年来访问他们了。他们与潘汉年虽然相互都闻名，但却是第一次见面。初次相逢，他给丁玲留下的印象是，有点儿老成，但又常常露出一些机智，并且很容易亲近。当他向胡也频和丁玲详细介绍了"左联"，并谈到他们加入"左联"的事时，都觉得非常自然，好似这是无须多说的。胡也频和丁玲于1930年5月加入了"左联"，胡也频被选为"左联"执行委员会委员，担任工农兵通信委员会主席。

胡也频和丁玲回到上海之初，沈从文还想恢复《红黑》，但是此时他们之间思想上的差异使得已经没有这种可能了。他们也都明白，《红黑》已成过去。沈从文在《记丁玲》一书中，谈了他的想法：

> ……左翼文学从商人看来，从多数人看来，仿佛已过了时，大凡聪明人，皆不会去参加热闹了。"文学左翼"在是时已经是个不时髦名词，两人到这时节还检取这样一个过时的题目，在熟人看来恐怕无人不觉得稀奇的。
>
> 他们把这显然落后的工作捏捉在手，再也不放松了[1]。

由此看来，沈从文认为是"不时髦"的，正是胡也频和丁玲所信仰的；沈从文认为是"过时的"，正是胡也频

[1] 沈从文：《记丁玲》。

和丁玲所追求的；沈从文认为是"落后的工作"，正是胡也频和丁玲决心献身的事业。不论沈从文认为胡也频和丁玲所向往与从事的，"适宜不适宜"或是"值得不值得"，这样的思想上的分歧，注定他们之间的友谊不可能再向前发展，但他们都珍惜他们的旧情。丁玲回忆说："也频常常感叹他与沈从文的逐渐不坚固的精神上有距离的友谊。他怎样也不愿意失去一个困苦时期结识的挚友，不得不常常无言的对坐，或话不由衷。这种心情，他只能告诉我，也只有我懂得他。"[1]

胡也频的长篇小说《光明在我们前面》前两节，于5月20日在武昌出版的《日出》月刊创刊号上发表，计划连载，但刚刚刊出，即被查禁，刊物被扣留。

《光明在我们前面》写于1930年春，这时胡也频已参加了济南高中的革命斗争，积累了一定的革命斗争生活的实感。小说是以"五卅"运动为背景。真实地反映了这场反帝爱国的革命斗争。如果说《到莫斯科去》还是属于在书斋里思索、讨论，从而选定革命的人生道路的话，那么《光明在我们前面》则是把作品的主人公放到革命运动的洪流里，使他们在革命斗争中经受锻炼，从而达到思想上的转变、提高、升华。文章通过各种矛盾，渐次展开人物的性格，使人物有血有肉，同时展现了宏伟的群众斗争场面。《到莫斯科去》和《光明在我们前面》这两部作品"在思想上和艺术上都显示了自己的特色，取得了相当的成就。它们不仅在作家的创作历程中具有划时期的意义，而且在中国革命文学史上也具有很重要的意义"[2]。

这一时期，胡也频和丁玲文章发表得少了，收入也就少了。平日生活拮据，比以前艰苦。以前当有了稿费后，总爱一两天内把它挥霍去，现在稿费少了，有一点就存起来，取消了一切娱乐，以待丁玲生产时用。直到冬天，为了丁玲生产，让产期过得稍微好些，才搬到环境房屋都比较好些的靠近法国公园（现复兴公园）的万宜坊（现重庆南路205号）。他们虽然穷困，但精神生活极其充实。胡也频忙"左联"的工作，很少在家，丁玲因有身孕，大半时间留在家里，写《一九三〇年春上海》。丁玲觉得胡也频变了，前进了，而且是飞跃地前进。她是支持他的。她觉得自己也在前进，但相比之下，比较慢，像似在爬。

暑假期间，中国左翼作家联盟和中国社会科学家联盟

[1] 丁玲：《序〈胡也频选集〉：一个真实人的一生——记胡也频》，《丁玲全集》第10卷。
[2] 余任凯：《"文艺的花是带血的"——论胡也频的创作道路》，《胡也频选集》，福建人民出版社1981年出版。

联合组织一个暑期补习班,由冯雪峰和王学文负责。地址就在中华艺术大学内,胡也频受邀去那里讲课。

9月17日,"左联"委托美国记者史沫特莱出面在荷兰餐厅为鲁迅五十寿辰举行庆祝晚宴,胡也频应邀出席。

胡也频的革命活动,日益拓展,丁玲回忆道:

> 也频忽然连我也瞒着参加了一个会议。他只告诉我晚上不回来,我也没有问他。过了两天他才回来,他交给我一封瞿秋白同志写给我的信。我猜出了他的行动,知道他们会见了,他才告诉我果然开了一个会。各地的共产党负责人都参加了,他形容那个会场给我听。他们这会开得非常机密。他说,地点在一家很阔气的洋房子里,楼下完全是公馆样子,经常有太太们进进出出,打牌开留声机。外埠来的代表,陆续进去,进去后就关在三楼。三楼经常是不开窗子的。上海市的同志最后进去。进去后就开会。会场挂满镰刀斧头红旗,严肃极了。会后是外埠的先走。至于会议内容,也频一句也没有告诉我,所以到现在我也不很清楚是一种什么性质的会。但我看得出这次会议更加引起了也频的政治兴趣。
>
> 看见他那一股劲头,我常笑说:"改行算了吧!"但他并不以为然,他说:"更应当写了,以前不明白为什么要写,不知道写什么,还写了那么多,现在明白了,就更该写了。"他在挤时间,也就是说在各种活动、工作的短促间隙中争取时间写他的长篇小说《光明在我们前面》。[1]

胡也频参加的是全国苏维埃区域代表会议。参加大会的有各苏维埃区域,全国各主要省区以及革命组织的代表三十八人,加上中央领导和中央机关的同志共约五十人。柔石、胡也频代表"左联"参加。会议经过讨论,通过了许多主要决议案(苏维埃政府政纲、劳动保护法、土地法、扩大红军决议案等),还发表了《全国苏维埃区域代表大会宣言》。[2]

代表会议的会场在卡尔登戏院(现长江剧场)后面白克路(现凤阳路)上一座楼房。由在中央机关工作的李一氓充当这座开会楼房的主人,除李一氓的夫人和两个

---

[1] 丁玲:《一个真实人的一生——记胡也频》,《丁玲全集》第10卷。

[2] 《中华全国总工会的工作及其活动》,见《中国工会历史文献》(3)第54页。

小孩以外，党又调来赵毅敏当李一氓的弟弟，李一超（又名李坤泰）当他的妹妹，共六口人组成一个临时家庭，作为掩护。整个楼房的布置，与会人员的吃、住、行，以及房内外的警戒，均由中央特科安排。会议一结束，这个临时家庭就解散了。原来这个临时当妹妹的李一超，就是后来战斗在白山黑水的抗联女英雄赵一曼。[1]

当时全国已经建立了大小共十五个革命根据地，白区的工作也有发展。党中央认为，建立中央苏维埃政权已是当前的任务。在这次代表会议后，成立了全国苏维埃中央准备委员会（简称"苏准会"），林育南任秘书长。

胡也频于1930年10月加入了中国共产党。在"左联"等七个革命群众组织的会上，胡也频被选为出席在江西苏区召开的全国苏维埃第一次代表大会代表。

根据当年在"苏准会"担任秘书工作的胡毓秀回忆："'苏准会'机关设在愚园路庆云里（静安寺百乐商场附近）15号，一栋三层楼的石库门房子。这个机关是当时党中央领导人经常活动的秘密地点之一。有段时间，周恩来常来这里指导工作。经常到'苏准会'秘密机关来的中央领导人还有瞿秋白等。任弼时、邓颖超同志也来过二三次。团中央的李求实也经常来。此外，何孟雄、柔石、殷夫、胡也频也来过。"[2]

11月8日，无论对于母亲，还是我，都是一个难忘的日子。那是我的生日。在生我的前一天，母亲住进了医院。这一天，是苏联十月革命节。生我的那天，父亲来医院看母亲，他很兴奋地告诉母亲《光明在我们前面》已经完成了，并说："你说，光明不是在我们前面吗？"这本书终于完成与出版了，由春秋书店于10月20日出了单行本。母亲后来告诉我，父亲看着我们母子俩，哭了，很激动地哭了。他是难得哭的，究竟是为同情母亲而哭呢，还是为幸福而哭呢？母亲没有问他，他没有时间陪我们，又开会去了。第二天，他告诉母亲说他已当选全国苏维埃第一次代表大会代表时，母亲也激动地哭了。母亲看见父亲在许多年的黑暗中挣扎、摸索，找不到一条人生的路，现在找到了，他是那样地自信，勇往直前。母亲说："好，你走吧，我将一人带着小频，你放心。"

多年后，母亲说起父亲："他是个学生出身，在外面流浪了很多年，只要革命队伍要他，他就愿当马前卒。什么事都可以干，干什么危险的事他都不怕，他这个人就是这样了不起。"[3]

[1] 穆欣：《隐蔽战线统帅周恩来》，第20页，中国青年出版社2002年出版。

[2] 胡毓秀：《"苏准会"秘密机关》，《党史资料》1980年第3期，上海人民出版社出版。

[3] 《丁玲同志答问录》，《新文学史料》1991年第3期。

当丁玲从医院出来的时候，家里连一个钱也没有了，他们只能共吃一客包饭。为着不得不雇奶妈，胡也频把两件大衣都拿去当了。胡也频工作忙，白天在外面忙工作，晚上就开夜车写文章。短篇小说《黑骨头》《牺牲》《同居》就是那时写的。丁玲知道胡也频这时的思想情绪已经完全集中在去江西方面，她觉得她可以起来写作了，但是胡也频要她安心静养。

一生中，母亲很多次地向我说过，父亲从来都是这样的，当需要钱的时候，他就自己去写，而当母亲写作的时候，他就尽量张罗，使家里过得稍微宽裕些，或者悄悄去当铺，不使母亲感到丝毫经济压力，有损创作心情。母亲说，只要我有作品，我都会想起你的父亲，想起他对于我的写作事业的尊重、爱护、鼓励与培养。在最初的时候，在那样一段艰苦的时候，我之所以能把写作坚持下来，实在是因为有他的那种爱惜。

年底，父母抱着一个多月的我合照了一张像。这是唯一的一张合影。家里也只保存着这唯一的一张。这照片，母亲后来交给了我，要我保存，现在还在我手上。照片的右下角写有"1930年底"，背面没有任何字。并不像有的关于丁玲的文章中所写："照片背面书写：韦护满六十天，爸爸预备远行，妈妈预备把孩子交给他的外婆。"

父亲和母亲也曾商量，由母亲把我送回湖南老家交给外婆，然后他们一同去苏区，但是时间来不及，只好仍做父亲一人去的打算。后来父亲告诉母亲，说如果我们一定要一同去的话，冯乃超答应帮他们带孩子，因为他们也有一个孩子。这件事虽然没有成功，但当时他们感动得一夜没睡，因为："第一次感到同志的友情，阶级的友情，我也才更明白我过去所追求的很多东西，在旧社会中永远追求不到，而在革命队伍里，到处都有我所想象的伟大的感情。"[1]

1月17号早晨，胡也频告诉丁玲要去开"左联"执委会，然后去沈从文那里借两块钱买挽联布送房东，因为房东的儿子死了。他要丁玲等自己回来吃午饭，穿上暖和的海虎绒袍子就走了。这袍子是沈从文借给他穿的，沈从文此时已去武汉大学任教，假期回到上海小住，看见胡也频穿得单薄，生活过得很窘迫，就借给了他。胡也频中午没有回来。下午沈从文来了，是同胡也频约好来写挽联的。沈从文说，胡也频是十二点钟从他那里走的，说买了挽联布就回家。他们无声地坐在房里等着,心里很不安，

[1] 丁玲：《一个真实人的一生——记胡也频》，《丁玲全集》第10卷。

仿佛有一种不祥的预感。丁玲不知道胡也频在哪儿，也不知道能够到什么地方去找他，只好抱着孩子，呆呆的望着窗外的灰色的天空。沈从文坐了一会儿走了。她只能默默地等候命运的拨弄。

天黑了，刮起了风。昏暗的灯光下，屋子里一片死寂。丁玲心急如焚，她把一切都往好处想，但一切好的想象又都不能使自己的心镇静下来。这时，沈从文又来了，他不放心，吃过晚饭，再来看看。沈从文一进门，丁玲就把孩子交给他，冲出了房，在马路上狂奔。她首先想到冯乃超，便奔向他福熙路的家。丁玲看到冯乃超的住房里透出淡淡的灯光，去敲前门，无人应；又去敲后门，仍是无人应；她站在马路中间大声喊，他们也听不见。街上已经没有人影。她再要去喊时，看见灯熄了。她无奈地又跑回万宜坊自己的家。家里仍是没有胡也频的影子。时间不早了，沈从文也告辞回去。

天刚亮，丁玲又去找冯乃超。冯乃超沉默地把她带到冯雪峰的住处。冯雪峰说，恐怕出问题了，柔石是被捕了，他昨天同捕房的人到一个书店找保，但没有被保出来。他们除了安慰丁玲，要她安心以外，也没有别的办法。丁玲回到家的时候，沈从文也来了，交给她一张黄色粗纸，上边是铅笔写的字。她一看就认出是胡也频的笔迹。她如获至宝，读下去，证实胡也频是被捕了，胡也频的口供是随朋友看朋友，现在被押在老闸捕房，要她安心。字条署名"蒋文翰"，他用了个化名。

自胡也频和丁玲1930年5月从济南回到上海之后的那一年间，正是隐蔽在上海的中国共产党中央多事之秋的一年。

1930年6月11日召开的中央政治局会议，通过了当时实际主持中央工作的李立三起草的《新的革命高潮与一省或几省首先胜利》的决议。制定了以武汉为中心的全国中心城市武装起义和集中全国红军攻打中心城市的冒险计划。重点是武汉、南京、上海三个城市。

这种对中国革命形势极左的、错误的估计及由此制定的方针政策，从一开始就受到一些同志的反对。上海第一个公开起来反对李立三的错误观点的高层的、有影响、有号召力的干部是何孟雄，还有林育南、李求实（又名李伟森）。为此，他们受到了批判，何孟雄并被撤销了江苏省委委员职务。何孟雄、林育南、李求实都是中国共产党最早期的党员。

何孟雄，湖南酃县人，1898年出生，曾是北京大学的学生，1919年北京"五四"

学生运动的积极参与者和组织者，1920年参加李大钊领导的共产主义小组，1921年共产党成立后即转为共产党员。是中共北平市委第一任书记，中国北方早期职工运动的组织者和领导者之一。1930年时任中共江苏省委委员。

林育南，湖北黄冈人，1898年出生，是中国早期职工运动领导者和组织者之一。1919年，他和恽代英一起领导了武汉的"五四"学生运动。之后，他和恽代英、李求实组织了进步团体"利群书社"。1921年加入中国共产党，1922年任中国劳动组合书记部武汉分部主任。为中共"五大"候补中央委员，1930年时任全国总工会秘书长。

李求实，湖北武昌人，1903年出生，1921年加入中国社会主义青年团，次年入党。曾任共青团驻莫斯科总代表、共青团中央委员、宣传部长，主编《中国青年》。1929年到中央宣传部，任中共中央机关报《红旗日报》编辑，在此期间并参加"左联"工作，为"左联"盟员。

李立三的"左"倾冒险路线使党受到了很大的损失，短短三个月，白区的十一个省委机关先后遭到破坏，武汉、南京等城市的党组织几乎全部瓦解。在此以前，共产国际本来对中国的革命就有一些"左"的指示，但李立三的错误已超出了共产国际所能允许的范围，而且他还采取了与共产国际对立的态度，认为共产国际"确没有知道中国革命发展的形势"，认为共产国际的决议"是中国革命的障碍"，而且要"同共产国际作坚决的斗争"，也就是说，还嫌共产国际的路线不够左，还要实行更左的路线。于是共产国际派瞿秋白和周恩来回国纠正李立三的错误。

9月24日至28日召开了中共六届三中全会，周恩来传达了共产国际关于中国革命还不是全国武装暴动的形势的指示，会议批判了李立三的错误，李立三作了自我批评，瞿秋白作了政治讨论的总结，从而结束了李立三的错误在党内的统治。但是会议仍错误地批评了曾经正确地反对李立三的何孟雄，尽管政治局作出了《关于何孟雄问题的决议》，撤销了对他的处分。所以何孟雄等仍对三中全会有意见。

通过这次会议，李立三的错误已在实际工作中逐步得到纠正，各项工作也已步入正确轨道。不料想，又因"闹而优则仕"的王明等人的宗派活动，闹得党内一片混乱。

王明等人是受共产国际东方部副部长米夫器重的留苏学生，这年上半年才回国。王明回国伊始，就不满意分配给他的基层工作岗位，闹嚷他们是国际派回来的，是要作领导工作的。这时他们又抓住了一个"闹"的机会。由于李立三与共产国际对立的一些言论传到共产国际，自然大大地激怒了共产国际的领导人，10月间，共产国际给中共中央来信，把李立三的错误提到了"路线"的高度，认为"立三路线就是反国际的政治路线"[1]。王明等人通过不正当的途径反而比中央先知道这封信的内容，于是他们打起"反调和主义"的旗号，猛烈攻击三中全会后的党中央，并且进行非组织活动，窜到不少基层组织进行煽动，鼓惑成立临时的中央领导机关，要求以积极拥护和执行他们路线的"斗争干部"来改造和充实党的各级领导机关。王明还写了《两条路线》(后经增订改名为《为中共更加布尔什维克化而斗争》)的小册子，到处散发。这个小册子，继续强调全国性的"革命高潮"和"进攻路线"，宣称党内的主要危险是"右倾机会主义"，从而提出了新的"左"的纲领。王明等人的言论和活动，造成党内严重的思想混乱。

何孟雄、林育南、李求实等同志对王明的这些言论与行为进行了斗争，指出王明的这个小册子，是"新的立三路线"，并且也警觉地发现王明篡夺中央权力的野心。林育南在一封信里就写道："中国革命如果让这一伙'挂羊头，卖狗肉'的人来领导，前途将不堪设想。"[2]

但是，王明有米夫这个后台，在米夫的支持下，三中全会后王明当上了江苏省省委书记。而王明的所谓"右倾机会主义"的危险，其矛头所向正是指向何孟雄等人。

米夫于12月来到上海，在米夫和王明谋划之后，米夫就以突然袭击的方式，于1931年1月7日召开党的六届四中全会，会期一天，共十五个小时，到会中央委员不过半，经米夫宣布列席会议的王明等人与中央委员享有一样的权利，既有发言权，也有表决权。会议的唯一目的就是让王明一伙上台，在米夫的全力支持和压制下，王明当上了政治局委员，实际上掌握了中央的大权。会议肯定了王明"左"的纲领，批判了瞿秋白的"调和主义"，撤销了他的政治局委员职务。

从此，开始了以王明为代表的"左"倾教条主义路线在党内长达四年的统治，其结果是红军被迫长征，白区党组织几乎损失殆尽。

四中全会以后，米夫于1月13日在英租界沪西花园洋房，召集不同意王明当选的二三十人开会，史称"花园会议"。他除吹捧王明外，并宣布，反四中全会就是反共产国际，你们都该受处分。

王明更是利用手中的权迫害异己。

六届四中全会以后，江苏省委在王明的操纵下，贯彻

[1] 李思慎：《李立三传奇》，中国工人出版社2004年出版。

[2] 廖鑫初、李良明：《林育南》，《中共党史人物传》第4卷，陕西人民出版社1982年出版。

四中全会精神的一个重要部署，就是进一步排斥异己，孤立和迫害打击何孟雄同志。[1]

在王明的穷追猛打的逼迫下，何孟雄、林育南、李求实等不得不商量对策，他们打算向党中央和共产国际写信，要求共产国际召回米夫，停止他对中国共产党内的民主集中制的粗暴的干涉。

胡也频也持有对四中全会不满的意见。可能是因为他常去"苏准会"机关，接触到一些做实际工作的同志，从他们那里听到的情况多些，经过自己对革命实际情况的思考，就形成了这样的思想。

胡也频在涉及到党的事业成败的这样的路线问题上，具有相当的政治上的敏锐和高度的责任感，在那样复杂和险恶的政治环境下，他坦诚直言，无私无畏，他不取中庸之道，不明哲保身，更不无原则地附和，这是他品格上的可贵之处，是他的党性纯洁的表现。只是他还缺少党内斗争的历炼，还不了解党内斗争的残酷性。

有一次，母亲同我谈起那时的情况，她说："当时，两方面都到'左联'来活动，来拉人，争取群众，争取支持。"

再说1月17日那天的事。胡也频从沈从文那儿出来后，在街上遇见柔石和冯铿，冯铿向胡也频说，林育南要同他们几个人谈谈，交换意见，冯铿那时在"苏准会"秘书处工作。胡也频就随他们一起去了东方旅社31号房间。东方旅社坐落在三马路222号（今汉口路613号），在当时是一个中型旅馆，其31号房间是"苏准会"的一处联络点。

由于事先有人向国民党当局告密，所以31号房间已被监控。林育南刚刚同他们谈了没有多久，就有一个特务化装成茶房进来检查电灯，电灯一亮，七八个特务一拥而进，于是林育南、胡也频、柔石、冯铿以及另外四人，共八人一起被捕。时间是下午一时四十分。

那天下午另一联络点（江苏省委的）天津路275号中山旅社（今天津路480号人民旅社）6号房间也被破坏，被捕四人。

何孟雄和李求实都是单独被捕的。17日晚，何孟雄去中山旅社探问情况，被守候在那里的特务逮捕。李求实18日上午去愚园路"苏准会"机关，听说林育南一夜未归，放心不下，去东方旅社看个究竟，结果被守候的特务逮捕。从17日至21日五天内，上海市公安局会同租界巡捕房，先后搜查十处地方，陆

---

[1] 刘晓：《党的六届三、四中全会前后白区党内斗争的一些情况》，《中共党史资料》第14辑，中共党史资料出版社1985年出版，第101页。

陆续续逮捕了三十二人。这批人初押老闸捕房，21日转上海市公安局；23日公安局将他们并连同以前在押的四人，共三十六人同时用囚车解去龙华国民党淞沪警备司令部。这批人，除个别人外，都是反对或不满四中全会的。

有不少文献说，林育南、何孟雄、李求实等二三十人在东方旅社开会……云云。这样说是不确切的。既没有那么多人聚集在一起，二三十人也是在五天内在不同地点被捕的，何、林、李三人也非一同被捕。"开会"一词，是否恰当，可能也须斟酌。我以为，即使以东方旅社31号房间林育南、胡也频、柔石、冯铿等八人来说，只不过是一起交谈，交换看法而已，说不上是什么开会。

至于这一批人为何被捕，无组织结论，也无正史。但是根据回忆性的证言史料，说法有二：一是说一个名叫王掘夫（又名唐虞）的叛徒告密，他当时是《红旗日报》交通员（首先提出是唐虞告密的人是王明）；一是说王明告的密，或指使人告密（首先提出是王明告密的人是王克全，王克全是当时的中央政治局候补委员，是反对四中全会，反对王明的，后于1932年被捕、叛变。既然叛变，按惯例，其言论也就失去了可信度）。但看来都没有令人十分信服的证据，恐怕还有待发掘更多的史料（包括档案）。至于王掘夫（唐虞），无任何材料说明其下落，其命运、其终结，似乎他一被指为出卖了同志之后，就成为一个无影无踪、虚无缥缈之人了。我以前看过一本日本人写的书（确切地说是书中关于这一部分内容的中文译稿），书中认为是王明一伙或其指使人告的密，借敌人之手，除掉党内的反对派。书中将这两方面分别称之为"留苏派"与"工会派"。美国著名学者费正清写的《费正清对华回忆录》中，也持这种观点，并认为此乃一箭双雕之举。但均分析与推理的成分多，而确凿证据少。近年也有讲是康生告密的说法。

母亲向我说过，她被捕在南京时，汪盛荻（原中共江苏省委宣传部长，1932年初被捕、叛变，原是王明一派）向她劝降时对她讲："胡也频被捕是共产党内部有人告密"，她到延安后，把这个情况向组织上反映过，在延安，也有这个说法，但均无下文，一直是个悬案。

1月18日下午，李达和王会悟把丁玲接到他们家里去住。李达这时在上海暨南大学教书。1923年退党之后，他继续坚持党的立场，研究和宣传马克思主义理论，著述和翻译了许多马克思主义理论书籍，这时利用课堂教授马克思主义哲学和政治经济学等课程。丁玲始终尊他为老师，并且同他的夫人王会悟始终保持着亲密的朋友关系。丁玲后来说："在白色恐怖严重的时候，这种情谊是极不容易有的，是极可贵的。因此我对他们夫妇的感激之情是永远不会淡漠下去的。"

母亲在李达家里住了好些日子。她向我说到住在李达家那些日子，她老在外面跑，基本上是把我丢给李达夫妇，我大部分是吃代乳粉，不习惯，老是哭，我一哭，李达就把我抱在他的手臂上，轻轻地摇，直到我睡着，一天好多次。母亲说，我看他从来也没有这么耐心过。1949年李达来到北京，母亲请他在东安市场里的一家饭馆吃饭，向他介绍我，说："这是小频。"李达透过眼镜的镜片看着我，好似若有所思似的、缓缓地说："都长这么大了！"

19日，沈从文带了两百元钱给丁玲，是《小说月报》主编郑振铎借给她的稿费。郑振铎和陈望道一起署名写了一封信给邵力子，要丁玲去找他，请他帮助营救胡也频。

丁玲这时的心思就是一定要把胡也频救出来，一定要设法救他。她这时才深深地明白，她不能没有胡也频，她的儿子也不能没有爸爸。

她找老闸捕房的律师，律师打听之后向她说，人已转到公安局；她又去找公安局的律师，律师回信说，人已转到龙华警备司令部。

从胡也频被捕的第二天起，上海就雨雪菲菲，丁玲就一天到晚在雨雪中奔走，这里找人，那里找人。她身体衰弱，因产后缺少调养，脚上又长了冻疮，但是人在跑着，好像觉得希望也多一点儿似的。跑了几天，丝毫也没有跑出个结果来。这样的案子，她能跑出什么结果来？

丁玲去龙华探监，她后来回忆道：

> 天气很冷，飘着小小的雪花，我请沈从文陪我去看他。我们在那里等了一个上午，答应把送去的被子，换洗衣服交进去，人不准见。我们想了半天，又请求送十元钱进去，并要求能得到一张收条。这时铁门前探监的人都走完了，只剩我们两人。看守答应了。一会，我们听到里面有一阵人声，在两重铁栅门里的院子里走过了几个人。我什么也没有看清，沈从文却看见了一个熟识的影子，我们断定是也频出来领东西，写收条，于是聚精会神地等着。果然，我看见他了，我大声喊起来："频！频！我在这里！"也频掉过头来，他也看见我了，他正要喊时，

> 巡警又把他推走了。我对沈从文说:"你看他那样子多精神啊!"他还穿那件海虎绒袍子,手放在衣袂子里,象把袍子撩起来,免得沾着泥一样,后来我才明白他手为什么是那样,因为他为着走路方便,是提着镣走的,他们一进去就都戴着镣。[1]

丁玲没有想到,这就是她对胡也频的最后一瞥。

胡也频托看守送过几封信出来,送一封,要三元钱,带一封回信去,要五元钱。从信上情绪看,他很有精神,同他走路时一样。他倒是怕丁玲难受,信里总是安慰她。如果仅从胡也频的来信的感觉,丁玲会乐观些,但是她所走的救援他的路,都告诉她要救援胡也频是很困难的。

这时,在北京与胡也频曾同住一个公寓,同丁玲一起学绘画的左恭为营救胡也频从南京赶赴上海。左恭当时在中山文化馆工作,同不少国民党的人有关系,他说他见过陈立夫,陈立夫说如果丁玲和沈从文可以证明胡也频的问题,他愿意见见他们二位。左恭认为应利用这个机会争取一下。丁玲有感于左恭的朋友之情,但对此有些犹豫,商议时,她说:"假若见陈立夫为的是去'投降',我们用不着去南京。""投降?这个字用得不合事实,我看不起。"沈从文说,"假若我们过南京可以使也频得到较公正的待遇,能在正当法律下合法审判处置,我以为我们当然应过南京去。"最后议决还是去南京一趟,另外丁玲还要去南京找邵力子。在左恭返回南京的第二天,丁玲和沈从文也来到南京,就住在左恭和曹孟君家里。她这时还不知道曹孟君和左恭都已是共产党员,曹孟君1927年在北大时入了党。商量的结果认为丁玲还是不出面的好,于是左恭和沈从文去见了陈立夫。回来后,左恭说陈立夫同他们"谈了半天文学问题,但后来却应允我们,只要也频不是共产党,总有办法"[2]。根据丁玲对当时情况的回忆:"沈(从文)找到陈立夫时,陈说:'这个案子很大,都是要人,不象你所说的都是些写文章的人。'"[3]

丁玲后来回忆道:"我也太幼稚,不懂得陈立夫在国民党内究居何位置。沈从文回来告诉我,说陈立夫把这案情看得非常重大,但他说如果胡也频能答应他出来以后住在南京,或许可以想想办法,当时我虽不懂得这是假话、是圈套,但我从心里不爱听这句话,我说:'这是办不到的。

[1] 丁玲:《一个真实人的一生——记胡也频》,《丁玲全集》第10卷,河北人民出版社2001年出版。
[2] 源于沈从文《记丁玲》续集。
[3] 丁玲同志和上海党史资料征集委员会同志的谈话(记录稿),1983年5月10日下午。

也频决不会同意。他宁肯坐牢,死,也不会在有条件底下得到自由。我也不愿意他这样。'我很后悔沈从文去见他,尤其是后来,对国民党更明白些后,觉得那时真愚昧,为什么在敌人的屠刀下,希望他的伸援!从文知道这事困难,也就不再说话。"[1]

丁玲持陈望道、郑振铎的信去见邵力子。陈望道与邵力子都是丁玲的老师,邵力子、陈望道在平民女学时就教过丁玲,邵力子后来又与于右任共同担任上海大学的校长,陈望道是上海大学中国文学系主任,丁玲仍是他们的学生。在南京的一个政府机关里,在众多等候接见的人中,邵力子立即接见了丁玲。邵力子对丁玲很亲切、很自然,仍和过去一样。他非常惋惜地说:"这是怎么搞的,卷到这么一个大案子里去了。"他立即给当时的上海市市长张群写了一封信。他无限同情地叮嘱丁玲:"即刻回上海,赶快把信交去。"

但是,事态的发展太快,还等不及丁玲把信送出去,胡也频就已经在龙华被杀害了。丁玲在晚年时仍说:"虽然邵先生的信件没有能挽回这一场灾难,但我至今仍然感谢他慨然给我的帮助。"她对陈望道、郑振铎两位先生也抱有同样的感激之情。

邵力子、陈望道、郑振铎帮助丁玲援救胡也频之举,是令人感动的。以王明为首的"左"倾机会主义分子自然不会有什么营救活动,仅从这批人入狱后,他们还要通知狱中的党支部,说这批人是反对中央的,不给他们接关系这一点,即可说明。

2月7日,当丁玲怀揣着邵力子的信,抱着一丝挽救胡也频的希望,同沈从文一起登上从南京去上海的晚车的时候,她似乎更安定了,更镇静了。她感觉到事情快明白了,快确定了。既然结果会是坏的,那就让自己多明白些,少希望些。

也就在丁玲乘车行驶在宁沪线上的这个晚上的深夜,胡也频和他的战友们在龙华英勇就义。

何孟雄、林育南、李求实、胡也频、柔石、殷夫、冯铿等人被捕后,国民党当局很快就查明了他们的身份。既然真实身份已经暴露,胡也频和他的战友们也就作好了牺牲的准备。2月7日夜,说是押赴南京,把他们提出牢房,在大堂上宣读南京来电后即押赴刑场——龙华警备司令部内一条小河边的荒地上。胡也频和他的二十三位战友昂首站立在一起,高呼着口号,在行刑士兵的密集枪声下倒下了,"最后一个被枪杀时,仍高呼'共产党万岁''打倒帝国主义国民党'等口号,使行刑的士兵都掉下眼泪。"[2]

这是国民党当局在龙华屠杀共产党员人数最多的一

[1] 丁玲:《一个真实人的一生——记胡也频》,《丁玲全集》第10卷。
[2] 1931年2月12日中共中央机关报《红旗日报》。

批，属秘密处决，但仍传播开来，影响颇大。

丁玲回忆她获知胡也频死讯的情景和心情：

> 我又去龙华，龙华不准见。我约了一个送信的看守人，我在小茶棚子里等了一下午，他借故不来见我。我又明白了些。我猜想，也频或者已经不在人世了，但他究竟怎样死的呢？我总得弄明白。
>
> 沈从文去找了邵洵美[1]，把我又带了去，看见了一个相片册子，里面有也频，还有柔石，也频穿的海虎绒袍子，没戴眼镜，是被捕后的照相。谁也没说什么，我更明白了，我回家就睡了。这天晚上十二点的时候，沈从文又来了。他告诉我确实消息，是2月7号晚上牺牲的，就在龙华。我说："嗯！你回去休息吧。我想睡了。"
>
> 10号下午，那个送信的看守人来了，他送了一封信给我。我很镇静地接待他，我问也频现在哪里？他说去南京了。我问他带了铺盖没有，他有些狼狈。我说："请你告诉我真情实况。我老早已经知道了。"他赶忙说，也频走时，他并未值班，他看出了我的神情，他慌忙说："你歇歇吧！"他不等我给钱就往外跑，我跟着追他，也追不到了。我回到房后打开了也频最后给我的一封信。——这封信在后来我被捕时遗失了，但其中的大意我是永远记得的。
>
> 信的前面写上"年轻的妈妈"，跟着告诉我牢狱的生活并不枯燥和痛苦，有许多同志在一道。这些同志都有着很丰富的生活经验，他天天听他们讲故事，他有强烈的写作欲望，相信可以写出更好的作品。他要我多寄些稿纸给他，他要写，他还可以记载许多材料寄出来给我。他既不会投降，他估计总得有那么二三年徒刑。坐二三年牢，他是不怕的，他还年轻，他不会让他的青春在牢中白白过去。他希望我把孩子送回湖南给妈妈，免得妨碍创作。孩子送走了，自然会寂寞些，但能创作，会更感到充实。他要我不要脱离左联，应该靠紧他们。他勉励我，鼓起我的勇气，担当一时的困难，并且指出方向。他的署名是"年轻的爸爸"。

父亲的这封信，还是有些着意宽慰母亲的成分。他其实在牢里已经充分地作好了牺牲的准备。他说："可以拿剩下的一点钱，请理发师来理个发，就义后给反动派拍起

[1] 邵洵美是当时上海真、善、美派作家，他和那时的社会人物有交往。

照来亦可威武一些。我就是做了鬼,对反动派也不会放松的。"表现了宁死不屈的决心。[1]

她继续回忆道:

他这封信是2月7日白天写好的,他的生命还那样美好、那样健康、那样充满了希望。可是就在那天夜晚,统治者的魔手就把那美丽的理想,年轻的生命给掐死了!当他写这封信时,他还一点也不知道黑暗已经笼罩着他,一点也不知道他生命的危殆,一点也不知道他已经只能留下这一缕高贵的感情给那年轻的妈妈了!我从这封信回溯他的一生,想到他的勇猛,他的坚强,他的热情,他的忘我,他是充满了力量的人啊!他找了一生,冲撞了一生,他受过多少艰难,好容易他找到了真理,他成了一个共产党员,他走上了光明大道。可是从暗处伸来了压迫,他们不准他走下去,他们不准他活。我实在为他伤心,为这样年轻有为的人伤心,我不能自己的痛哭了,疯狂的痛哭了!从他被捕后,我第一次流下了眼泪,也无法停止这眼泪。李达先生站在我床头,不断地说:"你是有理智的,你是一个倔强的人,为什么要哭呀!"我说:"你不懂得我的心,我实在太可怜他了,我以前一点都不懂得他,现在我懂得了,他是一个很伟大的人,但是,他太可怜了!……"李达先生说:"你明白么?这一切哭泣都没有用处!"我失神地望着他,"没有用处……"我该怎样呢,是的,悲痛有什么用!我要复仇!为了可怜的也频,为了和他一道死难的烈士。我擦干了泪,立了起来,不知做什么事好,就走到窗前去望天。天是蓝粉粉的,有白云在飞逝。

后来又有人告诉我,他们是被乱枪打死的,他身上有三个洞,同他一道被捕的冯铿身上有十三个。但这些话都无动于我了。问题横竖是一样的。总之,他一生就这样结束了。他用他的笔,他的血,替我们铺下了到光明去的路,我们将沿着他的血迹前进。这样的人,永远值得我纪念,永远为后代的模范。[2]

二十四烈士死难后,同狱的难友写了两首七绝悼念他们。

一首为:

---

[1]《上海烈士小传》,上海市烈士陵园史料陈列室编,上海人民出版社1983年出版。
[2] 丁玲:《一个真实人的一生——记胡也频》,《丁玲全集》第10卷。

> 龙华千古仰高风,
> 壮士身亡志未穷。
> 墙外桃花墙里血,
> 一般鲜艳一般红。

这首诗流传甚广,起初不知作者是谁,后来才了解到是张凯凡所写,全国解放后,张凯凡担任过安徽省委书记处书记。

另一首诗,是与我父亲同牢房的一位难友写的一首专门纪念他的,但至今没有查明这位作者是谁,看来早已不在人世了。

诗曰:

> 烟囱无语对黄昏,
> 坐拥寒衾哭也频。
> 墙外桃花长十里,
> 长留颜色慰英灵。

龙华的监狱,成"川"字形三条弄堂,每条弄堂十间牢房。我父亲被关在1弄10号牢房,牢房的窗户正对着一个大烟囱。故有"烟囱无语对黄昏"句。

他们牺牲之后,党中央机关报《红旗日报》和《群众日报》,都发表了消息和社论,称:"他们都是无产阶级的先锋战士。"

王明也写了一首七绝,"悼'二七'龙华死难烈士",假惺惺地称林育南、何孟雄为"师"为"友"。

1931年3月20日,《文艺新闻》首先披露"左联"五烈士胡也频、李求实、柔石、殷夫、冯铿遇难的消息。

1931年4月25日,"左联"的《前哨》创刊。创刊号为"纪念战死者专号",登载了《中国'左联'为国民党屠杀大批革命家宣言》、鲁迅的《中国无产阶级文学和前驱的血》等。

1945年,中共六届七中全会通过的《关于若干历史问题的决议》中明确指出:六届四中全会后,"错误的打击了当时所谓'右派'中的绝大多数同志","当时的所谓'右派'主要的是六届四中全会宗派主义的'反右倾'斗争的产物"。"至于林育南、李求实、何孟雄等二十几个党的重要干部,他们为党和人民做过很多有益的工作,同群众有很好的联系,并且接着不久就被敌人逮捕,在敌人面前坚强不屈,慷慨就义。"从而为他们这批人进一步作出了政治上的结论。

◇ 1929年，胡也频在上海

◇ 1929年，丁玲、胡也频与王剑虹之妹在上海

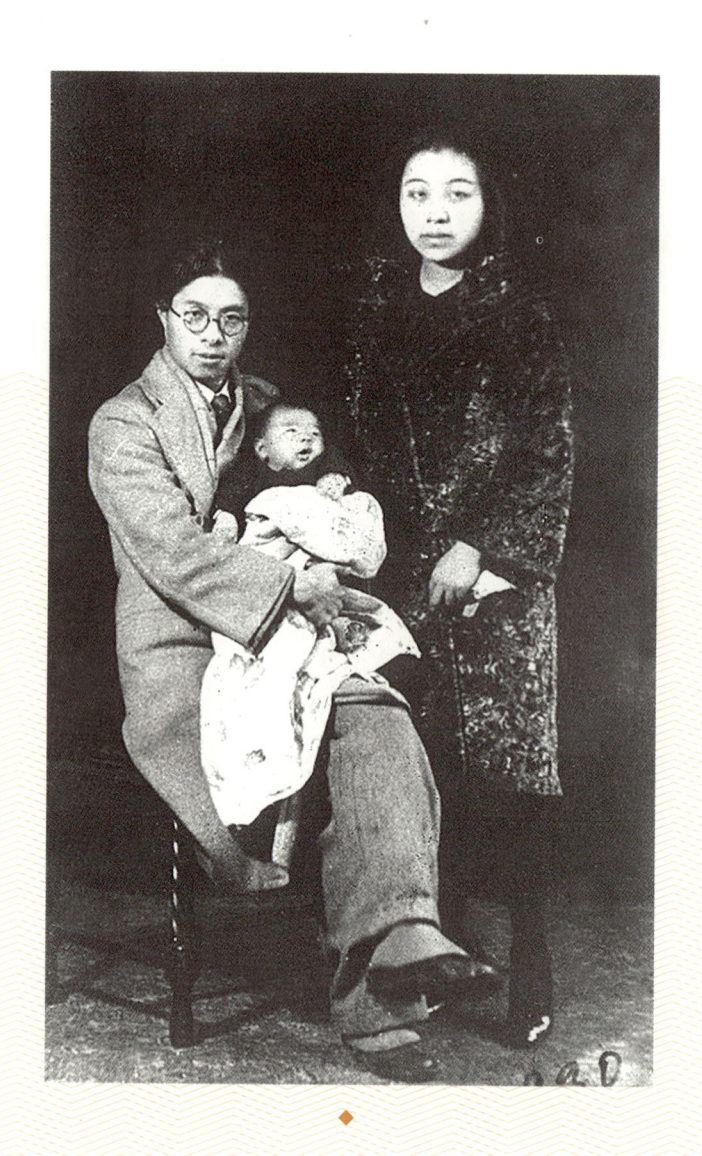

◇ 1930年12月，丁玲、胡也频与儿子蒋祖林（即胡小频）在上海

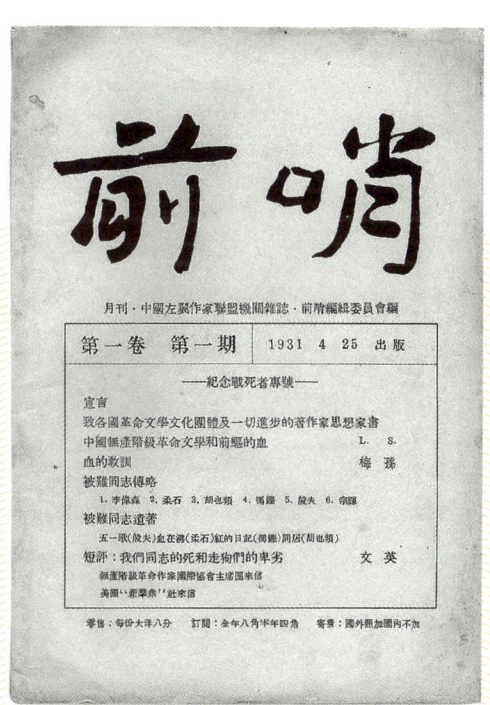

◇图1：1931年，丁玲与儿子蒋祖林及沈岳萌在上海
◇图2：《前哨》杂志书影

图1

图2

第九章
前仆后继

在胡也频牺牲之后的那些日子里，丁玲在表面上极力保持着理智与自持，内心却是极度地悲苦。她说："这给予我的悲痛是不能想象的，没有经验过来的人是不容易想象的，那真像是千万把铁爪在抓你的心，揉搓你的灵魂，撕裂你的血肉。"[1]

里夫（Earl H. Leaf）在他的《丁玲——新中国的先驱者》中说："许多中国共产主义的领袖和文化工作者，往往是由于他们的亲友们的受到监禁和死刑，才从激进思想的憧憬的绿色牧场中，进而至共产主义革命的战场。这一个简单的史实，正好像一条红线似的描画在他们每一个人的生活史上。"[2]

不过，丁玲之所以走上"共产主义革命的战场"，更多的还是出于理性的思考。正如她自己所说："我是以一个作家的身份，以一个作家心灵的感受、痛苦和要求，经过十年的思考和亲身的经验而投到党的怀抱的。"[3]然而，胡也频的牺牲无疑促使她更坚定、更快地投入实际的战斗。

胡也频牺牲之后，丁玲面临着三方面的问题需要思考。一是如何沿着丈夫的血迹前进，继续向前，为此，她打算到中央苏区去，到胡也频曾要去的地方去；二是生活方面的问题，丁玲的母亲失业在家，生活很不容易，现在丁玲又有了孩子，都需要她供养，从她的事业来看，把孩子带在身边很不方便，只有把孩子送到她母亲那里，

[1] 丁玲：《死之歌》，《丁玲全集》第6卷。

[2] 里夫（Eeal H.Leaf）：《丁玲——新中国的先驱者》，自《女战士丁玲》一书，每日译报社1938年出版。

[3] 丁玲：《解答三个问题》，《丁玲全集》第7卷。

胡也频从狱中给她的最后一封信上也是这样建议的；三是对她自己创造上的考虑，她认为需要开拓新天地，必须到大众的生活中去，可是，怎么去，去什么地方？都需考虑。

首先还是安置我的问题。母亲在沈从文的陪伴下，回到了湖南老家。沈从文此时任教于武汉大学，顺路送我母亲回常德。母亲不敢把父亲被害的实情告诉外祖母，想到她坎坷一生，想到她把自己的事业、自己的幸福看作是她希望的全部，想到她把我父亲视为亲子，母亲害怕外祖母经受不起这样沉重的打击，只好瞒着她，说父亲要远行，去苏联学习，时间上来不及，不能一起送我回来，便托友人就便伴送，而且她自己也有事不能久住。外祖母慨然应允照管我，丝毫没有表示为难。然而，这对于她是多么地不容易，她已经五十多岁了，已经二十多年没有带过孩子了，而我还那么小，才四个月。

丁玲只在家里住了三天。她不敢多住，担心自己克制不住而流露出悲戚。即使只有这三天，对于她来说，也是十分难熬的三天，既要深深地埋藏彻骨痛心的悲哀，还要强装出笑颜。她离家的前一天，一家三口照了一张合影，外祖母怀抱着我坐在椅上，母亲站在她身旁。这张照片的原照母亲给了我，要我保存。照片的背面，有母亲当时的题字："三月底，在湖南。我送小频到婆婆那里，在家中我住了三天，照相的第二天便动身回上海了。"

外祖母当时被母亲瞒过了，真的相信了，但是不久她就知道了真相，可是她给母亲的信上从不问及此事，装不知道，免得徒然伤心。

在初回到上海的那些日子里，丁玲心里感到十分地孤独。除了李达家她可以常去坐坐打发一点时间以外，她再没有别的人家可去。李达以他多年的处世经验和对政治的了解，劝她："无论如何不能再参加政治活动了，老老实实写点文章，你是有才华的。"因此丁玲去他家又不能完全讲心里话，这样，就越发感到孤独。

回到上海后，她写了以胡也频等烈士就义的那个夜晚为背景的短篇小说《某夜》。[1]写的是在一个雨雪交加的夜晚，一小群革命者，二十五个男女，在军警的押送下，迎着寒冷的狂风，步履艰难地走向刑场。他们庄严、沉默地移动着脚步，用眼光互相慰藉着与鼓励着。当他们被紧紧捆在一根根木桩上时，他们唱起了国际歌，但是歌声被一排排扫射的机枪声湮没了，从他们身上流出的血，滴在黑暗的雪上。文章最后以"天不知什么时候才会亮"结尾。

[1] 丁玲:《某夜》,《丁玲全集》第3卷。

这篇文章，是对烈士的纪念，是对革命者坚贞不屈的颂扬，是对国民党残暴的控诉，是对当时社会黑暗的揭露。她那要前仆后继的意志也跃然纸上。

一个夜晚，潘汉年和冯雪峰悄然来到丁玲环龙路（今南昌路）的住所。这时，冯雪峰接替冯乃超担任中共"左联"党团书记。他们谈起丁玲今后的工作，丁玲明确地说出了自己的想法，要求到江西苏区去，到原来胡也频打算去的地方去。潘汉年和冯雪峰都诚恳地答应，一定满足她的要求。

为此，中共中央宣传部长张闻天约丁玲在兆丰公园（今中山公园）面谈。丁玲早在平民女学时就认识张闻天。她向张闻天陈述了自己的想法：自己是从事创作的，只有到苏区去才有生活，才能写出革命作品。张闻天同意了丁玲去苏区的要求，要她听消息，等候安排。

过了些日子，冯雪峰向丁玲说，中央宣传部研究后，要她仍留在上海，因为有一件工作由她来做比较适合，就是主编拟创刊的"左联"机关刊物。他说，现在有的人很红，太暴露，不好出来公开工作，说她还不太红，更可以团结一些党外的作家。丁玲接受了党组织的决定。

丁玲为这个刊物取名《北斗》。明亮的北斗，是在漆黑暗夜里为人们指引方向的星辰，其用意也就不言而喻了。正如《文艺新闻》1931年9月7日所发消息中说："丁玲所编杂志，已定名为《北斗》。中国杂志以天文星辰驾题名者，颇属创见。"

《北斗》是一个十六开本的大型文艺杂志，丁玲主编。姚蓬子、沈起予协助。由丁玲联系作家，看稿子；姚蓬子负责跑印刷所，也担任部分编辑事务；沈起予懂日文，负责翻译稿件。刊物由湖风书局发行。湖风书局成立于1932年，是在国民党军队高层任职的中共地下党员宣侠义筹了一笔款，委托他的朋友周廉卿出面任经理办的一个书局。它出版了许多进步书籍，于1933年被查封。

"左联"以前也曾出过《萌芽》《拓荒者》《世界文化》《文化斗争》《巴尔底山》等刊物，但都被国民党查封了。所以中央宣传部和"左联"党团负责人特别交代，刊物在表面上要办得"灰色"一点，不必绷着很"革命"的面孔，使作者不敢接近，更免得一出世就遭禁。《北斗》起初是按照这个思路来办的，但是办了两三期后，也就慢慢地"红"了起来。在当时的"左"的路线下，慢慢地"红"起来，是必然的。

《北斗》于1931年9月20日创刊。丁玲在创刊号《编后记》中说："现在可以读的杂志太少了，我自己就感到这方面缺少的难过。所以我立志要弄一个不会使读者过分上当的东西。"[1]的确，《北斗》是这个时期"左联"唯一的公开出版发行的刊物，所以它也就显得十分有意义。

《北斗》得到了鲁迅极大的支持。鲁迅推荐珂勒惠支的版画《牺牲》给丁玲，刊于《北斗》创刊号上，后来用笔名冬华、长庚为《北斗》写了八九篇文章。《北斗》也得到了瞿秋白极大的支持。瞿秋白在《北斗》上，用笔名董龙、司马今发表了战斗性很强的总题目为《乱弹》的杂文，并且用隋洛文、易嘉笔名发表了卢那察尔斯基等人的译作。鲁迅和瞿秋白的这些战斗性很强的杂文为《北斗》增添了耀目的光彩。

丁玲广泛联系知名作家，在《北斗》上发表文章的就有当时被认为是"自由主义者"的中间作家：徐志摩、陈衡哲、冰心、凌叔华、林徽因、戴望舒、沈从文、杜衡等。不过，由于刊物慢慢地变红，从第三期以后，他们逐渐隐去了。

《北斗》的作者队伍可说是相当可观的，在它上面发表文章的知名作家还有：叶圣陶、冯乃超（李易水）、郑振铎（西谛）、陈望道、阳翰笙（寒生）、姚蓬子、沈起予（沈绮雨）、白薇、楼适夷、冯雪峰（何丹仁）、张天翼、穆木天、郁达夫、陶晶孙、钱杏邨、茅盾、胡风（谷非）、夏衍（端先）、魏金枝、叶以群（华蒂）、赵景深、田汉、周扬（起应）等。

《北斗》不仅发表知名作家的作品，而且还涌现了一批文学新人，如：李辉英、白苇、杨之华（文君）、葛琴、高植等等。艾青（莪茄）的处女作诗《东方部的会合》也是发表于《北斗》。

丁玲自己发表在《北斗》上的作品有：小说《水》《多事之秋》（笔名彬芷），散文《五月》（笔名彬芷），杂文《对于创作上的几条具体意见》，以及《编后记》《代邮》《编后》等。

《北斗》是以发表文学创作为主的刊物。回顾它所发表的作品，可以说几乎每期都有在现代文学史上值得一提的好作品。《北斗》上，文艺批评也空前活跃。许多比较重要的文艺评论和论文得到刊载。如：冯雪峰的《关于新的小说的诞生——评丁玲的〈水〉》、阿英的《一九三一年中国文坛之回顾》、茅盾的《我们所必须创作的文艺作品》、端先的《创作月评》等等。

《北斗》还组织了两次规模较大的征文活动。

一次是开展关于文艺大众化问题的讨论，集中讨论作

---

[1] 丁玲：《〈北斗〉创刊号编后记》，《丁玲全集》第9卷。

家如何接近大众，用通俗的形式，写出为大众所欢迎的文艺作品，以及为达到这个目的，对自身非无产阶级思想意识的克服。丁玲在《编后》中指出："文学大众化应如何实践的问题，是现阶段文学运动中的一个主要的问题。"[1]《北斗》发表了十多篇文章（包括论文和短文）对这一问题进行了讨论。这些文章既回顾与总结了左翼文学所走过的历程，肯定了成绩，又对左翼文学发展的方向进行了探讨。

一次是关于"创作不振之原因及其出路"的讨论。著名的鲁迅《答〈北斗〉杂志社问》就是为此次征文发表的文章。丁玲为此次征文，也发表了她的《对于创作上的几条具体意见》。

丁玲时年二十七岁，成功地主编了《北斗》这样一个大型的文艺刊物。在《北斗》这个文艺阵地上，她充分地显示出了自己在编辑工作中的组织才能。她广泛团结左翼作家和进步文艺工作者，争取中间作家，使刊物办得十分活跃，既具有鲜明的革命倾向性，又具有普遍的群众性，使刊物获得较大的读者群。

丁玲的编辑作风是，凡有投稿，必亲自给投稿者回信，不论投稿者是知名作家，还是默默无闻的文学青年，不论这稿子是采用，还是不采用，尤其是对于不拟采用的稿子，必定亲自复信，诚恳地、具体地指出文中的不足之处，并热情地鼓励投稿者再写、再投稿。她很重视读者的意见，她不仅通过《编后记》《编后》与作者和读者交流，通过《代邮》，以公开通讯的方式同读者交流，还联系了不少读者，知道他们的住处。她还召开读者座谈会，集中征求意见，她与沙汀、艾芜就是在读者座谈会上认识的。她经常换上女工们常穿的衣裳，下工厂，接触工人群众，从中发掘来自工人中的作者，经常深入到学校，听取意见，并向学生们宣传与传播普罗文学的思想。

《北斗》于1932年7月被国民党当局查禁，共出版二卷八期，其中第二卷三、四期为合刊，共七本。

在白色恐怖的环境下，丁玲在《北斗》这个文艺阵地上，把刊物办得具有鲜明的战斗性，在传播马克思主义文艺思想、繁荣与发展革命文艺创作、反击国民党的文化围剿上，作出了卓越的成绩。

在主编《北斗》的实践中，丁玲产生了要加入到党组织内的想法。她在1932年"一·二八"事件后，正式向党组织提出了入党的要求，并且很快被批准。她回忆举行入党仪式的情景：

[1] 丁玲：《〈北斗〉二卷三、四期合刊编后》，《丁玲全集》第9卷。

可能是三月间，在南京路大三元酒家的一间雅座里举行入党仪式。同时入党的有叶以群、田汉、刘风斯。主持仪式的是文委负责人潘梓年。而代表中央宣传部出席的、使我赫然惊讶的却是瞿秋白。我们全体围坐在圆桌周围，表面上是饮酒作乐，而实际上是在举行庄严的入党仪式。我们每个人叙述个人入党的志愿。我记得非常清楚，我说的主要意思是，过去曾经不想入党，只要革命就可以了；后来认为，做一个左翼作家也够了；现在感到，只做党的同路人是不行的。我愿意做革命、做党的一颗螺丝钉，党要把我放在哪里，我就在哪里；党需要我做什么，我就做什么。潘梓年、瞿秋白都讲了话，只是一般的鼓励。[1]

1932年秋，丁玲担任中共"左联"党团书记，担负起具体组织左翼文学运动的领导重任，并担任过不长时间的"左联"行政书记。

丁玲担任中共"左联"党团书记工作，对鲁迅、茅盾很尊重，她回忆道："鲁迅和茅盾，是'左联'的领导，有重要事情都去请示他们。不重要的事尽量不去打扰他们。这是为了保护他们，怕发生了什么事连累了他们。遇到有重要活动，要做决定，要发宣言，就要让他们到，还要请他们领头签名。"[2]

著名作家、左联成员楼适夷回忆丁玲在"左联"的活动：

她在"左联"参加领导工作，主编刊物，指导创作，成为"左联"在创作上的健将之一。她也是作为革命作家，最早深入到基层群众中去的作家之一，常常换上女工的装束，到上海郊外工人区域的草棚去，结交许多工人朋友。当然在那儿，四边都闪烁着反动派的特务和资本家雇佣的工贼走狗的毒眼，一个外来者的行动是随时可遇到危险的。她作为一个领导成员，并不是发号施令，鞭策别人去奔走活动，而自己则深居简出，留在安全地带；她也不因当时已是一位知名作家，只要闭门写作就算完成了自己的革命任务。她总是把自己当作群众的一员，常常奉命出发，到马路上去撒传单、贴标语，随时冒被捕和格杀勿论的危险，每次都勇敢的站在队伍的中间。当九·一八到一·二八这一段群众抗

---

[1] 丁玲：《我所认识的瞿秋白同志》，《丁玲全集》第6卷。
[2] 丁玲：《关于左联的片断回忆》，《丁玲全集》第10卷。

日救亡运动热火朝天的时期，成千成万的工人和市民群众，游行示威，开市民大会，浩浩荡荡包围枫林桥国民党上海市政府，其中在"左联"的队伍里就有丁玲。大家一边高呼抗日的口号，一边在夹道林立的军警中冲锋前进，三拳两脚砸烂市政府的大招牌和大门前的岗亭。丁玲一手拿着小红旗，一手擦去被汗水粘贴在脸上的长留海，笑着回头对战友说："我们现在好像到了苏区啦！"正因为丁玲一刻也不肯离开群众火热的斗争，也就使她的创作力十分旺盛，比谁都多产地一篇又一篇的迅速及时写出反映当时的斗争，也为文学创作划时代的《水》《一九三〇年春上海》《多事之秋》及《韦护》《母亲》那样的力作[1]。

中共六届四中全会之后，上海的党组织基本上执行的是王明的"左"倾教条主义路线。这样的游行示威收效甚微，而更多的是暴露了共产党自己。但丁玲作为一个盟员、党员，在这样的群众斗争中，是从不畏缩，勇往直前。她也遇到过危险，由于机智，才转危为安。

后来，瞿秋白参加左翼文学的领导，情况有所转变。中共六届四中全会后，瞿秋白被排挤出中央领导岗位，他在养病期间过问了左翼文学运动。瞿秋白和鲁迅、茅盾一起纠正这些"左"的错误，使"左联"的工作重视文学的独特作用，重视创作，鼓励创作，打破关门主义，团结一切进步的作家，从而促进了左翼文学运动的发展。

丁玲不仅根据组织的号召，认真地投身于火热的群众斗争，她作为《北斗》杂志主编、中共"左联"党团书记和一个著名的左翼作家，也频繁地活动在文化界的上层，团结非党的文化界人士，实现党的任务和目标。

1931年"九一八"事件之后，全国抗日呼声高涨。1931年12月19日，上海文化界胡愈之、夏丏尊、叶圣陶、郁达夫、周建人、丁玲等二十余人在四川路青年会堂开会，发起成立上海文化界反帝抗日同盟。丁玲被推选为由十一人组成的执行委员会委员。会议通过七项纲领，决定同盟的任务是"团结全国文化界，作反帝抗日文化运动及联络国际反帝组织"。

"九一八"之后，日本帝国主义得寸进尺，企图侵占上海。1932年1月28日夜间，日本侵略军从租界向闸北一带进攻。驻守上海的十九路军，奋起抵抗。全国人民抗日情绪进一步高涨。文化

[1] 楼适夷:《美丽的心灵》,《文汇月刊》1982年第7期。

界立即作出了反应。1932年2月3日，鲁迅、茅盾、叶圣陶、陈望道、胡愈之、丁玲等四十三人联名发表《上海文化界告全世界书》，抗议日本帝国主义侵略中国制造"一·二八"事件，呼吁世界各国的进步作家和进步文化团体援助中国被压迫的民众，反对帝国主义瓜分中国的战争，反对日本帝国主义惨无人道的屠杀。

1932年2月8日，丁玲参加上海著作家会议。这是在抗日的旗帜下，持不同观点的著作家聚集在一起的一次会议，讨论组织中国著作家抗日会。参加会议的有：戈公振、施存统、陈望道、胡秋原、陈子展、樊仲云、李石岑、梅龚彬、王礼锡、王亚南、丁玲等。在会上，丁玲被选为执行委员。

2月9日，丁玲参加中国著作家抗日会第一次执委会议。会议由著名报人戈公振主持，与会者还有陈望道、胡秋原、沈起予等。会议讨论分工，丁玲负责民众委员会。会后，丁玲一方面组织人力，上街宣传，张贴标语；一方面募集钱财物品，与其他作家一起，冒着敌人的炮火，亲去闸北前线，慰问抗日的官兵。

她还参与了援救国际进步人士的活动。

1932年6月4日，为援救被国民党拘捕的共产国际派来中国的工作人员牛兰夫妇，丁玲和李达、陈望道等十七人发表宣言："……现在当世界各国名流学者继续营救牛兰夫妇的紧要关头，务恳我国民众一致奋起，反对政府将牛兰夫妇处死，并主张即日恢复他们已失去的自由。"

她和"左联"的作家还发表宣言，抗议日本政府杀害革命作家小林多喜二，并发起为小林家属的募捐活动。

1932年9月25日，丁玲与鲁迅、茅盾等七人联名发表《高尔基的四十年创作——我们的庆祝》，对高尔基四十年来在无产阶级文学上的伟大成就进行了评价，认为他是"世界革命的文学家"，"新时代的文学导师"。

这期间，丁玲结识了美国记者、作家艾格丽丝·史沫特莱，开始了与她的友谊。

丁玲在政治上迅速前进的同时，其革命现实主义文艺思想也日趋成熟。她在发表于《北斗》的《对于创作上的几条具体意见》一文中举出了十条意见：[1]

不要太喜欢写一个动摇中的小资产阶级的知识分子。

不要凭空想写一个英雄似的工人或农民，因为不合社

---

[1] 丁玲：《对于创作上的几条具体意见》，《丁玲全集》第7卷。

会的事实；

用大众作主人。

不要把自己脱离大众，不要把自己当一个作家。记着自己就是大众中的一个，是在替大众说话，替自己说话。

不要发议论，把你的思想，你要说的话，从行动上具体的表现出来。

……等等。

在《〈北斗〉二卷三、四期合刊代邮》里，她更明确地表明："写大众的生活，写大众的需要，更接近大众，为大众所喜欢；同时也就更能负担起文学的任务，推进这个社会。"

对于如何才能实现这个任务，她提出："所有的理论，只有从实际的斗争生活中，才能理解得最深刻而最正确。所有的旧感情和旧意识，只有在新的，属于大众的集团里得到解脱，而产生新的来。所以，要产生新的作品，除了等待将来的大众而外，最好请这些人决心放弃眼前的，苟安的，委琐的优越环境，穿起粗布衣，到广大的工人、农人、士兵的队伍里去，为他们，同时也就是为自己，大的自己的利益而作艰苦的斗争。这样子，再来写东西，我想大致的困难，是可以解决的了。"[1]

这些文字，明确地表明了丁玲当时的文艺观。

丁玲所持有的这些文艺思想，已是比较成熟的革命文艺思想，自然反映在她的创作上。正如她自己所述："三十年代，在国民党反动派的白色恐怖日益严重的时候，我在上海参加了中国共产党领导的、以鲁迅为旗手的左翼作家联盟，随后又参加了中国共产党。我要沉入，深深地沉入，沉到人民中去，和人民共忧患、同命运、共沉浮、同存亡。反映在我的作品中，就从二十年代末期为小资产阶级知识分子女性向封建社会的抗议、控诉，逐渐发展、转变成为农民工人的抗争"。[2]

丁玲的这些文艺思想，也直接影响着《北斗》杂志的方向和面貌，加上她的努力，使《北斗》办得有声有色。当时，不仅自己人，就是革命文学战线的朋友也认为，《北斗》是"左联"办得最有特色的刊物。鲁迅还把《北斗》寄赠给日本朋友。这是对杂志的肯定与赞扬，因为鲁迅极少有向国外朋友寄赠

[1] 丁玲：《对于创作上的几条具体意见》，《丁玲全集》第7卷。

[2] 丁玲：《我的水平与创作》，《丁玲全集》第8卷。

国内刊物的事情。

"左联"时期,也是丁玲又一个创作高潮的时期。

1931年,丁玲从湖南回到上海之后的两个月内,就创作了《一天》《从夜晚到天亮》和《田家冲》三篇短篇小说。

《田家冲》的时代背景是1927年大革命失败之后。小说描述的故事是,一个出身于地主家庭成为革命者的三小姐,来到田家冲,住在她父亲的一家佃户家里。在那里,她和她的同志们秘密活动,发动和组织农民群众实行土地革命,最后被反动势力暗害,然而从觉醒了的农民群众身上,仍蕴藏着一种巨大的力量。这是丁玲运用马克思主义阶级斗争的观点于创作的一次尝试,第一次把革命的知识分子放在农村的阶级斗争中来写。这篇文章取材于她这次回到家乡从亲友们,尤其是从她母亲那里听到的一些类似的事迹。她们家乡有不少青年知识分子参加了大革命,到农村做发动组织群众的工作,其中就有丁玲的母校桃源女师的成为共产党员的女校友。作品中的"三小姐"就是这样的一个革命知识分子。事实上,后来在我们党内被称为"老大姐"中的一些人,也有着类似这样的家庭出身和革命经历,也可以说是活着的"三小姐"。三小姐就是根据几个真人的事迹,加以综合,集中了她们性格和语言的特点而塑造出的人物。作品中的佃农人家,也是她从童年时期就熟悉的。那时的常德,因军阀争夺地盘,常有战乱,一有战乱,丁玲就由家里大人带着,逃避到乡下,住在佃户家里。而且湘西一带农村的环境,她也是熟悉的。可以说,她是倾注了她全部的情感来写这篇小说的,因为无论是对于三小姐还是对于佃农群众,她都感受到在她和她们之间在心灵上有着十分融洽的沟通。当然后来丁玲也承认,她对当时农村的阶级斗争并不是很熟悉,因为她没有亲身经历这样的斗争。

《田家冲》发表于1931年7月10日《小说月报》第二十二卷第七号,一发表便使人注目,引起轰动。但是后来受到文学评论者的苛求。事实上,这篇小说在当时的社会背景下,是有着相当大的革命影响力的,对于一些要求进步、要求革命的青年,起着启蒙和引导的作用,尤其是对于出身剥削阶级向往革命的知识青年,而那时的知识青年许多人出身于剥削阶级。

曾担任毛泽东的通信秘书,在延安《解放日报》社和丁玲同事,丁玲晚年与其交往颇多的李锐曾回忆《田家冲》对他的影响:

> 丁玲在我心中一直受到尊敬,是从中学时期开始的。一九二八年到一九三四年,我在长沙岳云中学读书。
>
> 记得是一九三一年在《小说月报》上读到丁玲的《田家冲》,一下就吸引了我。这篇小说是从一个佃户家的女孩幺妹的眼睛,去看一个临时隐蔽在她家的革命者(东家的三小姐)的活动。在当年读过的进步小说中,这篇印象特深,大概也同自己的家庭出身有关。因之对丁玲笔下的三小姐,有一种藏之内心的特殊感情,似乎她的血也在我身上流着。当然,这种革命意识是很朦胧的。我投身革命,是"一二·九"运动开始的,但少年时爱好左翼文艺,无疑有很大关系。[1]

继《田家冲》之后,丁玲写了短篇小说《水》,约两万六千字,发表于《北斗》,从创刊号开始连载,至二卷三期载完。《水》取材于1931年发生的波及十六省的大水灾。小说的情节是,一群遭受水灾的农民和洪水搏斗,和饥寒奋斗,在困境中,他们寄希望于政府的赈灾救济,最后,当他们逃到城里时,发现受到了欺骗,于是丢掉幻想,团结起来,向贪污赈灾款的腐败官员做斗争。作品的主题思想是,表现农民群众从与自然斗争到与反动统治斗争的觉醒过程,而在这个过程中,农民还须和自己队伍中的动摇思想斗争,方能团结起来,形成一股革命的洪流。

《水》一发表,立即受到左翼文学界的赞赏与褒扬,认为是左翼文学运动1931年最优秀的成果。冯雪峰、阿英等都著文评论。茅盾也充分肯定《水》的价值,认为:"《水》在各方面都表示了丁玲的表现才能的更进一步的开展。""这是一九三一年大水灾后农村加速革命化的文艺上的表现,虽然只是一个短篇小说,而且在事后又多用了一些观念的描写,可是这篇小说的意义是很重大的。不论在丁玲本人,或文坛全体,这都表示了过去的'革命与恋爱'的公式已经被清算!"[2]

丁玲当然很想知道鲁迅对《水》的看法。当她从冯雪峰那里知道,冯雪峰问鲁迅对《水》的印象时,鲁迅说:"《水》很好。丁玲是个有名的作家了,不需要我来写文章捧她了。"丁玲听后,觉得鲁迅对她是鼓励的,也是欣赏的。后来《水》出单行本(与其他几篇合集)时,鲁

[1] 李锐:《怀丁玲》,《丁玲纪念集》,湖南人民出版社1987年出版。
[2] 茅盾:《女作家丁玲》,原载1933年7月15日《文艺月报》第2期,转摘自袁良骏编《丁玲研究资料》,天津人民出版社出版。

迅又让丁玲给了他十几本，用来送人介绍。[1]

沿着《水》的方向，丁玲继续创作了一系列小说。《一天》写了一个年轻的革命者，为了信仰，放弃大学生活，深入棚户区从事工人运动，虽一时受到工人的误解，但仍表现出一种不退缩的坚定精神。《法网》写了两个工人因误会而自相残杀，当他们觉醒认识到他们真正的仇人是无故解雇他们的老板时，已为时过晚，双双落入压迫他们的统治者的法网。《消息》是写工人对于革命的认识与同情，充满了革命的理想主义。《诗人亚洛夫》，是写白俄作为帝国主义的走狗破坏工人运动的事。《夜会》是写工人们反对日本帝国主义，支持民族革命战争的一个夜会。《奔》是描写在农村经济破产后，一群农民被迫跑到城市来，但城市里也是大批的工人失业，以及资本家的苛刻压榨工人，于是不得不又回农村去，描述出半殖民地的中国是怎样地在加速贫穷化。

这些文章，从主题到人物都较前有了很大的变化，从描写知识女性的苦闷到反映社会的各个方面。

正如丁玲自己所说："当一个作家有了马克思列宁主义世界观以后，她对于生活的看法和批评都会有很大的不同。而且生活也有变化，所以也就会有新的人物产生。我们若去研究每个作家的人物的变化，也可以找出他的线索来的。"[2]

也正因为丁玲具有了明确的马克思列宁主义世界观，所以丁玲这一时期的小说，是她的马克思列宁主义文艺观的实践与体现。她的这些小说反映了当时的社会生活，并揭示这个社会生活中的阶级矛盾，它们反映了工人、农民和知识分子对旧制度的抗争和在抗争中逐步觉醒的过程，它们歌颂在共产党领导下的这一斗争，它们不仅抨击国民党的反动统治，也宣扬爱国主义精神，反对日本帝国主义的侵略。

但是，由于丁玲还缺乏革命斗争的实践，同时在白色恐怖的上海，客观环境也使得丁玲没有可能深入到工人、农民群众当中去，因此这些小说，也就无可避免地或多或少存在"多用了一些观念的描写"的缺陷。而这只能有待丁玲今后积极参与革命实践和深入群众来克服、改进与提高。

丁玲的这些作品的影响是深远的，许多当时的青年在选择自己的人生道路时都从她的作品中吸取营养。

曾任中共中央书记处书记的邓力群回忆道：

[1] 丁玲：《我便是吃鲁迅的奶长大的》，《丁玲全集》第8卷。
[2] 丁玲：《生活，理想与人物》，《丁玲全集》第7卷。

丁玲同志比我大十一岁。她成为著名作家的时候，我才十四五岁。1931年，我初到北京，恰好遇上"九·一八"事变。民族的灾难、亡国的危险，摆在我们那一代青年的面前。每一个正直的青年，都在严肃思考和努力寻找救国救民的道路。我们接受先进思想的影响，是从接触革命文学开始的。也就是在这个时候，我们知道了丁玲同志，读她主编的《北斗》杂志，读她当时在青年中间、在人民中间发生广泛影响的《韦护》《母亲》《水》等作品。[1]

著名作家杜宣回忆：

由于中国第一次大革命的狂风暴雨，将沉睡了的我国南方卷起了千层雪浪，霎时间又刮起了一阵腥风血雨，在刚刚觉醒了的土地上，又造成了一片血海。这使我们少年儿童们好像从强烈的日光下，忽然堕入深邃的黑暗的深渊。我们感到彷徨无措。大约是一九三〇年的时候，一个偶然的机会，我从一个上海同乡的年长同学那里读到了丁玲、胡也频的作品，这些书在我平静浩淼的心湖中，不断地激起了一阵又一阵的涟漪。好像从这些作品中，拾回了原来自己失去了什么。又好像在雪原中忽然看到了一点篝火，在沙漠中发现了绿洲树影，顿时觉得，在这茫茫的长夜中，原来还有不少人高擎着摇曳不定的火把，为迷失道路的夜行者指着方向啊！

大革命失败后的革命低潮时期，正是丁玲创作旺盛的时候，她这时候的作品，虽然今天看起来思想上并不成熟，但对我们这批少年们却起了不可磨灭的积极作用。我就是由于这些作品的影响，于一九三一年来到上海，寻找革命的道路。

这时期丁玲的作品我几乎没有不读的。我喜欢她的文笔，朴实清丽，亲切流畅，好像是一股清泉，在阳光下汩汩地流淌。[2]

《青春之歌》的作者杨沫回忆：

在三十年代，我是一个失学失业的学生。国家的内忧外患，个人生活的走投无路，我也曾有过莎菲一

[1] 邓力群：《追思逝者，激励生者》，《丁玲纪念集》，湖南人民出版社出版。
[2] 杜宣：《杏花红——悼丁玲同志》，《丁玲纪念集》，湖南人民出版社出版。

> 样的苦闷和失望，对黑暗现实的不满和憎恨。作家（丁玲——引者注）笔下的人物使我感到亲切、真实、可信。因之，我喜爱她的作品。一九三三年以后，我和革命者接近了。马列主义著作、苏联小说和中国左翼作家的作品都成了促使我追求光明、献身革命的催化剂。其中丁玲作品给我的营养最丰富，她的《母亲》《水》《某夜》《法网》《夜会》等有着抗日要求革命倾向的作品，在我的思想上产生了很大的震动。特别是《一九三〇年春上海》（之一、之二），男女主人公冲出爱情的罗网，坚定地走上革命道路的描绘极大的鼓舞着我，使我以他们为榜样，也用革命的意志和勇气冲决个人情感的樊篱，走上革命的道路。从丁玲作品在当时产生的深广的社会影响而言，它不仅激励我个人跨出人生道路上重要的一步，而且也给同时代、正在人生十字路口徘徊的大批青年指出了出路。[1]

1931年，丁玲从湖南回到上海后就酝酿写一部长篇小说，书名《母亲》。1932年6月15日《母亲》开始在《大陆新闻》连载，但一月后《大陆新闻》即被查封。之后，赵家璧编辑《良友文学丛书》来约稿，她便继续写了下去。

《母亲》中的女主人公，就是丁玲的母亲。《母亲》原来计划写三部，三十多万字。"书里包括的时代，从宣统末年写起，经过辛亥革命，一九二七年大革命以至三十年代普遍于农村的土地骚动。地点是湖南的一个小城市，人物大半将以几家豪绅地主做中心，也带便的写到其他的人。为什么要把这书叫着《母亲》呢？因为她是贯穿这部书的人物中的一个，更因为这个母亲，虽然受了封建社会制度的千磨万难，她终究是跑过来了。在一切苦斗的陈迹上，可以找出一些可记的事。虽说很可惜，如她自己引以为憾的，就是她的白发已经满鬓，不能再做什么事，然而那过去的精神和现在属于大众的向往，却是不可卑视的。所以叫《母亲》，来纪念这个做母亲的。"[2]

第一部是写女主人公于曼贞（丁玲的母亲闺名余曼贞）的丈夫病逝后，从悲伤中振作起来，毅然冲破一切封建思想和封建势力的阻碍，去武陵（常德旧称）城里求学，和在学校里与一些志同道合的女友的情形。她们立志自立于社会，她们同情革命，要求参加革命，并进行结社，以天下为己任，探讨社会的改革，国家的兴亡。第二部应是这位母亲在教育岗位上无私地、辛勤地工作，从通

---

[1] 杨沫：《丁玲对我成长的影响》，天津日报《文艺》双月刊1984年5月。

[2] 丁玲：《给〈大陆新闻〉编者的信》，《丁玲全集》第12卷。

过教育革命实现救国的理想，逐步提高到具有社会的改革必须进行社会主义革命的思想，并为此进行宣传传播工作。第三部的时代背景是 1927 年大革命失败前后。可惜，这部书的写作因她被捕而中断，只写了八万多字，第一部还差一万多字。

然而，仅从这第一部来看，一个品格高尚，善良而又有远大抱负，温柔而又刚毅，坚韧不拔，向往革命，光彩鲜明的"前一代"的女性的形象已跃然纸上。丁玲不仅只写了她的母亲，而是写了以她的母亲为代表的那一代女性的奋斗。不仅只写"母亲"的这个封建大家族的衰败，而是进一步揭示这个衰败是社会发展的必然结果，"是包含了一个社会制度在历史过程中的转变。"[1]《母亲》在写法上，带有几分《红楼梦》的笔法。

如果有人问我，我最喜欢母亲的哪篇小说？我会毫不犹豫地说：《母亲》。尽管在她写就的浩瀚篇章中，有她的经久不衰的成名著《莎菲女士的日记》，有她投入了许多感情、不愿舍弃的《韦护》，有至今仍为国内外所频频注目的《我在霞村的时候》《在医院中时》，有享誉世界、荣获斯大林文学奖金的《太阳照在桑干河上》，但是我仍偏爱《母亲》。我更多的是从感情，而不是仅从文学的评论。

我极希望母亲能续写《母亲》。但是因为时代的变迁与前进，新事务新题材的涌入，生活道路的坎坷和复出后晚年岁月的有限，她终未能将《母亲》续写下去。想来是十分遗憾的。

丁玲还写了一篇《给孩子们》，这是一篇极富革命浪漫主义和爱国主义的童话。当然它是一篇给所有孩子们的儿童读物，但是我读将起来，自不必说，是格外亲切的。那里面的人物有"小平""铃铃""婆婆"，自然，无须说，即可明了作者在构思人物时，会想到哪些现实生活中的人。我在延安时读了这篇文章后，问母亲："你怎么会想起写这么一篇文章？"母亲说："我那时很想念你和婆婆，我真希望你快点长大，成为我的一个知心的朋友，同我一起投入革命的洪流，一起投入抗日的洪流。"

[1] 丁玲：《给〈大陆新闻〉编者的信》，《丁玲全集》第 12 卷。

◇ 1931年2月底，丁玲与母亲蒋慕唐、儿子蒋祖林在常德

◇ 1933年，丁母蒋慕唐与外孙蒋祖林在常德

◇图1:《北斗》书影
◇图2:1933年,赵家璧主编《良友文学丛书》,丁玲长篇小说《母亲》第一次印行时在报纸上刊登的广告。其中丁玲画像系蔡元培之女蔡威廉所作

图1

图2

◇ 1934年，陈烟桥为丁玲长篇小说《母亲》所作的
  插图——《金黄色的太阳》

第十章

魍魉世界

  自1931年5月丁玲去拜访史沫特莱的那个日子起，一个比丁玲小两岁的青年，步入了丁玲的生活。他就是冯达，当时史沫特莱的秘书兼翻译。丁玲认识他的时候，他已是共产党员。1931年9月，丁玲与冯达同居，结为夫妇。

  由于上海的白色恐怖严重，为了安全与工作需要，丁玲和冯达经常搬家。1933年1月底他们住进公共租界昆山花园路7号。他们住的房子，同时还作为党的秘密机关。这时冯达在中共江苏省委宣传部《真话报》工作。

  1933年5月13日，晚上九点钟冯达才回到家里。他向丁玲说，他曾去看《真话报》的两个通讯员，这两人住的亭子间的窗户临弄堂，他在窗户下面叫了两声，没有回答，只见屋里灯光摇晃，听到脚步声很杂，他觉得与平时不一样，怀疑出了问题，便拔步急走，头也不敢回，走到大马路上跳上一部电车，又换了几次车，估计即使有尾巴也甩掉了，可是到家门口后，刚把钥匙插进锁孔，回头望望，只见街对面影影绰绰有一个人，此时已来不及走避，只好进门回家。因此他们怀疑，他们家这间屋子可能会出问题。第二天早晨，冯达向丁玲说，他仍想去看看那两个同志，如果不去，那两个同志的关系便会丢了，他想去看个究竟。丁玲那天上午要去正风文学院，参加那里一个文艺小组的会议。于是他们两人约好，中午十二点钟之前都要回家，到时候如果一人未回，另一个就要立即离家，并且设法通知组织和有关同志。丁玲十一点半回到家里，而冯达却未回。她觉得有点儿不正常，冯达只是去看看，照理应当早回来。于是她稍等了一下，就去清理东西，如果十二点冯达仍未归，就离去。正在这时，潘梓年来了。潘梓年是《真话报》的总编，常来他们家的。丁玲把情况告诉了他。潘梓年这个人向来从从容容、不慌不忙的，听后不以为意，拿起桌上一份《社会新闻》，坐在对着门的长沙发上翻看着。丁玲此时急于离去，但看见潘梓年那么稳定、沉着，有点儿不好意思再催。不一会儿，突然听到楼梯上响着杂乱的脚步声，紧接着，门砰的一声被推开，拥进几个特务，为首的一个高个子叫马绍武（丁玲后来知道的）。他站在写字台前守住窗户，一人守住房门，另一人翻查书架。丁玲和潘梓年都明白了，静静地坐着。三四分钟后又进来两个人，一个叫胡雷。这个人1930年时访问过胡也频和丁玲，那时他在《真话报》工作。他一进门，看到丁玲，面现诧异，跟着对丁玲笑了一笑，点了一下头。丁玲心想"坏了"。马绍武见状，把胡雷拉到门外，不一会儿，他得意洋洋地走了进来。丁玲心里明白，马绍武知道她是谁了，胡雷是个叛徒。过了几分钟，又进来几个人，丁玲只注意到其中的一个，那就是冯达。冯达一看见丁玲和潘梓年，猛然一惊，然后低下头，好像不认识丁玲，也不认识潘梓年，呆若木鸡似的坐在床头。丁玲立起身来，瞪着冯达，心里想：难道是他出卖了我们？

原来冯达去到那里即被捕，起初他谎称看朋友，特务说你既无干系，那么你总有家吧！你带我们到你家里去。冯达拖延到十二点的时候，心想丁玲应已离去，便带特务们到家里来，哪知丁玲并未离去，而且潘梓年也在这里。

在特务把丁玲和潘梓年推着往外走的时候，丁玲冷静地顺手把刚才清理出的衣服拿了两件，还拿了一件夹大衣，心想睡水门汀地下还是用得着的。他们被推进停在路边的一辆汽车，两边坐着特务。汽车驰往黄浦江边，在十六铺南边一个小空地停下，又围上来一群人，把他们拥进一座小楼，那是国民党特务的一个窝点。

外国租界有治外法权，中国当局不得在外国租界捕人，捕人应由租界的巡捕执行，视情况引渡。否则，就属于绑架，是违法的。虽然租界的巡捕房同国民党当局有勾结，但是不允许国民党特务私自在租界捕人。

进楼之后，特务将丁玲和冯达关在一间房子里。这时丁玲忍不住骂冯达："真看不出你是一个朝秦暮楚的人，哪里会想到是你把我出卖了！"冯达连忙申辩："不是我，你能听我解释吗？"丁玲说："还有什么解释的，事情不是明摆着的！我们家的地址是你说出来的。"冯达还是连声解释，丁玲不听，满腔愤怒。第二天清晨，国民党特务前呼后拥地把丁玲和冯达送上火车，押往南京。他们被安置在二等软座车厢，特务们坐在周围，不使丁玲接近乘客。丁玲一心只想把她被绑架的消息传出去，就去厕所，用燃烧过的火柴棒在一张纸上写了几个字，吁请仁人君子把捡到的这一短简寄给上海开明书店叶绍钧，给叶绍钧的信里只说她被绑架到南京，署名冰。她把信包在手帕里，并包了四元钱，是给检信人的，便从便盆里投了出去。她满心希望能把她被绑架的消息传出去，但结果如同投石入海，连个水飘也没有，因为后来没有事实说明这封信起了作用。

中午时分，火车进了南京车站。没想到，在车站守候她的一群人，竟如欢迎国民党要人那样拥上来，像看猴子似的挤近前来看她。她和冯达被簇拥进一辆大巴士，车子开到一处看似旅馆却无旅客的一所房子停下。他们又被推进一间内外相通房间的内间，外间有几个特务看守。[1]

自此，丁玲开始了一种特殊的囚犯生活。

话分两头。再说5月14日那天，下午四时时分，中共江苏省委宣传部长应修人（丁久）来昆山花园路7号丁玲的住处。他到二楼丁玲住房前时，守候在那里的特务已跟在他后面，他奔向三楼，在那里与跟上来拘捕他的特务搏斗，从三楼坠楼牺牲。特务们一见应修人坠楼死亡，旋即逃去。

这一坠楼事件，因尸陈街头，立即被见报：

由于应修人坠楼之事立即曝光，又因地点是在丁玲的住处，因此丁玲被秘密绑架事为报刊披露。首先报道此事的是《大美晚报》，其5月24日报载：

> 据本报所得消息，中国普罗文学先进女作家丁玲女士最近忽告失踪，中国论坛报将于下期发表一文，记载此事。据该报载，"丁女士与另一著名作家潘梓年，系此间名杂志撰述员，同于五月十四日在公共租界被便衣队捕去。另有一作家Ying Shu Jen同于是日毙命或系被杀，其情节颇为离奇、令人莫解"。该报又载据其所称为直接证据，惟其来源不能宣布。称曰："丁玲与潘君在公共租界被上海市公安局中人或其受雇者所架。装入汽车，驶往南市。"
>
> 公安局中人否认曾架丁玲，并否认拘留了丁女士或曾拘留了丁女士。
>
> 中国论坛报又载：一丁女士某友以其昆山路地址报

[1] 根据穆欣：《隐蔽战线统帅周恩来》一书中称，此旅馆在户部街，名新都大旅社。

> 告公安局，故于五月十四日有便衣多人驾汽车驶至该处，则见丁女士与潘梓年君正同读一稿，潘梓年君适来丁女士处与此女作家讨论其近作一则，二人当场被获，装入汽车，疾驶而去。不久又有一博学青年作家名 Ying Shu Jen 者来访丁玲，不知该屋已被搜捕，直登二楼。刚欲折回，而侦者已至，乃窜登三楼，侦者紧追，遂被执，双方继起斗争。后事如何，不得而知。但后发现 Ying 君尸身倒于街上，观乎各项证据，可知必系当时从窗中坠下致死。看守该屋之侦探旋即逃去。翌日报载昆山路出一奇离惨死案，并谓尸身上有共产文件搜出。
>
> 丁玲与潘梓年二人失踪后，各方极力侦察。女律师屠坤范女士及名律师吴凯声君向公安当局询问。公安局中人称，潘君及另一刘姓者，系与同案有关，均在局中。至于丁女士何在，坚称不知，潘刘两人在何处被捕，亦坚不宣布。刘姓者如何被捕及其究属何人，吾人尚未得悉。此事后已达两星期，使得之事实报告，仅此而已。

继而上海《晶报》等报刊亦相继报道。

这些报道，大体上说明：丁玲、潘梓年于5月14日同时被绑架，应修人堕楼身亡，但是上海市公安局否认逮捕丁玲，承认拘捕潘梓年但坚不透露拘捕潘梓年的地点。

此时丁玲在文坛上已负有盛名，她的被绑架，在社会上引起很大的反响，继《大美晚报》之后，各报刊纷纷报道此事，一切进步的人士都为此感到震惊和愤慨。

"左联"发表了《左翼作家联盟为丁玲潘梓年被捕反对国民党白色恐怖宣言》。宣言中称："中国最优秀的青年已被沉浸在用他们自己的血所造成的血海里。在这些牺牲者中有不少是很著名和富有天才的新文艺作家。国民党长期的恐怖记录中，最著名的野蛮屠杀，要算是一九三一年二月七日胡也频、李伟森、冯铿（女作家）、钟惠、殷夫和柔石六个同志在龙华被国民党军阀坑杀的一件事。现在白色恐怖又伸张了他的巨爪，而攫去我们三位同志——丁玲（胡也频之妻）、潘梓年和应修人。他们都是著名的作家。丁玲是中国特出的女作家，是新革命文艺最优美的代表者。为知识和文艺之光明的斗争在她的作品中反映得很明白。她的作品最近已达到一个有计划的成熟时期，但不幸又受到了这样毒辣的打击。"宣言提出："我们要求立刻把丁玲潘梓年及一切阶级斗争的罪犯们从牢狱中释放出来！"并号召："全世界的工农群众及知识分子赞助我们的要求，而参加我们反对国民党白色恐怖的群众运动。"

蔡元培、杨铨等文化界人士三十八人于5月23日致电国民政府加以援救，呼吁释放或移法院审理。全文为：

> 南京国民政府行政院汪（精卫）院长司法部罗（文干）部长钧鉴：比闻作家丁玲潘梓年突被上海市公安局逮捕，虽真相未明，然丁潘二人，在著作界素著声望，与我国文化事业，不无微劳，元培等谊切同交，敢为呼吁，尚恳揆法衡情，量予释放，或移交法院，从宽处理，亦国家怀远佑文之德也。
>
> 蔡元培、杨铨、陈彬和、胡愈之、洪深、邹韬奋、林语堂、叶圣陶、郁达夫、陈望道、柳亚子、俞颂华、黄绍雄、傅家章、樊仲云、夏丏尊、黎烈文、江公怀、李公朴、胡秋原、沈从文、王鲁彦、赵家璧、蔡慕晖、彭芳草、马国亮、梁得所、叶灵凤、徐翔穆、杨村人、沈起予、戴望舒、邵洵美、钱君匋、穆时英、顾钧正、杜衡、施蛰存等同叩漾。[1]

之后，6月10日，文化界发表"文化界为营救丁潘宣言"，抗议国民党当局秘密绑架丁玲，要求"当局将丁玲、潘梓年二人交出，予以自由，并惩办非法绑架之负责人"。

民权保障同盟主席宋庆龄亦致电南京国民政府行政院长汪精卫设法援救，但汪精卫复电说："据公安局复称，并没有逮捕丁玲之事，故对于丁玲之失踪，实不明了……"[2]

中国民权保障同盟组织了"丁潘保障委员会"进行营救工作。1933年6月15日《大美晚报》载蔡元培、杨杏佛谈营救丁潘案：

> 女文学家丁玲与教育思想家潘梓年二人，上月间先后失踪、久无下落。据传二人系因共党嫌疑被捕、文化界闻人、曾为此一度致电中央营救。现潘梓年，已由本市公安局确认被捕，业解京发落。而丁玲迄无消息，甚为各界人士所关怀。昨传蔡元培、柳亚子、林语堂诸人，业已为此组织潘丁援救委员会、进行调查宣传。记者今晨访谒蔡孑民、杨杏佛二氏，据谈：外传鄙人等业已组

[1]《蔡元培等电京营救丁潘》，载1933年5月24日《申报》。
[2] 丁玲：《魍魉世界·风雪人间》附录一，人民文学出版社1989年出版。

织援救团体，实际上尚未成为事实。丁潘二人、现时究在何处，尚未得确实下落，故无从着手援救，且援救亦须先待潘丁二人家属来沪，委请律师、方可进行。吾人以立国应有怀远佑文之观点，因对遭难者，表示深切同情，援助自亦当尽力之所及也。最后杨氏又谓：工部局方面，因此事件发生于租界、对于捕房维持治安、颇受影响，故现特亦正在竭力注意调查中云。

当年实际负责"丁潘营救委员会"具体工作的楼适夷说："营救丁玲的事都是党主持的，由民权保障同盟出面，适夷代表左联参加这个组织。"[1]他并回忆当时所做的几件事：

> 丁玲、潘梓年同志被捕后，成立了一个"丁潘营救委员会"，有柳亚子、郁达夫、田汉等同志。我是做主持工作的。为了扩大宣传，我们做了几项工作。
>
> 一次是在南京路大三元酒馆开会，当众宣布国民党政府秘密逮捕了丁玲和潘梓年这件事（逮捕潘梓年他们承认了）。这次会议鲁迅先生没有来，柳亚子来了。这次会议也是对国民党政府的一个打击，因为国民党政府标榜资产阶级假民主。应修人从楼上摔死在马路上，事情就暴露出来。
>
> 我们还在王会悟（李达不在家）家里商量，准备把丁玲同志的母亲从湖南家中接出来，让丁玲同志的母亲出面到南京找国民党政府把女儿要出来。又考虑到没有一个人可以公开陪着丁玲同志的母亲去找国民党政府，所以这件事没有成功。
>
> 我们找了沈从文，请他帮忙。沈从文说他找了胡适，胡适问了上海市长吴铁城，吴铁城否认抓了丁玲这件事，沈相信了，说他这几年和丁玲没关系，不能帮忙。
>
> 我们还发表了丁玲同志放在谢澹如那里的小说稿，扩大影响。
>
> 还有英文的《字林西报》发表了一篇署名蔡飞的读者来信。蔡飞是在应修人出事那天逃跑时被捕的人之一，他写信给民权保障同盟，叙述了他被捕的经过，并证实丁玲同志被捕。丁潘营救委员会作了许多国际工作。如能找到一九三三年九、十月间的《中国论坛》报，可能有记载。[2]

[1] 赵家璧：《重见丁玲话当年》，《文汇增刊》1980年第4期。
[2] 丁玲：《魍魉世界·风雪人间》附录，人民文学出版社1989年出版。

国际进步人士巴比塞、罗曼·罗兰、古久里等也发电报，对国民党政府秘密绑架丁玲事表示抗议，对营救工作表示声援。史沫特莱和伊罗生也积极参加营救活动。

正当营救丁潘的活动逐步开展的时候，中国民权保障同盟副会长兼总干事杨铨（杏佛）于6月18日，也就是丁玲被绑架后一个月零三天，被国民党特务暗杀。营救活动被迫终止。杨杏佛是热心救丁潘的人，他不顾国民党特务的多次威胁，坚持营救工作。针对上海市公安局矢口否认逮捕了丁玲，他根据掌握的证据，据理揭露和谴责，并亲到租界工部局交涉，终遭毒手。

中国民权保障同盟是宋庆龄、蔡元培、鲁迅、杨杏佛等发起组织的进步团体，成立于1932年12月，会长为宋庆龄，副会长为蔡元培、杨杏佛。目的是反对国民党反动派的迫害，援救革命者，争取言论、出版、集会、结社等自由。

就在杨杏佛被暗杀的前两天，绑架丁玲的特务头目马绍武被中共中央特科"红队"打死。[1] 马绍武，真名史济美，另一化名吕克勤，原是中共特科人员，跟随顾顺章叛变，是顾顺章投靠国民党后办的"特务人员训练班"中的得意门生，被中统委以上海市公安局特务组督导员。

两个暗杀，一是热心救丁的杨杏佛被国民党特务暗杀，一是捕丁的马绍武被共产党的"红队"打死，可见斗争之尖锐。一时间，新闻舆论又弄得沸沸扬扬。

鲁迅一向高度评价丁玲坚定的无产阶级立场和她的写作才能，在丁玲被捕后一周，5月22日接受朝鲜《东亚日报》驻中国特派记者申彦俊采访时，记者问："在中国现代文坛上，您认为谁是无产阶级代表作家？"鲁迅回答："丁玲女士才是唯一的无产阶级作家。"[2] 无疑，他对于国民党特务绑架丁玲是非常气愤的。

鲁迅积极参加营救丁玲的活动，他非常清楚国民党的反动本质和野蛮手段。他在1933年6月26日致王志之信中说："丁事的抗议，是不中用的，当局那里会分心于抗议。现在她的生死还不详。其实，在上海，失踪的人是常有的，只因为无名，所以无人提起。杨杏佛也是热心救丁的人之一，但竟遭了暗杀。"

由于国民党上海市公安局对逮捕丁玲事一直矢口否认，讳莫如深，故而社会上一时盛传丁玲已经遇害。鲁迅在1933年6月30日写道："……整整的五十年，从地

---

[1] 根据穆欣：《隐蔽战线统帅周恩来》一书载："6月15日，这个吕克勤被中央特科'打狗队'老邝（即"大广东"邝惠安）带领两个队员，在浙江路小花园总弄打死了。"

[2] 李政文：《鲁迅约见朝鲜友人的一封信》，《新文学史料》1983年第3期。

球年龄来计算，真是微乎其微，然而从人类历史上说，却已经是半世纪，柔石丁玲他们就活不到这么久。"

鲁迅悲愤之下，在他6月28日的日记中写了一首诗，并书写赠人。诗曰：

> 如磐遥夜压重楼，
> 剪柳春风导九秋。
> 湘瑟凝尘清怨绝，
> 可怜无女耀高丘。

诗的意思是，反动的统治如压在高楼上磐石般的黑暗的夜气那样沉重，以致剪裁柳叶的春风，带给人间的不是枝繁叶茂的景象，却像寒冷肃杀的深秋。湘灵乃湘水之女神，相传湘灵善弹瑟，《楚辞》中有"使湘灵鼓瑟兮！"句。此处，鲁迅将丁玲比作湘灵，意思是说，现在无人来弹瑟了，瑟上凝集了灰尘，再也听不到她弹出的那清怨的声音了，寓意丁玲的牺牲；鲁迅想到了屈原《离骚》中的名句："忽反顾以流涕兮，哀高丘之无女。"屈原是哀叹国无贤君。鲁迅由此写出："可怜无女耀高丘"，是对丁玲的才德的高度赞扬，并哀叹她的早逝。

至7月底，丁玲的下落仍无消息，在盛传她遇害的同时，有些报刊又刊登了一些关于她的谣言，从政治上的乃至生活上的谣言。在中国这个社会，名人是造谣的对象，女人也是造谣的对象，如果一个女人又是名人，那么，一遇事，也就谣逐纷起。

鲁迅对此十分愤慨，他在1933年8月1日致《科学新闻》编辑的信中写道："至于丁玲，毫无消息，据我看来，是已经被害的了，而有些刊物还造许多关于她的谣言，真是畜生之不如也。"

鲁迅生前很少将自己写的旧体诗拿出去发表。他在6月28日日记中写的这首诗，原也不打算发表的。但是为了悼念丁玲，为了驳斥这些谣言，鲁迅决定将它发表。所以鲁迅9月21日在给《涛声》主编曹聚仁的信中说："旧诗一首，不知可登《涛声》否？"曹聚仁感到很惊奇，因为对于鲁迅来说，这样做是极罕见的。他后来回忆道："那时外传丁玲已被处死，笔者有一天，忽接鲁迅来信，信中附了一首悼丁君的诗。"[1] 这首诗以

[1] 鲁迅：《集外集》，收《鲁迅全集》第7卷，人民文学出版社2005年出版。

题《悼丁君》发表于同年 9 月 30 日《涛声》第二卷三十八期。1934 年 12 月该诗辑入《集外集》时，鲁迅改动了个别字，将"遥夜"改为"夜气"，将"湘瑟"改为"瑶瑟"。

在丁玲被捕后，鲁迅就想到以出版丁玲的书作为对国民党的一种斗争的方式，同时稿费也可以接济丁玲的家属。当年主持《良友文学丛书》的赵家璧回忆丁玲的《母亲》提前出版的经过，说："在作者被捕后三天，同事郑伯奇上班后轻轻地向我说：'鲁迅先生建议把丁玲的那部未完成长篇立刻付排，你可以写个编者按作个交代。书出得越快越好。出版时要在各大报上大登广告，大事宣传，这也是对国民党反动派的一种斗争方式。"[1]

在鲁迅的关怀和赵家璧的努力下，《母亲》于 1933 年 6 月 27 日出版，离丁玲被捕的日子仅一个半月，出版前在《时事新报》和《申报》刊登了大幅广告。《母亲》出版后，立即成为这套丛书中的最畅销书，仅 6 月第一版就印了六千册，到年底已出到第三版。年底结算版税账，为数不少。赵家璧回忆道："但是我们收到作者亲属从湖南来函要求汇款者不只一处，会计科很难处理。这个棘手的问题是鲁迅帮我们解决的。……最近再查《鲁迅日记》，发现 1934 年 1 月 15 日，载有这样一条'雨，下午成雪。往良友图书公司交《一天的工作》附记一篇，印证四千，'这足证我就是在鲁迅冒雪来访的这一天向他提出这个难题的。一星期后，1 月 22 日，他复我一信。"[2]鲁迅在这封信里说：

> 顷查得丁玲的母亲的通信地址，是："湖南常德、忠靖庙街 6 号、蒋慕唐老太太"，如来信地址，与此无异，那就不是别人假冒的。
>
> 但又闻她的周围，穷本家甚多，款项一到，顷刻即被分尽，所以最好是先寄一百来元，待回信到后，再行续寄为妥也。[3]

从这里可以看到鲁迅对丁玲无微不至的关怀，而且考虑得那么细致周到。这些钱对于没有工作的丁玲的母亲和她幼小的孩子的生活，当然是十分需要也是十分及时的。

丁玲被捕的事，自然很快传到了常德。丁玲的母亲在她的回忆录中写道：

[1][2] 赵家璧：《重见丁玲话当年》，《文汇增刊》1980 年第 3 期。
[3]《鲁迅书信集》，1976 年 8 月人民文学出版社出版。

> 三月（阴历，月份有误，应是阴历四月或五月）尾，我的难星来了，女本有许久没来信，外面传的消息非常恶劣，这一下真要了我的命。想尽了法子替她的朋友去信，或向书店中探听，每到夜静跪向佛前哀哀哭求，只要伊母子团聚，决弃红尘，舍身做道。又恐人听见，心肝寸裂寸碎，日里则镇静，不现一分愁容。因人心坏，幸灾乐祸者多，纵有安慰者，反愈增吾之悲痛。惟琳（即蒋毅仁）伤心不已，每向吾提及，则涕泪相流。[1]

此时的丁玲的母亲是把一切的希望都寄托在丁玲身上的。两年来，先是胡也频被杀害，现在丁玲又生死未卜，盛传已遇害，留下一个两岁多的孤儿，这连连的打击对于她这样一个老人是多么的惨重啊！

丁玲母亲在她的回忆录中，在记载1933年事时，有一段文字看来是记录有误的。但它被有的书写我母亲生平的书里所引用与发挥。这段文字是："九月初旬，……忽来一面生之客，其所探询之名姓，乃伊父之号，近来少人知道的。吾甚是奇怪，即请至客室。伊云有事返里，因受当局所托，便道一询，暗示女函及通信处，并云，人很好，不必挂念。客说伊现居某旅馆某号，有信下午送去，明晨即走。客走后，阅信，确是女亲笔，虽寥寥数语，能治我半年之苦痛。琳与侄均不赞成我回信，未卜吉凶，如何？我则痛女心切，若胆小不写，岂不失此机会，只略写几句，使她也安心。下午自己送去，管什么祸福？谢天谢地，从此信函相通了。"

丁玲阅她母亲的回忆录手稿时，在这一段话旁边批曰："1933年何来女信，想是记错了，或有人伪造。"

上面述说的这一切，身陷囹圄的丁玲自然是不知晓的。

迫于国内外著名文化人士的抗议、营救的压力，国民党当局不得不考虑社会舆论与影响，故而对丁玲采取不杀、不关、不放的做法，把她幽禁在南京，对她加以威胁、欺骗、利诱，企图利用她的名望为他们做事。但都遭到丁玲的拒绝。

首先来劝降的是中共江苏省委宣传部原部长叛徒汪盛获。丁玲曾见过他，但同他并没有工作和组织上的关系。

[1]《丁母蒋慕唐回忆录》，《丁玲全集》第1卷附录。

汪盛荻向丁玲说："第一，你是共产党员，你无法抵赖，我已经向国民党讲了。"丁玲回答他："我不是共产党员，你凭什么瞎说？你有什么证据？我只是'左联'的盟员。"他说："第二，你不要幻想宋庆龄、蔡元培能救你。"丁玲回答："我根本不作任何希望。"他又说："第三，胡也频被捕是共产党内有人告密。"丁玲回答："胡也频是被国民党枪杀的。"

汪盛荻不再说话了，只好无趣地走了。

之后，又有一位自称"王科长"与自称张冲的人分别来找她谈话，一硬，一软，所说之话也都被她顶了回去。

这样过了一些天。一天晚上，那位王科长[1]向丁玲说，有一位王先生要见她，请她到他家里去。丁玲和冯达上了汽车，车门两边都站有便衣特务，汽车沿中山大道往南开去。丁玲想着："朝这个方向，是去雨花台。我默默思索，我还有什么事要做，什么话要说呢？不行，都晚了，我什么也不能做了。大块的乌云压着我。我只能回去，回老家去，到也频去的那儿去。"[2]

正当丁玲以为她短短的一生将在雨花台宣告结束的时候，汽车在离中华门不远的地方向右转弯拐进了一条小巷。大马路上有昏黄的路灯，小巷里却是一片漆黑，寂无声息。汽车拐了几个弯，停在一个大石库门门前，这是一个很大的府第。[3]丁玲被一群如狼似虎的人挟持着，进入一个大院，走进前厅。"王科长"让丁玲坐下后，说去通报主人，就走入后进屋子去了。正房两边都住着人，他们一个个地走进来看，全是些彪形大汉，赤着膊。屋里只点着三只蜡烛，没有电灯，这些人一走动，一个人出现好几个影子，真是鬼影幢幢。大半个钟头后"王科长"才出来，说那位王先生今夜要去上海，过两天再谈，这两天就暂时住在这里。说完就走了。

"于是这一群赤膊大汉，有五六个人吧，前面两个人各擎着在一支摇摇曳曳的蜡烛引路，烛光微弱，只能照到两三步远的地方。左右前后都有人紧跟着。走出这间前厅，进入一个更大的大厅，四周漆黑，我无法左右顾盼，只感到一阵阴凉冷气，好像到了一个杳无人迹的旷野。然后，

[1] 据《中统巨枭徐恩曾》一书记载，此"王科长"为调查科干事长顾建中，专负责行动的，属调查科第三号人物。张冲，字淮南，此时为中统第二号人物，设计委员会主任，1937年参加国共两党合作谈判，后任国民党中央组织部副部长。

[2] 丁玲：《魍魉世界》，《丁玲全集》第10卷。

[3] 根据穆欣：《隐蔽战线统帅周恩来》一书，此处为中华门内长乐街某号，为一三开间七进的老式房屋，很宽敞，顾顺章曾在此办过特务训练班。

向右转，进入一条甬道，一条很窄很窄的长巷。我这时才感到真正的恐怖，我想他们要在这里下手了。这么黑的夜，这么深的甬道，两边这么高的围墙，这地方正好动手，任何有本领的人都无路可逃，也无能挣扎的。我等着，无能为力地警惕着。但他们并没有动手。"[1]

丁玲被带入一个小院的倒厅，厅里有一张大床，两只小床，厅中间有一个八仙桌，几把椅子。大汉们把蜡烛放在八仙桌上，留下了三个人，其余的悄悄地走了。冯达先睡了，两个看守也睡了。丁玲无法睡觉，就坐在桌旁抽烟。桌那边坐着一个看守。过了一会儿，这个看守鬼鬼祟祟地，轻轻地送过一张纸条来。丁玲侧头看了一下，上面歪歪扭扭写了几个字："你知道这是什么地方吗？"丁玲摇了摇头。他把纸条收回去，写了几个字又送过来，写着："这是音杀机关。""音杀"，是特务的行话，就是暗杀。大概是不愿直统统地说暗杀，就把"暗"字去掉"日"字旁，说成是"音杀"。丁玲懂得音杀就是暗杀，没有作出任何表示，心里想，也可能是真的，也可能是吓唬她，即使是真的又怎样？反正自己思想上已作好了准备。丁玲轻轻地问他："你是什么人？"他便又写了两个人的名字给丁玲看，是"罗登贤""廖承志"，悄悄问丁玲："认识他们吗？"丁玲摇摇头，但她知道他们是共产党员，不久前被捕了，民权保障同盟正在营救他们。这个看守又悄悄地说："我同他们原是一道的，我是工人。"原来又是一个叛徒。丁玲不再理他，便躺到床上，心里想，这里可能真是一个杀人魔窟，自己死在这么一群又蠢、又脏的坏蛋手里真冤。

第二天早饭后，"王科长"来了一转，把冯达叫出去了一会儿。冯达回来后，丁玲问他谈话详情，冯达说，他问你怎么样。丁玲想想明白了，原来汽车走在去雨花台的路上、大厅、烛光、窄窄长长黑黑的甬道、"音杀"机关等等都是有目的的，是恐吓，看她神经是否经受得住，因此一清早就来了解情况。丁玲心想，原来一夜的作为就是为了这个！她倒放心了。

把戏又继续了几天，慢慢地，他们疲劳了，丁玲也麻木了，也无心去注意这些了。

这时，国民党对被捕的共产党员的政策，较之前两年已有一点儿变化，并不一律杀害，而是着重实行"自首政策"，还建立了"反省院"。

徐恩曾对待丁玲的态度，在他以后写的自己的回忆录中说："她没有担任过激烈的破坏活动，问题并不严重，

[1] 丁玲:《魍魉世界》,《丁玲全集》第 10 卷。

同时她有出色的写作天才，我很希望她今后成为本党的有力文化工作者。"[1]

徐恩曾是个有文化的特务头子，曾留学美国学习电机工程，因与陈果夫、陈立夫有表亲关系，回国后当上了党务调查科科长。他在他的主要助手和叛徒对丁玲实行劝诱与恐吓都没有奏效后，亲自出马了。

丁玲回忆道：

> 这样又过了十来天，快到六月底了。一天，我正蹲在院子里用死苍蝇引蚂蚁出洞，看守煞有介事地对我说："徐科长来看你了。"我一下没有听清，也没有意识到这徐科长是何许人，只是仍然盯着院子里的砖地，继续玩着我的小玩意儿。这时从小墙门的门外转进来一个穿长衫的人，干干净净，大约是个官吧。他看见我没有站起来，也没有理他，便自各儿走进厅子，坐在八仙桌旁的太师椅上。看守走到我的面前再次说："徐科长看你来了。"他把徐科长三个字说得很重，但我还是不明白他的重要性，一个国民党的小科长有什么了不起。但不管他是一个多大的官，既然出面来找我，我还是应该理理他的。我便站起来走到八仙桌边，在他对面一张太师椅上坐下了。他还象过去那些官员一样问我道："生活怎么样？"我也还是那么回答："现在是吃官司，说不上什么了！"到底是科长，他倒很会说，他道："不要这么想嘛。我们这边也有你的朋友。彭学沛你还记得吗？他就很关心你。"我说："胡也频曾在他办的报纸编过短时期的副刊，他们说不上是朋友。"他又另外起头解释："有些人听说你到南京来了，以为我们钓到了一条大鱼，实际不然。就说你吧，你不过写几篇文章，暴露一点社会上的黑暗，这算什么呢？充其量我们把你的刊物封了就是。"我知道这指的是《北斗》杂志。他又放慢声调说："你又不是共产党员。"哼！真奇怪，他明明知道我是共产党员。汪盛荻就说过他一切都向国民党讲了，还对我说过："你是一个共产党员，是赖不掉的。"这位科长现在反而把我开脱出来，这是耍的什么花招？这更加引起我的警惕。我自然装着无所动心的样子，不说话。他接着说："你又不知道别的党员的住处，也不会帮助我们抓人，你对我们毫无用处。你也明白，我们并不是特别去抓你的，我们只是想去破坏共产党的机关，偶然碰着你的。只是，既然来了，却很难放。我们不怕有人说我们野蛮、残暴、绑票等等，

[1] 转摘自丁玲：《魍魉世界·风雪人间》附录。

什么蔡元培，宋庆龄，什么民权保障同盟，什么作家们，我们也都不在乎。我们只怕引起外国人的抗议。我们是在租界上抓你的。你住的地方是租界，这事已经引起租界捕房的抗议，说我们侵犯了他们的'治外法权'。我们不愿引起更多的麻烦，只得咬定不承认。现在的事态就是这样。"他一口气说了这样多，停住了，在观察我。我懂得了，这是比过去来过的所有人都要厉害得多的一个人，可能是我一生中还从未遇到过的对手。是一只笑面虎，是真正的敌人。我只死死地想着："既然我什么都不在乎，死都不怕，笑面虎又能怎样呢？"笑面虎又微微带笑地说："不放你是怕记者问你，你是怎么来南京的，那就让外国人抓住把柄了。假如你答应不见记者，到另外一个地方去，躲开他们，自由自在的生活，就方便多了。"停了停，又说："彭学沛可以资助你出洋，他愿意送你六万元钱供你出国……"他又停顿下来，看着我。我不会为之所动，我清楚地答复他："我不能拿彭学沛的钱，我们并非朋友，我们没有丝毫关系。你说什么出国，这是我从来也没有想到的，现在我也不愿出国。这就不必再谈了。"

对我的回答，笑面虎似乎有所料，所以他沉住气，只静静地望着我。我当然不会收彭学沛的钱，也可以说是不会收他们的钱！他仍只静静地观察我。过了一会儿，他又说道："我刚才说过，我们把你弄到南京来，实在是一个'误会'，我们并没有想抓你，抓你不但对我们没有用处，而且引起了一些社会舆论。据说令堂已到上海，要向法院起诉，自然这不会有结果的。"

这倒是一个晴天霹雳。我母亲已到上海并向法院起诉，多好啊！这说明有人，有党在我母亲身后。好妈妈！你起诉吧，向国民党要人，揭发他们！

笑面虎又非常关切地说："怎么能让令堂宽心才好，你不是在这里平平安安的生活着吗？要不，你在报上登一个启事，说明你平安无事，只这一点就行。也许令堂正以为你已不在人世，或者是危在旦夕，这会使老人不安的。你看是否登一个简短的启事较好？"我答道："我在这里，怎能向她保证平安无事呢？除非我得到完全的自由。"我心里想，我不会上当的。母亲也是一个坚强的人，任何艰险不幸，她经得起的。如果她真到了上海，那就更好，她的周围有比我更强有力的人们。她不孤独。

笑面虎又拐弯说："你不肯登启事，就写封信给她也行，再寄点钱去，让老人家放心。过去你每月寄多少零用钱给她呢？我们可以给你寄去，作为你借的也可以。"

我答道："她有钱，不需要我寄。"

母亲啊，她哪有什么钱啊！她正等我寄钱去，她正等我寄信去。年过半百的母亲已经熬过胡也频惨死的打击，这两年母亲给我来信，从不提胡也频，我猜想她已完全明白胡也频的惨死，只是我们都不提。现在母亲又要承受我的灾难，为我担忧。她还有多大力量？她还要抚育着麟儿，这个失去了父亲，又将失去母亲的孤儿！妈妈啊！请你原谅女儿吧，妈妈是很理解自己的女儿的。我宁愿让你们挨饿，也不能为你们的苟延残喘而接受这些狐群狗党的腥臭钱。

笑面虎不再笑了，也许有点不耐烦了，我们沉默地坐了一会儿，后来他耐着性子又说道："我想你可以写封信给她老人家，不管你说些什么，我们都可以把信寄去。或者你写几个字给什么朋友也行。你可以同他们通信的。"

我多么想给朋友们写信呀，想给叶圣陶，想给蔡元培写信，但是我自然不会相信他的鬼话，停了一会儿，我说我可以写一封信给沈从文。他满口答应，还问我有什么别的要求。我说给我报纸书籍看，他答应了。冯达乘机说要找医生，说我的腰腿都因屋子潮湿痛的厉害，晚上睡不好，他也一口答应。他对屋子环顾了一下，大约认为没有什么再说的了，便站起身，装出一付高高兴兴的样子与我告辞。自然不会握手，也没有点头，但也不便一下变脸，摆出法官的架子，因此显得有点尴尬。

原来这个所谓徐科长，便是那个赫赫有名的徐恩曾。[1]

徐恩曾走后，此地立刻发生了一些变化。住在倒厅的三个看守搬到这进屋子的小墙门外去了。后来一个看守悄悄地向丁玲说："原来他们告诉我们，说你能飞檐走壁咧！"怪不得看守得这么严密。三餐饭也都在外边那间厅里吃。伙食有了改善，原来只是稀饭、咸菜，现在满桌是菜，鸡、鸭、鱼、肉。陪丁玲吃饭的那群牢头禁子个个喜笑颜开。来了医生，看了病，给了点儿药；买来了蚊帐、枕巾、被单、日用品，送来一些旧小说，还让丁玲开个书单子，说买什么书都可以。

但是，这并不是"座上客"，而仍旧是"阶下囚"。古

[1] 丁玲：《魍魉世界》，《丁玲全集》第10卷。

往今来，对有名望、有社会地位的犯人，在生活上给以一点儿优待，是常有的事。

这时，丁玲给沈从文写了一封信，在信里，拜托他在她死后看在胡也频的面上，照顾她的母亲和胡也频的孩子。这封信只是为了表明她对国民党不抱任何幻想和希望，她将视死如归。丁玲希望从他那里能透出一点儿信息，让朋友们和同志们知道她在南京，准备作最后的牺牲。

后来，丁玲见到沈从文，沈从文压根儿没有提到这封信。徐恩曾怎么会真把这封信发出去呢！

此后一些日子，徐恩曾他们没有再来打扰。表面上看来对丁玲这案子有些放松，但实际上却变着手法卑鄙地施展新的阴谋。

丁玲开了她要的一个书单，有旧小说，也有新杂志，但送来的很不全，自然是经过严格筛选了的。报纸也是一样，她从中找不到任何她想知道的消息，连可供捉摸的新闻都没有。可是，过了一阵，她看到送来的杂志中有一本《社会新闻》，其中有一篇文章是说她的历史的。文章的作者叫丁默村，从文章看，是个叛徒。他说他是常德人，认识丁玲的母亲，知道她的家庭，他大肆造谣污蔑，把丁玲写得很不堪。看到这种肮脏的文字，丁玲怒火中烧，只想痛打这个丁默村一顿，可这时她又能找谁算账？

的确有丁默村此人，他也的确是常德人。不过，丁玲的母亲后来说，她根本就不认识丁默村这个人。丁默村的确是共产党的叛徒，不仅是叛徒，还是汉奸。此时，他叛变共产党后就投靠了中统，在上海编《社会新闻》。这刊物，是国民党的，也可以说就是中统的。后来，"七七"事变后，这个丁默村投靠了日本人，是汪伪政府的内务部次长，成了一个大汉奸。

不久以后，丁玲又在一张"包"书的报纸上看到一篇完全是造谣，写得很长，很详细的关于她的新闻。这是一份《商报》。文章造谣说，她被捕后不单是自首了，而且与捕她的叛徒、特务马绍武同居；后来马绍武受到共产党的制裁，死在上海三马路他的相好的一个妓女的门外，说这一暗杀事件也与她有关。还说她现在又怎样怎样，把她形容成一个无耻的、下贱的女人。国民党用大刀机关枪屠杀了成千上万的爱国志士和革命青年，现在他们又用卑劣恶毒的谣言从精神上来杀害一个手无寸铁的知识妇女，一个在社会上有声誉的革命女作家。这种用谣言来杀人的手段显然是徐恩曾等人在幕后操纵制造的。与此同时，几个看守则乘机兴风作浪，把马绍武被杀的细节，大肆向丁玲渲染，并讲一些他们所干过的暗杀的事，有意让丁玲知道他们是干这一行的老手。他们有意把气氛弄得阴森恐怖，充满阴谋与杀机。而这种恐吓的伎俩，在丁玲被带进这所深宅大院时，就已经表演过了，现在不过是故伎重演。

纳粹德国的宣传部长戈培尔曾有一句名言："谎言重复一千遍，就成为真理。"看来并非全无道理。谣言容易为人轻信，尤其是对于一个妇女的谣言。社会上有些人喜欢这种谣言，于是就轻信它，传播它，而且添油加醋，慢慢地谣言就会成为社会舆论，成为人所共知的莫须有的"事实"。于是，谣言制造者就利用它，达到他的某种政治目的。

丁玲为这些卑鄙无耻的谣言所激怒，但是表面上摆出好像是一无所知、无动于衷的样子。一到夜晚，只剩下她和冯达的时候，她就骂冯达，用最刻薄的语言骂他。但冯达只是赌咒，不承认他叛变。他承认他在无知中犯了罪，连累了别人，是不可饶恕的。他说他现在活着的意义只是向丁玲表白，帮助她逃脱这险恶的牢笼，回到党里去。

丁玲是不原谅冯达的，但她认为冯达讲的是真话。她想，只要冯达不再犯罪，如果他真能给她一些帮助的话，还是可以忍耐一下的。她曾几次提出要同冯达分居，但掌握她命运的人，就是置之不理。在这无法同冯达分开的情况下，丁玲同冯达有时还要争吵，但无法做到完全决裂。

千思万虑，只有逃走。她知道是很难逃脱的，但想，只要能到了街上，那里是光天化日，即使被匪徒们打死，她这个莫名其妙失踪了的人，下落不明的人，也就公开了，世人将得到她的消息，真相将大白于天下，谣言也将不攻自破，何况还寄有一丝生机。她观察了周围的环境，也做了试验，结论是，即使有冯达的帮助也绝对没有可能逃出。

丁玲那时还年轻，阅世不深，不能有周到的设想，更难做到忍辱负重。她以为这些谣言无论在政治上，还是在人格上都将毁掉她的一生。在毁了她的清白之后，国民党即使还她自由，她也无法洗清这些匪徒们泼在她身上的污水。既然无法逃脱，于是她选择了自尽，用鲜血来洗刷泼在自己身上的污水，用死来证明自己对党的忠诚。但也没有成功。

9月上旬的一天，看守领进来一个人，介绍说是"王先生"。这人五短身材、身板结实、动作伶俐，两个圆圆眼睛，很有点神采。他没有架子，非常随便的，好像常来常往的熟人那样说道："许久以来就想来看看你们，直到今天才有空。啊！真住了不短日子了。我想你们一定觉得太闷。"他看见丁玲不知如何回话的样子，便自我介绍道："我现在的处境同你差不多，表面上我可以去街上走走，实际也是不自由的。今天我来看你，别无他意,只是想来为你们解解闷,你放心好了。"他见丁玲警惕地望着他,便也未多说,随便的告辞走了，他令人感到以后他还会再来的。

这王先生到底是什么人呢？之后看守告诉她，他就是顾顺章。这不禁令丁玲大吃一惊。丁玲听到过一些关于他的事，知道他是一个大叛徒。丁玲也明白了，这院子里的人都是他的手下。

顾顺章果然接着又来了，他对丁玲的冷淡，好像毫无感觉似的，好像他只是来这里找一个老朋友聊天，每次来都摆出是邻居，像串门的样子，也不管丁玲理不理他，也不管丁玲的态度多么冷淡，他好像不懂这些，不在乎这些，来了就讲一些社会新闻，他对社会人情讲得头头是道。他讲生意，讲买卖，显得精明；他玩儿魔术，手法干净。他也讲他的历史，掩饰自己，说他并没有出卖共产党。说党对他发生了一场无可挽回的误会。还说，周恩来也就是伍豪，对待他的家人太过分。他装出一种不怨天、不尤人的样子。他还讲他的将来，说将来要退出政治舞台，到农村去，兴办农场，讲求实业，可以由小到大。丁玲当然不相信他说的这些鬼话，他也不在乎。

过了几天顾顺章说到国民党杀她不合算的时候，好似不经意地加了几句："老关在这里是毫无办法的。我的处境同你们也有相似之处。我想，只要有一丝自由，我就能活动，就能远走高飞，我为什么要困在这里？"他好像真在说他自己。

丁玲心里明白，像他这样的叛徒、特务，在国民党那里，的确是永远得不到自由的。但是，她认为："我和他完全不同。我是可以无愧地回到党里去的。只要我有一点自由，我真的就可以远走高飞。如果我长期被密封在这不生不死、不明不白的匪窝里，的确是毫无希望的。"

有一天，顾顺章把冯达找去谈话。回来后，丁玲问他谈了些什么。

冯达说："顾顺章还是那么说，说国民党不想杀你，杀你的确不合算。他们对你同对其他人不一样。他们自然希望你自首，站到他们一边，替他们做事；你自然不会干，这他们明白。但他们也不会放你，至少是现在不会放你。顾顺章说他个人以为，你不妨表示一下，可以归隐，归隐回家养母。实际归隐也可以说得过去，无害于人嘛，就说在家乡找一项工作，平平安安过日子。"

冯达又说："我已经做错了事，我决不劝你、不拖你下水；你会以我为戒；但我也想，你的社会地位同我不一样，国民党对你同对其他共产党员也不一样。徐恩曾说你不是共产党员，暗示了他不愿把事弄僵。这是他给自己留的一个台阶，也是给你一个台阶。自然这个台阶不容易下。只是，我以为老是想死，在毫无希望中想死也没有意义。难道就不能想一点活的路子吗？只是不要像我，把回家的路切断了。"

丁玲对冯达这些话是听不进去的。她认为他怕死，想委曲求全。而她却抱定了"宁为玉碎，不为瓦全"的决心。

但丁玲的心却也不能不有所动。遇到困难，总得想出办法克服困难。为什么不利用条件，准备条件，想尽办法争取保持清白，活着出去？难道只有死路一条？她想道：我并不怕死，我已经死过一次了。但活着才能继续革命，表明心迹。天下那么大，我生得有脚，难道我不会走吗？远走高飞吗？我既然已经否认自己是共产党员，就不会承认自己是共产党员，更不会在国民党面前说什么"共产主义不适合于中国呀"那一套，我不会讲出同志们的地址，更不会出卖同志，连累同志。我说回家养母，有什么不妥呢？谁无父母，谁不养母？又是孤儿寡母。到了晚上，冯达又说："我想过了，对国民党为什么不可以欺骗呢！你写张简单的条子，不要给他们留下什么把柄，有什么不可以呢？等离开这里以后，再想别的法子；兵不厌诈嘛！我看你可以再考虑一下。"

丁玲反复思索了好几天，决定同意写一张条子给他们。在顾顺章拿来的一张八行信纸那样大的白纸上写了"回家养母，不参加社会活动"。还加了一句，"未经什么审讯。"这一句是按冯达的意思加的，表示没有受刑，这张纸条不是刑逼出来的而已。

这张纸条，既不是叛变、自首，也不表示动摇、妥协。只是应付敌人、为了摆脱敌人的一种手段，没有污蔑党、泄露党的秘密和向敌人自首的言词，对国民党也没有什么用处。

可是国民党当局并不因此就地释放她。于是丁玲斥责国民党的欺骗无信，骂国民党不讲信用。过了几天，顾顺章传话来，希望丁玲能理解他们的"难处"，并决定送她和冯达去莫干山。这时已是10月，她说，天气都冷了，去莫干山干什么？但她是囚徒，赖着不走不行，骂也没有用。三四天后只得动身。押送人员中，除看守外，还增加了监视她的一对夫妇，曾经留学苏联的叛徒。在一个天还不亮的清晨，丁玲被一群人簇拥着，被塞进一辆轿车，离开了这所"王先生"的公馆。而"王先生"则已悄然隐去。

国民党为了加紧对丁玲的防范和监视，在冬天把她禁锢在与世隔绝的莫干山上。

中统曾在这里办过特务训练班，有现成的房子和人员。

12月底，丁玲又被从莫干山押回到南京城里。

她被软禁在南京城里一户普通的住宅里。户主姓曹，是调查科的一个工作人员，高高个，看似一个买卖人，很稳重的样子。押送她的人像移交一件货物似的，把她交给这位曹先生后就都走了。曹先生客气地向她说："委屈你暂时在我这里住几天，房浅屋窄，照顾不周，有什么需要，告诉我们一声，我太太会替你办。"他又意味深长地特别告诫："这院子里你什么地方都可以坐坐玩玩，只是不好出大门。嘿嘿，这我们有责任，我们担待不起。这条巷子很小，巷口日夜有人，要出去是很难的。"在以后的日子里，这位曹先生不只一次闪闪烁烁的告诉丁玲，巷口日夜安得有人。这当然不会是假的，不会是为了吓唬她才说的，巷口开的杂货铺就是监视的特务。丁玲心里明白，这里仍旧是监禁，只不过是稍微换了一点儿形式，要从这里逃出去，是困难的。

1934年4月上旬的一天上午，曹宅忽然热闹起来，门口停了两部马车，进来两个人，说是来接丁玲的，曹先生也陪着。等上了马车，曹先生才神秘地轻轻地告诉丁玲："现在我们去轮船码头，令堂老太太乘坐的轮船快到了。"

我一直清楚地记得外祖母和我同母亲见面的情景：船停靠南京码头不一会儿，就见从舱门口走进一个穿黑色连衣裙的体态稍稍丰满的女人，我还没来得及看清她的面容，只见她跨下几级台阶，就和外婆拥抱在一起了。我第一次见到外婆流下了眼泪。我不知所措，呆呆地望着她们，心里想，这就是妈妈了。外婆向我说："麟儿！这是你妈妈，叫妈妈！"我想喊，但喊不出口，太不习惯了，从来就没有喊过这两个字，我只记得母亲紧紧地搂抱了我一下，顿时一股暖流涌遍了我的全身。不过我总觉得她有些陌生，过了一些日子我才同她亲近起来。这是我记得的一生中最早的一件事。

到的那天晚上，外祖母向母亲述说一路的情况时，母亲才知道，原来是半个月前有人冒充是母亲的朋友去看过外祖母，她一看见信，认出是女儿自己的笔迹，就毫不犹豫地决定走，不管是天涯海角，要跟着接她的人一起走，为了要见她唯一的女儿一面，她准备承担一切风险。她后来写的回忆录，关于这件事，可能把时间记错了，情景也写得不够准确。

国民党调查科把外婆和我弄到南京来就是当人质。

我们在曹家住了大约一个月就先后住到明瓦廊与螺丝转弯，住的时间都不长。这两处房子都比较大，是老式的印子屋。前院和侧面院子，都住着调查科的人。丁玲还是陷在国民党调查科为她布设的罗网里。在这里，表面上可以说是独立居家，自己料理生活。但实际是明松暗紧，仅仅是换了另一个方式的继续监视而已。

一搬进明瓦廊，丁玲忽然看见姚蓬子和他的妻子、儿子已经先住在这里了。这不免使丁玲大为吃惊。初看到姚蓬子时，丁玲来不及思索，就觉得欣喜非常。这是在上海认识的老熟人啊！也是同志啊！就一下跳到他们面前，有许多话想向他们讲，许多事想告诉他们。可是他们却显得十分冷淡，姚蓬子走进里屋，他的妻子敷衍着她。丁玲很快地从初见他们时的兴奋中冷静下来，一连串的疑问泛上心头：他们是什么时候搬到这里来的？他们怎么落到这步田地？他们有什么打算？

第二天，冯达拿来一张当天的报纸，丁玲一翻，一条触目的启事赫然射入眼帘："姚蓬子脱离共产党宣言"。丁玲读着这个宣言，所引起的惊异、愤怒、慨叹和鄙视，真难以形容。丁玲也很为姚蓬子难受。她想，如果你对共产党失望了，对共产主义信仰动摇了，也不该发表这个自首的"宣言"。之所以这样，无非是怕死，乞求国民党网开一面，饶你一命而已。

大约有一个月之久，虽然他们住的房间房门对房门，但是丁玲几乎没有见到过姚蓬子。他一清早就出门去了，夜晚总在丁玲睡后好久才回来。他妻子也不知道他到哪里混日子去了。

大约在一个月以后，姚蓬子才逐渐留在家里，而且找丁玲说话了。他说他的确是对共产党灰心了。他说他是在天津被捕的，他把写有接头地点的纸条吃下肚了，没有供出一个同志。后来解到南京监狱，他看到有一些比他资格老的共产党的领导人，都先后自首；特别是看到上海临时中央局书记李竹声，在被捕后，竟把几十万元党的经费交给国民党，为自己留下一条活命，他就产生了一种思想，如果需要牺牲，首先应该是李竹声，这些人都贪生怕死，那他为什么要死呢？他还说了一些其他人的情况。不论姚蓬子的话中有多少真真假假，丁玲的感情已经平复，她看透了他，她明确地认识到，她同他是两路人，不再是朋友，更不是同志、战友。丁玲更冷静地思考，现在国民党安排他和他们住在一起，一定是有所图谋的，认为他曾经是她的朋友这一层关系，利用他来软化她，对她劝降，并且监视她，把她的言行，一举一动，都报告国民党。事实上，姚蓬子就是负有这样的使命和任务。不过，执行时也还并不是很卖力气。

正像冯雪峰于1953年给姚蓬子的儿子姚文元的一封复信中所评价的："你父亲的确在政治上是软弱的，又是糊涂的。他可耻地自首，人家都说他是怕死，这大概是真的。他胆子小，所以不敢革命，而同时也不敢做大坏事（这总还算好）。"[1]

在搬到明瓦廊后的几天，一个晚上，冯达很慎重地对丁玲说，在离开曹宅的前一天晚上，他到曹先生屋里去了一趟，曹先生说以后每月给一百元生活费，让我们独立住家，但不是说你完全自由了。你既然不自由，就无法自己谋生，他们就应该给你生活费，这我不能拒绝，不然，你在南京如何生活？没有犯人坐牢还得自付饭费的。至于他自己，曹先生说要他到一个翻译机关去翻译一点资料，算是为他安排工作，月薪六十元。冯达并且说，这不是一个什么了不起的工作，也不会有什么秘密，机关人员不多，大都是一些懂外文的共产党员（当然是自首过的），他说他不得不答应了。他解释说，他的情况和丁玲不一样，丁玲是可以回到共产党里去的，但是他回去的路没有了，因为他，造成了丁玲和潘梓年的被捕与应修人的牺牲，这都怪他自己，尽管是他无意中造成的，但是他认为他无法向党说清楚，党也不会原谅他，饶恕他，而且一定会采取非常手段制裁他。他说，他只是一个共产党的普通党员，没有什么社会地位，在国民党眼里无足轻重，本来可以具结释放，但国民党不会那么做，那是因为你，他们不放你，所以也不会让我走，但他们也不会像对你那样对我。冯达还说，我在他们面前表示迁就，他们就会容易相信，以为我还可以牵制你，你就应该利用这样的条件实现你要回去的愿望。丁玲一时被他的这些话吓住了，冯达竟要去国民党的一个机关做什么翻译，这不是越陷越深了吗？但转念一想，他是经过深思熟虑的，而且是事后才向她说的，可见他主意已经下定了。她还以为，冯达说的共产党不会饶恕他，一定会采取非常手段制裁他，部分地是受了国民党特务的欺骗宣传。但她仍然向冯达说："我不同意你去。你既然知道你第一步走错了，就不能再错。一个人嘛，不能做好事，也不要做坏事，你的前途，只有不去那里当什么翻译。你如果真回去的话，我以为不会像你想的那么恐怖可怕。万一老家不收你，你倒霉了，也比在国民党这里好。你怎么不做更长远的考虑呢？而且，你去那里当翻译，不管你翻译什么，不管你做得多少，你总是进了人家的门，为人家

[1] 载《党史博览》，2000年第2期。

做事,你不只绝了自己回去的路,你叫我怎么做人。"但是她未能说服冯达。冯达听了,心情沉重,但仍说是他自己决定的,没有别的办法,只能答应去当翻译。并说他这样做,也是为了她,希望因此国民党对她的监视能够逐渐放松,可以找机会逃出去,脱离这个苦海。他还表示,你什么时候离开南京,你走后,我就回广东老家去,我们是命定要分开的。还说他肺病有发展,半年来,肺部经常疼痛,不一定能活得长。事情怎么变得这样,真是不能想象,丁玲认为,暂时没有他法,只好"明知不是伴,事急且相随",只好边走边看了。事实上,她要同冯达分开,一时也做不到,徐恩曾们就是有意要把她和冯达捆在一起,还要从旁加上一个姚蓬子,企图通过他们来监视她,软化她。这时的丁玲,处在越来越复杂、越来越困难的境地,她既要应付姚蓬子,也要应付冯达,既要提防他们,也要利用他们作为掩护,欺骗敌人,麻痹敌人,创造条件,使自己能和党取得联系,得到党的帮助和营救。

1934年5月的一天,国民党中央宣传部部长张道藩光临丁玲住的明瓦廊了,说是特地来看望丁玲和姚蓬子的。关于张道藩,丁玲只知道他是国民党中央的文化官,传说是一个大官僚。她当然意识到,以她现在这样的处境,凡是到这里来看她的人,不管官大官小,不论怎样说得好听,名为拜访,实是审问,是了解,是劝诱,是安抚,是欺骗,或是设下陷阱,让你上当。所以她对来见她的人,始终保持着警惕。张道藩的态度,表现得很随和,说这次来拜访,是为了消除丁玲的寂寞,他建议丁玲写点儿文章,不愿意发表就不发表,又说写剧本最好。他说他现在有一段戏剧材料,愿意介绍给丁玲,供丁玲作参考,如果丁玲肯执笔,那就太好了。也就在此前三个多月,丁玲的全部作品,于1934年2月19日被国民党政府明令查禁。可是现在这位国民党的中央宣传部长却自愿提供材料,建议丁玲根据这个材料写个剧本,其险恶用心是不言自明的。设想假如丁玲据此写了这个剧本,岂不事实上造成了她与张道藩的合作,也就是与国民党的合作,这样的合作岂不是可以大作宣传,而丁玲若是一步踏入这个泥潭,那将再也难以自拔。此举可说是在徐恩曾、顾顺章对丁玲实行威吓、诱劝没有奏效之后,为丁玲精心设计的又一个陷阱。丁玲从被捕之日起,就抱定决不给国民党做事的宗旨,所以对张道藩的建议,毫不考虑,毫不动心,她推诿身体不好,无意于此,并说她从来没有写过剧本。张道藩见丁玲这样冷淡,坐了没多久,就告辞走了。

过了一个来月,张道藩又派人用汽车把丁玲和姚蓬子接到他办公的地方。这次可谓更为"盛情"了。一见面,张道藩就单刀直入,阐述了第一次见面时向丁玲说过的建议,希望她动手来写这个剧本,退一步说,如果一定不写的话,无论如何,就为这个剧本编写一个故事提纲。但是又都被丁玲拒绝了。张道藩表示很遗憾,只得用汽车把丁玲送回去。

在碰了两次钉子之后,张道藩仍然不死心,再作第三次的努力。这次又是他亲自来到丁玲的住处。他表情十分得意,心情很好,欢欢喜喜地告诉丁玲,这个剧本他自己已经写好了,只希望丁玲看看,提提意见,或者就请丁玲动笔替他修改一下。丁玲听了他这番话后,简直奇怪,觉得他太屈尊了。丁玲仍用第一次见面时说过的话拒绝了他,说自己没有写过剧本,也无意于此。无论是用张道藩提供的材料写剧本,无论是为张道藩的剧本写一个故事提纲,也无论是在张道藩写就的剧本上替他修改修改,事实上都是同敌人去合作。从徐恩曾到张道藩,为了争取丁玲转化,可说是下了大力气,不惜一次次亲自出马。但是,这一次针对丁玲的是以一个作家为特点而精心谋划的诱降伎俩,也像以前的多次一样,以失败而告终。从此以后,张道藩没有再去看丁玲,丁玲也再没有见到他。

张道藩的这个剧本,在1935年冬曾在南京上演。当时在报纸上大作广告,曾热闹一阵,轰动一时。这次演出的演职员中就有丁玲在"左联"的同志、战友。他们当时托人给丁玲送来入场券。但丁玲因为感情上很难受,没有心思去看。丁玲当时拒绝张道藩,主要考虑的是不替敌人做事,不给敌人写文章,不在敌人的报刊上发表文章。半个世纪后她进而认为,当年她拒绝参加张道藩提出的这个剧本的写作和修改,是在无意中对国民党企图利用这次演出打击左翼文化运动的如意算盘给了一个小小的钉子。

这年10月3日,丁玲生下一个女孩,取名祖慧。后来丁玲回忆道:"这个女孩却使我更加悲苦。这不是我希望有的,但是我生的。我能把她丢到垃圾箱子里去吗?我能把她送到育婴堂里去吗?我能留给她的父亲,让她终生蒙受羞辱吗?我只能把她留在我的身边,我是母亲,我应该对她负责,不只哺育她成长,而且要尽心守护她,不让她受羞辱,尽心教育她,使她成为革命者。因此我得首先背负着一时无法分说的耻辱,也许还得就此终我一生。"

住在明瓦廊、螺丝转弯,虽说有了少许的"自由",但进出都受到特务的监视。为此,丁玲常常抗议，喊叫既然说是自由居住，就应该让她自己去租民房，9月住进医院后，更是坚决表示无论如何都不回住过的地方。冯达和姚蓬子"商量"后（他们能商量出什么，还不是要请示徐恩曾同意），就租了中山大街向东拐进去的一条小街上的一幢小楼，上下各三间，姚蓬子一家住楼下，不言而喻，这样安排，方便监视。

自此，"自由"又有了一些改善，大概是出于这样的考虑：有一老二小三个人质在这里，即使给你丁玲一点儿有限的自由，允许你在南京市区走走，你还能跑得了？你能弃母亲、儿女于不顾？

住在这个小楼的时候，丁玲意外地结识了一个终生难忘的朋友。她就是方令儒，著名的清朝桐城派方东树的后裔。

10月底的一天，方令儒作为不速之客来到丁玲的住处。她那时不到四十岁，她的温柔大方给丁玲留下了深刻的印象，是一个长得很好看的女人。同她一起来的是她的大女儿陈庆纹，一个十五六岁的俊俏少女。她谦虚地自我介绍道："我叫方令儒，是特别来看你的。我不是国民党，也不是共产党。我非常同情你的遭遇，我很喜欢你的小说。我想你在这里一定太寂寞，我能为你分点忧愁吗？有什么事我可以帮助你吗？"由于自己的处境，对于初次闯进来的方令儒，丁玲不免用怀疑的眼光望着她，心里想，她怎么会知道我住在这里？她会不会是国民党派来的？方令儒看见丁玲很冷淡，便不多说，只对丁玲的母亲表示一点儿尊敬，说了几句恭维话，又对她的子女称赞几句，就文静地告辞了。

方令儒生于1897年，曾留学美国威斯康星大学攻读中外文艺，回国后，于1930年任教青岛大学，并于该年开始发表作品，投稿于新月派杂志，此时因病在南京家中休养。丁玲当时并不知晓她的历史情况。

此后，方令儒每过一个月，或两个月，便来丁玲这里一次。她从不同丁玲谈政治，也不问丁玲的生活，只是点点滴滴地同丁玲谈她的心曲，谈点读书的感想和她认识的一些文人的印象。后来便谈她的家庭生活，原来她在爱情上很不幸，丈夫有外室住在上海，她带着孩子住在南京。多次的谈话以后，丁玲慢慢认识到和她来往是无害的，她是个好人，便逐渐放宽了心。丁玲也去她家里，原来她就住在他们这个小楼对面的娃娃桥，是一个亦官亦商的大家庭，有很多房子，她住的三间厅子，布置优雅，环境安静。后来，1936年丁玲同党取得联系，丁玲就把方令儒的家作为党与她通信联系的地点。这时，她们之间已经建立起了友谊，丁玲对她十分信任。

后来在延安，丁玲知道毛主席想有一部《昭明文选》，便托方令儒代买了一部寄来送给了他。新中国建立后，方令儒在复旦大学任教，并担任上海市妇联副主任。她到北京来，便来我们家，我也见过。1979年，母亲复出回到北京后就打听方令儒的消息，没想到她已经于1976年去世，母亲听后深感遗憾，凄然欲泣。她是我母亲最想见到的人中的一个。

在中山大街这个小楼住了几个月之后，丁玲又借口城外空气好，要搬到城外去，恨不能一下搬到国民党管不到的地方，那就更好了。终于在1935年春天，她又搬到了苜蓿园。

我对苜蓿园还有印象。它坐落在中山门外的一个小村庄里，是在去孝陵卫那个方向，但不到孝陵卫。进得大门，纵深八九米，算是前院，五间房子，不是一字排开，而是中间一间较大较长，或是叫作堂屋，堂屋两边各前后两间，前房大，后房小，堂屋有门通后面天井，天井纵深大约五六米，靠后墙有两间小平房。姚蓬子一家住大门进来右边的两间，我们住左边的两间，母亲住前屋，外祖母和我住后屋，冯达住在后面天井靠后墙的一间小平房里，他那时肺病三期，卧床休养，极少出房门，吃饭也在自己房里，已无工作。两家都在堂屋里吃饭。屋顶是茅草的，完全是一所中国农村式的房屋。

住到这个荒村草屋之后，丁玲就辗转思索这下一步棋应该怎么走，总不能就这样的蛰居下去，安心地等待末日的来临。

正当丁玲暗自打算如何跨出新的步子的时候，她感到自己的身体很不适，每天发烧，疲惫乏力。

后来病越来越厉害，整日整夜咳嗽，咳得头痛脑胀，不能平睡，她真害怕了，不能不担忧："假如我的病治不好，我将怎样呢？各种各样的想法，啮着我的心。我已经受尽了罪，如果就此死去，对我倒是一种解脱。人世间任什么我都可以不留恋，都不牵挂，母亲也好，孩子也好我都能狠心丢掉。但我只有一桩至死难忘的心愿，我一定要回去，要回到党里去，我要向党说：我回来了，我没有什么错误。我在什么时候，什么地方，什么条件下都顶住了，我没有做一件对不起党的事。但我知道，由于敌人散布的谣言，现在我处在不明不白的冤屈中，我得忍受着，无法为自己辩白洗清倾倒在我满身的污水，我还陷在深井里。"[1]

母亲只得向我的外祖母说："妈！我得花一笔钱了。不是住普通病房，我要找中央医院的内科主任替我治病。听说这个主任医术高，只是非常势利，对头等病房的人才看得仔细，对普通病房的人就差得多了。妈妈！我得设法弄钱，可是从哪里来钱呢？外祖母把她最后的一点存款交给了母亲。这是她每月存三元，积攒了五六年，苦心地为我这个孙子存的一笔零存整取的储蓄，计划十五年后可以一次拿上几百元，这时一共也才二百来元。

丁玲请中央医院的内科主任就诊。落落大方地一次交了两百元，住进了单间，二等病房，果然医生、护士川流不息。内科主任说是伤寒病。病情最严重的时候，热度有增无减，昏迷不醒，连人都认不出了，方令儒去看她，守在她身边，她也不知道。但是高超的医术和她的强烈的求生欲望，使她挺了过来。她的病慢慢地治好了。到秋天的时候，她出院了。

我至今记得母亲出院时的情景，那印象太深了。回来时穿一身黑衣服，一幅深色头巾遮盖着本已瘦削了的脸，解开头巾，只见满头的头发已脱落大半，回来以后的那个月，还继续掉，直到脱光。母亲住院的那些日子，我也够焦急的，就怕母亲回不来了。五岁的我，已懂了一些事。

1935年的冬天，完全是外祖母一个人撑持着熬过来的。她一心一意地照看母亲和照顾着我们兄妹，她用她坚定的耐心，顽强的沉默安慰着母亲，让她相信她是可以把这副重担挑下去的。

丁玲艰难地蛰居在这个苜蓿园里，而苜蓿园是不会有春天的。世界前进的浪潮却依然汹涌澎湃，1935年底北平发生了"一二·九"学生爱国抗日运动。卧床休养的丁玲，从报纸上看到这些消息后，十分振奋，她的心随着这些青年学子的队伍滚滚向前，她要跃起，她要飞出去，投入到革命的洪流中去。但是，她没有忽视她的处境，她是处在国民党的控制之下，她是不自由的。怎样才能逃出这四壁铁墙似的囚笼？逃出去了又到哪里去？哪里能安身？怎样才能成功？怎样才能万无一失？她反复思忖，认为必须放出信息，让党组织知道她正在南京盼星星盼月亮似的等着党的援救。

[1] 丁玲：《魍魉世界》，《丁玲全集》第10卷。

这时丁玲得到一个对于她是最好的消息，就是得到李达夫妇的消息。李达于1932年开始在北平任教，随之王会悟及子女于1933年迁居北平。她认为，如果找到李达，便可以从他那里找到与党联系的机会。她打算立刻与他们通信，得到回信后，就去北平。

首先是安排我外祖母和我们回湖南。母亲没有把她的全部打算告诉外祖母，但外祖母似乎懂得母亲的心情，能够体会母亲的痛苦和向往，情愿勇敢地挑起这副重担，与母亲分忧。1936年4月底，外祖母带着我和祖慧离开南京回到湖南。

李达于1932年2月被上海暨南大学解聘，然后应冯玉祥之请，前去泰山给冯玉祥及其研究室讲学，讲授列宁主义、辩证唯物论、唯物史观，历时两个月，于1932年8月应聘担任北平大学法商学院教授、中国大学教授兼经济系主任。在白色恐怖下，李达始终坚守马克思主义理论阵地，积极宣传革命思想，多有著述。得到他们的消息，使丁玲十分地欣喜，她给他们写了信，说要去看他们，她把寻找党的关系的希望，寄托在他们身上。

丁玲故意向姚蓬子透露，她打算去北平看望王会悟，大约两星期可以回来，还假意托他们好好照料病中的冯达，但是她有意地没有告诉姚蓬子自己哪天走。

大约一两天后，丁玲独自悄悄地离开了苜蓿园。为了不使人注意，她只提着一个普通麦秸编织的小提包，里面放了几件换洗衣服。走到门口，她回首望了望这几间茅屋，心想也许就此永别了，同这三年来的痛苦永别了，她可以找到党的关系了，可以开始新的生活了。她既兴奋，又有点儿紧张。

清晨，火车到达北平，丁玲雇了一辆人力车，就直奔复兴门宗帽胡同3号李达和王会悟的家。王会悟刚从床上起身，还没有扣好衣服，一见是丁玲便大叫起来，她的孩子们也从里屋跑出围了上来。

李达也高兴丁玲的到来，不过他一本正经地、诚恳地对丁玲说："以后你千万别再搞政治了，就埋头写文章，你是有才华的。"第二天他又拿出宣纸，兴致勃勃地给丁玲写了一幅中堂，勉励她专门从事文学创作。这样一来，他就把丁玲想要向他说的话全给堵住了。丁玲揣测，他可能猜想到她这次来北平找他的本意。但是他不问，也不谈。丁玲对李达的态度也很谅解，但她心里开始明白，要从李达这里找党，是没有希望的。

王会悟告诉丁玲，曹靖华在中国大学教书，她认识他，因为她在中国大学任会计。

丁玲并不认识曹靖华,但她知道曹靖华是瞿秋白在莫斯科时的老朋友,同鲁迅有亲密的交往,所以她立刻请王会悟转告曹,说她要见他。曹靖华热情地答应了。那天见面,几乎都来不及互相打量、寒暄,曹靖华第一句问话就是:"你现在生活怎样?"丁玲第一句答话也是从心里迸出来的:"太痛苦了。"于是丁玲把自己的全部心思告诉曹靖华,她说她一定要找到党,如果找不到党,即使能暂时住在北平,或别的什么地方,她仍是一个黑人,不能有什么活动,也无法向人民表白心意。但她现在苦于无从找到党。曹靖华听了很感动。他们估计,鲁迅那里一定会有党的关系,可以从他那里间接地找到党,但丁玲自己去找鲁迅是困难的,也是危险的。丁玲深知不特她的周围有特务,鲁迅从来都是在帝国主义和国民党的严密监视下战斗和生活的。曹靖华慨然应允,他设法写信转告鲁迅。这样,他们商定,丁玲仍回南京等消息。因为丁玲久留北平容易发生意外;再者南京离上海近,如果找到了党,联系可能更方便一些。

曹靖华不会想到在这几十分钟里他对丁玲一生发生的巨大作用,而丁玲终生都对曹靖华怀有深厚的感激之情。

丁玲对北平已别无留恋,第二天便告别李达夫妇如约返回南京。回到南京,丁玲总算把姚蓬子的询问对付过去了。姚蓬子知道丁玲在北平没有什么朋友,只认识王会悟,他不会想到她能找到曹靖华。冯达也是这样,他自然能猜测出丁玲此行的动机,但也只能看出丁玲对此行所表现出的失望。

一个多星期以后,张天翼忽然来看姚蓬子和丁玲了。丁玲住在明瓦廊的时候,曾在一个茶棚里偶遇张天翼,相约见过一次面。可能双方对对方现在的情况缺少了解,甚至有所猜疑,所以未能深谈,丁玲也没有勇气向他坦露想通过他寻找党组织的愿望。

张天翼同姚蓬子谈得很热闹,他找了个机会,悄悄塞给丁玲一张纸条。丁玲跑回房,急忙展开一看,上面只有简单的一句话:"知你急于回来,现派张天翼来接你,可与他商量。"没有具名,但丁玲一下就认出是冯雪峰的笔迹。丁玲真是喜出望外,但一点儿也不敢表露出来。她找了一个间隙同张天翼约好再见面的时间和地点。幸好姚蓬子没有看出破绽。

在丁玲被囚南京的三年里,国内的革命斗争已发生了许多的变化。中央苏区的红军经历了第五次反围剿斗争,之后,进行了两万五千里长征,到达陕北苏区。冯雪峰于1933年从上海进入中央苏区,并随军长征。1936年4月,他作为党中央的特派员,从陕北派到上海工作。根据他的回忆:"中央给(我)的任务是四个:1. 在上海设法建立一个电台,把所能得到的情报较快地报告中央。2. 同上海各界救亡运动领袖沈钧儒等取得联系,向他们传达毛主席和党中央的抗日民族统一战线政策,并同他们建立关系。3. 了解和寻觅上海地下党组织,取得联系,替中央将另派到上海去做党组织工作的同志先做一些准备。4. 对文艺界的工作也附带管一管,首先是传达毛主席和党中央的抗日民族统一战线政策。""我大约四月二十五日左右到达上海"。[1]

因此,当丁玲从北平返回南京之时,冯雪峰已经到达上海一个多月了,并且是同鲁迅的弟弟周建人住在一起。所以,丁玲要找党的关系,逃离南京的信息,很快通过曹靖华、鲁迅到达冯雪峰那里。

在张天翼来的第二天,丁玲如约见到了他。他们很快约定了丁玲去上海的日子、车次、车厢。张天翼安排他的外甥女送她去上海。

又过了两天,那天下午,丁玲装着若无其事的样子在门口散了一会儿步,然后就急速地悄然奔向车站。张天翼的外甥女已在车站等候,丁玲会意地跟着她上了一节三等车厢。她坐在离丁玲稍远的地方。到了上海,丁玲跟着她上了一部出租汽车,她指挥司机把车开到泥城桥一带一条马路边停下。她们下了车,马路边停着一部汽车。车门打开了,她把丁玲推上车。车里坐着一个人,伸出手来,紧紧地握着。车子开动了,丁玲借助街灯一下就认出了这人是她见过两次的胡风。那是她担任"左联"党团书记时,胡风从日本回到上海时见面的。汽车开到北四川路一个挂着俭德公寓的普通旅馆,胡风领着她走进已预订好的一个房间。丁玲顿时感到,这简直是到了天堂。胡风告诉丁玲,这一切都是冯雪峰要他准备的,冯雪峰正有事忙着,要过两三天才能来,要她安心住在这里。胡风向丁玲谈这两年的新书、新人,直谈到晚上九十点钟。

这个公寓选择得很好,有大门,有后门。让丁玲最满意的是,可以在自己房间里用饭,因为她怕被人看见,担心被特务发现,再绑回南京。她住在这里的时候,一次街上都没有去过。

第三天,冯雪峰来了。丁玲一见冯雪峰就说着说着哭了起来。并不是说到什么伤心的地方才哭的,好像这眼泪已经准备了很长时间,准备了三年的时间。

冯雪峰向她讲红军的长征,讲毛主席,讲陕北,也讲

[1] 冯雪峰:《有关一九三六年周扬等人的行动以及鲁迅提出"民族革命战争的大众文学"口号的经过》,《新文学史料》1979年第2期。

上海的文坛，鲁迅的近况，使丁玲了解了许多情况。丁玲提出要去看望鲁迅。冯雪峰说，鲁迅近来身体很不好，需要静养，现在去看他，定会引起他的情绪激动，暂时不去为好。丁玲很懊恼，觉得太不凑巧了。那时她没有意识到鲁迅病的严重。没有想到此后就再也没有机会和他老人家相见。

丁玲在俭德公寓住了两个星期。冯雪峰忧戚地向她说："怎么办呢？去陕北的交通又断了，一时不能走。没有适当的人和你同行，不能冒险。但长期住在这里，不能出大门，怕有一天会暴露。我们考虑了，潘汉年的意见，如果你先回南京，设法争取公开到上海来做救亡工作，那是好事。上海的工作非常需要人。"

当时的国内形势是这样的：

日本帝国主义者利用蒋介石的不抵抗主义，在占领了我国东北之后，又加紧对华北的争夺，策动华北五省自治。在日本的威逼下，1935年12月在北平成立了冀察政务委员会，开始实行华北特殊化。华北已危在旦夕。正是在这个时代背景下，发生了北平的"一二·九"学生爱国运动。日本帝国主义者要变中国为其殖民地的野心已全然暴露。在这个民族存亡的严重关头，国共两党都在考虑调整自己的政策。中国共产党正确地分析了形势与当前阶级关系的变化，不失时机地提出了抗日民族统一战线的政策。这个政策得到全国爱国人民的拥护，抗日救亡运动进一步高涨。而日本帝国主义策动的华北事变也超出了蒋介石所能容忍的程度，在全国救亡呼声的压力下，也开始试探，要求苏联的援助，并设法打通同中国共产党的关系，以求得中共问题的解决。

蒋介石想同中共接触的信息传递到莫斯科后，中共驻共产国际代表团派潘汉年回国同国民党方面秘密接触，初步商谈两党合作事宜。他在冯雪峰从陕北到达上海不久后，也抵达上海，继而又去南京。而国民党方面派出与潘汉年商谈的人就是张冲。

可能是潘汉年和冯雪峰认为国共合作已出现了一线曙光，更可能他们对国共合作的前景过分乐观了些，再加上交通断绝，所以决定要丁玲重回南京，争取公开出来活动。

这个决定大出丁玲所料，也大违丁玲之初衷。丁玲听了心情非常沮丧，认为不管到哪里，就是不能再回南京。她认为冯雪峰太不了解这几年她心灵的痛苦的历程；她所有的力量、心计，都为应付国民党的阴险恶毒已经耗费尽了。背负着的哪里只是一个十字架啊。好不容易熬到今天，她见到了党的人，见到了自己的同志，满心以为他们会伸出手来再拉自己一把，送自己远走高飞，怎么能还让自己回到那个地狱里去！她坚决要求到陕北去。他们为这事几乎吵起来了。冯雪峰再三向她解释，一时不能走，留在上海，又不能公开，又没有人照顾，的确为难。他分析当前的形势，说我们党正在与国民党谈判，要停止内战，要释放政治犯，要搞统一战线，要团结抗日。现在上海的广大知识分子，许多民主人士和全国民众都在努力争取这个局面的早日实现。这一切都同过去不一样。这时如果你能争取公开来上海，出版一个刊物，你以一个自由民主主义者的身份来活动，是可能做得到的。以你个人来说，公开活动比地下活动更好，更有影响。冯雪峰是代表组织同丁玲谈工作的，丁玲虽然认为这样的处理不合自己的心意，而且对形势的估计未免过于乐观，对她的处境也了解不够。但她不得不含着眼泪接受这一决定，无可奈何地向南京走回去。

这样的形势估计，的确是过于乐观。蒋介石骨子里是反共的，他所谓的中共问题的解决，就是要中共投降，解除武装。这当然是办不到的。于是这年秋天，他就又调集重兵，计划对陕北苏区进行新的围剿。为了镇压日益高涨的抗日救亡运动，在这年11月国民党政府逮捕了全国救国会领导人"七君子"。

丁玲的这次出走与归来，自然引起了姚蓬子和冯达的注意与询问。姚蓬子关心地几次问丁玲，见到鲁迅没有？见到茅盾没有？丁玲始终说，这次去上海，还去了苏州，就是玩儿了一趟，什么人也没有找，根本不想见人。冯达说："你为什么不就此远走高飞呢？应该设法到苏联去，到苏区去……"丁玲只答道："你想到哪里去了。我尽管去了上海，却会不到朋友，找不到熟人，我单身一人能有什么活动！你全清楚，现在我在上海已经没有什么朋友。几个过去在左联的熟人，他们不会关心我，我也不会随便相信他们。当然不会去找他们。你不要再说这些梦话了。"丁玲就这样地敷衍姚蓬子和冯达。

丁玲开始着手进行党组织交给的争取公开到上海去的任务。

一天，她对姚蓬子说："母亲带两个孩子回湖南已经几个月了，我真担心他们，不知道他们怎么生活下去。我想按月给他们寄点生活费。因此，我应该找个事做，挣钱养家。旁的事我没有本事，我只能编辑刊物。我想到上海去编个刊物，你看行得通吗？"

姚蓬子说："你要编刊物，我看国民党会一口答应，他们会给你一个刊物。"丁玲说："不，我不替别人编，是我自己编刊物。"

过了几天，姚蓬子告诉丁玲，徐恩曾找丁玲和他去谈话。丁玲实在不愿去，但为了争取公开离开南京，只得去了。徐恩曾说："听说你想到上海去编刊物，可以的。你要编一个什么样的刊物？你打算要多少钱，要用些什么人，你说说看，我们帮助你。"丁玲心里想，他们果然要利用我替国民党编刊物，这样的刊物当然是决不能干的。她答道："我还没有过细地想，也没有具体的主张，我只是想找一家上海的书店出版，我自己编。"徐恩曾说："当然是你编，你自己编，不过有时候，大家商量一下。"丁玲便说："我想想再说。"从徐恩曾那里出来后，丁玲向姚蓬子说："他们想插手我的刊物，我不能答应，我宁肯不编。"

尝试没有成功，丁玲不免有点儿懊恼。但更多的是庆幸，幸而没有成功。她急忙写信给上海的冯雪峰，报告公开出来已无希望，要求到上海去，然后到她向往的地方去。

不久，冯雪峰回信寄到方令儒家里，他同意了丁玲的要求，并且约定了时间，派人在上海火车站接她。

有了第一次出走的经历，这次应该大胆一些了，但丁玲实际的内心仍然是十分兴奋和紧张。她知道必须非常地小心谨慎，以免功亏一篑。走的那天，她一切言谈举止都与往常一样，穿着整齐，像似到市场购物，又像似去街头散步，平常地走出了苜蓿园，直到登上了火车，一颗急促跳动的心，才算平静下来。

火车到了上海，好不容易地与来接她的原"左联"领导成员周文的妻子郑育之接上头。丁玲随她上了路边的汽车，她把丁玲送到西藏路一品香旅馆。

第二天，冯雪峰同周文一起来看丁玲。冯雪峰告诉丁玲，关于她去陕北的事，中央已回电同意。为了保证旅途的安全，万无一失，要作一些准备，要物色一个同行人，还要置办行装，他要丁玲自己再想想，还有什么事，可以提出来，都和周文接头。丁玲十分兴奋，又见到自己人了。

一天，冯雪峰又到旅馆来，对丁玲说："孙夫人听说你出来了，要去西北，她很关心你，这是三百五十元，是孙夫人送你的。"面对这三百五十元钱，丁玲的心感到灼热，感到温暖。三年多来，敌人对她造了许多谣言，用软刀子杀她，一些不明真相的人，受了谣言的影响，也曾用怀疑的眼光审视她。她感到这三百五十元钱代表着孙夫人宋庆龄对她政治上的信任，这信任，比泰山还重，是千万两黄金难买的无价之宝。她由衷地感激孙夫人，永生不忘。

这三百五十元钱，母亲全部寄给了我的外祖母。

冯达后来与一位女士结婚，生有二女。1949年全国解放前夕，冯达因曾自首并在中统所属的翻译机构工作，他惧怕受到清算，故移居台北，在一研究院从事经济研究工作。冯达1990年病重，因摔了一跤，致不能行动、说话，但思维、听觉仍正常。蒋祖慧曾去探望，逗留约半月。其间祖慧拿出《魍魉世界——丁玲的回忆》，问他是否看过，他点头答：看过。祖慧问他：写得是否真实？他点头答：真实。祖慧更问他：有没有不真实的地方？他摇头表示：没有。几个月后，冯达病逝于台北。

◇图1：报纸报道丁玲被捕消息时所刊的照片，下书："最近失踪之女作家丁玲女士。"
◇图2：南京苜蓿园丁玲囚禁处

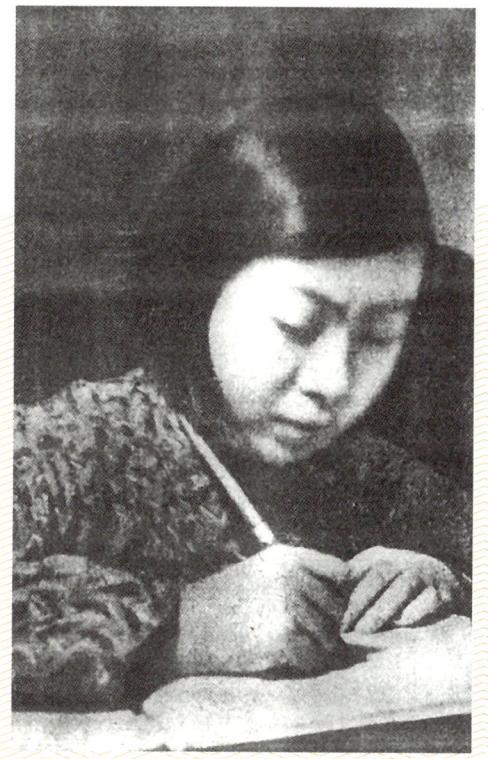

图1

图2

◇鲁迅悼丁君诗稿

如磐遥夜拥重楼,剪柳春
风导九秋,湘瑟凝尘清怨
绝,可怜无女耀高丘

第十一章 当红军

1936年9月，丁玲怀着到苏区去参加红军，在党中央的直接指挥下为革命的胜利而奋斗的豪情，离开上海，登上了西行的列车。苏区是丁玲早就向往的地方，1930年胡也频当选为全国苏维埃第一次代表大会代表要去江西苏区时，就曾计划着夫妻一道同行。现在，当这个去苏区的愿望就要实现的时候，她心里感到兴奋、激动，而又夹杂着些许紧张。毕竟现在还是在国民党统治的地方。

丁玲前往陕北苏区之行，受到党中央的重视，沿途都作了周密的安排。上海的党组织安排地下党员聂绀弩送丁玲去西安。聂绀弩曾是黄埔军校二期学生，国共第一次合作时，被派到莫斯科中山大学学习，回国后曾在国民党的中央通讯社担任副主任。他比丁玲社会经验丰富，组织上认为丁玲与他同行比较安全、稳妥。他们改名换姓，编造了新的身份。中秋节的那天晚上，丁玲由周文送上火车，聂绀弩已等候在他们乘坐的二等车厢里，丁玲和聂绀弩在这之前还不相识！一路上，丁玲从不走到车厢外边去，停站的时候丁玲就装着生病，蒙头睡在床铺上，如果有人闯进来或是查票，就由聂绀弩应付。丁玲最担心路过南京，火车停在南京车站时，好在没有发生意外，沿途又经过几次关卡的检查，也都无恙地通过了。

终于到了西安。他们住进一个小旅馆里，等候预定从陕北苏区来找他们接头的人。西安是国民党剿共前线的大本营，虽然张学良、杨虎城具有强烈的抗日思想，并与中共建立了联系，但国民党中央系统和省党部的特务密布全城，此时蒋介石又在计划新的围剿，所以这座城市仍处于紧张的气氛之中。第一天过去了，住在这样一个小旅店里，日夜都有警察盘查，他们虽然没有多大的担心，但总是悬念着，盼望这个接头的人早早来临。

第二天傍晚，从门外闪进了一个穿长衫的商人模样的人，轻轻问道："聂有才先生在吗？"聂绀弩转身去望，来人朝丁玲点了一点头，把头上的礼帽轻轻朝上推了推，丁玲大吃一惊，几乎叫出声来：这不就是潘汉年吗！

潘汉年是一个充满神奇色彩的人物。他与张冲的秘密会谈，是为今后可能的国共两党高层谈判作准备。此时是他回到保安向党中央汇报秘密会谈情况后，从苏区出来，去南京、上海继续进行与国民党的接触工作。潘、张的秘密会谈也是颇具戏剧性的，敌对双方的两个情报工作头子，相互"慕名"已久，暗斗了好些年，现在又神不知鬼不觉地面对面地坐在一起谈合作事宜。

真是他乡遇故知！几年不见，潘汉年的态度仍是那么平稳、从容，闪着那双智慧而机警的眼光看着丁玲。他淡淡地向丁玲说："我以为你不要进去了。我希望你能到法国去，那里有很多事等着你去做，你是能发挥作用的。你知道吗？红军需要钱，你去国外募捐，现在你有最有利的条件这样做。"他还向丁玲介绍了一些陕北苏区的情况，说到出版条件时，他说那里几乎没有出版条件，只能油印一些宣传品。他表示，从这一点来说，他觉得以丁玲这样的一个著名作家，在外面工作作用会更大。

去法国，这个问题对于丁玲来说，真是太新鲜了。法国、巴黎、马塞曲、埃菲尔铁塔、罗浮宫……不都是十几年前她曾经向往过的吗？在幻想里面出现过的那些瑰丽的海市蜃楼，现在正摆在她面前，她只要一点头，她就可以去到那地方。可是丁玲的想法却是：

> 我却只有一个心愿，我要到我最亲的人那里去，我要母亲，我要投到母亲的怀抱，那就是党中央。只有党中央，才能慰藉我这颗受过严重摧残的心，这是我三年来朝思暮想的"什么时候我能回到妈妈的怀里"。现在这个日子临近了，别的什么地方我都不去，我就只到陕北去，到保安去，我就这样固执的用这一句话回答了他。他很同情我的心境，但似乎也有些惋惜地答应了我。[1]

第二天，丁玲同聂绀弩分了手。聂绀弩返回上海继续工作。丁玲被安排住在七贤庄的一个秘密交通站。抗战后，

[1] 丁玲：《回忆潘汉年同志》，《丁玲全集》第6卷。

此处为八路军驻西安办事处，现在是八路军驻西安办事处纪念馆。1989年，我曾去过这个纪念馆，见里面陈列有我母亲的照片，我赠送了他们一本我编辑的《丁玲影集》。

七贤庄的这处秘密交通站，是一个三进有三个天井的院子，主人是一个外国牙科医生。这里既是他的家，也是他的牙科诊所。丁玲就住在这里，等候进陕北苏区党中央所在地保安。这位牙科医生很年轻，他向丁玲介绍自己是德国人，他递给丁玲的他的名片上的名字叫冯海伯（他的真名叫温启，奥地利人，德共党员）。同丁玲一起住在这里的还有一位被称为"小妹妹"的女同志，她也是一位老共产党员，原也打算同丁玲一起进苏区的，后因工作需要又留在国统区了。"小妹妹"名叫李夏明，是中共革命先烈邓中夏的妻子。潘汉年把丁玲交由刘鼎联系。刘鼎原在中共中央特科工作，此时担任党中央和张学良之间的联络工作。

温启白天在前面行医，丁玲和"小妹妹"就在后面的房间里聊天、看小说。这里没有什么客人，只有刘鼎间或来这里向她们传达一些党的指示和介绍一些形势方面的情况。这里是党的秘密交通联络站，是不能轻易雇用佣人的，于是做饭的事，就落在丁玲和"小妹妹"的身上了。"小妹妹"很会烧中国菜，丁玲就给她打下手，围着一条围裙，还真像一个使女。买菜也由"小妹妹"担任，因为丁玲不能出门。

一天下午，温启请丁玲和"小妹妹"到前面与他的客人见面。丁玲走进客厅，见客厅里坐着一个外国男人，还有一个外国女人伫立在窗前，像等候谁似的。她，竟是史沫特莱！丁玲急忙扑过去。史沫特莱双手一下就把丁玲抱起来了，在史沫特莱的有力的拥抱当中，丁玲感到一阵温暖，许久不易流出的眼泪，悄悄地流淌下来。那位男客人就是埃德加·斯诺。他风尘仆仆，刚从陕北苏区出来，虽是新识，却比熟人还熟似的。斯诺成了这个小小聚会的中心。一切谈话的中心，都是斯诺这次西行所得的印象。他讲苏区的生活，那些神奇而又谜似的生活。他讲毛泽东主席，讲周恩来副主席，他到过前方，认识了许多身经百战的红军将领，他讲苏区的人民、妇女儿童，他满腹的人物故事，他把收集来的珍贵的照片，一一展览给他们看。他不断地讲解，这里有三个国家的人，没有翻译，但他们从听不懂的语言中能懂得许多事。三种语言在这里絮絮叨叨，在热闹的客厅里，华灯下，只有融融之乐，用三种语言同唱《国际歌》，史沫特莱在临潼休养，顺便采访，此时西安是一个热点地方。

丁玲住在西安等候进入陕北苏区期间,惊悉鲁迅逝世的噩耗。她满怀悲痛,署名"耀高丘"（她因为秘密隐蔽在西安，不便用丁玲这个名字），给许广平写去一封唁函，表示她深切的悼念：

> 我是今天下午才得到这个最坏的消息的，无限的难过汹涌在我的心头，尤其是一想到几十万的青年骤然失去了最受崇敬的导师，觉得非常伤心。我两次到上海，均万分想同他见一次，但为了环境的不许可，只能让我悬想他的病躯，和他扶病力作的不屈的精神！现在却传来如此的噩耗，我简直不能述说我的无救的缺憾了！……这哀恸真是属于我们大众的，我们只有拚命努力来纪念着这世界上一颗陨落了的巨星，是中国最光荣的一颗巨星。[1]

党中央对丁玲进入苏区十分重视，指示中央联络局负责。为此，中央联络局作了周密的安排。当时具体负责接待丁玲进苏区的中央联络局工作人员，后来曾任国家农林牧副渔部副部长的吕清在给丁玲的一封信里，回忆当时丁玲进入苏区的情况：

> 当时住站中央代表叶帅（叶剑英）和后住站中央代表边章武同志，告诉我说，最近由上海经过西安和东北军防线洛川、烟筒山等地区，来一个很有名的文学家丁玲同志，要我作好准备，向些百姓商借窑洞及吃的等。不久你经西安、三原、耀县、中甫、宜君、洛川、烟筒山等东北军、西北军防地，走约三四十里大道离开，走十几里农村山区小路，然后走二十几里深山老林，（随同刘向三同志），到达联络站所在地安家畔，以后又由安家畔，路经夏土湾中转站，到党中央当时所在地保安县（现在的志丹县）。[2]

吕清记忆力之好，令人十分惊奇，不仅是惊奇而更多的是赞叹，时过五十年，竟连行程路线中的一城一地、一镇一村、几十里大道、几十里小路、几十里深山老林都记得清清楚楚。初来乍到陕北农村的丁玲，是无论如何也记不住这些地方的。

丁玲一路都跟随着刘向三。刘向三刚刚把埃德加·斯

[1] 丁玲：《致许广平信》，《丁玲全集》第12卷。
[2] 原国家农林牧副渔部副部长吕清1982年12月30日致丁玲信，谈丁玲到保安的路线，《魍魉世界·风雪人间》附录，人民文学出版社1989年7月出版。

诺从保安送到西安。他此行的任务就是，把斯诺送到西安，然后把丁玲从西安接回保安。

那时，中国共产党同张学良、杨虎城已有很好的关系，所以从西安到苏区边界，由东北军负责护送。丁玲是11月1日离开西安的，"小妹妹"留下了，换了另外两个女伴。她们在西关的一个小店上了汽车，汽车第一天停在耀县，第二天到达洛川。在洛川休息一天，她们也不出门，等候护送的人，听说是有一个连长带几十个骑兵护送她们，而且要骑马，有一百多里路。

在洛川，丁玲剪短了头发，换上了灰色军装，一副军人的模样。丁玲从来都没有骑过马，听说第二天要骑马跑一百多里路，根据旁人向她介绍的骑马的要领，就在房里炕上跳上跳下地练习骑马的方法。她不愿示弱，不愿人家知道她不会骑马，怕人家笑话，说连马都不会骑，还要到陕北去。

第二天，天还没有亮，下弦月还悬挂在星空的时候，连长就带着她们出发了。他带领这队人马，叫开了城门，他们各自牵着一匹马，无声地鱼贯而出。冷风扑面，城外是一大片高原。丁玲回忆道：

> 一出城门，连长就飞身上马，我赶紧往马背上跳，刚刚把脚套入马镫，还来不及去想头天晚上新学来的那套要领，马便随着前头的马飞跑起来。我心里只转着一个念头，无论如何不能掉下来，我不准自己在友军面前丢脸。我一点也不感到劈面吹来的冷风，也不知道走到什么地方了，我只浑身使劲，揪住马鞍，勒紧缰绳，希望前边的马停一会儿也好，因为我想我骑马的方法不对，我要换一个姿势。马跑了一阵才歇下来。下山时，我牵着马在那陡峭的山路上走，就象走在棉花上，感到我的腿不会站直似的。[1]

这么走了一天，宿营在一个驻扎着很多兵的村庄。驻军的团长来看丁玲，听说丁玲要进苏区，很奇怪地问丁玲，知不知道那里很苦。丁玲心里想，我当然知道那里很苦，我就是为了吃苦才去的。

团长派一个连的步兵，继续护送丁玲他们。又是天不亮就动身，又走了二十多里深山老林的小路，护送丁玲的这一连东北军在山头停了下来，要丁玲他们自己走下

---

[1] 丁玲：《我怎样来陕北的》，《丁玲全集》第5卷，河北人民出版社2001年出版。

沟去，说沟底下有接他们的人。这里已是红区和白区的交界线。丁玲告别了护送她的东北军战士，跟随着刘向三等同志向山下走去。这一段路程大约有四里路，才走了一半，忽然听见枪响，刘向三讲，这里是边界，常有冲突，于是他们加快了脚步。

沟底下树林里有几个穿灰衣服的人影，大家就跑了起来。丁玲大声叫着："那是红军！"

当红军战士向丁玲敬礼的时候，丁玲的心情激动万分，望着他们帽子上的红五星帽徽，心里想着，这是我早就推崇的人，他们把血肉之躯献给革命，他们是民族的、劳动者的英勇战士，只有我应该向他们敬礼、致敬才是。

他们穿着单衣，十分精神。这是红军的地方部队。

以后的路程，骑着小毛驴，加上民工，十来个人，又走了六七天，便到了红都——保安。保安，现在称志丹县，共走了十一天。

丁玲到达的保安，是一个很破旧的城镇。房子全被逃走的地主烧毁了，街上也没有什么卖的，全城只有二十几户人家。所有的机关都住在靠东山上的窑洞里，一排窑洞约莫有半里长，中央军委、党中央各部、边区政府全住在这里，全中国革命的领袖都住在这里。丁玲望着这排窑洞，慨然想着：要说中国人民的命运就掌握在这小山上，那是一点儿也不夸大的。

保安只剩下一幢房子是完好的，中华苏维埃政府外交部在这里。其实，外交部也只是个名义。中央联络局对外称外交部。丁玲到保安后，就被安排住在外交部。

丁玲一到保安，中共中央宣传部就为丁玲的到来在一孔窑洞里举行了一个欢迎会。这个欢迎会，虽然出席的人数不多，但却是非常隆重。毛泽东、周恩来、张闻天（洛甫）、秦邦宪（博古）、林伯渠、徐特立、邓颖超、凯丰、吴亮平、李克农等约三十余人出席了欢迎会。当时在保安的中共领袖和一些部门的领导人都出席了。

那是一个下午。丁玲走进会场时，周恩来正坐在窑洞的门槛上。他起身热情地招呼丁玲，说："欢迎我们党的好女儿回到家里来！"整个会议期间，他都坐在门槛上。一个伟大人物这么平凡的形象，深深地留在丁玲的记忆里。丁玲久闻周恩来盛名，会前已见过周恩来。保安有一个机关合作社，周恩来和邓颖超请丁玲在合作社吃饭，有两个荤菜，几个馒头，还自带了一点酥油。周恩来解释说："我和小超是合作社的股东，一块钱一股，我们各入了一股，每股可以要一个荤菜，所以是两个荤菜。"丁玲在上海见过邓颖超一面。那是1931年春夏之间。胡也频牺牲后，丁玲一人独自住在上海。李一氓的夫人（大家都叫她"毛姐姐"）带了三位女同志到丁玲家里，说这三位朋友想看看你。丁玲知道李一氓夫妇是中共党员，所以心里明白这三位也一定是党内的人。只是毛姐姐没有介绍她们的姓名，丁玲也不好问。她们坐的时间不长，主要是对丁玲表示了同情，问问她的生活情况。所以，丁玲在保安见邓颖超第一面时就觉得面熟，忆起她就是那三位中的一位，便对邓颖超说："我们好像见过，1931年时在上海。"邓颖超回答："正是。"并告诉丁玲，一同去的另两位，一位是蔡畅，一位是曾轶欧。

毛泽东来得稍晚，窑洞里已坐满了人。他披件大衣，一边走进窑洞，一边说着："我们的女作家来了吗？"从那浓厚的湖南口音，高大的身影和从人们望着他的目光中所表露出来的亲切与尊重，丁玲知道这就是毛泽东。她连忙站起身迎上去。毛泽东向她伸出手来："丁玲同志！我们欢迎你。"这时，大家都望着他笑，原来是毛泽东脸刮得很干净。周恩来笑着说："主席今天漂亮了，刮了脸啦！"毛泽东笑着答道："我还没有理发呢。"他又看着周恩来说："恩来！你那把胡子什么时候也该清理清理了吧。"周恩来笑着答道："革命尚未成功，胡子暂时不能刮。"

丁玲此刻只有一个念头：到家了，真的到家了！欢迎会上，亲密、和谐的气氛更加深了她的这种感受。她感到这是她有生以来最幸福、最光荣的时刻，在这孔窑洞里，她几乎见到了所有党中央的领导人。她应邀在会上讲话。丁玲无所顾虑，满怀欢乐，第一次在这么多领导人面前讲话。她讲了她的追求与向往，讲了她从事文学后的奋进，讲了她被囚南京三年的斗争，讲了她初到苏区的感受，就像从远方回到家里的一个孩子，在向父亲、母亲那么亲昵地喋喋不休地饶舌。

欢迎会正式项目结束后，开始了余兴节目。李克农和邓颖超反串唱了段《武家坡》，李伯钊唱了几首在长征中学的少数民族歌曲。丁玲也唱了一段昆曲，但只唱了几句，多年不唱已经忘记了。会后，一起聚餐，菜盛在几个脸盆里。

丁玲实现了她多年的愿望，走进了一种新的生活，全然不同于她以前曾经生活过的那个世界。她觉得一切都新鲜。在这里，谁同谁都好像是自己人，人们全都充满着革命的激情，洋溢着快乐的青春的活力。在这生机盎然的气氛中，丁玲直感到欢快，也受到鼓舞。

初到保安的日子，丁玲整天串门，走进周恩来的窑洞、张闻天的窑洞、博古的窑洞、林伯渠的窑洞、徐特立的窑洞,其他领导同志的窑洞。丁玲早在平民女学时就认识张闻天。在上海时同博古也见过一面。那是1930年,博古刚从苏联回国不久,在总工会宣传部的一个刊物担任编辑,来胡也频、丁玲家向他们约稿,相谈甚洽。林伯渠是丁玲的远房表兄。丁玲早就知道他,这时才见面,以后关系一直亲近。徐特立曾是周南女中的教师,但没有教过丁玲。

那天欢迎会上毛泽东没有讲话。当丁玲走进毛泽东的窑洞时,毛泽东向丁玲说的第一句话是:"听说你和开慧是同学?"丁玲答道:"是的,我们在周南女中同学,开慧比我高一班,不过,我们一起参加了暑期补习班,一起参加了驱逐张敬尧的运动,后来又一起转入岳云中学。"他们的谈话就这样从杨开慧,从忆旧开始,十分欢快。在谈话中,毛泽东问丁玲:"你打算做什么呀?"丁玲毫不迟疑地说:"当红军。"毛泽东欣然说道:"好呀,前方正准备打一仗,可能是最后一仗,你就跟杨尚昆领导的前方总政治部去前线吧!"

毛泽东也去回访住在外交部的丁玲。当时也住在外交部的L. Insun记下了他亲眼所见毛泽东访丁玲的情景:

> 某天晚上,毛泽东只随身带了一个"小鬼"到外交部来访丁玲。外边和街上非常黑暗,室内只有洋蜡烛光燃漾着。毛泽东坐在炕上同丁玲闲谈,背靠在墙上,一只脚就跨在炕沿上,不断地吸着香烟,上天下地地乱扯,这情形就好像是一家人吃了晚饭闲谈消遣,而毛泽东就好像是一个家长。炕下面是可以生火的,当火生好的时候,毛泽东竟挨近火门,在泥地上坐了下去,两膝就人字形的撑在地上。一个最高的革命领袖能够这样平民化,恐怕全国在苏区才能找到。[1]

L. Insun也写下了他对丁玲的观察与认识:

> 丁玲一到苏区,就参加妇女会(由刘群先、邓颖超等主持),出席讲演了一次。不过,最初她在保安时,并没有正式参加什么工作。同时因为苏区是个新天地,所以她东跑跑西坐坐,企图先能一般的了解苏区的情形。因此也没有写作什么

[1] L. Insun:《丁玲在陕北》,自《女战士丁玲》,《每日日报》社1938出版。L. Insun即朱正明。

东西。而她自己也表示不愿只是做一个作家,她自愿地要做红军中的一份子,至少要能真实了解红军的内在生活。她曾经表示过自己不愿老戴着一个作家的头衔,在苏区里晃来晃去。那是确实的,丁玲在未进苏区以前,她就好久是一个革命工作和群众运动参加者,同时也是实际行动的指导者。总之,她不但是一个革命的女作家,而且是一个革命的女战士。

所以,我们要了解丁玲,只将她看作一个新时代的女作家是不够的,就是进一步将她看作一个革命的女作家也是不够的。同时,丁玲之所以成为丁玲并不仅只因为她在中国女作家中文章写得最前进,甚至在短篇小说中她在中国男女新文学家中也是占据着第一位,主要的一点是因为她同时是一个实际的革命者,艰苦的社会斗争者之一员。文学只是丁玲整个生活的一方面,那另一方面就是她的革命的活动与战斗。

她的文学写作,有一部分完全是实际斗争的记录,借着优秀的文学技巧表现了出来。[1]

L. Insun 对丁玲的观察是细致的,对丁玲的认识是深刻的,对丁玲的评价是中肯的。

L. Insun 即朱正明,在保安的时候叫李荫森,他后来曾在丁玲为主任的中国文艺协会工作过一段时间。1938年夏天,他被派回到国民党统治区,在李克农直接领导下,做情报工作。他以 L. Insun 为笔名写了两篇介绍丁玲的文章,在介绍丁玲的同时,也介绍了当时陕北苏区的情况。为什么要用一个外国人的名字?不言而喻,是为了迷惑敌人,吸引读者,扩大影响。

对于丁玲来说,的确如此,主要的一点就是,她不只是一个作家,也不只是一个革命作家,她同时也是一个实际的革命工作者。文学创作是她生活的一个方面,那另一方面就是她的革命活动。

而此时的丁玲,占据她思想的,更多的是后者。她此刻最大的热忱就是当红军,到前线去。她渴望首先作为一个红军战士投入实际的战斗,从而在战斗中获得她文学创作的源泉。

初到保安的那几天,丁玲完全沉浸在投入母亲怀抱的那种幸福的情绪中,但是,作为一个作家、一个党的

[1] L. Insun:《丁玲在陕北》,自《女战士丁玲》,《每日日报》社 1938 出版。

文艺干部，她也思考着苏区的文艺工作。她认为应当把苏区的文艺工作组织起来。她向毛泽东、周恩来、张闻天谈了成立一个文艺团体的想法，得到了他们的赞同。丁玲于11月15日，也就是她到达保安的第四天，召开了一次座谈会，与会者均表示支持成立一个文艺团体，将其初步定名为"文艺工作者协会"，并决定座谈会参与者均作为发起人。会后即发布了"文艺工作者协会缘起"：[1]

> 在目前抗日的民族革命战争中，新的文艺成为一支号筒，成为战斗的力量。
>
> 为着联络各地的文艺团体、各方面的作家，以及一切对文艺有兴趣者，在抗日民族统一战线目标下，共同推动新的文艺工作，结成统一战线中新的战斗力量，所以我们组成文艺工作者协会。
>
> 热望一切在战斗中有文艺兴趣的同志们共同来参加。
>
> 发起人：丁　玲　徐梦秋　成仿吾　伍修权
> 　　　　洪　水　李伯钊　徐特立　李克农
> 　　　　陆定一　危拱之　等三十四人

座谈会上决定成立由丁玲、徐梦秋（红军后方总政治部宣传部长）等七人组成的筹备委员会。丁玲于当日即召集了筹备委员会第一次会议，决定于近日召开成立大会。

1936年11月22日，在白区训练班的院子里，举行了陕北苏区第一个文艺团体的成立大会，参加会议的约一百余人。大会用举手表决方式选出李伯钊为临时主席。丁玲代表筹备委员谈了筹备经过和成立这个团体的目的。会上讨论这个团体的名称，毛泽东提出叫"中国文艺协会"，被一致通过。毛泽东、张闻天、博古、林伯渠、徐特立、凯丰、吴亮平都在会上讲了话。

毛泽东在讲演中称誉："这个中国文艺协会的成立，这是近十年来苏维埃运动的创举。"他说："中国苏维埃成立已很久，已经做了许多伟大惊人的事业，但在文艺创作方面，我们干得很少。""过去我们是有很多同志爱好文艺，但我们没有组织起来，没有专门计划的研究，进行工农大众的文艺创作。就是说，过去我们都是干武的。现在我们不但要武的，我们也要

[1]《红色中华》，1936年11月23日。

文的了，我们要文武双全。"毛泽东分析了抗日的形势，和用文武两手促使停止内战，一致抗日。最后，他着重指出："发扬苏维埃的工农大众文艺，发扬民族革命战争的抗日文艺，这是你们伟大的光荣任务。"[1]

这是毛泽东作为中国共产党领导人，专门就文艺问题向文艺工作者所做的第一次讲话。毛泽东根据当时的形势，提出的"两个发扬"，指明了文艺的方针和任务。丁玲认真聆听毛泽东的讲话，为他的言简意赅、精辟的讲话所折服。

大会选出丁玲、成仿吾、徐梦秋、贾拓夫、王亦民等十六人为干事，组成干事会。当天召开了第一次干事会，除了当时不在保安的成仿吾、李一氓、贾拓夫，都出席了。会议推定丁玲为主任，并推定王盛荣为组织部长，王亦民为联络部长，成仿吾为研究部长，徐梦秋为总务部长兼机关志编委会主任，李伯钊为俱乐部主任，洪水为图书馆主任。

此时，丁玲三十二岁，风华正茂，工作起来不知疲倦，在到达保安后仅十一天，在她的倡议、参与发起、筹备下，成立起了"中国文艺协会"。协会一成立，就着手调查登记会员，通知各地和红军各部成立分会，拟定研究计划，通告白区各文艺团体，并与个人建立联系；同时，在《红色中华》报上创办《红中副刊》。

《红中副刊》在1936年11月30日创刊号上发表了《"中国文艺协会"的发起》。这是一篇带"宣言"性质的文字。它宣告了中国文艺协会的宗旨和任务："……培养无产者作家，创立工农大众的文艺，成为革命发展运动中一支战斗力量，是目前的重大任务，特别在现时全国进行抗日统一战线的民族革命战争中把全国各种政治派别，各种倾向的文艺团体、文艺工作者团结起来，以无产阶级的文学思想来推动领导扩大巩固在抗日统一战线中的力量，更是党和新苏维埃政策下的迫切要求。……它的工作任务在苏区是训练苏维埃政权下的文艺工作人才，收集整理红军和群众的斗争生活各方面的材料，创作工农大众的文艺小说，戏剧，诗歌等；在全国则联络团结各种派别的作家与文艺工作者，巩固抗日统一战线的力量，扩大无产阶级文学的思想领导。"[2]

丁玲在《红中副刊》创刊号上发表了《刊尾随笔》，作为代发刊词。它写道："战斗的时候，要枪炮，要子弹，要各种各样的东西，要这些战斗的工具，用这些工具去打毁敌人。但我们也不要忘记使用另一样武器，那帮助着冲锋侧击和包抄的一支笔。

一支笔写下了汉奸的秦桧，一直使秦桧千年都长跪在岳庙的底下，受尽古往今来游人的尿屎。《三国演义》把曹操

[1][2] 1936年11月30日《红色中华》之《红中副刊》第1期。

写得太坏,一直到现在戏台上的曹操的脸上就涂着可怕的白色,那象征着奸诈小人的白色。所以有人说一支笔可以生死人命,那我们也可以说一支笔是战斗的武器。……我们要从各方面使用笔,用各种形式,那些最被人欢迎的诗词、图画、故事等等,去打进全中国人民的心里,争取他们站在一条阵线上,一条争取民族解放抗日的统一战线上。革命的健儿们,拿起你的枪,也要拿起你那一支笔!"[1]

党中央和毛泽东批准了丁玲当红军去前线的要求。11月24日,丁玲随杨尚昆副主任领导的红军前方总政治部北上定边。她与杨尚昆早在20世纪30年代初就相识,那时她担任中共"左联"党团书记,杨尚昆是中央宣传部秘书(当时部长之下就是秘书,应是现在秘书长这样的职务),有时代表中宣部参加"左联"党团的会议。

临起程的那天早晨,红军后方留守处给丁玲送来一匹马,是匹跛脚的马,派来一个饲养员和一个十二岁的小勤务员。丁玲作为一名红军战士,开始了她的军旅生活。

最初的行军,对于丁玲这样一个刚从大城市来的知识女性是艰难的。一路上,她不骑马,她有些可怜这匹跛脚的马,不忍心骑它。她一路步行,每天走六七十里、七八十里。她有生以来从来没有一天走过这么多路,而且是崎岖的山路,每天走下来,腿麻木得不会转动,但她坚持着,从不掉队。脚上打泡了,她学老红军战士的样子,用根针牵着线沾点油穿过去,第二天照样走。这些苦,她不介意,她是自己要求来当红军的,决心来吃苦的,为此,她连要她去法国的建议都不愿考虑。

母亲曾向我说过她初当红军的情形,她提到一路上杨尚昆对她的照顾。她说:"当时很艰苦,但少数高级领导人有小灶,伙食稍好一点,杨尚昆是政治部副主任,有个小灶。行军第一天宿营吃饭时,他让警卫员叫我到他那里同他一起吃饭,我当时没有感到什么,待到第二天我再在他那里吃饭时,我发现有点不对头,我见政治部的部长们都是和普通战士一起吃大灶,于是我向尚昆同志说:'我不在你这里吃饭了,谢谢你的照顾,我还是同大家一起吃饭好。'"她还说她那时不懂苏区和红军里的规矩,不知道应该把供应关系转来,管理员认为她不在建制里面,中午发干粮也不发给她。她看见大家在吃东西,就躲开了,有人问她为什么不吃,她就说不饿。宿营时,管理员也不给她号房子,她就住伙房、马号,通夜听着马嚼草,或是半夜就被弄火做饭吵醒。对于这些,她从不介意。后来,也是杨尚昆知道了,才解决。

丁玲欢欢喜喜地走在队伍里面,还自得其乐地欣赏着

[1]1936年11月30日《红色中华》之《红中副刊》第1期。

沿途的陕北风光。她描述当时的行军：

> 大队已经很早就开过去了，我跟着总政治部主任们一齐也在九点多钟动了身，在外交部的空坪上有一团一团的人，热情的握手送别了我们。
>
> 我们沿着洛川的上流朝西北走。河里的水全结了冰，有很少的地方还汩汩的响着，在薄冰下有水流滑过，太阳射在上面，闪闪发光，这同我来时我爱的洛川河流又是两样了。
>
> 虽说天转晴了，但无情的风总是扫着地上的砂土劈面打来。
>
> 走过了一些小村庄，看得见远处又露出几排土房，安置在一些厚重的山旁边，有稀疏的树林围绕着，依着山的土房图画着一片片的褐色、土黄、深灰和暗紫，在那有着美丽颜色的山的边缘上，便是无尽的天的蓝。陕北的风景啊！
>
> 开始两天全跟着洛川河走，一时在冰上，一时又爬到两边的悬岸上。这些路都非常险峻，牲口不能上去，得远远绕着河的对面，岩底下的小路走，大半的时候还有许多烂泥，一些被太阳晒溶了的地方。后来的行程，便转到山上了，越过了一岭，又有一岭，几十里，几十里看不到一个村庄。这些山全都无树木，枯黄的荒草，或是连草也看不到的那么无际的起伏着，一直延展到天尽头，但这天是无尽头的，因为等你一走到尽头的山上，你又看见依旧是那一幅单纯的图画铺在你脚下了。这些地方有着一些奇怪的地名，但随即就会忘去的。脑筋越来越简单，一到了宿营地，就只想怎么快点洗脚吃饭，因为要睡得很啊！[1]

经过八天的行军，到达目的地定边县城外的绍沟沿，红军前方总司令部就驻在这个小村庄里。绍沟沿，虽说叫村，其实在地面上没有房屋，只有几十孔窑洞散在辽阔的黄土高原上的一条小沟里。这是一条干沟，人们用水都是在一些深窖里把头年冬天埋下的积雪汲出来用。积水中杂有枯树叶子、碎纸头、破布片、驴粪羊粪。水成了最珍贵的东西，除做饭、饮马外，每人每天限用一小盆。

在这个荒凉、穷困、生活艰难的小村庄，丁玲见到了红军前方总司令部彭德怀司令员和任弼时政治委员。自此，丁玲就一直跟随前方总司令部行动，同彭德怀和任弼时一起。丁玲觉得这两位

---

[1] 丁玲：《到前线去》，《丁玲全集》第5卷。

领导人很容易接近，没有一点儿首长架子，她十分爱戴和尊敬他们。

可能是杨尚昆告诉了任弼时，说丁玲的那匹马是瘸的，任弼时就对丁玲说："我有两匹马，都是好马，草地马，送给你一匹。"他带着丁玲去到马房，说，"你挑一匹吧！看你要哪一匹？"丁玲感谢地说："随你给一匹，我又不懂马。"任弼时指着当中的一匹枣红马，说："这匹马老实一些，不欺生，就送你这匹吧。"自此，丁玲有了一匹骏马。

在这靠近沙漠的地方，尽管朔风习习，满目荒凉，生活极端艰苦，丁玲却整天沉醉在广阔自由的天地里，愉快地感到四处都洋溢着勃勃生机。她趁红军正准备同胡宗南打一仗的间隙，去定边城里看望慕名已久的董必武和成仿吾，还有她在平民女学的同学钱希均。

丁玲这样回忆当时的情景和自己的心境：

> 这天，太阳刚从东边地平线冒出来的时候，我在一群新集合起来的一伙人中间，策马东行。空气很冷，很新鲜。路很平，塬上极少树棵，偶而看见几棵长不大的杨树。满天红霞，不是灿烂如锦似火，倒似从冰霜中冷冻过的那样浮着一层既淡又薄的雾似的轻纱，笼罩大地，含着一种并不强烈的淡淡的温柔，却很能稳定我容易激动的心情。我极目寰宇，悠然自得，脑子里浮现出古代的诗歌，那些印证着此情此景的诗句，是多么豪迈和使人舒坦！这里是冬日，又似霜晨；是征程，又似遨游；是战士，又似游子……蹄声得得，风沙扑面，我如在梦中，如在画中，只是从同志们那里传来的欢声笑语，才使我想到我是在哪里，正向哪里去。[1]

晚上，丁玲住在钱希均家里，钱希均那时是毛泽东的弟弟毛泽民的妻子。第二天，钱希均陪丁玲去看望中央党校校长董必武和副校长成仿吾。丁玲早就听人介绍过董必武，一见面就感到这位革命老前辈待人亲切，很会体贴人。他关切地嘱咐丁玲："到了这里，你一定不要客气，想什么，需要什么，都说出来，你讲客气可就要吃亏了。"他送给丁玲一件整狐狸皮，火红火红的，非常好看。成仿吾是创造社最初的老一辈作家，丁玲久已闻名，这次是初次见面。丁玲尊他为文学前辈，他们谈得十分融洽。丁玲觉得同成仿吾谈话很舒服，觉得他是一个使你在他面前可以自由谈话的人，觉得他

[1] 丁玲：《怀念成仿吾同志——〈成仿吾文集〉代序》，《丁玲全集》第9卷。

是一个诚实的人，可以信赖的人，一个尊重别人、对什么人都平等对待的人。他们还一起商讨中国文艺协会工作的事，筹划在定边建立分会。

11月11日，丁玲在定边参加了纪念广州暴动九周年的群众大会。会后著《广暴纪念在定边》，发表于1936年12月28日《红中副刊》第二期。

正当红军前方总司令部筹划再一次歼灭胡宗南的部队时，发生了"西安事变"。为了防止国民党里的亲日派挑动和扩大内战，袭击爱国军队，红军主力部队于12月16日前后离开定边，兼程南下，开赴西安附近。

丁玲随前方总司令部行进。三万多人的大军，犹如一条灰色的长龙，随着弯弯曲曲的道路蜿蜒向前游动。丁玲望着这既看不到头，也见不到尾的长长的行列，豪情油然而生，这是一股无坚不摧、无敌不克的铁的洪流啊！她为自己作为一个红军战士置身其间而感到光荣和振奋。

短短的军旅生活，迅速地改变着丁玲。当她策马驰骋于原野，那完全是一副女战士的飒爽英姿。一到宿营地，丁玲就四处走走、看看，以她作家特有的眼光观察周围的一切，从司令员彭德怀、政治委员任弼时到普通的战士，当寒夜来临，房子里生起一堆堆火，人们就围坐在四周，热烈地讨论着一些问题。谈话的中心都是西安事变后的形势，这是决定中华民族未来命运的。夜深了，丁玲仍坐在火堆旁边，她忘却了疲劳，借着火光，把一天的见闻和感受记下来。她的《南下军中之一页日记》生动地描绘出了一幅军旅生活的画面。

母亲同我谈起她这段军旅生活时说："那些天，中央和前总之间，天天有电报往返，中央来电，或是给前总的，或是把给其他方面的电报转发给前总。彭德怀和任弼时看完电报以后，也把电报给我看。这些电报大都是西安事变后中央的决策和具体的行动。所以我每天都睡得晚，就等着看这些电报。"这真是特殊的待遇，体现了他们对丁玲的信任和重视。

行军途中，丁玲一路跟着任弼时，她觉得他好接近。任弼时的那两匹马习惯在一块儿，任弼时的那匹马走前边，丁玲的这匹马就一定要赶上去，跟在后边。丁玲初见任弼时的时候，还有点儿拘束，觉得他样子蛮严肃，两个眼睛很有神，两撇短胡子很威风，可是一接触，就觉得他非常平和。任弼时同丁玲谈旧事，他是长沙明德中学的，丁玲是周南女中的，两个学校都是有名的，而且只隔一条巷子，就这样很随便地谈起来了。丁玲觉得任弼时有很好的作风，他听得多，问得多，使人敢说。丁玲对他更是什么顾虑都没有，把心里话都坦然地倾泻给他。丁玲觉得他待人平等，对人负责，可亲，可敬，可以信赖。大概因为这个缘故吧，丁玲在相当长时期里一直叫他"弼时"。这是少有的。人们习惯称职务，称他"任政委"，或是名字后面加"同志"二字，称他"弼时同志"。后来丁玲发现这样不好，就对任弼时说："我这个人太乌七八糟了，应该叫你'政委'或'弼时同志'才是。"任弼时却说："这有什么要紧，叫我名字有什么关系。"

一路上，丁玲有较多的时间观察、了解彭德怀和任弼时。她写了一篇《彭德怀速写》，短短八百字，塑造出了彭德怀坚毅、纯朴、威严、平和鲜明的形象。她并用画笔绘出一张彭德怀的速写像，一并发表于1937年2月3日《新中华报·新中华副刊》（原《红色中华·红中副刊》）上。

1936年12月30日，丁玲随军南下，途经庆阳的时候，红军前方司令部通过一军团政委聂荣臻转给丁玲一份电报。这时，丁玲已去到一军团。电报是毛泽东写给丁玲的一首词《临江仙》：

> 壁上红旗飘落照，
> 西风漫卷孤城。
> 保安人物一时新。
> 洞中开宴会，
> 招待出牢人。
>
> 纤笔一支谁与似？
> 三千毛瑟精兵。
> 阵图开向陇山东。
> 昨天文小姐，
> 今日武将军。

在战事频繁的非常时期，毛泽东写诗词用电报赠远征人，一生中只有两次。前一次为1935年10月赠彭德怀；另一次就是赠丁玲。

丁玲看着毛泽东写给她的这首词，惊喜万分。她把它看作是毛泽东对她的鼓励和期望。她决心更好地深入部队，把自己锻炼成一个名副其实的红军战士。丁玲心里想，或许毛泽东希望她和一首词，作为回复，但她觉得自己旧文学底子薄，不足以如此应答，故而只写了一封信给毛泽东，表达自己衷心的感谢。

自庆阳以后，丁玲随一军团行动。到前方以来，她见到了许多红军将领。她惊奇地发现，这是一群多么洒脱、坦率、热忱、坚定、年轻而又成熟、稳重的指挥员和领导人啊！一军团代军团长左权就是其中的一个，一个具有儒将风度的猛将。虽然每天都是八九十里的行军，丁玲总是找着这些将领谈战斗故事。《记左权同志话山城堡之战》，就是根据左权那流畅、文雅、缜密、严谨的谈话笔录而成的。

西北高原，寒风凛冽。彭德怀见丁玲只穿一套灰布棉军装，便把他的一件旧皮大衣送给了她。丁玲问："那么你呢？"彭德怀说："我还有一件。"后来丁玲去到红二方面军司令部，贺龙一眼就认出了这件皮大衣，他说："这不是老彭的吗？你穿着不合身，我让供给部给你改一改。"供给部按丁玲的身材改好了，还换了一个新的很好的衣面。贺龙和丁玲闲聊，说："我在湘西打土豪、分田地，还打过你们安福蒋家哩。"丁玲说："那也算不上是我的家，是土豪就该打，那个封建家族早该垮台了。"贺龙说："好呀！从那个封建大家族里出了你这么一个革命作家，好得很呀！"红军将领们对丁玲的亲切关怀、细心照顾，更使丁玲觉得："到家了"。

关于丁玲和彭德怀，许多年来都有一些传说，直到前些年仍有人著文谈及此事，称之"丁玲与彭德怀失之交臂"。这可能多半是源于 L. Insun《丁玲在陕北》一文。文中说："约在西安事变之前，保安发生了一件传说，丁玲要同彭德怀结婚了。一个著名的女作家同一个著名的红军高级指挥员，能"有缘千里相会"而在战场上实行结婚，那确然是红军中的一段佳话。彭德怀是红军中的一个出名的独身汉或'光棍'，他在十年的红军斗争中从来不曾有过同任何女人结婚的传说，现在竟被丁玲感动而放弃'独身主义'了。大家都在替他们二人祝福。西安事变突起，丁玲和彭德怀结婚的传说便被这激动的历史事件压了下去。"一天，我到（徐）梦秋那里，他正在起草一封关于丁彭婚姻的信。由于要求的结果，他答允誊写好后给我看一看，这信是写给前线上同彭德怀在一起的几个同志们的。梦秋颇有玉成此事之意，同时托他们也做一下月老。梦秋是后方政治部的宣传部长，写得一手很好的文章，他这封信尤其写得情意菲菲，美丽动人。我看了以后，觉得就凭这封信中的动人的词句，也足够迫得月老们努力玉成此段佳事了。晚上，丁玲恰巧来了，她一面看这封信，一面脸上不由得流露出一个女性特有的微笑，在闪摇的烛光下我看见她的脸上泛出了微羞的红润。她也觉得梦秋这封信写得太美丽动人，但终于让他收了回去并且预备立刻寄发了。可是后来就听说这封信并没有发出去，而且说是决定不寄了。什么理由，我虽问过，但没有得到答复，于是丁彭的婚姻就这样的慢慢的消散了下去。这事骤然而起，骤然而终，前后的原因只有待丁玲将来自己宣布吧。"

我在延安的时候就看过 L. Insun 的这篇文章。只记住了这件事情，作者的名字和文章的名字却都慢慢地忘却了。好多年我都没有问过母亲她同彭德怀之间的事，因为如果真有过这么一件事的话，那也已是历史了，倘使真有的话，那也是母亲的隐私，我不愿意去触动。

也就在1977年1月，我去太行山下的嶂头村看望母亲的那七八天里，她同我谈她一生经历时，说到这件事。她说："在随军从定边南下途中，彭德怀送给我一支手枪，就是你在延安见到的那支。给我枪的时候，他郑重地说：'这支枪是公略的遗物，我一直保存着，现在送给你吧。'"我听后，觉得不寻常，任何人都不会把自己最亲密的战友的遗物轻易送人，因为它有纪念意义，于是我插话："我早在延安就从书上看到关于你和彭德怀之间的传说。"母亲继续说了下去："我当然知道他送我这支枪的含义，我知道他和黄公略的关系。我对彭德怀是有些好感，他为人诚挚、朴实、刚毅、平和，也曾有过短暂的考虑，思考的结果是不想往前发展，觉得性格相差太大。从根本上说，我不想嫁一个首长，如果嫁一个首长，那就得一切以他的工作为中心，我的工作、生活都得服从于他，那对我的事业太有影响了。徐梦秋写了封信想促成此事，我考虑之后要他别寄了，就这样结束了。"我问："那么彭老总又是怎么想的？"她说："不知道。无疑他对我也有一些好感，但都未明白表白过，所以也无须再说明、解释什么。"

母亲又说："我回到延安几个月后，有一次毛主席向我说：'丁玲！你在我们这个圈子里转，我一直在想，你是来想当"秘书"的，还是来交朋友的。现在我明白了，你是来交朋友的。'我说：'是啊，我就是来交朋友的。'"母亲还向我解释，"我们这个圈子"是指中央首长们，当"秘书"就是作夫人的代名词。

西安事变和平解决，内战大体上停了下来。1937年1月，中共中央领导机关从保安迁驻延安，红军主力部队驻守在西安北边的三原一带，前总驻在云阳镇。丁玲先是深入到陈赓为师长的红一军团一师生活了一些天，又应贺龙邀请去到红二方面军。刚到那里不多天，总司令部就派通讯员把她接回云阳镇。原来是史沫特莱到了这里，任弼时要丁玲陪史沫特莱去延安。丁玲很想留在前方和部队在一起，但是陪史沫特莱去延安却是她乐于从命的。第二天她便和史沫特莱乘卡车北上，两天后到达延安。

丁玲陪史沫特莱到延安后，毛泽东问她："你还打算做什么？"丁玲回答："还是当红军。"她本想再返回红军前方总司令部去。毛泽东说："当红军，在后方也可以当。"毛泽东亲自写信给红军后方总政治部主任罗荣桓，指定丁玲担任中央警卫团政治处副主任。罗荣桓带着丁玲去到警卫团，亲自宣读了丁玲任职的命令。

这个任命，在当时是罕见的。在中央红军，几乎没有妇女在基层部队任职，随中央红军长征过来的只有三十位女同志，她们都是在红军总部或是在党政领导机关任职，不过在红四方面军有一个妇女先锋团，承担战斗和后勤任务。一个团政治处副主任，竟由中央军事革命委员会主席亲笔任命，后方总政治部主任亲自宣读任职的命令，也是从未有过的。由此可见毛泽东对丁玲的重视和期望。

母亲后来同我谈起她去警卫团任职的情况："这样一来，团里的几位领导都有点紧张，他们又听说我是一个有名的女作家，所以见了我总有一些拘束。最初几天，他们几个在一起有说有笑，我一进门，他们就不说不笑了。后来通过工作，我们才熟悉起来。我至今都记得他们的音容笑貌。"

毛泽东对丁玲抱有很大的希望，指定丁玲担任警卫团政治处副主任，是要她走进工农兵群众，掌握部队基层工作经验。毛泽东对丁玲说："你要去认识人，一个人一个人去认识，认识和了解你那九个连的战士和干部，当你了解他们了，和他们交上朋友了，你就知道该做些什么事了，也有事可做了。"

这是一个负责部队政治思想和文化教育的工作。团里妇女只有丁玲一人。对于丁玲这样从大城市知识分子堆里一下子就下到部队基层的知识女性，担负这项工作是相当不轻松的。丁玲以极大的热忱做着这项工作。她认真地听连队干部的汇报，把各种问题弄清楚，及时鼓励与批评，以便开展第二天的工作；她给战士们上课，参加小组讨论会，对党的政策尽量作出妥当的解释；她帮助战士们学习文化，组织班与班、排与排之间的竞赛。

丁玲住在警卫团团部，她的房间里有一只用木板搭成的狭长的桌子。白天她做警卫团的种种工作，夜深人静时，她就伏在这张木桌上写作。工农出身的战士们的忠诚、勇敢、淳朴、勤奋都打动着她的心，她写下了《警卫团生活一斑》。

丁玲在中央警卫团工作的时间不长，由于要参与编辑《红军长征记》和中国文艺协会的工作，她离开了警卫团。但是她在警卫团所取得的经验对于她以后的工作产生了影响。

1937年5月，中革军委发布《关于征集红军历史材料的通知》[1]：

> 今年"八一"是中国红军诞生的十周年，在过去这十年中，红军是写下了许多蜚声国内外的辉煌史实，现在在这十年的伟大斗争的基础上，又滋生了红军新的伟大光荣的历史使命。因此，这一满十年的红军纪念日更带来了特殊的纪念意义。
>
> 为着纪念这个有特殊意义的红军诞辰，特决定大规模的编辑十年来全国的红军战史，并指定徐梦秋、张爱萍、陆定一、丁玲、吴奚如、舒同、甘泗淇、傅钟、黄镇、萧克、邓小平等十一同志为"红军历史征编委员会"委员，负责收集整理，委员会以徐梦秋为主任。
>
> 现特号召中华民族的英雄——全体红军指战员，尽你们最大的努力，各就各人的闻见，把红军各种的历史战斗……等等写出来，并寻各种纪念品，来完成这一部伟大的史著，纪念十年奋斗的红军。
>
> 一切创作稿件和纪念品，送来经采用后，均给以五角至二十元的现金酬报，稿件须在七月半以前送到委员会。稿末必须注明真姓名和机关，征集项目附另纸。
>
> 中革军委主席　毛泽东
总司令　朱　德
(1937) 5月4日

编写全国红军十年战史是一件具有重大政治意义的工作，也是一项巨大的历史编纂工程。由于抗日战争全面爆发，全国红军战史未及编出。其成果是编选出了《红军长征记》。这是一部三十余万字的革命回忆录，按照长征旅程编定篇目次序，初稿由许多身经二万五千里长

---

[1]1937年5月13日《新中华报》。

征的同志所写，如：董必武、徐特立、谢觉哉、李富春、张云逸、萧华、莫文骅、谭政、陆定一、刘亚楼、彭雪枫、舒同、莫休（徐梦秋）、艾平（张爱萍）、陈士渠、邓华、王首道、李一氓、曾三、文彬、刘忠、廖志高、黄镇、周士第、贾拓夫、杨成武等。

丁玲在《文艺在苏区》一文中详细地描述了这部伟大著作产生的过程。这部划时代的集体巨著是中国文艺史上的一个创举。作为红军历史征编委员会委员，丁玲倾注自己的全部热情和心血，为《红军长征记》做了大量的、艰苦的编校工作。这部书的编辑工作，以徐梦秋为主，丁玲协助。

一位从北平来到延安的记者，目睹了丁玲编校这部书的情景，并记录了丁玲与他的谈话：

> 当我到达延安的时候，大家已忙着在修改这稿子。
>
> 在丁玲的桌上，也放着那样宽约一尺，长约一尺半，厚约二寸的一份，似乎在和她书架上的《海上述林》，《高尔基全集》争美。
>
> 这稿子外面包着绿纸的封面，里面是用毛笔横行抄写的。在每行文字之间，和上下空余的白纸上，已经让丁玲细细的写上无数极小极小的字。据说，在另外的二十三本上，也同样的改得糊涂满纸了。
>
> "什么时候可以完成呢？"我在到延安的第二日问丁玲。
>
> "今年秋天可以完成，现在大家都在加速率的努力。"
>
> "将来怎么发行呢？"
>
> "能在外面发行更好，有困难呢，我们自己来印。这部东西自然的有它历史的价值，无论如何，它一定会深传到全世界去的。"
>
> "你对它的感想怎样呢？"
>
> "它会使我感动，也会使我惭愧。我对这些伟大的事迹惊奇，受它的感动。我觉得我没有好好的多做一点事情、所以惭愧。从写作的观点上来说：我越看它越觉得自己生活经验不够，伟大的著作，决不是文人在纸上调弄笔墨所可以成功的。"[1]

---

[1] 任天马：《集体创作和丁玲》，自天行编：《丁玲在陕北》，1938年华中图书公司印行。任天马又名赵荣声，后来于1937年底在太原参加了丁玲为主任的八路军西北战地服务团。

《红军长征记》原定1937年出版，但当时国共两党正在谈判实现第二次合作。据当时担任"红军历史征编委员会"主任的徐梦秋说："毛主席为了统一战线的大局，避免刺激国民党，指示《长征记》暂缓出版，等到以后适当时机再出。"[1]1937年11月12日，丁玲率八路军西北战地服务团抵达太原。她在太原接受访问时也谈到《红军长征记》，她说："早已整理好了。不过，为了避免现在有不必要摩擦，所以暂缓发表，只抄写了几部，有一部，现存在上海。"[2]

这部书，1942年11月由八路军总政治部宣传部出版，是作为内部读物，似乎印数很少。我曾经看过，记忆犹深，纸质是延安的有光纸，铅印，分上下两册，约一寸厚，读来极有兴味，又因听母亲说，她曾经参与过编辑，所以更是爱不释手。

丁玲为方便编辑《红军长征记》，从警卫团住到红军后方总政治部。后方总政治部驻在延安城里原延安师范学校旧址。抗日军政大学校部也驻在这里，两个单位同驻一院，大门口只挂着"抗大"的牌子。海外有些介绍丁玲的文章说：当时"丁玲在抗大任教"。这不是事实。可能是由于当年去延安写延安见闻的记者，见丁玲住在"抗大"院内，误以为她在"抗大"任教，并由此而误传。

丁玲回到延安，重新担负起中国文艺协会的领导工作。这时从白区来了几百个青年人，大多数是学生，其中不少人是文艺爱好者，参加了中国文艺协会，为文协增添了新的力量。于是文协的工作广泛地开展起来，组织起了文艺理论、小说、诗歌、戏剧、歌咏、漫画等小组，分别进行活动。这时，各地也建立起了分会，仅延安一地会员就有几百人。

丁玲陪同史沫特莱回到延安后，中国文艺协会就与新中华社联合召开欢迎会，欢迎史沫特莱到延安访问。丁玲主持会议，并作简短讲话。毛泽东出席了会议，并以"围剿"二字为题作了简短演说。朱德、林伯渠、徐特立、吴亮平等出席会议，也讲了话。黄华担任翻译。

史沫特莱在延安期间与丁玲有许多来往，丁玲虽然工作很忙，只要有空，就去看她。一个名叫吴光伟的女同志给史沫特莱作翻译。

母亲在同我谈她初到延安的这段生活时，说到吴光伟的事。我问她："吴光伟是不是很漂亮？"她说："胸脯很高，比较性感。"我问她："她后来到哪里去了？"母亲说："我组建西北战地服务团的时候，她也参加了西战团。她当时为一些舆论上的压力所困扰，思想上十分犹豫而有去意。

[1] 朱正明：《关于〈长征记〉和毛主席赠丁玲词的情况》，《新文学史料》1982年第1期。

[2] 程中原：《关于〈长征记〉的出版及"西战团"行踪》，《新文学史料》1982年第1期。

我劝她跟我上前线，在战斗生活中化解这些烦恼。起初她同意了。但不久，她发现团里也有人议论她，她觉得这环境不好。她最终没有听从我的意见，就在西战团开赴前线前夕，她回到国统区去了。她走时，我把董老送我的那件火红火红的整狐狸皮送给了她，觉得在外面对她会有些用处。"

在延安，丁玲还结识了当时埃德加·斯诺的夫人尼姆·威尔斯，即海伦·斯诺。她以一个记者的敏锐的眼光，写下了当时对丁玲的印象：

> 丁玲在中国享有好几种名誉，已经多少成为一种传说了。三十一岁的她，已经是1917年开始的现代中国文学运动中最优秀的女作家，也是一个富有行动经验的革命者。她是以现代妇女的化身出名的。
>
> 无须说得，我是非常有兴趣去和丁玲见面，所以很高兴当我在苏区时见她也在那里。我看到她许多次数，我们谈到不少中国人所谓"天地之间"的大问题，里面有几个是关于现代中国文学的讨论。
>
> 在外观上，这个著名作家兼传奇主角般的人物并不是妖艳型的女子。她生得矮，三十一岁的人，身材自然也不婀娜，但是康健而强壮相的。她绝不是中国认为"知识分子"的典型。她是一个使你想起乔治桑和乔治依列亚特那些别的伟大女作家的女子——一个女性而非女子气的人。丁玲的有生气的基普塞人似的圆脸也不漂亮。但她有热烈、发光、聪明的眼睛，丰满的嘴唇，坚实的下巴，和天真、迷人的微笑。她光亮的男式头发有一卷随便的下垂在一只眼睛那里，她有一种有味的癖习：含羞地说了一些惊人的话，然后侧着头，扬起眉毛，观察对于听众的效果。她的声音是低的，她偶然忽而声音深宏地发笑，但她所说的每一句话都是果断而明确。她给你这样一个印象：完全适合做任何她着手做的事情，从投炸弹到演电影。她是一个具有抑制不住的精力和专致不分的热诚的发动力[1]。

丁玲回到延安之初，有一天，她到毛泽东那里去，毛泽东亲笔写录了他赠丁玲的那首《临江仙》全文送给丁玲。

1939年陕甘宁边区河防一度紧张，有情报日本军队计划西渡黄河。丁玲担心不安全，为了珍藏毛泽东的这份

[1] 尼姆·威尔斯：《续西行漫记》，见第三部分《丁玲——她的武器是艺术》。

手迹，便把这份手迹寄给在大后方的胡风，委托他保管，她以为那里要安全些。胡风后来回忆道："还有一份用纸包得很仔细的用毛笔写的旧诗词，一看内容我就明白了。丁玲怕在战乱生活中将主席给她的亲笔书写诗词遗失掉，特地托我为她保存。我深感这责任之重大，就赶快将它装在一个牛皮纸信封里，上面写上'毛笔'两字放在我装重要稿件的小皮箱里，这样，可以随时拎着小箱子去躲警报。"[1] 全国解放后，胡风没有即时交还丁玲，1955年胡风被打成"反革命分子"，一些东西连同这份手迹被公安部门抄去，直到1980年胡风恢复自由，发还了抄去的东西，这份手迹才"完璧归赵"。真是有始有终，不负重托。而这份手迹竟然有这么一番出奇的经历。

那天，毛泽东颇有诗情。他向丁玲说："我这里还写得有几首诗词，你看看。"他拿出了《七律·长征》《忆秦娥·娄山关》《沁园春·雪》等。他还问丁玲："印象怎样？"丁玲仔细地读着，只觉得每首都写得雄伟有力，《七律·长征》只八句就把两万五千里长征和红军的英雄气概写出来了；《沁园春·雪》气魄之大，令人惊叹；而《忆秦娥·娄山关》中的"苍山如海，残阳如血"是一幅多么动人的图画啊！丁玲以十分赞叹的心情，向毛泽东说出了她初读后的感想。

在丁玲与毛泽东的接触中，有几次都是毛泽东一边同丁玲谈话，一边用毛笔随手抄几首他自己作的诗词，或是他喜欢的诗词，有的随抄随丢，有几首送给了丁玲。

毛泽东给丁玲的印象是比较喜欢中国古典文学，他与丁玲交谈时，常常带着非常欣赏的情趣谈李白、李商隐、韩愈，谈宋词。丁玲感到自己的旧文学底子薄，不足作为他谈话的对手，所以多半是听毛泽东讲，并以作为他的听众而高兴。但是在文艺工作上，毛泽东却是提倡大众化。丁玲领会毛泽东的这一思想，一直按照他的这一指示进行工作。

毛泽东也关心丁玲学习和提高马列主义理论水平。毛泽东那时每周在"抗大"讲授唯物辩证法，也就是后来整理成文的《实践论》和《矛盾论》。毛泽东每次去讲课，都派他的警卫员通知丁玲去听课。丁玲认真地听着毛泽东深入浅出、通俗生动的讲演。他的讲演中还常常引用《红楼梦》中的人和事为例，丁玲听得非常有兴味。

丁玲常常到毛泽东那里去，她觉得同毛泽东一起说话很有趣味，哪怕是闲聊也多有教益。她十分敬重毛泽东。毛泽东那时也很能礼贤下士，他同丁玲闲聊时也很随便。丁玲在毛泽东那里无拘无束，

[1] 胡风：《胡风回忆录》，1993年11月人民文学出版社出版。

他们的关系很和谐，很融洽。

母亲曾向我说她那时与毛泽东的一段谈话，她说："毛主席问我：'你来苏区也有一些日子了，你对我们这里印象怎样？'我脱口而出：'我看我们这里像似偏安一隅的小朝廷。'没想到毛主席听我说了'小朝廷'的话，兴致颇高，他说：'既然是个小朝廷，那你来给我封封文武百官。'我也来了兴致，反正是好玩，就给他'封'了起来，说了几个人，说朱德当大将军、彭德怀当兵部尚书、徐老当翰林院大学士，没有想好合适的古代官衔，就'封'了林老一个财政部长，还'封'了五虎上将，无非不过是把当时的职务套到古时候的官衔上去。主席笑着又说：'你还没有封三宫六院呢！'我说：'那我可不敢封，要是封了，子珍还不找我打架。'"

母亲还向我说，她离开警卫团后住在后方总政治部，一天，毛主席见到她，说："你怎么离开警卫团啦？"总政治部和"抗大"同在一院，常常有"抗大"的学生到她这里玩儿，有一天正好毛主席来看她，见一屋子学生，后来毛主席对她说："我看你呀，还是习惯和知识分子在一起，他们喜欢你，你也喜欢他们，和战士，你还有距离，还不能打成一片。"母亲说："我明白了，毛主席不满意我离开了警卫团，我对警卫团的工作是有些畏难情绪，主观原因是我坚持不够，客观原因是我从上海的亭子间生活一下子下到基层部队，环境差异太大了。如果先在政治部这样的机关工作一年半载再下到基层部队就会好些。后来又有一次，毛主席说我'有些名士气派'，我懂得这个批评更重了，但心里感到舒服，认为他真正了解我，我是有这个缺点，我对他的批评心悦诚服。"

中国文艺协会还举行高尔基逝世周年纪念会。到会六七百人。丁玲在会上报告纪念会的意义和高尔基的一生。毛泽东、朱德、张闻天、周恩来、博古等出席了会议并讲话。

中国文艺协会组织的戏剧活动具有广泛的群众性。几乎每个周末都有戏剧或是歌舞演出，丰富了延安机关、部队的文娱生活，毛泽东等中央领导同志也经常与会观看。

在创作方面，中国文艺协会组织了《苏区一日》的征文活动，以全面表现苏区的生活和斗争，号召一切红军指战员和各方面的工作人员积极应征。后来由于只有三四十篇稿件，《苏区一日》一书没有编辑成功，其中的一部分选刊在中国文艺协会编辑的《红中副刊》和《苏区文艺》上。

在随军的短短几个月生活中，丁玲写下了《保安行》七八篇，《北上》六七篇，《南下》七八篇共二十来篇印象记和通讯。本拟出一本小册子，但她总嫌对生活观察体验不深，自己不满意，所以出书的事就放下了。"七七"事变后，她上前方去，把这些稿子存在一个地方。一年后她回到延安，把这些稿子拿回来时，却发现只有几篇了，大部分没有了。这是一件十分可惜的事。但是，目前留存于世的几篇：《到前线去》《广暴纪念在定边》《彭德怀速写》《记左权同志话山城堡之战》《南下军中之一页日记》，以及回到延安之后写的《警卫团生活一斑》《一颗未出膛的枪弹》《东村事件》《文艺在苏区》等篇章也为抗日战争爆发前的一段时间里，对于陕北苏区和红军的革命斗争生活留下了一些历史的记录。同时，它们也记录了丁玲在苏区和在红军中的生活、工作、斗争和情感。这些作品，对于丁玲自己，也是十分珍贵的纪念。以这些作品为新的起点，丁玲的文学创作开始了新的一页。

丁玲热情歌颂，高度评价陕北苏区的大众化，普遍化的文艺，她在1937年4月15日中共中央机关刊物《解放周刊》一卷三期上著文《文艺在苏区》，文中说：

> 苏区的文艺……自有他的特点，就是大众化，普遍化，深入群众，虽不高深，却为大众所喜。……所以虽在印刷业很不发达的苏区，而文艺的花朵，纵是一些很小的野花也好，却是遍地盛开，如同海上的白鸥显得亲切而可爱。

这是当时陕北苏区文艺活动真实的写照。

"七七"事变后，丁玲于1937年9月去了前线，徐梦秋更早地在那年夏天去了新疆拟转赴苏联[1]。由于主要组织者离开了延安，中国文艺协会的工作一时陷于停顿。后来又有一批文艺工作者来到延安，在新的形势下，于1937年11月另外成立了"特区文化救亡协会"。至此，中国文艺协会结束了它的历史使命。

"中国文艺协会"从1936年11月成立，到1937年11月结束，为时整整一年。在这一年中，党中央和苏维埃中央政府进驻陕北不久，人力和物质条件都较缺乏，加之负担"文协"领导工作的同志，都还担负着其他的正式职务，如丁玲同志就曾担任警卫团副主任，做"文协"的工作多半是在业余时间。但现在看来，即使在那样的

[1] 徐梦秋，1937—1939年间，中共有一些干部去苏联，或从苏联返回延安，途经新疆时，应新疆省主席盛世才之邀，经中共中央同意留在新疆工作。徐梦秋即为其中之一，任教育厅副厅长兼新疆学院院长。1942年盛世才靠拢蒋介石反共，这批干部即被捕。徐梦秋在拘押期间叛变。新中国成立后被判刑，1976年在狱中死去。

条件下,"文协"还开展了那样多的工作,实在是难能可贵的。它对后来陕北根据地的文艺工作,起到了既是承前启后,又是奠基和发轫的作用,在我国革命文艺发展史上写下了光荣的一页。[1]

曾在中国文艺协会工作过的朱正明回忆道:

> 我认为丁玲同志对中国文艺协会的工作是花费了很多心血和作了很大努力的。后来许多文艺工作者到了延安,局面又有了很大的发展,但以丁玲为主任的中国文艺协会仍应是其先驱。当时丁玲同志只有三十岁出头一些,体格健康、精力充沛、意气奋发、才华正茂,工作起来不知疲倦,既能在高兴时笑声朗朗,又能坐下来沉静地思考和写作,或亲切委婉地和人谈话,我从未见她发过脾气。我觉得她为人正直、朴实、大方,不隐讳自己的观点和看法。在保安和延安相处六个月,时间虽短,但她给我的教益和影响是很深的。[2]

---

[1] 唐天然:《陕北根据地的第一个文艺团体——中国文艺协会》,《新文学史料》1980年第3期。

[2] 朱正明:《丁玲与陕北苏区"中国文艺协会"》,《新文学史料》1987年第1期。

◇ 1936年底，丁玲在红军中

◇ 1937年春，丁玲（中）与康克清（左）、贺子珍

◇ 1937年5月，丁玲与国民党赴延安考察团合影

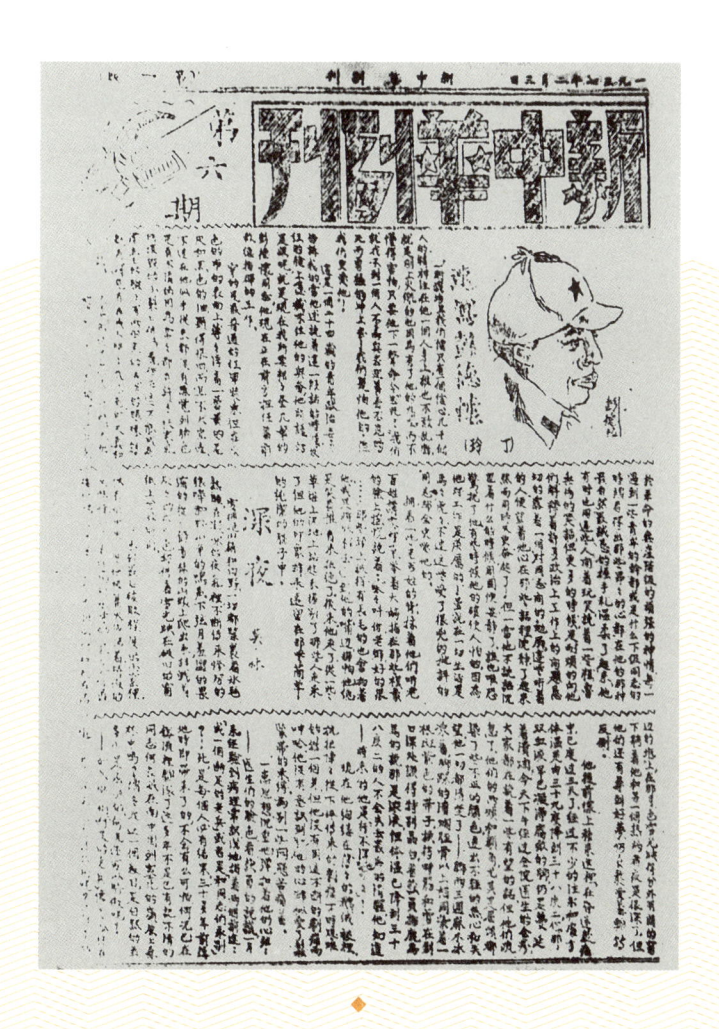

◇《红色中华·新中华副刊》第六期刊载了丁玲所写的《彭德怀速写》及她所绘的彭德怀素描

◇ 毛泽东书赠丁玲词作《临江仙·给丁玲同志》

壁上红旗飘落照，
西风漫卷孤城。
保安人物一时新。
洞中开宴会，
招待出牢人。

纤笔一枝谁与似，
三千毛瑟精兵。
阵图开向陇山东。
昨天文小姐，
今日武将军。

第十二章 奔赴抗日前线

　　1937年7月7日，发生了卢沟桥事变，中国人民全面抗日战争从此开始。卢沟桥事变发生的第二天，中国共产党中央委员会发出《中国共产党为日军进攻卢沟桥通电》，向全国人民呼吁："平津危急！华北危急！中华民族危急！只有全民族抗战，才是我们的出路。""七七"事变，彻底暴露了日本侵略的目的是要吞并整个中国。在这样的形势下，蒋介石不得不接受中国共产党和爱国人民的建议，实行团结抗日。8月22日，国民党政府军事委员会发表中国红军改编为第八路军的命令（1937年9月，国民政府军事委员会又将第八路军番号改为第十八集团军）。8月25日，中共中央军委发布命令，中国工农红军改编为八路军，朱德为总指挥，彭德怀为副总指挥。

　　"七七"事变一发生，全延安就沸腾了起来，人们纷纷要求去前方杀敌。丁玲再也静不下来，她同在抗大任教的吴奚如商量，组织一个六七人的战地记者团，只要很少的人，花很少的钱，走很多的地方，写很多的通讯。这消息传开了，许多人要求参加进来，要求扩大组织，加上戏剧、歌咏、漫画。为此，中共中央宣传部决定成立"西北战地服务团"。

　　母亲曾同我谈她为组建西战团和毛主席的谈话，她说："那时，我常到毛主席那里去，接触比较多，事实上，那时我的工作，都是主席亲自安排的。所以组建西战团的时候，我就去请教他如何组建这个团。主席也是以一种帮我出主意的语气来谈。他风趣地说：'每个机构都要有个首长，你看我们给这个团的首长定个什么官衔呢，是不是叫团长？'

我说：'我不喜欢别人叫我什么长的。'主席就说：'那就叫主任吧。'我说：'好。'主席又说：'团下面按工作需要设立几个部门，各司其职，各负其责，你看是叫部还是叫科？'我说：'我希望叫得小一点。'主席说：'那就叫股吧。'我说：'好。'主席进一步明确西战团的隶属关系，他说：'这个团，在后方属中央军委领导，在前方属总政治部领导。'属军委领导，实际上就是属他直接领导。主席向我说：'这个工作很重要，对你也很好，到前方去可以接近部队，接近群众，宣传党的政策，扩大党的影响。宣传上要做到群众喜闻乐见，要大众化。现在有人谈旧瓶新酒，我看形式上新瓶新酒、旧瓶新酒都可以，只要对抗战有利。'"

母亲向我叙述的这些，包括她与毛主席的对话，我都是记得很清楚的，不会有误。她后来写这件事情的回忆时，把她同我谈话中说的向毛主席请教，写为"请示"，把毛主席以帮她出主意的口气同她谈组建西战团的事，写为"指示"，并且删略了她与毛主席之间的生动的对话。此后，一些书写她生平的作品，也就按她回忆的文字写。但我以为，按照她同我所谈的，要更符合那时她同毛主席的关系，她的性格也表现得更明朗一些。

丁玲被任命为西北战地服务团主任，吴奚如为副主任。[1] 成立了党支部，吴奚如为党支部书记，丁玲、陈克寒为委员，吴奚如离团后，丁玲兼任书记。

吴奚如，湖北人，1925年加入中国共产党。1926年入黄埔军校学习，北伐时曾任叶挺独立团连党代表、团政治处副主任，土地革命时期任中共河南省委军委书记。1928年被捕，判刑五年，1933年出狱后来到上海，1934年春参加"左联"，发表了一些文艺作品。他的创作得到鲁迅的指导，他同时在中共特科工作，并担任鲁迅和党中央特科联系的承转人。吴奚如在西战团工作的时间不长，1937年12月调武汉中共中央长江局，担任周恩来的政治秘书。后来去新四军，担任新四军第三支队及江北纵队政治部主任。1941年1月从皖南事变中脱险，辗转数月，经重庆回到延安，担任总政治部宣传部文化科长。1943年整风审干中，受到康生的迫害，失去了党籍。自此，坎坷地生活了四十余年，1985年2月病逝，终年七十九岁。逝世后，有关党组织恢复了他的党籍，党龄从1925年算起。

丁玲在受领西北战地服务团主任之后，于1937年8月11日写下了一页日记：

[1] 起初西北战地服务团前面冠以"红军"，因成立于8月22日之前，后冠以"八路军"（或十八集团军），其全称为"八路军（或十八集团军）西北战地服务团"。

> 当一个伟大任务站在你面前的时候，应该忘去自己的渺小。
>
> 不要怕群众，不要怕群众知道你的弱点。要到群众中去学习，要在群众的监视之下纠正那致命的缺点。
>
> 领导是集体的，不是个人的，所以不是一个两个英雄能做成什么大事的。多听大众的意见，多派大众一些工作，不独断独行，不包而不办，是最好的领导方式。
>
> 要确立信仰。但不是作威作福，相反的，是对人要和气，对工作要耐苦，斗争要坚定，解释要耐烦，方式要灵活，说话却不能随便。
>
> 明天我就要同一群年轻的人在一道了，大部分的人我都不认识，生活年龄都使我们有一道距离，但我一定要打破它，我不愿以我的名字领导着他们，我要以我的态度去亲近他们，以我的工作来说服他们。我不是一个自由的人了，但我的生活将更快乐，而且我在一群年轻人领导之下，将变得比较能干起来。我以最大的热情去迎接这新的生活。[1]

"当一个伟大任务站在你面前的时候，应该忘记自己的渺小。"这里，"伟大任务"当然是指抗日战争，而绝非指领导一个小小的西战团。这一富于哲理的话，是可以作为名言警句长留于世的。这页日记就是丁玲当时的心情，也可以当作是她对自己一生工作作风的座右铭。终我对她一生的了解，我认为她一直是这样地做着的，并且完完全全地做到了，除了"说话却不能随便"这一点稍有缺陷之外。

西战团的团员大部分来自"抗大"的学生，初步组成一支三十余名团员，加上勤杂人员共五十多人的队伍，后来到山西后又有一批人参加进来。团下设股，陈克寒为通讯股股长、张可为宣传股股长，陈明为副股长，李唯为总务股股长。通讯股负责采访战地消息，撰写通讯报导，编辑出版发行油印刊物《战地》，宣传股下分戏剧、歌咏、讲演等组。最早的团员有：王玉清、戈矛（徐光霄）、张天虚、高敏夫、黄竹君、吴坚、李劫夫、苏醒痴、朱焰、陈正清、张可、袁勃、邵子南等；女团员有：朱慧、夏革非、罗蓝、李君裁、王钟、吴光伟等；到山西和西安后参加进来的有：田间、史轮、赵荣声、靳明、蒋弼、赵尚武、周巍峙、洛汀、郎宗敏、黄明清、何慧，还有小团员李伯万、

[1] 丁玲：《西北战地服务团成立之前·附日记一页》，《丁玲全集》第7卷。

郎宗岳及先后担任丁玲勤务员的杨伍城、郭起厚等。

丁玲亲自执笔拟定了《西北战地服务团行动纲领》和《本团规约》。

西北战地服务团刚成立几天，丁玲于1937年8月15日接受了美国记者尼姆·威尔斯（海伦·斯诺）的采访，在向她介绍了西战团的组织情况之后谈西战团的工作任务。尼姆·威尔斯留下了她的访谈记录：

> 1937年8月15日，延安。
>
> 丁玲是西北战地服务团团长，他们计划离开延安到前线去。她说，假如我愿意的话，可以作为新闻记者，同他们一起前往。丁玲说："我们的任务是要说明日本侵略不会在任何明确的地方停止。如果战争开始，整个中国都是前方。我们的工作是通过搞宣传帮助战士，使战士干部更加感到我们民族的自主自信和牺牲精神。我们和红军一起走，但并不是说我们的工作将局限于红军。我们也希望在其他友军里做工作。我们还要在被俘的日本士兵中做宣传工作，启发他们的阶级觉悟，给他们施加影响，停止侵略中国的战争。我们还要在当地群众中做宣传工作，帮助他们组织召开救亡会，给他们讲解这次战争的意义。"
>
> 丁玲接着说："这样的服务团，也是帮助抗日战士的友好团，可以叫做能帮助战士的任何一个团。当我们到达一个地方，敌人很快占领时，我们就组织游击队或义勇军，扰乱敌人的后方——不要对外发表这个情况。我们还要给公众写一系列信，在报纸上发表；同时告诉前方的确切消息，唤起民众的爱国精神，号召全民参加战斗。我们还要把这些消息告诉全世界，告诉那些同情我们、希望支援我们的人民。这就是我们希望完成的工作。"
>
> "只有当战争结束时，我们才会回来，也许永远回不来。在这个时候，一切中国人都必须放弃自己平静的生活。我们的服务团将不同于一般的宣传队，它要为战争胜利的未来而斗争。不过，我们缺少做群众工作的经验。"
>
> 丁玲是一位体魄健壮、刚毅不屈的妇女，富有天生的指挥才干和领导能力。她并非一个无足轻重的人。她有着惊人的毅力和诱人的品格。我喜欢她，喜欢同她谈话。[1]

---

[1] 海伦·斯诺：《五访丁玲》，《延安文艺研究》1985年第3期。

从西北战地服务团行动纲领和丁玲向尼姆·威尔斯的谈话来看，西北战地服务团是一个不同于一般的文工团或宣传队的团体。它不仅如一般的文工团或宣传队那样用戏剧、歌咏、漫画、标语等方式进行宣传，它还有通讯股，负责采访和写出战地的通讯报道，出版刊物、丛书，并且把帮助当地政府组织战地救亡团体，向日军进行宣传和对俘虏进行宣传、训练，甚至把组织游击队、扰乱敌人后方的工作也包括在工作任务范围之内。所以，从计划来看，西北战地服务团是一个以宣传为主要武器的战地工作团。

丁玲之所言："只有当战争结束时，我们才会回来，也许永远回不来"，大有"风萧萧兮易水寒，壮士一去兮不复还"那样的心态，表现了她将带领她这一团人，奔赴前线，与日寇战斗，视死如归的大无畏的决心。事实上，西战团的几位团员后来的确没有能回来，史轮、蒋弼、赵尚武（东北"抗联"将领赵尚志之弟）都先后牺牲在抗日战场上。

毛泽东等中央领导同志出席了西战团的成立大会。毛泽东讲了话，他勉励西战团的同志要继承红军的优良传统，遵守三大纪律、八项注意，宣传内容要大众化，扩大党的影响，争取抗战的胜利，作风也要大众化，为人民服务，向人民学习。

在出发前的一个多月里，丁玲和吴奚如做了大量的准备工作。为了充实团员的政治认识与理解，请李富春、凯丰等五六位领导同志来讲战时的政治工作、地方群众工作、统一战线、中日问题、托派理论、行军须知等问题。

作为业务工作上的准备，团里根据抗战的形势，适应抗战的需要，在短短一个月内，自己动手创作和排练了一批戏剧、歌舞节目。这些突击出来的节目，在向延安各界的汇报演出和多次公演中，都博得观众的热烈掌声和赞扬。

为了宣传工作的需要，完成团里戏剧组分配的一项任务，丁玲在西战团出发前写了独幕剧《重逢》，后来在前方又写了三幕剧《河内一郎》。《重逢》在延安、山西、西安都上演过，还被译成英文，在印度上演过，后来发表在《七月》杂志上。创作《河内一郎》时，曾得到在八路军总政治部敌工部工作的日本战友泽村利胜的帮助。丁玲直到晚年还怀念这位日本战友，只是因为时间太久，生活的波涛太激荡，不知他在哪里，也无法联系。《河内一郎》在西战团没有演过，但在国统区，有几个地方演过。

团里通讯股的张天虚写了一个剧本《王老爷》，内容是宣传抗战，有力出力，有钱出钱。剧里有一个八路军女政工人员的角色，在剧末出场，有不多的两三段台词，说服王老爷有钱出钱，支持抗战。大家要丁玲担任此角。那天是一次汇报演出，丁玲仍旧穿她平日穿的灰军装，腰系皮带，腿打绑腿，只薄薄地在脸上涂了点油彩就上了台。台下的观众都是干部，都是熟人，出其不意地看见丁玲出现在台上，哄的一声都笑了。丁玲的脸直发烧，心直跳，几句台词也记不起来了。她慢慢地定下神来，在演王老爷演员的帮助下，才把那几句台词说完。丁玲是湖南人，说的普通话里带着家乡口音，演个八路军的政治工作干部，这口音倒也合适，很自然，很亲切。丁玲回到后台，看见毛泽东正在侧幕旁边望着她笑。原来毛泽东来晚了，从前门挤不进来，就只好从后台进来，台上正在演戏，不便从台上下到会场去，就站在侧幕旁边看戏。毛泽东笑着说："啊，丁玲也上台演戏了，好呀。"丁玲想着刚才差点儿把台词都忘记了，心里好惭愧。

1937年8月15日，延安各界举行欢送西北战地服务团开赴前线晚会。毛泽东等中央首长都出席会议。毛泽东致词说："战地服务团是一件大工作，因为打日本，在国内在世界上都是一件大事，我们数年来要求举国团结一致抗日，在今天可以说已经开始实现了。这次战争可以说带着有最后一次的意义，战地服务团随红军出发前方工作，你们要用你们的笔，用你们的口与日本打仗。军队用枪与日本打，我们要从文的方面从武的方面夹攻日本帝国主义，使日寇在我们面前长此覆灭下去。"[1] 各界代表致词后，丁玲致答词。她说："战地服务团的组织虽然小，但是它好像小河流水一样慢慢地流入大河，聚会着若干河的水，变成一个洪流，把日寇完全覆灭在我们的洪水中。……我们誓死要打倒日寇，如不达到此目的，决不回来与各位见面。"[2]

出发前，军委供给部给每人发了一套新军装、一双布鞋，送来一匹马和七头毛驴。

9月22日，西战团离开延安开赴前线。八路军西北战地服务团的红色团旗在晨风中飘扬，丁玲走在最前面，全团列队，步伐整齐地在人群的欢送声中走出了延安古城，沿着延河水向东行进。马上铺着丁玲和吴奚如的行李，毛驴驮着道具、服装、幕布和女团员的部分衣、被。

毛泽东在西战团出发前和出发后，两次打电报给八路军驻太原办事处主任彭雪枫。第一封电报说丁玲率领的西北战地服务团将要由延安经吉县去太原；第二封电报

[1] 1937年8月19日《新中华报》。
[2] 丁玲：《在延安各界欢送西北战地服务团出发前线晚会上的答谢词》，1937年8月19日《新中华报》。

说已由延安出发，将在平渡关过黄河经吉县去太原，要彭雪枫派人迎接。

走了三四天，西战团夜宿延长城。出人意料的是徐特立来看望丁玲和西战团的团员来了。原来是徐老正在延长视察工作，他主管边区的教育。在延安时，丁玲常去拜访徐老，听他讲长征中的故事。故而在徐老六十诞辰时，丁玲和周小舟（时为毛泽东的秘书）等凑出一首诗赠徐老，中有"衣服自己缝，马儿跟着跑。故事满肚皮，见人说不了。万里记长征，目录已编好。青山与绿水，徐老永不老"句，甚得毛泽东好评。

母亲曾对我说过徐老的群众化。她说徐老还在晚会上表演两个人对话的"小品"哩！一次晚会上，徐老在台上，对方问："徐老，你到哪里去呀？"徐老说："我到中国文艺协会找丁玲去呀。"于是哄堂大笑。正好母亲在台下，就被周围的人拥上了台，母亲也没有思想准备，就顺口问道："徐老，你找我做什么呀？"徐老说："商量写文章反映红军长征的生活呀。"台下的人笑得更厉害了。

丁玲率西战团离开延长那天，徐老直送他们到城外。

10月1日，西战团到达黄河边。黄河两岸耸立着高山，浑黄的河水沿山峡怒吼着奔腾而下。身着戎装，腰挎手枪的丁玲站立在黄河西岸山巅之上。她回首西望，似波涛起伏般的黄土山岭连绵无尽。一年前，她踏上了这片黄土地，开始了一个崭新的生活，接触了一批新型的人，萌生了一种新的情感。这里是她革命征途中的一个新的起点。在这里她经历了她一生中最光荣、最幸福的时刻。她望着这片黄土地，眷念之情从心中油然而生。她极目远眺，对岸层层叠叠的山峰无边无际。她思忖着，那远方，那目光所及的最远山峰下面，或许就是战场。而她，她将率领她的团奔赴那里，用笔、用口，也许还用枪，去和日本侵略者战斗。一个伟大的时代正在开始，这个时代赋予一切革命者、爱国者以保卫祖国，效命疆场的神圣使命。丁玲思之于此，"当一个伟大任务站在你面前的时候，应该忘去自己的渺小"，留于日记中的意念重又翻腾在心头。她心潮澎湃，充溢着压倒一切敌人，抗战必胜的信念。

这天，丁玲率西战团在平渡关渡过了黄河。

她那时当然不会想到，十一年后的这一天，她作为第一届全国政协委员，会站在天安门城楼上参加新中国的开国大典。

阎锡山是统治了山西三十多年的土皇帝，历来闭关自守，不容许外来的政治势力进入。抗日战争全面爆发后，日军侵入了山西北部。阎锡山眼看自己的地盘不保，不得不勉强抗日。他自知自己的力量薄弱，只好借助国民党和共产党的力量抗日。但是他又对八路军开进他的地盘发动群众开展抗日游击战争心存疑虑，担心打破他的封建割据。但是山西的人民从心里拥护共产党，欢迎八路军开进山西，保卫他们的家乡。西战团过黄河之后行进的路线，正是两年前红军东征经过的地方。这一带的群众对红军是了解和熟悉的，是有感情的。这时，他们就把对共产党，对红军的这种感情倾注在西战团的身上。

西战团于12日下午到达太原。到达时恰逢日寇的轰炸，时断时续，于是就地隐蔽，临近黄昏时方才进入市区，受到八路军驻太原办事处主任彭雪枫及办事处同志们的热烈欢迎。

此时的太原已处在战争的前沿，阎锡山的部队正在八路军三个师的配合下在太原以北约一百公里的忻口一带进行忻口战役。两星期以前，八路军一一五师于9月25日首战平型关，歼敌一千余人，缴获一批辎重武器。平型关战斗是全面抗战开始以来中国军队取得的第一次大胜利，粉碎了日本皇军不可战胜的神话，提高了共产党、八路军的威望。

中央军委副主席周恩来那时作为中共中央代表在太原和第二战区司令长官阎锡山进行统一战线工作，兼对八路军在山西战场作战的指导。西战团在太原期间就在周恩来副主席的直接指示下工作。

10月13日，西战团到达太原的第二天，丁玲在山西太原大礼堂发表演讲，宣传党的抗日主张，吁请各界支持西战团的工作。当晚，即在一个大剧院举行了公演。周恩来亲临出席，八路军办事处的同志、山西国民党的许多党政军要人、各群众团体代表都出席了。济济一堂，座无虚席。西战团用一套根据陕北民歌谱成的抗日歌曲、含有抗战内容的短话剧，以及宣传抗日的相声、快板、秧歌舞，博得了观众热烈的掌声。全场气氛激昂，演出极为成功。演出的两天里，太原的各报纸均对此作了报道。

西战团的工作，也得到华北局书记刘少奇的指示。当时也在太原的刘少奇同志通知由薄一波等同志参与领导的山西国共两党合作的民族革命战争动员委员会、牺牲救国同盟会、决死队（新军）等抗日组织和各县地方党组织支持西战团的工作。西战团在太原和山西期间，在这些组织的支持下，开展了许多宣传和统一战线的工作。

早在1922年，母亲在上海平民女学时就认识刘少奇。母亲曾向我说，时隔十五年，她重又见到刘少奇时，刘少奇第一句话就是："从平民女校一别，已这许多年了，我一眼还能认出你。"薄一波后来回忆："我就是在山西抗日前线初识这位'昨天文小姐，今日武将军'的。"[1]

西战团在太原期间曾经到一一五师师部和杨得志任团长的六八五团慰问演出，得到指战员的热烈欢迎。林彪师长也来看望西战团的团员。当年十七岁的女团员罗蓝后来回忆道：林彪那时很随和，有说有笑，听到我一口湖北音，便和我攀老乡，还诙谐地讲，人家都贬我们，说"天上九头鸟，地上湖北佬"，为什么？因为我们湖北人就是聪明。杨得志特地送丁玲一件平型关大战中缴获的崭新的日本军官黄呢军大衣，还送了几件给团里，作演出服装用。丁玲时常穿着这件大衣，穿着它有一种胜利的荣誉感，并留下数帧穿着这件大衣的照片，给人们留下了一个飒爽英姿女战士的形象。这件大衣也是一件宣传品，很为人瞩目，从它就能说到平型关大战。

西战团成绩卓著，名声大震。丁玲受到中外新闻界、文化界的广泛注意，不少人为她著文，如：《丁玲在西北》《最近的丁玲》《红军中的丁玲》《丁玲在前线》《丁玲领导的战地服务团》《和丁玲一起在前线》等等。西战团的工作得到了党中央的肯定。10月29日，中共中央宣传部征求战地服务团团员：据山西来信，自我们的战地服务团出发后，经过大宁、蒲县、洪洞等处，沿途表演抗战戏剧，深得山西人民拥护。现要求我们派剧团去，我们准备组织第二西北战地服务团去山西。凡有志此项工作者，请自动向本部报名。[2] 在太原，西战团又吸收了一些新的血液，有一些人参加进来；同时也向山西新军决死队输送了一些干部，如陈克寒、罗蓝等。

根据邓力群的回忆："我到延安以后，大概1937年9月或者10月，周恩来同志从前方回来，在一个小礼堂作报告，讲前方抗战的情况，讲共产党主张全民抗战，全面抗战，国民党却认为只需要军队抗战，不需要动员人民抗战。恩来同志很有风趣地说道：'我们不但八路军开上了前线，我们的著名作家丁玲同志，也已经带着战地服务团奔赴了前线。她是代表了人民群众的，所以在我们前方，不仅有军队的抗战，也有人民的抗战。军队主要是男同志，丁玲同志是女同志，她带的服务团还有不少女同志，所以不仅是军民的全面抗战，也是男女的全面抗战。'恩来同志这篇讲话，给我印象很深。"[3] 后来，1939年7月20日，

---

[1] 薄一波致丁玲研究会电，1996年7月2日。
[2] 艾克恩：《延安文艺运动纪盛》，文化艺术出版社1987年出版。
[3] 邓力群：《追思逝者，激励生者》，《丁玲纪念集》，湖南人民出版社1987年出版。

周恩来在延安女子大学开学典礼上盛赞中国妇女在伟大的抗日战争中的作用。其中特别讲到"丁玲等所组织的战地服务团,在前线艰苦奋斗,获得全国人民的称颂"。[1]

1937年11月上旬,太原失守的前几天,丁玲正率西战团在太原南边的太谷县演出。演出结束从热闹的礼堂走到街上,顿时感到恐怖的气氛。在黑暗的街上,络绎不断的骡马,退却下来的队伍,急匆匆地向南走去,大队的人马,零散的小队,通夜就没有断过。老百姓赶忙关上了门板。战地动员会的同志也拿不定主意。丁玲心里明白,前线的战局一定不好,但沉着地等着指示。

第二天上午,派到太原向周恩来副主席请示的陈克寒回来了,他带来了周副主席的指示：

> 第一,立刻离开太谷。丁玲带领能跑路的向东走,奔和顺县、辽县找129师,奚如同志带领体力弱些的奔汾阳,找总政治部,立刻动身;
>
> 第二,中途不许耽搁,以速取联络为是;
>
> 第三,丁玲此去,不知如何,可与某某游击队一道走,好有照应。[2]

战局很不好,太原、榆次危在旦夕。西战团立即分成大、小两个队,大队由丁玲率领向东,小队由吴奚如率领向西。也没有时间给他们相互表示离别之情,中午时分,互相挥挥手,两支队伍就各奔向自己的目标前进了。此匆匆一别,丁玲三年后才又见到吴奚如,他那时刚从皖南事变脱险后回到延安。

这天,当丁玲率领西战团到达某某游击队的住处时,发现气氛很紧张,人们跑进跑出,似乎酝酿着什么行动。这是一支打着国共合作旗号,由共产党组织刚组建起来的一支游击队,一百多人,司令是张学思,成分有爱国的军官、学生,还有农民。游击队的领导正在开会,司令和参谋长向丁玲介绍情况,原来是他们了解到当天住在邻村的国民党的一连杂牌溃军在抢劫村里老百姓的财物,队员们听到后义愤填膺,纷纷要求去消灭他们。游击队的领导有两种意见:所谓积极的,用武力去解决他们,这是基于爱国、爱民的义愤;所谓消极的,不去管它,因为自己力量不足,没有多少条枪。丁玲极不同意所谓的积极的做法,因为这不符合抗

[1] 艾克恩:《丁玲和抗战初期的西北战地服务团》,《新文学史料》1986年第3期。
[2] 丁玲:《冀村之夜》,《丁玲全集》第5卷。

日统一战线的政策，但也不赞成那消极的办法，她建议第二天一早派人带信去劝说他们不要祸害百姓，同时晚上加强警戒，防止他们来骚扰。游击队的领导知道丁玲的身份和社会地位，听从了丁玲的建议。这一夜，本来可以这样平静地过去，哪知半夜发生了戏剧性的变化。原来是这连溃兵，听说邻村驻了八路军的"司令部"和一个"团"，便急忙连夜带着抢劫来的东西离去，不巧的是走在后面的连长和几个兵，被游击队的游动哨劫了下来。丁玲还没有上床，只听见门外一阵呵斥声、枪托声，紧接着游击队的参谋长和一些队员就把被抓住的连长推了进来，请丁玲发落。游击队员从这连长的口袋里搜出好多的钱。丁玲正向这个连长进行说服教育工作，骤然情况变得格外严重，充满浓厚的火药味。却是那一连人在大门外，鼓噪着要见他们的连长，并且好多支枪的枪口瞄准着院内，而游击队的人，也枪口对外地守卫在墙内。双方火并，一触即发。几个西战团的团员勇敢地走出院子，面对枪口，高喊："中国人不打中国人，有话好商量。"既然这些溃兵误以为这里是八路军的司令部，还有一团人警卫，丁玲也就以"司令部"代表的身份向这些持着枪的溃兵做解释说服工作，指出他们抢老百姓的东西是不对的，是军纪所不允许的，军队应该爱护老百姓，军民团结一致抗日。答应释放他们的连长，交还缴了的枪，但是从老百姓那里抢来的东西必须留下，交由当地战地动员委员会还给老百姓。被扣的连长命令他的兵收起武器，答应了条件。于是，放下了抢劫的东西，走人。一场危机就这样解决了。

母亲后来以这个经历写了一篇散文《冀村之夜》。不过，在这篇文章里，她隐去了她自己在这千钧一发的事件中，面对着枪口的勇敢、坦然的作为，而是突出了她的六个团员的英勇表现，实际上她是主要的说服者，在对方枪口下从容地做说服工作。从这整个事件，不难看出她是很好地掌握着党的抗日统一战线政策，而且临危不惧、冷静沉着，颇有"武将军"的风度。我曾问过她，她说"冀村"是文章里编出来的名字。

三天后，西战团在和顺县找到了八路军总司令部，此后就每天按序列随大部队行军，经辽县（今左权）、武乡、沁县、沁源，到达洪洞、临汾一线。

在行军途中，丁玲与史沫特莱又重逢了。史沫特莱这位美国友人热爱中国人民，同情中国革命，亲身参加中国人民的抗日斗争，向全世界报导八路军的抗战功绩。经她的申请，她还成为西战团的名誉团员。丁玲后来回忆在山西抗日前线，她与史沫特莱短促的交往："那时大家都是来去匆匆，以为随时可以见面，但其实见面也只能握手微笑，我们没有捞到一次长谈的机会。我们驻在洪洞县万安镇时，她住在离我们十多里的总部，我们还见过面。后来，听说她要离开前线到国民党区去工作，为八路军宣传、募捐。我来不及送她，她已悄然离去了。"[1]

此后，她们没有再见面，但互相都设法打听对方的活动的信息。1950年，史沫特莱逝世，丁玲写了《噩耗传来》表示她的悼念，在史沫特莱的骨灰安放于北京八宝山革命公墓的仪式上，丁玲发表长篇讲话，介绍《战士史沫特莱生平》，晚年更著《她更是一个文学作家——怀念史沫特莱同志》，缅怀曾经关怀过她、爱护过她的这位国际友人。

西战团先后驻在离八路军总部驻地洪洞县马牧村不远的刘村和万安镇。这期间，西战团再次去临汾进行宣传演出。在临汾，战地记者朗晓于12月26日采访了丁玲，他在《丁玲访问记》中概括地写了西战团三个月来的工作情况，和描绘身在抗日前线的丁玲的形象：

> 女作家丁玲的盛名，早为人们所熟知，用不着记者来介绍。在民族抗战爆发以后，丁女士便投身前线参加抗战，率领一群爱国的儿女英雄，攀山爬岭，冒风冒雨，辗转五十县，长征三千里。他们鼓励了前线的英勇将士，奋勇杀敌；唤醒了战区的广大的民众，援助前线抗战。他们总算尽了他们所应尽的责任。
>
> 她的一切很平常，态度怡然，举止大方，然而是庄重的严肃的。她的服装象一个娘子军，戴着一顶兵士的灰布军帽，穿了一件黄呢子大衣，还缺两个黄铜扣子，一双母熊的棉鞋不相称的登在脚上。面孔显得极憔悴，一看就知道是饱经风霜长征过来的。[2]

在八路军总部，丁玲又在任弼时的领导下工作了。任弼时是总政治部主任。她常请朱总司令、彭德怀副总司令和任弼时主任来西战团给团员讲课，讲抗战形势，讲马列主义。虽然任弼时在工作上要求严格，但丁玲感到心情舒畅。因为在以前南下军中那段日子的接触中，她切身体会到任弼时同志是一个非常能体贴人，非常细心、非常平和、非常可亲的人。

[1] 丁玲：《她更是一个文学作家——怀念史沫特莱同志》，《丁玲全集》第6卷。
[2] 朗晓：《丁玲访问记》，自《西线战事》，剑北等著，西安文化日报发行，1938年2月出版。

她那时有什么事都愿意向任弼时同志讲，现在就更是如此。

几十年后，母亲向我说起那时的情况，她说她有考虑不周的地方，就是忽略了别的政治、宣传方面的领导同志，更应该向主管宣传这方面工作的领导同志请示汇报，这可能引起了有的人的不快，甚至记在了心里。可惜的是，许多年后经过了亲身的感受才察觉到这一点。她说，在上海做地下工作时，组织关系很简单，实际上，我真正进入党的组织生活，处理组织中的人事关系，还是进苏区以后，而进苏区之后，我接触的又都是中央首长，我的工作又都由他们考虑、安排，加上我以前就跟着任弼时，同他熟，所以自然地什么事都找他了。她说，我这个人不会做人，所以有些人不喜欢我。

当时，八路军十分艰苦，作为八路军建制内的西战团也一样。这从丁玲向任弼时汇报工作的一次谈话中可以看出：

> 弼时同志是政治部主任，我常去向他汇报工作。有一次，我在演出费里报了点浮帐，记不得是几元钱，有炭火费、钉子费等。他就问："你们不是有烤火费吗？为什么还领炭火费呢？"我说："当然有，那是在老百姓家里，办公用的，这炭火费是在露天舞台、后台用的，后台冷，演员化装需要烤火。"他说："你们演出，住室的炭火不就省下了嘛！"接着他又问："钉子干什么用？"我说："挂幕布。"他又说："钉子用过后不是可以拔下来带走吗？"我说："钉在木头里可不好拔哩！"那时八路军就是这样艰苦，这样节约。我们的演出费很少，在农村演一次，才花两三块钱。可弼时同志工作作风是那么细，那样严肃认真。[1]

1938年1月31日，农历大年初一，国民党第十四集团军司令卫立煌从临汾来到洪洞马牧村八路军总部拜年。在欢迎卫立煌的大会上，朱德总司令和卫立煌都讲了话。演讲完毕之后，西战团表演了文艺节目。这些新近才排练出来的文艺节目，丰富多彩、生动别致。节目中，《八百壮士》，表现了上海抗战中国民党士兵的英勇事迹；《忻口之战》，表现了国民党中央军、晋绥军、八路军合作抗日的事迹；《平型关大战》，表现了八路军首战告捷的事迹；还有《全民总动员》大秧歌舞等等。这些节目反映了当前抗战的实际，反映了国共两党团结抗日的实际，受到了全场观众的热烈欢迎。卫立煌非常赞赏，鼓掌不绝。

---
[1] 丁玲：《忆弼时同志》，《丁玲全集》第6卷。

他认为这些节目很有意义,能激发大家同仇敌忾的抗日决心,在战争前线物质条件非常困难的情况下,排演出这样精彩的节目,真是一件不容易的事。朱总司令向卫立煌介绍了西战团的情况,卫立煌兴趣更浓了。他向朱总司令说,好极了,你说八路军打不垮的原因在于政治工作,我想了又想,想来想去也不知道我们的政治工作怎么进行。今天看了这些表演,听了你介绍西北战地服务团的情形,我就这么想,我们也来组织这样一个战地服务团,作为我们学习八路军政治工作经验的第一步。朱总司令说,要得,可以这样做。卫立煌表示希望朱总司令给他介绍一些人,朱总司令表示同意。后来就把西战团通讯股的赵荣声(和卫立煌是同乡)和靳明介绍过去,赵荣声按照西战团的模式,在卫立煌那里组建起了一个战地服务团。赵荣声作为特殊的秘密共产党员,在此后的一些年里,一直在做卫立煌的工作。这次看了西战团的表演,听了朱总司令对西战团的介绍,卫立煌很有感慨,他向他的左右说:八路军就是人才多,能打仗,能演戏,还能写文章,好青年都跑到他们那里去了。[1]

毛泽东主席任命丁玲当中央警卫团政治处副主任时,要丁玲"一个人一个人地去了解团里的每一个干部和战士"的教导,丁玲在西战团这个舞台上很好地实践了。在一切为了抗日这个大方向下,她以身作则,身体力行,根据每一个人的特长,发挥他的作用,根据每一个人的个性,帮助他克服他的弱点,终于把来自四面八方、出身各不相同、经历相差各异、文化参差不齐、脾气怪异者不少的一支队伍,团结成如一个"不息的,急急地旋转着"的"铁轮",为中华民族的抗日战争作出了显著的贡献。而这个"铁轮"的轴心就是他们的主任丁玲。这个"铁轮"般的集体也有着很强的磁性向心吸引力,一些团员(如罗蓝、赵荣声、靳明、张天虚等)因工作需要调离时,都不愿去,只是因为是组织决定,才不得不服从。丁玲与她的团员中的不少人几十年来都保持着很好的友谊。

应该说,西战团人才辈出。后来成为作家、艺术家为我国文艺事业作出过突出贡献的有田间、塞克、李劫夫、邵子南、洛汀、王洛宾、高敏夫,以及后来在晋察冀边区参加的凌子风、陈强、王昆等等。20世纪50年代中后期之后,担任国家副部长的有陈克寒、徐光霄、王玉清、袁勃、周巍峙等,当年的警卫工作人员黄明清后来担任解放军省军区副政治委员,小团员李伯万也成了名电影演员。

[1] 赵荣声:《回忆卫立煌先生》,文史资料出版社 1985 年出版。

八路军开赴山西抗日前线，取得了平型关大捷、奇袭阳明堡等辉煌战绩。但是，国民党却封锁这些胜利的消息。为了让国民党统治区的人民群众更多地了解共产党全面抗战的主张和必胜的信心，更多地了解八路军在山西、河北与日本侵略军的英勇奋战和取得的许多的胜利，以及深入敌后、建立根据地、开展游击战争、坚持华北抗战的情况，八路军总部决定派西北战地服务团去西安工作几个月，进行宣传，扩大中国共产党和八路军的影响，广泛接触各界人士，开展抗日民族统一战线。

1938年3月初，丁玲率西战团开赴西安。此时日本军正沿同蒲铁路南进，在敌人飞机沿途轰炸下，他们从山西乘最后一列火车、搭最后一只木船，从风陵渡渡过了黄河。

由于国民党政府抗战不力，指挥失策，战场失利，这时的西安，人心惶惶，到处挤满了南逃的无家可归的难民和从前线下来的兵士与伤员。西战团开进西安时，以红色的"八路军西北战地服务团"团旗为前导，丁玲率队走在前面，整齐的军装、有力的步伐、雄壮的歌声，使这座古城耳目一新。队伍中的女兵和平型关战斗缴获的那几件日本黄呢军大衣尤其引人注目。街旁商店里的店员、顾客和马路上的行人纷纷挤到路边，有的眉飞色舞，带着压抑不住的微笑，鼓掌欢迎，有的用惊异好奇的眼光，仔细打量或悄悄议论。西战团住进陕西省抗敌委员会为他们安排的驻地——梁府街女子中学。

丁玲所率西战团的到来，受到西安各界的热情欢迎。当时与丁玲尚未曾晤面的作家柳青（署名"莜波"）发表了题为《迎丁玲》的文章，表达了西安古城对丁玲及西战团的欢迎和期望。这篇文章向西安群众热情地介绍丁玲对革命的贡献："她固然不是抗日的马占山，可是她的笔锋却有十万兵马的威力，过去不知多少颓废的青年，因为读了她的作品而走向民族革命的战场。希望丁玲女士赶快来西安负起指导妇女大众的责任，西安的妇女们也赶快觉悟起来，负起历史使命，在丁玲女士指导之下，解脱自身的束缚。在艰苦的生活中去寻求新的生命。"柳青还在文中赋诗欢迎丁玲：

丁玲女士，敬礼！

丁玲女士，你美丽的灵魂——
二十世纪的女性，

二十一世纪的母亲,

来吧,快点来,

　　敬礼!

你曾几度划着生命之舟,

在暴风雨的大海中遨游,

你稳健的操着船舵,

哪管海风向你不停的示威,

而今,你上岸了!

花木兰没有你的笔锋,

蔡特金比不上你的行动,

我想不出更好的诗歌讴歌你,

让我把"帼国完人"的勋章,

恭敬地挂在你的胸膛!

来吧,新时代的明灯,

这儿有不愿做奴隶的女性,

愿在你的光芒下前进。

接受了吧,接受了……

接受了她们一颗颗赤诚的心!

丁玲女士,你美丽的灵魂,

二十世纪的女性,

二十一世纪的母亲,

来吧,快点来,

　　敬礼! [1]

　　　　　　　(一月十五日在西安)

[1] 转引自张长仓:《柳青和丁玲》,载1986年3月17日《西安晚报》。

西战团刚到西安没几天，就是"三八"妇女节。丁玲出席了陕西省各界妇女举行的纪念大会，并应邀在会上讲话。她着重介绍了西战团女同志在前方的斗争生活。她说："西战团的女同志都是未过二十的女孩子，她们完全和男同志一样，爬山、放哨、警戒，曾在大雪中爬过高山，每天走六十至一百里的路程，途中还要进行宣传。从而也展示了全团的战斗风貌。"她的讲话获得热烈的欢迎。

为了在西安开展工作，初到的那几天，生性"不为五斗米折腰"的丁玲不得不每天奔走于有关的国民党的各个衙门，四方求见，而在卫兵站岗的门前、在传达室、在走廊上，那伫候的心情是不好受的。但是她耐心地做着她不习惯的这一切，重复地向这些部门的人详细解说西战团的性质和来西安工作的目的和计划，以争取他们的支持。同时，西安的各界人士热情地欢迎西战团的到来，丁玲出席了西安各界贤明人士代表们的欢宴，名流杨明轩和长安县长都给了她很多的鼓励，向她介绍当地情况，为她出主意，帮助她开展工作。团员们则每天分组出席各种联欢会、座谈会。

西战团到西安后就举行了公演，节目反映山西前线军民团结抗战的多幕话剧《突击》。剧本是由南国剧社的老艺术家塞克和当时以客人身份住在西战团的作家聂绀弩、萧红、端木蕻良等集体创作，由塞克导演，突击排演出来的。演出是在西安最大的剧场易俗社，效果非常成功，场场爆满，掌声雷动。

在当时，虽然全国全民抗战的形势已经形成，但是国民党政府始终对群众救亡运动进行压制与干涉。4月份，国民党对西安的进步救亡团体采取了镇压的手段，国民党陕西省党部突然查封取缔了民族解放先锋队西北分队队部、西北青年救国会、西北学生联合会等十来个团体。这时，西战团在西安已成功地举行了第二次公演，他们的工作为西安各方所瞩目，影响很大，自然成为国民党的眼中钉。西战团是堂堂八路军的宣传团，他们不敢贸然查封，但是也不能容忍西战团在他们的眼皮底下活动。于是国民党陕西省党部给西战团送来一纸通令，命令西战团即日开赴八路军前线，否则要逮捕负责人。理由是，既然是战地服务团，便应该到战地活动，不应久留后方。与此同时，省党部还通过他们的御用报刊制造舆论，说西战团犯了错误，书写的标语穿靴戴帽，有问题。如"拥护蒋委员长抗战到底"是穿靴，"实行革命的三民主义"是戴帽，穿靴戴帽都是不应该的。本来，西战团原没有打算在西安久留，但现在省党部居然下了逐客令，既然如此反动，西战团也就偏要在这里留下来，并且还要大锣大鼓，堂而皇之地继续工作。丁玲和中共陕西省委的李初梨同志一起到国民党省党部去理论，双方僵持不下，没有结果。当然，丁玲不怕他们逮捕，西战团也不会因此而离开西安。但是，如何开展工作呢？

5月，丁玲回了一次延安，向中央领导同志汇报西战团的工作，毛泽东主席听后表示赞扬和肯定。针对西安国民党反动派制造摩擦，毛泽东指示丁玲八个字："针锋相对，磨而不裂。"丁玲回延安，往返约十天。

根据毛泽东主席这八个字的指示，丁玲领导西战团积极地与国民党反动派周旋，进行了有理、有利、有节的针锋相对的斗争。既然一时不能在报上登广告举行公演，他们就组织成若干个小分队去工厂、学校、伤兵医院、红十字会的防疫医院演出，还分头到许多基层单位，帮助他们组织起歌咏队，和一些人、一些团体开小型座谈会、联欢会，继续宣传共产党的全民抗战的主张，八路军在前方的战绩。他们利用了游击战的战术，化整为零，表面上好似西战团已经偃旗息鼓，实际上他们的宣传工作更紧张更深入，交往的人越多，朋友也越多，影响也越大，他们甚至做国民党组织的抗敌后援会的工作，在一些事情上争取到他们的支持。但是他们还必须冲破国民党省党部的禁令，争取再一次公开演出。为此就必须进行国民党上层的工作。开展国民党上层的工作，必须丁玲亲自来做。跑上层，同国民党的高级官僚打交道，丁玲从未做过，从心里讲也不是很情愿做这些事。但是，为了完成任务她必须去做。宣侠父同志鼓励她，并为她张罗。此后，丁玲便在宣侠父的指导、帮助下进行这方面的工作。

宣侠父，1899年出生于浙江诸暨，1923年加入共产党，1924年进黄埔军校，为一期生。1925年，由党组织派遣以国民党左派身份去冯玉祥的西北军从事政治工作，曾任冯玉祥的第二集团军前敌总指挥部政治部主任，领中将衔。1930至1332年间，他又应邀在冯旧部梁冠英任总指挥的二十五路军任总参议。1935年，察哈尔抗日同盟军成立，宣侠父是同盟军中共前委委员，并担任吉鸿昌的第二军的政治部主任兼先锋师师长。西安事变和平解决后，考虑到他有黄埔军校和西北军的社会关系与工作基础，党中央调他到西安协助周恩来进行国民党上层的统一战线工作。全面抗战开始以后，他协助中共驻陕代表林伯渠进行这方面的工作。他还是不公开的"左联"的盟员。他帮助筹办起"湖风书店"出版进步书刊。

丁玲在20世纪30年代初就认识宣侠父,当年《北斗》就是由湖风书店出版。现在,在西安,他们又重逢了。西战团一到西安,住入梁府街女子中学校舍时,宣侠父就来看望丁玲和西战团的同志。他那时是八路军总部的高级参议,理应是丁玲和西战团的领导者,但他不是用这种身份来了解情况,指导工作。他好像是一个热心的朋友来这里,不只是丁玲一个人的朋友,而且是全团同志的朋友。

针对国民党省党部制造的摩擦,宣侠父向丁玲介绍西安的形势和国民党内部的派系纠葛,建议丁玲去拜会蒋鼎文。蒋鼎文那时是国民党政府西北行营主任,总揽西北军政大权。他同宣侠父是同乡,自幼同学,还参加过几天共产党,同宣侠父还在一个党小组,但后来投靠了蒋介石,很受器重。为了党的抗日统一战线工作,宣侠父同他保持来往。他鼓励丁玲说:蒋鼎文是一个赳赳武夫,没有什么真才实学,你要去见他,他会觉得能见到一个名作家是很高兴的。如果他能捐点钱,就可以说他承认西战团的活动,支持西战团。

这样,丁玲就按约定的时间去西北行营长官公署拜访蒋鼎文。丁玲原以为蒋鼎文大概总会有些气派,或许摆点官架子,但果然如宣侠父所说,乃一赳赳武夫。他以前可能也没有见过丁玲这样一个八路军的女干部、共产党的女作家,所以反而显得木讷,不知说什么是好。丁玲本不善交际辞令,但她是在做一件重要的工作,要使蒋鼎文捐钱给西战团,而且一定得成功,因此滔滔不绝地说了一篇大道理。什么抗日救亡一定要唤醒民众,介绍西战团在前方如何受欢迎,在西安如何深得民心,西战团作风如何艰苦,最后申说西战团很愿意重返前线的决心,但苦于开拔经费短缺等等。蒋鼎文也许有满腹经纶,长于当官从政,但面对丁玲说的这些救亡道理,似乎也难以施展。他听丁玲说经费困难,就答应给西战团二百元钱,为了郑重,命令秘书亲自把钱送到西战团。丁玲得意地回到西战团,宣侠父再一次鼓励丁玲,要丁玲眼里不要在乎这些人,这些人徒有虚名,没有多少能耐,只是因为手中有权,才可以为所欲为。

过了几天,宣侠父邀丁玲一同到胡宗南住处做客,胡宗南要请他们吃午饭。胡宗南是蒋介石放在西北对付共产党的一支重要军事力量的首脑,时任集团军司令。宣侠父同他是黄埔军校同期同学,也是同乡,一向很熟。胡宗南住在西安市郊一个风景区。他们到后,就被迎到后边靠山麓的一间亭子似的客厅里,四周是树林,十分幽静。胡宗南看上去还很年轻,不过三十来岁。胡给丁玲的印象是,他好像没有忘记自己的年轻,而有着孤芳自赏的得意。那天天气有点热，胡宗南没有穿军装，只穿一件白绸西式衬衫，因而也显不出他的将军的威严。

席间，丁玲向胡宗南说，西战团很想重回前线，在回去的路上，要通过几处他的防区，西战团愿意顺路到他的防区演出，慰劳他的部队。丁玲告诉他，西战团去年在山西赵城、洪洞、临汾的演出受到许多国民党部队的欢迎，还到李默庵（也是蒋介石的嫡系部队）的军部演出，和他们的宣传队联欢。胡宗南的确滑头，听着一边点头，一边笑道："欢迎、欢迎。"但一谈到请他给一纸关防护照时，他就支支吾吾。勉强答应了，却又不肯当面给丁玲，后来自然就没有消息了。宣侠父说他胆小，他也只是红着脸敷衍。

胡宗南笑着对丁玲说："现在是国共合作，共同抗日的时候了，像丁作家写的山城堡战斗那样的文章，大概可以不再写了吧。"

丁玲的那篇《记左权同志话山城堡之战》正是写的胡宗南的部队吃败仗的事迹。大概这篇文章刺痛了他，所以他才忍不住径直地说了出来。丁玲也知道，一年前，正是作家柳青在西安一个杂志上转载了这篇文章，结果刊物被查封，人也在西安呆不住。于是丁玲便答道："现在是团结抗战，那样的文章自然可以不写。不过您还是一个可以写的人物，希望您在抗战中创造出一些好的事例，只要对抗战有利，不管成败利钝，都是可以写的。只是希望你们不要再封闭刊物，逮捕作者、驱逐编辑就好了。"

胡宗南有些不好意思，只说了一句："那都是过去的事了。"

这样一来，饭吃得有点儿僵。这时宣侠父说话了，他像解释，又像安慰那样平静地说道："丁玲是一个人民的作家，她能揭露一些事实，也能赞扬一些人物。她对您，对一切抗日的将领都是抱着赞扬的态度的。"

宣侠父的话说得很得体，丁玲很高兴，胡宗南也和颜悦色地向丁玲祝酒：为了她的新的写作。

西战团虽然艰苦，但也不在乎蒋鼎文捐赠的二百元钱，丁玲也并不真正需要胡宗南给什么关防护照，能去他的防区做宣传演出固然好，不去也没有什么，西战团的计划原来就没有非去他的防地不可。但是，蒋鼎文给西战团捐款，胡宗南请丁玲吃饭的消息很快就传遍了西安城，这无异意味着蒋鼎文、胡宗南对丁玲和西战团在西安的活动的认可。丁玲就用这张小小的王牌去对付国民党省党部的逐客令。宣侠父懂得他们，并且能不露声色地利用他们。丁玲十分佩服宣侠父，他们之间也结下了很好的友谊。

抗日民族统一战线形成后，党内的右倾错误思想就开始出现，其表现之一就是对在群众救亡运动中国民党的压制和干涉迁就让步。抗战一开始，党中央确立的独立自主原则，也就是既统一又独立，对国民党有团结、有斗争、以斗争求团结的方针，最初并没有为全党所充分理解。正是在这样的情况下，丁玲根据毛泽东主席"针锋相对，磨而不裂"的指示，在中共中央驻陕代表林伯渠、八路军驻西安办事处和中共陕西省委领导下，在宣侠父的指导下，率领西战团的同志同国民党反动派进行了有理、有利、有节的斗争，取得了很大的政治上和工作上的胜利。从丁玲在西战团一年的工作实际来看，她已锻炼成为一个具有高度路线觉悟与政策水平的成熟的党的工作的领导者。

打开这个局面之后，西战团于7月在西安举行了第三次公演。第三次公演后，丁玲奉命率西战团返回延安休整，然后再度出发去前线。临行前，宣侠父来送行，与丁玲相约延安见。不幸的是，三天后宣侠父遭到国民党特务暗杀。

西战团的通讯股写了不少前方采访的报导，两三天就发一次稿，起到了通讯社记者的作用，作出了显著的成绩。

这一年中，丁玲戎马倥偬，但是仍挤时间写下了不少散文、杂文和短篇小说，后分别收入《一年》和《西线生活》。

四十年后，1977年1月，我去山西长治嶂头村探望母亲，她那时流放于斯。一天的深夜，我们围坐在火炉边，当向我说完自她进入苏区至离开西战团这两年的经历后，她良久凝视着熊熊的炉火，然后抬起头来，若有所思地感叹道："那两年是我一生中的黄金时代。"语气中透出眷恋、温馨和些许惆怅。

◇ 1937年8月，丁玲率西北战地服务团东渡黄河开赴山西抗日前线，在黄河边留影

◇ 1937年,丁玲在山西

◇ 1937年10月，丁玲（左一）与西战团部分女团员在山西太原

◇图1：1937年底，丁玲与任弼时在山西洪洞马牧村八路军总部驻地
◇图2：1938年1月，丁玲在刘村

图1

图2

◇ 1938年1月，丁玲（右三）与西北战地服务团团员在山西洪洞万安镇

◇ 1938年3月8日，丁玲在西安召开的陕西各界妇女举行的"三八"节纪念大会上讲话

◇ 1938年春，丁玲身着八路军首战平型关缴获的战
利品日本黄呢军大衣在西安

◇ 1938年春，丁玲与萧红（左）、夏革非（中）在西安

◇ 1938年夏，丁玲与林伯渠（坐者）、宣侠父（右一）等在西安

◇图1：1938年8月，西北战地服务团民族解放先锋队在延安举行发奖仪式。丁玲给团员周巍峙授奖

◇图2：1938年，丁玲与田间（左）在临汾

图1

图2

◇图1：1938年，丁玲（左二）与国际友人在山西洪洞
◇图2：1938年，丁玲（站立者左）在西安会见外国记者

图1

图2

◇ 1938年，丁玲在西安

◇图1：1938年的丁玲
◇图2：1938年的丁玲（右）

图1

图2

◇八路军西北战地服务团在行军途中

第十三章 延安岁月

母亲还在西安时，就有把外婆和我们都接往延安的想法。她见到周恩来副主席的时候，将这个考虑告诉了周副主席，向他请示。周恩来说："孩子接来好，可以受教育。但延安非久安之地，万一局势变动，孩子是自己的，怎么也可以说得过去，对老人家就难说了。"母亲认为周恩来的话是有道理的。外婆这年六十岁，又是一个"解放脚"，若发生战事，如何行动？于是母亲写信给外婆，要我的四表舅余肃臣（到延安后改名伍陵）把我和祖慧送往延安，让他去"抗大"学习，并告已经组织同意，嘱去武汉找八路军驻武汉办事处。

1938年9月中旬，四表舅经由八路军驻武汉办事处和驻西安办事处把我们带到延安，我去了延安保小，祖慧去了延安保育院。四表舅去了抗大。

西战团在延安休整几个月后于11月离开延安开赴晋察冀边区。丁玲留在了延安，但仍是西战团的主任，该职务直到1941年才免去，因她已不可能再去西战团任职。

至于西战团为何去了晋察冀边区，她为何留在了延安，母亲曾同我讲过缘由。她说："因参加中共六届六中全会扩大会议，彭真从晋察冀边区回延安参加会议，会议期间他特地来找我，很热情地希望我把西战团带到晋察冀边区去。本来西战团是要回归建制去太行山八路军总部的。我见彭真这么热情，也就表示了同意，向他说：只要上级同意，我没有意见。后经上级批准，西战团就去了晋察冀边区。西战团去了晋察冀，彭真很高兴，我没有去，他有些失望。"

至于母亲怎么会留在延安进马列学院学习，她对我讲："1938年西战团回到延安后，大约是九、十月间吧，有一次在毛主席那里，毛主席对我说：'丁玲呀！你应该多学习马列主义理论。'于是我向中央组织部提出进马列学院学习。也就在我进马列学院的同时，延安被轰炸，紧急疏散，西战团去了晋察冀。之后，我见到毛主席，告诉他我已入马列学院。毛主席却问道：'你怎么没有跟你那个团走？'我说：'不是你要我学习马列主义吗？'毛主席听后'哦'了一声。我当时心里想：他怎么忘记他向我讲的话啦！是事情太多了，还是年纪大了？后来我仔细地想，是自己没有很好理解毛主席的话的意思，毛主席是指出我马列主义理论修养不够，应加强这方面的学习，可没有说必须进学校啊！一边工作，一边加强马列主义理论的学习也是可以的嘛。"

马列学院成立于1938年4月，院长是张闻天。马列学院的学生大部分是比较有文化，也有一些革命经历，但资历在当时来说还不算长的青年知识分子。与母亲同时在马列学院学习的还有几个高级干部：徐海东、刘澜波、聂鹤亭、谭余保。学院对丁玲和他们几位在住房上有点儿照顾，一人一间，除此之外，似乎别的就没有什么了。学院在延安北门外，兰家坪靠城里方向。因为有过一段同学经历，所以丁玲后来和徐海东、刘澜波、聂鹤亭、谭余保之间都有一些交往。

1938年11月20日，日本飞机首次轰炸延安，四五十架飞机把延安城炸成一片废墟。许多延安的机关、学校都进行疏散，我们保小疏散到延安以北安塞县的白家坪。白家坪在安塞县城以北二十华里，离延安县城七十华里。

1939年3月间的一天，边区妇联派人把我接到安塞县城以北大约十里，离我们学校也大约十里的一个叫李家湾的村庄。当时边区妇联疏散在这个村子里。在这里我见到母亲，她住在边区妇联负责人杨芝芳（陕北的老革命，高岗前妻）处。原来是母亲听说祖慧患病，就赶来看她。从这个李家湾进一条小山沟，走上两三里路就到祖慧的保育院了。祖慧患的是眼疾，两个眼睛肿得只剩一条线了。母亲在来接我的前一天，已去看过一次祖慧，我到李家湾的第二天上午，母亲同我又去看了一次。下午，杨芝芳派人把我送回学校。母亲在我走后又住了一夜，就回延安去了。

许多年以后，母亲向我忆起她这次安塞之行。她说，走的前一天，毛主席派人给她送来一封信，请她第二天去吃饭。同时请的还有徐海东和谭余保。她心里明白这是他为与江青结婚请客，但是她没有去。因为她获知祖慧生病急于去看她，刚好向学院总务科借了一匹马,而借马很不容易。所以就想从安塞回来后,再去看他们。母亲原来有一匹马,留在前方了。母亲说:"从安塞回来我就去看毛主席,我感到主席神情不太自在,待我也不像以前那样亲热,我意识到他误解我了,我未赴宴,被认为是对他婚事的态度。"她说:"当时,一些人,主要是一些上层人物,和了解江青30年代在上海情况的人,对毛主席和江青结婚持不赞成态度。我不了解江青,实在是既说不上赞成,也说不上反对。"她说:"这也是我不会做人,考虑不周到,只要脑子多转一下,孰轻?孰重?安塞是可以晚几天去的。"

母亲还同我聊起她初识江青时的一些事。她说她第一次见江青是西战团回到延安的第二天。江青来到西战团,向她自我介绍叫江青,是来转达毛主席的通知,要她到毛主席那里去。母亲说,江青做出一副毛主席身边"通讯员"的样子,很是自得。

母亲告诉我:她还在马列学院的时候,有一次去毛主席那里,吃过晚饭后,她打算告辞回学校,但是江青一定要留她在那里住一夜。江青说她有许多心里话想和她说,结果两人一直谈到夜深。江青主要向她倾诉自己的苦闷,讲她同毛主席结婚不被人理解,她很孤独,没有人理她。江青说:"我现在只有一个'群众'。"所谓这一个"群众",就是指毛主席。母亲说:"听她说了这许多心里话,说实话,我心里也还是有点同情她,一个女人嘛。我也想,她在继续争取'群众',现在是争取我这个'群众'。其实,1937年在延安时,我和贺子珍,还有康克清相处都还是不错的,可是现在情况已是如此。所以,我更多的是想到毛主席,既然婚姻已是事实,如果还老是有人不赞成,这会使毛主席苦恼,影响他的心情,而毛主席是要考虑党国大事的。"

那时的江青,还远远没有成气候,地位比丁玲低。

1939年10月,丁玲调任陕甘宁边区文化界救亡协会副主任。这个协会是继1936年成立中国文艺协会之后于1937年11月14日在延安成立的,起初名"陕甘宁特区文化界救亡协会"。随着"特区"更名为"边区",相应更名为"陕甘宁边区文化界救亡协会"。艾思奇为主任,柯仲平为副主任,丁玲调去后也是副主任。

1939年冬,决定在陕甘宁边区文化界救亡协会基础上成立"陕甘宁边区文化协会",丁玲去后主要的就是做这方面的筹备工作。

1940年1月4日至12日,在延安举行了陕甘宁边区文化协会第一次代表大会。大会历时九天,出席知名文化人个人代表一百二十三名,文化团体一百零七个,代表二百七十四人，总计出席四百余人。

党中央对边区文化协会的成立十分重视，毛泽东、张闻天出席会议，讲演并且作为执行委员参加到协会中来。

吴玉章致开幕词。中央书记处书记、中央宣传部部长张闻天作《抗战以来中华民族的新文化运动与今后任务》报告。更重要的是毛泽东作了题为《新民主主义的政治与新民主主义的文化》(即《新民主主义论》)的演讲。大会发言中，艾思奇报告了抗战以来边区文化运动、周扬报告了边区教育工作，吴玉章讲了新文字问题，萧三讲了中苏文化关系，八路军总政治部宣传部部长萧向荣讲了部队教育工作，《新中华报》总编辑李初梨讲了边区新闻事业，延安自然科学院副院长陈康白讲了边区工业建设，杨松讲了马列主义中国化问题，丁玲讲了文化大众化问题等等。

大会通过陕甘宁边区文化协会第一次代表大会宣言及协会简章。选出毛泽东、张闻天等八十九人为协会执行委员会委员。

协会执行委员会委员中属于中央首长的，还有王明、罗迈（李维汉）、林伯渠、吴玉章、徐特立等；属于文艺方面的有周扬、萧三、丁玲、柯仲平、成仿吾、沙可夫、冼星海等；属于社会科学方面的有王学文、陈伯达、吴亮平、杨松、李初梨、艾思奇、范文澜、刘芝明、曹葆华等；属于自然科学方面的有陈康白、李强、沈鸿、傅连暲、董纯才、屈伯传、马海德等；属于青委、妇委的有冯文彬、李昌、胡乔木、张琴秋、孟庆树等；属于有关部门负责人的有李卓然、赵毅敏、曾涌泉、徐以新等；部队方面有许光达、萧向荣等。

大会选举吴玉章为主任，艾思奇、丁玲为副主任。

《新中华报》为边区文化协会的召开两次发表社论，写道："在每一次革命运动中，文化运动都是起着很大的作用，它替革命运动作了思想上有力的准备。在今日的民族解放事业中，文化运动是一条重要的战线"，"边区文化界当前的任务是更进一步的倡导代表大众利益的为大众服务的大众文化，加强自然科学与社会科学的联系，创造出真正民族的民主的科学的中华民族的新文化来！边区文化协会及文化界应成为全国的模范，对全国起推动的核心作用"。

从协会的宗旨、任务及执行委员会的组成，委员所代表的各个方面来看，这个边区文化协会是不仅仅包括文艺界，而且还包括社会科学、自然科学各界在内的文化协会，或者说是一个以文艺为主的综合性文化团体。

因吴玉章、艾思奇都不驻会，丁玲主持边区文化协会（简称"边区文协"）的日常工作。

关于丁玲在陕甘宁边区文化协会的工作情况，她这样回忆：

> 一九四〇年春天，举行陕甘宁边区第一次文协代表大会，新选的主任是吴玉章同志，艾思奇和我任副主任，艾仍是中宣部文委负责人之一。会后就热闹起来了，机关里人增加了，萧三从鲁艺搬来，高阳也从鲁艺搬来，刘白羽从前方回来了，萧军和舒群一同从重庆也来了，舒群应鲁迅艺术学院邀请去了鲁艺。我曾建议最好萧军也一同去鲁艺，但有关方面没有同意，便留在文协了。当时在我党的领导和支持下，在重庆成立了全国文艺界抗敌协会，萧军、舒群建议成立这个协会的延安分会。中宣部洛甫同志同意后便成立了，这就是通常说的文抗，它的理事人选包括了文协和鲁艺的许多人。开始的文抗实际只是一个名义，后来萧军提议文抗出版《文艺月报》，是经过洛甫同志批准的。我曾向周扬同志提议，把这个月报的编辑部设在鲁艺，由荒煤、萧军、舒群编辑，周扬同志领导。但周扬同志不同意。结果由萧军、舒群和我编，这样舒群才又从鲁艺搬到文抗，而《文艺月报》的担子便自然地落在我的肩上了。月报的头两期是三人合编的，每一期在稿件的选择上都有一点不同意见，我却常常处于少数。因此在编第三期时，我就表示要退出编委。我特意向洛甫同志申诉了工作中的困难和渴望写作的心愿，在一九四一年二月底或三月初就离开文协，到川口农村体验生活，并在这里写短篇小说《夜》。我离开《文艺月报》的编辑工作后，和它再没有工作联系；萧军、舒群分别编过几期，可能还有别的同志参加意见，我就不太清楚了。这时文协人更多了，草明、白朗，还有于黑丁、曾克等先后从大后方到来；鲁黎、伊明、林默涵、魏伯等大约都到了文协，一时显得十分兴旺。但人一多，关系自然也会复杂起来。我那时实在怕管事，只想住在乡下，体验生活，从事创作，因此我很少回机关。艾青、罗烽、张仃、厂民、逯菲，还有早一些的欧阳山，都是我在川口乡下时到延安的，文协的事这时就全部是艾思奇同志管了。
>
> 一九四一年四月底，中宣部把我从乡下叫回来，因为《解放日报》创刊，调

> 我负责编辑文艺栏。于是我搬到了清凉山《解放日报》社。这年五月间,有一次文协开会,事先通知了我,但我因为要发稿没有去成。傍晚在清凉山下遇到从文协开会回来的周扬同志,他下马同我谈了一下情况,说他到文协参加了文抗理事的选举,原来文委的意思是准备让欧阳山负责,但很多人不同意,选举的结果是七个主席,轮流负责。据我记忆这七个人是刘白羽、艾青、萧军、舒群、白朗、罗烽、于黑丁;于黑丁兼秘书长。从这时起,文协的人员没有什么变动,但名称则只称文抗了。[1]

有些文章引用我母亲的这段回忆,但她的这段回忆有些地方不准确,也是不全面的,对此,我作些补充和修正:

中华全国文艺界抗敌协会延安分会的成立的确源于其总会的成立,但早于萧军、舒群来延安,也并非源于他们的提出。

1938年3月27日,在武汉举行了中华全国文艺界抗敌协会成立大会,大会名誉主席团成员有居正、陈立夫、方治、周恩来、蔡元培、罗曼·罗兰、威尔斯、史沫特莱等,大会主席团成员为邵力子、叶楚伧、冯玉祥、张道藩、陈铭枢、陈西滢、郭沫若、老舍、茅盾、丁玲、叶圣陶、朱自清、田汉、盛成、胡风等十五人。这个成立大会,从名誉主席团与主席团成员来看,名流济济,且有重要官员参加,会议声势浩大。丁玲虽然是大会主席团成员,但这时正率领西战团在西安活动,无法与会,便发去贺电。

母亲曾和我谈起这个协会,她说协会是由国民党方面的文化人、文化官员,共产党方面的文化人、文化官员(如郭沫若)和进步文化人三方面人士组成,所以有团结有斗争。这个协会不设会长(主席、主任)也是斗争的结果。因为从当时的情势来看,如设会长(主席、主任),势必会由张道藩出任,所以就提出不设会长,而是设几个部,由各部负责人集体负责,其中总务部负责会务,尤为重要,于是就推举国共双方都能接受的第三方面的老舍出任负责。

因应其总会的成立,在延安也于1938年9月成立了中华全国文艺界抗敌协会延安分会,选举成仿吾、周扬、萧三、丁玲、艾思奇、柯仲平、沙可夫等为理事。简称"延安文抗"。但它"只是一个名义",需要时以这个名义开开会、发发宣言、声明,它并非实体机构。

[1] 丁玲:《延安文艺座谈会的前前后后》,《丁玲全集》第10卷。

1940年1月陕甘宁边区文化协会("边区文协")成立后,"延安文抗"也于1940年1月举行第二次会员大会,选出理事,并进一步选举丁玲、萧三、周扬、周文、曹葆华五人为常务理事。依照总会的模式,不设会长或主席、主任,由常务理事会互推周文担任总务部,丁玲担任组织部,萧三担任出版部,周扬担任研究部的工作。[1] "边区文协"是实体机构,实行的是"一长负责制","延安文抗"为边区文协团体会员之一,仍是非实体机构,实行的是"集体负责制"。

那时的"边区文协"机关,除文艺人士外还有哲学、新闻、新文字等方面的人士,但后来这些人都先后离去,只剩文艺人士了;在人员上,从"文化"逐步变成只有"文艺"了。

母亲同我说过1941年5月间她在清凉山下遇到周扬谈话之事,她这时已在《解放日报》工作。她说,周扬谈了"文抗"选举的情况,也就是"原来文委的意思是准备让欧阳山负责,但很多人不同意,选举的结果是七个主席,轮流负责"。之后还感慨地向她说了一句:"你不行,我不行,他也不行。"这句话母亲没有写入她那段回忆,但确是同我说过。他,就是指欧阳山,言下之意,文抗那一摊子不是怎么好搞的。从周扬向丁玲说这样的话看来,还看不出那时周、丁之间有多么大的嫌隙,周扬可能也还没有如1979年那样,把丁玲晋封为"文抗"派的头头。

不过,相互也会有些看法。丁玲那时就觉得周扬在一些问题的处理上有宗派思想。母亲向我谈起,萧军、舒群一同来到延安,住在中央组织部招待所,周扬去看舒群,并且把舒群要到了鲁艺。母亲同周扬说,她觉得这样不好,建议萧军也一同去鲁艺,但周扬不表态,也就是没有同意。母亲说,周扬是在以"两个口号"划线,1936年时两个口号之争,一个是鲁迅的"民族革命战争的大众文学",一个是周扬等的"国防文学",萧军是赞同鲁迅的,而舒群是两者都赞成。母亲在她的上述回忆文字里没有写明,但她向我说过这些话。这些话,1977年说过,1979年看到周扬把她晋封为"文抗"派头头的那篇答赵浩生的文章后也说过。

就在周扬与丁玲在清凉山下谈会议情况之后不久,中华全国文艺界抗敌协会延安分会于1941年7月1日发表了一则启事:"本会自7月1日起改为独立工作团体,接收陕甘宁边区文化协会原有杨家岭会址、财产及一部分有关文艺工作,正式启用印章,开始办公。"[2] 正如丁玲所说:"从这时起,文协的人员没有什么变动,但名称则

[1][2] 转引自艾克恩:《延安文艺运动纪盛》,文化艺术出版社1987年1月出版。

只称文抗了。"此时，边区文化协会的正、副主任均已不在协会机关。

我曾经问过母亲："为何'边区文协'逐步被'延安文抗'取代了？"她答："除了人员变动之外，一些作家喜欢重庆总会那种集体负责的方式。总会与分会的领导方式都是集体负责，但主张的出发点是不同的，总会是为了防止国民党的人当主任或者会长，是斗争的结果，而延安这个分会，起初是简单地照搬总会模式，反正只是个名义而非实体机构，后来则主要是出于文人习气。所以，我这个主持日常工作的文协副主任很难当呀！更何谈'文抗'派以我为首？事实上我那时也不在'文抗'而是在《解放日报》社。文协与鲁艺还是有点不同，鲁艺那边，院长就是院长，系主任就是系主任，教员就是教员，学生就是学生，层次分明，职位明确，一级就是一级；文抗这边，都是驻会作家。中国文人的习气：你的文章就写的比我好？才不见得呢。谁服谁？难以形成中心。

1940年初，当时在延安女子大学学习的原西战团团员罗兰告诉丁玲一个她听到的关于丁玲的传闻：当时担任中央党校校长的康生，在一次党校的大会上向学生们说，丁玲要是想到党校来，党校不会要她，因为她在南京自首过。康生的话，是一年多前说的，丁玲刚进马列学院不久。那时中央党校开大会，有党校的学生在会上问，丁玲是不是要来党校学习，于是康生在大会上说了这番话。而丁玲竟在一年多之后才知道。

罗兰是最早的西战团团员，进团时十六岁，她一生都以对待自己母亲那样的感情对待丁玲。丁玲晚年时还称罗兰："是一个安琪儿，有一颗赤子之心。"

丁玲听了非常气愤，她认为自己在南京的情况，自进苏区之后，在许多场合下都坦然地讲了，没有人如康生这么说过。气愤之下，她去找毛主席，谈着谈着委屈地哭了起来，她向毛主席说："康生凭什么这么胡说。为什么不负责任地在群众中散布。"毛泽东劝她不要激动，要冷静对待。他说："我相信你是一个忠诚的共产党员，但是要做组织结论，你要去找陈云同志（当时担任中央组织部部长）。"并且还向丁玲介绍说，陈云同志是一个很老的同志，一个很好的同志。于是丁玲给陈云写信，要求组织对自己那段历史作出结论。陈云同志约丁玲去谈话，两次谈话都因为丁玲感到委屈激动得哭了起来而未能谈下去。陈云便委托任弼时同志做这件事。丁玲以前就感到任弼时同志待人亲切、随和，在他面前什么话都可以说。这次谈话也是这样，他问得很多，丁玲也什么都说，谈得很仔细。弼时同志就是这样，他是以审查的目的同你谈话，但是使你不感觉到他是在审查你,有被审查的心理上的压力。后来,陈云同志通知丁玲去他那里,他把写好的结论给丁玲看,说这是他、任弼时、李富春三个人讨论后作出的。结论为:"因对丁玲同志自首的传说并无证据,这种传说即不能成立。因此应该认为丁玲同志仍然是一个对党对革命忠实的共产党员。"陈云并告丁玲说,最后一句是毛主席加上去的。

这个结论由陈云、李富春(当时担任中央组织部副部长)亲笔签名,日期为1940年10月4日。陈云把一份结论书给丁玲,说:"这份你自己保存"。丁玲非常感激,也如释重负。

母亲向我说,结论作出后,一次,她去毛主席那里,毛主席向她说:"你去看看康生同志嘛!"母亲说:"我心里明白,毛主席是要我去缓和一下同康生之间紧张的关系,是在教我做人,可是我这个人任性,心想,我同康生又没有工作关系,我去看他干什么,而且我平时也看不惯康生那头戴猎人帽,身穿夹克,脚蹬长筒马靴,手提马鞭的那副假洋鬼子的样子,所以没有去。"这段话母亲同我说过不止一次。

1941年4月底,负责中央宣传部的张闻天把丁玲从川口乡下叫回来,决定她担任即将创刊的《解放日报》文艺栏主编。

当年延安的《解放日报》是中国共产党中央机关报,在《新中华报》和《今日新闻》合并的基础上建立,于1941年5月16日创刊。这是中国共产党第一次编辑出版的大型日报,由中央政治局委员博古担任社长。

《解放日报》文艺栏是第一个党报的文艺副刊,担负着面向各抗日根据地,面向全国,面向世界的任务,它是延安发表文艺作品的主要阵地。它的发刊,是1941年延安文艺界轰动一时的大事件。当时在延安,虽说也有几个文艺刊物,但都发行量很少,其传播范围,多半只在文艺界内。丁玲深感党对她的信任与责任重大,决心努力地做好这项工作。

《解放日报》创刊之初三个月,只有两版,文艺栏每次发稿三千字,之后,报纸改为四版后,文艺栏每次发稿六千字,占第四版半个版面,每月发稿约二十次。

关于文艺栏的编辑方针,博古认为,文艺栏是党报的一部分,"报纸的文章、消息,都要与中央息息相关,呼吸相通,做到在思想上、政治上与党中央步调一致,成为贯彻党的路线、方针、政策的有力武器，成为党的真正喉舌"。

丁玲回忆："博古同志主持报社，给我的印象是极为审慎的。总编辑杨松同志也很负责。文艺栏发表的稿件，几乎每篇都经他们过目。博古多次对我说，《解放日报》是党报，文艺栏决不能搞成报屁股，甜点心，也不搞《轻骑队》。"

那时延安北门外文化沟（原名大砭沟）口有一个大墙报，叫作《轻骑队》，是由驻在文化沟里的中央青委机关的一些工作同志编的。他们还把每期墙报油印若干份，分送有关单位的负责同志和领导人，让这些人在窑洞里也能看到墙报。《轻骑队》登的文章，短小精悍，对延安生活有所批评与针砭。《轻骑队》1941年4月创刊，存在约一年时间，后来，这个墙报就没有了。1942年4月23日，《轻骑队》的编委会就编辑方针和实践在《解放日报》上作了自我批评，检讨"编辑方针有错误"，"没有能坚持以照顾全局的与人为善的同志精神来进行批评，因而我们的批评就往往成为片面的，甚至与被批评者完全对立的，因而也就不但不能达到我们积极的巩固的团结的初衷，而且实际上助长了同志间的离心倾向，有时还产生了涣散的恶果"。

对此，丁玲回忆："因为博古同志曾一再强调我们不搞《轻骑队》，所以《文艺》栏在开始一段就只登小说、诗、翻译作品，报告文学都登得少。即使有个别论文、小说、诗歌，引起读者一些意见，我们一般都不答复，也不发展争论。所以初期的文艺栏还是风平浪静的。"[1]

关于文艺栏的任务，丁玲在1942年3月12日文艺栏《百期特刊》第二期《编者的话》中归纳为："文艺栏担负着这几层重任：1. 团结边区所有成名作家；2. 尽量提拔、培养新作家；3. 反映边区与各根据地生活及八路军、新四军英勇战斗；4. 提高边区文艺水平。"

文艺栏内容十分丰富，有小说、散文、诗歌、报告文学、评论、杂文以及外国文学作品的翻译和介绍。此外还以一定篇幅刊载戏剧、音乐、美术等方面的文章。

丁玲主编的文艺栏所发表的小说、散文、诗歌、报告文学都较好地反映了八路军、新四军的英勇事迹和边区的生活。这些作品，尤其是小说创作，不仅数量较多，质量也较好，题材广泛，内容丰富。因为这些作家或是去过前方，或是深入到边区农村、工厂，都是根据亲身的体验。文艺栏发表的作品中，有不少为国民党统治区的文艺报刊所转载，更有翻译到国外去的。

[1] 丁玲：《延安文艺座谈会的前前后后》，《丁玲全集》第10卷。

全国解放以后，许多作品选集都选了这些作家当年在文艺栏发表的作品。

文艺栏也重视文艺评论，发表了相当数量的文艺评论的文章。文艺栏编者思想解放，旗帜鲜明，组织和引导文艺工作者对文艺与生活、作家的思想在文学创作中的地位以及文艺的内容与形式等文艺理论上的重要问题进行了探讨，各种不同观点和见解的文章，都能一视同仁地得以发表，体现了学术讨论的空气比较自由、民主。

文艺栏还发表了不少翻译和评价外国文艺的作品。1941年6月爆发了苏德战争，因此文艺栏较多地发表苏联卫国战争的报告文学。同时也发表了一些介绍与研究高尔基、托尔斯泰等作家的作品。

文艺栏为纪念屈原，纪念高尔基逝世五周年，纪念鲁迅逝世五周年和纪念郭沫若五十诞辰都出版了特刊。发表了纪念文章和在纪念会上的发言。

丁玲在文艺栏这个阵地上广泛团结已成名的作家和青年作者，她说："对于住在文抗和鲁艺的知名作家，我们都一视同仁，平等对待，不存门户之见。对于一般来稿，更是这样。因为鲁艺文学系的学生多，我们又希望多发表一些年轻人的作品，所以文艺栏上发表鲁艺的来稿较多。"[1]

丁玲在稿件的取舍上，只就作品论作品，而不看作家名气的大小，也不看作家与她自己关系的亲疏。所以，文艺栏得到了许多作家、艺术家的支持。经常为文艺栏撰稿的有欧阳山、艾青、刘白羽、田间、白朗、何其芳、荒煤、雪苇、曹葆华、立波、柳青、李又然、雷加、吴奚如、庄启栋、柯仲平、周扬、马加、严文井、罗烽、胡蛮、吴伯箫、力群、草明、萧军、张庚、陈企霞、李初梨、魏东明、江丰、舒群、陈学昭、厂民等。作者阵容强大。

丁玲十分重视培养青年作者，在她主编文艺栏十个半月中，出现了三十几个作家是新人。他们或者是来延安以前没有发表过作品，或是发表作品很少，在文艺栏上发表了作品方才引起人们注意的。如：灼石（方俊夫）、葛洛、邢立斌、叶克、温馨（孔厥）、余平若、鸿迅（朱寨）、洪流、肖平、韦君宜、钟静（章炼烽）、贺敬之、黄钢、黄既（黄树则）、肖涵（林兰）、杨思仲（陈涌）、岳瑟等。其中大多数后来都成为名作家。

在她主编文艺栏十个半月中，《文艺》共出版一百〇一期，发稿约一百万字。这在那时全国报纸的文艺阵地中，是绝无仅有的。成绩是十分显著的。该刊为反映各抗日根据地的生活和斗争，培

[1] 丁玲：《延安文艺座谈会的前前后后》，《丁玲全集》第10卷。

养文艺队伍的新生力量,提高解放区的文艺水平、繁荣和发展无产阶级人民大众的文艺,作出了出色的贡献。

文艺栏只有陈企霞、刘雪苇、黎辛等几位编辑,承担的任务却是这样地繁重。丁玲亲自组稿,经常踽踽独行,登门拜访,出去一趟,二三十里路,还得抓紧时间,免得在外单位吃客饭,怕给主人增加麻烦。

丁玲是党报文艺副刊的创始人,也是党报文艺副刊理论与实践的奠基人。[1]

1941年夏天学校放暑假,我回家住了一个月,目睹了母亲的忙碌。她一早就去办公的窑洞,晚上还要看稿子到深夜,几乎没有多少时间和我在一起。别的假期我回来时,她不像这次这么忙。那时母亲住在一块大岩石下搭成的一间房子里,一半在岩石下,一半是搭出的。1999年,我回延安去,到《解放日报》社社址的清凉山,那块岩石还依旧屹立在那儿,搭出的部分自然已荡然无存。

自进入陕北苏区以来,丁玲跨进了一个新的时代。无论说是一个"武将军",或是作为一个普通战士,丁玲都热情地、积极地、全身心地、脚踏实地地投入到火热的革命斗争和抗日斗争中,从而从实践中深化了对她所处时代的认识。由此,她的作品产生了一个新的飞跃,取得了较高的成就。无论就丁玲个人的创作道路,还是解放区的文艺运动,都具有重大意义。

丁玲自离开西战团留在延安至延安文艺座谈会召开之前的这三年半的时间里,共创作了《压碎的心》《县长家庭》《东村事件》《泪眼模糊中的信念》(后改为《新的信念》)《秋收的一天》《入伍》《夜》《我在霞村的时候》《在医院中时》(后改为《在医院中》)等短篇小说。

如果说在这个时期,丁玲在小说创造中"就会常常想到一个更广泛的社会问题"把它们反映在作品中,那么在她的杂文里,就更为明确地表述她对这些社会问题的观点了。在这个时期,丁玲写了大约十多篇杂文、短论。

她1940年写的《作家与大众》,是一篇值得注意的文论。她在这篇文章中所表达的文艺思想,与两年后毛泽东的《在延安文艺座谈会上的讲话》的精神是一致的。

为后人评论较多的是她于1941年担任《解放日报》文艺栏主编时所写的《我们需要杂文》,因为它在1957年之后曾被批判。

---

[1] 黎辛:《丁玲和延安〈解放日报〉文艺栏》,《新文学史料》1994年第4期。

丁玲后来回忆这篇文章的写作背景："当时我们经常可以听到一些议论，说文艺栏太死板，太持重，太缺乏时代感了，看它好像是在看旧杂志。因此在第一百期的编者的话中我说过：'文艺栏及改版后初期的《文艺》都使人感到不活泼、文章长的缺点……于是在极力求其合乎读者的需要上，我们设法改正，并且愿意使《文艺》减少些持重的态度，而稍具泼辣之风，在去年十月中就号召写杂文，征求对社会、对文艺本身加以批判的短作，更尽量登载有关戏剧、美术、音乐方面的作品，把小说所占成分减少很多……'此后，报上逐渐出现了一些受读者欢迎的非作家写的一些杂文，如田家英、林默涵、羊耳（许立群）等。开始他们的短文是针对着国民党统治区重庆的。于是这样的话又传来了：'你们的子弹打得太远，不知别人读到没有！石沉大海，不起作用……'这样才有几篇捎带一点批评延安生活中的一些现象，但也没有多少反响，好像轻微的刺激是可以忍受的，而且谁也不曾向今天那样去对号入座。所以仍是平安无事。"

因此，1941年10月，在纪念鲁迅逝世五周年之际，丁玲推出了《我们需要杂文》，其中写道：

> 现在这一时代仍不脱离鲁迅先生的时代，贪污腐化，黑暗，压迫屠杀进步分子，人民连保卫自己的抗战自由都没有，而我们却只会说："中国是统一战线的时代呀！"我们不懂得在批评中建立巩固的统一，于是我们放弃了我们的责任。
>
> 即使在进步的地方，有了初步的民主，然而这里更需要督促，监视。中国的几千年来的根深蒂固的封建恶习，是不容易铲除的，而所谓进步的地方，又非从天而降，它与中国的旧社会是相连着的。而我们却只说在这里是不宜于写杂文的，这里只应反映民主的生活，伟大的建设。
>
> 陶醉于小的成功，讳疾忌医，虽也可以说是人之常情，但却只是懒惰的怯弱。[1]

这篇文章在指出"现在这一时代仍不脱离鲁迅先生的时代"的同时，在杂文的对象上，区分了国统区和解放区、国民党和共产党。对于国统区和国民党，在第一段话中，意思是写得十分明了的；对于国民党统治区的黑暗应当暴露，对于国民党顽固派破坏抗日统一战线的行为要斗争；

[1] 丁玲：《我们需要杂文》，《丁玲全集》第7卷。

同时，她也批评了党内以王明为代表的在统一战线上的右倾错误。她写这篇文章的时候，适逢国民党发动第二次反共高潮之后，酝酿发动第三次反共高潮之前，完全符合党中央提出的"在抗日统一战线中，斗争是团结的手段，团结是斗争的目的。以斗争求团结则团结存，以退让求团结则团结亡"的政策。

至于后两段话，其中的"督促""监视"，也就是群众监督和当今所说的文学"干预生活"的意思。她是有胆识的，提出以文学为武器，用批评与自我批评的方法，铲除即使在抗日根据地这样进步的地方也仍存在着的封建意识。而她的出发点则是她作为一个共产党员对革命事业的责任心。她也估计到了这样做的困难，她说："凡是一桩事一个意见未被很多人明了之前，假如有人去做了，首先得着的一定是非难。只要不怕非难，坚持下去的才会胜利。鲁迅先生是最好的例子。"作为继承鲁迅的精神，她认为："今天我们以为最好学习他的坚定的永远的面向着真理：为真理敢说，不怕一切。"

这么一篇既有文学家的良心，又有共产党员的党性，既区分国统区与解放区，在党内路线是非上具有正确立场的文章，1957年后竟被加以歪曲为提倡"暴露黑暗"之作。

丁玲后来回忆她担任《解放日报》文艺栏主编工作期间，曾为发表某些文章而紧张过。那就是1941年7月24日发表的严文井的小说《一个钉子》，10月13日发表的鸿迅（即朱寨）的小说《厂长追猪去了》和12月15、16两日连载的马加的小说《间隔》。所谓"紧张过"，不过是听到一点儿反映而已，博古还对《厂长追猪去了》颇为欣赏地说："这是左琴科笔法。"

真正引起紧张的还是文艺栏1942年3月9日第九十八期登载她的《三八节有感》和3月13日第一百〇二期、3月26日第一百〇六期登载的王实味写的《野百合花》。

丁玲后来回忆她写《三八节有感》的地点和离开《解放日报》社的原因与时间，她写道："写《三八节有感》一文时，我已经搬到了文抗。因为1939年我在马列学院学习时，就想以陕北革命为题材写一本小说。为此我曾找过张秀山等陕北的老同志。但那时陕北革命中有些重大历史问题尚未作出结论，有些事不便细谈。后来在党中央领导下，开过高干会，弄清了历史，我写这本书的念头又活动起来了。我找了高岗，他表示很欢迎，建议我先到绥德走走，我的心更动了。我怕博古不放我，我便先找凯丰同志，他同意了，我又去找中组部，中组部也同意下调令，我这时才敢告诉博古同志，并且以治疗关节炎为由，暂住的客人身份很快搬到文抗，借住在罗烽同志的母亲的窑洞里。随后舒群同志搬到《解放日报》社接替我的工作，我就搬进了他住过的窑洞，《三八节有感》便是在这里写的。"[1]

她说的治病的理由也是真实的，"文抗"离中央医院近，搬去后，有一个医生常来给她按摩理疗。

丁玲在回忆中又说："三月初我便搬到了文抗。"[2]

她显然把她搬到文抗的时间记错或是写错了，错了一个月，不是3月初，而是2月初。我可以肯定地这样说，因为我在其中。纠正这个错误，可能对澄清关于发表《野百合花》的责任这一历史问题有点儿意义，尽管王实味的冤案已经平反。

保小寒假、暑假各放假一个月。寒假是1月底开始放，3月1日开学。1月29号、30号家长就都派人来接自己的孩子了，我也就在那两天回到了延安，回到了《解放日报》社我母亲那里。我清楚地记得，我在《解放日报》只住了三天。第四天上午，"文抗"的秘书长于黑丁带一个饲养员，牵一匹骡子，就把我们接到兰家坪文抗去了。我推算，母亲搬到文抗的日期应是2月1日至3日之间。

为什么我记得这么清楚？因为还有一个小插曲。我这次回来，母亲已经不住原来岩石下的那间房子了。山上新挖了一排四五孔窑洞，母亲搬去住了一孔，隔壁仍是杨松，博古住了两孔。新窑洞朝南，粉刷得洁白，窑洞里很明亮，我见了满高兴的。可是半夜里出了问题，老鼠，不是一般的老鼠，而是一尺长的很大的老鼠，两次跳上床来，竟爬到枕头上，把我从睡梦中弄醒，吓得我两次都大叫起来，一夜都没睡好。我不怕狗，农村家家都养狗，狗吠的时候，不理它，若是追着吠，吠急了，就找木棍、捡石头回击它，但我怕老鼠，那小动物，软绵绵的，顶肉麻，令人嫌恶。第二天一早，母亲就和我一起找老鼠洞，用石头把洞塞住了。往后的三夜，我仍心有余悸，睡不踏实。所以当于黑丁来接我们的时候，我心里暗自高兴，总算可以换个地方了。20世纪90年代初，同黎辛说起那时的事，我还惦记着那孔窑洞，便问他，舒群去报社后是否住我母亲住的那孔窑洞，他说不是，另给他安排了窑洞，你母亲住的那孔窑洞空了些日子，后来陆定一去报社，就住你母亲住过的那孔窑洞。

[1][2] 丁玲：《延安文艺座谈会的前前后后》，《丁玲全集》第10卷。

去到"文抗"，母亲和我借住在罗烽、白朗家。他们家有两孔窑洞，她家的两个孩子原来和他们祖母住一孔，我们去后两个孩子就搬去隔壁的一孔与他们的母亲白朗一起住，母亲和我就同罗烽的母亲同住一孔窑洞。罗烽在边区政府文化工作委员会当秘书长，机关在南门外，他平日就住在那边，只有星期六才回来。那年的春节就是在罗峰、白朗家过的。除夕（2月14日）夜，颇为热闹，舒群、刘白羽也来了，他们陪罗老太太打麻将，直到深夜。刘白羽不打牌时就教我唱京戏。他用手指在桌子上敲着板眼一句一句的教我唱《四郎探母》："杨延辉坐宫院……"我喜欢看京戏，但不善唱，跟他学了一阵子，学会了一段，因为后来不唱，也仍旧不会唱了。我们在那里住了大约二十来天，舒群搬去《解放日报》，我们就搬进舒群原来住的窑洞。刚搬进去时，我和母亲还忙活了一阵布置房子，其实也没有什么好布置的，行李很少，桌椅也是现成的，主要是要找两个凳子，搭上一块木板，拼在母亲的床旁边。这样，两个人方才睡得下。可是勤务员找来的几块原材木板都是弯弯曲曲的，拼上去缝隙好大，最后只好挑一块稍好的凑合了事，反正也没有几晚好住。我又住了大约四五天，就在学校开学前回学校去了。这是一排四孔窑洞，朝南，从朝向上说，是文抗最好的几孔窑洞，母亲住靠沟里方向的一孔，罗烽家的两孔靠沟外，当中一孔住的谁，我已记不清了。

1942年3月12日《解放日报·文艺》第一百〇一期上，丁玲发表了《编者的话》：

> 最近我大约要离开报馆，工作不久就告一结束，但不管我离开多远，我是不会和《文艺》无关的，也许我会更多的同《文艺》写稿。只要我有空的话，有什么文章和问题需要垂询时，仍可寄给我。我暂住文抗。投寄稿件则请径寄文艺栏收。三月十日。

至此，丁玲于3月10日正式公告她结束了在《解放日报》文艺栏的主编工作。

紧接着，3月13日，《文艺》第一百〇二期，舒群发表《为编者写的》，宣布他"上台"，继任主编。通常发表"离去"与"上台"的声明应是在工作交接完成之后。

同期，即3月13日《文艺》一百〇二期发表《野百合花》（前半部）。

之后，3月26日，《文艺》第一百〇六期，续载《野百合花》（后半部）。

王实味是中央研究院的研究员。他的《野百合花》被当作反党文章受到严厉批判。

在延安整风运动中，王实味的问题由思想问题上升到政治问题，因历史上与几位托派分子的关系，他被定为"反革命托派奸细分子"，还牵连几个同志，打成一个"反党集团"。现在早已真相大白，为一冤案。1991年2月7日中华人民共和国公安部正式发出了《关于王实味同志托派问题的复查决定》，其中称："在复查中没有查出王实味同志参加托派的材料，因此一九四六年定为'反革命奸细分子'的结论予以纠正，王在战争环境中被错误处决给予平反昭雪。"

《野百合花》不是丁玲组稿组来的，而是王实味自己送来的。丁玲与王实味毫无交往，而且在丁玲眼里王实味还算不上是作家。王实味送稿子（应是《野百合花》上部）给丁玲，我却是记得的。2月下旬的一天早晨，来了一个中年人，与他到来差不多的同时，勤务员打来了早饭，这样，他同我母亲说了五六分钟或七八分钟话后就留下稿子走了。我因为等在一旁，等他走了方好和母亲一起吃饭，所以就顺便地问母亲："这个人是谁？"母亲回答："他叫王实味，中央研究院的。"中央研究院与"文抗"很近，都在兰家坪，当中只隔着一个托儿所，最多十分钟就走到了。本来这样的事不一定会留在记忆里，但因为过不了多久，王实味这个名字，在全边区的机关、学校里几乎无人不知，回过头来想到那天早晨的情景，也就把这件事记住了。

在批判《野百合花》的声浪中，丁玲在1942年6月13日中央研究院举行的批判王实味的座谈会上，作了题为《文艺界对王实味应有的态度及反省》的发言。在发言中，丁玲承担了发表《野百合花》的全部责任，她说："《野百合花》是发表在党报的文艺栏，而那时文艺栏的主编却是我，我并非一个青年或新党员。"

几十年过去了，王实味也平反昭雪了。但是作为对一个历史问题的探讨，我认为，发表《野百合花》的责任并不全在丁玲。她只对第一次发表的上半部分负有责任，而对第二次发表的下半部分完全没有责任。

从丁玲的"离去"，与舒群的"上台"两则启事看，自3月10日起，丁玲已不再是主编，舒群已正式继任主编并身在报社。之前一段时间只是交接工作阶段。该文前半部分发表于3月13日，与丁玲有一定关系。如果说是在交接过程中因继任主编尊重前任主编的意见而发表了，从而要由丁玲负全责，似乎也可以说得过去。后半部分发表于3月23日，其时，丁玲早已不负主编之责了。

那时任文艺栏编辑的黎辛对当时的情况有所回忆：

> 《野百合花》（注：上半部）发表以后，第一个向文艺栏提意见的是社长博古（秦邦宪）。见报的次日（注：3月14日）上午，博古来到编辑室，问陈企霞："王实味是哪里的？"企霞说："是中央研究院文艺研究室的特别研究员。"博古又问："他写的《野百合花》是怎么来的？"企霞说："从丁玲那儿拿来的。丁玲现在住在文抗，是她先看过，认为可以用，交我带回来发表的。"博古说："这稿子还没有写完？"企霞说："听说他还要写下去。"博古说："以后不要发表了。"企霞说："为什么？"博古不答，转身出去了。
>
> 3月23日，第二次发表《野百合花》，24日上午上班不久，博古就来了，仍是站在企霞旁边，弯下腰，问企霞："怎么又发表《野百合花》了？"企霞说："是第二次从丁玲那里拿回来的。"博古说："我不是说过不发了么？"[1]

这里，重要的是，博古于3月14日上午已明确指示"以后不要发表了"。那么，新任主编与亲耳听到博古这一指示的编辑们就应该执行博古的指示，不再发表，可是却没有按照博古的指示办，仍然于3月23日继续发表了《野百合花》（后半部）。那么这责任在谁？所以，对于发表《野百合花》后半部，丁玲应是完全没有责任的。至于丁玲是否在稿子上签署了"可用"已不重要，因为即使她签署了"可用"，也被博古的指示所否定而无效。

尽管发表《野百合花》不完全是丁玲的责任，但她因对发表王实味的这篇文章有过肯定的意见，她没有推诿责任，并且把所有的责任都揽在自己身上，从立场方面进行了严格的自我批评，这种精神和品格都是值得肯定的。

此外，丁玲不知道，也没有人告诉她，在《野百合花》前半部发表的第二天，博古就对其下半部有"不要再发表了"的指示。母亲生前，好多次同我说到过《野百合花》，她从未说到还有博古的这个指示。看来她到死也不知晓。

《三八节有感》是一篇关于妇女问题的杂文，发表于1942年3月9日《解放日报》。

关于这篇文章，丁玲后来说：

> 就是替女同志说了几句话，给男同志提了一点意见，

[1] 黎辛：《〈野百合花〉·延安整风·〈再批判〉》，《新文学史料》1995年第4期。

特别是对那些扔掉了"土包子"老婆另找年轻、漂亮老婆的男同志提出了一些批评，也反对了一礼拜跳一次舞的人洋洋得意的宣扬。这就得罪了一些人。事情是这样的，有两个我认识的女同志离了婚，在我面前发牢骚，我对她们有同情，当时我对于事情缺乏全盘的调查了解、也未考虑影响和后果。因此，报社晚间来信约我写稿，说第二天要发表，我就一挥而就，连看都没有再看，便匆忙送给了编者。文章发表后，得到了很多人拥护。但过了几天却来了意外的批评。[1]

那时文抗的俱乐部，每逢星期日就有几个打扮得怪里怪气的女同志来参加跳舞。"每星期跳一次舞是卫生的"，说这话的就是江青。我不反对跳舞，但看这些人不顺眼，就顺便捎了她们几句。我的确缺少考虑，思想太解放，信笔所之，没有想到这将触犯到什么地方去了。[2]

丁玲是以她自身就是一位妇女，同时又是一个共产党员这两重身份，用两种视觉来写这篇文章的。作为一位妇女，她以女性的视觉来审视妇女自身的弱点，企望她们提高与完善。作为一个共产党员，她出于她的党性、对革命事业的责任心，对延安在妇女问题上的一些现象提出了批评。但是，她毕竟是一个理想主义者。她也没有想到她这篇文章后来被国民党所利用。

正如丁玲所回忆的，这篇文章发表后得到大多数人们的拥护与赞赏，但过了几天却来了意外的批评。她回忆道：

因为这篇文章，第一次对我提出批评是在四月初的一次高级干部学习会上。这时延安各机关已经开始了整风学习。这次会毛主席自己主持、讲了几句开场白。第一个发言的是曹轶欧。她很有条理地批评了《三八节有感》和《野百合花》。我还是没有感觉，只奇怪：你曹轶欧不搞文化工作，为什么批评我咧？第二个发言的是贺龙同志。我一向是喜欢他尊重他的，我完全信任他对象我这样的人是充满了善意，不会难为的。因此当他说："我们在前方打仗，后方却有人在骂我们的总司令……"我还望着他笑，满心想他误会到哪里去了，我什么时候骂过我们的总司令呢？第二天我特地跑去看他，叫他老乡，说，

---

[1] 丁玲：《解答三个问题》，《丁玲全集》第8卷。
[2] 丁玲：《延安文艺座谈会的前前后后》，《丁玲全集》第10卷。

不打不成相识，我来听他的意见来了。第三天，他到文抗来看我，在我那里吃中饭，谈得非常融洽、亲切。我们之间的这种无私无间的同志关系，不管后来有人怎么说，我是永远深深放在心里的。第三个又接着发言了，话题只有一个，还是《三八节有感》、《野百合花》。参加这次学习会的文艺界只有周扬和我，他坐在后面一点，我坐在靠主席台右边，他没有发言。博古同志原是坐在后边的，这时坐到我身边来了，一直坐到散会，还悄悄问我："怎么样？"我当时没有一下懂得他问的意思，后来，当我有了一些经验以后，我才理解他，我是多么感谢他呵！

这次会上一共有八个人发言，只有一个人，可能是徐老谈别的事。最后，毛主席作总结，毛主席说："《三八节有感》同《野百合花》不一样。丁玲同王实味也不同，丁玲是同志，王实味是托派。"毛主席的话保了我，我心里一直感谢他老人家。文艺整风时期，只有个别单位在墙报上和个别小组的同志对《三八节有感》有批评。我自己在中央研究院批评王实味的座谈会上，根据自己的认识，作了一次检查，并且发表在六月十六日的《解放日报》上。组织上也没有给我处分。[1]

她在另外一个场合说："博古同志怕我受不了，坐到我旁边来，问我：'怎么样？'朱总司令戴着一副老花眼镜也不放心地望着我。当然会上不只是批评了我，还批评了《野百合花》。但在会议总结的时候，毛主席还是保了我，这是大家不曾知道的。但这是事实，当时与会的同志可以证明。毛主席说：'《三八节有感》和《野百合花》不一样。《三八节有感》对我们党、对我们的干部有批评，但也有积极的建议，我们要不同地看待它们。'这次会后，我被调到文抗机关领导整风，担任机关学习委员会的负责人。"[2]

之后，丁玲去毛泽东那里，毛泽东对丁玲说："我们要不要自我批评？要的。如果一个党没有自我批评，这个党的生命就停止了。但是你要进行批评，先得肯定别人的好处，说他怎样艰苦，怎样打胜仗，怎样有功劳；说我们这个党是了不起的，是伟大的，光荣的。然后再说我们还有一点缺点，还有封建残余，一些男同志对女同志的看法还不一样。你开门见山就说女同志受压迫，受歧视，人家就受不了啦。"[3] 毛泽东的话使丁玲信服。

丁玲对《三八节有感》也作了自我批评，她说："尽管我贯注了血泪在那篇文章中，安置了我多年的苦痛和

[1] 丁玲：《延安文艺座谈会的前后》，《丁玲全集》第10卷。
[2][3] 丁玲：《解答三个问题》，《丁玲全集》第8卷。

寄予了热切的希望，但那文章本身仍旧表示了我只站在一部分人身上说话而没有站在全党的立场上说话。"最后，她告诫这篇文章的"同感者"和"同情者"们说："我再三的告诉你们，这不是好文章，读文件去吧，你们会懂得这话的意义。"语气中多少透出了她的无奈与对这些"同感者"和"同情者"们的爱护。

毛泽东虽然保了她，但同她的关系，看来是稍稍地下了一个台阶。母亲曾向我说，她进中央党校一部后，有一次彭真（当时担任党校副校长）用带点儿教训的口吻对她说："你不要总以为毛主席喜欢你，毛主席也可以不喜欢你。"可见，彭真在毛泽东那里听到了不高兴、不满意丁玲的话，要不怎么会如此说。母亲认为："彭真用这样的语气同我说话，看来他不怎么喜欢我，可能认为我有傲气。"

关于延安的整风运动，在中国共产党的上层，中央层面，实际上早在1941年的上半年就开始了。其目的在于理清自1931年1月党的六届四中全会至抗日战争初期政治路线的是非，明确正确与错误，批判以王明为代表的在内战时期的"左"倾路线和抗战初期的右倾投降错误，并将这些错误路线的根源归因于学风上的教条主义、主观主义、党风上的宗派主义、文风上的党八股。

1942年4月3日，党中央发布开展整顿"三风"的决定，范围包括所有的机关、学校、部队。其目的是肃清教条主义、主观主义、宗派主义和党八股的影响，克服与改造每个人固有的资产阶级与小资产阶级的思想或影响。那时党内大部分是新党员，新党员中大部分是非无产阶级出身。通过整风学习，使达到全党思想上的统一，行动上的统一。

整风学习开始后，中宣部指定丁玲担任"文抗"整风学习委员会主任，委员会的成员还有刘白羽、郑文等，上面由胡乔木领导。

那时的延安，在文艺思想、文艺方向上存在一些问题，一是出现了上述的几篇文章，一是在文艺为谁服务和如何服务的问题上也存在方向问题。戏剧、戏曲活动相当活跃，演洋戏、演大戏之风很盛，在舞台上先后上演了《大雷雨》《钦差大臣》《铁甲列车》《带枪的人》《悭吝人》《马门教授》《新木马计》等等洋戏，《日出》《雷雨》《北京人》《李秀成之死》等等大戏，京剧则是无任何改良的众多旧戏。延安的干部中，知识分子众多，加上文娱生活贫乏，所以看这些戏十分踊跃，可是工农兵看不懂，没兴趣。这些戏并非为工农兵之喜闻乐见，脱离政治，脱离群众，从内容上说既不反映前方的抗敌斗争，也不反映根据地的现实生活，对当前的抗日战争没有多少鼓舞的作用。

尽管这些问题并不构成延安文艺运动的主流，但是被认为问题严重；而如何将文艺更好地纳入政治的轨道，在抗日和革命事业上充分发挥作用，是当时面临的一个问题，从而在文艺界开展整风是十分必要的。

所以，在整风学习过程中，党中央决定召开文艺座谈会。会前，从4月初开始，毛泽东便广泛征求作家、艺术家的意见，约请一些作家和艺术家谈话。丁玲也是毛泽东征求意见的对象之一，约她去主要谈文艺批评问题。

1942年5月2日至23日，中共中央在延安召开了文艺座谈会，毛泽东等中央领导人亲临会议。毛泽东作为发起人亲自主持会议，在会议之初作了简短发言，提出立场、态度、工作对象、转变思想感情、学习马列主义与学习社会等五个问题请与会者讨论，即为"引言"。会议体现了充分的民主，与会者畅所欲言，热烈讨论，乃至辩论。会议结束时毛泽东作了结论性发言，与"引言"一起形成了著名的《在延安文艺座谈会上的讲话》。这个讲话的全文在会议开过一年半之后，于1943年10月19日发表于《解放日报》。

丁玲自始至终参加了延安文艺座谈会。

毛泽东《在延安文艺座谈会上的讲话》，总结了"五四"以来的文艺运动的历史经验，澄清了当时革命文艺队伍中在文艺思想上的模糊观念，从根本上解决了文艺为什么人和如何为等重大理论问题，指明了革命文艺运动的前进方向。

丁玲认为，党中央召开这样一次空前的文艺座谈会，表明了党中央对文艺工作的一贯重视、对文艺工作者的健康成长和发展的一贯关心、对文艺战线上非无产阶级思想的侵蚀和危害的警惕和抵制。召开这次座谈会，是为了正确解决在新形势下革命文艺工作和文艺思潮中出现的基本问题和倾向，使革命文艺得到发展，更好地为革命事业服务。其中根本的问题就是为谁服务以及如何服务的问题，也就是文艺的工农兵方向问题。

会后，丁玲即写了《关于立场问题我见》，以表示对毛泽东《在延安文艺座谈会上的讲话》真诚的拥护。她表明："我们的文艺事业是整个无产阶级事业中的一个组成部分。""共产党员作家，马克思主义者作家，只有无产阶级的立场，党的立场"，而立场问题"是文艺上的一个基本问题，很多问题都由此产生"。

丁玲后来回忆："毛主席在文艺座谈会的讲话中，提到许多重大问题，根本问题，也提到写光明与写黑暗的问题。每个问题都谈得那样透彻、明确、周全，我感到十分亲切、中肯。我虽没有深入细想，但我是非常愉快地、诚恳地用《讲话》为武器，挖掘自己，以能洗去自己思想上从旧社会沾染的污垢为愉快，我很情愿在整风运动中痛痛快快洗一个澡，然后轻装上阵，以利再战。当时在文抗整个机关，每个人都打起精神，鼓足勇气，每天开会，互相启发，交换批评，和风细雨，实事求是地检查自己，这一段严肃、紧张、痛苦、愉快的学习经历，将永远留在人们记忆中，成为一生中幸福的一页。"

对于丁玲来说，从步入文坛之始的"为人生"的文学理念；从参加"左联"，主编《北斗》所组织的"大众化"的讨论及《对于创作上的几条具体意见》所阐述的观点，和这一时期在创作上写工农的初步实践；从她进入苏区后，去部队、下农村所写出的一系列反映革命斗争、根据地生活的作品等等。总之，从丁玲的文艺思想发展和她的文艺实践来看，她的文艺思想基本上是与毛泽东《在延安文艺座谈会上的讲话》精神相吻合的。但是，她的认识还是比较零碎，在一些问题上认识的高度和深度上也不够。而在创作中，也会有"即使有十分好的主观愿望，也难免流露出一些我们旧有的情绪"。所以，她对毛泽东的讲话是十分信服的，把它作为自己行动的指南，不断学习，不断提高，不断实践。

丁玲更是从立场的高度严格要求自己。在1942年6月11日中央研究院批判王实味的大会上，丁玲根据整风和文艺座谈会的精神对自己的《三八节有感》和《解放日报》文艺栏发表《野百合花》作了自我批评。在讲述她自己在整风中的收获时，她用极其生动的语言说："回溯着过去的所有的烦闷，所有的努力，所有的顾忌和过错，就像唐三藏站在到达天界的河边看自己的躯壳顺水流去的感觉，一种幡然而悟，憣然而愧的感觉。"然而，"这最多也不过是一个正确认识的开端"，还要"牢牢拿住这钥匙一步一步脚踏实地的走快。前边还有九九八十一难在等着呢"。

胡乔木对丁玲的评价很高，说这段话表明了一位有成就的，但身上又仍有着小资产阶级思想的作家，在毛泽东的启迪下所发生的思想认识上的超越。这也正是丁玲后来在文艺创作上取得卓越成绩的新起点。

丁玲在文艺座谈会之后，即写了一篇关于八路军战士在前方作战题材的文章，名叫《十八个》。她后来这样回忆写作的情况："写《十八个》是在1942年7月，为着纪念抗战五周年而写的。材料是从许多电报中来的，是朱总司令的号召，我没有办法写得好，因为我一点也不熟悉材料中的生活，但这故事却十分感动了我。我在桃林（即王家坪，八路军总司令部驻地，王家坪前有一片桃树林）看了两整天电报，我懂得朱总司令的话，他说：'这里不知有多少材料，这都是千真万确的事，你看好了。'是的，坐在这里读了两天，想法就不同了。并不是看一点电报上的素材就可以写出好文章来，而是读了这样多的英雄事迹以后，在情感上有所变化。我本来不赞成从电报中攫取一段材料就动手写小说，但我却忍不住不歌颂他们，那么多牺牲了的英雄，和还在艰苦战斗中的勇士。我不考虑文章的成功与否，便提起笔来描写这些使我感动的人物了。"

一次，母亲同我说起这件事时说："这也是总司令为人的厚道，他见我因《三八节有感》在高干会上受了批评，便给我创造条件，给我机会，让我写正面歌颂的文章，以挽回损失。"

1942年11月7日，也就是苏联十月革命节那天，丁玲和陈明结婚。在延安，人们口袋里都没有钱，自己操办不起婚宴，大多借节日，因为机关会餐。当时在延安，是几乎把苏联十月革命节当成国庆节一般来庆祝的。那天"文抗"机关会餐，还备了酒，大家为他们祝贺，就算是婚礼了。

有文说，丁玲于1942年春节（该年2月15日）在兰家坪与陈明结婚。所记日期有误，此时无结婚之事。再说，正如上述，此时母亲和我借住在罗烽、白朗家，与罗烽母亲同住一窑洞，如何结婚呢？

陈明，江西人，1917年生，比丁玲小十三岁。读中学时，住在伯父家，在上海上中学，是"一二·九"运动上海"中学联"的骨干分子。1936年在上海加入中国共产党。1937年初到延安，进"抗大"学习。丁玲组建西战团的时候，他参加西战团，担任宣传股副股长。1938年11月西战团重上前线，陈明因病留延安，入马列学院学习。后来马列学院改成中央研究院，在该院担任研究员。与丁玲结婚时，他在中央研究院。

中央党校在1942年2月进行了改组，学员分为几个部，部下面以支部为单位，毛主席亲任校长，彭真为副校长。党校一部学员的条件是旅级以上的干部及"七大"代表。这时，"延安文抗"机关撤销，保存名义，是党员的，进党校学习。只有丁玲一人去了党校一部，因为只有她一人符合旅级这个条件。其余的人去了党校三部，就是原来的中央研究院。少数几个非党作家就由有关单位招待起来。

这时，整风学习已经进行了一年，以学习文件、检查思想为主要内容的第一阶段已接近尾声。

1943年4月3日，中共中央发布《关于继续开展整风运动的决定》，指出今后一年间深入开展整风运动的主要内容是，在纠正干部中的非无产阶级思想的同时，肃清党内暗藏的反革命分子。"四三决定"发布后，延安整风运动正式转入第二阶段，即审干阶段。

我这时在以徐特立为院长的延安自然科学院补习班部（相当于初中程度，学员大部分是干部子弟、烈士子弟）学习，也参加整风审干。

审干期间延安的各单位都采取了"封闭"式的做法，即不准外出，于是我3月份回家见过母亲之后好几个月都没有见过她。

延安的审干，即使在头三个月也表现出极左的思想，把干部队伍不纯的状况大大地作了过分严重的估计，搞错了许多人。特别是中央负责审干工作的中央社会部部长康生，7月15日在干部大会上作报告，提出要开展"抢救失足者"运动，更是混淆敌我界限，弄得似乎草木皆兵、特务如麻，审干运动变成了"抢救"运动。

中央党校一部的审干是如何进行的，从曾志所著《曾志回忆实录》[1]中可见一斑。她当时也在中央党校一部学习。她写道："我们以党小组为单位，每个学员都要报告个人的经历，再由小组全体学员背着报告人，进行分析研究，寻找疑点，然后在小组会上向报告人提出质疑。如此反复多次才有可能得出结论。这样，经历简单的也要半个月才能过关，经历复杂些的，至少要一个月，认定有问题的，半年一年也结束不了。""在白区，敌占区和国统区从事过地下工作的同志顺理成章地成了这次审查的重点。"她写她在小组会上受审查的情景时说："其实，我有时笑一笑是因为实在忍不住。有的同志长期在军队里工作，过于缺乏社会常识，比如硬说火车只能跑平原，不能盘山行驶，比如硬不承认世界上还有什么名片，一定要我承认名片就是特务证，等等，解释、辩白不通，只有一笑了之。""个别老红军，对党十分忠诚，但因为与社会接触少，知识面窄，不善于分析，只一味抱着'对敌人要狠'的态度，所以整起人来也毫不留情。"

从曾志所回忆的情况来看，丁玲在小组会或支部会上要解释、辩白通过她那段在南京的历史是相当困难的。

在这个审干运动中，丁玲主动补充交代了在南京写那张"愿回家养母，不参加政治活动，未受审讯"字条之事。

[1] 曾志：《一个革命的幸存者——曾志回忆实录》，广东人民出版社1999年出版。

这本是为了摆脱敌人所作的策略斗争之举，既没有承认共产党员身份，也没有损害党的言词，却不为一些人所理解。

好多年以后，母亲向我说，那年夏天，她去找周恩来副主席，表示她委屈的心情，周副主席对她说："你要耐心地向那些没有白区工作经历的同志解释，让他们了解白区工作的环境和情况。"还说，"哪天你到我这里来，我告诉你如何去谈，让他们理解。"

8月中旬，我们学院的审干运动忽然停了下来，对我们补习班部也放松了些，可以准假回家半个月。但不是每个人都准假，只有未被"抢救"者和家长单位组织上同意的才准假。至于组织方面怎么与家长单位沟通的，我们这些做学生的就不知道了。我和一个同学一起去院部请假，我被批准了，他没有被批准。一走出院部的窑洞，他就哭了。没有准假，就是家长单位没有同意，就意味着，家长或者被"抢救"了，或者问题严重，或者还在审查中，等等。我不知道怎么宽慰他，只好说："别哭了，以后还会有回家的机会。"

我回到了中央党校一部母亲那里。母亲和李伯钊两人同住一个窑洞。李伯钊已经在前几天回杨家岭杨尚昆那里去了，党校一部的运动也处在暂停状况。后来才知道，是毛主席发现了"抢救"运动的偏差，指示让它停下来，然后制定了《关于审查干部的决定》，提出九条方针，主要就是"首长负责"，"审干不称肃反"，"严禁逼、供、信"，"一个不杀，大部不抓"，等等。

我好像没有问起过母亲那里审干运动进行的情况，可能是想各单位的情况大体上差不多吧。同时想，既然我还可以被批准回家，自然母亲不会有什么。再说，中央党校一部都是高级干部，怎么好问。

党校一部这些日子也比较平静，没有什么大会小会的，每天各自学习文件，所以母亲有好多时间和我在一起。她利用闲暇为我赶织一件毛衣。晚饭后就在山下学校的院子里散散步，遇见熟人聊聊天。因为他们也不能外出，出校门要请假，所以院子里散步的人不少，一个两个的，三个五个的聚在一起。有两次母亲和陈赓在一起，他们比较熟，聊起来话很多的。还有陈郁，也比较熟，后来寒假时，陈郁和他夫人袁溥之弄到一只鸡，特地请母亲和我两人与他们共享，在延安吃只鸡很难得。陈郁也是反王明、反四中全会的，他当时担任全国海员工会党团书记。他受到王明等人的打击、迫害，被送到苏联"学习"，实为下放工厂劳改。抗日战争爆发后，才回到延安。还有同支部同小组的何英，他后来是外交部副部长，那时生活上对我们满照顾的。下雨天，去食堂，要下山、上山，路滑，不好走，他总是自告奋勇替我们把饭菜带回来。1980年，何英来过我们家做客。他走后，母亲对我说："审干时，他就不认为我南京那段历史有什么问题，对我的处境同情、关心。"

丁国钰也与我母亲同支部，是支部委员。他后来是"将军大使"之一，外交部副部长。我应是见过他的，但未留有印象。2001年3月，中央电视台有一个关于延安题材的专题片来我家访谈。一位姓许的记者告诉我："在来你这里之前，我们去过丁国钰家访谈，丁老问我们还找谁访谈，我递给他拟就的访谈者名单，当他看到你的名字（我的名字后面括号内注有：丁玲之子），忽然提高了说话的声音，还带点激动地说：'丁玲是个好同志。那年在中央党校审干时，我们在一个支部，我是支部委员，我那时就不认为她历史上有问题，一直都不认为她历史上有问题。请你们把我说的这些话带给她儿子。'"许记者还说："上面这段话，丁国钰又重复说了两遍，一共说了三遍，每遍都说要我们把他说的这些话带给你。现在我完成了他的嘱托。"看来，丁玲的那段历史问题，在中央党校一部审干时，有不同意见。审干结束时，中央党校一部没有对丁玲南京那段历史作出正式结论。

寒假时，我又回到中央党校一部，住了一个月。这时，母亲独自住一个窑洞。春节前后，党校的文艺工作很活跃，排演了京剧《逼上梁山》、反映苏德战争的苏联话剧《俄罗斯人》，《逼上梁山》和《俄罗斯人》都是在党校一部的大礼堂排练、预演和演出。母亲参加这些戏剧的修改工作，成天看排练、预演，参加讨论会，每天都很忙的。我也跟着她看，旁听他们的讨论。母亲还请王凤斋向她谈冀中抗日斗争的材料，王凤斋也在党校学习。我自始至终都跟母亲一起听他讲这些有趣的故事，大概总谈了有五六个半天吧。他材料很多，十分会讲，讲得有声有色，每次都是听着听着，正有趣着呢，就又到该去吃饭的时候了。母亲后来回忆："我根据这些听来的故事写了一个剧本，曾经在春节时上南泥湾演出了两场。经过大家提了些意见，准备回来时再修改，因为没有时间一直没改，后来连底稿也没有了。但我写了《二十把板斧》，本拟多写几篇的，因为觉得写出来的还没有王凤斋讲的动人，就觉得没意思了。"

1944年4月，母亲从中央党校一部被调到边区文协专事写作。这个以柯仲平为主任的边区文协，虽然仍沿袭用了以前的以吴玉章为主任，艾思奇、丁玲为副主任那个"陕

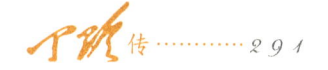

甘宁边区文化协会"的名称，但已是重新建立的另外一个单位，人员全部换了。以前的"边区文协"属中宣部领导，现在的这个"边区文协"属西北局宣传部领导，而且体制上是"陕甘宁边区抗日救国联合会"的一个组成部分。"边区抗联"才是实体机构，它包括边区工会、边区农会、边区妇救会、边区青救会和边区文协。现在的人写书，不了解情况，一写就是"延安南门外新市场对面山上的边区文协"，固然也没有大错，但当时在这个山头上的机关是"边区抗联"，文协是这个机关内的一部分。那时说的多的还是"边区抗联那山头"。那几个工、农、妇、青会，人数不多，在我的印象里，各个会最多十来个人，加起来最多不过三四十人，再就是"抗联"机关的秘书处、总务科等。可是文协摊子多，人也多，有《边区群众报》，胡绩伟负责；唱秦腔的《民众剧团》，马健翎负责；西北文工团，苏一平负责。"边区抗联"的主任崔田夫是陕北苏维埃运动的老革命，担任过陕北特委书记，他一直在中央党校一部学习，只有周末才回机关，家安在这里。他有时来我母亲的窑洞，坐坐，聊聊，打几盘扑克。母亲对他印象甚好，说他忠厚、朴实。实际负责"边区抗联"工作的是秘书长赵伯平，新中国成立后，他担任西北局宣传部长，大区撤销后任陕西省委书记处书记。

不久，在胡乔木的关怀下，陈明也从党校三部调来文协。丁玲在这里安了"家"，住两孔窑洞。5月份，她去延安柳林区麻塔村深入生活，于6月间写成散文《三日杂记》。

6月，陕甘宁边区政府召开边区合作社会议，与会代表中有不少是合作社工作中的先进人物。丁玲参加这个会议，访问了一些人，会议期间即写成报告文学《田保霖——靖边县新城区五乡民办合作社主任》，发表于1944年6月30日《解放日报》。《解放日报》于当日同时刊登了欧阳山写的《活在新的社会里》。

因《田保霖》，丁玲从毛泽东那里得到了最大的鼓励。毛泽东于7月1日一早给丁玲和欧阳山写了一封信：

丁　玲
　　　　二同志：
欧阳山

快要天亮了，你们的文章引得我在洗澡后睡觉前一口气读完，我替中国人民庆祝，替你们两位的新写作作风庆祝！合作社会议要我讲一次话，毫无材料，不知从何讲起，除了谢谢你们的文章之外，我还想多知道一点，如果可能的话，今天下午或傍晚，拟请你们来我处一叙，不知是否可以？

敬礼！

毛泽东

七月一日早

丁玲后来回忆说："那天下午，我和欧阳山应约去到枣园主席处，谈了一阵，又留在那里吃晚饭，我记得欧阳山同志喝了不少酒，天黑，我们从枣园策马回来。"她说，"毛主席称赞《田保霖》，不只是这一封信。据我所知，他在高干会和其他会议上也提到过。1944年7月初，我因赶写《一二九师与晋冀鲁豫边区》，找陈赓同志谈材料时，他高兴地告诉我，毛主席在一次高干会上说：'丁玲现在到工农兵当中去了，《田保霖》写得很好；作家到群众中去就能写出好文章。'别的同志也告诉我他听到过的类似的话。我听到之后，心中自然感激。但我以为我的《田保霖》写得没有什么好，我从来没有认为这是我的得意之作。我明白，这是毛主席在鼓励我，为我今后到工农兵中去开放绿灯。他这一句话可以帮助我，使我通行无阻，他是为我今后为文、做人，为文艺工作，给我们铺一条平坦宽广的路。这不只是为我一个人，而且是为许多许多的文艺工作者。近四十年来，尘海沧桑，现在重读这封信，感慨更深，毛主席当时是如何的了解人、体贴人，为工作着想，为他人着想，为他人帮忙呵！"她又说："毛主席过去读过我的文章，并且同我讨论过。后来他又读过我的文章，也同我谈论过。他对我的文章有过评语。虽然都是平常谈话，但我却把这些当成是从一位最高明的人，一个知己者那里来的悦耳之音，常常铭记在心的。"[1]

7月，丁玲写了长篇报告文学《一二九师与晋冀鲁豫边区》，发表于8月14日至8月19日的《解放日报》。这篇文章是受命于《解放日报》社社长博古而写。为了纪念抗战七周年，《解放日报》决定安排几个作家，分别写文章介绍几个抗日根据地，分配丁玲写晋冀鲁豫边区。丁玲对晋冀鲁豫边区的创建和发展的情况很生疏，但是有蔡树藩（晋冀鲁豫军区政治部主任）、杨秀峰（晋冀鲁豫边区行政委员会主任）、陈赓（太岳军区司令员）、陈锡联（太行军区司令员）、陈再道（冀南军区司令员）等晋冀鲁豫的领导同志帮助她。尤其是得到一二九师师长、晋冀鲁豫军区司令员、晋冀鲁豫边区创始人之一刘伯承的鼓励、

[1] 丁玲：《毛主席写给我们的一封信》，《丁玲全集》第10卷。

帮助和指导，使她对一二九师创建根据地的战略思想有清楚的认识，对边区的情况有全面的了解。刘伯承仔细地看阅了稿子，作了修改，有所增删。

这是一篇全面反映一二九师和晋冀鲁豫边区的文章，全篇将近四万字，从创建到巩固，从百团大战到敌后游击战，从反"扫荡"到收复失地，从政权建设到经济斗争，作了具体、生动的介绍。丁玲说："这篇稿子我始终对它有感情，因为在我写它时，的确是对敌后生活一个很好的学习。"[1] 写完这三篇文章之后，丁玲去到在安塞的难民工厂，写了《记砖窑湾骡马大会》，发表于9月17日《解放日报》。

写完这三篇文章之后，丁玲打算到工厂去，她问边区政府建设厅厅长高自立，她到哪个工厂去好。高自立对她说，陕北二十几个工厂，就数安塞的那个难民纺织厂好，但是你编《解放日报》文艺副刊时，发表了一篇讽刺文章，把这个厂的厂长得罪了。那是一篇名为《厂长追猪去了》的短篇小说（作者朱寨），是周扬亲手交给丁玲的，说是鲁艺文学系一个学生写的。丁玲读后觉得很好，但顾虑写得太实，容易引起风波，就交给博古看。博古看后笑道："这是左琴科的笔法"。既然如此，丁玲就决定发表了。果然，不出几天，这位厂长就来信了，查问写文章的是谁，说写的是他，写得不合事实，他不同意。丁玲给他复信说，这是写小说，是虚构的，文章里也只是说这个厂长有点事务主义，没有坏意，希望他不要多心。事情虽然这么了了，但这位厂长心里仍是有意见的。丁玲听高自立如此说，便决定就是要去这个厂。这个厂长叫吴生秀，因为难民纺织厂办得好，在边区是有名的。丁玲去后以她的热忱、坦诚和认真的工作作风取得了吴生秀的好感，他们相处得很好。

10月，丁玲从安塞回到延安，参加边区文教卫生先进工作者代表大会，写《民间艺人李卜》，发表于10月30日的《解放日报》。11月，参加边区劳动英雄大会，写《袁广发——陕甘宁边区特等劳动英雄》，发表于1945年1月12日《解放日报》。丁玲把前一年写的《三日杂记》作一些修改后，发表于1945年5月19日的《解放日报》上。这篇既真实地反映陕北抗日根据地农村新生活现实，又具有诗意和美感的散文，在延安引起了强烈的反响。丁玲说："在写了这几篇之后，我对于写短文，由不十分感兴趣到十分感兴趣了。我已经不单是为完成任务而写作了，而是带着对人物对生活都有了浓厚的感情，同时我已经有意识的在写这种短文时练习我的文字和风格了。"[2] 从而显示了她的新的写作风格和特色。

[1] 丁玲：《〈一二九师与晋冀鲁豫边区〉自序》，《丁玲全集》第9卷。
[2] 丁玲：《〈陕北风光〉校后感》，《丁玲全集》第9卷。

这一年，是丁玲创作的丰收年，她的报告文学取得了令人瞩目的成就。她在这些作品里展现了各自不同的色彩鲜明的新人物，深刻刻画了他们的精神世界和其思想的变迁，从中展示共产主义的伟大影响力和党的正确领导。

1945年夏，依然是受命于博古，丁玲打算写一篇关于陈毅的生平的文章。可能是为了扩大宣传方面的影响，《解放日报》安排几个作家写几位八路军和新四军将领生平的文章，也就是后来成为共和国元帅的那几位。也有毛主席，是萧三写。好像还有萧克，他是一二〇师副师长。博古分配丁玲写陈毅。为此，丁玲去到王家坪（八路军总部驻地）住了一星期，同陈毅谈他的生平。但是，这篇文章没有写成，不只是丁玲，也未见其他领受这项任务的作家有这样的文章发表。其原因是抗日战争很快就胜利了，各位将领很快地返回到了各自的战区，作者们也因工作需要离开了延安，包括组织者博古自己。丁玲同这些将领中的大多数，像朱德、彭德怀、林彪、刘伯承、贺龙、聂荣臻、罗荣桓、叶剑英早在1936至1937年间就相识，有的还稍有一点儿熟悉。恰恰是同陈毅直到这时才相识。也正因为同陈毅谈了一星期关于他的个人历史，因此，在这些将领中，她反而对陈毅的生平可能了解得要更为详尽一些。

1945年4月23日至6月11日，中国共产党第七次全国代表大会在延安隆重举行。4月24日，毛泽东作政治报告《论联合政府》。会议期间党中央决定，召开中国人民解放区代表会议，选举产生解放区联合会，以向一个新民主主义的联合政府发展。6月19日，七届一中全会第一次会议讨论通过了《关于召开中国解放区人民代表会议及其筹备事项的决议》。

丁玲作为文艺界代表，当选为中国解放区人民代表会议筹备委员会常务委员，并担任筹委会起草委员会委员。文艺界中的筹备委员还有周扬、萧军。

1945年7月26日，延安"文抗"分会举行理事全体会议，选举丁玲、周扬、贺绿汀、艾青、萧三、塞克、柯仲平、江丰、萧军等九人为常委，推选丁玲为主任委员，兼负责总务部，周扬负责研究部，萧三负责出版部。此时又实行了如"边区文协"那样的"一长负责制"。会后，召开新理事全体会议，丁玲主持讨论"文抗"今后工作。

"文抗"机关自1943年3月撤销之后，虽然仍保留其名义，但已无实体机构。中共"七大"之前，中宣部决定重新将其实体机构建立起来，并决定由丁玲负责"文抗"的工作，以待理事会全体会议的选举通过。所以那几个月，丁玲忙于把这个机构建立起来的筹备工作。大约在五六月间,调来杨朔任"文抗"秘书,一位江西老红军战士刘山担任管理员。原来兰家坪"文抗"的窑洞已为别的单位使用,新的会址暂选用原边区政府文化工作委员会空出的一排十几孔窑洞,这些窑洞也在"边区抗联"的山头上,不过更高一些。

但是,形势发展很快,8月15日日本战败投降,举国欢庆抗日战争的胜利。在新的形势下,延安的干部大批调往东北和其他解放区。面临新的形势,由"文抗"发起与鲁艺联合组织两个文艺工作团上前方去。一是东北工作团,由舒群率领,四十余人;一是华北工作团,由艾青率领,五十余人。8月24日,延安文艺界举行欢送会。"文抗"主任委员丁玲致开幕词,并代表"文抗"勉励去前方的同志坚持毛主席的文艺方向与政策,为更广大的工农兵群众服务。周恩来、林伯渠、彭真莅会讲话。

在这样的新形势下,再将"文抗"组成为一个实体机构已无必要,而调来的干部,也还只有杨朔、刘山二人。在送走了两个文艺工作团之后,丁玲也萌发了去前方、去东北的想法,但是她不想急于赶路,而是想沿途作一些采访,写一些通讯报道。10月初,她和杨朔、陈明组成"延安文艺通讯团",我和祖慧随行,还有五个勤杂人员:一是刘山;一是老吴,湖北人,原红四方面军的战士,后在西战团担任管理员,他愿意跟母亲一起走,同刘山一起承担行军中的事务工作;再就是母亲的勤务员张来福,他是陕北的小红军,1944年母亲到边区文协时,由西北局派来给母亲当勤务员;还有两个饲养员。中组部批给"通讯团"两匹马、一头骡子。一匹马是给我母亲的,另一匹是给我和祖慧的,因为未成年,尤其是祖慧。骡子驮其余人的行李。当时延安走的人很多,牲口很紧张,除高级干部配马外,其余的干部都是步行,行李由牲口驮,十个人配备一匹骡子。母亲想在中组部配备之外再弄一头牲口,就去找了林伯渠,林老说他那里一头牲口都没有,但替她想法子,建议她去找吴生秀。吴生秀是边区难民工厂厂长,母亲曾在这个工厂深入生活。吴生秀知道后,慨然从他们工厂运输队里抽了一头很好的骡子给她。这样,"延安文艺通讯团"(换一种说法:我们一家加上杨朔),十个人,两匹马、两匹骡子的小队伍就整装待发了。

博古特地派人给丁玲送来一封以新华社总社名义写给各地新华分社的信,要各地新华分社给丁玲工作上以便利,寄稿和发电。他对丁玲的工作,一向是关心、支持和鼓励的。

毛泽东去重庆谈判，丁玲曾去机场送行。毛泽东在重庆期间，她和许许多多的干部群众一样为主席的安危担心。毛泽东回到延安时，她也去机场迎接。她感到有幸在离开延安之前，还能向毛主席辞行。丁玲到枣园去了两天，当晚住在任弼时、陈综英家里。陈综英送给她一双她亲手织的毛袜。那两天她还分别拜望了毛泽东、刘少奇、朱德和康克清，向他们辞行，也去康生那里坐了一会儿。

丁玲从1936年进入陕北苏区到离开整整九年，其中有一年在前方。关于陕北，她后来感慨地这样回忆：

> "陕北"这个名称在我生活中已经成为过去了。我想也许还有去的机会，也许就只能在记忆中生许多留恋和感慨。但陕北在我的一生却占有很大的意义！
>
> 在陕北我曾经经历过很多的自我战斗的痛苦，我在这里开始认识自己，正视自己，纠正自己，改造自己。这种经历不是用几句话可以说清楚的。我在这里又曾获得最大的愉快。我觉得我完全是从无知到有些明白，从一些感想性到稍稍有了些理论，从不稳到安定，从脆弱到刚强，从沉重到轻松……走过来的这一条路，是不容易的，我以为凡走过同样道路的人是懂得这条路的崎岖和平坦的，但每个人却还是有她自己的心得。
>
> 有些人是天生的革命家，有些人是飞跃的革命家，一下就从落后到前进了，有些人从不犯错误，这些幸运儿常常是被人羡慕着的。但我总还是愿意用两条腿一步一步走过来，走到真真能有点用处，真真是没有自己，也真真有些获得，获得些知识与真理。[1]

丁玲上面的这段对陕北的回顾，写于1950年《陕北风光》再版时的校后感，主要是对她个人的思想锻炼的历程和有意识地按照毛泽东《在延安文艺座谈会上的讲话》去实践而抒发的感想。关于延安的整风，也包括延安整风的一个组成部分的文艺界学习《讲话》的文艺界的整风在内，母亲历年来，尤其在她的晚年，发表过不少言论。毋庸置疑，她认为延安整风是一次全党范围的马克思列宁主义的学习教育的伟大政治运动，实现了全党政治上的统一、行动上的一致，对夺取抗日战争的最后胜利，乃至以后革命事业的发展，都具有

[1] 丁玲：《〈陕北风光〉校后感》,《丁玲全集》第9卷。

极其重要的意义。而《讲话》则是更具体地阐明了文艺工作中应有的正确的立场、观点、方法，为文艺工作者指明了方向，教育了一代知识分子，培养了一代作家。至于整风后期出现的"抢救运动"，造成了大批的冤、假、错案，教训当然是深刻的，但这一错误在延安整风中，毕竟是支流，不能因此而否定整风运动的伟大成就。母亲曾向我说过毛主席在中央党校一部大会上向审干中搞错的同志脱帽、鞠躬、赔礼道歉的情景。她在南京的那段历史，1940年早有结论。但是在审干中，在人人过关的情况下，又被审查了一遍。她临行前去任弼时那里，她问任弼时这次审查该如何结论。任弼时说："党是相信你的，你放心地到前方去吧。"这样，母亲也就放心地走了。

丁玲对任弼时是有深厚感情的，1950年任弼时逝世，扶灵送葬时，她哭得站都站不起来，走也走不稳。在一旁的李伯钊对她说："别哭了，你这样哭，综英就更要悲痛了。"

在当年的五大领袖中，丁玲与毛泽东、任弼时接触较多，与周恩来、朱德稍次，与刘少奇认识最早，接触最少。

丁玲满怀豪情壮志再度奔向前方，虽然对延安依依难舍。九年的延安岁月是令人留恋与难忘的，在这里，她度过了她人生最美好的三旬年华。

丁玲一行是10月20日那天离开延安的，就从"抗联"机关出发。崔田夫、赵伯平等都来给丁玲送行；在此以前几天，李卓然（西北局宣传部长）也来看望过丁玲，为她送行；柯仲平直送到桥儿沟。桥儿沟离延安城十里路，真可说是送别于十里长亭。他一直送到镇口，望着我们远去。

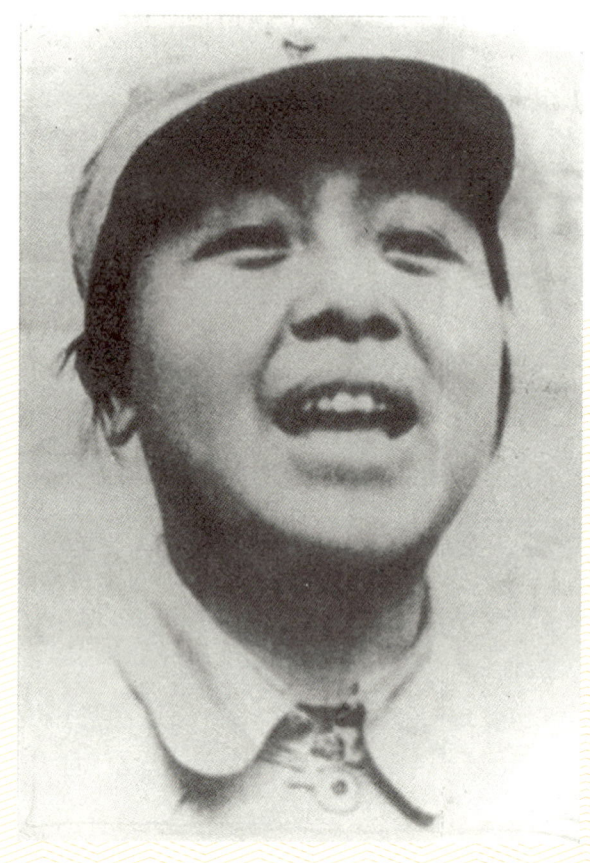

◇图1：1938年，丁玲在延安
◇图2：1938年，丁玲在延安

◆ 图1

◆ 图2

◇图1：1938年，丁玲在延安宝塔山
◇图2：1938年初，丁玲与康克清（中）、靳明（左）在山西

图1

图2

◇图1：1940年，蒋祖林在安塞
◇图2：1941年，丁玲在延安

图1

图2

◇ 1944年7月1日，毛泽东致丁玲、欧阳山书信

第十四章 太阳照在桑干河上

丁玲一行自延安出发，经清涧、绥德，在碛口渡过黄河，又经临县、兴县、岢岚、五寨、神池、朔县、平鲁、左云、右玉、丰镇，走了五十余日，于12月15（或16）日到达当时晋察冀边区的首府张家口。

不巧，就在元旦前夕，国民党军队沿锦（州）承（德）铁路进入热河，抢占了朝阳、凌源、平泉等地，切断了从张家口经承德去东北的路线。因此，丁玲就滞留在了张家口。

1946年5月4日，中共中央发布《中共中央关于土地问题的指示》，即《五四指示》，指明党的土地政策从实行减租减息转变到实现耕者有其田。这个土地制度改革的运动，是几千年来中国农村翻天覆地的大变动，是彻底铲除农村封建制度的运动，它将进一步调动广大农民的革命和生产的积极性，使解放战争获得源源不断的人力物力的支持。

丁玲即打算投身到这一运动当中，决定参加晋察冀中央局组织的土改工作队到农村去。

她先走马观花地住过几个村子，最后在涿鹿县一个名叫温泉屯的村子住了下来，和陈明，还有一个叫赵可的同志，一起进行这个村庄的土改。关于这段土改的工作，她回顾说：

> 我在涿鹿温泉屯村里参加了一个月的工作，经常和老乡们在一块儿。今天和这个聊，明天又找那个聊，我在工作上虽然本领不大，却有一点能耐，无论什么

人，我都能和他聊天，好像都能说到一块儿。我和那些老大娘躺在炕上，两个人睡一头，聊他们的家常，她就和我讲了：什么儿子、媳妇啊，什么闹架不闹架啊，有什么生气的地方啊，有什么为难的事情啊；村子里谁家是好人啊，那一家穷啊，那一家不好啊。我可以同老头子一起聊，也可以和小伙子一起聊……[1]

丁玲的这种深入群众的工作作风和接触群众的本领，使她在与群众亲切、随意的聊天中，就迅速地了解到村子里各类人物的家庭、生活和土地财产情况以及他们的思想情况，从而准确地把握了村里的阶级状况，制定了有力的斗争策略。土改后期，村里分房子，一下子分不合适，她在旁边马上就能说出来，哪里还有几间房子，分给什么人住合适。村里干部都为她如此熟悉情况感到惊奇。

当时内战形势逼人，在一个多月的时间里，他们完成了对全村阶级情况的分析，发动广大贫雇农，把贫雇农组织起来，向地主阶级进行斗争，平分土地，支前参军等一系列工作。当工作全部结束时，张家口也吃紧了。

中秋节（9月10日）刚过，他们回到涿鹿县政府，遇见到这一带观察部队转移路线的晋察冀军区政治部副主任朱良才。朱良才一见到丁玲便说："怎么你们还在这里！快回张家口去！"以当时的敌我态势来看，怀来、涿鹿都属于张家口东线前沿的两个县份。丁玲想到，这一带包括温泉屯的刚刚获得土地的男女老少，很快就要遭到国民党军队的蹂躏，就要遭到翻把地主的报复迫害，她怎么也挪不开脚，离不开这块土地，她想留下，同这里的人民一道上山打游击，但这必须回到晋察冀中央局去再说，而组织上当然不会同意她去打游击。

当时的张家口，沿平绥铁路东西两线受敌。在这样的情势下，面对东西两面夹击，张家口是守不住的。因此，晋察冀军区和中央局于9月16日作出能守则守、不作坚守，必要时准备放弃张家口的决定，并立即疏散机关、学校和物资。

丁玲回到张家口只呆了一天，便经组织安排于9月19日乘汽车撤离张家口，撤退到老根据地阜平地区。

丁玲在阜平的红土山暂时落了脚，这里是《冀晋日报》社驻地。她对同路的同志们说："《太阳照在桑干河上》已

[1] 丁玲：《谈自己的创作》，《丁玲全集》第8卷。

经构成了，现在需要的只是一张桌子、一叠纸、一支笔了。"这年11月初，她在红土山开始了这部长篇小说的创作。[1]这是在冬天，她腰痛很厉害，原来一天能走六七十里，这时连去离红土山只有二里来地的中共冀晋区党委驻地史家寨，走起来都有困难。夜晚没有热水袋敷在腰间就不能入睡。她把火炉砌得高一些，把腰贴在炉壁上烫着，减少疼痛，坚持写作。

1947年3月初，丁玲从红土山搬到了同是阜平县的抬头湾。抬头湾是一个只有二三十户人家的小山村，依山傍水，一条清澈的胭脂河从村北流过，河的两岸是沙滩。这条清澈的小河，一到夏天下暴雨时，会顿时变得浑浊，河水汹涌，漫溢沙滩，因此村外筑了一条长堤，以防水患。沿胭脂河从城南庄由西向东到广安镇这二十里路间的大多数村庄都驻着晋察冀边区的首脑机关。军区司令部、政治部驻城南庄，中央局驻城南庄东边两里的新房村，边区行政委员会驻广安。抬头湾就在城南庄和广安之间，西距城南庄十七里、新房村十五里，东距广安三里。丁玲的供应关系在中央局，若是住在那里，人多、事多，总是会有一些无法推卸的零碎工作给她做，为了能专心创作，她选中抬头湾这个村子，既离首脑机关不远，又比较清静。这里只驻有边区青联等几个群众团体，加起来也不过十几二十个人。丁玲与它们仅仅是邻居，并没有组织上的关系。

5月16日，丁玲去冀中参加土改的复查工作，经曲阳、定县、安国、博野、肃宁，至冀中区党委所在地河间，后经行唐返回，历时半月，是随晋察冀中央局的一些领导同志去的。带队的是中央局副书记刘澜涛，参加的有刘仁、吴德峰、宋邵文、周扬、邓拓等。主要是听取下面的工作汇报。关于此次冀中之行，她原想再下去多经历些群众斗争，来弥补她生活和写作中的不足，但是通过实际工作，她明白这段生活对她全是有用的，但写这本书能用的实际材料却不多。于是，便赶回抬头湾，继续写作《太阳照在桑干河上》。

丁玲和周扬于1945年底先后来到张家口，并都留在了晋察冀边区。丁玲没有分配具体工作、没有担任具体职务，两年半来，三次下乡参加土改，然后就是找一个比较安静的村子住下，写《太阳照在桑干河上》。周扬官运亨通，在张家口时担任华北联合大学副校长，尚踞成仿吾之下（校长是成仿吾），撤离张家口后，担任了晋察冀中央局宣传部副部长，继而部长；

---

[1] 丁玲：《〈太阳照在桑干河上〉重印前言》，《丁玲全集》第9卷。

1948年春，晋察冀中央局和晋冀鲁豫中央局合组为中共中央华北局，他更担任了华北局宣传部部长。如果说在延安时，周扬与丁玲大体上平起平坐、地位大体相当，并且组织关系分属不同系统，谁也管不着谁的话，那么现在地位与关系已发生了变化，周扬作为华北地区宣传、文艺、新闻、出版方面的主要负责人，对于丁玲的这本书能否出版，自然是握有决定性权力的。

1947年8月间，《太阳照在桑干河上》的初稿已经基本完成，只剩最后几章，丁玲誊写了一份给周扬，请他提意见，但不得回音，周扬反应冷淡，也不说什么意见。

10月份，在广安召开的晋察冀边区土地会议上，丁玲就听到彭真同志在会上的批评，说"有些作家有'地（主）、富（农）'思想。写起文章来就看到农民家里怎么脏，地主家里的女孩子很漂亮，就同情地主富农"。

母亲后来说："彭真虽然没有指名，但我知道他每一句话都是在说我。我写的贫雇农家里就是脏，地主的女儿（后来改为侄女）黑妮就是漂亮嘛！而书中的顾涌又是个'富农'，我写他还不是同情'地、富'。"

母亲进而同我说起那天散会时的情景，她说："散会时，天已黑，罗瑞卿、蔡树藩和萧三走在一起，旁边有警卫员、勤务员们打着马灯，照着路，我跟在他们后边，只听蔡树藩问萧三：'老萧呵！刚才彭真同志批评作家写的书里有地、富思想，是说谁呀！'萧三心里明白，但佯装不知，说：'他又没指名，谁知道他说谁。'"

母亲说："这次会议之后，周扬才说这本书有原则问题，和表现上老一套。我觉得他不诚恳，我是诚心诚意请他提意见的，希望能出版，他不提意见，反而背后向彭真说，借彭真来压我。至于彭真，他大事很多，不大可能看我的稿子。他主要是相信周扬，周扬怎么说，他怎么信，怎么说。"

丁玲在一份名为《一九四九至一九五二年我对周扬同志工作上曾有过的意见》的申述材料（1956年写的申述材料之一）中又说："后来萧三同志告诉我说，蔡树藩同志问他：'丁玲怎么搞的，搞了一阵土改，写了一本同情地主、富农的书？'萧三问蔡树藩如何知道的，蔡说是周扬同志在土地会议主席团院子里说的。萧当时说这书他也看过，其中并未同情地主富农。"蔡树藩此时任华北军区政治部副主任。

按理说，这样及时反映现实生活的作品，在当时是很需要的，但是却遭到拒绝。既然这本书被周扬认为有"地富思想、有原则问题"，又得到彭真的支持，自然出版无望。

所以，丁玲苦恼极了，只好放下笔再下去土改。

10月份参加完晋察冀土地会议后，丁玲应华北联合大学文艺学院院长沙可夫之邀去华北联大暂住，11月中旬和联大的师生一起去石家庄附近的获鹿县搞土改。她带一个工作组，主要是在宋村，负责附近五个村子的土改。

她后来在东北和我忆起这次土改。她说在宋村还遇到一件事："这村里居然有一个有文化的地主，我下去的时候用了一个假名'蒋英'，竟然被他识破，他对人说：'这个叫'蒋英'的女人，其实是丁玲，是个很有名的女作家；有名的女作家，还有一个是冰心。'"母亲说："我听了之后，心想这村不简单啊！"

这个村子果然不简单，这一带是新解放的地区，在工作组进驻前，他们自己也搞了一段"土改"，地主们收买了一部分村干部，收买了一些地痞流氓，成立了假贫农会，建立了民兵组织，掌握了十几支枪。丁玲带工作组进驻后，用了半个多月的时间，摸清了情况。随着调查的深入，矛盾逐渐尖锐，在地主们的操纵下，他们企图把工作组驱逐出村。丁玲获悉这一阴谋后，在区委的支持下，以迅雷不及掩耳之势，收缴了他们的枪支，召开全村群众大会，揭露地主的阴谋，解散了假贫农团。她又一次地显露了她"武将军"一面的性格和魄力。

她在宋村搞了四个多月土改，比在桑干河畔的温泉屯时间长，工作也细致一些，而且此时已颁布了《中国土地法大纲》，政策更加明确。所以这一段土改对她写作这本书无疑是很有益处的。同时，她在这里还发现了新的人物，作为她后来的长篇小说《在严寒的日子里》主人公的模特。

1948年4月底，在丁玲从宋村土改回到华北联大，用一个多月的时间，突击写完了《太阳照在桑干河上》最后四章，并将全篇进行了修改。在最终定稿之际，她接到通知，中央决定她作为以蔡畅为团长的中国妇女代表团代表，出席在巴黎召开的国际民主妇联第二届代表大会，并于即日到党中央所在地西柏坡集中，然后转道东北出国。

关于去巴黎参加国际民主妇联会议，两年前就曾有过一次，那是1946年5月的事。国际民主妇女联合会主席戈登夫人来电，邀请中国解放区妇女选出两名理事，一名候补理事出席当年6月下旬在巴黎召开的国际民主妇联理事会。党中央决定蔡畅、邓颖超为理事，丁玲为候补理事出席会议（以中国解放区妇女筹委会选出名义公布）。新华社发了消息，《解放日报》《晋察冀日报》都刊载了。这消息很轰动，那几天凡遇见丁玲的人都打问这件事。母亲对我们说，她说不定还要往回走，从张家口再回到延安。但是，这件事不多天就结束了，因为国民党政府拒绝发给她们三人护照，故未能成行。朱德总司令在写给史沫特莱的信里也说到这件事："丁玲准备出国参加巴黎国际妇女会议，因此不能应邀去美国。但是，丁玲和邓颖超同志都受到国民党的阻挠，因此丁玲失掉了访问美国的机会。"[1]

丁玲于6月14日离开华北联大。途中路过华北局，去看了周扬。6月15日到达西柏坡。

那么，此时周扬对《太阳照在桑干河上》的出版是何态度呢？丁玲在6月14日日记中记有："周扬挽留我搞文艺工委会，甚诚。但当我说到我的小说已突击完工时，他不置一词。……他对我之写作是有意的表示着冷淡。"[2]

在《太阳照在桑干河上》这本书的出版问题上，周扬利用手中掌握的权力压着不出，丁玲也只好"放下笔，再下去土改"。然而，周扬无法一手遮天，丁玲也不是没有说话的地方。现在，这个说话的机会来了。

丁玲很幸运，到达西柏坡的当天，也就是6月15日，先后见到了毛泽东和周恩来，并与他们进行了长谈。她的6月15日日记中记载：

> 晚饭时到的组织部，坐了一会，才到东柏坡来，东柏坡住的是妇委。我本想直去西柏坡，但一想不要太自由了，还是由人安排吧，所以还是住妇委。听说和之华大姐住，就又高兴了。
>
> 另外，太意外的是我刚要去西柏坡时，遇见对面有穿黄衣的人来，我仔细一望是毛主席。我不觉跳（跑）了过去，紧紧地握住他的手。毛主席说："好得很，几年不见你了！"他并且邀我和他一道散步去。我看他身体很好，江青也照旧。我和他们坐汽车到离村子较远的地方；半路上又有傅钟同志夫妇一道。毛主席坐在空地的躺椅上，他很鼓励了我。他说："历史是几十年的，不是几年的。究竟是发展，是停止，是倒退，历史会说明的。"他似乎怕我不懂得这意思，又重复了一遍。他又说："你是了解人民的，同人民有结合。"他又说："你在农村有了十二年，再拿八年去城市，了解工业。"散步之后他又邀我同他一道吃

[1] 艾格妮丝·史沫特莱：《伟大的道路》，生活·读书·新知三联书店1979年出版。
[2] 丁玲1948年6月14日日记，《丁玲全集》第11卷。

晚饭去。我在他院子里坐谈时，他又说历史是几十年的，看一个人要从他几十年来看，并举鲁迅为例；并将我与鲁、郭、茅同列一等。我说我文章不好，成绩不及他们。此时江青还说，有一时期我的影响比茅、郭为大。毛主席评郭文才华奔放，读茅文不能卒读。我不愿表示我对茅文风格不喜，只说他的作品是有意义的，不过说明多些，感情较少。郭文组织较差，而感情奔放。毛主席和江青都表示愿读我的文章。我是多么的高兴而满足啊！我告诉他一个不识字的老太婆写了一首歌歌颂他。我把他对我的鼓励都记在日记上，我不会自满，但我会因为这些鼓励而更努力。

饭后见小超和副主席（注：即邓颖超和周恩来），略谈一些，他们即送我回来。沿途副主席问我小说内容，我从他家院子里一路说到我住的地方，他很注意的听并且不断的问。他们使我在他们面前感到是在自己家里，同自己最爱的人说话一样。[1]

日记中"毛主席和江青都表示愿读我的文章"，"文章"即《太阳照在桑干河上》手稿。在丁玲同日致陈明信中亦有"他（毛泽东）问我的作品，并且答应我读我的原稿"句。

从这篇日记可以看到：（一）从离开延安后与毛泽东的这次初次见面，毛泽东很热情亲切地接待她，既邀她一起去郊外散步，又邀她一道吃晚饭；（二）毛泽东很鼓励了她，说她"是了解人民的，同人民有结合"，而且一再地对她说"历史是几十年的，不是几年的。究竟是发展，是停止，是倒退，历史会说明的"。这可理解为肯定她自延安文艺座谈会以来的成绩和勉励她今后更坚定地沿着这个方向走下去；（三）毛泽东给予她很高的评价，把她"与鲁、郭、茅同列一等"；（四）毛泽东表示愿读她这本书的文稿，这当然是丁玲最高兴与满足的。此外，她还见到了周恩来副主席和邓颖超，与他们详谈了她这本书的情况。

母亲曾多次和我谈过这件事，但谈话中说到的那天见到毛主席的一个重要情节，可惜她没有记入日记。就是当毛主席问她这两年在做些什么的时候，她把《太阳照在桑干河上》的创作情况，以及出版在周扬那里受阻，彭真在会上批评说有"地、富思想"都向毛主席说了，并且表达了自己的不同的意见。毛主席听后当即表示愿读她

[1] 丁玲1948年6月15日日记，《丁玲全集》第11卷。以下所引日记均在此卷，不另注。

的文稿，江青也表示愿读。毛主席可能是考虑自己事情太多，所以后来想想又说，叫胡乔木、艾思奇、萧三、陈伯达四个人先看，看后向他提出意见。

这样，丁玲就主动找他们，在第二天，也就是6月16日，把稿子交给了胡乔木，请他们审阅。

正因为母亲没有将毛主席要胡、艾、萧、陈四人先看，看后向他提出意见的这一情节记入日记，而她6月16日日记中又有"把稿子交给乔木了，乔木问我有何希望。我说看看，如政策上没有问题，文中有可取之处，愿出版"的记载，所以众多书写丁玲生平的作品，说到这一问题时，都是说《太阳照在桑干河上》的出版，在周扬那里受阻，丁玲求助于胡乔木、艾思奇，得到了他们的支持，终使该书得以出版。这样写，可以理解，也不错，胡乔木、艾思奇、萧三都是愿意帮助丁玲的，但是写的并不完全，也没有写出最核心、最关键的地方，因为他们不了解还有更深一层的原因，即胡、艾、萧、陈是受命于毛泽东，毛泽东才是最终裁决者。

这一重要情节，母亲从未向外人说过，即使晚年说到《太阳照在桑干河上》时，也没有向人披露。其原因主要是不想让人觉得她借此抬高自己，再就是考虑与周扬的关系。

稿子在胡乔木那里放了三四天没有看，可能是胡乔木有别的一些事比较忙。丁玲就去找艾思奇，请他先看，以便在她走之前，使艾思奇反映一些意见上去。

艾思奇用两天看完了丁玲的稿子，并提出了可以出版的肯定意见。丁玲在6月26日日记中写道："原定二十三日动身，但二十三日我病了，睡了一天。伯达同志来看我，告诉我稿子可以出版，因为艾思奇同他谈过了。艾尽二十一、二十二两天把我的稿子看完了，他觉得里面有些场面写得很好，尤其是斗争大会。他对周扬所说的原则问题，及所谓老一套都不同意。艾这次很忙，又准备去学校，还在写文，硬挤出时间读完我的稿子是很可感激的。陈一听就来告诉我，也很痛快。"

陈伯达表现出来的格外的热情与关心，是一种身负使命的反映，可以从这一个侧面证实他受命于毛泽东关注此事的事实。他后来还参加与艾思奇等的讨论。陈伯达当时是中宣部副部长，但他从未分管过文艺，与丁玲也说不上有什么交情。

丁玲出发前向胡乔木告别时，胡乔木对她说："你是个作家，该带着书出去。"其意思是明显的：《太阳照在桑干河上》可以出版，而且要尽快出版，出国时带出去。

丁玲终于带着比较踏实的心情踏上了前往东北之路，但书的出版还有待最后决定。

母亲在西柏坡（西柏坡与东柏坡就在一条溪流两边的山坡上，相距大约半里）住了九天，心情是很愉快的，感到回到了家，像见到了家人。刚到那天她就和毛泽东约好，以后她要找他就在他散步的时候，主席高兴地答应了。九天里，她见了毛泽东五次，在毛泽东那里吃了两餐饭，还喝了酒，一起照了相。同周恩来长谈了一夜。还去看望了别的一些领导同志。母亲到哈尔滨后还告诉我，出发的前一天她生病了，拉痢疾，发高烧，毛主席知道后，派人给她送来一点饼干和面包。她说，这些东西在当时是很难得的，大概是前方搞到了一些，送回来给他和其他中央首长的。

丁玲感到唯一过意不去的是没有见到董必武。她在6月22日日记中写道："这次没有去看董老（看过一回，他开会去了），心中很抱歉，因为他是我喜欢而尊敬的老人家，没去是失礼的！"丁玲喜欢和尊敬延安时代的几个"老"，尊他们为革命前辈。几个"老"对丁玲也关心，有时也来看看她，一起聊聊天。我还记得董老的一次来访。那是1945年四五月间的一天，董老来到我母亲住的位于半山坡上的窑洞。母亲见他爬山爬得气喘吁吁，连忙倒水，并且削梨给他吃。他说他过几天就要到重庆去，然后再去美国，参加联合国成立大会。他问我母亲有什么事要他在重庆办。母亲便即刻写了一封给我外祖母的简函，请他在重庆寄出。他走时，我也跟着母亲一起送他到山下。

这个妇女代表团是我们党和解放区派出的第一个参加国际活动的代表团，所以党中央对这个代表团的派出，给予了十分的重视。

不过，在丁玲这次出国的问题上，还有过两个小小的波折。

一是代表人选上的事。代表人选上的波折，她是在到达西柏坡之后才知道的。

她在1949年夏天告诉了我这件事的始末。最初，蔡畅从东北发来的电报，代表团中文艺界方面的代表，她建议的是陈学昭。蔡畅的这个意见没有被采纳，中央决定以丁玲为代表。母亲同我说，毛主席见到她，同她谈到出国事时，说："陈学昭不能作代表，她这些年没有成绩，和人民没有结合，要出国，也只能作随员。"母亲说："蔡畅的意见当然也是有她的考虑的，陈学昭是留法的，会法语，在国外活动起来方便些。但是，毛泽东考虑的则是工作成绩、代表性、影响力。"

由此看来，毛泽东亲自过问了代表人选的事，丁玲当这个代表，是毛泽东主张的。

另一是周扬要把她留下来的事。也就是丁玲6月14日日记中所言："周扬挽留我搞文艺工委会，甚诚。"

母亲告诉我，在西柏坡，邓颖超和她谈起周扬要把她留下来做负责华北局宣传部领导下的文委工作的事，说周扬还专门打来电话要求把她留下。邓颖超说："恩来知道后说：'真是怪事，丁玲来晋察冀两年多，也没有给她安排工作，现在要出国了，倒要给她安排工作了。'恩来主张文委工作由周扬自己暂时兼任。"

母亲说，西柏坡的人都赞成她出国，胡乔木、陆定一也都认为不必去做文委的工作，主张她出国。

所以，丁玲的出国是周恩来极力主张的，也得到了邓颖超、胡乔木、陆定一等多人的支持。

当时出国不仅负有宣传中国共产党和解放区的重任，就个人来说也是在国际上增加个人形象与影响的机遇。丁玲乃一文人，常常会为所谓的"诚"而感动，而动摇。然而，旁观者清。

丁玲走后，胡乔木和萧三抓紧时间看完了丁玲的稿子，可以向毛泽东进行汇报，有所交代，并作出最后的决定了。这个最后决定的形成，是在西柏坡附近的一个树林子里完成的。亲临其境的萧三当时的夫人甘露对此有一段回忆：

> 七八月炎夏的一天下午三点钟后，毛主席的警卫班长李树槐来我家通知说：天气太热，主席日夜工作太累，大伙要他到室外散步，他请胡乔木、萧三、艾思奇等同志同去。萧三和我赶紧带着一岁的萧平来到毛主席门前，和乔木、思奇以及三个孩子会合。毛主席高兴地和我们一起坐上他的中吉普，驱车二十余里，到一个树林边下车。我们把椅子、板凳搬下来，陪着主席走进树林。毛主席坐了一会儿，却见乔木、萧三、思奇同志没有坐而走到一边，只剩毛主席同我和孩子们在一起。毛主席摇着大蒲扇，一边给孩子们赶蚊子，一边问我："他们几个在干什么呀！"我忙走过去问他们："主席问你们干什么呢！怎么不来陪主席呀？"他们说："我们在谈对丁玲写的《太阳照在桑干河上》的意见。"我把他们的话对主席说了，并补充说："最近丁玲写完了一部长篇小说《太阳照在桑干河上》，是写张家口附近农村土改的。丁玲请他们几个同志看看，提提意见。"前些日子，萧三曾告诉我，他们几个把丁玲的稿子都看完了，要找个机会讨论一下，却找到了

> 今天这个机会。主席边听边抽烟，想了一想说："丁玲是个好同志，就是少一点基层锻炼，有机会当上几年县委书记，那就更好了。"过了约半个小时，胡、萧、艾三个人来到主席身边，主席问他们讨论得怎么样，乔木同志说："写得好，个别地方修改一下可以发表。"主席这时把刚才说的关于丁玲的话又说了一遍。[1]

从上述之胡乔木、艾思奇、萧三一起讨论并向毛泽东汇报其意见的情节，也可说明他们是受命于毛泽东的事实。

7月17日，胡乔木打电报给去哈尔滨途中已到达大连的丁玲，传达了同意《太阳照在桑干河上》出版的最后决定，并附了几条修改建议。丁玲是在7月11日到达大连的。

甘露文章中所述，在树林子里形成最后决定的时间是"七八月炎夏的一天"，以胡乔木7月17日发电报给丁玲这个时间来推测，去树林子的那天，当应是7月17日前一两天，或是三四天。

关于胡乔木、艾思奇、萧三，还有江青等人的意见，在陈明从石家庄给丁玲的两封信里也有述说，且比较详尽。一封写于8月6日：

> 我7月底离开联大，回到石庄。在联大时，曾遇艾思奇（他在联大任教），问他关于你长篇稿的消息，前晚萧三来此，昨天见到他，谈到你稿子的情形。长篇经艾、萧、江青三人看过，联名下了四条意见，请求中宣部批准出版。那四条意见是（大体的）：
>
> 1. 这是一本规模较大、较有系统，文艺反映土改的第一部作品，内容符合党的政策；
>
> 2. 故事发展、人物处理都恰当、自然，地方风景、人物写得生动、真实；
>
> 3. 缺点是不够深刻，但仍在水平以上。有些作者自己旧的笔调，但也有许多新的语言；
>
> 4. 有个别错误的地方。如……
>
> 他们的意见：作品有教育意义，有政治价值与艺术价值，老作家能这样做，很难得，应该鼓励，因此，请求出版。他们三人开会时，陈夫子（注：即陈伯

---

[1] 甘露：《毛主席和丁玲的二三事》，《新文学史料》1986年第4期。

达)也在场。原稿,连同意见已交陆、乔,为了减少阻力,乔正在偷时间也看原稿。此地出版,想是时间问题。在东北出版,中宣部也已同意,萧说,小超告诉说,已电告东北局,嘱修正出版,由你带出国去。这些消息,大概你早已知道了。

另一封写于8月18日信说到江青对此事的关注:

江(一个人)这两天到了这里,我和她谈到《太阳照在桑干河上》。她说很好,说作者在政策上、政治上有很大进步。说还是时代前面的作品,不是后面的作品。写农民有血肉,文采典型,人物、事件,处理很恰当、真实,语言文字虽有作者旧的风格,但作者仍是很用了功的(她不主张风格一律)。她自谦说看得匆忙,但我觉到她看的还仔细,谈起里面的人物来,很熟悉。……从她的讲话里,为了这部书的出版,她是尽力奔走了的。她也谈到将来要写工业、写城市,还说老板(注:即毛泽东)的意见,要你当县委书记!

陈明这两封信已是晚到的信息,他8月4日写第一封信时,丁玲已到达哈尔滨好几天了,早在收到胡乔木7月17日电报后,即在大连与光华书店谈书的出版事宜。信辗转到达哈尔滨时,书已出版了。

由此可见,胡乔木、艾思奇、萧三、陈伯达、江青都对《太阳照在桑干河上》持肯定与支持的态度,也得到毛泽东的首肯。

胡乔木后来于20世纪90年代初回忆道:"毛主席并没有因为《三八节有感》就否定了丁玲。他很注意丁玲的作品,并有相当评价。丁玲写的《田保霖》,毛主席很称赞。对于有才气的作家,毛主席是很赏识、器重的。后来《太阳照在桑干河上》写出以后,先是不能出版,有人反对。丁玲找了好几个人看,那是在西柏坡。艾思奇、陈伯达、萧三和我看了,都认为这部书写得不错。因此,毛主席对丁玲更加看重。他曾说:丁玲下乡,到农民里面生活,写出小说来了,而有人经常说与工农兵结合,也没有写出什么作品,到底结合了没有?"

丁玲7月31日到达哈尔滨,8月13日与光华书店负责人邵公文商谈在该书店印行《太阳照在桑干河上》有关事宜,光华书店等于东北解放区的三联书店,邵公文也是她在延安认识的。其实，出版事宜在大连时就已开始谈了。那里有光华书店的分店，分店很想在那里印行这本书。后来考虑要赶时间，赶在丁玲出国前印出，为方便起见，还是安排在哈尔滨印行。我那时在哈尔滨，所以稍稍知道一点儿这方面的情况。丁玲出国日期已近，书店赶时间印出，第一次印刷一千五百册，主要考虑带出国和分送国内有关同志。当年11月，丁玲就带着她的这部新著出国了。

1949年2月，林伯渠代表中共中央专程从西柏坡来到沈阳接李济深、沈钧儒、郭沫若等一大批民主人士去北平。丁玲去看他，过后她于2月22日给陈明的信中写道："下午我到大和旅馆，去看了林老。我对他真有感情，他瘦了些，还是那样可爱。他告诉我江青一看见他就告诉他我这本书很好，周扬压住不印。他要我给他一本。晚上才回。"[1]

1952年母亲同我的一次谈话中，母亲还对我说："1949年3月，高岗（时任中共中央东北局书记）去西柏坡参加中共中央七届二中全会回到沈阳，特地向我说：在西柏坡时，毛主席对他说：'丁玲写了一本反映土改的小说。有争议。彭、周的意见是错的，丁玲的书是好的。你在东北给她出版。'高岗说他回答：'已经出版了。'主席听后放心地说：'那就好。'"毛主席那时日理万机，七届二中全会讨论的是建国大计，他还一直把《太阳照在桑干河上》出版的事放在心上，我是很感激的。

这件事，母亲也从来没有向外人说过，原因如前。何况1954年出了"高、饶反党联盟"。

如果了解毛泽东那时对《太阳照在桑干河上》出版的关切和支持，如果了解他在《太阳照在桑干河上》得以出版上的作用与意义，如果了解他那个时期（也包括在延安）对丁玲的关心、鼓励和期望，可能会比较容易理解丁玲在《〈太阳照在桑干河上〉重印前言》中所说的话。尽管丁玲在晚年对毛泽东的感情和认识都是比较复杂的。

《太阳照在桑干河上》能否出版的争议，就这样的以周扬的意见被否定而告终。这里，没有公开的论争，只不过是一方加以指责、使用权力压住不印，另一方在无奈之下，只好到更高层讨一个说法。

但是，事情并没有就此完全结束。周扬不会轻易放弃、改变他的态度，也不甘心放弃、改变他的态度，在作品无法否定的状况下，很自然地就转到了对作品的评价上。

母亲对我说："1949年第一次文代会筹备期间，曾有打算在会上给一部分作品授奖，周扬拟了一个拟给奖的

[1] 丁玲1949年2月23日致陈明信，《丁玲全集》第11卷。

解放区文艺作品的单子,《李有才板话》《暴风骤雨》《白毛女》等等都是一等奖;《太阳照在桑干河上》列为二等奖。我看了之后,心里明白他又在压我,但没有表示什么。后来因为这件事办来太仓促,就搁下了,没有再进行下去。"

我上面说的一些事,母亲没有向外人披露,是明智的。否则,在1955年和1957年,还不知道因此要生出多少事来,不是说这是她捏造出来的,就是说是她往自己脸上贴金,或许还有别的这样那样的说法,给她加上这样那样的罪名。

1948年10月,光华书店出版的初版《太阳照在桑干河上》,赶在丁玲出国之前印了出来。书的封面为画家张仃设计,右上方有帆船、水流图案,整体说,封面大方、漂亮。只是张仃没有去过桑干河,还以为河上能行船,其实那条小河行不了船,水浅,卷起裤腿就能涉渡,所以有点儿脱离实际。

◇ 1946年，丁玲在河北涿鹿

◇图1：1946年春，丁玲在晋察冀边区张家口市东山坡住所
◇图2：1946年4月，丁玲在张家口文协成立大会上讲话

图1

图2

◇ 1946年夏，丁玲与儿子蒋祖林、女儿蒋祖慧在张家口水母宫

◇图1：1946年，丁玲与俞珊（左）在张家口
◇图2：1946年，丁玲在张家口

图1

图2

◇图1：1946年的丁玲
◇图2：1947年，丁玲在河北阜平抬头湾

图1

图2

◇ 1948年6月，中央妇委在西柏坡举行欢送会，欢送赴匈牙利布达佩斯参加国际民主妇联第二届代表大会代表丁玲、张琴秋等，会后合影。后排：右二李伯钊、右三丁玲、右四邓颖超、右六曾宪植、右七张琴秋、左一杨之华、左二康克清；前排：右一夏之栩、右二韩启民、右三吴清

◇ 1948年12月丁玲参加中国妇女代表团出席在匈牙利布达佩斯举行的国际民主妇联第二届代表大会，丁玲当选为国际民主妇联执行委员会执行委员。图为中国代表团部分团员合影。右三为丁玲

◇ 1948年，丁玲与张琴秋在西柏坡

◇ 1948年9月，丁玲与儿子蒋祖林在哈尔滨

◇ 1948年5月，丁玲与蒋祖慧在华北正定县

◇图1：1948年，丁玲与儿子蒋祖林在哈尔滨
◇图2：1948年，丁玲与儿子蒋祖林在哈尔滨

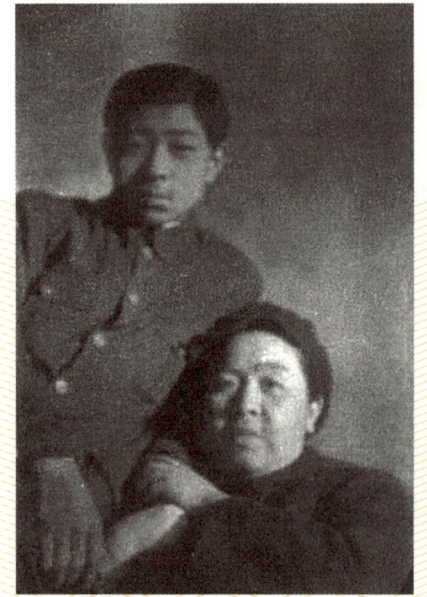

◆
图1

◆
图2

第十五章 辉煌年代

丁玲一行去东北之时，正处在辽沈、平津、淮海三大战役的前夕，华北解放区和山东解放区已经连成一片。所以她们选择的路线是从西柏坡经石家庄、衡水、德州、临朐、潍县，到莱阳，从胶东地区的荣成湾俚岛渡海至大连，然后去安东，从安东绕道朝鲜平壤经绥芬河到哈尔滨。从西柏坡至莱阳，是乘汽车，为防止敌机轰炸，夜行日伏。

行前，毛泽东接见了丁玲、张琴秋等从华北出发的代表，中央妇委召开欢送会欢送她们。途中，在临朐（当时中共中央华东局驻地），她们受到华东局书记饶漱石的接待，向她们介绍华东的情况并宴请她们。

她们这一路，唯一有危险的就是渡海。乘机帆船渡海，怕遇到大风浪。这倒其次，主要的是担心遇到国民党的军舰，这条线上常有国民党的军舰巡逻。为此，她们都换上了便衣，每个人都编好了自己的假身份，以防被拦截时的盘查，并把随身携带的文件包扎好，如遇紧急情况就把它们沉入海底。当她们穿过国民党海上封锁线的那天夜晚，还真遇到了国民党的军舰，经过与敌人巧妙周旋，终于化险为夷，于第二天一早到达大连。从大连至安东也是乘汽车，往后的路就搭乘火车了。

丁玲是7月31日晚到哈尔滨的，第二天一早便参加了全国劳动代表大会的开幕式。国际民主妇联第二届代表大会原定9月份在巴黎召开，但是法国政府拒发一部分代表的签证，包括中国代表在内。所以会议改在匈牙利首都布达佩斯举行，开会时间也向后延了。这样,母亲和我在一起生活了三个月,在我的一生中,这是难得的三个月。我在前一年参加一支干部队从晋察冀边区行军到东北,此时在哈尔滨工业大学学习。

这三个月里,丁玲是很忙的,代表团内有政策方面的学习,还要为大会准备文件、宣传材料。丁玲身兼妇女、文艺两方面,她自己还要准备宣传、介绍解放区文艺的材料。

辽沈战役胜利,11月2日东北全境解放。中国妇女代表团于11月9日晚,在一片激动人心的胜利的喜悦中,乘火车离哈尔滨经莫斯科去匈牙利。

国际民主妇联第二次代表大会于1948年12月1日至12日在布达佩斯举行。在这次代表大会上,丁玲被选为国际民主妇联执行委员会委员(理事)。

会后,代表团于12月13日离开布达佩斯前往莫斯科,在莫斯科逗留八九天,参观,12月26日乘火车离开莫斯科,行程七八天,于1949年1月3日晨回到哈尔滨,4日晨离哈尔滨去沈阳(我曾去车站接送),大约是5日下午到达沈阳。

丁玲这次出国,收获比较大的可能还是会见苏联作家协会总书记法捷耶夫。那时,苏联是"老大哥",我们经验不足,是一个全面向苏联学习的年代。丁玲出国之前就想到,一定要去苏联作家协会一次,了解苏联文艺工作的组织情况,以及文艺工作如何加强思想领导的问题。她认为这是一件有意义的事,这也是组织上安排给她的一项任务。当从布达佩斯回到莫斯科后,她去到苏联对外文化协会。这件事是由他们负责联系。当协会副主席和远东部部长听了她所提出的要了解的问题的具体要求后,说道:"你所愿意了解的问题是如此的深刻,而时间又是如此的短暂,恐难全部满足你,但一定尽力、设法。"

法捷耶夫那些日子很忙,他是苏联作家协会总书记、苏共中央委员,但是他愿意抽出半天时间会见丁玲。著有《第一骑兵军》的剧作家维什涅夫斯基、著有《莫斯科性格》的戏剧家梭甫洛诺夫等也一同参加会见。

会见是在下午。丁玲简单地介绍了中国解放区的文艺工作情况之后说:"中国的形势很快将有个大的变动,因此文艺工作也将产生新的组织和领导方式,我希望了解苏联社会主义的一些组织及领导方法,以作为参考。"个子高大,满头银发,面色红润,衣着整洁,精神饱满,带有军人风度的法捷耶夫一一回答了她的问题。整个谈话使丁玲感到:"法捷耶夫同志总是这样亲切的同我说话,他一点也不客气,没有虚伪的客套,好像同我说这些话都是有一种责任似的。我喜欢这种态度,这种态度使我舒服,使我能够象在家里一样不感觉拘束，想到哪里就说到哪里。"

临近谈话结束时，丁玲把她收集来的一叠书，有《李有才板话》《暴风骤雨》《白毛女》，和其他一些解放区的文艺作品送交给法捷耶夫，表示希望被译成俄文，介绍给苏联的读者。

法捷耶夫签名题赠给她《青年近卫军》；她把她的《太阳照在桑干河上》赠送给法捷耶夫和其他几位作家。这时，维什涅夫斯基问："你这本书第一版印多少？可以得多少稿费？"丁玲回答道："中国解放区现在版权制度尚未建立，作家不计较印多少，销多少，也不计较稿费，没有也行。如果有一些，能拿来买瓶较好的墨水就很高兴。作家不保留版权，而且欢迎翻印。"他们都笑了，法捷耶夫会意地说："三十年前我们也是这样的，一块吃餐饭就完了。"大家都笑了起来。

这次会见，丁玲感到很满意。当她和翻译柳芭·波兹德涅耶娃回到饭店坐到饭桌上时，她的手拿匙子时都发抖。她才发现她还只是早上吃过两片面包的。与苏联作家会见时，虽然摆满了一桌子的点心糖果，他们也殷勤地让过，但她那时觉得很饱，为欢喜和兴奋填得太饱，什么也没有吃，现在才觉得肚子里十分空虚。

母亲向我说过，临分别的时候，法捷耶夫带点儿幽默却是认真地对她赞许道："丁玲，你是一个非常聪明的女人。"这句话，她没有写进她的这次会见记中去。也许这就是法捷耶夫对她的最初的印象。

这是她第一次跨出国门，第一次与苏联作家接触。之后，她以她的才华，以她的坦诚、以她的待人热情，以她的谈吐风趣，结识了一些苏联作家。他们对丁玲也有许多正面的评价，苏联作家协会副总书记、五十年代曾风靡中国的《日日夜夜》的作者康斯坦丁·西蒙诺夫称誉她是"中国革命的女儿"。母亲同我说到他的这一评价："评价最短，但是最好。"

丁玲回到沈阳后，在妇委结束了此次出国的总结工作之后，就住到东北鲁迅艺术学院，写这次访问匈牙利和苏联的散文。这期间，她去看望了从国统区来到沈阳，住在大和饭店（后来改名和平宾馆）的郭沫若、茅盾、许广平等，也见到了她青年时代的好友曹孟君。那里住着一大批从国统区来的民主人士，李济深、沈钧儒、蔡廷锴、蒋光鼐、王昆仑等等，田汉、洪深也住在那里。她还去看望了胡风。

丁玲在回到沈阳的三个月里，写了《世界民主妇联第二次代表大会的开幕》《十万火炬》等八九篇访欧散文。为了写这些文章，她没有去北平参加第一次全国妇女代表大会。她的想法是："实在觉得老是开会做什么呢？已经有那么多人了，我就不必去，我愿意老是往下沉……在下层，在农民与工人之中，人就会愉快起来，就会坚强起来，就会工作起来。"[1] 她可能有些不合时宜，不合潮流。她的这种任性不是讨人喜欢的。她自己也觉得："我没有去北平开第一次全国妇女代表大会，从个人的利害上讲来，也许是错了。"然其性格即是如此。

3月底，她作为保卫世界和平大会中国代表团的代表再度出国，团长是郭沫若，副团长刘宁一、马寅初。丁玲和古元是从沈阳来哈尔滨的，在这里与代表团汇合。那时出国的代表团都要在哈尔滨停留，从苏联驻哈尔滨领事馆拿护照、签证。3月30日一清早，母亲和古元就到了，市政府还没有上班，他们就从火车站雇了一辆马车，到招待所来找我。她还是平民作风，不想惊动人，不想麻烦人。那天上午见到市长饶斌时，饶斌还说她该打个电话来，好去接他们。她和古元住进了当时哈尔滨最好的马迪尔旅馆，代表团来了也住在这里。那几天我都跟她在一起。

4月1日上午，在兆麟公园召开三万人群众大会，欢迎与欢送代表团。丁玲在会上讲了话。下午代表团就启程北上了。

因为法国政府拒绝签发一些国家（包括中国）的代表的入境签证，世界和平大会分别在巴黎、布拉格两地同时举行，中国代表团在布拉格出席大会。

这次出访，母亲比较忙，她要参加文艺、妇女两方面的活动。大会闭幕后，中国代表团在莫斯科、列宁格勒进行了参观访问。

代表团是5月14日乘专列回到哈尔滨的。在代表团逗留哈尔滨的三天里，我跟着他们参观，参观了监狱（这比较难得）等处，之后，又随代表团到沈阳。代表团路过长春时，长春市委、市政府设晚宴招待他们，那晚大雨滂沱，直接从专车去宴会处，再返回专车。市长朱光就是文人，宴会前，应主人之请，众多代表文兴盎然，留下许多墨宝。在此场合下，我见母亲屡屡推辞，谢绝，绝不动笔。代表团19日回到沈阳。次日，在代表团下榻的和平宾馆（即以前的大和旅馆）门外的和平广场上举行了盛大的群众欢迎大会。母亲24日离开代表团，回到家里，这次出国几乎花了两个月的时间。

[1] 丁玲1949年3月14日日记，《丁玲全集》第11卷。

出国回来后，丁玲的思想是想尽快地回到工农兵群众中去："以前我没有这种情感，自从参加土改之后，我就有了这种情感。我常常想到他们，我觉得他们是我工作上最好的有力的支持者。我会把他们当知己来看，因为有了他们，我把过去所最看重的朋友之情都看得比较浅薄和无力了。我离开了他们这样久，我觉得群众是飞机似的速度在进步，而我却空洞地悬在上层。我以为如果我今天再下去，我就会感到自己的空虚、生疏、无把握。我不想去北平参加全国文艺协会。但是不能，组织上的命令我只有服从，我当然明白我是应该去的。好吧，再开两个月会吧，以后不要再开了，让我能有两三年的写作时间，让我回到群众中去！"[1]

第一届全国文学艺术界代表大会即将在北京（当时还叫北平）召开，她是筹备委员会委员，组织决定她去参加文代会的筹备工作，又派甘露专程从北京来接她，所以她服从组织决定，于6月8日到达北京，参与筹备工作。

去北京前，丁玲已经和刘芝明（东北局宣传部副部长）谈妥，文代会后就在东北找一个工厂深入下去。

后来母亲对我说："也就在这个时候，我知道了李卓然要来担任东北局宣传部长，知道李卓然要来，我就更不想离开东北了。"李卓然原来是西北局宣传部长，1944年至1945年间，母亲住在柯仲平为主任的边区文协专事创作时，李卓然对她的工作、创作很关心，很支持，关系相处得不错。她向我说："李卓然是个厚道人。我只想在一个好的宣传部长下面搞点创作，得到他的关心、支持，可以安心写作，至少无须提防着什么。"

母亲6月8日到北京，11日去香山见了毛泽东，党中央那时还没有搬进中南海。母亲曾在那年夏天对我说过那次见毛主席的情况。她说前一天晚上就得到通知说毛主席要见她，具体时间另外再通知，那天她等了大半天也未见通知，五六点钟时有事出去了大约一小时，回到机关，说她刚出去就来了通知，她一看表，离要她到达的时间只有半小时了。她问司机能不能半小时赶到，司机说尽力。她说这个司机在城里也不减速，就在自行车、三轮车堆里钻，一出西直门，车就像出弦的箭，飞快地奔驰，只见路旁的树，一排排地向后倒去。她说，我心里想，今天我这条命就算是交给他了。

到香山底下再看表，用了二十八分钟，从东总布胡同22号到香山。

[1] 丁玲1949年5月24日日记，《丁玲全集》第11卷。

与毛泽东见面,主席问她对自己工作的想法:"是当官,还是继续当作家?"母亲说,她回答想继续当作家,并且表示她自己对搞创作比较有兴趣,对自己的写作也有一点儿信心。毛泽东听后说:"如果打算继续写农村的话,就去当几年县委书记。"毛主席还要她多学点儿马列主义,并问她,文艺界要建立全国统一的组织了,"党内谁挂帅?"母亲说:"周扬比较合适。"母亲认为,其实都明白中央已决定由周扬挂帅,因为文代会筹委会副主任即为茅盾、周扬两人,主席之所以问她,不过是征求征求意见,体现民主作风就是了。那天,毛泽东留丁玲在他那里吃饭。那个时期,毛泽东和丁玲之间还算有点儿私交,丁玲去他那里,常常一起吃饭。

1957年,母亲又和我说起这次见毛泽东的事,她说她之所以回答毛泽东"周扬比较合适",用了"比较"的措词,是觉得周扬也并不是很理想的人选,因为他宗派主义习气重。但解放区其他几位文艺界的老同志也都不行,所以支持周扬。

全国第一次文代会于7月2日至7月19日在北京举行,会上丁玲作了题为《从群众中来,到群众中去》的关于文艺创作的发言。她在谈了应该为人民群众服务,做一个真正为人民服务的作家这个文艺为谁服务的问题之后,重点谈了如何为人民群众服务,也就是作家如何深入生活,同群众相结合的问题。

这是她从实践的角度来宣传《在延安文艺座谈会上的讲话》的精神,也是她在这次座谈会之后深入生活的切身体会,在努力实践中提炼出来的结晶。她并没有引经据典,也不盛气凌人,只是亲切地娓娓道来,但是道理却是讲得很精辟,很透彻,毛泽东的文艺理论很自然地融合其中。这是她独特的风格。她的后半生,写了不少关于文艺问题的评论、杂文,作了不少讲话,其风格俱是如此。

在这篇讲话里,丁玲还指出,有了这样的正确的深入生活的实践,和通过这样的实践,有了思想作风的改变,并不等于就能写出很好的作品。要写出很好的作品,还应学习。一是学习马列主义、党的政策;二是学习西洋文学,尤其是苏联文学,而学习应是"有批判性的",并且学习与继承中国文学的优良传统,学习研究民间形式。同时应"建立起有领导的自由论争和正确的批评"。

第一届全国文艺界代表大会于7月19日闭幕。

1949年7月20日,《人民日报》在第一版头条报道:

文代大会胜利闭幕
　　全国文联宣告成立
　　　　选出郭沫若等八十七人为全国委员

在第一版上发表了：全国文联委员会委员名单：

郭沫若　丁　玲　茅　盾　周　扬　曹　禺　沙可夫
古　元　赵树理　梅兰芳……

1949年7月24日《人民日报》报道：

文联全国委员会首次会议选出常委
　　郭沫若、茅盾、周扬任正、副主席
　　推举：郭沫若　茅　盾　周　扬　丁　玲　郑振铎　萧　三
　　　　　沙可夫　夏　衍　田　汉　柯仲平　赵树理　欧阳予倩
　　　　　马思聪　张致祥　袁牧之　徐悲鸿　阳翰笙　李伯钊
　　　　　刘芝明　洪　深　曹　禺　等21人为常委
　　秘书长：沙可夫

1949年7月25日《人民日报》第一版报道：

全国文协成立大会闭幕
　　选出委员丁玲等六十九人
　　　　电毛主席、朱总司令致敬
当选委员名单：

丁　玲　茅　盾　郭沫若　曹靖华　赵树理　艾　青　冯雪峰
郑振铎　巴　金　周　扬　胡　风　柯仲平　夏　衍　萧　三

何其芳　叶圣陶　冯乃超　曹　禺　田　间　欧阳山　王统照
沙可夫　周　文……

1949年8月2日《人民日报》报导：
全国文协全体委员会会议选举茅盾为主席，丁玲、柯仲平为副主席。

当时，当选委员的名单次序是以得票多寡为序；后来，20世纪50年代中期以后，才改为以姓氏笔画多少为序。常委的名单次序则不是根据得票多少，而是在照顾到各方面的基础上，大体上反映着"位置"。

7月底，文代会结束不多天，我回到北京。母亲告诉我，选举全国文联委员，她的选票名列第二，离全票差两票，其实就只有一个人没有选她，因为另一票是她自己的，她自己没有选自己。中国乃孔孟圣贤之邦，"谦谦君子"之国，选举时习惯于自己不选自己，不像欧美竞选。如果一百人选举，某人得一百票，那倒是很难堪的了。母亲说，全国文协委员选举，选票名列第一，差全票一票，这一票是她自己的，也就是说她全票当选。

我看到报纸上选举结果母亲的名字如此靠前，分别为第一、第二，心里很为她高兴。因为得票的多少大体上反映民意，大体上反映威望，我为她有这么多的人拥护而高兴。但是，我隐约地觉到了她对这个选举结果的不安。我曾三四次听到，有人同她谈起文代会选举结果时，她解释说："我这几年没有做组织工作。周扬一直在做工作，所以不免有意见的人多些，选举的时候票也就稍稍少些。"有时还加上一句："周扬是领头人嘛！"一次，一位作家在听了她的解释之后，说："他是领头人，但你是旗帜。"母亲立即正色对他说："你的好意我领会了，但是你这样讲是极不妥当的，旗帜是毛主席，是毛泽东思想，是毛主席的文艺思想。"我后来想，好在这次对话没有更多的人知道，要不，在1955年还不知将藉此把它歪曲，加出何等罪名来。

我没有听到关于这次选举，她对郭沫若、茅盾有何评论。从母亲的谈吐中，给我的印象，她一直尊他们为师辈，既然师辈的位置是明摆着的，也就无须再说什么。

有一次，那是文代会之后两年了，母亲收到茅盾的一封信，她阅后面带喜色地将信递给我，说："你看看。"我接过信看了一下，内容是茅盾应母亲之请，去文研所或是某个会议讲话的回复，短短几行字，纯属公务，但抬头写的是：冰之。署名：雁冰。母亲对我说："你懂得这么称呼和署名的含义吗？"没等我回答，她就又说下去，"在平民女校的时候，我叫冰之，他是我的老师，叫沈雁冰，茅盾这个名字，是他后来写小说的时候才用的。他这样称呼我，和这样署名，是表示我和他在平民女校时的旧谊，是故交，而不是后来都写小说之后的'茅盾'和'丁玲'，也不是现在的工作关系，'沈部长、茅盾同志'和'丁玲同志'。"

她的全国文联常委名次紧跟周扬之后，名列第四（第二次文代会产生的主席团亦如此），对于丁玲来说，可能也不是一个好位置。这是一个容易招人提防，引人嫉妒的位置。

文代会期间，周扬诚恳地同丁玲谈，希望她留在北京工作，共同担负起新中国文艺战线的组织领导任务。母亲曾同我说：周扬同她讲，他现在两个摊子，一个文化部，一个全国文联，都是初创，照管不过来，他希望她留下来，帮他分担文联方面的事情。他还说，你是搞创作的，我知道；现在大家都不愿搞行政工作，我也知道；你呢，也是不愿意的，但比较识大体，目前就这么一个局面。

周扬那时的确职务多，文化部成立后，担任副部长（另一副部长是丁燮林，民主人士）、部党组书记，全国文联副主席、党组书记，还担任中宣部副部长，并兼任中宣部文艺处处长。他住在文化部，在文化部办公。

原来在西柏坡时认为丁玲"不必去做文委工作，不合算，还是搞创作"[1]的胡乔木（中宣部副部长兼秘书长，名次排在周扬之前）这时也因形势的变化改变了态度，他也向丁玲说："现在各方面都处在初创，事情多，任务繁重，你就留下来做几年工作再说吧！"

丁玲是一个党性很强的党员，个人服从党的需要。

这样，丁玲就放弃了回沈阳，下工厂，从事专业创作的打算，定居北京。她被任命为全国文联党组副书记（只有她一个副书记），主持全国文联的日常工作。她还担任全国文协（即后来的中国作家协会）党组书记，并且担任全国文联机关报《文艺报》主编。

1949年的夏天，全国即将解放，一个新的中国即将建立，真是举国欢腾，一片兴奋、喜悦的气氛。那时谁

[1]丁玲1948年6月16日日记,《丁玲全集》第11卷。

也没有想到,此后还会有一连串的政治运动,还会有一些人趁这些政治运动整人,排除异己。丁玲也没有这份"觉悟",要是有的话,她会坚持下到东北的一个工厂或是去到农村当一个县委书记。

1950年吧,有一次我在她房间里看到一张全国文联党组开会的通知,通知者落款:周扬、丁玲。她和周扬分任党组正、副书记。她说:党组副书记这份工作,担子重,工作也难做,主要还是管文协的事,文联方面的事主要是编文联机关刊物《文艺报》,至于戏剧、音乐、美术那几个协会,也只是关注一下它们的刊物。那时全国文联之下有文学、戏剧、音乐、美术四个工作者协会。

她是做着不是副主席的副主席的工作,工作自会有难处。

1957年,她已被打成"反党集团",她有所感悟地向我说起延安文艺界的几位老同志,也就是在延安时期可以归入高级干部范围的那几位,她说:"他们都比我'聪明',筹备文代会的时候,还都在一起做筹备工作,也都住在东总布胡同的筹备委员会。但是,会一开完,就一个个都走了,走的原因中有一个,就是认为周扬有宗派习气,不能容人,难以共事。我曾要同是全国文协副主任的柯仲平留在北京,多管一些文协的事,但他执意要回西北去。他不是不愿意同我合作,他是要离周扬远一些。萧三去了'和大'(中国保卫和平大会)。周文干脆离开了文艺界,去马列学院当秘书长。沙可夫走不了,但是他心里不愿意做文化部办公厅主任(建国之初,中央政府各部副部长都只限两名,办公厅主任的地位比司局长略高,相当于部长助理那样的地位),那离周扬太近,办公室挨办公室,几经周扬催促,拖了好些日子,才搬到文化部去,他宁肯在全国文联这边做秘书长的工作,觉得可以离周扬稍稍地远一点点。"

冯雪峰也觉得难以同周扬共事,但是他那时似乎还算不进文艺界党内核心圈子里,第一次文代会没有进入全国文联常委会,第二次文代会也没有进入全国文联主席团。尽管历史上他曾是文艺界党内主要领导人。

全国文联机关和全国文协都在东总布胡同22号和附近的几所小院,是一个机关。行政机构,像办公室、行政、财务方面的处、室等名义上都属文联,文协不另设这些机构。人员也不是太多。1953年第二次文代会时,全国文协改名为中国作家协会,成为独立的机关(与全国文联同为部级单位),原全国文联的那套行政机构班子以及东总布胡同22号等房子,都归了文协即中国作家协会。第二次文代会后的全国文联机关,几乎是另搭办公室、行政处、财务处这些行政机构的班子，另找房子。后来文联和作协在王府大街合建了一座办公楼。

东总布胡同22号，最早是北京市军事管制委员会文教处在这里，继而是文代会筹备委员会，文代会后就成了全国文联机关，是一座有好几进房子的深宅大院。进了几进院子之后，就是一座两层主楼，是一座很精致的西式洋房，走道和阳台都很宽阔。楼上有三套两室带盥洗室的房子，丁玲、沙可夫、萧三各住了一套，住得还是比较挤的。楼上还有一间很大的会议室，并兼作他们几个人的小灶饭厅，刚进城那两年还是供给制。楼下是办公处所，侧院还有一个两层小楼。

这所房子还是一座凶宅，是汪伪时期日本驻北平总领事的官邸。1944年冬，或是1945年春，这个好像叫北岛的总领事，也不知道是对前途悲观失望，还是因为内部倾轧，在主楼的地下室里悬梁自尽了。我那时年轻，听说后好奇，还叫一个留用的搞杂务的老头带我到那间地下室看了看。

母亲1949年6月11日给陈明的信中说："昨天去看了表哥和沈从文。"这是说的10日的事，她是8日到北京的。

表哥就是余嘉锡，是一位很有学问的国学家，挂在天安门里午门上的"历史博物馆"几个大字就是他写的，当时在辅仁大学任教。在张家口的时候，母亲和他取得了联系，通过他给我的外祖母转过信，从张家口撤退后，无论和他，还是和我的外祖母，就都失去了联系。

沈从文此时处境不佳，3月28日，因"疑惧"，自杀未果。抗战胜利后，沈从文即任教于北京大学。母亲到北京的第三天，便去看望他。

沈从文的有些文章在国统区受到进步文化人士的批判。

1946年冬，他在一篇名为《从现实学习》的文章中发表了一些对中国政治极为错误的观点。他把当时进行的解放战争说成是"国家既落在被一群富有童心的伟人玩火情形中，大烧小烧都在人意料中。历史上玩火者的结果，虽常常是烧死他人时也同时被焚烧了自己，可是目前的人凡有武力武器的都不会那么用古鉴今。所以烧到后来，很可能什么都会变成一堆灰"。说这是"民族自杀的悲剧"。他把解放战争中的国共双方都说成是"凡用武力推销主义寄食于上层统治的人物，都说是为人民，事实上在朝在野却都毫无对人民的爱和同情"。他在发表于1947年10月的《一种新希望》的文章中更提出了"政治上的第三方面的尝试"和"第四组织的孕育"。

当时，走"第三条道路"的政治思潮，正是中国共产党所批判的。因此，沈从文的这些观点受到郭沫若等人的批判。

郭沫若在《斥反动文艺》一文中写道：

> 今天是人民的革命势力与反人民的反革命势力作短兵相接的时候，衡定是非善恶的标准非常鲜明。凡是有利于人民解放的革命战争的，便是善，便是是，便是正动；反之，便是恶，便是非，便是对革命的反动。我们今天来衡论文艺也就是立在这个标准上的，所谓反动文艺，就是不利于人民解放战争的那种作品、倾向、和提倡。……
>
> ……特别是沈从文，他一直是有意识地作为反动派而活动着。在抗战初期全民族对日寇争生死存亡的时候，他高唱着"与抗战无关"论；在抗战后期作家们正加强团结，争取民主的时候，他又喊出"反对作家从政"。今天人民正"用革命战争反对反革命战争"，也是凤凰毁灭自己，从火里再生的时候，他又装起一个悲天悯人的面孔，谥之为"民族自杀悲剧"，把全中国的爱国青年学生斥为"比醉人酒徒还难招架的大群中小猴儿心性的十万道童"，而企图在"报纸副刊"上进行其和革命"游离"的新第三方面，所谓"第四组织"（这些话见所作《一种新希望》，登在去年10月21日的《益世报》）。这位看星摘云的风流小生，你看他的抱负有多大，他不是存心要做一个摩登文素臣吗？[1]

促成沈从文自杀的更直接的原因则是，1949年1月，北平和平解放之际，被沈从文称之为"小猴儿心性的道童"的北京大学的学生用大字报形式把郭沫若的这篇文章在校园内公布于众，并贴了醒目的大标语：打倒新月派、现代评论派、第三条路线的沈从文！

沈从文感受到很大的压力，他以为学生的行动是有人指使的，由此对中共对他的态度产生了疑惧，以为中共要清算他了，于是失去常态，走上了"轻生"的一步，于3月28日自杀，但未遂。

1946年至1948年，丁玲先是在华北农村，然后长途

[1] 郭沫若：《斥反动文艺》，《大众文艺丛刊》第1辑，1948年3月生活书店香港出版。

跋涉行军到东北，继而出国开会，于1949年1月回到沈阳，对沈从文的那些文章和郭沫若的《斥反动文艺》一文均闻所未闻。沈从文3月28日自杀，和平代表团29日离京，丁玲29日离沈阳去哈尔滨等待与代表团会合，至于沈从文"轻生"之事，丁玲也还是5月间从布拉格开和平会议回到国内后才听说。于是，到达北平的第三天就去看望沈。

后来，月底，丁玲又邀往年也是京派作家的何其芳一起去看望他，陈明也一起去的。在沈从文家里"丁玲反复劝慰他：'你一定放心，不要再疑神疑鬼，共产党怎么也不会整到你的头上。你一样可以写你的文章'"。[1]

丁玲究竟在1949年间去看过几次沈从文？就我所知，除了上面所说的两次之外，至少还去过一次。

那年7月底，我从东北来到北京，8月10日前后，陈明去上海探亲。他走了不多天的一个晚饭后，母亲对我说她要外出，去沈从文那里。我当然知道沈从文是父母年轻时的朋友，听说他在北京，便说："我跟你一起去，去看望他。"没想到母亲说："你不要去。"接着她向我解释说：沈从文写了些不好的文章，就在革命要胜利的时候，他主张什么第三条道路，第四个组织的，受到郭沫若等一些国统区作家的批判。北京和平解放时，北大的学生贴了他的标语，要打倒他。他害怕，就自杀，结果救活了。现在情绪低落，颓唐。她说："我去主要是去宽慰宽慰他，免不了要谈到他的那些事，你在旁边不好。"她把地址从本子上抄在一张纸上，折好放进口袋就走了。

十点过后，22号院内，已是一片黑暗，没有几家还亮着灯。那时全国文联的干部大部分来自解放区，农村睡得早的习惯还没有改变。我一个人坐在房子里等，直等到快十点半的时候，还不见母亲回来，我不免有些着急起来。我那时对解放不久的大城市的安全总有些不放心。1947年冬天我到哈尔滨，哈尔滨那时已经解放一年多，可是街道上没有路灯，夜晚城市一片漆黑，几乎每夜都听到多次的枪声，单发、连发都有，所以天晚了很少单独出外。这状况直到1948年春天，街道上装了路灯之后才好转。感觉上，城市不比农村，农村比较开阔，在城市里，谁知道哪个街角暗处藏着个人，给你一黑枪，或窜出来刺你一刀。北京的情况要好许多，但我觉得特务、散兵游勇总还是不会少的。我不知道母亲是乘轿车去的还是自己步行或乘三轮车去的，为私事，她常常不乘轿车。我决定去传达室问问，要是她自己去的，我就向传达室借一部自行车去接她。我把地址抄下。正好

[1] 陈明：《澄清几件事》，《新文学史料》1991年第3期。

陈明的那把手枪留在了家里。于是我把它从衣橱抽屉里拿出来，检查了一下，装上弹夹，放入皮套，系在腰间。由于长期生活在战争的环境，我会使用手枪。一切准备停当，我就向外走去。哪知刚走出楼门，就遇见母亲迎面走来。我这才松了一口气，放下心来。我们回到房间里，母亲见我从腰间把手枪解下来，便说："干什么要拿枪？"我说："我打算去接你，这么晚了，带着枪，以防万一遇到特务、散兵游勇什么的。"母亲说："你担心什么，即使特务搞暗杀，排着队，也暗杀不到我头上。"

由于有这么一个情节，所以母亲那天去看沈从文的事，深深地留在我的记忆里。

我见到沈从文已是一年之后了，1950年的暑假，我和外祖母一起住在颐和园云松巢。母亲每周六下午来，周一早晨回城。一个周日的上午，沈从文来了，他那时在革命大学学习，革大就在颐和园附近。见到他，我是高兴的，不管怎样，他是我父母的朋友，我虽然不记得他的样子，但他的名字这么多年却是放在心里的。母亲向他介绍我："这是小频。"他问了问我的情况，我一一作答，但我觉得他的心思在他自己的事情上。他和母亲谈了起来，我在旁听了一会儿，主要的一点是他担心他的夫人会离开他。下午沈夫人来了，还比较年轻，三十几岁吧。说到沈从文，她说沈从文的思想还是不开展。给我的印象，她接受新思想要快些，要进步些。母亲劝她多帮助沈从文，宽慰沈从文，无论如何不要离开沈从文。话自然说了好多，但中心意思就是这些。会面、谈话都是在屋外的凉台上，那里放了一个藤桌，几把藤椅。我觉得他们是把母亲当旧友故交而来谈的，母亲也是把他们当旧友故交而劝慰他们的。我只见过沈从文和沈夫人一次，仅此一次。

20世纪90年代初，有人著文说丁玲如何如何冷淡沈从文：

> 从文一家人和北京解放前后来看望从文的亲朋好友都无法帮助解除从文心中的疑惧。穿军服的和不穿军服的解放军来看望从文，劝慰他。从文认为他们年青，不是负责的。谁能负责呢？从文一家人都想起那个从文最信任的人，然而这个人最后才托人带来口信，要从文去见她。这就是丁玲。
>
> 大约是三月上旬一天，从文带着《虎雏》到北池子中段面对路东骑河楼那个大铁门去见丁玲。从文去找丁玲的目的，并不想向她祈求什么，还是想弄清楚心中那个不明白的问题：中国共产党和人民政府对他到底是个什么态度，是不是如

郭沫若文章那样把他看作"反动派"。

  从文带着微笑走进铁门内那间充满阳光的二楼。从文原来以为丁玲与他有多年友谊，能够推心置腹地对他说几句真心话，说明白人民政府的政策，向他交个底，让他放心。谁知道见了面，从文大失所望，受到的是一种非同寻常的冷淡。站在他面前的已非昔日故旧，而是一位穿上人民解放军棉军装的俨然身居要津的人物。从文是个倔强的人，只好带着小儿子走出那个大门。[1]

  这个描述，时间、地点、人物、情景都非常具体，让人看来，所述事实确凿无疑。可惜的是，这全部都不是事实。因为那时丁玲根本就不在北京。

  丁玲1949年1月上旬随中国妇女代表团回到沈阳，至3月底一直住在东北鲁艺写访问苏联和匈牙利的文章。3月25日，全国第一次妇代会在北京召开，她因写这些文章，请假没有参加。3月25日，她"得北京电，准备赴巴黎参加世界和平大会"，3月29日从沈阳"和古元同志一起动身去哈尔滨等待代表团"，30日到达哈尔滨。我知道从1月到3月底这段时间她都在沈阳。而且，那年的春节（1月29日）我是在沈阳和她一起度过的，元宵节后才回哈尔滨。那段叙述连丁玲的衣着也描述得活灵活现：穿上解放军棉军装的。也不知道这是怎么臆想出来的。母亲1948年、1949年从未穿过解放军军装。1948年母亲到东北时穿的是农村老百姓的便装，1949年1月从国外回到沈阳，住到东北鲁艺，从鲁艺要了一套黑色棉制服，我1月下旬从哈尔滨来到沈阳，就见她穿着这身黑色棉衣。1948年，在东北，地方党政机关学校与军队，在着装的颜色上已经区分开，军队是着黄色，地方党政机关学校着蓝色、黑色。自1949年初，军队一律着黄色军装，佩"中国人民解放军"胸章。丁玲是1949年6月8日才到北京的，一到就住在东总布胡同22号，是大红门，不是铁门，她从未在北池子骑河楼住过。

  另外，3月中旬，在沈阳召开文艺座谈会，批判萧军。丁玲参加了会议，发了言，以《批判萧军错误思想》为题，发表在1949年3月16日的《东北日报》上。这也可以说明，丁玲二三月份都在沈阳，不在北平。

  如果用"从文终于意识到北京大学的大字报非事出无因，《斥反动文艺》对他的评价与丁玲的态度有某种一致性"来将沈从文自杀的原因与丁玲联系起来，则更是荒谬。

[1] 刘祖春：《忧伤的遐想》，《新文学史料》1991年第1期。

至于全国解放之初那几年沈从文与丁玲的关系如何，沈从文是如何看待自己的思想的，他给丁玲的两封信大致可以更好地说明问题。

其中的一封（可能写于1951年）：

丁玲：

  寄了篇文章来，还是去年十一月在四川写的，五月中寄到一个报纸编辑处，搁了四个月，现在才退回来，望为看看，如还好，可以用到什么小刊物上去，就为转去，不用我名字也好，如要不得，就告告毛病。多年不写什么了，完全隔了。件寄天安门内历史博物馆陈列组，我还在那里作事。你如有钱，望为借一百万，也派个人送到博物馆那边，我因特别事急要钱用。大致可以分两次还你。

从文 八月十八日

信件盼寄天安门内历史博物馆，我早已不住北大。

接信后，丁玲即派人将钱送去。

从信中的内容、语气来看，沈从文和丁玲仍是旧友故交。如果真如丁玲对沈从文冷淡那种说法，那么以沈从文这样一个清高、自尊的人，怎么会向一个蔑视自己，即便是身居要津的人张口借钱呢？

全国解放之初的那几年，沈从文未在文坛上有什么活动，没有出席第一次文代会，也没有当选什么委员、理事。如果以此认为丁玲没有为她的"朋友"尽到"责任"，我以为那是苛责于丁玲。别说丁玲手里只有小小的那么一点点芝麻大的权，就是比丁玲权力大许多的人，也未必能做到。

从1947年底的国内政治军事形势来看，解放战争正发生有利于人民的转折，在国民党节节败退的情势下，在毛泽东提出"将革命进行到底"，指出"不是走什么中间路线"的时候。而沈从文"企图在报刊上进行其和革命'游离'的新第三方面，所谓'第四组织'"，显然，即使不视其为反动的话，也会被认为是极端的错误。从全国解放初期的情况来看，总是需要有一个学习、提高、使之改变立场的过程，然后再说其他。事实上沈从文也是经历了这样的一个过程。在这个过程中，丁玲对他，也只能做些宽慰、劝解、鼓励他振作起来的事。

1949年9月21日，中国人民政治协商会议在北平隆重开幕。参加会议的，有中国共产党、各民主党派、无党派人士，各人民团体、人民解放军、各地区、各民族以及国外华侨的代表，共六百三十五人。丁玲作为中华全国文学艺术界联合会选出的正式代表参加了这个商讨新中国成立的盛会。

中央政府成立后，丁玲被中央人民政府委员会任命为政务院文化教育委员会委员。当时的组织体制是，政务院下设政法、财经、文教等委员会，各委有若干委员，文教委员会下设文化部、高教部、教育部、卫生部、新闻总署、出版总署等。文教委员会主任由副总理郭沫若兼任，陆定一、沈雁冰为副主任，胡乔木为秘书长。

1949年10月下旬，丁玲担任参加苏联十月革命节纪念典礼的中国代表团团长率团离京赴苏联。这个代表团是由全国总工会、全国妇联、全国青联、全国文联、中苏友好协会总会共同组织，经中央批准的。全国总工会书记处书记许之祯任副团长，沙可夫为秘书长，团员有：丁燮林、曹禺、吴晗、许广平、李培之、龚普生、马思聪、赵树理、李凤莲、白杨等十五人。

代表团10月26日晚离京，副总理全国文联主席郭沫若、文化部长全国文联副主席沈雁冰、劳动部长全国总工会副主席李立三、全国总工会副主席朱学范、高教部长马叙伦、卫生部长全国妇联副主席李德全、全国青联常委钱三强、中苏友好协会总干事钱俊瑞以及苏联驻华大使罗申等到车站送行。代表团于28日上午九时许到的哈尔滨。我到车站去接，见是在客车后边专门挂了一节软卧车厢。随代表团同去的还有驻苏王稼祥大使的夫人朱仲丽和政务参赞曾涌泉的夫人徐沛如。市长饶斌等到车站迎接。

代表团从车站被迎到一所小楼房休息。母亲环顾了一下楼外楼里，向饶斌说："这里好像是林彪同志以前的住处。"饶斌回答："正是，现在用来作高级招待所。"一年多以前，母亲到哈尔滨后，林彪曾邀她和张琴秋到他家里做客，因为他们是保安时代就相识的，又刚来到东北。在延安女大时，张琴秋还是叶群的领导。那时的叶群，还没有什么地位，更没有成气候。中午，饶斌就在这所房子里设宴款待他们。母亲咽喉发炎，不便多说话，大部分时间在他们安排的楼上的一个房间里独自休息、禁声，我陪伴着她。下午四点多钟代表团离开哈尔滨，在此停留主要是为了拿护照、签证，因为苏联在北京的大使馆的工作还没有正常运转。

这个代表团是新中国成立后派出的第一个群众性的代表团,在苏联受到了热烈的欢迎和接待。代表团出席了11月6日苏共中央和苏联部长会议(政府)在克里姆林宫举办的国庆晚宴和11月7日在红场阅兵、游行的观礼。

丁玲这次出国,更为繁忙,她还要以国际民主妇联执行委员会委员身份参加在莫斯科举行的国际民主妇联第二届理事会第二次会议,并且作为由十一人组成的会议主席团成员之一参与会议的组织领导工作。

国内对此也很重视,关于他们这次赴苏的活动,《人民日报》不断地有报导。

这次出访,丁玲受邀在《太阳照在桑干河上》的译者柳芭·波兹德涅耶娃的陪同下,再次访问了苏联作家协会大型文学刊物《旗帜》杂志编辑部。前一次访问是5月,开完世界和平会议,从布拉格回国途中在莫斯科逗留之际。那时《旗帜》刚开始连载《太阳照在桑干河上》,请她去说明和解释这部小说中的一些问题。这次去时,《太阳照在桑干河上》已由苏联外国文学出版社出版,主要是一起为这本书的出版庆贺。《旗帜》主编科热伏尼可夫主持欢迎会,除编辑部同人外,《暴风雨》《巴黎的陷落》的作者爱伦堡,《真正的人》的作者波列沃依,《幸福》的作者巴甫连科,描写列宁格勒保卫战长诗《蒲尔科夫子午线》的女诗人薇拉·英倍尔,《收获》的作者、年轻女作家尼可拉叶娃等等都参加了会议。他们的这些作品都是获得斯大林文学奖的。通过这两次的访问,丁玲很为编辑部一丝不苟的工作作风、坦诚热情的态度所感动,认为是很值得学习的。

参加苏联十月革命节典礼的中国代表团和参加将在北京举行的亚洲妇女大会的一些外国妇女代表同乘一个专列回来,在哈尔滨车站只停二十分钟,晚上七八点钟抵达。我去车站迎接母亲,代表很多,车站上欢迎的人也很多,母亲内、外都要照顾,忙得只同我说了三五句话,塞给我一个小包裹。这包裹还是马思聪帮她的忙,热心地帮她提着。我回到学校打开包裹一看,里面有一本她题好字送我的刚在苏联出版的俄译本《太阳照在桑干河上》和一盒巧克力糖。

在母亲出国期间,陈明去湖南把外祖母接到了北京。外祖母经过十一年流浪、漂泊的生活,终于从苦难中熬过来了。常德曾发生激烈的保卫战,一度被日军占领,还经历了日军投放的鼠疫细菌的蔓延,能活下来真是不容易。我临去东北前在抬头湾,同母亲说起外婆，我对还能再见到外婆比较悲观，那时已经无法与外婆通信，完全断了音信，战争也不知道还要打几年，外婆也老了，生活无着，而且我这一去东北，连同母亲也音信难通，外婆就更渺茫了。7月，湖南和平解放，母亲就给外婆写了信，寄到原来的地址，可是久不见回信，母亲也很不安起来，甚至怀疑她已经不在人世了，但又不愿相信这个臆断。直到9月20日才收到外婆的来信，因为她早就变换了地方，从常德乡下住到临澧乡下去了。寒假，我回到北京，外婆告诉我："湘西国民党的武装土匪很多很多，在乡下活动得很厉害。我担心要是他们知道我是丁玲的母亲，会把我杀了。我苦熬这么多年，活着就是为了看到你们，眼见就要看到你们了，要是就这么死了，那就太冤了。心想，不能就这么在乡下等着，要走，就筹路费。到了长沙，找到省委，很快地王首道（省委副书记）见了我，说：'好，好，好，出来就好。'他说他同你母亲早在延安就认识，还说接你的人昨天已经到了长沙，是你的女婿，就住在交际处。不一会，陈明就来了。"在北京，我们全家团圆在一起，过了一个非常愉快的春节。只是外婆已经大变样，过快地衰老了，瘦，憔悴，而且有些步履蹒跚，见到她，兴奋、高兴之余，心里也有些难受。

1950年1月，我回到北京，适逢母亲这次访苏归来，所以很多的谈话就是听她讲这次访苏的观感。她说，他们代表团在观礼台上看检阅，苏联军队比我们"十一"检阅的兵走得整齐得多，一些将军也挺着大肚子精神地走在每一个方阵队伍的前面；参加国宴，隔着几个桌子看到莫洛托夫、马林可夫等苏联领导人等等的活动，但是她谈得较多的还是妇联理事会的情况和高尔基文学院。

我从母亲所谈知道：10月，法捷耶夫访华期间，法捷耶夫对她表示中国没有像苏联的高尔基文学院那样一所培养作家的学校是一个缺陷，应当建立起来。她知道苏联有这么一所学校，她也知道从这个学校里成就出来一些作家，但是前两次出国路过莫斯科都没有机会去看看。这次去苏联，就决定去高尔基文学院访问，比较具体地作一番了解。因为，一是听到了法捷耶夫的意见，一是她现在负责文联与文协的工作，从工作上说也需要了解。再者，与前两次不同，她这次是代表团团长，在访问内容、日程安排上还有一点儿自主权，要去哪里访问可以自作决定。她去访问了高尔基文学院，对其作了初步的了解，对访问比较满意，对这个学院很欣赏。在同我的谈话中，她还说回国后她已向全国文联党组和中宣部作了汇报，建议建立一所像高尔基文学院那样的培养作家的学校。她也说过这样的话：如果我们也办的话，不能完全照搬，他们是三年制，对我们就嫌长了一些，教学内容也需要根据国内的具体情况。

有一种说法，并流传较广：说丁玲从东北来到北京去见毛泽东时，毛泽东像当年在保安时一样，问丁玲打算做什么，还直截了当地问她愿不愿意当官。丁玲回答说愿意办一所让作家进修、提高的学校，以培养青年作家。毛主席表示了同意，于是她就操办起来，这便是1950年底正式成立的中央文学研究所。

根据我的了解，事情不是这样的，关于母亲来到北京之后去香山见毛泽东的情况就如我在前面所说的那样。见面几个小时，还吃了一餐饭，自然说了许多的话，但谈的正题，正题中的核心意思就是那样的。毛泽东的确问丁玲打算做什么。但是丁玲回答的是愿意继续当作家，从事写作，而不是回答想办一个给青年作家进修提高的学校。

试想，丁玲是在她到北京的第四天见的毛主席，在来北京之前还同刘芝明谈好了文代会后回东北，去一个工厂，深入生活，专事写作。怎么会在三五天内产生这么大的转变。这时，胡乔木、周扬也还没有挽留她在北京做组织领导工作，她也还没有担负起负责全国文联的日常工作和主持全国文协的工作，她怎么会在那天向毛泽东说愿意办一所培养青年作家的学校。办学校和从事专业创作也是不可能兼顾的，何况她选择深入生活的地方是在东北。她来北京时只带了简单的行囊，后来决定留北京了，文代会后，陈明回沈阳搬的家，我和他一起来到北京。

建立培养作家的学校之事，经过酝酿和全国文联党组多次讨论后，于1950年4月正式行文上报政务院文化教育委员会，文教委员会于6月行文正式批准成立筹备委员会，丁玲为筹备委员会主任。

母亲也曾告诉过我，筹建过程中毛泽东的秘书田家英也来找过她和她一起商讨筹建事宜。所以，毛主席对办这个学校也是关心的。

丁玲去世后，当年参与中央文学研究所筹建工作，后来担任研究所副秘书长的康濯，写了一篇纪念丁玲的文章，其中说：1950年初夏，丁玲约了田间、马烽、作家协会几个同志和他，在中山公园来今雨轩座谈。他们几个说了一些意见，就是他们这些解放区土生土长的作家，虽然有一些生活基础，也写过一些作品，但由于条件所限，读书少，文学修养差，因而作品水平不高。希望有一个进修的机构，使他们能够提高一步（大意如此）。文中说："此种意图很快得到各方面的支持"，"决定成立直属文化部的中央文学研究所"。[1]

这段文字给人的印象是，先有来今雨轩与他们几人的座谈，然后"此种意图得到各方面的支持"，意见反映上去，最后形成办所的决定。康濯的回忆，过高地估价了他所参与的这个来今雨轩座谈的作用。

其实，在这次座谈之前，在中宣部、文化部、全国文联、全国文协有关领导那里，已经共同有了办这么一个学校的意向，全国文联党组经多次讨论也已于4月正式行文上报。6月批复成立筹委会。与康濯等人的座谈不过是进一步作一些酝酿，听取意见。这次座谈已在"初夏"，从时间上来看，它也应是在已形成决定之后。

解放区土生土长的作家，文学底子薄，有待提高，是大家都知道的事实。丁玲对此早就了解。她在日记中就关于陈其通有这样一段话："他参加革命二十二年了，从军也有十九年，今年三十六岁，仍能坚持写作，我对这点非常有好感。这个人有一股干劲，虽说基础差些，仍是有前途的。这种人应该多有人帮助他，在艺术上提高，在思想性上弄单纯，他是有些杂的。"[2] 丁玲也曾想过"主办一个文学研究室兼创作组"，但客观条件不具备，个人也有创作和工作的矛盾。现在她放弃了搞专业创作，一心一意来做工作，也就决心把这所首先以解放区青年作家为对象的，通过进修提高文学素质的学校办起来。

母亲曾经告诉我，她上报政务院文化教育委员会申请批准成立的这所学校的名称是"鲁迅文学院"，但是后来郭沫若签发批下来的是"中央文学研究所"，理由是为求一致，与中央戏剧学院、中央美术学院、中央音乐学院等一致，均冠以"中央"。把"院"改为"所"，她倒没有什么意见，认为起初把名字叫得小一点儿也好，只是对把"鲁迅"换成"中央"颇有些想法，认为"为求一致"的理由牵强，因为这所学校与那些学院是不同的。她说："苏联可以用'高尔基'中国怎么不可以用'鲁迅'。"但是她又说："算了，不去争了，主要是在内容，怎么把教学搞好。"

建国之初，国家财政困难。可是要办学，就需要经费。为尽快筹备好，丁玲只好亲自出马找财政部来解决。康濯回忆道："她带着我们找到后来的财政部副部长，当时的办公厅主任吴波同志。这位办公厅主任的办公室兼接待室内一套沙发破得够呛，好几处弹簧外露，要选好位置才能往下坐。丁玲同志笑道：

[1] 康濯：《惜忆开国之初》，《人民文学》1986年第4期。
[2] 丁玲：1949年5月24日日记，《丁玲全集》第11卷。

'你这真是不说话的下马威哇！这叫我们怎么开口？''我们真是没有好家具，并不是故意装的。'吴波同志说，'你们要什么就说什么嘛，该开口的还得开口。'后来预算和家具确都没核减多少。"[1]

筹备工作进行得很快，夏天开始筹备，10月学员就陆续入学了。第一期学员额定招六十名，名额分配到各行政大区和各野战军，由其宣传文化部门推荐，经学校审核决定，入学过程中也有个别经专家学者推荐入学的，基本上招满。学员的条件就是，必须有作品发表过，作品有点儿影响，有培养前途。这一期学员绝大多数是抗日战争、解放战争战火中成长起来的解放区作家，共同的特点是读书少，渴望学习提高。学期两年，后来因运动过多实际上学了两年半。

文研所尚在筹备期间，就广为传播开了。甚至有人说"丁玲在领头办个翰林院"，也有说是在办一所文艺党校。这么说，大约是因为学员绝大多数都是经历过革命斗争的干部，几乎清一色共产党员，好多还是县团级干部。其实不过是培养青年作家进修的场所。当时许多人都想进来学习，有同丁玲认识的，就找到她家里来谈，如杨沫（后未入所）、李纳等人。

1950年12月8日，中央人民政府政务院第六十一次政务会议，任命丁玲为中央文学研究所所长、张天翼为副所长。

中央文学研究所正式成立，行政上属文化部，业务属全国文协领导。丁玲是兼职，张天翼因病长久不工作，田间任所秘书长，康濯、马烽为副秘书长。正、副秘书长负责所内日常工作。所址在鼓楼东大街103号，为由好几所中国式庭院合组而成。

毫无疑问，丁玲是中央文学研究所的主要创始人。

这就是后来的中国作家协会文学讲习所的前身，当今的鲁迅文学院。

1951年1月8日，举行中央文学研究所第一期学员（研究员）开学典礼，丁玲致开幕词，郭沫若、茅盾、周扬出席典礼并致贺词。其实，1950年11月，在学员基本到齐后，即已开始了学习。

关于如何实施教学，丁玲和所里负责日常工作的同志经过向有关领导同志，如茅盾、周扬，和许多老作家如叶圣陶、郑振铎、胡风、黄药眠、杨晦等广泛征求意见后，定了"自学为主，教学为辅。联系生活，结合创造"的十六字方针。

[1] 康濯：《情忆开国之初》，《人民文学》1986年第4期。

来文学研究所讲课的，可以说是集中了中国文艺界的精英，大多是丁玲亲自去请来的。如：裴文中讲史前期文化；郑振铎讲中国文学史；茅盾、李何林讲新文学史；叶圣陶讲修辞学；游国恩、余冠英讲古典文学；蔡仪、杨晦、胡风讲文艺理论；曹靖华、冯至讲外国文学；胡绳讲哲学；黄药眠讲美学；周扬讲创作问题。还有专题的讲课，如：郭沫若讲屈原；俞平伯讲《红楼梦》；聂绀弩讲《水浒》；冯雪峰讲鲁迅的作品；李霁野讲鲁迅与未名社；吴组缃讲茅盾的小说；陈企霞讲丁玲的创作等等。还请一些作家，如老舍、艾青、刘白羽、周立波、赵树理、陈学昭、雷加、李又然、杨朔以及从外地来京的柯仲平、柳青、黄源等讲创作问题。

可以说，这是最好的师资条件，没有哪一所大学的文学系能有这么众多的名流、专家来授课。这说明大家对这个文研所的重视与期望。另外也是当所长的丁玲亲自出马去请的结果。

丁玲自己也讲课。我的妻子李灵源（那时我们还不认识）时常住在文研所她姐姐李纳那里，碰上讲课了，她也去听课，她回忆："丁玲自己也讲课，我听过她一次讲话，讲创作问题。她讲课一直站着，也不拿讲稿、提纲，滔滔不绝，一讲半天。她讲课的风格与众不同，不讲公式化、概念化的话，是用自己的语言阐明深奥的理论，分析明确，说理透彻，仿佛和听众说知心话，使人感到亲切、质朴、深有所得。"[1] 我后来同一些文研所的人谈起母亲的讲演，他们也都持有这样的看法。这是母亲讲演一贯的风格。

马烽说："她讲课与别人不同，没有讲稿，也没有提纲，近乎聊天，不过大家都喜欢她这种'聊天'式的授课方法。"

丁玲担任中央文学研究所所长是兼职，但是为这个所的工作花了不少精力。康濯回忆道："当时丁玲同志是兼职，不过文学研究所可没有少去。参加过一些重要的所务会议和党的会议，也参加节日会餐和舞会，还看过篮球比赛。当然更多的是去讲课、谈工作、作各种报告，主要是讲创作，讲延安传统和文艺方向，讲方向正还得艺术精。讲如何读书，对《红楼梦》如数家珍，对巴尔扎克和西方名著同样熟得很，而且都各有独见。讲如何生活，如何用马列和毛主席观点分析生活；她到了某个工地，碰见什么人、什么事是怎样一层层、一步步深入了解、领会。讲写作更是艺术特征、生活提炼、形象描绘、心灵感应，以及强烈突出、忍痛省略与含蓄、张弛；并联系自己的

---

[1] 李灵源：《我怀念她——纪念丁玲诞生九十周年》，《新文学史料》1994年第4期。

写作过程，也联系学员们作品中的光彩和不足，说我丁玲哪些地方确实不如你，可你总得承认也有不如我丁玲的，你这篇小说要叫我来写就得如何如何改改构思，如何如何把人物写得活一些，形象画得鲜一些，分量也就会多少深厚一些了……特别由于丁玲同志当时从湖南回去写了《记游桃花坪》，而同去官厅的同志都同样了解官厅和那位老粮秣，却怎么也想不到那点生活能写出《粮秣主任》这么一篇出色的作品！这就使丁玲的创作谈常常叫人听得如醉如痴，象在数学难关上恍然悟出了一个解题的新方程式似的。"

在读文学书问题上，丁玲力戒学员采用教条主义的读书方法，像一读书就去找主题，理智地去分析有没有积极性、人物安排得好不好，一定要在书里找出几条有用的东西。她觉得这样冷静、理性地读书，任何感人的东西都变成不感人了。她认为，读书应该沉到书的生活里去，与书里的人物同喜怒哀乐，这种感性上的激动在记忆中留下了很深的痕迹，看完以后，书中有些内容也许忘记了，但情感却留在感觉中了。在写作时，说到某个事，遇到曾经激动的情感，这种感觉就会重新引起。

丁玲不主张关在书斋里读书，认为青年作家两年不接触社会生活不好，两年不写不摸笔也不行，所以安排一定的时间让学员们参加社会工作，有参加"五反"运动的，也有下工厂、参加"抗美援朝"的。

她的工作还渗透到学员们的心灵之中。她和学员们谈各自的人生历程、生活道路、性格爱好、所长所短。她殷切地关心学员的成长，希望他们成长为一个有修养的好作家，勉励他们首先从做一个好党员努力。

天津市作家王林 1953 年曾在北戴河与丁玲有一次会晤。他"感到丁玲对文学研究所的学员下了很大的功夫，谈起来差不多个个的特点都很熟悉"。[1]

由于丁玲无私地殚精竭力地把她的全部热情投入到对青年作家的培养，由于她朴实无华的踏实的工作作风，由于她毫无"大作家"或是"官"的架子而平易近人，由于她首先以党性原则来要求学员而又善于谆谆诱导，由于她所谈的关于创作的见解使学员们受益匪浅，也由于她有长期的生活积累，深入生活三五天就能写出出色的作品而使学员们自叹不如，丁玲受到了所内几乎全体学员和工作人员的拥护和爱戴。

[1] 王林日记，载《新文学史料》2013 年第 3 期。

《文艺报》在第一次文代会筹备期间就有，只是刊登会务消息的活页会刊。全国文联成立后，《文艺报》被定为全国文联的机关刊物，由丁玲任主编。丁玲为《文艺报》确定的宗旨，就是把它办成一个宣传和捍卫马列主义、毛泽东文艺思想的阵地，积极开展文艺批评，办成为一个以文艺评论为主的刊物。她对主编这个刊物，是尽心尽力的，兢兢业业的。同时，为使刊物充分发挥党在文艺上的喉舌作用，用以指导文艺工作，她也是严格要求，广泛地听取意见，并经常以自觉的自我批评精神来主动地审视编辑部的工作。

全国解放之初，《文艺报》编辑部从众多读者来信中了解到，不少读者不喜欢描写工农兵的书，认为它们简单、粗糙、缺乏艺术性。这些读者大多是知识分子。针对这一情况，丁玲在她的《跨到新的时代来》一文中，坦率地指出：

> 知识分子要求得到改造，需要很多马列主义的理论知识与生活的实践，每个人都必须走自己的一条路。工农兵的文艺，向知识分子展开了一个广阔的世界，对知识分子正是很需要的。

> 我也承认，今天以劳动人民为主体的、写新人物的这些作品，还不是很成熟的，作者对于他所喜欢的新人物，还没有古典文学对于贵族生活描写的细致入微，这里找不到巴尔扎克，也没有托尔斯泰。甚至对于这些新的人物虽然显出了崇高的爱，却还不能把这些人物很好的形象起来，给读者以很深的印象；也还不能把一些伟大的事写得更有组织，有气氛，甚至不如过去一个时期知识分子写知识分子的苦闷那么深刻。这是今天在文学作品方面的不够，应该承认，也许这是遭受指责的最大的理由，这个缺点应可能快的克服。但我以为这是必然的，因为一切是新的，当文艺工作者更能熟悉与掌握这些新的内容与形式时，慢慢地就会使人满意起来。我们希望读者不要强调这个缺点，因为强调了只会增加你的成见，加深你对于新事物与新文艺的距离。让我们不要留恋过去。一件绣花的龙袍是好看的，是艺术品，我们却只有在展览会展览，但一件结实的粗布衣却对于广大的没有衣穿的人有用。我们会慢慢提高我们布的质量，并使它剪裁适宜，缝工精致，我们要使我们得来的衣服美丽，但那件龙袍，不管怎样绣得好，却只能挂在墙上作为

展品了。让我们为爱护新文艺的成长而努力，我们应该在爱护之下来批评，却不是排斥，不是装着同情的外貌而存心排斥。我们对这些读者也是非常放心的，因为他们是要求进步的，他们又已经置身于新社会里，新社会的各种生活，会从各方面帮助他们放弃一些旧观点的，他们会一天天更接近人民群众，会一天天更理解人民文艺，甚至他们不久就会参加到这里面来，与大家完成这一新的创作时代。[1]

这前一段话，说的是工农兵文艺与知识分子的关系，认为工农兵文艺可以帮助刚进入新社会的知识分子跨到一个新的时代来。后一段话，很实事求是，承认工农兵文艺现状中的不足之处，但肯定它是方向，态度鲜明地宣传、捍卫毛泽东的文艺思想，但是态度是说理的，是坦诚的，是谈心式的，不是差强人意的。

那个时期，因为工作的关系，丁玲就文艺方面的问题，写了不少文章，发表了不少讲话，其态度，其风格，大都如此。

她在另一篇文章中指出：

过去，当我们的文艺受到资产阶级攻击的时候，我曾经为工农兵文艺的整个成就而辩护过。写了一篇文章叫《跨到新的时代来》。但在纪念毛泽东同志《在延安文艺座谈会上的讲话》10周年的今天，我却不得不提出我所感到的问题，那些关于我们自己所犯的另一方面的教条主义的缺点。我们如果不在反对资产阶级思想的同时，注意着我们向来就有的公式化、概念化，那么我们将来可能发展这种倾向。[2]

她指出这些，也正是为着使文艺为人民服务得更好。

1950年3月，《文艺报》成立由丁玲负责的"文艺建设丛书"编辑委员会，整理、编辑、出版自毛泽东"在延安文艺座谈会上的讲话"以来的优秀作品。

1950年10月，中国人民志愿军入朝作战，开始了"抗美援朝"。丁玲以火一样热的心写了《寄给在朝鲜的中国人民志愿军》和《寄朝鲜人民军》，并且以最大的热忱写了书评《谈魏巍的朝鲜通讯》，对至今仍广为传颂的《谁

[1] 丁玲：《跨到新的时代来》，《丁玲全集》第7卷。

[2] 丁玲：《要为人民服务得更好》，《丁玲全集》第7卷。

是最可爱的人》一文给予高度的评价和推崇。她还号召全国文联和文协机关踊跃捐献，捐赠志愿军一架"鲁迅号"飞机，并以身作则，身体力行，带头捐献。

1951年春，丁玲担任中宣部文艺处处长。文艺处处长原是周扬兼任，副处长是林默涵、严文井。丁玲任处长后，林、严仍是副处长。

1951年夏天，我回到北京。外祖母一见我，就兴奋地对我说："我有一件喜事哩，我看见毛主席啦，毛主席还和我握了手呢。"母亲也高兴地对我说了那天的事：那年6月间，外祖母住在颐和园的云松巢。大概是1950年春天，颐和园里有些可以住人的院子，分给了一些中央单位作疗养之用。全国文联分到了两处：云松巢和邵窝殿。云松巢位于排云殿和石舫之间的山坡上，有正房五间，耳房两间，共七间房子，房前有一个很大的凉台，放有藤桌藤椅，也是待客的地方，前面院子里满是松树，房后还有一个小院，有假山石和许多竹子。6月份的那几天，母亲也住到云松巢来了，她躲在这里写一篇文章。一天，从门外进来一个警卫人员，问："丁玲同志是不是住在这里？"然后说，"请准备一下，有一位首长要来看你。"母亲到门外去看，只见毛泽东正缓步拾级而上，跟着他的是江青和公安部长罗瑞卿。母亲连忙迎下去。进得院子，母亲请毛泽东、江青和罗瑞卿在凉台上的藤椅就座，毛泽东环顾了一下四周说："这里很清静，是个文人隐居起来写文章的好地方。"听说叫云松巢后，说："名字也相符。"毛泽东对母亲说："我抽个空来园子里散散心，听说你住在这里，就来看看你。"母亲说："平日我母亲住在这里，我是为写一篇文章，这几天才住到这里来的。"毛泽东说："那我要去拜望拜望她老人家。"说着就站起身来。从毛泽东一进院子，外婆就在房子里面透过玻璃窗，目不转睛地望着毛泽东呢。母亲引毛泽东进了房，毛泽东伸出手来，向外婆问候道："老人家身体还康泰吗？"外婆心里很激动，握着毛泽东伸过来的手，连连地点头。母亲请毛主席、江青和罗瑞卿吃西瓜，闲谈了一会儿她写的这篇文章，和文艺界的一点儿情况，就送毛主席到排云殿的码头，看他登上游船。我回来后，外婆好几次向我说："毛主席这么伟大的领袖，却是这么平和近人，对我们老年人也这么亲切地问候。"

1951年9月，苏联作家爱伦堡和智利诗人聂鲁达来华访问。他们两人是代表斯大林国际和平奖金委员会来华授予宋庆龄国际和平奖。他们在中国受到高规格的接待。中央很重视，周恩来总理指名由丁玲负责接待，由政务院安排访问活动。丁玲著文《欢迎，欢迎你们的来临》，发表于9月12日《人民日报》，并陪同他们去上海、杭州参观访问。出行期间，在火车客车后边为他们专门挂一节软卧车厢。

母亲去到上海，就打算去父亲的墓地。早在1950年，上海市政府就写信告诉母亲，已经发现了父亲他们一起牺牲的同志的忠骸，共二十三人，因已无法分清，故暂时合葬于大场公墓，随函还寄来一张龙华的草图，标明烈士囚禁处、被难处、埋葬处。可能是在延安时，丁玲与陈毅相处一星期，听他谈自己的生平而有点儿熟悉的缘故，陈毅热情地邀丁玲去他家做客。谈话中，陈毅郑重地告诉丁玲，胡也频等烈士现在安葬在大场公墓是暂时的，待烈士陵园建好后，即迁入烈士陵园。

去大场公墓的前一天，母亲向爱伦堡和聂鲁达说，第二天上午的参观，她有事，不能陪伴他们了。母亲没有告诉他们自己要上哪儿去。第二天早饭后，母亲正要出饭店去墓地，爱伦堡和聂鲁达就从大厅迎过来，说："丁玲，我们知道你要去什么地方，你去的地方也是我们想去的地方。"母亲后来对我说："原来他们知道了我要去你父亲的墓地，连花圈都准备好了，也不知道他们是怎么感觉到又怎么打听到的，真是两个聪明人。那天他们两对夫妇同我一起去了你父亲他们的墓地，很隆重地、很肃穆地献上了花圈。"一同去墓地的还有上海市副市长潘汉年、市委宣传部长周而复。

母亲说，爱伦堡和聂鲁达非常善解人意，他们语言不通，但常常不需要翻译，也能相互理解。在杭州，爱伦堡在送她的扇子上写了一行字："没有共同的语言是最痛苦的，但我和丁玲却不一定需要共同的语言，我们彼此都了解。"母亲说，这话只说对了一半，还有一半。也可以说还是重要的，没有共同的语言，广泛的、深刻的谈话还必须通过翻译，也仍是痛苦的。他们谈得很投机，有许多见解一致。在创作问题上，爱伦堡说："作品是在生活中产生的，不是号召可以产生的。"还说，"鞋子有一百双一般的就很好，但是作品，宁肯要一本好的书，而不要一百本一般的书。"在说到文学作品的概念化、公式化时，爱伦堡说："作家是人类灵魂的工程师，可这些人只去搞了工程，却忘记了灵魂。"两个人都说话风趣、幽默。爱伦堡更直爽，犀利、尖刻，聂鲁达还常常意识到自己是一个共产党员。

在上海，陈毅和饶漱石会见他们，请他们吃饭，并且招待他们看越剧。母亲向我谈起发生的一个小插曲：因为白天的劳累，又听不懂越剧，爱伦堡看着看着眼皮就合拢了，可是旁边就坐着陈毅和饶漱石，为了礼貌，为了不辜负主人的盛情，他又强使自己的眼睛睁开。母亲从旁目睹着他这番用意志力与疲劳的战斗，回到饭店时对他说：

"你刚才好像在打瞌睡,眼皮都睁不开了。"结果,爱伦堡开了个玩笑:"是啊,是差点睡着了,幸亏台上女孩子漂亮救了我。"母亲说,因为我同他比较熟,所以我们之间才这么说话。

10月16日,全国文联举行盛大招待会,欢迎参加我国两周年国庆节庆典的各国代表团中的作家、艺术家。丁玲在会上介绍中国作家在深入生活、创作、出版的情况,以及中央文学研究所培养青年作家的经验。

11月,开始文艺整风学习。11月17日,北京文艺界整风学习委员会成立,负责领导在京中央系统文艺单位和北京市文艺单位的整风学习。周扬任主任,丁玲任副主任。

24日,召开北京文艺界整风学习动员大会。胡乔木、周扬、丁玲先后在会上讲话。丁玲的讲话,题为《为提高我们刊物的思想性、战斗性而奋斗》。

动员大会开过之后,周扬就到外地去了。丁玲协助胡乔木领导了整风学习。

母亲当时给我的一封信里也说到,说动员大会之后周扬就走了,因此她负荷重,工作忙,感到力不从心,故而有一阵子没有给我写信。她很不愿意周扬走,因为这个整风学习很重要,责任重,摊子又很大。她曾想周扬留下,但是知道是毛主席要周扬下去的,要他下去土改,也就不好说什么了。母亲说,那两年出了影片《清宫秘史》和《武训传》问题,毛泽东对文艺工作不满意,可能认为周扬对这些问题负有责任,所以文艺整风期间要他回避,方便群众提意见,看看究竟有多少问题。母亲对我说,周扬去了长沙,又从长沙去到常德,也就是去到我们的家乡。我听后有点诧异,他干吗选中我母亲的家乡?

这可能是周扬在"文化大革命"前唯一失意的一段时间。但是这段时间不长,三四个月后,周扬就回到北京,继续领导文艺工作。

这次文艺整风,还是和风细雨的,主要是整顿思想,并没有打倒谁,也没有处分谁。

1952年1月,丁玲离开《文艺报》,改任《人民文学》副主编,主编是茅盾。《文艺报》主编由冯雪峰接任。母亲同我说起这件事时说:"我不是搞文艺理论的人,冯雪峰去主编《文艺报》比我合适,我也愿意在茅盾这个我的老师的名下把《人民文学》编好。"茅盾那时是文化部长,公务忙,无暇顾及这份杂志的编务。

1952年2月底,受全国文联委派,丁玲和曹禺赴莫斯科参加果戈理逝世一百周年纪念大会及活动。丁玲代表中国文艺界在会上作《果戈理——进步人类所珍贵的文化巨人》的讲话。会后，在苏联参观访问，历时一月，于3月底回到北京。

苏联部长会议于1952年3月13日作出颁发授予1951年度斯大林奖金的决定。3月15日，苏联各报刊均以显著位置发表了这一决定。丁玲的长篇小说《太阳照在桑干河上》获文艺二等奖。同时获奖的中国作品还有：《白毛女》获二等奖、《暴风骤雨》获三等奖。此时，丁玲正在莫斯科。

那年夏天母亲同我说，关于获奖一事，她此前一无所知。她说，宣布授奖的当天，苏联作家协会的陪同人员面露诡秘，微笑着对她说："你有一个好消息，可是我现在不能告诉你，得让你有一个惊喜。"可是我想不出是什么事，心想，或许是发表了我的哪篇作品。晚上播新闻时，他来了，告诉我获得了斯大林文艺奖金并向我祝贺。

《太阳照在桑干河上》由苏联女汉学家波兹德涅耶娃·柳波芙·德米特里耶夫娜译成俄文。20世纪50年代初，她来过北京。母亲请她看李少春、袁世海演的《野猪林》，我也陪同一起去观剧。《太阳照在桑干河上》1949年在苏联《旗帜》杂志上连载，并在当年出单行本，共印了二十万册，精装本，后来又印了五十万册普及本，即平装本。此时，《太阳照在桑干河上》已被译成俄、德、日、波、捷、匈、罗、朝等十二国文字。

斯大林文艺奖金在当时的苏联是最有权威的、最高的，也是唯一的国家大奖，由苏联部长会议（政府）授予。1939年12月设立，卫国战争时中断评奖，战后恢复，一年一次。当时在苏联，获斯大林文艺奖金，是享有很高荣誉的。

3月17日，丁玲在莫斯科为获奖事对苏联塔斯社记者发表谈话：

> 我是一个渺小的人，只做了很少很少的一点工作，从来不敢有什么幻想，我爱斯大林，我爱毛泽东。当我工作的时候，我常常想到他们，好像他们站在我的面前一样。但是，我从来连做梦也不敢想到斯大林的名字能和"丁玲"这两个字连在一起。今天，我光荣地获得了一九五一年度文学方面的斯大林奖金二等奖。这个意外的光荣是多么震动了我。我欢喜，却又带着巨大的不安，我无法形容我现在的复杂心情。我重复说：我是一个渺小的人，只做了很少很少的一点工作。可是我却得到无数次和无法计算的从人民那里来的报酬和鼓励。其中也包含着苏联人民对于我的鼓励和帮助。《太阳照在桑干河上》在苏联被译出后印了五十万普及本，陆续得到各方面来的鼓励，现在更承苏联部长会议宣布授予斯大林奖

金。这个光荣是给中国所有作家和中国人民的。这是对全体中国人民和作家的鼓励。一切光荣归于中国人民,归于中国人民的伟大领袖毛泽东。我一定要更加努力,为中国人民的建设,为保卫世界和平尽所有的力量,以无愧斯大林奖金的获得,无愧于人民给我的教育。

母亲在讲话里说了一遍"我是一个渺小的人,只做了很少很少的一点工作"之后,为了表明她的这个思想又重复了一遍,并且说:"这个光荣是给中国所有作家和中国人民的","一切光荣归于中国人民,归于中国人民的伟大领袖毛泽东"。根据我平日与她的接触、谈话,我认为这是她的真情实意,而非套话。

6月7日,苏联驻华大使馆代表苏联政府举行授奖仪式,罗申大使代表苏联政府授奖。丁玲在授奖仪式上讲话。她说:"《真理报》已经指出了,说我们是由于都忠实地描写了他们本国劳动人民的生活及其争取自由与幸福的斗争的缘故。是的,我们同意《真理报》的意见。但我们为什么能够有了这样的成绩,我们以为主要的是由于有马克思、列宁主义的理论作为指导,而在一九四二年,延安文艺座谈会上毛主席的讲话又为我们解决了很多根本的、原则性的问题及具体的一些实际问题。我们有了这个思想武器,然后带着阶级的热情投身到火热的斗争生活中去参加群众的斗争,才能获得这样小小的成绩。如果不是这样,我们是写不出来的。"

6月8日,在中华全国文学艺术界联合会举行的获奖庆祝会上,丁玲宣布将她所获全部奖金五万卢布(合人民币三亿三千七百七十万元)全部捐赠给中华全国妇女联合会儿童妇女委员会用于儿童福利事业。

斯大林奖金文学方面的评审委员会由苏共中央委员、苏联作家协会总书记法捷耶夫任主席,委员中有不少名作家、文艺理论家。

为中国作品授奖,更受到苏共中央领导人的关注与认真对待。有知情者后来写了回忆文字。

担任过任弼时的秘书兼翻译的朱子奇曾回忆道:

1950年春,我在莫斯科时,一位苏共中央负责人问我对《太阳照在桑干河上》的看法。他们听说,中国有权威人士发表了否定性的评论,如这部作品获得了斯大林文艺奖，会产生什么影响。我将他的意见转告了在莫斯科的任弼时同志。弼时同志说，他很少看小说，但《太阳照在桑干河上》他却看了，认为是部好作品，反映了"土改"斗争的实情，写得生动有味道，也符合政策。至于有同志指出缺点、不足，是次要的。把次要点讲过分了，我看，是不可取的，如同看一个干部，他主要方面是好的，就是好干部，就应大胆用。没有十全十美的干部。是否有十全十美的小说呢？大概也没有吧！我把弼时同志这段话的大意，讲给那位苏联同志听，他表示很高兴，也很赞同。后来，《太阳照在桑干河上》列入了斯大林文艺奖金获奖名单，并在苏联报刊上广为介绍和评价。[1]

林伯渠的女儿林利在她的回忆录中写道：

1951年4月底，王稼祥同志率领中共中央联络部的几位同志去莫斯科，和苏共中央领导讨论亚洲兄弟党的问题。……5月初，斯大林召见王稼祥同志，并允许带翻译。稼祥同志由我陪同前往。午间，我们被留下吃饭……之后，他要去休息一下，就让莫洛托夫陪王稼祥同志在园子里散步……散步中，他问稼祥同志看过丁玲的小说《太阳照在桑干河上》没有，又问这本书是否反映了中国农村的现实。稼祥同志一一予以肯定的答复。看来评定斯大林文艺奖之时，苏共领导对待此事很认真。[2]

然而，在国内也有来自周扬的另一种声音。严家炎在他的一篇文章中介绍了这一情况：

这里，我还想顺便说清楚《太阳照在桑干河上》获斯大林文艺奖是否与周扬或中宣部有关的问题。在上世纪整个五十年代，我都以为1952年3月苏联宣布将斯大林文艺奖二等奖授予丁玲的《太阳照在桑干河上》是中共中央宣传部推荐的结果。1962年秋，恰好在中央党校举行唐弢主编的《中国现代文学史》提纲讨论会（连续三天），邀请了周扬和林默涵、邵荃麟、张光年、何其芳、冯至、杨晦、吴组缃、蔡仪、王燎荧、朱寨、何家槐、叶以群等十几位文艺界领导和文学史研究专家出席。

[1] 朱子奇：《永不消逝的春天》，载《丁玲纪念集》，湖南文艺出版社2004年出版。
[2] 林利：《往事琐记》，136页，北京，中央文献出版社2006年出版。

连同《中国现代文学史》几名责任编委，共有二十多人。在会议中间休息的时候，我向周扬提了一个问题：当初中共中央宣传部是怎样向苏联推荐《桑干河上》获1951年度斯大林文艺奖的？周扬的回答却使我感到非常的意外。他说："我们中宣部从来没有推荐过《桑干河上》去获斯大林文艺奖。我们当初推荐的是赵树理。但苏联人和我们的看法不一样，他们说赵树理的小说太简单了，不合适。于是，苏联方面提出：丁玲的《太阳照在桑干河上》可不可以候选？我们只能同意。但我们又补推荐了几个作品。经过几个来回，双方才取得比较一致的意见。"也许因为丁玲被打成"右派"分子后王燎荧已经发表文章批判《桑干河上》，最后，周扬又重申了一句："我们中宣部确实没有推荐过《桑干河上》，那是由苏联人自己提名的。"到这时，我才终于恍然大悟。[1]

看来《太阳照在桑干河上》获斯大林文学奖并不一帆风顺。然而，斯大林文学奖毕竟是由苏联评审、授奖，并且慎重地征求了中央高层领导同志的意见，所以，即使上述情况是真实的，那么，这种不同的声音对于苏联人来说，也只起到仅供参考的作用。

1952年夏天，母亲同我谈到她这部《太阳照在桑干河上》的出版与获奖，她说："毛主席给了他第一个回答，苏联人给了他第二个回答。"语气中似乎透出一丝压抑之气。他即周扬。

《太阳照在桑干河上》获奖后，冯雪峰以《〈太阳照在桑干河上〉在我们文学发展上的意义》著文评论，他认为：

> 我们现在已经出版的几种写土地改革的作品，也都已经为人民所重视；而且人民重视土地改革这样伟大的题材，根本上还是因为重视我们这样的伟大的历史时代的缘故。只要能够反映我们的历史时代，则这样的作品将都有史诗的意义，人民所重视的也就是这样的作品。因此，象《太阳照在桑干河上》这作品，对于我们所以是一个重要的收获，就不仅因为它是几部写土地改革的作品中更为优秀的一部，在一定的高度上反映了土地改革，而且还因为这标记着我们的文学在反映现实的任务上已经有了一定的成就和能力，标记着我们文

[1] 严家炎：《〈太阳照在桑干河上〉与丁玲的创作个性》，载《北京大学学报·哲学社会科学版》2008年第2期。

学的一定的成长的缘故。

　　我认为这一部艺术上具有创造性的作品，是一部相当辉煌地反映了土地改革的、带来了一定高度的真实性的、史诗似的作品；同时，这是我们社会主义现实主义的最初的比较显著的一个胜利，这就是它在我们文学发展上的意义。

　　这部作品的现实主义的成就，主要地表现在这几点上：第一，从对于人民的生活与斗争的深入的观察、体验与研究出发，对于社会能够在复杂和深广的基础上进行具体的和比较全面的分析，而排斥那从概念（不管哪一类概念）出发以及概念化的道路。第二，从写真实的生活和社会的要求出发，对社会的内在的矛盾斗争的复杂关系进行具体的分析，同时也这样地分析人的思想与行动及相互关系，以为真实的人，从而奠定了现实主义的写人和写典型的基础。第三，艺术的表现能力已达到相当优秀的程度。[1]

关于对《太阳照在桑干河上》的评价和分析，后来的丁玲作品研究者们大多肯定与依从冯雪峰的论述与评价，并作出更为细化的研究。

　　那年夏天，母亲和我谈起冯雪峰的这篇文章。她说，冯雪峰见到她时向她讲："考虑到那个人，书的评价只能写到这样子了。"那个人，指的就是周扬，连我一听都明白。如此看来，冯雪峰还有言犹未尽之处，可能在评价上还会比他文章里写的稍高一点。

　　1952年6月间，丁玲见了一次毛泽东。新中国建立后的这几年，丁玲很少去熟识的中央领导同志那里走动。她觉得现在局面大了，让他们操劳的党和国家大事太多了，还是不去打扰他们为好。当然，也没有在延安和西柏坡时好见了。再说，她的直接领导就是周扬，还有胡乔木，她也从不越级汇报、请示。

　　母亲同我说过那次见毛泽东的情况：

　　那天上午，她有事去中宣部（那时中宣部在中南海内），临近午饭时遇见江青。江青邀她去家里，母亲担心打扰毛主席的工作，稍表犹豫。江青说："主席好久不见你了，也想见见你。"于是母亲便跟着江青来到他们家里。一起吃的饭，饭后主席要休息一下，他们便乘划桨的小船在中南海里转了一会儿。母亲说这次与毛主席会面也就是随意地谈话，主席依然鼓励了她，也谈到刚结束的

[1] 冯雪峰：《〈太阳照在桑干河上〉在我们文学发展上的意义》，1952年5月25日《文艺报》第10期。

文艺整风，谈到《武训传》，也说到周扬。在小船上，她谈到周扬在文化部那边工作忙，忙于事务，没有多少时间读书，觉得周扬应该从事务工作中解脱出来，多读一些当时发表的作品，以加强文艺思想方面的指导。母亲也说了她自己是搞创作而不是搞评论的人。后来毛主席带点幽默或是风趣的口吻说道："周扬这个人，党正确时，他正确；党错误时，他错误。"母亲说，我理解，还是夸奖的吧，认为他总能跟党保持一致，听话。江青说："周扬的文章逻辑性还是比较强的。"

这是丁玲最后一次与毛泽东私人性会面。

有一种说法，说那次会见，毛泽东批评了丁玲，教训了丁玲一顿。这不是事实。那时丁玲刚得了斯大林文艺奖，对此，她自己一再说"我是一个渺小的人，只做了很少很少的一点工作"，"一切光荣归于中国人民，归于中国人民的伟大领袖毛泽东"，而无自傲之气。这部作品获奖也是按照毛泽东文艺思想实践产生的一个成果，这部书也是在毛泽东的关心和支持下出版的。现在得了奖，是件好事。再则，文艺整风刚结束，也是有成效的。在文艺整风之前，丁玲主编的《文艺报》，早于《人民日报》率先批判了《武训传》，这也是合乎毛泽东的心意的事。至于说周扬的那条意见，那纯属补台的建议，而非拆台的意思。这意见丁玲自己也当面向周扬说过。毛泽东教训她干什么！1957年母亲又同我提起这件事，还感慨地说："周扬岂止是'党正确他正确，党错误他错误'，他现在是'他错误，把党也弄得错误'。"

亚洲太平洋地区保卫世界和平大会1952年初冬将在北京举行。丁玲是这个大会的筹备委员会委员及与会中国代表。9月初，就在一次筹备委员会开会的时候，丁玲突发激烈腰痛，连坐在椅子上也坐不住，难以继会，便急去北京医院检查，诊断为脊椎骨质增生，即住院治疗。因为医生说这个病一时难好，医治好后还需疗养一段时间才会痊愈。这样，丁玲就主动提出辞去了这个会的筹备委员会委员与代表，后来由老舍继任。她在北京医院医治了一个月，便于10月中旬去旅大市疗养。

在旅大市，她住在市委交际处。交际处在桃园台卧龙街有一片小楼房，专供高级干部来疗养住，每楼配一个炊事员、一个服务员，需用车时，车队来车，治疗要到疗养院去。丁玲住的小楼，楼上楼下各三间住房。

经旅大市委第一书记欧阳钦建议和介绍，丁玲去旅大苏联驻军小平岛疗养院去疗养了一个月，那里治疗条件比较好。苏联人对她很热情，知道她是斯大林奖金获得者，特召开报告会，请她介绍中国的文艺情况。她也就藉此作些宣传，还设法从北京弄去《南征北战》等两部刚制作出还未公映的影片给他们放映。一同在苏军疗养院疗养的还有旅大市委第二书记陈伯村，他们熟了起来。陈伯村很尽主人之道，常常到丁玲住的小楼来聊聊。

在大连，丁玲很受礼遇，有什么群众性的大会也邀请她出席，在主席台上就座，座位紧挨着书记、市长。

经胡乔木、欧阳钦介绍，春节过后，丁玲转至鞍山附近的汤岗子温泉疗养院继续治疗。胡乔木此前在这里疗养过，丁玲去后就住在胡乔木住过的房子。

1953年3月24日，全国文协执委会第六次扩大会议，推选茅盾为第二届全国文协代表大会筹备委员会主任，丁玲、柯仲平为副主任。茅盾是文化部长，那边忙，柯仲平一直在西安。全国文协的工作一直是丁玲在主持，现在要筹备代表大会，她只好回到北京，作些安排。商量的结果是，把严文井从文艺处调出来担任筹委会秘书长，负责筹委会的日常工作，并且把她的秘书陈淼调去筹委会作具体工作。在北京住了半个月，工作安排完了之后，她就又返回汤岗子疗养院继续治疗。她大概是4月14、15号离开北京的。

1951年3月，母亲从东总布胡同全国文联宿舍搬到多福巷16号。多福巷16号是一所整齐的四合院。房屋内部已经改造过了，设有盥洗间，安装了暖气装置，铺设了地板，十几间房。这是公家的房子。好几本书上都说是丁玲自己买的房子，错了。搬到这里就更有家的气氛了，独门独院，就自己一家人。搬进这个四合院，外婆也很高兴，她终于有了一个可以活动活动的地方。

外婆来到北京以后生活得很愉快，她熬到了头，全家团聚了，我们也长大了，而这个社会又是她向往的社会。她每天看报，读书，写字，听广播，有时下两盘围棋，每天晚饭喝一小杯酒，她喜欢"竹叶青"。

这大半年，母亲在外，我在留苏预备部学习。我觉得我应该多陪陪外婆，再说，我即将去苏联，一去几年，也想多一些时间在她身边，所以每个星期六下午，一上完课，早早地就回家了。在家陪外婆说说话，下两盘棋，剩下的时间自己看看书，一个一个周末的时光，就这么愉快地、悄悄地流逝过去。

不幸的是5月4日晚，外婆突发脑溢血，送到北京医院，终因抢救无效而去世。

第二天，母亲从汤岗子赶回北京时，外婆的遗体已停放在殡仪馆贤良寺的一个正厅里。母亲一进得门去，就三步两步地奔向外婆，伏在外婆的身上，悲痛地哭泣起来。

外婆终年75岁。她的葬礼还满风光，葬在万安公墓。墓碑是请刘开渠设计的。

母亲好多天都没能从外婆逝世的悲痛中恢复过来。她悔恨平日对外婆的健康关注不够。

母亲没有再去疗养，而是留在了北京。我春节在大连时，母亲同我说，趁这次养病，工作管得少，设法把行政工作辞掉，今后专事写作。那时她还职务在身，大一点儿的事情，还是问她，我在的那些日子，就见有好几次长途电话从北京打来问工作的事，也有工作方面的文件寄来让她阅复。4月份，她在京时对我说，经她的请求，胡乔木、周扬都表示同意她辞去行政工作，今后专门从事创作。有些书说：1952年10月，丁玲辞去了所有行政工作去大连疗养。那是不对的。明确她辞去所有行政工作，专事创作是1953年4月。但完全从行政工作中解脱出来是10月开完第二次文代会。

在我的印象里，5月份以后，母亲主要参与的工作，就是中国作家协会的筹备工作。她是筹备委员会副主任。但因为已经明确她今后专事创作，而今后主持作协日常工作的邵荃麟也已于四月底派来，所以她这个筹委会副主任也是有名无实，不过是参与讨论讨论罢了。

6月份，陈明对我讲："最近你妈妈工作上不大顺心，你多劝劝你妈妈，少管机关里的事，既然组织上已经同意专职去写文章了，就少考虑机关里的那些事。"我问他："怎么不顺心？"他说："她觉得邵荃麟来文协后，一来就否定这个，否定那个的。我劝她，这三年在文联和文协工作的成绩或不足自有组织和群众评说。"

因此，我就顺便地，也是有意地问了问母亲她工作方面的事。

对于中央文学研究所改为中国作家协会文学讲习所，她有一些保留的想法。她原是想把文学研究所办成一个以教学为主的，同时兼有创作、理论研究文学评论的"研究所"。这也是当初创办这个学校的初衷。尽管她已经不再担任所长了，她仍希望学校按照这个路子办下去。但是中宣部已做决定只承担教学，她表示服从决定。

关于正在筹组的中国作家协会，她的想法是办成一个作家的团体，而不要像一个政府部门，更不要像似一个"衙门"，机构拟小一些，人员应少一些（当时的文协和从文联接收过来的行政机构合在一起好像也只一百多人）。她还说，苏联作家协会机关工作人员才二十几个人，就在一个小楼里办公，几个杂志编辑部在外，一个编辑部也就十人左右。有作品，作品产生了一些社会影响的人方能成为会员。作家任实职，采取轮换制。如主持工作的副主席、书记处书记，各部门负责人，采取轮换制，任职三年左右,然后去搞创作。这样可以繁荣创作,也不会断送作家。作家当"官"当久了，不到生活当中去，也就不会再有作品了。

这些想法，即使现在看来，也不失为一些好主张。在当时，这些主张原则上、口头上大概也会得到赞同，也许不会公然遭到否决。但是若要把它具体化，讨论、实行起来大概就会有些问题。后来的情况是，作协机关人员很快地增加了好几倍，而"轮换制"好像从来就没有实行过。在"官本位"的体制下，喜欢做官的人还是大有人在，而在宗派情绪还在作祟的情况下，要实行"轮换制"，谈何容易。

丁玲未免又有些理想主义了。主意不能说不好，但是势必有人听了心里反感，得罪人是无疑的。因为,是会有一些作家,口头上也嚷着要搞创作,而实质上热衷于当"文化官"，而没有作品的人和已写不出作品的人，其剩下的"职业"也就只有是当"官"。

也就在6月的一天晚饭后，邵荃麟夫妇来访，我适逢在家。天气热，母亲就在院内凉棚下招待他们。他们是第一次来，坐了一会儿。

他们走后，我问母亲："邵荃麟是怎么一个人？"因为我以前从未听说过他。

母亲说："是一个老资格，大革命时期的党员。我是这两年才认识的,他同冯雪峰熟，关系不错。"

我又问："他写过什么作品？"

"不知道。我孤陋寡闻。"母亲稍稍停顿，似乎想了想，"在香港，写了些文章批判胡风。"

我又问："他在今后的中国作家协会将担任什么职务？"

母亲说："中国作家协会的主席、副主席，最初的方案，是一正六副，茅盾为主席，周扬、我、巴金、柯仲平、老舍、冯雪峰为副主席，七人组成主席团，邵荃麟担任秘书长、党组副书记，负责日常工作。邵荃麟表示，这样安排，他工作起来有困难。如此一来，冯雪峰就表示他可以不担任副主席，由邵担任。以我这几年工作的体会，邵荃麟的想法也是可以理解的，最后议决，增加一位副主席，一正，七副。"不过我从母亲说这些话的语气和神情上感到，她似乎对邵自己提出的做法有点儿不以为然。

我问："那么谁当党组书记？"

母亲说："我已经决定去写文章，我是不会继续去当了。曾经酝酿过几个方案，调柯仲平来北京，但估计他不会来；另外考虑冯雪峰，不知道他的意思怎样，不行的话，就只有周扬来兼任。"

我好几次地劝她，让她别操心这些事了，免得烦恼。她说也是。

母亲不想做"官"，也从无"官"瘾，只想专门写作。从她到根据地以后来看，她所做的工作都是初创，等一切都上轨道了，她就想辞去工作专事创作，陕甘宁边区文化协会是如此，《解放日报》文艺副刊是如此，北京这三年做全国文联和文协的组织领导工作也是如此。但是，从上海，到保安，到延安，到北京，她都处在文艺领导的核心圈子里，所以她总还是要思考文艺方面的问题。即使她不再担负实际领导责任了，以她的地位，她也有她的意见应该得到应有的尊重这样的想法。

这期间，我听母亲说，她见到了河北省委书记林铁，林铁很欢迎她到河北省去，去什么地方，如何任职，怎样工作，都根据她的意见安排。林铁与她原是在晋察冀根据地就认识的。我认为这块"根据地"选择得好，正是毛主席让她去当几年县委书记的路，于是极力赞成她的想法，就是干脆把行政关系、党的组织关系全都转到河北省去，离开中国作家协会，在那里生根，就像苏联的肖洛霍夫那样。后来我到苏联留学去了，没有再关心她的这件事。不知道她为什么没有按照她原先的这个想法去实行。我后来有时想，假若真是那么实行了，她或许还有可能躲过后来的劫难。

1953年9月，第二届文代会在北京召开。丁玲在会上作了《到群众中去落户》的发言。

这篇讲话是谈作家深入生活的问题，主要还是着重于思想、精神、感情层面的落户。她主张去到农村、工厂、部队，应与那里的人群融合在一起，把自己看作这个群体中的一员，当主人，和他们一起工作、奋斗，想其所想。这样，通过一段较长的时间，就会得到一些真实、深刻的东西；而不主张当客人，走马观花似的下去"体验"一下生活。

全国第二届文代会大会代表四百七十一人，选出了中国文学艺术界联合会全国委员会委员一百〇三人，依姓氏笔画顺序公布。选举情况、各委员各得票多少，最近一篇文章有所披露[1]。其前六名为：丁玲，四百七十票；茅盾，四百六十八票；老舍，四百六十七票；郭沫若，四百六十七票；梅兰芳，四百六十七票；周扬，四百六十六票。

丁玲票数最多，以全票当选。但是她本人并不知晓。知道的人可能也没有几个。从该文披露的文代会副秘书长陈白尘给文代会秘书长阳翰笙的一份报告中即可明白。此报告为：

翰老：

　　文代大会选举结果统计表共四张，另说明一纸（即当天大会上报告——吴雪口头报告）送上。这是大会重要的文件，请您妥为保存，也不必让别人看，因为当日没有依票数多少报告者，即因其中三位主席得票数都不是最高数也。

陈白尘
十月三日

这份"大会重要文件"近年被人在旧货摊上购得，然后投稿《新文学史料》，予以披露。从两次文代会的选举结果来看，丁玲的威望还是比较高的。

《人民日报》载：

　　中国文学艺术界联合会第二届全国委员会第一次会议在10月9日上午举行，会上一致推选出郭沫若、茅盾、周扬、丁玲、郑振铎、夏衍、巴金、柯仲平、老舍、田汉、欧阳予倩、梅兰芳、洪深、阳翰笙、蔡楚生、袁牧之、齐白石、江丰、吕骥、马思聪、陈沂等二十一人为中国文学艺术界联合会第二届全国委员会主席团委员，组成主席团；并推选出郭沫若为主席团主席，茅盾、周扬为副主席，阳翰笙为秘书长。

　　中国作家协会理事会在10月9日上午举行会议，会上选出茅盾为主席，周扬、丁玲、巴金、柯仲平、老舍、冯雪峰、邵荃麟为副主席，组成中国作家协会理事会主席团。

[1] 贾俊学：《文联旧档案：她不知道选举结果》，新文学史料2014年第4期。

1953年第二届全国文代会后，丁玲专事写作，无官一身轻。她认为，既然不再担负行政工作了，就不应同时享受两方面的生活待遇，便主动提出不再领取工资，今后靠稿费生活。所以自1954年1月起她就没有再领她行政七级的工资（每月三百元出头一点）。她退还了公家配备的炊事员，自己花钱雇保姆，甚至连公务员的工资她也自己付（这反而造成公务员后来级别升级、增加工资评定上的麻烦）。

丁玲从不看重钱，捐献、买国家公债都是带头的，党费交的远超标准。周围同志谁有困难便慷慨接济。这倒不是她钱怎么地多，用不了。她生活仍是简朴的。一条1945年在张家口公家发的褥子直垫到1979年复出，灰布都快洗成白布了，满是补丁。她拿出来对她孙女说："小延！这床褥子就送给你吧！作个纪念。"后来小延把这床褥子捐赠给了丁玲家乡临澧县博物馆丁玲展示厅。丁玲对子女也要求严格，要我们保持艰苦朴素的作风。对祖慧稍好一点儿，因为是女孩子，给她做了几件漂亮一点的衣服。至于我，直到1953年去苏联留学以前，铺的、盖的都是1947年到哈尔滨时东北局发的被褥，穿的也是供给制时发的几套制服。她除了给我寄过几次放假时回家的路费外，也从未寄钱给我。家里经济陈明主管，日常家务开支公务员夏更起管，她好像也有手不沾人民币的习惯。口袋里从不装钱，极少去商店。上世纪80年代亦如此。一次，儿媳灵源陪她去全国政协礼堂看电影，忽然她低血糖发作，需吃糖或点心。因为走得急，灵源忘记带钱。两人都没钱，灵源赶忙跑出礼堂找司机借钱买了来，一路小跑，方才没出事。

她生活上也没有特别的嗜好，休息时在院子里散散步。外婆在世时，晚饭后陪外婆下下围棋，朋友来时偶尔打几盘扑克。无论下棋还是打扑克都不怎么动脑筋，所以输多赢少。她也不在乎，晚饭后有时一个人玩二十分钟扑克牌"通关"。这都是换一种方式休息脑筋，不去想工作或创作上的事。

她喜欢同朋友聊天。我在家时也常常和我聊。经常聊到小院里只有我们说话的这间房子还亮着灯。那时住在我们家里的她的秘书张凤珠说："这母子俩真有话说。"

文代会后，11月，丁玲两次到官厅水库工地参观访问，写下《粮秣主任》一文，发表于11月20日《人民日报》。

12月，丁玲去当年她搞土改的桑干河畔的温泉屯，看望那里的乡亲，让她难受的是，有几个当年的积极分子已经再难相见，他们被国民党军队和地主反动武装杀害了。

她后来还去过桑干河边的农村几次，为她的另一部长篇小说《在严寒的日子里》收集材料。

1954年3月，丁玲回到阔别多年的家乡常德。有着湖南人特有的犟脾气性格的她，仍旧没有进曾经可能成为她的婆婆，但后来没有成为她婆婆的我的三舅家婆的家门。我总觉得她有点儿走极端，这么多年过去了，过去的那些事算了。何况外祖母和他们还一直保持来往。她那年回常德，访问了一些家乡的农民，写下了《记游桃花坪》。

1954年6至8月，她在黄山开始写作长篇小说《在严寒的日子里》。小说述说的是，桑干河畔的翻身获得土地的农民，在国民党军队侵入后，为护地开展的武装斗争。可以说，它是《太阳照在桑干河上》的姊妹篇。

她在黄山写了五万字。1955年2至6月在无锡写了三万字，共写成八万字。1956年10月在《人民文学》发表约四万字。

关于《在严寒的日子里》这本书的构思，我还在国内的时候母亲就同我讲过，其结局是这支护地队的失败。在当时，以失败为结局的书是极少极少的。她说她在西北坡时，向刘少奇同志谈过她的这个构思。刘少奇支持她这样写，说："可以写失败，就是写它的失败，从失败中写出经验教训。法捷耶夫的《毁灭》写的就是失败。失败当中也有英雄，也有不朽的精神。"

1954年9月，丁玲作为第一届全国人民代表大会的代表，在北京出席了第一届全国人民代表大会。

1954年12月，中国作家协会派出周扬为团长，丁玲、老舍为团员的代表团，参加在莫斯科举行的第二届全苏作家代表大会。陈冰夷、高莽为代表团工作人员。会后，周扬、丁玲、老舍和高莽赴列宁格勒参观访问。苏联作家协会的两位工作人员陪他们一道前往。

我到苏联以后，就在列宁格勒造船学院学习潜艇设计制造，所以和母亲一起度过了四天。

第一天的晚上，母亲和我聊了好一会儿。她说："苏联人待我太好，有人心里会不高兴的。""在莫斯科，我们去参观苏联文学馆。馆里有好几个厅，分别陈列许多作家的照片。首先是俄罗斯作家，如：普希金、莱蒙托夫、托尔斯泰、屠格涅夫、果戈理等等；然后是苏联作家，如：高尔基、法捷耶夫、西蒙诺夫、肖洛霍夫、爱伦堡等等；

最后一个厅，陈列着现代外国作家的照片，中国作家有：鲁迅、郭沫若、茅盾、丁玲四个人的照片。我看到挂着我的照片，心里很不安。我向陪同我们参观的文学馆馆长说：'我要求你们把我的照片取下来'，并且向他解释：'我的照片，即使在中国也是不挂的'。这位馆长耸耸肩膀，笑着回答道：'丁玲同志！这是在苏联。'他补充说：'挂哪些作家的照片，我们是经过认真考虑和研究的。'虽然我再次重复了我的要求，但是他们没有接受我的意见。走进这个厅时，周扬一见墙壁上挂着我的照片，脸色顿时就变了。"

我理解母亲的心情，只是听她说了之后并没有感到惊讶。因为以我那时对周边环境的感受，丁玲在苏联负有盛名。在苏联社会上，丁玲的名字为许多人所知晓，许多人读过她的书。

令母亲不安的还有苏联作家对待他们三个人的态度。母亲说："苏联人待我太好、太热情。相比之下，周扬受到了冷落。在大会上，周扬是团长，他代表中国作协在开幕式上讲了话，致了贺词。可是苏联人还要我在后来几天的大会上讲话。我表示不讲了，周扬已经代表了，可他们仍有要我讲的意思，我怕说服不了他们，只好作点准备，写个发言稿，以备万一，另外，还是一再表示不讲了。在一些场合，苏联人总是把注意投向我。这使我不得不好几次地设法使周扬成为中心，但并不怎么有效。我这次出来，总注意着自己不要突出，可是苏联人又偏偏对我更热情，这叫我有什么办法。"她说，"这次出来，太没有意思了，老要思考这方面的问题，累。"

时隔许多年，1990年前后吧，一天，陈冰夷去我妻子的姐姐李纳家闲聊，恰巧我也在，提起那年出国的事，他说，那年出国，苏联作家和其他国家的作家对丁玲很热情，很尊敬，在大会上，向代表介绍丁玲时，经久不息的掌声。周扬受到冷落。他说这话时，周扬、丁玲都已作古了。

高莽后来在一篇文章中回忆当时的情景：

> 大概是大会开幕的前一天，苏联作协总书记法捷耶夫设宴招待中国、朝鲜、越南、蒙古等代表团。法捷耶夫请丁玲坐在他的身边，表示特别关心与尊敬。丁玲的左边是女作家尼古拉耶娃。她们过去已相识。这次一见面显得特别亲热。我还记得，尼古拉耶娃对丁玲说，她特别喜欢孩子，尤其是黑头发、黑眼睛的中国孩子，她请求丁玲下次再访苏时，给她带一个中国孩子来由她抚养教育。那天《真

理报》还拍了照片，第二天便见报了。

大会开幕的前一天晚上，我到丁玲同志房间去通知第二天的活动日程。她顺便问我："明天开幕式要不要佩戴上'斯大林文艺奖章'？"我觉得是一种荣誉，也是对发奖国家的一种尊敬，便说："佩戴上很好。"

开幕式上，中国代表团来到了会场。克里姆林宫大厅里金碧辉煌，人人兴奋异常。丁玲满脸喜悦。银色的斯大林文艺奖章在她黑色的丝绒旗袍的右胸前闪闪发光。很多人走过来和她打招呼和表示欢迎，其中除了苏联文学界朋友以外，还有其他国家的作家。

大会期间，适逢古巴诗人纪廉荣获列宁国际和平奖，为此举行了庆祝会。爱伦堡是该项活动的主要负责人，他请丁玲代表中国作家发言。我记得，那是大会第十天的上午。大会临时改为授奖会。丁玲上台前，请爱伦堡过目一下她的讲话稿。爱伦堡扫了一眼，认为发言稿的头尾可以省掉，因为那是一般的客套话。丁玲接受了他的意见。丁玲的祝词很亲切，她说：纪廉的名字为中国人民所熟悉，甚至有不同的译法，说他是古巴人民争取民族独立的勇士，他的诗不仅鼓舞拉丁人民争取独立的斗争，同时也鼓舞世界人民的反帝斗争。丁玲的讲话很简炼，受到全场热烈的欢迎。身材不高，黑皮肤白头发的纪廉离开座位，走到丁玲面前向她表示感谢。

1954年除夕，我们应莫斯科大学教授、女汉学家波兹德涅耶娃的邀请，到一家饭店去辞旧迎新。饭店装饰得琳琅满目。大厅周围是包厢，我们五个中国人加上波兹德涅耶娃一家四口，占了一个包厢。大厅中央是舞池。乐队一直在演奏名曲。

波兹德涅耶娃过去译过丁玲的小说《水》，近年又译了她的长篇小说《太阳照在桑干河上》。1952年，丁玲因这部小说获得斯大林文艺奖。

十二时整，餐厅里响起克里姆林宫钟声。客人们好一番欢呼，互相拥抱接吻，彩条抛向空中，香槟酒喷着白沫飞溅。大家欢庆新的一年到来。这大概是丁玲在国外度过的最后一个快乐的除夕之夜。回国以后，从一九五五年开始，她连连遭到批判。[1]

[1] 高莽：《丁玲散记》，《丁玲纪念集》，湖南文艺出版社2004年8月出版。

且不说苏联和其他国家的作家对丁玲的热情与尊敬有加,仅从作为主人的苏联作家协会总书记法捷耶夫在正式的欢迎宴会上,安排坐在他身边主宾位置上的是丁玲这一点上看,母亲的担忧并非没有道理。

女作家丁宁这样回忆她那时初次见到丁玲的印象:

> 来作家协会已经不少日子,心中纳闷,怎么一直不见丁玲?她可是我从小就崇拜的作家。……我多么盼望一睹这位大作家的风采。便问同事:丁玲同志住在何处?答曰:多福巷十六号。
>
> 终于有一天,办公室接到通知,明日派车准时接丁玲来二十二号。翌日,作协党组成员以及有关部门的领导人,似比以往来得齐,我早早站在办公室窗口,翘首以待。上午九时许,先从大门口传来一串朗朗笑声,丁玲来了!只见一大群人簇拥着她,那情景,我毫不夸张,就像迎接一位女王,连平日面孔严肃的邵荃麟,也喜气洋洋的样子。一个个,对丁玲那份尊重,那份热情,绝无虚伪,绝对出自于真诚。
>
> 好半天,我才清楚的看见了丁玲,她仪态万方,表情生动,气质高雅而不矜持,体态略胖,洋溢着青春的活力;身着春装,足穿布鞋,外罩一件合身的夹大衣。大大的眼睛,闪动着睿智、豁达和自信,显出一种自然、朴素中国一代知识女性的魅力。[1]

这段文字写得还是很真切的。

---

[1] 丁宁:《伟大的屈辱》,自《岁月沧桑》一书,中国文联出版社 2010 年出版。

◇ 1949年4月，丁玲参加世界保卫和平大会，中国代表团赴布拉格途经哈尔滨市。丁玲在哈尔滨市万人欢送大会上讲话

◇图1：1949年4月，出席世界保卫和平大会中国代表团部分女代表，丁玲（右二）、李德全（左一）、戴爱莲（左二）、许广平（左三）、龚普生（右一）

◇图2：1949年4月，出席世界保卫和平大会的部分代表在布拉格游作家堡。右五丁玲，右四龚普生，左三李德全

图1

图2

◇ 1949年5月，丁玲与儿子蒋祖林在沈阳和平宾馆

◇ 1949年6月，丁玲在第一届全国文学艺术界代表大会上作关于解放区文学的讲话。台上坐者：周扬（左）、沙可夫（右）

◇ 1949年10月,丁玲与宋庆龄在北京

◇ 1949年9月,丁玲以正式代表身份参加中国人民政治协商会议第一届全体会议。图为丁玲与部分文艺界代表在新中国第一面国旗下合影。左起马思聪、胡风、丁玲、艾青、赵树理、田汉、蔡楚生

◇ 1949年11月，丁玲担任参加苏联十月革命节典礼中国代表团团长，率团访问苏联。图为丁玲与部分团员及苏联友人在莫斯科

◇ 1949年11月，丁玲（中）在莫斯科

◇ 1949年11月，丁玲在莫斯科高尔基文学院

◇ 1949年11月，丁玲与几位著名世界妇女活动家在莫斯科合影。前排（坐）：右一丁玲，右二西班牙共产党总书记多洛列斯·依巴露丽，右三苏共中央委员、苏联妇联主席尼娜·波波娃；后排（站）：右一法国共产党总书记多列士的夫人，法共政治局委员，右三国际民主妇联总书记玛丽·克劳德·瓦伦特·古久里（法国）

◇ 1949年11月，丁玲以执行委员身份出席在莫斯科举行的国际民主妇联第二届执行委员会会议，当选为会议主席团成员。图为丁玲与西班牙共产党总书记多洛列斯·依巴露丽在主席台上

◇ 1949年11月，丁玲出席苏联对外文化协会的晚会。前排：右二丁玲、右一曹禺、左三王稼祥（驻苏大使）、右四朱仲丽（大使夫人）、左一李培之

◇ 1950年1月，丁玲与儿子蒋祖林在颐和园

◇ 1950年1月，全家在北京合影。坐者丁母蒋慕唐，站者左起蒋祖慧、丁玲、蒋祖林、陈明

◇ 图1：1951年"三八"妇女节，丁玲与文学研究所第一届女学员、女工作人员在北京鼓楼东大街文学研究所院内合影。前排右三为丁玲、右一为李灵源

◇ 图2：1951年9月，丁玲与苏联著名作家爱伦堡在杭州游览西湖。左一丁玲、左五爱伦堡、左三爱伦堡夫人、左二陈学昭

◆
图1

◆
图2

◇ 1951年，丁玲与爱伦堡、刘开渠在杭州

◇图1：1951年9月，丁玲在上海鲁迅纪念馆
◇图2：1951年9月，丁玲（左六）与爱伦堡（左五）、聂鲁达（左三）等在上海鲁迅纪念馆，右五为周而复

图1

图2

◇ 1951年，爱伦堡、聂鲁达与丁玲一同拜谒胡也频等龙华二十四烈士墓（此时在大场公墓），丁玲身旁为上海市副市长潘汉年

◇图1：丁玲的斯大林文学奖奖章、奖证
◇图2：丁玲的斯大林文学奖证书
◇图3：丁玲的斯大林文学奖证书

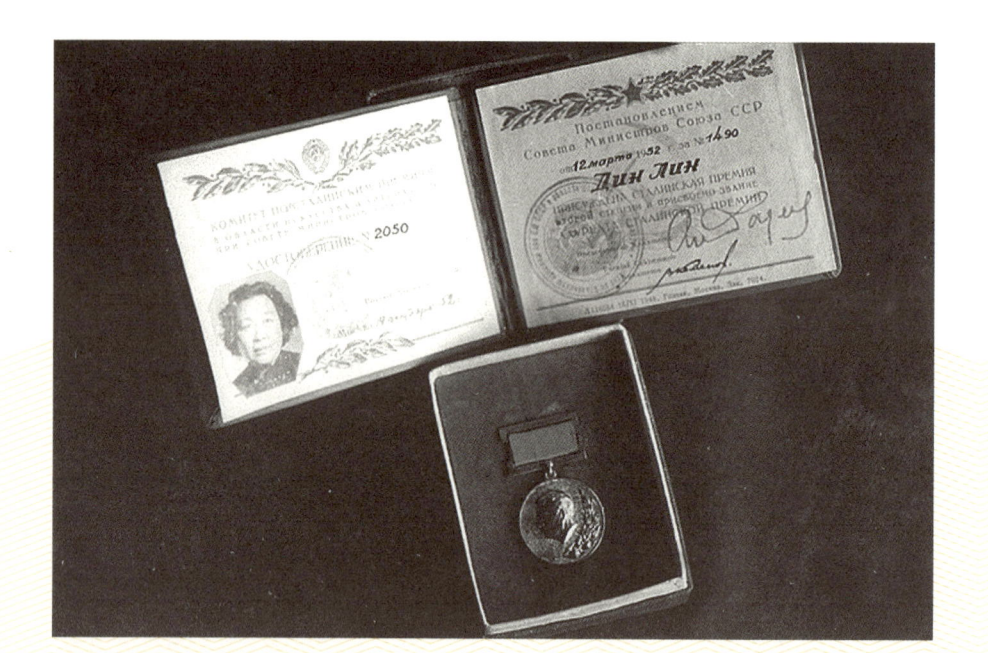

图1

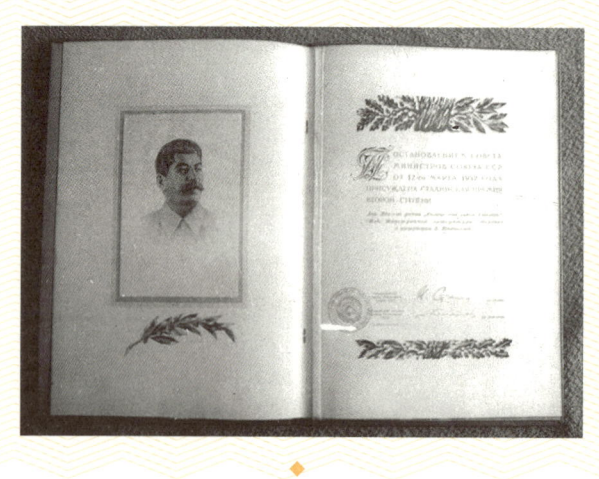

图2 　　　　　　　　图3

◇ 1952年，丁玲在陶然亭

◇ 1952年，丁玲在北京多福巷16号寓所书房

◇ 1952年，丁玲与蒋祖慧在多福巷寓所

◇ 图1：1952年，丁玲、周扬与捷克民族英雄伏契克的夫人等在北京
◇ 图2：1952年于北京，获斯大林文学奖后，丁玲与茅盾（左一）与苏联驻华大使合影

图1

图2

◇ 1953年，丁玲与儿子蒋祖林、女儿蒋祖慧

◇ 1953年，全家合影。前排丁玲、蒋祖慧，后排蒋祖林、陈明

◇图1：1953年，丁玲与巴西作家若热·亚马多在北京
◇图2：1954年，丁玲与曾克（左）、李纳（中）在北京

图1

图2

◇图1：1954年6月，丁玲在京郊鹿圈乡地头上与农民在一起
◇图2：1954年，丁玲访问鄢家坪时和村民刘际泉家的女孩在一起

图1

图2

◇图1：1954年，丁玲与刘白羽（左一）、白朗（右二）、吴印咸（右一）在北京多福巷16号寓所
◇图2：1954年，丁玲（左）与白朗在北京多福巷16号寓所

图1

图2

◇ 1954年春，丁玲重访当年参加土改工作的涿鹿县
温泉屯

◇ 1954年12月，丁玲在莫斯科苏联作家协会第四届代表大会上。前排右起：周扬、丁玲、老舍

◇ 1954年，丁玲与周恩来

◇ 1954年3月，丁玲回到故乡常德，摄于湘江上渡船上

◇图1：1954年，丁玲与曾克（右一）、李纳（左一）、逯菲（左二）在颐和园
◇图2：1954年，丁玲在湘西与当地干部合影

图1

图2

◇ 1955年4至6月，丁玲在无锡写作长篇小说《在严寒的日子里》。此照摄于梅园住所

第十六章

劫难 1955—1957

1954年10月16日,毛泽东写了《关于〈红楼梦〉研究问题的信》,批评了《人民日报》与《文艺报》。批示:刘少奇、朱德、邓小平、彭真、董必武、林伯渠、彭德怀、陆定一、胡乔木、陈伯达、郭沫若、沈雁冰、邓拓、袁水拍、林淡秋、周扬、林枫、凯丰、田家英、林默涵、张际春、丁玲、冯雪峰、习仲勋、何其芳、胡绳诸同志阅。

于是,于1954年10月31日至11月8日召开了中国文联主席团和中国作家协会主席团联席扩大会议。会议就反对《红楼梦》研究问题上的胡适派的资产阶级唯心论倾向进行讨论、批判,并重点检查《文艺报》的错误。主要批评对象是《文艺报》主编冯雪峰。

丁玲对检查《文艺报》的工作是拥护的,对毛泽东以此问题为开端,开展一场对胡适派资产阶级唯心主义的广泛批判,也能理解。她是积极投入的,她只是对文艺界内检查《文艺报》中所掺杂的宗派主义情绪和做法有所看法。

《文艺报》在关于《红楼梦》研究事件上的错误,丁玲本无责任,因为她早在1952年1月就辞去了《文艺报》主编职务,由冯雪峰接任。但有些人却引申到早期的《文艺报》的工作。丁玲主编期间的《文艺报》是有成绩的,它尽量紧跟党中央的指示,与党中央保持一致,如最早批判了电影《武训传》;开展了文艺评论,赞扬与推荐了一些好的作品,如《谁是最可爱的人》等,也批评了一些倾向不好的作品。至于对其中有的作品批评是否恰当或过头,值得商榷,但也不是主流问题。丁玲一心想写她的长篇小说，实在倦于这些在人事上杂有派性的争论，勉强地作了一个检讨。

1955年1月，中央批转中宣部的报告，把胡风的文艺思想定为"反党反人民的文艺思想"，于是，在全国开展了批判胡风的文艺思想。

1955年5月13日，《人民日报》发表了《关于胡风反党集团的一些材料》，5月24日、6月10日，又相继发表了关于胡风反革命集团的第二批、第三批材料。胡风问题本是文艺思想问题，经过这三批材料的发表，就被错误地上升到"反党集团"，进而"反革命集团"问题。之后，从7月开始，就进入全国性的肃清反革命分子的斗争。

丁玲与冯雪峰是朋友，但在全国解放后那几年间除公务外几无私人来往。公务方面也就是一起开开会，并没有直接的工作关系。冯雪峰是人民文学出版社社长，人民文学出版社属文化部，即使担任《文艺报》主编后，主要工作也仍在出版社。20世纪30年代，冯雪峰曾是文艺界党内主要领导人。十几年过去了，这些年里丁玲与冯雪峰各自生活、工作的环境不同，各自都有所变化，地位也发生了变化。那些年，丁玲在文艺界的地位，紧排在周扬之后，似乎是文艺界党内第二号人物，略高于冯雪峰。可能冯雪峰多少还有一点儿适应不了这一变化，因此，在相互关系上也就有了一些微妙的嫌隙。他们初次见面，冯雪峰就对丁玲有些不满："当一九四九年第一次文代会在北京遇见时，我觉得丁玲很活跃，并且很骄傲，已经是文艺界的一个要人，心里是反感的，她对我也并不重视。有一次她送了一本在东北出版的《太阳照在桑干河上》，说：'这是送给你的最大的礼物吧。'我听了心里也有反感。"这是冯雪峰1957年9月4日在中国作家协会党组扩大会议第二十五次会议上作的检讨中的一段，仔细分析，应该说冯说的是真话。

丁玲在1955年批判斗争她的中国作家协会党组扩大会议上，自己所记会议发言的记录本子里，记有冯雪峰批判她的发言，其中有一段："从苏联回来，有些事，我是有感觉的，没有讲。过去一开会，就像家长，像贾母。"仔细推敲，冯似乎说的也是心里话。发言中还有一些什么"反党"，"性质同高岗一样"的话，那当然都是迫于压力的违心之言。

母亲对冯雪峰，实际上也有一些看法。1954年底，在列宁格勒，我担心地问她，《文艺报》事件会不会牵涉到她的时候，她回答不会，因为早在1952年1月《文艺报》主编就由冯雪峰担任了。并且说，冯雪峰担任《文艺报》主编后，曾有情绪，觉得丁玲不在《文艺报》了，但在编辑部里影响还在，这使得他不好工作。她说："我知晓后就更不愿与闻《文艺报》的事了。"她又说："冯雪峰当作家代表团团长去苏联，我派陈企霞给他当秘书长，我的意思是派一个能干人，帮他处理代表团里事务方面的事，使他可以少为这些杂务事情操心，结果他对陈企霞意见很大，关系处得很不好，回来后还埋怨我。"言下之意，冯雪峰这个人也不是怎么好相处的。

她对冯雪峰的文章也有点儿看法，觉得文字涩，说大概是搞翻译多了的缘故。再则，她认为冯雪峰在文艺思想上有一些观点与胡风的文艺思想相近，她不赞同。

若从文艺思想来说，丁玲和周扬那时可能倒还是比较一致，都是坚定地拥护毛泽东的文艺思想，真心实意地依照毛泽东《在延安文艺座谈会上的讲话》的精神实践。周扬通过讲话和报告从理论上阐述毛泽东的文艺思想，而丁玲更多的是从创作的角度和自身实践的体会来宣传毛泽东的文艺思想。

丁玲与胡风，也可说算是朋友，但不知心，主要是文艺思想方面有较多分歧的缘故。

1932年，丁玲担任"左联"党团书记的时候初识胡风，见过两面；后来去陕北前在上海见过几面，晤谈较多。因知他是鲁迅、冯雪峰信任的人，从而对他也有好感，认为他是可靠的人，所以后来把毛泽东写给她的《临江仙》托他保管。胡风出版丁玲的作品集《我在霞村的时候》等作品，丁玲托他将稿费寄给自己在家乡的母亲。

胡风因对《在延安文艺座谈会上的讲话》持有某些不同观点而受到国统区一些作家批评事，丁玲也不甚了解，她那些年一直在乡下搞土改，写文章。在第一次全国文代会筹备期间，丁玲与胡风有稍多了一些接触，也多了解了一些胡风的情况。由于胡风从全国解放时起就处于必须检查其文艺思想的境况，而他本人对此又有抵触情绪，再加上考虑到宗派、人事上的复杂因素，丁玲只好同他保持一定的距离，见面时说话也比较谨慎，掌握分寸，多是谈些有利于团结的话。丁玲是搞创作的人，本就对文艺理论兴趣不大，胡风的文章她也看得少，虽不同意胡风的一些文艺观点，但也觉得难以说服他，可谓，算是朋友却并非知心之交。

1952年7月，胡风给周恩来写信，要求对他的文艺思想进行讨论。恰在同时，周扬也于7月给周恩来写信说：拟由中宣部召集少数党内文艺干部讨论胡风的文艺理论，意见一致后，即召开讨论胡风理论的小型座谈会。周恩来在批示周扬信的同时复胡风信说:"我正在忙碌中,一时尚无法接谈,望你与周扬、丁玲等同志先行接洽,如能对你的文艺思想和生活态度作检讨,最好不过。"

于是1952年9月6日,在多福巷16号丁玲寓所客厅里召开了一个有胡风参加的小型座谈会,讨论胡风的文艺思想。有周扬、丁玲、林默涵等十余人参加。丁玲继周扬之后第二个发言,批评了胡风的一些文艺观点。把会议安排在丁玲家里开,而不是在机关的会议室,也还是想为会议营造一点儿和缓的气氛,但却是不欢而散。以后还开过三次座谈会,丁玲因病去大连疗养就没有参加。从这次会后,胡风与丁玲的关系就更拉开了距离。

由于四次座谈会没有成效,于是决定公开批判胡风。林默涵、何其芳写了批判文章,一份征求意见稿寄到身在大连的丁玲处。那时我正从北京去看望她,见她正在看林默涵、何其芳批判胡风的那篇文章的征求意见稿,就问了问她关于胡风的问题。她说,胡风的文艺思想是有一些错误观点,像强调主观精神,不要生活也可以写作,离开马列主义也可以写作,作家不需要思想改造等。她说,胡风是党的多年的朋友,他的问题主要是文艺思想问题,是通过批评、讨论、分清原则是非,把思想统一起来的问题。她说,看胡风的文章很吃力,非常地涩。

她对胡风的问题一直是持这种态度。待到《人民日报》关于胡风问题的三批材料(都是信件,第一批是上交的,第二、三批是查抄的)发表后,丁玲也不得不违心地按照所定的"反革命"的调子写了篇《敌人在哪里?》以表明态度,与党中央保持一致。

丁玲还稍稍有些担心,怕胡风的哪封信里会把她牵扯上,但阅完三批"材料"后,见只有两处说到她。一处说丁玲是文艺界内的实力派,一处是一封信里有一句:"子周(按指周扬)为主,凤姐(按指丁玲),双木(按指林默涵)等一干人同谋……"丁玲阅后放心了,因为胡风把她划为周扬一派了。

丁玲的两个"朋友",都以《红楼梦》为例,一称她是贾母,一称她为凤姐,均含贬义。

那些年,丁玲作为新中国文学主要代表人物之一,在国内和国外都享有盛誉。名声太大,看似好事,实易遭人嫉妒;威望高,位置太靠前,同样不是什么好境况;再加上她被人看来还同毛泽东有些交往,难免为人所戒备,不放心。

真所谓:福兮祸之所伏。

丁玲乃一文人，在政治斗争方面比较迟钝，以为做了一个检讨，就过关了事。1955年1月初访苏回国，参加了批判胡风的会议之后，便于2月21日去无锡，住在那里写长篇小说《在严寒的日子里》。她不知道，在某人心里，她的问题并未完结，整治她的计划正在酝酿。

其实，自1954年11至12月的中国文联主席团和中国作协主席团扩大会议之后，一些政治嗅觉灵敏的人，已经看出丁玲的前景不妙。

担任过文研所副秘书长，在后来的揭发批判丁玲的会上与陈企霞一同被称之为是丁玲的"文臣武将"的康濯，5月份写了一份揭发丁玲的材料（他后来说是被动员而写），交给了中国作协党组，以拉开他自己同丁玲的距离。他的这份揭发材料对于某些人来说，可说是非常适时。

于是，在周扬的授意下，中国作协党组副书记刘白羽和党总支书记阮章竞共同署名向中宣部写了一份关于丁玲问题的报告，并附上康濯的揭发材料。据此，于7月，中宣部由陆定一署名向中央写了《中共中央宣传部关于中国作家协会党组准备对丁玲等人的错误思想作风进行批判》的报告。报告认为：

> 在反对胡风反革命集团的斗争中，暴露出文艺界的党员干部以至一些负责干部中严重的存在着自由主义、个人主义的思想行为，影响了文艺界的团结，给暗藏反革命分子的活动造成了便利条件，使党的文艺受到损害。作家协会刘白羽、阮章竞两同志给中宣部的报告中，反映了这种严重的情况。他们根据一些同志所揭发的事实和从胡风反革命集团分子的口供中发现的一部分材料，认为丁玲同志自由主义、个人主义的思想作风是极严重的。……去年检查文艺报的错误时，虽然对她进行了批评，但很不彻底，而丁玲同志实际上并不接受批评，相反的，却表示极大不满，认为检查《文艺报》就是整她。

报告中在谈了这次会议的意义后提出了几点具体工作办法，请中央审阅。

前些年，刘白羽同继阮章竞之后担任中国作协党总支书记并担任中宣部直属机关党委副书记的黎辛曾一起回忆这一过程。黎辛在《读〈丁玲与胡风〉一文所想起的》一文中写道：

刘白羽与阮章竞为什么要写信给陆定一呢？刘白羽在世时，为着建议与帮作协写作历史，曾约我共同回忆过去作协的旧事（有录音、笔记，有时也有刘白羽的秘书参加）时，告诉我是周扬叫写的。我问刘白羽，周扬是作协党组书记、中宣部副部长、中央肃反领导五人小组成员，他可以处理，为什么要你俩向陆定一报告呢？刘白羽说他叫我做我就做，我想这样做，周扬不出面，陆定一批了，他处在执行的地位。

有文说，上述给中央的报告是陆定一署名的，周扬不知情，报告批下来了，周扬只是执行。这样的为周扬解脱责任，令人难以理解。如此的把责任都推在陆定一身上似也有失公允。

呈文通常或是署单位（部门、组织）名，或是单位正职领导名。这不能就说作为副职的周扬不知情，也不能说周扬就没有主管和主持这方面的事。往往副职主持的工作上报时，报告也由正职署名。

在对丁玲等人的斗争上，黎辛认为："事实是，邵荃麟、刘白羽、郭小川、李之琏、林默涵与黎辛，甚至张际春等人都认为，都是周扬领导、布置与落实的。陆定一是支持周扬的。"[1]

关于这一问题，时任中宣部科学处处长的于光远在《周扬和我》一文中说："五六十年代，中央宣传部在文艺方面的事很多：'胡风问题'、'丁陈（丁玲、陈企霞）问题'等等。在讨论这些问题时，周扬当然每次都参加，每次都发言，对这些问题他有很大的发言权和决策权。"[2]

当年在中宣部文艺处工作的黎辛在这篇文章中继续说道："陆定一的报告，中央没有批示，对各部委的报告，中央不批示同意是少见的，因为这时中央还是相信丁玲与冯雪峰等人的，有人说毛泽东指示批斗丁玲是不对的。"因此，中国作家协会党组 1955 年 9 月 30 日向中宣部并中央所作《中国作家协会党组关于丁玲陈企霞等进行反党小集团活动及对他们的处理意见的报告》中，也只能说："根

[1] 黎辛：《观察丁玲对党的忠诚》，《丁玲研究通讯》2003 年第 1 期。
[2]《忆周扬》，内蒙古人民出版社发行，1998 年 4 月第 1 版。

据中央宣传部的指示","作协批斗丁、陈,天天向中央送简报,说他们反党,中央态度逐渐改变,就同意作协党组的意见了。"

这段话中值得注意的一句是"陆定一的报告,中央没有批示"。

尽管如此,批判斗争丁玲的中国作家协会党组扩大会议仍紧锣密鼓地进行。

丁玲 1955 年 2 月至 6 月在无锡继续写作长篇小说《在严寒的日子里》,7 月初回到北京,5 日至 30 日出席第一届全国人民代表大会第二次会议。会后本拟返回无锡继续写长篇小说,但被留下参加党组扩大会议。

中国作家协会党组根据中央宣传部的指示,于 8 月 3 日召开党组扩大会议,会议在中宣部副部长兼中国作协党组书记周扬领导与主持下进行。参加者起初为中国作协机关行政十三级以上的党员干部三十余人。

会议以追查一封匿名信为开端。这封匿名信是写给刘少奇的,信中认为 1954 年底对《文艺报》的批评和检查,是文艺界某些领导同志推卸责任,夹杂宗派主义,而中央偏听偏信。认为这封信是陈企霞所写,并且认为背后一定有指使人。陈企霞不承认是他写的,而丁玲对什么匿名信更一无所知。陈企霞早年在延安丁玲主编《解放日报》文艺副刊时担任编辑,后曾任华北联大文学系主任,《文艺报》创刊后,为丁玲的副手。同时,他还是全国文协的副秘书长。

对于匿名信,一般是不用开大会的方式追查。以追查匿名信为开端,并称写匿名信是"反革命"行为,其目的无非是要达到使会议笼罩着一种恐怖气氛的效果。由匿名信及陈企霞,再及丁玲,也是策略之举,以使这一切显得"自然""顺理成章",而毫无预谋。追查匿名信的会开了三次,没有结果,这不过是前奏。从第四次会议就切入会议的真正主题,揭发批判丁玲。参加会议的人数也从三十几人增加到有有关单位人员参加的共约七十人。

周扬在会议一开始,就为会议定了调子,为丁玲的问题定了"反党""反党暗流"和"反党联盟"的性质。将对她的斗争,比之为对高岗、饶漱石那样的斗争。

这样的定调,定性,已远超出了中宣部给中央报告中请示的拟对丁玲等人的"错误思想作风进行批判"的范畴。要知道,包含"个人主义""自由主义的错误思想作风"与"反党""反党联盟"(后改为"反党小集团")的性质是完全不同的。这样的做法有偷梁换柱之嫌。

丁玲对会议如此进行始料未及。她已离开领导岗位专事写作两年多了。而且1953年2月16日，周扬还给在大连疗养的丁玲写了一封信，其中有一段："这两三年来，我觉得你的进步是很大的。我也喜欢你那股工作的劲头，你也好强，但有原则，识大体，有分寸，与某些同志的个人积极性就不同多了。"这可以说是对丁玲这几年工作的肯定和表扬。如今，离开行政工作两年后，却把什么"反党""反党联盟""文艺界的高、饶"都掼到她头上。

正因为会议一开始就如此定调，所以在整个会议过程中，顺着这个结论的，就得到会议主持人的支持、鼓励，稍有疑惧的，则严厉批评，略作申辩，则不加理睬，或竟斥为向党进攻，使整个会议的发展，成为一边倒的情况。

在会上，作协党总支副书记胡海珠揭发丁玲搞个人崇拜，在文研所把自己的照片与鲁迅、郭沫若、茅盾的照片并排挂起来。马烽是文研所副秘书长兼支部书记，觉得胡的揭发不实事求是，发言做了说明，他立即被指责是对党的不忠诚分子。

丁玲也对此作了如实的解释：

"这件事发生的时候，我已经离开讲习所四五个月了。文研所改为文讲所后，我就没去过，在10月里，有一天张凤珠告诉我（那时她在我这里做秘书工作），为接待东德作家代表团，文学讲习所挂了很多作家的像，中国作家中有我。我一听就生气了，立刻打电话给田间，问这件事怎么搞的，叫田间立刻把我的像取下来，并且批评了田间。田间立即答应取下。我还叫张凤珠去看看取下没有。张回来告诉我说取下来了。"

再如：
宣扬"一本书主义"，即有了一本书，就有了名誉、地位、一切，并以此毒害青年作家。
丁玲的说明为：

"有一次文讲所有几个人，李湧、玛拉沁夫、谷峪到我家里来，谈创作，我是他们的辅导员，因为他们都有点拘束，我就找了几本苏联送我的一些精装插图的名著给他们看，他们都觉得装帧得好，我随即说，人要能写出这样一本书就好了。

> 我的意思就是一个人要能写出好的，值得这样讲究的去装帧的书。这样的话也除非存心误解才能得出一本书主义来。"

所举上述两件不过是众多揭发事实中，"矮子里拔长子"，拔出来的几件重要事实中的两件。

丁玲还对其他一些事实作了解释，但会议主持者都不予理睬，斥丁为态度不老实。这个党组扩大会议在周扬领导和主持下，从8月3日开始，至9月4日结束，共开了十六次，出席者约七十人，揭发批判丁玲的"反党小集团"活动，可谓"战果辉煌"。

当年参加这个会议的散文家、评论家黄秋耘在他的一篇回忆文章中评论道："十三次（注：应是十六次）会议，产生了十三本（注：应是十六本）厚厚的发言记录，大概总有洋洋数十万言吧，全部打字油印出来。参加会议的人，每人都发了一本，上面印着：'内部材料，严格保密，会后收回'。我总怀疑这一堆'废话录'怎有这么大的机密性。"[1]

然而，这所有的"废话"，所有的鸡毛蒜皮的小事，都是上纲到"反党"的高度的。而且，绝大多数是不实之词。

为何出现这种情况？黄秋耘当时随口说了一句："是由于'利害之心重于是非之心'。"[2] 据说，他为此吃了苦头，这话被列为他的右倾错误之一。

是非之心，倒也一见就明白；而利害之心，却不能一概而论。有在"要相信党，对党忠诚"的号召下，积极响应者；有本怀宗派主义的，正好借政治运动之机整治对手；也有落井下石者，以图进身；也有心怀妒忌者，发泄私愤；也有迫于压力，绞尽脑汁，像挤牙膏似的挤出点揭发材料来，以图自保。不一而足。

参加会议的约七十人中，在会上发言的有五十七人。在没有发言的人中有20世纪20年代就与胡也频、丁玲相识的老作家陈翔鹤。他引用嵇康的一句话："欲寡其过，谤议沸腾；性不伤物，频致怨憎。"来影射这个欲置丁玲于死地的党组扩大会。好在陈翔鹤是私下说说，听者黄秋耘有同感，更没有揭发他，他也就没有因此得祸。[3]

也有观察到此形势，为表现积极在会外揭发的。文学讲习所学员玛拉沁夫就不实事求是地向作协党组领导揭发了丁玲的所谓"一本书"方面的问题（他级别不够还没有资格参加党组扩大会议）。

[1][2][3] 黄秋耘：《风雨年华》，人民文学出版社1988年出版。

根据他和陈学昭的揭发，会议领导人经梳理，拔高，终于演绎出一个"一本书主义"，作为丁玲这个"反党集团"的思想基础。

周扬们在会上口口声声说："会议是不会不得到中央批准的"，"这次会不会不问过中央"。周扬更是在会上很激动地指着丁玲说："你到西柏坡去告了我很多的状。"（丁玲听后心想，并没有告什么状啊！只不过是为《桑干河上》不能出版作了点申诉）等等。显而易见，反映出了他们怕丁玲不服，担心在会议尚在进行的时候，或是会议一结束，去向中央反映对会议的意见。他们当然知道丁玲和毛泽东、周恩来等中央首长都熟悉。

丁玲毕竟还是一个文学家，竟为这种恐吓的伎俩所制，任其摆布。

如果丁玲当时去向毛主席周总理，反映会议不正常的情况，澄清横加在她身上的不实的事实，陈述自己没有反党，让中央在表态之前听到两边不同的声音，结果或许会有不同。

会后，中国作家协会党组写了《关于丁玲、陈企霞等进行反党小集团活动及对他们的处理意见的报告》，上报中宣部并转中央，署日期：1955 年 9 月 30 日。

中国作协党组的报告归纳"丁、陈反党小集团"的活动，主要表现在四个方面：

> 一、拒绝党的领导和监督，违抗党的方针、政策和指示。
> 二、违反党的原则，进行感情拉拢，以扩大反党小集团的势力。
> 三、玩弄两面派的手法，挑拨离间，破坏党的团结。
> 四、制造个人崇拜，散布资产阶级个人主义思想。

报告中这四个方面所列举的事实，都没有加以核实就上报了中央。报告用了党组的名义，但党组讨论通过时，有的党组成员，如萧三、冯雪峰没有让参加，可能是担心他们有异议。

根据这四方面的表现，报告归结为：从以上情况可以看出，这个"反党小集团"是一贯抗拒党的领导和监督的，他们把自己领导的单位看作个人的资本和独立王国。具体的，就是把《文艺报》和中央文学研究所定成了丁玲的两个"独立王国"。

会议中有人，如张光年的发言（丁玲记录会议发言本中有），毫无事实根据地把丁玲往胡风"反革命集团"拉，往胡风集团连。但会议中并没有揭发出这样的事实。

然而报告仍然称,也只能如此称:"他们的反党活动实际上与胡风反革命集团的破坏活动起了互相呼应互相配合的作用。"

作协党组的报告,对丁玲的处理意见是:"责成丁玲同志对党作出深刻的书面检讨,并根据她对所犯错误的认识和检讨的程度,考虑对她的处分问题。同时对她在南京的一段历史进行审查并作出结论。"

现在,把早已审查过的历史问题又翻出来审查。周扬在延安的时候,尚够不上资格审查丁玲的历史。这时,丁玲的历史问题,也落到周扬的手上了。

康濯会前写了揭发丁玲的材料,会上又表现积极,一再揭发批判丁玲。康濯的表现,被许多文艺界的人称之为"起义"。正因为"起义",他免除了被划入"反党小集团",并在一段时期内受到了重用。可是,在1956年中宣部成立专门小组重新调查丁、陈问题时,康濯又转变态度,说他的揭发材料被歪曲、利用。而在1957年反右斗争时他又再次转变态度揭发批判丁玲。所以被一些人称之为"三次起义"。

会议中所揭发批判的"反党联盟",在"报告"中改写为"反党小集团","反党小集团"中免除康濯之外,就是丁玲、陈企霞二人。

丁玲与陈企霞并非朋友,只是同事,一段时期工作关系较密切,与康濯的关系也是如此。就从丁玲通知陈企霞,上级决定《文艺报》丁玲为主编,陈企霞、萧殷为副主编时,陈当着丁玲的面就说:"主编就是主编,有什么正的、副的。"结果成为三个主编来看,陈企霞对丁玲也缺乏尊重。而从他自身来说,也未免有点狂妄,从在文艺界的地位、声望、影响力来说,物与丁玲相比,总还是低一个台阶的。丁玲也知道陈企霞的缺点,说话刻薄,恃才傲物,也对他有批评;但也知道他的长处,就是比较能干,她并不怎么满意这个干部,但又觉得一时还无人可代替他,就这么共事了几年。有比较了解情况的人,听说"丁、陈反党小集团",都奇怪:他们两人怎么"集团"得起来?

报告还说:会议上还揭发出其他一些党员作家,由于存在着严重的个人主义或对党不满等思想情绪,在某些时候也同丁玲的"反党集团"结成一气,各种各样反党的小暗流,几乎条条都通向丁玲,在她那里汇合为一股反党的巨流。多福巷16号(丁玲的住处)成了一个超乎中国作协党的组织之上的特别的指挥机关。

1957年时,母亲曾告诉我:这个党组扩大会议,没有让柯仲平、冯雪峰、萧三参加。会上有些人提出柯仲平、萧三、冯雪峰、艾青与我的关系不正常,在反对周扬上有共同点，似乎也有想把他们划入我这个"反党小集团"的势头。但后来没有这样做，可能是一口吃不下一桌宴席，或许是策略之举，也未可知。但事实上，都不大容易拉扯上。

1956年，他们几位都写了材料，申明同丁玲是正常的同志关系。母亲的遗物中留有他们几位写的材料的摘录抄件：

> 柯仲平：丁玲并不是整体的对周扬不满，只是对周扬的某些作风和对某些问题的处理不满，并没有取而代之的意思。她也知道我是主张文艺领导核心，作家党员中应以周扬为首。……对周扬不满是有的，假使说是对党不满，这个帽子太大了。我们是很好的同志关系，是正常的关系。
>
> 冯雪峰：反对周扬就是指对周扬有意见。柯、萧、冯、丁都对周有意见，但完全没有形成一个什么"小集团"，我们没有一点点活动以反对周扬。……我当时说"暗流"、"中心"是在当时过火的空气下说的。
>
> 萧三：我和丁玲的关系一向是正常的同志关系，没有所谓反党小集团和以丁玲为首的反党暗流、细流，也没有一些对党不满的人互相支持，互相给以温情，散布流言蜚语，特别是散布一些对周扬不满的话，破坏团结，排斥作家，进行挑拨离间的活动的情况。
>
> 艾青：并不是所有到丁玲家里去的都是对党不满，也不是到丁玲家去的都是发牢骚。对文艺工作的领导有意见，在丁玲家里也可以说，丁玲也是领导。……现在看来，只能说明文艺界领导和干部之间关系有些不正常，党内民主生活不够。

丁玲也陈述他们之间的关系："文艺界领导同志之间（是过去的），老同志之间不够团结，我认为周扬同志负首要责任。这些老同志并非原来都同他很团结，不团结只是因为受了我的挑拨，实际这些同志都比我更早的对他有意见，而且意见也都比我的更深，这些同志（我的看法）也不是象雪峰同志所说以我为中心。雪峰同志对他的意见就比我的深，我曾几次同雪峰说过：'周扬同志有进步，文艺界领导只有他比较合适。

他有许多长处。'实际上自到北京以后，这几个老同志同我来往都不多。柯仲平、萧三，长年不在北京，见面机会都很少。冯雪峰虽在北京，我们也很少私人过从，后来就无来往了，工作联系也不多。大家偶而见到了（哪里会就谈挑拨离间的话，除非是有神经病的人）如谈到周扬同志时，他们还总是觉得我同周扬同志的关系有好转，表示庆幸，我也说我对周扬同志的看法，虽然接近多，工作上的意见会多些，但我还是能同他谈谈直话，我觉得周扬同志还是很好商量的。当然也会谈到工作上某些意见的，但这顶多也只有一两句，因为的确见到这些人的次数都是很有限的次数。而实际上，我同周扬同志接触要密得多，因为这几年我都在他的直接领导下工作。正因为我知道这几个老同志过去对他有过意见，我又在周扬同志领导下工作，还很注意，愿意少同他们来往。……老同志之间的关系，需要如此小心相处，实在是不正常的。而事实上，根据我同这些老同志的接触（柯、萧、冯）我知道他们对周扬同志虽然曾经有些意见，但对周扬同志接受党的委托，领导文艺界全是拥护的，谁也没有取而代之的意思。他们间或与我谈到他的某些缺点，也只是感到遗憾，而是希望他有所改进，更好领导。这是我应该向党负责说明的。"

总之，这几位都是边缘人物，是否将他们网进以丁玲为首的"反党集团"中，就看可能和需要了。此次会议是把他们归入了"在某些时候也同丁玲的反党集团结成一气"的"其他一些党员干部"之内。但是，冯雪峰、艾青终究在劫难逃，两年后，被划入"丁玲、冯雪峰反党右派集团"；萧三被迫几次作检讨，并在报上被点名；柯仲平远在西安，那几年又与丁玲未曾见面，也无书信往返，算是躲过了这一劫。此后，柯仲平和萧三这两位在延安时都曾主持一方面文艺工作，地位与周扬差不多的老同志均默默无闻。

丁玲没有心情再继续她的长篇小说的写作，10月，她去到北京西郊海淀区农村，采访建立高级合作社的情况。通过采访，写了一篇散文《杜秀兰》。这篇文章基本上写就，只差最后一章未完成。主要是政策和实际情况方面的原因，无法继续写下去，暂时搁一搁。这篇文章既没有完稿，背着一个"反党"的罪名，又不能发表文章，随着以后命运的坎坷，连文稿也没有了，终成佚文。

党组扩大会议后，中国作协党组写成《中国作家协会党组关于丁玲、陈企霞等进行反党小集团活动及对他们的处理意见的报告》。这个报告，既没有核实事实，也没有经党组全体会议讨论，就上报给中宣部并转中央。中宣部文艺处与中国作协党组共同代中央起草了批语。

根据李之琏的回忆，报告与批语"是由周扬主持起草的"。他并回忆，在中宣部部务会议讨论这个报告和批语时，他曾提出："对报告列举的丁、陈反党的事实根据应进一步核实，以免向中央反映不准确的情况。"[1]但他的意见没有得到那些急于把丁玲打成"反党""反党小集团"的领导人的考虑。于是，中国作协党组的报告和代中央起草的批语就这样的在部务会议上通过了，随即上报给了中央。

中共中央于1955年12月15日批发了作协党组的报告。

12月27日至30日，中宣部召开会议，传达了经中央批发的《中国作家协会党组关于丁玲、陈企霞等进行反党小集团活动及对他们的处理意见的报告》，与会者除中宣部系统在京各单位负责人外，还包括各省、市宣传部门和作协分会负责人及文艺工作负责人共计一千一百余人。刘白羽传达了《报告》和中央的批语，陆定一、周扬先后作了重要讲话。

这个传达会议没有让丁玲参加；会前、会后，中国作协党组都没有把中央批发的《中国作家协会党组关于丁玲、陈企霞等进行反党小集团活动及对他们的处理意见的报告》给丁玲看。丁玲既不知道中国作协党组向中央写了报告，也不知道所写报告的内容；既不知道此报告已上报中央，也不知道中央已经批发。丁玲就在不知情，没有任何正式通知的情况下，被定为"丁、陈反党集团"的首要分子。

陈明参加了这个会议，听了传达。他回到家，见丁玲正在写小说，便对丁玲说："听说最近中央发了一个文件是关于你的，你是否把写作停一停，向作协党组要求看看这个文件。"丁玲此前没有想到中国作协党组会给中央写这么一个报告，心想即使写，写之前总有一个核实事实的过程，并经党组全体成员讨论吧！她也仍是党组成员。

可是，中国作协党组对丁玲封锁，虽经丁玲多次要求，她直到第二年冬天方才看到这份报告，那已是一年之后了，那时的形势也发生了变化。这个有关丁玲的《报告》在上报中央之前和中央批发之后，都不让丁玲知晓，这种现象是不正常的，做法是不光明正大的。

转眼就到了春节，这个年怎么过呢？丁玲没有心情在

---

[1] 李之琏：《不该发生的故事——回忆1955—1957年处理丁玲等问题的经过》，载《新文学史料》1989年第3期。

北京过年，便决定去勤务员夏更起的老家河北曲阳过年。夏更起自 1951 年春就跟了丁玲，一直没有回家过。丁玲历来对跟他的勤务员等人都是很好的，把他们当家里人看待。陈明送丁玲去，过完年就回北京了，丁玲独自一人在那里又住了半个多月，了解农村的情况。当地的基层干部对她很热情，把她当"首长"看待。关于丁玲"反党"的文件还传达不到他们这个级别。

但是，面对这些基层干部、群众对她的热情，丁玲产生了一个想法，她觉得自己是在欺骗他们，她觉得负疚于他们，她想：如果他们知道了我是一个"反党"分子，他们还会这么待我吗？她也想到 1953 年她去定县（曲阳属定县专署），地委书记和地委的其他领导对她的非常非常热情的接待，如果现在再去那里呢？可能谁都不屑于理她。她看清了她自己未来的前途，这个前途将使她沉沦，而沉沦是她所不愿的。她想不到自己会落到如此地步，而她何辜！她觉得她不能就这么委屈地过下去，她需要有生命力的生活，她需要抬起头来，为党工作。因此，她最终形成了对自己的一个决定，要行使一个党员的权利，向党组织提出申诉！

由于中央批复的中国作家协会党组的报告中提出要审查丁玲在南京的那段历史，1956 年夏，中宣部组成了专门小组进行这项工作。中宣部常务副部长张际春担任专门小组组长，周扬、李之琏、刘白羽、张海为组员，小组共五人组成，并吸收中宣部干部处和作协机关的几个同志作为工作人员作具体的调查研究工作，由张海负责。

张际春是中共七届候补中央委员、八届中央委员，曾任第二野战军副政委兼政治部主任；李之琏是中宣部秘书长，中宣部直属机关党委书记，同时也是中共中央直属机关党委副书记；张海是中宣部干部处处长、中宣部直属机关党委副书记。

其实，在此之前，对丁玲南京一段历史的审查，尚在 1955 年 8 月中国作协党组扩大会议期间就已开始了。周扬、刘白羽、林默涵、阮章竞四人同丁玲谈话，周扬要丁玲在他们几个人面前谈历史，把历史问题搞清楚。丁玲便把在南京的情况谈了。周扬、刘白羽、阮章竞等听后，互相看看，肯定地说："这当然是自首。"因此，不仅开始审查了，也定性了。在会议期间的当时提出历史问题，实在是一着高棋。这实际上是给丁玲戴上一顶"自首分子"的帽子，把她放在更不利的地位，增加了她说明事实真相的困难，也使得没有人敢出来公正地据实澄清一些问题。

党组扩大会议后，会议主持者们就与公安部商量成立丁玲历史审查专案小组事，但未果，因中国作协级别不够，不能成立这样的小组。其结果是，刘白羽与公安部六局局长陈钟各带一名助手去南京调查。他们查阅了国民党遗留下来的档案，没有发现丁玲有任何问题。

至1956年春夏，方由中宣部成立了由张际春负责的审查丁玲这段历史的专门小组。

根据李之琏的回忆，在此之前，他同丁玲只有过一面之缘，在延安时在一起开过一次会。

在审查丁玲的历史问题上，周恩来总理曾特别指示："由于周扬和丁玲之间成见很深，在审查时要避免周扬和丁玲直接接触，以免形成对立，不利于弄清是非"。在审查过程中，张际春组长是认真执行周总理的这个指示的，专门小组同丁玲谈话，都没有让周扬参加，但每次谈话的情况都一一向周扬通报。[1]

李之琏回忆道："当时张际春、我和张海等同志曾一同听取丁玲陈述她被捕后怎样应付国民党当局对她的折磨和三年多陷于无可奈何，既抱有希望，又难料后果，处在悲愤痛苦的日子的时候，她禁不住时断时续地泪流不止。""我们听着她的陈述，思索着当时国民党对革命者的迫害和所实行的'自首政策'，对她这一段经历都感到可以相信并同情。谈话结束，丁玲走后，张际春同志对我们几个人说，'看来确实不容易呀，一个女人，那时不到三十岁……'表现了无限的感慨。"[2]

审查小组同丁玲谈话前后，作了大量的调查，也查阅了当时国民党遗留下的档案，无论从档案中或是当时能找到的证人的证词中，都没有发现丁玲被捕后有叛变或自首、变节对党不利的行为。而且证人的证言都反映她在那种被监视和折磨中表现不错。[3]"调查材料和丁玲自己的交代是一致的。"[4]

李之琏回忆说："这次对丁玲历史审查结论的第一稿，是我主持起草的。我在文字上作了最后修改。对丁玲被捕后的表现方面，有这样几句话：丁玲同志被捕后，面对敌人的威胁利诱，作了各种形式的斗争，终于在党的帮助下回到党的怀抱。这个结论草稿经过张际春同志同意后，提交小组讨论。这段文字是对丁玲被捕后政治态度的总的评价，因此小组成员对此都十分认真。争论的焦点集中在这段文字上。"[5]

专门小组经过激烈的争论后，对丁玲被捕的问题认为：有变节性行为，定为"政治错误"。对她从南京回到

---

[1][4] 李之琏：《我参与丁、陈"反党小集团"案处理经过》，《炎黄春秋》1993年第5期。

[2][3][5] 李之琏：《不该发生的故事——回忆1955—1957年处理丁玲等问题的经过》，《新文学史料》1989年第3期。

陕北根据地，结论为：是在党的帮助下实现的。这个结论是专门小组内部妥协的产物。因为在审查过程中，意见很不一致。有的人坚持定为"自首、叛变"，张际春、李之琏、张海等则认为这没有根据，不能成立。争论不休，后来即改为"犯有政治错误"。这样修改，才得以最后通过。结论文件共讨论修改了七稿，是逐字逐句修改通过的。[1] 所言"有的人"，自然是周扬、刘白羽二人。

关于起草丁玲历史审查的结论，张际春当时很慎重，不管怎么修改，只要周扬不同意，就不作决定。最后一致了，他才签发报送中央审批。[2]

由于专门小组内部意见不一致，反复地讨论、修改，所以丁玲这一历史问题的结论至1956年10月方经中宣部、中国作协党组讨论通过。于12月与丁玲本人见面。

丁玲看到这个结论后，对否定了"自首"表示满意，但对结论认为有变节性行为，定为"犯有政治错误"不能接受。为此，她写了书面意见。中宣部把结论和她的书面意见一起报送中组部转中央审批。

在审查丁玲被捕的历史问题的过程中，丁玲提出1955年对她的批判斗争，许多问题都不是事实，要求复查，对她的所谓的"反党"问题，作出实事求是的结论。她于8月9日与17日先后致函中宣部机关党委并附《重大事实的辩证》《1949—1952年我对周扬同志工作上曾有过的意见》等材料。

陈企霞与李又然在1955年中国作协党组扩大会期间被指有托派嫌疑而被隔离审查。1956年5月，中央肃反领导小组通知作协肃反领导小组，已查清他们二人没有反革命问题，解除隔离审查。陈企霞即向中宣部机关党委写出《陈述书》，要求平反。

于是，中宣部又组成以张际春为组长的专门小组来处理丁玲、陈企霞"反党小集团"问题。专门小组的组员有周扬、刘白羽、林默涵和李之琏。在小组以下，建立了工作组，由中宣部干部处处长张海负责，刘白羽、杨雨民（原热河省副省长）参加，并抽调中宣部干部处和作协机关的几个干部进行具体的调查研究工作。[3]

关于这个专门小组的成立，黎辛著文作了更为具体的回忆："（1956年）6月28日，中宣部部长[4]主持的部长办公会议上，讨论了丁、陈申诉的问题。出席人有部长，几位副部长，列席的有李之琏、处长多位、作协的刘白羽、

[1] 李之琏：《我参与丁、陈"反党小集团"案处理经过》，《炎黄春秋》1993年第5期。

[2][3] 李之琏：《不该发生的故事——回忆1955—1957年处理丁玲等问题的经过》，《新文学史料》1989年第3期。

[4] 黎辛、李之琏文中：中宣部部长均指陆定一，副部长指周扬，下同，不再注。

阮章竞。会议决定，由张际春主持，由作协党组、总支、中宣部党委和部的一些干部组成一个小组，将丁、陈有关的事实调查清楚，重新作结论并提出处理意见，再报中央审批。这一做法，由张际春先向总书记邓小平口头报告。""会上，部长问作协领导：关于丁、陈问题向中央的报告，有没有不确实的地方？答曰：我们工作太忙，没有查对事实。部长指示：这一次要查对清楚，不能再被动了。"[1]

给中央的报告，难道可以不查清事实就上报？没有查对事实，难道是可以用"工作太忙"为由解释？对于"反党集团"这样重大的问题，难道可以不将事实核实清楚？所谓"工作太忙"而没有查对事实，只不过是托词，1955年作协党组扩大会议的领导者们打心眼里就没有打算查对这些事实；否则，如何取得中央的批准，把"反党"的帽子戴在丁玲的头上。

对丁玲等反党问题的调查核实工作，到1956年冬季才结束。调查核实的结果是，中国作家协会党组1955年《关于丁玲、陈企霞等反党小集团……的报告》中所揭发的丁玲反党事实，主要问题都不相符，绝大部分属子虚乌有。

比如，原来说：丁玲拒绝党的领导和监督；《文艺报》的领导人选，中国文联党组原来决定丁玲为主编，陈企霞、萧殷为副主编，而丁玲在陈企霞个人的抗拒下，竟然违反党的决定，把陈企霞、萧殷也列为主编，出现了一个刊物有三个主编的怪现象。调查结果是：这种提拔是丁玲同周扬商量，周扬同意后才宣布的（周扬也承认这一事实）。

原来说：丁玲狂妄地吹嘘自己，制造个人崇拜……1953年，文学讲习所在招待德国作家的时候，居然把丁玲的照片与鲁迅、郭沫若、茅盾的照片并排地挂起来。调查的结果是：这次会场不是丁玲本人布置的，当她知道挂了鲁迅、郭沫若、茅盾和她自己的照片时，她即批评了布置会场的人，并把她自己的照片取了下来。

原来说：丁玲提倡"一本书主义"，说"一个人只要写出一本书来，就谁也打他不倒，有了一本书，就有了地位，有了一切，有了不朽"。调查结果是：有一次丁玲和青年作家们谈话，她说："作为一个作家，首先是要写出书来，要有作品；一本书也写不出来，还算什么作家呢？"她的意思是要求青年作家努力写作，写出好作品，不要徒有虚名，不要作无作品的作家。

原来说：丁玲挑拨领导同志之间的关系（指的是周扬

[1] 黎辛：《我也说说〈不应该发生的故事〉》，《新文学史料》1995年第1期。

和胡乔木之间的关系）。经向胡乔木同志调查，胡乔木表示"没有这种感觉"，等等。

从调查结果来看，中国作协党组给中央的报告中所列举的所谓"反党集团"的事实，有的根本就不是事实，有的也不成其为错误。既然没有反党的事实，那么"反党"和"反党集团"的结论自然不能成立。无论从调查者和被调查者都有这种共同的认识。但是，1955年9月，中国作协党组给中央的报告中央已经批发，在1956年要据实纠正它就不那么简单了。那么究竟应该根据原来的报告定性，还是应该根据调查落实的结果实事求是地定性，以张际春为首的专门小组不能决定，便向中宣部部务会议报告。

根据李之琏回忆：

> 1956年12月的一次部务会议由部长主持，专门工作小组张海等作了调查结果的汇报，最后提出究竟应该根据落实的结果，实事求是的处理，还是按过去定性的"反党小集团"结论处理？要求明确指示。
>
> 部长听了汇报后，感到很尴尬，并对周扬有埋怨情绪。他说："当时一再说要落实，落实，结果还是这样的！"对今后如何处理？部长说："也只能实事求是，根据查实的结果办。"
>
> 周扬这时表现得很不安。他即刻表明：1955年对丁玲的批判不是他建议，是党中央毛主席指示的，他说："他当时还在毛主席面前讲了丁玲的好话。"
>
> 我对于周扬这种解释感到很奇怪。批判丁玲既然是毛主席的指示，为什么在当时不向有关组织说明毛主席是怎样指示的？为什么不同有关组织共同研究如何执行毛主席的指示？批判结束后为什么不落实揭发的问题就向中央作这样的报告？……在毛主席面前"讲丁玲的好话"又是什么意思？特别是在现在这个会上来说明这一点又是什么目的？
>
> 这一切归纳起来，使我不得不怀疑周扬在批判丁玲的问题上，确有令人难解的奥秘。机关党委的同志们心中也都有这样的疑问。[1]

直至现今，也还没有材料可以证实如周扬所言"1955年对丁玲的批判不是他建议的，是党中央毛主席指示的"的说法。也就是说，没有材料可支持，1955年对丁玲的

[1] 李之琏：《我参与丁、陈"反党小集团"案处理经过》，《炎黄春秋》1993年第5期。

批判,是先有毛主席的指示,而周扬等人只不过是执行毛主席的指示而已的说法。

1956年年底,经中宣部决定,中国作协党组领导班子作了调整。周扬不再兼任党组书记,党组书记由邵荃麟担任,刘白羽、郭小川任副书记。

这次部务会议之后,丁玲、陈企霞问题的查对结论,改由中国作协党组负责来写。党组确定郭小川执笔草拟。自此,丁、陈问题结论的起草、讨论、修改和定稿都是在周扬的主持下进行,固定参与者有邵荃麟、刘白羽、林默涵、郭小川。

郭小川接受了这份任务,可说是苦不堪言。这从他所写日记[1]中即可看出,困难、苦恼、烦躁,一次次地在周扬主持下讨论,一次次地修改,再讨论,再修改。其困难在于,根据查对的事实,在"反党"及"反党小集团"难以成立的情况下,还要给丁玲加多少错误和定什么性质,1955年会议领导者们在这一事件中有多少工作上的错误与应承担多少责任。

郭小川后来回忆:"草稿的内容,我现在还记得的有:第一,为丁、陈摘掉了'反党小集团'的帽子,把他们的'错误'说成是'宗派主义、自由主义,向党闹独立性;第二,承认1955年的斗争是过火的,要向丁、陈'赔礼道歉'。""他们是不同意我的第一遍草稿的某些提法的,周扬似乎对'赔礼道歉'的说法表示不满,邵荃麟也'对其中的措辞有些意见',他们的中心意思是:仅仅说他们是'宗派主义、自由主义、向党闹独立性'是不够的,尤其不能向他们'赔礼道歉',而必须把问题提得严重一些。当时我作了一点解释,意思是:既然'反党小集团'的帽子要摘掉,也只能说成是'宗派主义''自由主义'之类,别的帽子我想不出。好像就在这时,谁想了一个'向党闹独立性的宗派结合'的提法,周扬也表示同意。"

根据李之琏的回忆:

> 从此,(1957年1月)对丁玲"反党"问题的处理工作在周扬亲自主持下积极进行。他和作协党组的邵荃麟、刘白羽、郭小川和中宣部文艺处的林默涵等同志一起研究如何修改对丁玲的结论。他们开了若干次会,由郭小川根据周扬等同志的意见,将"反党小集团"的结论改为丁玲和陈企霞是"对党闹独立性的宗派结合",写出了几稿都说"不以反党小集团论"。[2]

[1] 郭小川:《郭小川日记》,河南出版社,2000年7月出版。
[2] 李之琏:《我参与丁、陈"反党小集团"案处理经过》,《炎黄春秋》1993年第5期。

这个由中国作协党组重新起草的《关于丁玲同志的错误查对结果的结论》（草稿）是这样写的："……根据以上查对结果，对丁玲同志的错误问题结论如下：

一、丁玲同志在文学创作方面和文学界的组织工作方面都作了不少工作，她所主持的《文艺报》和文学讲习所的工作，也是有成绩的。但是丁玲同志却因此滋长骄傲自满情绪，犯了不少违反组织原则的自由主义和损害团结的宗派主义错误。

二、丁玲同志与陈企霞同志之间的关系上，由于他们都有严重的宗派主义情绪，因此在某些时候和某些问题上，形成了一种宗派性质的结合，向党闹独立性，损害了党的团结。他们这种宗派主义性质的错误是严重的，但还没有发展到反党小集团的程度，因此不应以反党小集团论。"[1]

结论从1957年1月初开始起草经过多次反复讨论、修改，至4月底定稿。[2] 它还没有来得及拿到专门小组和中宣部的会议上讨论，4月27日，中共中央发布了《关于整风运动的指示》。结论没有公布，也没有同丁玲本人见面。不过有些人却知道已否定了丁玲"反党小集团"的结论。

这个由周扬主持修改，由郭小川重新起草的"查对结果的结论"，当然也不是一个实事求是的结论。它实际上是，周扬们在保持自己正确的前提下，减轻一点儿丁玲的所谓"错误"的分量。

此时，周扬之所以亲自主持，积极进行，并在"结论"上作了一些变化，原来这一切，都与时间、形势有关。

在国内，由于社会主义改造的急促进行和经济建设上的冒进，使得在政治和经济生活中都出现了紧张的情况。简而言之，就是党群关系比较紧张。

在这样的情况下，党中央决定全党整风。1956年11月，召开的八届二中全会"决定明年开展全党整风"，1957年4月27日，中共中央正式发出《关于整风运动的指示》，指出："全党进行一次普遍、深入的反对官僚主义、宗派主义和主观主义的整风运动。"1957年2月，毛泽东在扩大的最高国务会议上发表了《关于正确处理人民内部矛盾的问题》的重要讲话，提出划分敌我和人民内部两类

[1] 李之琏：《我参与丁、陈"反党小集团"案处理经过》，《炎黄春秋》1993年第5期。
[2] 见郭小川日记，《新文学史料》1999年第2期。

矛盾的界限，正确处理两类不同性质的矛盾的问题。1957年3月，毛泽东在全国宣传工作会议上讲话，宣布：百花齐放、百家争鸣是一个基本性的也是长期的方针。这两篇讲话在广大知识分子中，引起热烈的反响。

1956年11月，在获知了中央决定1957年将开展全党整风情况下，面对专门小组调查的结果，周扬就把对丁玲问题的处理，从专门小组那里揽了过去，亲自主持，积极进行。他这样作，倒不是真正从思想上认识到他们过去在处理这个问题上的错误，而是设法"弥合他原来所作的不足"，争取在整风运动中主动。"丁、陈问题是文艺界的大事，许多人议论纷纷，反党集团在党史上也属罕见，如不争取主动，群众发动起来，追究责任，怎么办？"[1]

5月17日，党组书记邵荃麟在中国作协全体工作人员大会上作整风动员报告，突然宣布"丁、陈反党集团的结论站不住脚"，"丁、陈反党集团的这顶帽子应当去掉"，"这个问题要在整风中解决"。会后有人私下问他，专门小组还没有向中央请示，他怎么能够宣布中央批准转发全国的文件站不住脚呢？他说，这是在周扬家里研究过的，周扬让他这么说，他不好不说。[2] 由此可见，周扬想要争取主动的心情之迫切。

1957年5月，全党开展了整风运动。人们通过学习整风的指示，都对建国以来本单位所存在的问题，根据整风的精神加以思考。人们自然都会想到本单位最突出和影响最大的问题是什么。在中国作协，就不能不把对"丁、陈反党小集团"的批判和处理提到整风的首要议程。

人们对1955年对丁玲等的批判进行了进一步的思索：感到丁玲从延安整风后，在解放战争和土地改革期间，她能深入农村，同广大农民一起参加土改，同农民交朋友，写出了《太阳照在桑干河上》，并以此书获得了1951年度斯大林奖金；她还被派出国参加国际活动；如果她是反党的，这些成就又应怎样解释？在全国解放后的几年中，丁玲身兼文艺方面的几个重要职务，如果她是反党的，那么对她的这种任用又该怎样理解？同时人们还想到，对于一个作家的评价应以其在作品中所反映的思想内容，歌颂什么，反对什么为主要依据；而对于文艺工作的领导者作评价，则应以他执行的方针、路线作为主要依据。丁玲是提出作家"到群众中去落户"的倡导者，这同党的要求是一致的，如果说她反党，这又如何解释？这一系列的问题同1955年的批判相对照，就

[1][2] 黎辛：《我也说说〈不应该发生的故事〉》，《新文学史料》1995年第1期。

使人们的怀疑和不解更增加了。经过这番调查，许多同志在思想认识上也发生了变化。原来不了解事实真相的，现在了解了；原来有盲目性的，现在清醒了。同时许多同志更看到，丁玲在被批判后，未及时处理，她既没有工作，也不能参加任何活动，何时能够解脱和以什么方式解脱这种不正常的状态，一时看不到前景。于是在作协机关有许多作家、工作人员就逐渐由怀疑到认识，把同情转到了丁玲身上。这不是哪个个人的偏见，而是情况的反复促使人们清醒并形成了新的认识。[1]

整风首先是动员群众向领导提意见。在向中国作协领导和中宣部领导提意见中，最集中的就是对"丁、陈反党小集团"的处理问题。这种情况引起了陆定一的重视。他认为群众对 1955 年批判丁、陈既有这么多意见，而这个批判和向中央的报告及代中央拟的"批语"都是作协党组主持的。因此，他决定再把这一问题交回作协党组，再讨论如何处理。

于是，1957 年 6 月 6 日，中国作家协会党组召开党组扩大会议，复审"丁、陈反党小集团"问题。

丁玲遗留下来的一份于 1978 年在山西长治写的申诉材料中，有一段是对 1957 年 6 月 6 日召开的这个党组会议的回顾：

> 在第一天的复审会议上，主席邵荃麟（当时作协党组书记）宣布："会议的目的是达到团结，改进工作"；"会议的性质是整风会，不是斗争会"。"丁、陈反党集团的结论，肯定不能成立"（类似的话，邵荃麟在作协机关人员全体会上也说过）。"丁、陈问题究竟是什么性质的错误、党组的错误、缺点又是什么性质的，要求大家提出对事情的看法，归纳成几条意见，再报告中央，再在党内传达。"关于在南京的历史问题，邵荃麟说："中宣部已经搞清楚了。"
>
> 作协党组副书记刘白羽首先发言。他简略介绍了 1955 年党组扩大会议的经过，然后说："……在党内进行思想斗争是应该的、需要的，但只有斗争，没有团结，便伤害了同志，这是最沉痛的教训"；"由反党暗流到反党集团是运动中的重大错误，会上揭发的事实是面对面，便没有查对，没有推敲；党组报告，未经党组讨论，也是错误；会议的材料有对的，但也有夸大的；

[1] 李之琏：《不该发生的故事——回忆 1955—1957 年处理丁玲等问题的经过》，《新文学史料》1989 年第 3 期。

又因为提出了历史问题，便作了结论，又在党内传达，一切都是不确当的；形成了无情打击，残酷斗争"。

周扬同志接着发言，同意邵荃麟、刘白羽的发言，说："他和邵荃麟、刘白羽的发言没有什么不同的地方"；"前年的会，党外肃反，党内对丁、陈斗争，伤害了不应该伤害的同志"；"党内对丁、陈的批评会，我应负主要责任，参与领导这个斗争，责任更大；白羽也有责任"，"斗争会请示了中央，但责任在我，反映情况不对。报告是不慎重的"。"主观主义肯定有，宗派主义是否有，可以讨论。"他还说："现在的这次会，中宣部分工，由际春同志负责，我参加会是当事人的身份，来听批评，来听意见的。"

以上是他们的部分发言。在连续三天的会议上，约有二十多位同志发言，对前年（1955年）的会议提出了批评、看法和意见。

但是，周扬等人的讲话只是承认了一些事实，而且是在肯定1955年的斗争基本正确的前提下承认的，更没有说明形成这种局面的原因，所以不能使人信服。因此，在党组扩大会上，提出的批评意见就集中在周扬身上。人们纷纷提出质问："领导既然承认1955年对丁、陈的结论作得不对，为什么还要肯定那场斗争是正确的？既然那场斗争是正确的，为什么会作出错误的结论来？一些同志认为，1955年的党组扩大会不是"过火"的问题，而是根本上的错误；做法是先定"反党"的罪名，再收集"反党"的"事实"；不核查事实，就匆忙用骇人听闻的字眼报告中央，对中央不负责任，对同志也不负责任，欺上瞒下；会议开得杀气腾腾，顺我者昌，逆我者亡；并且对周扬、刘白羽表示失望，认为他们在这次会上的发言，推脱责任，对自己的错误遮遮掩掩，应该错了就错了，总结教训，等等等等，问题越提越尖锐，态度也越激烈。

陈企霞提出："要彻底平反"。

会议于6月6日、6月7日、6月13日开了三次。

丁玲在13日会上发了言，态度平和，但内容尖锐。她认为，1955年的会议，从会议一开始就越出了思想问题、内部矛盾的界限，她质问："为什么不将事实核实清楚就向中央作报告？既然给中央的'报告'是以党组名义，为什么不经过党组集体讨论？为什么这一系列的定案、结论、上报、传达都避开我本人，不给我一点点辩解的机会和权利？为什么1955年党组扩大会那么多人参加，现在会议只有四五十人参加？"

会议开了三次，开不下去，领导者决定休会。

然而，风云突变。6月8日，中央发出组织力量反击右派分子进攻的党内指示，同日《人民日报》发表《这是为什么？》的社论。全国政治运动的主题，由党内整风转向反击右派。自此，一场全国规模的反击右派的斗争开展起来了。

对于周扬们来说，这真是天赐良机。正当党组扩大会议对他们意见很多，很深刻，很尖锐，会开不下去，寻找出路而不得的时候，"反右"斗争给他们提供了一个极好的机会，借反击右派之机，把丁玲等置于"右派"位置，进一步加以打击，以翻手为云、覆手为雨的手法，导演出了一场中国文艺界党内斗争的悲喜剧。

作协党组副书记的郭小川，在他的6月8日日记中记载：

> 十时半，到白羽处，陆部长找白羽谈了话，陆说要有韧性的战斗，人家越叫你下去，越不下去！他认为周扬没有宗派主义。人们太不注意这是一场战斗，文艺方向的斗争，他认为，丁、陈斗争要继续，不要怕乱。[1]

既然把给丁玲彻底一些的平反，把向中央作了不实的报告从而应当承担责任，把应该说明其原因以总结经验教训，都视为是要叫他们"下去"，作出关系到自己是否会因此"下台"这样的涉及到自身政治命运的深层次的思考，当然党组扩大会议不会按照平反的路子走下去。丁玲的命运也就可想而知了。

在6月8日社论之前，毛泽东于5月15日就写了《事情正在起变化》（是以中央政治研究室名义），标志着运动主题思想的转变。这个文件只在高层传阅，范围很小。看来作协党组书记这个层面也没有看到文件和听传达。作协党组副书记郭小川6月17日日记记有：七时，到中南海陆部长处……在那里看了《事情正在起变化》这个文件。但这已是《人民日报》社论《这是为什么？》发表之后十一天了。

根据郭小川日记的记载，此后的一个多月里作协党组的邵荃麟、刘白羽和他多次到中宣部陆定一、周扬处商讨丁、陈问题，准备反击，并罗织新的罪名。

关于那三次党组扩大会之后的一些情况，李之琏回忆道：

---

[1]《郭小川日记》，《新文学史料》1999年第3期。

从此，整风形势急转直下。对丁玲、陈企霞问题如何处理，不再提交中宣部讨论，由部长直接向中央书记处去请示。我完全不了解此事的酝酿过程。有一天我接到通知，要我去参加中央书记处的会议。在邓小平同志主持下，别的议题结束后，由陆定一汇报丁玲等问题的处理情况。他没有讲两年来全面的处理情况，只说中宣部在处理丁、陈问题上有两种不同的意见：一是按原来中央批准的结论处理；另一种意见是以张际春和李之琏为代表的主张改变原来的结论。

彭真听了部长的汇报后，急着插话问："周扬怎么样？他也要翻案吗？"

部长没有正面答复，只含糊其辞地说："周扬没有什么不一致。"

向中央书记处这样汇报情况是很片面的。部长隐瞒了周扬态度的前后反复，更回避了丁玲问题调查结果同当时向中央报告的情况不符，以及1956年12月中宣部部务会议上他确定的"只能实事求是，根据查实的结果办"的决定等等事实。

我当时考虑，如果我发言说明这种种经过，不是三言两语能说清楚的。我并想到，部长既然认为张际春和我同他意见不一，为什么不让张际春来参加中央书记处的会议，而单独要我来？……这种复杂情况，使我犹豫了。我想，那就只有让事实来证明吧，好在有大量的调查材料，于是我未发言。

这正是我的怯懦和失误。

邓小平最后只表示："意见不一致可以讨论，党内民主嘛！由你们中宣部去讨论好了。"他态度冷静，语调平和，对谁似乎也没有批评。但我已感到很大的压力。因为没有把情况弄清楚就又将此事的处理全权交部长了。这使我感到忧虑。

中央组织部安子文部长也参加了这次中央书记处的会议，因在这以前，我曾向他反映过我对周扬和丁玲之间问题的情况和看法。他听了部长在会议上的汇报后，感到不解，而我又未发言，因而产生了怀疑。会后，他把我找到中组部去问情况。我向安子文介绍了分歧所在和发展经过；说明张际春和我认为，主要是1955年批判丁、陈所揭发的事实同1956年处理时调查的结果事实不符，不应按原来的定性处理，这是部长了解并同意了的，现在他又不承认了。

安子文听后告诉我说：对丁玲问题的处理还是应该本着实事求是的态度。他还表示，他将再向彭真去反映。

书记处这次会议后，陆定一、周扬两位领导人怎样商量下一步工作的，我不了解，我只知道，周扬在半年前已同意，经专门小组通过，张际春签发报送中央审批的丁玲的历史结论，这时他又反悔了。他向部长提出，他"不同意这个结论"。部长把我找去说明此意，并要我把这个结论文件从中央撤回来，由他主持在中宣部部务会上再讨论。

这次部务会所谓再讨论，只是由部长提出，将丁玲的历史结论改为"1933年丁玲被捕后，自首叛变；从南京回到陕北是敌人派回来的"。但并没有提出新的根据。

中宣部部务会的参加者们，除张际春、周扬、张海和我以外，其他人都不了解对丁玲历史审查的经过和实际情况。周扬虽了解，但他又否定了自己同意过的结论。因此，对部长的意见没有人提出反对，也没有人表示赞成。但部长这样定了，专门小组通过的、字斟句酌修改多次，一致通过的结论，就此被否定。而这个新结论，并没有向本人宣布。

周扬对这种支持，自然很满意。他还不顾事实，在会上又提出：丁玲等在作协党组整风会上向他提意见就是闹翻案，作协机关的干部对1955年的批判不满，则是替丁玲翻案；而这种翻案活动都是机关党委调查核实丁玲问题时所鼓动起来的，等等。

周扬这些说法当然是有意颠倒是非。怎能把群众对丁、陈问题处理的不满说成是机关党委挑起来的？周扬自己曾主持修改否定了丁玲等"反党小集团"的结论，并当面向丁玲等表示歉意，这时却又只字不提，这又是为什么呢？

于是我问他："你6月6日在作协党组扩大会上的那种讲话，向丁玲赔礼道歉是要干什么呢？"

周扬恼羞成怒，咬牙切齿地说："那是你们逼的。"

这时张际春按捺不住了。他站起来，指着周扬说："你愿意怎么说就怎么说吧，谁知道你在搞什么哟！丁玲的历史结论你同意了才报中央的。你现在又不同意，有什么根据？那时按你的意见修改的，现在你又不同意了！由你要怎么说就怎么说吗？！"

张际春很气愤，这种情况是很少有的。周扬不再吭气。

在担任处理丁玲等问题专门小组组长期间,张际春深感问题的复杂性,处理问题十分慎重;特别是对于周扬的意见十分尊重。他的原则是:凡开会,周扬不到不开;讨论问题,周扬不同意不定。对丁玲的历史结论,本来是周扬等坚持,才在结论上加了"有变节性行为"几个字。料不到半年以后他又反悔,并找部长出来纠正。这当然是出尔反尔,是无原则的,也是对原主持人的不信任。所以张际春很感不平。[1]

彭真的问话是有倾向性的,就是担心"翻案",还怕周扬顶不住,陆定一说丁玲"从南京回到陕北是敌人派回来的",是毫无事实根据的。

在中国共产党内部的政治斗争中,大概最可怕的就是自首、叛变、内奸这样的名词了。一旦被指责是这样的分子,那么别的一切都无须说,不是事实的也是事实了,即使有人明知这不是事实,也不会、也不敢来澄清,当然也更无须对向中央报告了不实情况作出解释和承担责任了。再就是"翻案","翻案"岂不就是"反党"。

上述党组扩大会议休会后中宣部和中国作协党组领导层的活动情况丁玲自然是不知晓的。她还天真地等着某个时候复会继续解决她的平反问题呢。

我就是在这个时候从苏联回到北京休假。母亲1955年受批判的事,我是直到1956年夏天才有所风闻,却不知其详。这十分困扰着我,使我想了解个究竟。所以,这是我回国的原因之一。还有一个打算是利用休假的机会,参观、了解国内的造船工业,这对于以后的学习是有益处的。前一年在列宁格勒见到第一机械工业部黄敬部长时,他曾对我说,如果我有机会回国,他将让我去参观造船工业(当时造船工业属一机部管)。

我于6月20日中午到达北京,母亲来前门火车站接我。在往车站外边走的时候,母亲说:"你今天回来得正是时候,知道你要回来,就找人粉刷房子,前些天刚完工。你回去看看,多福巷16号可漂亮啦!""妈妈!干吗要这么大费功夫?"我心里想着,修房子既费钱,又会打扰她写作。母亲说:"你几年没有回家了,房子修得漂亮些,让我们这个夏天过得快乐些。"

我走进家门,只见小院呈现着一幅崭新的景象。房屋

[1] 李之琏:《我参与丁、陈"反党小集团"案处理经过》,《炎黄春秋》1993年第5期。

粉刷一新，红色的柱子，绿色的窗棂、门框。院子里还有花、草、树、葡萄架，使小院显得清新、宁静、温馨。

久别重逢，母子间自有许多话说，下午的大部分时间就在絮叨家常事中过去了。自然也谈到了当时的形势。自6月8日的《人民日报》发表了社论《这是为什么？》之后，国内的政治形势已由党内整风转为反击右派的斗争。只是我在苏联时，没有看到那天的《人民日报》，报纸到列宁格勒时，我已在归国途中。母亲把这些日子的报纸理出来给我看，在说到这场斗争时，还嘱咐我："你在国外四年，这几年国内变化很大，你要认真读报，了解和跟上现在的政治形势。"她侃侃而谈，态度明朗。她当然认为这是一场严肃的政治斗争，但是从她谈话的态度、语气来看，她根本没有想到，这场反右派斗争会同她有什么关联。我自然也不会想到这一点。

晚上九点多钟，各自回房休息之后，我无所事事地坐在北屋大客厅的长沙发上，没有睡意，也不觉得长途旅行的疲劳。我回味着回到家里这大半天的印象：家是温暖的，母亲是可亲的，依然乐观、开朗、谈笑风生，一切都同我四年前离家时一样，似乎这里什么也没有发生过。我思索着，在什么时候，用什么方式，把我和母亲谈话的话题引向她1955年"受批判"的事。正在这时，母亲推门走了进来，我原以为她已经睡了。

母亲在我旁边的单人沙发上坐了下来，问我："你在做什么？想什么？"

"不想睡，随便坐坐。"我回答。

她端详着我，说："我想，你已经听到了一些关于我的事情，我现在就把一切都告诉你，免得你闷在心里，为我受苦。"

才半天工夫，她就洞察出了我的心思。

母亲平静地说："现在情况已经好转了，中国作家协会党组扩大会议从6月6日起连续开了三次，会上的发言是一致的，都认为1955年作协党组扩大会议斗争我是不应该的，给我作的那个以我为首的'反党集团'的结论是不能成立的。周扬也作了这样的表态，虽说态度勉强。"

我吃惊地望着她，党组扩大会斗争她，还定为"反党集团"，原来情况竟是这么严重！

她接着说："现在的党组扩大会还没有开完，已经休会七天，我的问题，就只等一个正式结果了。"

我长长地吐了一口气，压在心里的一块石头落了地。我没有做声，静听她说下去。

母亲稍稍停顿了一下，似乎在理一理她的思路，然后开始了她的叙述。

她首先讲了1955年中国作协党组扩大会议进行的情况。尽管她已告诉我现在的情况已经好转了，听着她叙述当年会议的概貌，我的心仍阵阵战栗。

她继而说了会上揭发她的，后来又据此定她为"反党"的事实。

她说得很仔细。一件件的事实，真实情况是什么，被歪曲成什么，还有无端造出的谣言。

后来我问："1955年党组扩大会期间，叔叔（即陈明）情况怎么样？帮你出过什么主意没有？"

她答："叔叔党性强着呢！知道是开斗争我的会后，他就向电影局党委提出，他是不是从多福巷搬到电影局去住。后来没有搬出去，但是对我的情况也不闻不问，更别说出什么主意了。但后来1956年写申诉材料时，帮我一起写。"

我听后十分不解，何以会是这样？整个会议期间，母亲都很孤独。

后来回过头来想，母亲的申诉错过了较好的时机，如果申诉是在党组扩大会一结束之时，甚至是在会议期间就向上面提出会议的不正常，让中央在裁决之前也听到她这一方的声辩，其结果或许会好一些。而在中央批发作协的《报告》之后，再要求平反，那问题当然就复杂与困难多了。可那时没人给她出这个主意和支持她这样做。

谈话结束时已是一点多钟。我在苏联时虽对此事略有所闻，却完全没有想到事情竟曾如此严重。好在现在情况已大不同前，所以，我简单地认为平反已成定局，只不过稍迟稍早一点儿而已。

对于我，这是一个不平常的夜晚。四个小时的谈话，是如此地震撼着我的心灵，以致给我留下了最深刻的记忆，几十年过去了，母亲说话时的音容神情也都仍历历在目。

我刚回到北京那一两天，母亲就催促着说："你该去看看你的老师李纳。"女作家李纳是我在延安大学中学部学习时的班主任兼语文教员；她也是中央文学研究所第一期学员。所以，我是她的学生；她是我母亲的学生。

我如约去看望李纳，恰巧她的妹妹李灵源也在家。这是我第一次和灵源见面，但是我却是早就从李纳和母亲的口中对她有一些了解。她也从她姐姐那里对我有一些了解。所以，虽说是第一次见面，却相互都有一种似曾相识的感觉。也许由于这个原因，我们的交谈从一开始就很随意，没有多少拘束。灵源1955年毕业于北师大音乐系声乐专业，在北京艺术学院任教。此时被选拔入出席这年夏天在莫斯科举行的世界青年联欢节的中国青年艺术团领唱几首歌曲。这次见面后我们之间产生了爱情，在她出国之前相互作了表白，也得到我母亲的支持，1959年我回国后结为夫妻。

在这些日子里，母亲对所谓的"反党集团"的平反是乐观的，但也是审慎的，毕竟问题还处在解决过程之中。她很少到别人家里去，也不主动邀请别人来家里做客。她不想因此又生出什么枝节来。她只带我去看过一次罗烽、白朗夫妇和舒群（他们住在一个院里），因为解放战争时期他们在东北照顾过我。我从国外回来，是应该去看望他们的。

考虑到社会的复杂性，母亲对不熟识的人，尤其是新闻界的人，抱着相当谨慎的态度。有一天说起修房子的事，母亲说："那天搭席蓬，工人从门外往院子里搬竹竿、席子，大门洞开着，正好《文汇报》的两位名记者蒲熙修、姚芳藻来，见大门开着，就闯了进来。我本不见记者，就怕生事。但她们已经站在院子里了，我只好从屋里出去同她们谈了几句。她们问我：'社会上传说丁、陈问题，到底是什么问题？'我回答：'我不知道呀！我有什么问题？'她们说：'有的教科书上选编了你的文章，现在都删去了，是为什么？'我说：'教科书上选编我的文章，我根本不清楚，更不知道删去与否。'她们问：'这次党在全民当中整风，作家协会的"谜"在哪里，盖子该怎么揭？'我说：'这在邵荃麟的整风报告中都谈了，我不知道还有什么盖子。'她们问：'党组是不是在开会？'我说：'不清楚，没有接到通知。'她们说：'不是今天下午党组开会吗？'我仍推不知道，她们再三问，我便说：'是否开会，党组知道，你们问党组好了。'我并且向她们表明，我是一个共产党员，党组不能告诉你们的，我也不能告诉你们。就这样把她们送走了。"

这是6月初的事。

关于这次见蒲熙修、姚芳藻的情节，母亲是这样同我说的，后来我在她遗留的一份交代书中看到的，也是这样写的。近年来，有些书里也写到这件事，其情节都写得不准确，有点似是而非。有的说，她对浦、姚用外交辞令，连说了三个"无可奉告"。以母亲的性格，她与人谈话，从不用外交辞令。

母亲说："也真是凑巧，大门从来都是关上的，只开了这么一小会，就让她们碰上闯了进来，要不，我就让夏更起在门口把她们的来访谢绝掉，推脱我不在家。"平日，对不熟识的来客，夏更起都是请他们在门房少坐，他先进来通报。母亲说："我这个问题是党内问题，应该在党内解决，通过党的组织解决。可是自去年年初，从党内传达作协党组给中央的那个报告时起，他们就巴不得往外掀，而且事实上已经被他们把这个问题搞得国内国外都知道，现在连民主党派的报纸也找上门来。"

说到蒲、姚二人，母亲说："我明知她们是同情我的，想为我伸张点什么，但斗争太复杂，只能这样对待她们。要是让她们弄到报上去，只会帮倒忙。"

但是，尽管如此，后来还是就此事莫须有地给她加了一条罪状：与社会上的右派相串联反党，作为定右派的罪状之一。

7月中旬，母亲参加了两次社会活动。

一次是招待聂鲁达。一天，母亲高兴地说："聂鲁达到中国来了，作协通知我，要我以中国作家协会副主席的身份，代表中国作协正式宴请他。"智利诗人聂鲁达是她熟识的。1951年秋天，她作为主人接待他和爱伦堡，并陪他们去上海、杭州访问，相处甚恰。不言而喻，她为再次见到这位她所尊敬的作家而感到心情愉快。此外，在6月初开过三次党组扩大会议之后，安排她作为主人宴请聂鲁达，不由得不使她觉得这也许是一个好的兆头，预示她的问题会得到平反，从而增添了些许乐观的成分。然而她大错特错了。这不过是耍弄点儿麻痹她的手腕，然后对她猛然一击。因为七八天后就召开了斗争她的会议。正如同1955年夏天时一般，党组扩大会之前三四天，周扬还来她家看她，像老朋友似的在她家喝酒、吃饭，晤谈甚欢，可几日后就开会批判斗争她了。那天她很高兴地走了，回来还兴致勃勃地说着宴会上的情况：谁谁参加，怎么坐的，席间同聂鲁达谈了些什么，等等。

一次是7月14日，她去中南海紫光阁，参加中宣部召开的座谈会。去时心情很愉快，开完会回来心情也很好。她说她在会上见到了周总理，会议中间休息时，在草坪上遇见康生，康生竟然天南海北地同她聊了好一会儿。回来后她说："康生此人，真是难以捉摸。"

在这些日子里，母亲多次向我表露这样的心情："我实在希望1955年的问题快点解决，好安下心来，写这本书（指《在严寒的日子里》）。写长篇小说，需要有宁静的心情。我从前年夏天起就搁笔了，时间都花在写申诉材料上去了。"

我给黄敬部长写了一封信，向他问候，告诉他我已回国，正在休假，希望利用假期了解国内的造船工业，参观建造潜艇的工厂和设计单位。三四天后，一机部办公厅打来电话，要我去商谈参观事项与办理相应的手续。黄敬部长批示我可以参观了解国内正在建造的五型军用舰艇，阅看这五型舰艇的全部技术资料。当时从苏联引进了潜艇、护卫舰、猎潜艇、鱼雷快艇、扫雷艇等共五个型号的技术、设备、材料，分别在上海、武汉、芜湖的造船厂装配建造。我考虑去三个城市时间不够，也不愿走马观花式的参观，所以就商定去上海一地，参观一个潜艇建造厂、一个护卫舰建造厂，一个舰艇设计室。黄敬部长给了我这么好的学习条件，我十分高兴。只有在我学成回国参加造船工作之后，我才更深切地体会到他对我的优待。因为我这时才知道国内的技术保密规定，一般是从事哪个型号舰艇的工作，只接触这个型号舰艇的有关的技术资料，只有很少数的技术领导方能接触所有型号舰艇的技术资料。回想起这点，真是由衷地感谢黄敬部长。

母亲也为我高兴，她说："黄敬同志给了你这么好的学习条件，你就去上海好好地参观吧。"

母亲嘱咐我："你到上海后，去看看你父亲的墓。"

这时的我，觉得呈现在自己面前的一切都美好，母亲的问题，平反有望；我的事业，似乎前面的路也很平坦、顺畅，尤其是我还获得了真挚的爱情，我怀着这样的心情，于7月20号登上了去上海的列车。

就在母亲抱着审慎的乐观，等待并企望党组织对她的1955年问题作出实事求是的正确处理的这一个多月当中，一张罗织她新的罪行的网已经在编织，一个借反右派运动之机，进一步斗争她的计划已经在形成，而且正在组织"积极分子"的队伍。这一切，她当然是不会知道的。

在我去上海的前夕,她还向我说:"作协党组扩大会,可能不久要复会。会比较忙的,我不会有多少时间陪你,你就去上海好好参观吧！我的问题,你放心好了,不会有什么的。"

7月25日，中国作家协会党组扩大会议在休会一个半月后复会，即第四次会议。

周扬主持会议并首先讲话。他的讲话的内容与他在6月6日会议上认错，向丁玲道歉根本不同，他指责丁玲的申诉为"翻案"，是"向党进攻"，把原来讨论对丁、陈问题如何处理的会议转为对她的斗争会。

周扬首先表明："上次我说明我是以当事人的身份来参加会议的，现在我是以两种身份参加，一、前年会议的主持者，二、代表中宣部。"也就是说身份不同了。这样一个表态，就是告诉与会者，他不仅是代表党的，也是绝对正确的。

他进一步明确表示："前年对丁、陈的斗争，包括党组扩大会，给中央的报告和向全国传达，我认为基本上都是正确的。""前年的会是在肃反运动中开的，现在的会又碰上反右派斗争，这说明我们党内斗争往往是与整个社会上的阶级斗争分不开的，两者不可能不互相影响，党外斗争常常反映到党内来。"[1] 如此，就把丁、陈的问题挂到反右派斗争上。

针对丁玲的申诉，他指责其是"向党挑战"，"向党进攻"。

他着重讲了"从几个重要历史关键来看丁玲的错误"，认为"丁玲在几个关键问题上对党是不忠诚的"。他指出："丁玲同志在三个时期都没有经得起党的考验。"

所谓的第一个时期，周扬不顾专门调查小组"做了大量调查，并且查阅了国民党遗留下的档案。无论从档案中或证人证词，都没有发现丁玲被捕或者说被绑架后，有叛变或自首、变节、投敌、反共的证据"的调查事实，也不顾他自己签过字的结论，反而说丁玲"在南京，在敌人面前自首变节"，"是对党的大不忠"。如此一来，就把丁玲的历史问题的性质从人民内部问题变为敌我问题，从而，也就更可以把一切对丁玲抱有同情的人，实事求是说过公道话的人，置于被批判的位置。

所谓的第二个时期，是在延安。"1942年是革命最困难的年头，那时胡宗南包围延安，希特勒进逼莫斯科。而丁玲、陈企霞却经手刊登了王实味的反党文章《野百合花》，丁玲自己还发表了《三八节有感》。""一个党员写了反党文章被敌人当作文件印发，这能说是对党忠诚吗？"

所谓的第三个时期是在北京，"全国解放了，丁玲身负文艺界领导的责任，作品得到了斯大林奖金，是最顺利的时候，应该没有什么不满了吧。但这时候丁玲骄傲自满起来，把个人放在党之上，和陈企霞又结合在一起，

[1] 引自《对丁、陈反党集团的批判——中国作家协会党组扩大会议上的部分发言》，1957年9月。以下所引发言均引自此，不另注。

把《文艺报》当作了他们的独立王国。"

周扬讲话之后，会议就又形成了一面倒。会议范围也扩大了，成为文艺界反右派斗争的一个主战场。

丁玲对党组扩大会议突然一百八十度的转向没有思想准备，一时不知如何应答。李之琏回忆那天会议的情景：

> 7月25日，作协党组扩大会复会是在文联礼堂召开的。先安排陈企霞作"坦白交代"，并揭发丁玲。会议进行中有一些人愤怒指责，一些人高呼"打倒反党分子丁玲"的口号。气氛紧张，声势凶猛。在此情况下，把丁玲推到台前来作交代。丁玲站在讲台前，面对人们的提问、追究、指责和口号，无以答对。她低着头，欲哭无泪，欲讲难言，后来索性将头伏在讲桌上，呜咽起来……
>
> 会场上一片混乱。有些人仍指责丁玲，有些人高声叫喊，有些人在窃窃议论，有些人沉默不语。会议主持人看到这种僵持局面，让丁玲退下。[1]

7月间，天津作协在中国作协党组的领导下，并在刘白羽的直接指导下，开展了对与陈企霞"有暧昧关系"的女作家柳某的斗争。经过十余天的突击斗争，柳某在7月25日交代了陈企霞与她共同商议翻案的问题，以及他们如何订立攻守同盟，秘密联络。柳某还交代了她与陈企霞之间的"感情关系"，而这个关系被批判为："陈企霞如同一个恶棍一样欺骗她，侮辱她，道德败坏到了令人发指的程度。"在当时的中国社会，在当时中国的政治运动中，一旦揭露出涉及到男女关系的道德败坏，并被形容成一副恶棍嘴脸时，那是最容易引起群情激愤的。

7月30日，第七次会议上，天津作协负责人方纪在会上发言，报告天津作协的"战果"。方纪在介绍了柳某交代和检举陈企霞的问题后，介绍了柳某交代的她从陈企霞那里听到的丁玲说的一些"反党"的话。

方纪说："据柳某交代，陈企霞曾不止一次对她谈起过：丁玲在发言中连讲三个自己是'胆小鬼'。柳某问：'为什么？'陈企霞慨然地说：'你不知道，丁玲看黑暗看得太多了，她说过，像王实味的事，还有谁来为他翻案？'"

[1] 李之琏：《不该发生的故事——回忆1955—1957年处理丁玲等问题的经过》，《新文学史料》1989年第3期。

方纪更在会上爆发了一颗"炸弹"：丁玲还准备了一个重大的、惊人的公开分裂文艺界的阴谋。他说，据柳某交代，陈企霞在一次他们从天坛回来的路上小声对柳某说："这回丁玲下了决心，要在今年10月的文代会上提出自己的问题，得不到解决，就公开退出中国作家协会！"

方纪渲染道："当7月25日早晨，我听到柳某交代出这个骇人听闻的阴谋时，我全身发冷，毛骨悚然！同志们，设想一下吧，如果不是党及时地揭穿了这个阴谋，到10月会议时，中国的文艺界会是一个什么局面！"

方纪的发言为攻破丁、陈反党集团，打开了一个"突破口"，为党组扩大会议的胜利立了第一功。

在方纪发言的这天会上，丁玲被责令交代。丁玲在谈到自己向党组织的申诉时说：是因为前年会议确定她和陈企霞是反党联盟太重了，是看了作协党组给中央的报告，觉得把她说成一生都是反党的，就失去了一切的克制。她的这个解释，立即遭到批驳："这就是说，我本来是不反党的，是你们冤枉了我，我向党进攻，是你们逼出来的。"从而被指责为继续向党进攻。她对她自己说过的，如果问题得不到解决就退出作家协会的事，如实地解释说："那只不过是熟人间谈话时的一句气话，根本没有什么要公开分裂文艺界的阴谋，既没有预谋，也没有计划；既没有去组织，也没有去发动，这句气话，说完也就完了。"她的解释自然不会被接受，她被轰下了台。

方纪发言后的第三天，8月3日，第十次会议，陈企霞"缴械投降"，戴罪立功，揭发丁玲。

他首先坦白交代了自1955年就追查的那封写给党中央刘少奇的匿名信是他写的，请他的另一个情人周某的房东代抄的。其次，交代了与在天津的两个情人，一个是柳某，另一个是周某的生活问题。

陈企霞还坦白交代，《文汇报》记者浦熙修、姚芳藻去采访丁玲是他通过柳某去策动的。陈企霞还揭发和"证实"，丁玲曾说过，如果问题得不到解决就退出作家协会。

陈企霞的"转变"，他在会上的坦白交代与对丁玲的揭发，使得丁玲处于很被动的状态。因为她对一些事情并不知情，她根本就不知道这封被追查了两年之久的匿名信是陈企霞所写，更不知道陈企霞竟有两个情人，匿名信是情人的房东所抄，也不知道浦熙修是陈企霞策动而来。这时会场群情激愤，责骂、呼口号之声此起彼伏，追问她是否参与匿名信密谋，是否主动勾结社会上的右派向党进攻，责令她站起来交代。丁玲当然对这些她没有作过的事加以否认。事实上，她也如同会上大多数人一样，刚刚从陈企霞的口中知道这些事情的底细。

后来知道，陈企霞的转变原来是周扬与他作的一笔交易。周扬找他谈话说，只要他揭发丁玲，可以保留党籍。但后来周扬没有兑现自己的诺言，既开除了陈企霞的党籍，也划了他右派。陈企霞感到受了欺骗。

7月31日，第八次会议上，党组副书记刘白羽作了长篇发言。

他首先表示：向丁、陈展开的斗争是"原则性的斗争"，是"一场严肃的保卫党的斗争"，对"现在客观上存在有这样一种意见，把五五年的斗争说成是'欺上瞒下'、'违法乱纪'"的现象进行了批驳。

然后，他揭发批判丁玲。他的揭发批判，大体上依照周扬所定，丁玲在历史上三个时期都没有经受住考验，对党不忠诚。但在事例上，说得更为详细一些。

首先是丁玲南京的那段历史，刘白羽详尽地向会议披露了丁玲在南京"自首变节"的"事实"，结论为"叛党的可耻行为"。

延安时期的问题，他将《三八节有感》结论为"在革命与党最困难时，从堡垒内部发出的反党的冷箭"。

对于全国解放后，他说："党几乎把文艺界的领导责任都交给了丁玲，而希望她好好努力把工作作好。但是事实上，她的极端个人主义的骄傲自大，使得她把做一个共产党员的原则、标准早已抛到九霄云外去了，滋长着严重的个人野心。"

他还断章取义地揭发批判了丁玲说她自己"这几年来是靠苏联吃饭的"的话。这无疑起到了挑拨离间的作用，因为丁玲的《太阳照在桑干河上》是在毛泽东的关心和支持下方才得以出版的。

8月6日，第十二次会议，丁玲在会上作了第三次交代检查，她被迫承认自己"翻案就是向党进攻"。但是她说："这一年来怎样向党进攻的，我想我是采取合法斗争，就是向党的上级组织写申诉书，不是进行非法斗争，秘密活动，阴谋计划。"对于延安时期的问题，她认为："发表王实味的《野百合花》是一个错误，自己也公开检讨过，但不能说明发表了它就是反党行为。自己所写的《三八节有感》至今我不能认为是反党的,是因为看到党内一些不好的现象,作为自我批评来写的,不知道被人利用到什么程度。"这些当然遭到痛斥,认为她继续顽抗。实际上还在继续"向党进攻"。

丁玲检查交代之后,中宣部文艺处处长林默涵发言。这是一篇继周扬之后与刘白羽的发言有着同样重分量的长篇发言。主要的也是根据周扬所定基调,来进行揭露批判,在有些具体事实情节上说得更为详细,与刘的发言互有所补。

在揭发批判丁玲南京的那段历史时,他着重批判丁玲所写"因误会被捕,在南京未受虐待,出去后回家养母不做任何社会活动"的条子,定义为是自首行为,叛变了党。

在他的发言中还有些形象化的地方,他将陈企霞比作狼,把丁玲比作狐狸。他说:"狼的面目,还是比较容易认识,更可怕的是狐狸,她和狼一样的狠毒,但是,比狼更狡猾。"其言词近乎漫骂。

他更不顾现实的实际状况,指责丁玲说:"你未免欺党太甚了","欺人太甚了"。

他在揭发问题时,连丁玲平日说过的"我需要一个老婆,而不需要一个丈夫"的话,也作为批判的一个事例。可这与政治,与反党不反党又有什么关系?

8月8日,第十四次会议,张光年发言。他的发言,再一次地要把丁、陈与"胡风反革命集团"联在一起,以便把"反党集团"升级到"反革命集团"。他煞有介事地说:"他们要翻1954年检查《文艺报》的案,翻1955年党组扩大会议的案,并且鼓动一些人翻肃反的案,还巴不得替胡风翻案,替王实味翻案!""这是一个很大的政治阴谋,这是一个大规模的分裂活动。"张光年的发言被认为"简短有力"。

8月7日,《人民日报》第一版以《文艺界反右派斗争的重大进展——攻破丁玲陈企霞反党集团》为题,将中国作协党组扩大会议的情况公之于社会。

为了彻底批判丁玲等人,党组扩大会的范围逐渐扩大。自7月底,就已扩大到二百余人,还邀请了一些著名的党外作家茅盾、郑振铎、老舍、曹禺、曹靖华、许广平等参加,利用他们的声望,以造成全国文艺界一致声讨的效果。

身为中国作家协会主席的茅盾不得不在会上表态。茅盾的儿子韦韬和陈小曼在回忆茅盾的文章中说:"父亲根本就不相信丁玲会反党,但迫于形势,不得不在会上作了一个表态性的发言。"[1] 茅盾对三十多年前他的这个女学生说什么呢?他说:"对于丁玲同志的态度,我实在很失望。她今天的讲话很不老实。"那么是什么原因呢?他

[1] 韦韬、陈小曼:《我的父亲茅盾》,辽宁人民出版社2004年2月出版。

认为"就是面子问题"。他说:"我同她是老朋友了,我向来很尊敬她。我同她认识很早,那还是她从事创作以前。……我以三十年的老朋友的资格恳切地忠告丁玲同志,赶快从思想上解决这个问题。磨洋工,不交代,是过不了关的。是彻底坦白、把问题向大家交代清楚。党的政策是团结—批评—团结,我们欢迎你坦白,坦白后并不会对你歧视,也许比以前更尊敬你,而你的前途也就在这里。"这个发言的语气,与大张讨伐的会场气氛,与那些声色俱厉的讲话颇有些距离,甚至还杂有一些温情的话语。发完这个言后,茅盾就写信给邵荃麟,称身体不好,不再与会了。

老舍的发言,在开场白表明:"关于丁、陈反党阴谋,我一无所知,无可揭发。在这个会上,我才听到一些他们的丑事,使我心里痛苦!我没有想到在党员作家里会有这样灵魂肮脏的人"。之后,他就似乎离题地说起了他自己,说了大段大段的话,好像话里有话,却让人听不明白,至少与会的大部分人听不明白,还说了完全离题的要重视旧艺人的什么。他在结束语的时候,才又回到丁玲的头上来:"我来参加这个会,丁玲同志,我不是抱着幸灾乐祸,看热闹的态度。我以前尊敬过你,我爱党,爱作协,现在你反党,破坏团结,我又不能不恨你。你以为你是'朕即文学',没有你不行;我看没有你更好,除非你能改过自新。一个党员有极端的个人主义,就不能不反党。我希望你改过自新。说老实话吧,别顾面子。面子不过是脸皮那么厚薄,掩藏不住肮脏的灵魂。丁玲同志,洗干净灵魂吧!你能改过,我还会向你伸出手来。你不改,我们连看也不要看你。"

郑振铎直挨到8月16日,第十八次会议,才发了言。曹靖华没有在会上发言,但写了一篇文章。丁玲后来回忆郑振铎和曹靖华时说:"这些人几十年来都是名实相符的正人君子。郑振铎在1957年作协党组扩大会上(批判我的大会上),在高压的气氛下,作过一次很可怜的发言。他说他每次听到有人揭发我的材料时,他都大吃一惊,以为大约就止于此,不会再有什么了,已经到头了;但所谓揭发竟然连续不断,势不可止,我成了罪行累累,一无是处的恶棍。他真痛心难受,觉得自己可能太书生气,太不理解这个社会了。当时我了解他,他的确是一个书生气十足的忠厚长者。我不知道批判大会以后,有朝一日清醒过来时他将作何思考呢。曹靖华在大会上没有发言,但后来他不得不写了一篇文章,自然不会有什么令人满意的内容,他只不过是说了一些空话,说我和冯雪峰是开黑店的。我完全能理解,这些人一定得表态,否则,有人将把他看成是站在我的一边的；而且他三十年代同鲁迅、秋白的友谊，这时对他也可能是不利的。"[1]

8月13日，第十六次会议，作协党组书记邵荃麟作了一个全面的批判发言。他分三个问题：一、驳斥丁、陈反党集团的反党的一些挑拨宣传；二、他们的反党阴谋；三、关于冯雪峰的反党思想。

自8月14日，第十七次会议，在继续批判丁玲的同时，重点转向了冯雪峰。批判冯雪峰，主要的目的是，通过对他的打击，改写三十年代那段文学史。1957年8月27日《人民日报》头版，以《丁、陈集团参加者、胡风思想同路人——冯雪峰是文艺界反党分子》，公开揭露了冯雪峰的"反党事实"。

8月20日，第十九次会议之后，在继续批判丁、陈、冯的同时，会议揭发批判的重点逐个移向艾青、罗烽、白朗、李又然等人。萧三也在会上被批判，或是批评，并且在报上被点名。

这样的部署是要扫清外围，然后进一步揭露丁玲。

曾经亲历这个党组扩大会议的徐光耀，对会议的情况回忆道：

> 每次会议都必须参加的丁玲，全始全终的与陈明坐在一起，听着各种各样对她的批判、侮骂、作践和羞辱。她的痛苦，她的隐忍，她的入地无门，我这支秃笔是没有办法写出来的。曾几何时，她还是中国共产党的、从延安来的最有代表性的作家，"左联"时期的领导骨干，中宣部文艺处长，中国作协副主席，中央文学研究所所长，《文艺报》和《人民文学》主编，斯大林奖金获得者。转眼之间，变成了"反党阴谋家""野心家""极端卑鄙的个人主义者"，当面被斥之为"落水狗""杨荫榆""莎菲"，乃至"凤姐儿""奸臣"……新中国建立才七八年，自己阵营里的"阶级斗争"就打成了这样。
>
> 为了把丁陈彻底地"批深批透、批倒批臭"，会议还邀请来自党外的茅盾、郑振铎、老舍、曹禺、臧克家、许广平等这些民主人士和文学巨匠，借助他们的声望、威信、影响和才干，来在更广大的范围内批判和侮弄这些人。
>
> 他们往日在旧社会，与国民党作斗争的时候，都是品格高尚，注重名节，从不胡说八道的，如今却顺着大势，

[1] 丁玲：《魍魉世界·风雪人间》，人民文学出版社1989年出版。

作些连自己也未必清明的所谓"批判",捕风捉影,胡乱扣些"帽子"。他们都是有资格名垂后世的,此后,当他们面对后人,要出全集的时候,再重翻这些"发言稿",还能找到法子安放这份尴尬吗?有人说,中国文人自古就有个毛病,一碰上"黑手高悬霸主鞭"的逆境,很容易堕入下作不文之流,以致出现人格分离,神志分崩,理性和良知陷入混乱的状况。特别是在"知识分子成堆"的地方……

当然,动机是有差别的:有的为洁身自保,有的为"立功自赎",有的为证己无罪,也有的是奉命"打冲锋",强作积极,自然也不排除有用人血染红顶子的……[1]

中国作家协会于1957年9月编辑了一本《对丁、陈反党集团的批判——中国作家协会党组扩大会议上的部分发言》,共收:周扬、方纪、刘白羽、张天翼、艾芜、沙汀、曹禺、李之琏、茅盾、许广平、林默涵、田间、何其芳、老舍、郑振铎、张光年、王任叔、严文井、邵荃麟、钱俊瑞、夏衍、陈荒煤、周立波、郭小川、公木、胡海珠、黄其云、罗力韵、李季、阮章竞、徐迟、臧克家、赵树理、袁水拍、汪洋、马烽、陈笑雨、邹荻帆等主要人物或代表性发言。

我后来看到了这份"奇文"集。母亲对我说:"这只是一部分发言,其中的一些人,不只一次发言。这些刊载于书的发言,都是经过修改了的,一些辱骂、讽刺、挖苦的话,都删除了。"

我在上海参观造船工业收获不小,还去了父亲的墓地,献上了一大蓝鲜花。我于8月4日晚九时回到北京,当火车驶入车站时,我看到站在昏黄灯光下的来迎接我的母亲。我离开上海之前给她发了一个电报,告诉她我的归期,并没有要她来接我。所以,看到她来接,我很高兴。我们上了小轿车,我兴致勃勃地开始向她述说我在上海的情况,让她分享我的喜悦。可是,说着说着我发现我的话很少得到她的回应,便把话打住了。母亲似乎有很重的心事。我想,一定发生了什么事,是不是中国作协党组扩大会议复会后有什么变故?我心里隐隐地出现了一种不祥的预感。司机和夏更起坐在前面,我不想多问什么,转过脸去,茫然地从车窗向外望着。

回到家,我和母亲、陈明叔叔一起步入北屋的客厅。

[1] 徐光耀:《昨夜西风凋碧树》,《新文学史料》2000年第1期。

母亲语气沉重地说："祖林，我告诉你，我的问题又有了大的反复。这些天，天天在开斗争我的会。"

尽管我已有一丝不祥的预感，但这几句话仍如晴天霹雳。我惊呆了，想说却说不出话来。

母亲继续说道："党组扩大会议在7月25日复会。周扬主持会议，并首先讲了话，他说他是以前年会议的直接主持者和代表中宣部两种身份来主持这个会。这样一个申明，就给人一种暗示，他是代表党的，也是正确的。他的讲话与前三次的会根本不同，肯定了1955年对我的斗争是正确的，并表明是根据上级指示进行的。他给会议定下了新的调子，会议的性质就从讨论如何处理我的问题变成了进一步斗争我的会。于是我的申诉，就被指责为'翻案'，我在会上提问，为什么不核实事实就向中央报告，就被指责为'向党猖狂进攻'，于是会议又是一边倒，会议范围也扩大了，人数也增加了，增加到两百多人。邵荃麟、刘白羽、林默涵也都作了同样的发言。"

我既感到震惊，也感到困惑。我心里想，我们党处理问题不是应该以实事求是为原则吗？这也是毛主席一贯倡导的，为什么现在又再次肯定已经专门小组核实清楚了的并非事实的结论呢？党章规定每个党员都有申诉的权利，为什么却把母亲的申诉斥为"向党猖狂进攻"？难道对搞错了的事，不应该问问为什么，从而总结经验教训？

我问母亲："中宣部专门小组现在的态度是什么？"

母亲说："张际春已经不参与这件事了，他也没有参加会议。周扬不是说他代表中宣部吗！李之琏他们也只能按这个调子发言。看来休会的这些日子里，中宣部领导作出了这样的决定。结果就是如此。"

母亲说："会上还揭发批判我串通《文汇报》的右派分子向党组织施加压力，与社会上的右派分子里应外合向党进攻，指的就是蒲熙修、姚芳藻来访的那件事。这样，就把我的问题与社会上的反右派斗争直接联系在一起。"

真是"欲加之罪，何患无辞"。但是一股颓丧的思绪顿时涌上我的心头，我想，若是我不回国，母亲就不会装修房子，大门也就不会洞开那么一小会儿，让《文汇报》记者蒲熙修、姚芳藻闯了进来，使得母亲不得不同她们谈了几句话。天下事，竟有如此凑巧。

母亲又说："昨天的会上，陈企霞'起义'了，他交代，承认那封匿名信是他写的，是找他的一个在天津的情人的房东抄的。怪不得那年他们查对笔迹，查对陈企霞的，查对陈企霞周围人的，都查对不出个结果。我哪里晓得他还有什么情人，而且不是一个，是两个。那天《文汇报》浦熙修、姚芳藻的来访，也是陈企霞背着我，串通他的一个情人去策动来的。这个人，暗地里搞出这么一些事来。可是，他现在'起义'了，已经过关了，正参加到揭发我的行列。""我已经在会上作了检讨，在这样的情势下，我只得检讨。但是被斥为'态度不老实'，说我只承认'反党'、'向党进攻'，但不承认具体事实，不交代具体事实，仍在顽抗，继续向党进攻。还说我的态度是'欺党太甚'、'欺人太甚'。这真是颠倒事实的说法。事实上，我是处在被斗争的地位，现在是棍棒齐下，侮骂、讽刺、挖苦，任何人都可以在这个会上把对我的不满，包括纯属个人的不满，发泄无余。"

她还说了一些这些天会上的情况。我听着这一切，精神上感受到很大的压力，直压得透不过气来。

母亲最后说："前几天我给小灵子写了一封信，寄到莫斯科去了。我在信里没有明说我现在的处境，但暗示了我今后的命运，让她在思想上有所准备。我也委婉地表示了我对她的希望。她是一个纯洁的女孩子。以我对她的了解，我想，她不大会因为我的问题而改变同你的关系。"我感动地喊了声："妈妈。"这十天来，连日开斗争她的会，揭发、批判、责骂、如暴风雨般倾盆而下，她还得考虑交代"反党"的事实，还得准备自己的检讨，在这样的处境下，她还想着、关心着我和灵源之间的事。

母亲转而向我："现在谈谈你吧。你是共产党员，应该相信党，同党站在一起。应该认识到妈妈是在反党。"她用极大的力量，抑制住自己的情感，字斟句酌地向我说出了这几句话。我明白，她是怕我犯错误，说出与党不一致的话来。

她又说："你也可以相信我，你这次回来，我们谈得很多，我向你说的一切，都是真话，都是真情实况。"她克制着自己，但悲愤之情依然溢于言表。

我点点头："我知道。"

母亲郑重地劝我："我看你还是提前回苏联、回学校去吧！在现在这样的情况下，呆在家里已经没有任何意思。"

我不想提前走，我不想在这个时候离开母亲，我不放心她。我说："学校9月1号开学，我还是再陪你住半个月，按原定计划住到20号再走。"

已是夜半，谈话结束时，母亲说："明天休会一天，我在家里准备发言材料，后天还要在会上检查交代。"我看着她那略显憔悴的面容和疲惫的神情，心想，母亲今天在会上接受了一整天的批判斗争，晚上却还去车站接我，我真后悔在上海发那个电报了。

这又是一个不平常的夜晚。夜气如磐，令人窒息。我几乎彻夜未眠，思绪有如波涛，起伏翻腾不已。在我回国后的这一个多月里，我的心情是乐观的，我做梦也没有想到事情会发生根本的变化。何以会是这样？我为母亲抱屈，为她难过，我陷入极度的痛苦之中。

我属于政治上早熟的这一类人，较早地建立了共产主义信仰，在未满十七岁时入了党。这是从小在革命队伍中成长，接受党的教育的结果，也是家庭影响的结果。我也较早地接触到政治运动，在延安时参加整风审干，在晋察冀边区的反特斗争，东北解放区军队中的"三查三整"，建国后的整风、三反运动。由此，我体验到了，政治运动中也有搞错人，冤屈人的事实。因此，使我认识到，凡事要遵循实事求是的原则，并且也应该独立思考。

如今，风云突变，噩运再次降临到母亲头上，也降临到我们这个家庭。我将如何承受？我将如何对待呢？

从一个共产党员来说，我应该保持与党一致的态度。但是，以我对母亲的了解，我认为她不仅不反党，而且对党的事业忠心耿耿。何况，我也知道一些文艺界历史上的人事。现在，在急风暴雨般席卷全国的这场反右派运动中，作协党组扩大会上，众口一词，说母亲"反党"，母亲自认从未反党，心里不愿，但口头上不得不承认"反党"，因为不能对党"顽抗到底"。想着这一切，我心里真是郁闷。

从上海回到家的第二天，8月5日下午，作协党总支通知我去谈话。在组织上，我不属他们管，但是他们通知我去谈话，我不能不去。离家时，母亲嘱咐我："你要有思想准备，满楼都是揭发批判我的大字报。"我点了点头。

我步入王府大街64号中国文联和中国作协大楼，就见赫赫十几张大字报贴满了门厅周围的墙壁，在"丁玲"的名字前面冠以菜碗般大小的"反党分子"的头衔。走廊和楼梯两侧的墙壁上，也贴满了这样的大字报。我顿时感受到这场斗争的气氛。这是我有生以来第一次见识大字报这种形式，我真正地为母亲的处境担忧了。

在总支书记办公室里，总支书记黎辛招呼我坐在他的办公桌旁，在他的办公桌对面坐着一位三十几岁的女同志，面前放着一叠纸和一支笔，看来是打算作记录。黎辛可能是想缓和一下气氛，他自我介绍道："我叫黎辛，在延安《解放日报》社时，曾经在你母亲领导下工作。我们那时见过，你也许还有印象。"我说："记得。"他随即言归正题："现在作协党组扩大会议正在开展对你母亲的斗争，作协党总支认为有必要同你谈谈。"他首先概要地说了1955年作协党组所定"丁、陈反党小集团"的主要事实，肯定这个结论是正确的，然后说了在这之后母亲"翻案"和配合社会上的右派向党猖狂进攻的事。他最后说了两点："一、希望你相信党，相信党开展的对你母亲的斗争是正确的，站在党的立场一边；二、现在党还在挽救她，通过斗争来挽救她，希望你同党一道来挽救她。"我向他表示："我相信党，愿意站在党的立场上来认识她的问题。"我只能作出这样的表示，没有别的选择。

这时，黎辛问道："6月下旬，你母亲和艾青等人在北京饭店聚餐，那时有谁说了：'我们这是裴多菲俱乐部'？你是参加了这次聚餐的。"

我知道裴多菲是一位匈牙利的爱国诗人。但是，1956年匈牙利事件发生后，当地一个以他的名字命名的俱乐部成了参与煽动暴乱的反革命组织。我当时想，在这反右派运动在全国范围开展起来的今天，有谁胆敢组织如此一个俱乐部并自称是其成员呢！

那次聚会是这样的：

我回到北京不多天，有一日，艾青给母亲打来电话，说知道我从苏联回来了，想请我吃餐饭。为什么他要请我吃饭？我想主要的是他和我母亲是延安时代的老熟人；另外，1945年12月在张家口，他曾经照顾过我，我在他那里住过半个月，也许这也是一个原因。

那天上午，我们先到艾青家，谈话之中，艾青说再把江丰、朱丹、李纳请上，他给他们打了电话。随后，就去了北京饭店，要了一个单间。江丰、朱丹很快就来了，可是李纳没有到，我就去饭店门口等她，等了二十多分钟，她才到。我们走进单间后，就开始上菜了。一起聚餐的有艾青、高瑛、江丰、陈明、朱丹、李纳、母亲和我，一共八人。餐后，就各自回家了。在以后的一些日子里，母亲同艾青、江丰也没有私人间的来往。万万料不到这餐平常的会餐竟成为母亲"反党"活动的重大罪行。

我向黎辛说了那天在北京饭店吃饭的前后情节，并且说明我有二十多分钟不在场。我如实地表明，我在场时没有听到有谁说过"我们是裴多菲俱乐部"这句话。

他和女同志听后没有再追问下去。

黎辛没有再说话，我以为谈话大概到此为止了。

这时，女同志发话了，她说："你刚才表示愿意同党站在一起，那么你对你母亲的反党言行有什么要揭发的？"

我答："我去苏联四年，出国前在东北，也只是学校放假时回北京住些日子，所以我对她工作方面的情况不了解。"

她问："你这次回国以后，她同你说过什么？"

我答："刚回来的时候，她告诉我1955年对她进行了斗争，定为以她为首的'反党小集团'，她认为事实不符，向中宣部党委写了材料，中宣部成立了专门小组，作了调查核实，也认为大多与实际不符。作协党组开了三次会，会上的发言都认为'反党小集团'结论不能成立，她说现在就等上级组织决定。我听后，相信党组织会正确处理她的问题。昨天晚上从上海回到北京，她告诉我，她犯了更大的错误，是'翻案'，'向党进攻'。"我说的这些都是人所皆知的情况。

她又问："日常生活中，你母亲总会有些言论，现在看来是属于反党性质的，你能告诉我们一些吗？"

我答："我昨天夜里方才知道作协党组扩大会议正在开会斗争她，这件事对于我来说很突然，我还没有来得及思考你所说的那方面的问题。"

她说："那你回去想想吧，想出来了告诉我们。"

我回到家，母亲问我："谁同你谈话？"

我说："黎辛，还有一位女同志，就坐在黎辛对面，她没有自我介绍，黎辛也没有作介绍。"我说了女同志的模样，衣着。

母亲说："那是胡海珠，总支副书记。"

我向母亲回述了方才谈话的情况。

这时，母亲又提出了前一天夜晚说过的事。她说："我看你还是提前回苏联学校去吧！你呆在这里，只会一步步地被牵进作协机关的这场运动中去。你留在这里也帮不了我什么。你可以相信我，放心我，我不会寻短见的。"她的语气透出些许急切。

我觉得母亲的话是有道理的。于是，我改变了留在北京再陪母亲一些时日的打算，决定提前返回苏联。

我从苏联回国时，通过苏联的国际旅行社买了往返双程火车票，原定8月21日离京。8月6日上午，我去前门附近的国际旅行社更改火车票日期。北京—莫斯科国际列车一星期两班，次日，7号的票还有。我迟疑了一下，觉得第二天就走，太急促了，想再陪母亲住几天。于是决定下一班走，就把车票日期改定为8月11日。

这天下午，母亲去作协参加党组扩大会。走时，神情坦然、镇定。我无言地跟着她走到院子当中，目送她走出大门。我从前一天看到的贴满大楼的那些大字报，大体上也能想象出批判斗争会上的气氛和情景。想着这些，我的心怎么也平静不下来。直到吃晚饭时，母亲才回来。她进门后，只说了一句："头痛，我休息一下。"就回房躺到了床上。

母亲告诉我："刘白羽要见你，他要你明天上午十点到他的办公室去。"

我在延安时就认识刘白羽，1942年母亲同他都在"文抗"机关，他常来我母亲这里。我喜欢看京戏，他会唱一些，还热心地教我唱过。我1947年从晋察冀边区到哈尔滨后还去看望过他。

7日上午，我准时走进了刘白羽的办公室。刘白羽略显热情地同我握了手，并介绍他身旁一位面孔微黑的中年人："这是中宣部机关党委副书记崔毅同志。"他招呼我在一把单人沙发上坐下，自己搬了一把靠背椅，坐在办公桌旁。崔毅也坐在一张椅子上。

刘白羽说："听说你从上海回来了，找你来谈谈。关于你母亲1955年定为'反党小集团'的问题以及现在翻案，向党进攻的情况，黎辛同志已经向你谈过了，我就不多说了。我今天主要同你谈谈你母亲在南京的一段历史。你母亲不仅有反党的错误，历史上还有自首变节行为。"

刘白羽说的大意是：我母亲1933年5月因冯达叛变而被捕。被捕后，最初几个月对敌人是作过斗争的，但后来屈服了。她向敌人写了一个书面的东西，她交代是一个条子，内容是："因误会被捕，未受虐待，出去后回家养母，不参加社会活动。"问题不在于是条子还是自首书，问题在于内容，仅从这个内容来看，就是自首变节行为。条子就是自首书。其次是被捕后仍和冯达住在一起，而她明知冯达已叛变。再就是，她被捕后与国民党特务头子徐恩曾、大叛徒顾顺章来往，丧失了共产党员气节。她没有被投入监狱，生活上受到优待。主要就是这几个问题，他还说了一些说明这几个问题的细节。

刘白羽最后说："考虑到你可能不知道这些情况，所以找你来谈谈，希望你同党有一致的认识。至于你嘛，你父亲是胡也频烈士，对于你的父亲，我们都是很敬仰的。"

他谈了大约一个多钟头，我注意地听着，心里骇然。只是在谈话结束时向他表示："这些情况，我以前不知道，事情来得突然，我将按照你的希望认真去思考。"

崔毅在刘白羽谈完之后简单地说了两句："希望你同党有一致的看法。我对你母亲的认识也是经过了一个过程，起初，我也没有识破她。"

此时，崔毅，还有黎辛，处境都比较尴尬。一年后，他们都因支持丁玲"翻案"，被分别被定为"反党分子"和"右派分子"。

应该说，刘白羽对我也还是不错的，属于"拉"的态度。1959年我回到国内见到他时，他还向我说："你是革命烈士的后代嘛。你可以同你母亲通信，也可以去看看她，这对她是安慰，也是帮助。"

我步履艰难地向家里走去，心情十分沉重，深深地感到母亲的问题又加重了。我以前从发至县团级的党刊上（我出国前，一个时期，政治待遇经组织决定可以阅读发至县团级的党刊），曾看到过党中央关于几位高级干部犯反党性质错误的决定，他们分别受到了严重的处分，但是都没有被开除党籍。因此，我思想上的概念是，犯反党性质错误尚有一线保留党籍的希望，而自首变节就难了，那可是革命气节问题，是在革命队伍里最最不可饶恕的。

我走进家门，步入客厅，沉重地坐落在沙发上。这三日，噩梦般的事情接踵而来，我的思想接连不断地处于惊疑交集的状态，精神上感受的压力也一次又一次加重，加上睡眠不足，身心都感到极度地疲惫，正想暂且什么也不去想，稍歇一会儿，不料邮差送来报纸。

我随手翻开《人民日报》，只见第一版上醒目的大字标题：《文艺界反右派斗争的重大进展——攻破丁玲、陈企霞反党集团》。三天来的感受，不能说我对此完全没有思想准备，母亲也向我说过："我的问题迟早会见报，你要有精神准备。"但当它真的来到我面前时，我仍感到震惊，心不停地在战栗。我努力使自己镇定下来，以最大的力量抑制住内心的惶惑，仔细地读完了标题下的全部文字，心头笼罩着一片幻灭感。

这篇报道，用了七千多字的文字，以"1955年作协党组织为什么批评丁玲陈企霞""利用国际反共浪潮变本加厉卷土重来""配合右派的猖狂进攻勾结文汇报狼狈为奸""丁、陈曾准备退出作协企图公开分裂文艺界""反党小集体开始崩溃,丁玲、陈明继续顽抗"为小标题,报道了作协党组扩大会议对丁玲等的斗争"告捷"。

吃午饭时,我走进饭厅,坐在餐桌旁,望了母亲一眼,心里袭来一阵悲凉。我不忍心再看她,就低着头吃饭,从碗里扒了一口饭,却咽不下去,抑制了几天的眼泪终于忍不住而溢满眼眶。我不愿母亲看到我伤心,就站起身走回到客厅。

这是我回到北京后第一次落泪。

我刚在客厅中坐定,母亲就跟了进来。她有些慌乱,一边用手揩拭着流淌着的眼泪,一边开口想说什么,却泣不成声。

过了一会儿,母亲稍稍平息了激动的情绪:"你不要为我难过,我的问题见报是预料中的事,只不过是迟一点早一点的事。"

她问我:"上午刘白羽同你谈了些什么?"

我说:"谈你在南京三年的事,结论就如报纸上登的:自首变节。只是具体情况,你过去告诉我的比较简单,他谈得比较详细一些。"

她说:"是的,那时我以为我的问题将会得到平反,所以就说得简单些。""我要向你说明的是,所有这些情况,我以前都向组织谈过,中宣部专门小组作了调查,调查的结果同我向组织讲的也是一致的。专门小组的结论,否定了自首,但保有'政治错误'。这结论实际上是一个专门小组内部相互妥协的产物。我对这个结论提出了保留的意见。现在他们没有拿出新的证据,反而加重说我'自首变节',并且在报纸上公布,这我又能有什么办法。"

接下来母亲又向我讲了南京那三年的事,说得比较详细一些。

最后她说:"党组扩大会上,一些人说,这个条子就是自首书。但是就这个条子的内容来看,我既没有承认自己是共产党员,也没有损害党的言论,没有自首的言词,这只是为了应付敌人企图脱身。我被捕后没有出卖党的组织,没有出卖同志,没有泄露党的秘密。这些,周扬、刘白羽他们也是承认的。而且,敌人企图利用我的名望为他们做事,写文章,我都拒绝了,至于徐恩曾、顾顺章,我是被囚禁的人,他们来找我,我怎么能拒绝得了不见他们。"

"我本不想告诉你这些伤心事,现在也只有说了。"

在概括地说完了这些情况之后,她对我坦言:"我们是母子,你可以相信你的母亲,相信你母亲这个老共产党员;你也是共产党员,你也可以自己思考、判断。"

下午,作协党组扩大会继续开,母亲走了。我一人在家,静下心来,开始梳理自己的思想。

我从1943年延安整风审干时起就接触这方面的事了。根据在党内生活所了解的关于叛变、自首、变节的政策界限,我确认,共产党员被捕后,出卖了组织、出卖了同志、泄露了党的秘密,属于叛变,定为叛徒;没有上述行为,写了自首书,或登报发表了声明、启事,其内容为宣布脱离共产党,放弃共产主义信仰,宣称共产主义不适合中国或有其他损害、污蔑党的言词属于自首,定为自首分子,情节轻的定为变节。母亲所写的,并没有这样的内容,怎么说是自首变节呢?

母亲开完会回来以后,又同我谈了回苏联去的问题。她说:"你还是改乘飞机去莫斯科。三四天后,在莫斯科就能看到今天的《人民日报》。我很不放心祖慧,她什么情况都不知道,要是说出什么同党不一致的话来如何是好,至少会影响她的预备党员转正。"

我入党已十年,祖慧这时还是一个预备党员,她1956年8月去苏联留学前夕入的党,预备期一年。

母亲又说:"也许你还能赶上见小灵子一面。"

我说:"若是改乘飞机,要花好大一笔钱啊!"乘火车走,是无须母亲花钱的,因为我在列宁格勒已买了往返双程车票。

母亲说:"现在这样的情况,不要考虑钱的问题。"

我说:"好吧。"

次日,8号上午,母亲叫夏更起去储蓄所取钱,然后去买机票。夏更起买到11日的机票,花去八百元。我去国际旅行社退火车票,退回三百元人民币,这钱我留在了家里。

乘火车与乘飞机,都是11号离开北京,只是飞机两日可达,火车需行八天。

9日下午,母亲仍去作协开会。她走后约半小时,夏更起接电话后告诉我:"作协党总支要你现在去谈话。"我即去文联、作协大楼。

同我谈话的只有上次与黎辛一起和我谈话的那位女同志一人。

她问:"上次谈话,你说你将思考你母亲的反党言行,现在你想得怎么样了?你有什么要揭发的？"

我回答："我尽力地想过了，可是还没有想出有属于反党性质的言论。当然，我还可以继续去想。"

她又问："这几天你母亲在家里的情况怎样？说了些什么？"

我说："这几天，她天天去开会，回到家就在他自己的房间里写检查、交代材料，除了三餐饭之外，几乎没有多少时间见面、说话。"

她脸上露出了不满意的神色："你说你愿意站在党的立场上，这是需要有实际行动的。"

我没有吭声。

我其实知道母亲的一些事，揭发出来也可能会引起轰动效应，或许还会充实到所列她的"罪行"的事实中去。但我认为它们不属反党性质，也称不上是错误。同时，我也知道文艺界内人际关系方面的情况，我当然不会"大义灭亲"去揭发她。

沉默了片刻，她说："听说你要回苏联去，希望你继续考虑你母亲有哪些反党言行。揭发材料可以直接寄给我们，也可以通过大使馆转给我们。"

不到十分钟，谈话结束了。

以我对母亲的了解，通过我自己的思考，我不认为她"反党""自首"。我是一个认真的人，一个坦直的人，对党、对组织从来都是心口一致。可是，现在我却不能说出我的真实思想，如果我如实地说，那么等待我的又将会是什么？这正是母亲所不希望并为之担心的。不止如此，在这些场合，我还得表明我相信党，拥护党对她进行的斗争。我别无选择。而这样的表示，也正是母亲所希望并一再告诫我的。一切都这样地扭曲着。我心里非常苦恼，何以自己会处于如此的境况？我真不知道该怨谁，难道该责备的是我自己？

10日夜晚，我收拾自己简单的行装，母亲坐在旁边，看着我把一件件衣物放进箱子。她不时插几句话，说把这个放在这里，那个放在那里，如同我小时候离家出门时一样。我不愿拂母亲的心，一件一件都按照她的意思放好。只是我觉得这气氛有点凄怆。母亲长长地叹了口气："麟儿！我很对不起你们，让你们受苦。"我心里泛起一片悲伤："妈妈！你不要这么说，你爱我们，我们也爱你，现在的事也怨不得你。我这次回来以后，你同我谈了许多，我相信你，相信你所说的一切。我心里全都明白。"

母亲说:"你要听党的话,党现在认为妈妈反党,你也应该这样认识。"

我点点头:"我知道。"

母亲又说:"你放心我,妈妈是一个老党员,妈妈是坚强的。你也应该坚强。"

我答道:"妈妈!你也放心我。"

母亲最后说:"我的问题就是这样的了,你自己好好学习,好好工作,好好生活吧!"说完又是一声长长的叹息。

这一夜,我又几近彻夜未眠。我真没有想到,竟会是在如此的境况与心情下与母亲离别。

天刚蒙蒙亮,我就起身了。母亲卧室的灯也亮了。不一会儿,司机老王也来了。我同他一起吃早餐,我吃了几口面,咽不下去,就搁下了碗。我回到自己房里,穿上了西装上衣。这是一套蓝色的西装,是我出国时,母亲带我一起去王府井大街的西装店,亲自选好料子,做好送我的。今天,我特意穿上了它。

母亲一直无言地坐在客厅里的一张单人沙发上。我希望自己在这离别的时刻表现得坚强一些,不要太动感情地同母亲告别。我极力克制着内心的悲怆,走到母亲跟前向她说:"妈妈!我走了,你自己多多珍重啊!"

母亲想站起,双手撑着沙发的扶手,却没能站起来。她瘫软在沙发里哭泣起来。我一只腿跪了下去,头伏在母亲的怀里,再也控制不住感情的闸门,眼泪倾注而下,呜呜地哭了起来。这是我六天中第二次流泪。母亲用手抚摩着我的头和耸动的肩膀,她的手不停地颤抖着。过了好一会,我抬起头来,母亲的脸上流淌着一行行泪水。我打算站起来,母亲伸开了双臂,我趁势把她扶了起来。母亲刚一站定,就扑向我,紧紧地拥抱着我,好像一松开就会永远失去似的。母亲泣不成声,断断续续地喊着:"儿子!我的儿子!"她全身都在战栗。我好不容易止住的眼泪又夺眶而出。母亲终于松开了紧紧拥抱着我的双臂。我说声:"妈妈!我走了。我爱你,为了我,为了我们,你一定要珍重自己啊!"我狠下心来走了出去。在临出大门前,我回过头来最后望了母亲一眼,她无力地倚靠在北屋客厅的门框上,悲哀地目送着我的离去。

这生离,犹如死别。

夏更起送我去机场。我坐进了轿车后座。在汽车开动的那一刹那,我回顾了一眼多福巷16号小院,没想到这竟是最后的一瞥。1959年春天,我从苏联回到北京时,多福巷的这个家已不复存在。母亲去了北大荒，小院也已被拆除。

汽车向西郊机场驶去，我的思想仍凝滞在刚才的那番生离死别之中，一路上谁也没有说话，车里呈现着死一样的寂静。

我于12日傍晚飞抵莫斯科。那天夜晚，我和祖慧、灵源在青年艺术团下榻的旅馆祖慧的房间里呆了一夜。祖慧也参加艺术团活动，没有演出任务，跟着观摩。

我原以为这个夏天不会再见到灵源，在北京送别她时，两人都作好了一年半之后再见面的打算。所以，能见到她是很高兴的，尽管留给我们的时间只有十几个小时。我当然很爱她，为我们刚建立起来的爱情感到幸福，可是在现在这般情况下，为她着想，我觉得我应该提醒她重新考虑同我的爱情关系。这个问题，我在飞机上就已经在思考了，如果见不到她，也一定要写信把这个意思告诉她。那夜，当祖慧睡熟后，我向她说出了建议她重新考虑的意见，并且表明，如果她改变初衷，我能理解，决不会怨恨她。她责备我不该提出这样的问题，她说：她对爱情的选择是经过认真、慎重的考虑的，不管前面的生活是好是坏，她都将同我，同我的家庭共命运。第二天，13号中午，我和祖慧一起在莫斯科车站送灵源回国。

灵源在莫斯科收到母亲7月底写给她的信。这封信以"亲爱的小灵子"开头，接下去母亲写道："你走后，祖林把你们相爱的事告诉了我，所以我向你写这封信。""祖林是一个深情的人，今后只有你能爱护他，帮助他，安慰他，希望你不要伤害他。""希望你相信我，为了全家人的幸福，我会努力，希望你与我们一起等待那美好日子的到来。"信中还说要她相信党，也相信她。署名是："祖林的妈妈"。这封信使灵源很感动，对爱情的论述也令她折服，但同时也使她感到困惑，不明白母亲为什么要说那些话。她想了好久，不得要领。直到过了几天，当她在11号那天看到7号的《人民日报》之后，她的困惑得到了最明白不过的解答。但是她的第一个意识，就是不相信母亲"反党""叛党"，在她的心目中，丁玲的名字始终是和革命联系在一起的。

灵源在火车上给母亲写了一封信，向她发出发自肺腑的回答，表明她的态度。信在斯维尔德洛夫城用航空寄出，信的全文如下：

亲爱的妈妈：

我用世界上最神圣的名字称呼你，因为我太爱你了。

你的信使我好几天不能平静，你的意味深长的话，使我深思，我一定永远记在心上。

祖林的确是一个非常可爱的人，我爱他，从来不曾这样的爱过。在今后的日子里我将以更多更多的爱来爱他，请你放心。

他十二号下午到达莫斯科，我们谈了一夜。他情绪还好，非常记挂你。为了我们，请你一定要珍重自己。

我十三号中午离开莫斯科，大概二十二号能到家。

向陈明同志问好。

拥抱你！

小灵子

(1957) 8.15

这是灵源写给母亲的第一封信，从这封信起，她不但口头上叫她"妈妈"，也用对妈妈的感情对待她。这封信应是会给处于困境的母亲一丝温暖与慰藉，母亲始终保存着这封信，她去世后，这封信又回到了我们手中。

中国作协党组扩大会议共开了二十七次，于9月16、17日召开总结大会。除原参加会议的二百多人以外，又有中央和各省市宣传部负责人、各省市作协分会负责人与部分作家、艺术家等共一千三百五十余人参加。会议由邵荃麟作总结发言。周扬作了重要的讲话，周扬的讲话疾言厉色，无论从神态还是从言词都是一副胜利者的姿态，他甚至得意地说，笑要笑到最后，取得胜利才笑得最好。与会者韦君宜后来说到周扬的这次讲话："杀气腾腾，蛮不讲理，可谓登峰造极。"这篇讲话后来经过修改，以《文艺界的一场大辩论》为题发表。

陆定一也在会上作了重要讲话。郭沫若、茅盾、巴金、老舍也在会上讲了话。这些讲话均在报刊上发表。

这次的斗争对丁玲的结论比1955年的结论政治上更加重了，所谓反党集团的人数上更增多了。

1957年在中国作家协会党组二十余次的扩大会议上，揭发批判丁玲"反党"的事实，基本上也还就是1955年党组扩大会议上揭发批判她的那些所谓"反党"的事实。这些事实，已经经过专门小组的调查，或者被证实为子虚乌有，或者被证实为算不上是什么问题，不属于反党。但是，这些调查结果都被无理地推翻了。经过调查并多次讨论，周扬也签字同意的丁玲南京一段历史问题的结论，也被无理地推翻了，尽管它还只是一个专门小组内部相互妥协的产物。丁玲并没有当时社会上的所谓的"右派"言论。把她与社会上的右派连在一起的，也就是浦熙修、姚芳藻来访的那件事，如此地连在一起，既无根据也无道理。渲染得出奇的所谓丁玲要退出作协，分裂文艺界，而这只不过是熟人间的一句气话。丁玲实际上与所谓的右派的言行并无干系。只是因为她向党组织写申诉书，被加以是"翻案"，是"向党猖狂进攻"，而利用反右派运动之机，加重对她的打击，加重对她的惩罚，给她戴上一顶"右派分子"的帽子而已。

党组扩大会的最终战果是牵强地搞出一个"丁玲、冯雪峰反党右派集团"，成员为丁玲、冯雪峰、艾青、陈企霞、罗烽、白朗、李又然七人。受此案牵连而划右派，定为反党分子和受严厉党纪处分的，一说有六十余人，另一说有二百多人。可能都有依据，依牵连程度不同和考虑的地区、部门的范围大小不同而划定。

12月，中国作协党总支召开党员大会，一致通过开除丁玲的党籍的决定。

母亲在这个会议之后给我的信里，说作协党总支已开除了她的党籍，她说她痛哭了，几天吃不下饭；她说她将努力，争取回到党的队伍里来。看信后，我也十分痛苦，我十分理解母亲，一个把自己的一生融合到党的事业里的人被迫离开党的组织的心情。

1958年，因被指责为"支持丁玲翻案"，李之琏、黎辛被中宣部定为右派分子，张海、崔毅被定为反党分子。"案中案"，也被定为一个以李之琏为首的反党集团。李、张、崔都是在张际春领导下作调查工作的领导干部，在此之前，他们与丁玲从来没有什么接触。他们根据党的实事求是的原则进行调查工作，反而落得如此下场。张际春是老资格，长征时是红一军团政治部宣传部长，抗日战争时是"抗大"政治部主任，解放战争时是第二野战军副政委兼政治部主任，中共七届候补中央委员、八届中央委员。无论是陆定一，还是得到陆定一支持而有恃无恐的周扬，当然都不可能像对待李之琏他们那样对待张际春。但是，不知是因这件事的原因，还是其他的原因，张际春不久就调离了中宣部，改任国务院文教办公室主任，常务副部长由周扬继任。1979年母亲复出后，一次同我谈起张际春："'文革'中，张际春在'五七'干校对熊复（在李之琏之前任过中宣部秘书长）说，'丁玲一案是一个冤案。'他一直抱有自己这样的看法。"母亲说："张际春在'文革'中去世了，真可惜啊！"她心里对张际春是始终怀有感激之情的。

1958年1月26日，《文艺报》第二期发表《再批判》为总题的专栏，被再批判的文章有王实味的《野百合花》、丁玲的《三八节有感》和《在医院中》、艾青的《了解作家，尊重作家》、萧军的《论同志之"爱"和"耐"》、罗烽的《还是杂文时代》。《三八节有感》作为批判对象刊登时，只刊登了其前部分，而被称之为还有积极意义的后一部分则被删略了。之后，丁玲的《我在霞村的时候》也受到了批判。

《再批判》专栏的《编者按语》中写道：

> 1957年，《人民日报》重新发表了丁玲的《三八节有感》。[1] 其它文章没有重载。"奇文共欣赏，疑义相与析"，许多人想读这一批"奇文"。我们把这些东西搜集起来全部重读一遍，果然有些奇处。奇就奇在以革命者的姿态写反革命的文章，鼻子灵的一眼就能识破，其他的人往往受骗。外国知道丁玲、艾青名字的人也许想要了解这件事的究竟。因此我们重新全部发表了这一批文章。
>
> 谢谢丁玲、王实味等人的劳作，毒草成了肥料，他们成了我国广大人民的教员。他们确能教育人民懂得我们的敌人是如何工作的。鼻子塞了的开通起来。天真烂漫、世事不知的青年人或老年人迅速知道了许多世事。[2]

上面这些文章，除了王实味的《野百合花》之外，别的文章，在延安的当时，虽有一些议论，但并没有公开批判过。如前文所述，在一次高干会上，丁玲的《三八节有感》在会上受到几位同志的批评，毛泽东作会议总结时，还保护了丁玲。可是如今却成了"毒草"，是"以革命者的姿态写反革命的文章"，要"再批判"。

然而，历史已经公正地证明，被"再批判"的这些作家，是一批爱人民、爱国、爱党的作家，他们的这些作品，或许也存在某些偏颇之处，但却是出自对革命事业的高度责任感而写就的。历史还昭示，如果不是对它们持批

[1] 只发表了前半部分，后半部分，也就是被称为有建议、有积极因素的那部分没有发表。
[2]《再批判》，《文艺报》1958年第2期。

评态度，解放区的文学可能开展得更加蓬勃，成果更加丰硕。

丁玲对毛泽东的文笔太熟悉了。后来母亲对我说："我一看这个按语，就知道是毛主席写的或是经他修改过的。在中央首长里我和毛主席接触最多，一直认为他最了解我，过去他关心过我，支持过我，也保护过我，看了这个按语，仅存的非常非常细微的一丝希望也就破灭了，但是心里倒更坦然了，心想，那就认命吧！"

其实，在这个《按语》发表之前和之后，毛泽东在接见外国代表团和在会议上都曾几次说到丁玲，当然都是贬斥之词。丁玲那时既看不到文件，也听不到传达，所以并不知晓。

如果说以往毛泽东与丁玲之间还存在一点点友谊的话，那么，至此这份友谊也就烟消云散。

回溯丁玲走过的足迹：1936年她来到陕北苏区，毛泽东对她优渥有加，赠她诗词，关心、支持她的工作，在交往中，丁玲对毛泽东产生了真挚的崇敬；如果说后来那篇《三八节有感》有什么差池，令毛泽东不快，但毛泽东还是保护了她；更重要的是，在延安文艺座谈会之后，丁玲努力根据座谈会的精神实践，深入群众，写成了《田保霖》等一批报告文学，得到毛泽东的表扬；在解放战争中，丁玲深入农村搞土改，写出了长篇小说《太阳照在桑干河上》。这本书也是在毛泽东的关怀、支持下出版的，并获得了斯大林奖金，书立即被翻译成十几种文字，走向了世界，也可以说是为毛泽东文艺思想挣下了一分光彩，丁玲在获奖后向记者发表的短短的四百个字的谈话中，一再重复地说："我是一个渺小的人，只做了很少很少的一点工作"，"一切光荣归于中国人民，归于中国人民的伟大领袖毛泽东"。在建国初期，当毛泽东文艺思想受到非议与挑战的时候，丁玲在积极地宣传、坚决地捍卫毛泽东的文艺思想上是有功绩的；1950年前后，她访问苏联和东欧国家，不少作家、学者向她要材料写毛泽东，可是中国却还没有一本像样的介绍毛泽东生平的书。她为我们的工作感到惭愧，她打算放弃自己原有的写作计划，组织研究小组，请陈伯达、胡乔木为顾问，搜集材料，亲自动笔写出《毛泽东传》……[1] 再说，她不过乃一介文人而已。

然而，在中国作协党组给中央报告的不实的事实中，却多处无中生有地把她放在毛泽东的对立面。如"丁玲公然反对党对于《文艺报》所犯错误的检查和批评"，而因《红楼梦研究》引发的对《文

[1] 丁玲：《访苏汇报》，《丁玲全集》第10卷。

艺报》的检查批评是毛泽东发起的；又如"丁玲对于党所发起的批判胡风的运动一直是消极旁观的"，"与胡风反革命集团的破坏活动起了互相呼应互相配合的作用"，还要"为胡风反革命集团翻案"，而正是毛泽东将胡风定了个"反革命集团"；再如，断章取义地把丁玲对熟人说的一句玩笑话"我这几年是靠苏联人吃饭"煞有介事地断章取义地歪曲原意地报告上去，而《太阳照在桑干河上》正是在毛泽东的关心与支持下才发表的，如此地挑拨离间，就一般人看来，你丁玲岂不是"忘恩负义"。总之，莫须有地不实报告这些丁玲"逆"毛泽东之"言"之"行"和其他所谓的"反党"事实，自然地会使毛泽东产生对丁玲的不满，从而作出与此相应的判断。

把丁玲作为"右派分子"批判斗争的中国作协党组扩大会议结束一个月之后，毛泽东于1957年10月13日，在最高国务会议上的讲话中四次点了丁玲的名："大鸣大放，一不会乱，二不会下不得台。当然，个别人除外，比如丁玲，她就下不得台。""有的人进了共产党，他还反共，丁玲、冯雪峰不就是共产党员反共吗？""共产党里头出了高岗，你们民主党派一个高岗都没有呀？我就不信。现在共产党里又出了丁玲、冯雪峰、江丰这么一些人，你们民主党派不是也出了吗？""还有一些著名的右派，原来是人民代表，现在怎么办？恐怕难安排了。比如丁玲就不能当人民代表了。"[1]

丁玲被打成"右派"，毛泽东自然是负有责任的。丁玲的命运，最终取决于毛泽东。

尽管如此，当我们回顾历史，不能简单地把责任都推到毛泽东身上，而把始作俑者、主谋者兼主持者视为仅仅是一个"执行者"。

对丁玲的处分，是按右派分子的第六类处理。这一类右派，大多为高级民主人士和党内高级干部。作协党组书记邵荃麟告诉丁玲："这是政治协商会议小组会议上讨论过的。你可以不下去劳动，分配工作，也可以留在北京，从事研究或写作，稍微降低或者保留原工资；仍保留作协理事……象雪峰，大概仍将留在文学出版社，参加鲁迅全集的注释工作。"他还向丁玲表示："他个人意见是，丁玲也可仍留在北京写作；过一段时间再把陈明从东北调回来。"[2]

邵荃麟的这番话，是体现党的政策的。可是丁玲心里想："他个人的这番好心，能够获得另外的权威人士的恩准吗？"[3] 她实在不敢有这样的奢望。

[1] 毛泽东：《坚定地相信群众的大多数》，《毛泽东选集》第5卷，1977年4月人民出版社出版。

[2][3] 丁玲：《风雪人间》，《丁玲全集》第10卷。

1958年初，丁玲和陈明过了一个十分寂寞而凄凉的春节。没有客人来，没有酒，也没有花。"风暴总算是过去了，可是人还在风雨中飘零。受惊了的，撕碎了的心魂日夜不宁；人该从梦中惊醒，但好像还在没完没了的噩梦之中。"[1]

春节刚过几天，陈明的单位北京电影制片厂突然来了通知，通知对陈明的判决：因支持丁玲翻案，划为右派，撤销级别（文艺三级），保留厂籍，下放到黑龙江密山农场监督劳动；三天后去东郊双桥农场报到，待命出发。

陈明走后，家里显得十分冷清。在这寂寞的日子里，只有罗蓝经常来看望她，安慰她那颗受伤的心。建国初期，罗蓝去到四川工作，1957年年底调回北京。我延安时的同学、朋友苏绿野在东北工作，他出差北京，也去看望过她，然后写信给我，说母亲身体和精神尚好，要我放心。

母亲整天埋头在一些异邦异域的文学作品中，想让这些奇怪的故事、陌生的风俗和难以理解的道德伦理观念，充塞她的摇摇欲坠的灵魂。然而，她仍旧是思绪万千：

> 人可以烦闷，可以忧郁，可以愤怒，可以反抗，可以嘤嘤啜泣，可以长歌代哭……就是不能言不由衷！不能象一只癞蛤蟆似地咕咕地叫着自己不愿意听的虚伪的声音。安徒生写过一篇童话，说一个公主被妖法制住了，变成一个癞蛤蟆，整天咕咕地叫，只有到夜晚，才能恢复她原来真真的样子，一个美丽的公主。我不是美丽的公主，但我是人，是一个尊严的人，是一个认真的共产党人，我怎能挂着一张癞蛤蟆的皮，日夜咕咕地叫，说着不是我自己心里的话？我得承认我是"反党的"，是"反社会主义的"，是"反毛主席的"。天啊！我的确没有反过，从来也没有反过。但有人咬定这样说，我就得跟着说，心里不愿，但嘴上得承认。我心里想我可以死，就是死我也不承认，但我却不能"顽抗到底"。我到底害怕什么呢？我到底还能相信谁呢？我只有相信党，我想总有一天党会搞清楚的。我一定要等到这一天，我应该活着耐心等到这一天。我虽然有过迷茫，但是我想来想去，许多熟悉的身影在我眼前显现，许多亲切的声音在耳边回响。我不能相信，我们的党中央，我们一千二百万党员中，亿万人民中，真的就没有一个人能尊重事实，肯为丁玲说句公道

[1] 丁玲：《风雪人间》，《丁玲全集》第10卷。

话吗？我想，共产党是无产阶级的革命的先锋队，是中华民族的优秀儿女组成的，我坚决不能相信，创造过空前业绩的千万个党员和人民群众竟是那样盲目轻信，一定要把一个自己的战友说成是"反党分子"。我相信总有一天，历史会作出证明，人民要作出裁决。我应该不必羞惭，我应该无所畏惧，只能相信群众，相信自己，扫清迷茫，坚定不移地活下去，承担苦难，做一个共产党员该做的，继续用自己的言行，谱写为人民的一生。[1]

清明节那天，母亲独自一人去万安公墓凭吊我的外婆。外婆已经离开我们五年了。母亲深感外婆去世得太早，后悔对外婆的照顾不够。可是此时，站在外婆的墓碑前面，她心里却想着："妈妈啊，母亲！你真死得是时候，如果现在你还活着，你将怎样面对这残酷的现实！你再伟大，你决不能承认你的女儿是反党的。你再坚强，也不能心平气和地分担我的痛苦，排解你的疑团。你的信赖被粉碎，你的感情被蹂躏。母亲啊，母亲！你看，现在我伫立在你的墓前，却想到你幸而早死。这是多么荒谬的逻辑。这是多么刻骨入髓的苦痛啊！"[2]

陈明来信了，兴奋地告诉母亲，农垦部部长王震将军到陈明所在的宝清县八五三农场看望从北京下放改造的一百多"右派"分子。陈明用最激动的感情向丁玲描述了这次会见，并告诉丁玲，王震向他问起了她。当陈明把丁玲也想去北大荒的想法告诉王震后，王震一口说："好嘛。她来，我同意。"王震的话，使丁玲感到温暖，她决心飞到那寒冷的北大荒去。

她向作协党组提出去北大荒的要求，得到了党组的同意。

丁玲一直说，去北大荒是她自己主动提出要去的。这也是事实，是她提出后，组织上同意的。但是有些情况，她到死的时候，也未能知晓。

我在编辑《丁玲全集》的过程中，收集到丁玲1978年7月24日在嶂头村为申诉事写给王震副总理的信，随信附1978年7月24日致中组部部长胡耀邦信及写给中组部的报告。王震阅时作了若干批语。在丁玲致中组部报告中所述的："在北京听候分配期间，我主动请示农垦部领导同志、作协党组同意，介绍到农垦部，由农垦部分配到合江农垦局汤原农场。"一

[1][2] 丁玲：《风雪人间》，《丁玲全集》第10卷。

段话中，王震在"我主动请示农垦部领导同志"旁边批曰："我记得周扬同志先同我谈丁玲问题，可到农场考验、锻炼。"[1]

由此可见，在丁玲提出要求之前，周扬就已同王震先谈了要把丁玲下放到农场去，之后，丁玲在不了解上述的情况下，向王震提出去农场的要求。如此看来，假如丁玲自己没有提出去农场的要求，其结果也必然按照周扬的意旨或决定将丁玲下放农场劳动改造。那么问题在于，周扬对丁玲这样的处置，动机是什么？它符合对第六类右派分子处理的政策规定吗？

行前，丁玲拿到一封介绍她到黑龙江农垦局的介绍信。对此，她这样写道：

> 我从作家协会拿到由中宣部署名的一纸简单的介绍信。这一张窄纸条，几行字，使我又一次堕入五里雾中。那上边清清楚楚地写着："撤消职务，取消级别，保留作协理事名义。下去体验生活，从事创作；如从事创作，就不给工资。如参加工作，可以重新评级评薪……"那么，党组书记邵荃麟曾经说的，对我与冯雪峰的处理是一样的，降几级工资，可以留在北京工作；还在政协小组会上讨论过的，现在为什么有这样的改变？取消级别，从事创作就不给工资，谁决定的？没有人向我解释。这种决定，这样处理，为什么事前没有一个人通知我，和我谈谈呢？我在党内工作、生活了二十多年，对人对己从来没有看见过这样无情，这样草率从事的。看来不知道是什么人，把党的政策当着儿戏，或者是压根儿从没有把党的政策、组织原则和纪律放在眼里。对冯雪峰的处理是开除党籍，降三级工资，仍然恩准留在北京工作。江丰呢，这样一位老党员，被划做美术界的大右派，也降了级而被留在北京。我呢，我不想留在北京，我自己要求去北大荒创作，可是"如从事创作，就不给工资"。看来，我比所有的右派都更罪大恶极！试问掌握我的命运大权的那些先生们，照你们用中宣部名义写的这封介绍信，如果我在下面果真能够有条件从事创作，你们谁能批准哪个刊物发表我的作品？！又有谁胆敢触犯你们的权威，按照常例支付给我稿费呢？我明白了，总有那么几个人，不只是要把我驱逐出党，赶出文艺界，而且还要趁此夺走我手中的笔，永远不让我再提笔写作。我去北大荒从事创造，便不给工资，我只能靠陈明每月二十八

[1] 丁玲致王震信，《丁玲全集》第12卷。

元钱生活。党的一贯政策是，战犯也给饭吃，关在牢里的死囚也给一碗饭吃嘛！这哪里是介绍我去北大荒体验生活，从事创作，而是要我去冰天雪地，靠体力劳动去挣饭吃。我已经五十四岁了，我从二十三岁开始写作，我是一名作家，我究竟有多大力气从事体力劳动呢？更重要的是我拿着这样一纸中宣部名义出具的介绍信，基层单位的同志将如何看待我？我成了一个被摒弃在人民之外，不齿于人民的人！我心里为此很不安，很愤慨。我要去问他们，党规定的政策，你们就是这样执行的吗？我不相信这样的决定是通过了中央的。我是决不相信的，死也不信的。我以为只有那么几个人，他们惯于耍弄权术，欺上瞒下，用这样表面堂皇，实则冷酷无情的手段，夺走我手中的笔。……[1]

但是，定下心来想了之后，丁玲明白，即使去问，也不会有什么结果，于是决定就带着这封介绍信下去胼手胝足，卧薪尝胆，与人民在一起。

后来，在佳木斯的合江农垦局里，参加过长征的政治部主任看了这封介绍信，问："怎么不给工资，那你吃什么？"政治部主任说："不能这么办，这不符合政策。我要问问。"但是，他是问不出什么结果的。事实也是如此。

这样的介绍信，这样置党的政策于不顾的处理，无非是在政治上把丁玲打倒后，还要在生活上置她于死地。

6月末，丁玲前往密山，农垦部王震部长要在那里见她。

丁玲与王震相识于1936年12月初，她清楚地记得她与王震初次见面的情景：

我随红军前方总政治部杨尚昆同志从保安到了定边的绍沟沿，前方的指挥员都集中在这里，研究怎样同胡宗南打最后一仗。我在这里见到萧克，见到陈赓，后来又有一个穿狐皮领子大衣的军人走进窑洞，用湖南腔大声嚷道："听说来了一个女作家，在哪里呀？"当时，我很惭愧，没有说话。他似乎是在对我说："欢迎！欢迎！我们这里都是武将，没有文人。我们非常需要作家，是吗？"他又转向别的同志，然后高声笑着，走出去了。别人告诉我，他就是王震。[2]

丁玲还记得1954年的一次见面：

[1][2] 丁玲：《风雪人间》，《丁玲全集》第10卷。

> 1954年第一次人民代表会议散会时,我挤在人群中,他忽然喊我,笑着说道:"你的《太阳照在桑干河上》我读过了,写得很好。"我惊诧了,而且脸红了。我没有想到象他那样的武将,政务繁忙,会有时间读我的小说?而且还那么直截了当来了一个评价。我仓促间不知该怎么回答他,只是感激地对他笑了笑。[1]

丁玲在局长办公室里等待与王震的见面。她心里有些不安。她现在是一个要在王震治下来接受劳动改造的人,王震会怎样对待她,而她又将以什么态度,用什么心情来同他谈话呢?不一会儿,王震进来了,自己坐下,也招呼丁玲坐下。王震自然没有过去那样对丁玲的笑容了,但也不过分严肃。他只说:"思想问题嘛!我以为你下来几年,埋头工作,默默无闻,对你是有好处的。"这几句话,丁玲永远记得,而且认为对她很有好处。王震接着说:"你这个人,我看还是很开朗,很不在乎的。过两年摘了帽子,给你条件,你愿意写什么就写什么,你愿意去哪里就可以去哪里。这里的天下很大,我们在这里搞共产主义啊!"最后,王震说:"我已经叫他们打电话给八五三农场,调陈明来,同你一道去汤原农场。那里在铁道线上,交通方便些,离佳木斯近,住处条件较好些,让他们给你们一栋宿舍。"

这种时候,对丁玲这样处境的人,肯伸出手来相助者是很少的,很难得的。丁玲始终对王震抱有感激之情。

过了几天,陈明来到密山。7月2日,他们便一同乘火车前往佳木斯。三天后,就又乘火车抵达了汤原农场。

[1] 丁玲:《风雪人间》,《丁玲全集》第10卷。

◇丁玲在多福巷寓所

◇图1：丁玲在多福巷寓所
◇图2：1955年，丁玲在多福巷寓所打羽毛球

图1

图2

◇图1：1954年12月，丁玲与蒋祖林、陆琳在列宁格勒
◇图2：丁玲与（左一）逯菲、厂民（右二）、蒋祖林在颐和园

◆ 图1

◆ 图2

◇ 图1：1955年，丁玲在京郊西山乡与种瓜能手李复
　　安谈话
◇ 图2：1955年，丁玲在京郊西山乡与种瓜能手李复
　　安谈话

图1

图2

◇图1：1956年10月，丁玲在重庆曾家岩八路军驻重庆办事处旧址
◇图2：1957年8月，蒋祖林、蒋祖慧、李灵源（右）在莫斯科

图1

图2

第十七章 风雪人间

丁玲和陈明到达汤原农场之后，农场场长接待了他们。这个场长以前在部队里是一个团级干部，参加过抗日战争。他对丁玲表现得很谦虚，使丁玲都感到可能过分了，而起了疑心。果然，在谦虚的表面之下，显出了他的老练，他只用几句简单的话就把丁玲交给养鸡队的一个年轻的姜支书。姜支书又简单地说，为了照顾丁玲上班少走路，就在鸡舍院内指定给他们一间大约只有十平方米的小屋。后来看到东西挤得满满的，才让他们搬进隔壁的一间较大一些、大约有二十平方米的房子。

王震亲笔信里写的要农场给丁玲一栋房子，就这样成了一纸空文。

农场的领导谁也不提应该按照王震的这个指示办事，谁也不按照王震的这个指示办事。

这是一个四面都有房屋的院子，20世纪50年代初一批铁道兵转业到此修的营房，砖瓦结构，过去住过一个连队。现在除了丁玲住的一大间和另外四个养鸡姑娘住的两小间外，其余所有的房子都是鸡舍，住着两千五六百只莱亨鸡。白天，院子就是鸡的运动场，鸡舍每天打扫，可是运动场却经常不打扫。鸡粪满院都是，进出都要通过院子，得很注意，免得踩上鸡粪。只要一开窗户，鸡粪的臭气就扑入房间。

丁玲心里想，他们为什么不另外给我们一间房子，硬要把我们安置在养鸡的院子里？这里到底是我们的家，还是鸡的家呢？

丁玲就在这间与鸡为伍的房间里住了七年，直到离开汤原农场。

对于丁玲来说，初到农场的那些日子是十分严峻的。

过去，作为一个高级干部、一个著名作家，总是常常听到赞扬，受人捧场，因此自己得时时警惕。但无论如何，不管怎样，日子过得总是顺畅、舒服的。下到基层去体验生活的时候，总有当地的或单位的负责人接待、陪同和关心。而现在却不同了，她是一个右派，是头上戴着帽子、脸上烙下金印的人。她来农垦局的介绍信上写的是下来体验生活。可是这体验生活，怎么去体验呢？现在的身份与以前不一样了，自然不可能像以前那样的走走、看看，再深入下去访问、调查，或是参加一段时间的组织工作了。

她想着："摔了跤，不管怎么摔的，总得自己爬起来，总得自己站住。党籍没有了，党籍并不一定能说明一个人的真正好坏。我的党籍任人开除了，但一颗为共产主义事业奋斗终生的心却仍是属于我自己的，任何人也不能拿走的。现在我不是一个党员了，但我应该继续为党工作，要比一个党员工作得更好。我下定决心，要成为一个名副其实的党员，在逆境中也应该符合一个党员的要求。因为我不是糊里糊涂跑进党里来的，我在党内受过党的长期教育和培养。我应该用自己的一生，证明我没有辜负党的教育和人民的培养，我是一个经得起严峻考验的共产党员。我也要明白告诉那些人，你们的如意算盘打错了。丁玲决不是一打就倒的虚弱的，纸扎的，泥糊的人，她会振作起来的。"[1]

她主动提出参加劳动。北大荒的人们正在进行一场火热的与大自然的斗争，她决心投身于这建设的前线，在劳动中改造自己，提高自己，在劳动中消除群众对她的隔阂，消除横在群众与她中间的那堵墙。

畜牧队的姜支书是1948年参军的，出身好，没有打过什么大仗，就随军集体转业了。他有初中文化程度，也有年轻人的热情、随和。他对丁玲主动提出要求参加养鸡队的劳动很表示好感。他再三向丁玲说，场长嘱咐过，说她过去作文化工作，没有劳动习惯，现在已经五十四岁了，介绍信上说是来体验生活，没有说要劳动。因此对她的劳动，不作硬性规定；如果力所能及，她自己要求参加一点儿劳动，也是可以的。姜支书把养鸡队的工作向丁玲作了介绍，带领她参观养鸡的全过程，介绍她认识队长、排长、组长，建议她按养鸡的流程，到每个车间都实习一阵。这样，他先把丁玲带到孵化室，交给一个叫邓春明的组长，并叮嘱丁玲，如果感到累了，就回家休息，不要勉强，不要长久留在孵化的暗室，那里温度太高，湿度也大。

邓春明分配丁玲和另一个姑娘拣蛋，从一箱箱的鸡蛋

---

[1] 丁玲：《风雪人间》，《丁玲全集》第10卷。

里,一个个拿出来分别挑选,把好的、合格的、能够孵化的留在一边。这在农场的劳动中,是比较容易、比较简单的轻劳动,但是对于丁玲却并非易事。那小姑娘一手能拿五个蛋,而且动作快,可是丁玲只能一个一个拿,一手最多能拿两个蛋,并且动作慢,怎么也赶不上这个小姑娘。半个钟头下来,她的腰痛了,手指也发僵。她原来就患有脊椎骨质增生,曾去大连、汤岗子疗养,但没有治愈,常常腰痛。来农场后,她总想参加一些劳动,却没有把这个身体的情况向农垦局、场领导和姜支书讲清楚。现在刚拣了半个钟头的蛋,又是轻劳动,怎么好不坚持下去。心里越嘀咕,腰越痛,手越僵,急得一身都是汗。她心里想,是否先站起来,活动活动走几步,再继续拣蛋。哪知,刚站起来,就一阵眼花、头晕,要倒下去。幸好被一个闯进来的人看见,大家把她扶回家里。

往后的日子,丁玲坚持锻炼,逐渐适应了劳动。而这个适应过程却是依仗了她坚忍不拔的毅力,包含了太多的辛酸。

冬天,青饲料冻得硬邦邦的,要喂鸡必须把它剁碎,剁成菜泥。这是需要力气的。丁玲的右手直剁得肿好高,右臂也抬不起来,组里的人向上面反映她的身体情况,得到的回答却是:右手肿了,还有左手嘛。毕竟她在人们的眼里,是个右派分子,是打入另册的人。她就用左手剁,慢慢地左手也练出来了,有时脚也站肿了,她就这样咬着牙坚持了下来。一年后,王震来到佳木斯,看见她的手肿得好高,指示农场安排她作文化教员的工作。

丁玲还主动要求饲养难度很大的病弱雏鸡,由于她的精心照料,她饲养雏鸡的成活率是最高的。她后来向我说:"一开始,看着这些刚孵出的小鸡软绵绵的、毛茸茸的,我都不敢用手去碰它们。养着养着,我对这些小生命产生了感情,老想着怕它们生病了,怕它们相互挤着给挤压死了。我精心地照顾它们,我喂养的小鸡成活率最高。打扫鸡舍最辛苦,鸡舍里温度高,又闷、又热,气味也难闻,打扫下来,衬衫全湿透,但越打扫得干净,鸡就越不会生病。"

丁玲做什么事都十分执著。不能写书了,就养鸡,对养鸡也那么投入。1961年1月,我到北京看望她时,说起养鸡,她说:"我买了几本养鸡的书看,建议农场到牡丹江市的养鸡场买些良种鸡来养。从汤原到牡丹江要坐十来个小时的火车,农场就派一个饲养员同我一起去。我们在那里买了好多笼鸡,却忘记了买饲料。半路上,火车到一个小站,饲养员说他下去买饲料,哪知火车只停几分钟,他没赶上车,丢了。我真发愁,我一个人怎么对付得了这么多笼的鸡。鸡直饿得咕咕叫，饿死了怎么办？再说，以我这样的身份，也是不能出这样的差错的。在另一个小站，我事先把钱抓在手里，车一停，我跳下车买了一包白菜就往回跑，但还是晚了一步，火车已经开动，我拼命跑着，抓住最后一节车厢的扶手，跳上了车，心想，好险啊！"她说着，还为她飞跃上车洋溢着自豪感哩！

畜牧队队长、省劳动模范张正延心里很受感动，他说："我是个大老粗出身，上级说她是大右派，犯错误下来的，我看她干活那种不怕苦的精神，组织性、纪律性都很强，我心里就想：还是延安来的老革命，没变。她党籍没有了，还是个老党员的样子。"[1]

由于她养鸡专心致志，热心钻研养鸡技术，善于总结经验教训，作出了出色的成绩，她赢得工人群众和干部们的称赞，姑娘们称她是"养鸡能手"，干部们赞她是"养鸡行家"。

王震知道丁玲饲养弱雏鸡成绩好，对改良鸡种也有独见，非常高兴，赠送给她一本《畜牧学》。

丁玲刚到农场的时候，群众听说来了两个"大右派"，既好奇，又害怕，怕和他们接近，怕被说成与右派划不清界线。农场领导起初也做得过分。原来同院住的几个天真朴实的小姑娘，每天都到她那里玩儿一阵，农场领导为了孤立她，就叫这几个小姑娘搬走了。但是丁玲用她的劳动，用她的工作，用她对劳动和工作的态度，将自己融入了劳动群体，用待人的赤子之心，使得人们对她有了了解。她关心群众的生活和思想。对困难职工，她力所能及地解囊相助，济人之急。同志间有了矛盾，她帮助解开思想疙瘩，小青年有了苦闷，她促膝谈心，一把钥匙开一把锁。

1959年，来了大批山东支边青年。丁玲所在的畜牧队养鸡排，分到四十多个小姑娘，住在集体宿舍。她们见到这冰天雪地的环境，养鸡的活又脏又累，天天想家哭鼻子。丁玲去看她们，问她们："哭什么？"她们回答："想家。动员我们来的时候，说北大荒楼上楼下，电灯电话，现在可好，一片荒原，什么也没有，走一天也见不到一户人家。"丁玲就像哄自己的孩子一样，一次次地和她们聊家常，给她们讲革命故事，讲战斗英雄黄继光、邱少云的事迹。并且告诉她们，这些英雄的战友，如黄继光的连指导员、邱少云的营参谋长等许多坚守上甘岭的勇士们，都在这个农场跟我们一

---

[1] 张靖宇：《1958—1964 丁玲在北大荒》，《新文学史料》2000年第4期。

起劳动。丁玲鼓励姑娘们向英雄学习，从这些英雄的战友的身上学习他们的不怕艰苦的精神。原来有几个小姑娘，曾悄悄商量要离开农场，跑回家去。通过丁玲和她们的交谈，情绪都稳定下来了，一个也没有走。可是有的排，四五十个小姑娘跑的只剩下两三个。这些小姑娘信任"丁大娘"，后来有的姑娘还把自己的婚姻大事托付给她。

此后，这些养鸡排的小姑娘有什么事，找队里的指导员，指导员干脆一挥手说："这些事你们找老丁去。"队里有什么事，指导员也找丁玲商量。人们说老丁是畜牧队的不是指导员的指导员。

在当时的政治气候下，人为地在丁玲与广大群众中间竖起的一道"墙"，被丁玲的实际行动拆除了、化解了。当然，这不是一时一刻就能完成的，是逐渐做到的。

得到丁玲帮助过的，或与丁玲交往、接触较多的群众后来不少人都入了团、入了党，成为先进生产者、先进工作者。

自1959年冬，丁玲任畜牧队文化教员。她主动要求担任最难教的扫盲班教员。她根据成人的特点，自编教材，认真备课，还自掏腰包给学员买铅笔和练习本。在教学方法上她也有很多创新，比如将教过的生字写在小方块纸上，贴到实物上，叫作"看物识字"。这个方法帮助学员巩固已学的生字很有效。半年后，学员闯过了识字关，她又教学员在用字上下功夫，辅导学员造句、写信、写作文，举办作文展览，有的学员的习作生动活泼，还被《农垦报》选登，能写信的就更为普遍。几年来，畜牧队的文化教育都是全场的先进单位。

1960年，农场开展"新旧对比，忆苦思甜"的社会主义教育，丁玲采访祖祖辈辈受苦的工人吴德兴，写就了《吴德兴祖辈三代血泪史》一文，并以吴为作者，登在《农垦日报》上。她还步行三十多里到四队为丁队长整理"苦难家史"。这两史被定为农场的阶级教育的教材。她定期给队里出黑板报，表扬好人好事，还给工人读报讲故事，她讲抗日战争的故事，讲得惊险、生动、幽默、风趣，寓爱国、爱党、爱社会主义思想于故事中，不仅工人群众爱听，连干部、家属、小孩都主动来听。久而久之，潜移默化，大家的政治素质得到提高。当时畜牧队是全场安定团结，生产形势最好的单位之一。

陈明右派摘帽之后，在场工会工作。他组织青年工人演唱革命歌曲，导演大型歌剧《三世仇》，丁玲积极主动配合。这个剧在全场轮回演出后受到热烈欢迎，被邀为汤原县党代会和四级干部会演出,曾轰动一时。

1960年年底,王震召丁玲到北京,约她谈话,对她讲,农垦部的意见是给她摘掉右派分子帽子,并且已经把农垦部的意见转告中宣部与中国作家协会。丁玲非常感谢王震对她的关怀,但是中宣部与中国作协没有同意,所以没能解决,只给陈明摘去了右派帽子。王震对丁玲说:"你的问题,我负责到底。"

也就在这时,我去北京看望母亲,同她一起过了一个春节。母亲同我谈她在农场养鸡、扫盲。她对自己的新生活富有感情的这些叙述深深地打动了我,我觉得她仍然对生活具有热情和信念,她仍然是一个认真的、执著的共产党人。她精神上充实、坚强,她是以自己最大的毅力在荆棘丛生的山石中踩出一条新的路来。我只是担心她的身体,她毕竟是快六十岁的人了。除了参加集体劳动之外,她还要自己挑水,劈柴,做饭,自办采暖,洗衣缝衣,还要生产自己的副食,如种菜、养鸡等。在这一年有六个月要生火取暖、天寒地冻的北大荒,只说生存都不易。

母亲以同样感激的心情谈到萧克,谈到1959年冬天在汤原农场与萧克的一次会面。当时,萧克从国防部副部长任上调来农垦部任副部长。他下来视察工作,来到汤原农场,听说丁玲在这里,他表示:我一定要见见她。农场的领导请萧克吃饭,萧克就让他们把丁玲也请来。萧克热情地招呼她坐在他身旁,称她"丁玲同志",关切地问她在农场的生活。母亲说:"听他称我'丁玲同志',我心里一热,一时话都哽住了。1957年底我划右派之后,周扬见到我,冷语地对我说:'以后没有人会叫你"同志"了,你该怎么想?'说这话时,他那轻松、得意、一副先知的脸色,正是狠狠刺中了我心灵的痛处。从他的冷语,从他的脸色中,我悟到了人。如今,萧克称呼我'丁玲同志',我的心情是很激动的,我是十分感激萧克的。萧克以这样的态度待我,也使我往后在农场的日子好过一些。"

萧克也是丁玲1936年在定边红军前方指挥部认识的,他那时是红军第二方面军副总指挥,一个年轻的红军将领,才二十八岁。丁玲去二方面军的时候,萧克和贺龙待她都好。萧克还是一员儒将,对文艺感兴趣,在陕北,在晋察冀,与丁玲都曾在一起谈论文艺问题。现在,他离开国防部副部长职务,调来农垦部当副部长,自己的处境已不大好。

萧克曾有一首诗,名为《汤原晤丁玲》,写于1962年,记下了那次与丁玲的会见:

> 冰封雪冻嫩江寒,
>
> 相见同惊两鬓斑。
>
> 共历风波差一字,
>
> 别时频顾语犹难。

关于丁玲在农场的表现和右派摘帽问题,当年在汤原农场党委工作的张靖宇回忆道:

> 王部长多次想为丁玲的"不幸"解决问题,他曾于1960、1961、1962连续三年指示合江农垦局转告汤原农场写申请为丁玲、陈明摘帽。这三次申请报告都是我起草后经党委讨论上送的。1960年的申请上送后,未见批复,我问当时任场党委副书记的王文同志是何故?王文说:"上级不同意。"1961年7月给丁玲、陈明的摘帽报告上送后,9月27日合江农垦局通知,今年国庆节要摘一批右派帽子,陈明被批准摘帽,最近见报。我问程远哲书记,怎么不给丁玲摘帽?他说:"上级没有批。"1962年申请丁玲摘帽的报告上送后,也不见批复。1963年9月4日,丁玲书面向各级党组织汇报自己思想情况时,希望摘掉帽子,回到革命队伍里来。这份汇报书上送后,上级也无任何表示。从1959年至1963年的五年间,我奉命写过不少"丁玲表现"的报告,平均半年一次。在写材料前,我都向众多的干部、工人、党员调查过,综合他们对丁玲的看法是:身处逆境而对党无怨,遭受磨难而信仰弥坚,心中装着党,坚信党;她忍受着精神和物质的双层折磨,忍受着屈辱,保持着坚定的革命气节。她对前途充满信心,一个年近花甲的老人,带着一身病痛在寒凝大地的北大荒,自觉地积极地干着以前从不曾干过的体力劳动。白天养鸡,晚上教文化课,辅导学员写作,开展文艺活动,排演节目……样样都干得出色,做出令人佩服的成绩。许多感人的事迹,都曾写入"摘帽"材料,上级都不为所动,这令我困惑不解。于是我从程书记那里要来丁玲的全部档案细细研读,惊奇的发现所谓丁玲的"罪行"材料竟是一堆抽象的概念,找不出具体的、真实的、推不翻的、经得起历史检验的材料。真是欲加之罪,何患无辞。竟凭这些不实之词,

给一个老党员、高级干部、国内外享有盛誉的老作家戴上"极右分子""叛徒""反党集团头头"三顶吓人的敌我性质的帽子。给予开除公职、开除党籍、取消工资级别、自谋生路的残酷处罚，只保留一个不给"俸禄"的作协理事的虚名。丁玲自谋生路的强项是写书，她"戴帽"写书谁敢给她出版。她写过几篇报导，《农垦报》都不敢登。这岂不是不给出路，要饿丁玲？我哀其不幸。也引发我从另一个角度考虑问题："就是有心术不正者假借党的名义搞政治迫害；丁玲的问题是冤案，不是摘帽，而是要全部推翻。"[1]

母亲在农场那样艰难的日子里，还挤时间继续写《在严寒的日子里》，写得不多，大约五万字。但是，这已是很不容易的了。加上1956年在《人民文学》发表的那五万字，写成约十万字。灵源1962年夏天去汤原农场看望母亲的时候，母亲还让灵源看过她在农场写的这部分手稿。母亲说这本书是她的"宠儿"，她一定要完成它。灵源惊叹和佩服母亲的毅力，怀着极大的喜悦读着这些手稿："书一开始就深深地吸引了我，我多么希望妈妈能有条件写完它。可是，看看妈妈眼前的处境，对妈妈这发自内心的呼唤，我只有默然。眼下，她连应付这里的生活已十分困难，何况还有政治上的千斤重压。"[2]

事隔多年，没想到农场有人还记得这件事："一次她的儿媳来，要找本书看，她递过去的却是厚厚的一摞稿纸，封面上工整地写着：长篇小说《在严寒的日子里》。她对儿媳说：'你先看看这个吧，已经十二万字了，还没完。'眉宇间露出一点自豪和骄傲，因为她相信，虽然写的书当时无法出版，将来是会出版的。"[3]

1963年年底，下放改造的右派绝大多数都已回城，中国作家协会有意把丁玲、陈明调回北京，从事创作。但是丁玲决意留在北大荒。她在北大荒生活、工作、劳动了六年，对那里产生了感情，决心落户在那里，做北大荒人。1964年年底，她离开汤原，落户到宝泉岭农场。

宝泉岭农场场长、老红军高大钧热情接待丁玲和陈明，安排他们住在农场招待所最好的两间房子里。

丁玲到宝泉岭农场后，编制属于工会，作家属工作，担任文化教员。

丁玲被分配到第六家属委员会帮助工作。在她的努力

---

[1] 张靖宇：《1958—1964丁玲在北大荒》，《新文学史料》2000年第4期。
[2] 李灵源：《我怀念她——纪念丁玲诞生九十周年》，《新文学史料》1994年第4期。
[3] 刘光裕、孙安庆：《丁玲在汤原》，《创作通讯》1982年第1期，中国作家协会黑龙江分会编。

下，1965年年底，第六家属委员会被评为先进家属委员会，并派代表去省里参加表彰会。家属们认为，丁玲最应该当代表去省里，但是不行，她头上还有一顶"右派分子"帽子。

在宝泉岭农场的工作中，丁玲结识了农场的先进模范邓晚荣，两人成为忘年交。后来她以邓晚荣为生活原型写了《杜晚香》。

丁玲为什么会去宝泉岭农场？当年在汤原农场党委工作的张靖宇回忆道："王部长对丁玲是很关心的，并含有保护之意。王部长每到黑龙江垦区视察工作，只要到佳木斯，都会见丁玲、陈明。光我转告丁玲，王部长要接见她就有三次。每次晋见后回场，丁玲都显得轻松愉快。……王部长对丁玲是很信任的，也寄予很大期望。1962年5月丁玲还是戴帽'右派'，王部长称她为'同志'尊称'您'。并委托她组织转业军官讨论安心在北大荒建功立业问题。三江平原地广土肥，但多为重沼泽地，开发价值大难度也大。王部长熟知军人有不畏艰险、富有挑战的品格，便动员大批转业官兵到农场工作。这批转业官兵中有不少功臣英雄，开垦队伍中还会涌现新的劳动模范。为颂扬农垦伟业和英雄模范人物，把北大荒精神发扬光大，流传后世，王部长要写一部《农垦英雄谱》。谁担此重任？他想到了丁玲。1964年春，在王震部长授意下，东北农垦总局派专人陪同丁玲、陈明访问友谊、八五二、八五三、五九七、宝泉岭等规模大、效益好的农场。同年底，又将丁玲、陈明调到宝泉岭农场。时隔不久，我任七星社教团秘书，东北农垦总局王振林局长在七星社教团'蹲点'，我问王局长为啥把丁玲调出汤原？王局长说，王部长拟请丁玲写《农垦英雄谱》，调去宝泉岭是为她写作有个好环境。不久爆发'文革'，《农垦英雄谱》也夭折了。"[1]

1966年，"文化大革命"爆发。仍然还戴着"右派"帽子的丁玲，在宝泉岭农场首当其冲地受到冲击。

她被勒令搬出招待所，住到一间七平方米的破草房。屋顶是茅草，用草编成的辫子连接起来，四周是土墙，临窗，是一铺土炕，占去了房间的大部分地方，坐在炕上，一伸手就能摸到房顶，房脊离地面不过两米高。她就在这间茅草房里住了整整两年，两度经历北大荒零下四十度的寒冬，直到被隔离到"水利大楼"。

第一次批判斗争她，是载有那篇《横扫一切牛鬼蛇神》

[1] 张靖宇：《1958—1964 丁玲在北大荒》，《新文学史料》2000年第4期。

社论的《人民日报》发到农场的第二或是第三天。可说是闻风而动，雷厉风行。她作为一个戴帽"右派"，在宝泉岭农场第一个被"揪"出来批判斗争。脖子上挂着"大右派丁玲"的牌子，脸上被墨水涂黑，以示"黑帮"。她被迫跪在台上接受批斗，批斗会后在场区里游街。

母亲后来对我说："我回到家，洗清了脸上被涂上的墨水，坐在炕上默默无语，我心里真想给你们写一封信，告诉你们，妈妈今天经受了文化大革命的第一次洗礼，经受住了考验，并且准备迎接新的考验。"

她自己都数不清被批斗过多少次，起初是批斗她这个"右派"，后来斗争的矛头转向"走资派"，批"走资派"的时候，要她陪斗，而斗争她的时候，"走资派"也陪斗在侧。反反复复，交叉进行。

在这样的一些场合，场长老红军高大钧总是和她或站或跪地在一起挨批斗。高大钧被指责"包庇右派分子丁玲"。

在一次批斗会上，给丁玲挂了二三十斤重的铁牌子，伤了颈骨，留下了后遗症，头有点佝，抬不直。她还被"革命群众"一脚从一米多高的台上踢到台下，摔伤了腰骨，脚背也肿得老高，找不到药，托熟人到兽医院才拿到一点儿药敷治。这一脚也给她留下了后遗症，在我1977年见到她的时候，仍腰痛不止，难以伏案写作。

当母亲向我述说这些的时候，"文化大革命"已经结束，但是我的心仍不停地战栗。我没有料到，母亲在北大荒农场，肉体上会遭受到这么大的摧残。

母亲说，批斗会上也有好心人。她说她脖子上挂着牌子，低着头站着接受批斗，头低的时间一长，直感到昏眩，额头上浸出冷汗，看看要支持不下去。这时，台上的一个"造反派"喝道："大右派丁玲，你抬起头来让大家看看。"我抬起了头，才缓过来。母亲说，这也是在非常环境下的一种非常的帮助的方式。

不久，农场里的"革命群众"分成了两派。动枪动刀的"内战"打得不可开交，但是两派都批斗她，以表示自己这一派"革命性"强，有一派对她特别坏。她那间七平方米的小屋，被抄家三十多次。每次来就无缘由地毒打她一顿。隔壁邻居老头都看不过去，可怎么帮助她呢？一次，对她很坏的那批造反派来抄家，她就跑去吓唬他们，说另一派的好多人来了，吓得这几个人顾不上抄家和毒打丁玲，赶忙跑了。

丁玲的存款被抄走了，又没有工资，更是一无所有了。怎么生活呢？按照农场"革命组织"的规定,"牛鬼蛇神"是职工的,每月发十五元生活费,是家属的,发八元生活费。她起初被定为家属,只给八元生活费。八元钱怎么活?!经过陈明力争,好不容易找了条理由,说她有公费医疗,才被算为职工,发给她十五元生活费。要生活下去,这十五元也是很紧很紧的啊!

在这被冠以"文化革命",却是黑白颠倒的"文化大革命"中,一切都是这么无序、混乱,对于丁玲这样戴着帽子的"右派"分子,根本没有人道可言。丁玲只能无言地忍受,她决心坚持下去,无论如何也要挺住,挺过去。

1968年夏天,她被关进农场水利大楼的隔离室。

随着运动的"深入",水利大楼的"牛棚"迅速扩大,各种"牛鬼蛇神"陆续被关了进来。10月间,陈明也被关进了"牛棚",住在临近丁玲的一个大房间里,共走一个走道。陈明这些"牛鬼蛇神"每天还可以在监督下集体走动:清晨去打扫楼外的广场,集体在广场前排队请罪和到食堂去打三餐饭等等。他路过丁玲的窗下时,有时还能遇到丁玲的目光,两人相对而视,但是没有说话的机会,他们只能在这短暂的目光中相互得到安慰,吸取力量。

一天,在丁玲的隔离室里关进来一个中年妇女,刚进来那几天一直哭哭啼啼。丁玲慢慢地从她口中了解到,她的"罪名"是出卖"八女投江"东北抗日联军女战士的叛徒、汉奸。丁玲听了她叙说的身世和经历,"八女投江"时她不过是一个八九岁的小姑娘,便对她说,你不会有什么的,问题一定能查清楚的,只是自己要有信心,要坚持住。时间一长,她把丁玲当成了知心朋友。春节前,她被通知解除隔离审查,可以回家去。但是她不肯走,丁玲对她说:"这是好事,回家与亲人团聚,一起过春节。"她拉着丁玲的手,哭着说:"那么还有你呢?"她舍不得丁玲。

冬去春来,天气一天比一天暖和,"牛棚"里的人也一天天减少,出去的人都回了家,回到原单位。每个人心中都将产生一个新的希望。丁玲是多么热切地希望回到她原来住的那间小屋,那间七平方米大的小茅屋,那个温暖的家。她幻想再过那种可怜的而又是幸福的,一对勤劳贫苦的农民的生活!然而,事实却把她这小得不能再小的一点点奢望也击得粉碎。

1969年5月,丁玲被通知去农场的二十一队,在革命群众专政下劳动。这不禁使她心跳了一下。她知道，去二十一队是没有什么好受的。这个队是在武斗中以凶狠野蛮出名的老虎队。其中的一些人她也领教过。他们曾一批一批地深夜去过她的家，名为"破四旧"，实为"打、砸、抢"，殴打、折磨的同时，拿走他们的衣物、鞋、袜、笔记本、稿件和日常的生活用品，将其据为己有，什么坏事都干过。而现在，要在这帮凶神恶煞的眼底下过日子，她只能用颤抖的心灵去迎接更加残酷，更加黑暗悲惨的日子。

丁玲刚到二十一队，就被命令到晒肥场上劳动。一个留着络腮胡子的中年人板着脸，恶狠狠地走近来，抛给她一个钉耙，厉声道："就在这里翻晒肥料。老老实实，不准耍滑偷懒！"

开始的时候，队上多是派她到马房，跟另外两个"牛鬼蛇神"一道，清除马房内堆积得很厚的粪泥。

麦收时节，丁玲也下大田，手拿镰刀参加劳动。有时为收割机打道，有时在小块地面人工收割。她已是六十五岁的人了，自然割得慢，捆麦秆也慢，却常常遭到斥骂。夏天在大田锄草也是这样，真是"汗滴禾下土，粒粒皆辛苦"，她虽汗如雨下，总还落在一群人的后边。于是，只好在别人小休时自己不休息，紧赶慢赶地跟上去。她50年代初就有腰病，骨质增生，现在这样从早到晚，弯腰出力，劳动过头，实在难以支持，手上磨出血泡，腰酸腿疼，她都不愿说，也无处说，只有咬着牙，强打精神，跟在人家后边干。她认为她还是可以战胜这些困难的。

后来又要她去菜地里劳动，收拾厕所粪坑里的积水。这是个又累又脏的活，一天得舀五六千勺，可晚上因地下水上涨，粪水又涨到与前日一般，所以每天得舀，周而复始。丁玲不由地想到希腊神话里被神处罚的那个人，他每天从井里掏水，白天把水掏干了，一夜又涨满了。好像她也将永世这样干下去一样。

总之，她是一个被干部、工人或造反派的任何人都可以临时勒令差遣去干活的"犯人"。到了二十一队，住的宿舍，都是下放知青。女孩子们议论：我们是"革命派"，她是"反革命"，她不能和我们一样。怎么不一样？给她睡靠门的床铺，勒令她不许睡午觉，还要她每天晚上拿桶去伙房打热水来供她们洗脚。这不是一天两天，而是日复一日，月复一月。动不动就责骂甚至还动手打。上午劳动累，丁玲真想中午躺一会儿，好坚持下午的劳动，可是不行。她不由地想，她们怎么这么没有人性，还是对待一个老人。可是她更多的还是为她们忧虑，人生的路还长，她们今后会变得怎样呢？

十五元的生活费，常常只能吃点儿咸菜。一日，丁玲忽然觉得天黑以后看不清东西，眼前好似蒙上一层黑云，她真担心长此下去，眼睛会瞎了。去医务室看，医生说是夜盲症，给了她半瓶鱼肝油丸，吃了五六天后，视力恢复了。想巩固一下疗效，再向医生要，医生就不给了。尽管这个医生也常常参加到欺负她的行列，但他给了她半瓶鱼肝油丸，救了她的一双眼睛，她心里还是很感激他的，丁玲后来一直说他的好处。

1969年年底，从北京来了几个身着军装自称是北京市军管会，实为中央专案组办公室的人来审讯丁玲。

审讯总是在夜间进行，有意设计好的车轮战，他们几个人轮番睡觉，换班审讯。房间里火墙烧得很热，他们不断地抽烟，屋子里乌烟瘴气，丁玲不停地得回答问题，话说多了，口干舌燥，要喝水，他们不给。丁玲这时已患上糖尿病，糖尿病人，就是要喝水，她几次都差点儿晕倒。审问她的人，逼她承认是"中统特务"。她当然不能承认。他们得不到他们想得到的东西，就打她。一个大个子，朝她的右肩胛猛地重重一拳，这一拳打得她疼痛得右臂完全不能活动，好似这只臂膀已经不属于她的了。丁玲藐视地对他们说："不要打这边（右边），打坏了，你们要材料，就没法写了，要打请打这边（左边）。"他们齐声吼道："谁打你了？！谁打你了？！"当面耍赖。之后，他们便用手推她，一会向左，一会向右，还揪她的头发，不是一把一把地揪，而几乎是一根一根地揪……

后来在秦城监狱，这几个人还继续审问丁玲。1972年，在监狱里，传达了毛主席的指示，大意是要按政策办事，不能用法西斯的办法对待被审讯的人，有违反政策的，殴打、体罚被审讯者的，要向当事人赔礼道歉。在这样的压力下，打她右臂的那个人，也来向她道歉，但看得出态度很勉强。丁玲不屑地冷冷说："认识了，就行了。"这些人，帽子上缀着红五星，领子上佩着红领章，却败坏着解放军的作风和传统。

这次审讯之后不久，1970年3月，丁玲被押送北京，投入秦城监狱。

母亲向我讲述了如何押解去秦城监狱里的情形：

> 1970年3月的一个深夜，我被叫醒，被戴上手铐，带到农场场部大楼，呆了

一小会儿，就被押上一辆吉普车，前后还有好几部，天蒙蒙亮的时候开到鹤岗车站。那里停了一个专列，两个车厢。周围好多解放军战士站着岗，车上车下总有十几二十个人吧！我被押上一个车厢，进了四五间包房中的一间。车厢里有一个大会客室，设置着沙发。但我只能往那边望望，我只准呆在自己的房间里，三个女战士看守着我。那节车厢就同1948年妇女代表团出国乘的专列的车厢差不多，只是现已陈旧。见这排场和气势，我顿时想，怎么这么大动干戈的，我好似成了一个了不起的大要犯了。

在给我戴上手铐的那一刹那，我心里竟然萌发出："这下可得救了。"我的身体实在忍受不住在二十一队的那种折磨，瘦到只剩九十几斤，我虽然有坚强的意志，但很担心自己的身体熬不过来。我想，进了监狱，监狱里总讲点法律，有点规章，总会好点，人身安全能有保障。

车窗蒙得严严实实的，但是从阳光的照射，我看出是往南走，我明白了是押往北京。

到北京是夜晚，一部轿车在站台上就停在火车车厢门口，一下车厢，就进入轿车。开动时，前面一部，后面一部，我这部车在当中，我身旁一边坐着一个女战士。车开到天安门，我心想，几年不见了，看看天安门现在是个什么样子，刚刚抬头，身旁的女战士就喝道："低头，不准东张西望。"总算是看了一眼。后来车外就暗了，我知道到了郊区，开了差不多两小时，到了秦城监狱。

我不知道叔叔（陈明）也同我一起押到北京，一同关在秦城监狱，五年后到了嶂头，才知道原来是关在一处的，我原以为他一直都在农场呢。可是叔叔早就知道，当他也被押到鹤岗车站时，他见车上有两个女兵朝他这边望，他明白了，我就在这列车上。农场两年，秦城监狱五年，我同他分开了七年。

这是一所现代化的高级监狱，都是单人牢房，我那间牢房大约有个十平方米多一点吧，窗户很高，贴近天花板，窗上有铁栏杆，一个单人床铺，很低，离地只有一尺多高，直放在窗下一边靠墙的地方。另一边靠门的角落里设置洗脸池和抽水马桶。设计得很好，从门上的窥视孔，看守可以看到坐在马桶上的人的小腿和脚，知道人是坐在马桶上，但是却看不到人的身体。墙是隔音的，听不到隔壁的声音。

一日三餐，伙食不错，以我的情况来说，与在农场时相比，简直是太好了。后来听看守说，伙食标准一月约三十块钱，中灶。如此看来，还有吃得更好的，吃小灶的。但这里绝非"休养所"，以"不老实交代"为由，随时都可以给你吃窝窝头，加点咸菜，以示惩罚。到秦城以后，我的身体慢慢地恢复了过来。

一个星期可以洗一次澡，单独押去，单独的洗，在洗澡间也见不到其他的人。我在农场没有洗澡的机会，洗了四五次，身上才洗干净。

房间里的电灯两种颜色，白色和紫色，开关都在走廊上，睡觉时看守就在外边关掉白色的，打开紫色的。规定睡觉必须脸朝外，看守好看清你的状况。但是人睡觉，睡着了，侧着身睡，一边睡麻木了，就会自然地翻身朝另一边侧着睡，这样就面向墙了。房里有个电铃，按钮在外边，这时看守就在外边按电铃，叫你朝外睡。一晚上不知道要给这样地吵醒多少次。这就是折磨，你说他体罚，他没有动手，但是是有意的折磨，慢性地、长期的折磨你。我后来想了个应对的办法，就是要翻身时，就掉一个头睡，既翻了身，脸也朝了外，结果稍微好些。

门上有一个小门，离地板就门槛那么高，送饭、菜时就打开，从那里递进来，我感到屈辱，喂狗才这样。

囚服是黑颜色的，我现在很厌恶这个颜色，以后再也不穿黑颜色的衣服了。（作者注：的确，母亲从秦城出来直到去世，都没有穿过黑颜色的衣服。）

没有纸，写"交代"材料的纸，编了号，发下来几张，按数收走几张。

有《人民日报》看，这个星期的报是当天的，下个星期的报是前一天的，再下个星期是前两天的，再往下又是当天的。我摸出了规律，得出：三个人一份报。《红旗》杂志也是放几天就拿走，从时间上算，也是三个人一份。（作者注：有文说，她把报纸边上的空白纸，偷偷裁下来写文章。那不是事实，纯属臆想。三人一份报，每天由看守转来转去，检查严格，怎么能偷偷裁下空白纸？我从未听母亲这样说过。）

在监狱里面，与世隔绝。要了解外边的情况，就只有通过报纸，所以看得很仔细。通过报纸，在1971年国庆节时，我已经觉察到林彪出事了。

每天可以放风一小时，一个个小院子，四周是高墙，墙上有哨兵，单独一个人在院子里放风，安排得非常周密，去，回，都遇不见别的人。

要我写交代材料。写南京那段历史的材料交了上去，当然其中写到姚蓬子。第二天，负责我的案子的人，指着材料上姚蓬子的名字，说："不许写无产阶级司令部的人的亲属。"叫我重写。我想，这样写出来的"材料"，叫材料吗？真是"一人得道，鸡犬升天"呀！

长久的单独囚禁是对人的最大折磨。除了审问之外，没有人同你说话，没有思想交流。久而久之，思维就迟钝了，语言就出现障碍，说不出话来。我为了防止这种状况出现，就天天朗读，朗读毛主席的语录，朗读马克思、恩格斯的著作，也背诵唐诗、宋词。（作者注：我问她，当时唐诗、宋词被认为是"封、资、修"，看守没有阻止你？她说，倒没有，或许她们没有听见，或许她们没文化，听不出我在背诵什么。）

为了锻炼体力，我就把草纸揉成团，每天做运动，把纸团抛向墙壁，纸团落到地上，捡起再抛，周而复始。

那几年间，我住过两次医院，都是在复兴医院。病房在楼顶上，同别的病人分开，也是单间，门口有守卫。（作者注：1979年母亲搬进复外大街22号楼，南边的窗户就正对着复兴医院，她还指给我看她那时住过的病房。）

刚进来的一年，审问，写材料还比较多，后来就很少了。这时可以借马、恩、列、斯的著作，我就安下心来，读他们的著作。

关于母亲读马列主义著作的感受，她在刚出狱给我和灵源的信[1]中作了长篇的叙述。

她开头是这样写的：

"再过一个星期，我就到老顶山两个月了。在这两个月之中，我每天想到要给你们写一封信。这是我最愿意做的，我要把我最想同你们说的话说出来，尽管我一次说不全，也不可能说得透彻。今天我下决心，打扫出一片心情，坐下来安安稳稳尽情地说一下。

从哪里说起呢？先说读书吧！从1971年夏天起，我就一心一意把全部精力放在读马、恩、列、斯的原著上。几年来我几乎通读了（有些是熟读）马、恩全集和部分

[1] 丁玲：1975年7月12日致蒋祖林、李灵源信，《丁玲全集》第11卷。

列宁、斯大林的著作，自然更熟读了毛主席的选集，这对我真打开了眼界，使人受益不浅……"

母亲没有述说她"文革"中在北大荒农场的苦难经历，也没有述说她在秦城监狱遭受的折磨，却是一开始就说起她在狱中读马、列著作的感受，而且用了近三千字的篇幅，几乎占全信文字的一半。

她告诉我们，她完全迷进去了："我每天，成天跟他们相处，跟着他们走，分析他们那个时代的背景、社会思潮，了解他们的思想的来龙去脉，以及他们无时无地的斗争情况，并且领会着他们雪亮似的个人生活的高尚情愫。"

母亲是读得这么投入、认真、仔细。我们十分惊叹她的意志力。狱中的情况是可以想象得到的，不断的提审，写交代材料以及其他的凌辱。可是，她竟能如此专心地、倾心地通读和熟读这些大部头的马列著作，而且，还是在自己前途未卜的情况之下。她表现出了一个共产党人坚强的意志和坦荡的胸怀！

母亲说到她对这些书的理解和感受："这些书真真是最完整的社会史、革命史、党史，更是一部崇高的英雄史。从来没有一部文学作品能象他们的作品吸引过我，也从来没有，也不可能有什么神仙英雄之类的人物这样使我倾心。恩格斯在伦敦海德公园参加'五一'节以后，他说，当他走下作为讲坛的货车时，觉得自己高了几寸。我也是，在我与他们相处时，总是感到自己也高了几寸。这些日子真值得回味啊！"

她说："这些书，可谓万世明灯，给了我无穷的力量。"

也正是这种精神力量帮助她度过了痛苦难熬的岁月。

1975年5月19日，负责丁玲案件的人，向她宣读了对她的问题审查的结论，认为仍旧是1957年已作结论的问题，没有发现新的问题。但是母亲注意到，在南京一段历史问题上，把1957年定的"自首变节"上升为"叛徒"了。宣读完后，来人告诉她，考虑她年迈体弱，根据中央的精神，决定"养起来"，安置在山西省长治市，每月发给生活费人民币八十元，由当地发给，生活上给以适当的优待，这个精神已经通知当地组织。今晚就送她上火车，已联系好，那边有人接。

母亲向我述说这一情况时说："为何上升为'叛徒'，没有说出新的事实，也没有任何理由。只是就这样结论，通知我就是，并不要听我的意见。我觉得此时此地也不是申诉意见的地方。"

她说："通知我当夜就走，我倒萌发一个思想，心想，正读着的一本书，还有一部分没有读完，要是晚个十天再出去就好了，就可以读完了。"

所谓"送"其实和押来的情景也差不多，依旧有解放军的男战士、女战士，一列专车把丁玲送到正太路上的阳泉，仍旧搞得神秘兮兮的。车到阳泉时，天刚亮，已经有五六部吉普车停在车站上。下火车就上汽车，下午到达长治市的嶂头村，径直开到一家农户门前。

两天后，陈明也来到这里。七年不见，丁玲初见陈明时的第一个印象是：怎么这么老了？而且有些陌生与生疏，好像是"似曾相识"。一谈话才觉得是依然故我，一切如旧。

嶂头村在长治市东边，离长治市区十七华里，位于太行山麓脚下的山坡上，是一个近五百户的村庄。此处的山叫老顶山，所以这个村子按当时农村组织形式的叫法是：长治市老顶山人民公社嶂头大队。公社机关就设在嶂头。

老顶山半山上有一所寺庙，名滴谷寺，从嶂头走七里山间小道就到那里。"文革"中"扫四旧"，那里已经没有和尚，只有一二看门人。丁玲还在北京的时候，根据中央决定把她安置在这里的指示，长治市委就着手给她找个住处。最初打算将她安置在滴谷寺，可能有把她同群众隔离开，避免外界知道的意思。具体办事人员去滴谷寺看了之后，说不行，因为那七里山路，不能走汽车，生了病下不来，平时买食物和生活用品不方便，才临时决定安置在嶂头，让一家农户腾出两间房子。丁玲来时，就直接送到这所院子里。这所院子在村子的西北角。丁玲后来还爬山到滴谷寺去玩儿过，她说："那里环境幽雅，清净，也有空房，只是'远离尘世'，没有群众。"

丁玲刚到嶂头时除了一身随身穿的衣服（从东北来北京时穿的一身衣服）和临走时北京发的一身外边的衣服以外，就什么也没有了。当地老百姓看见他们穿打补丁的布衣服，都很奇怪。[1] 可见，她已真真切切地是一个彻彻底底的"无产阶级"了。因为工资关系还没有转来，当地政府暂时借一些钱给他们作生活费和安家费。

丁玲到嶂头之后，长治市委有关负责同志来看她，同时也告诉她，当地组织负责她两方面的事，一是照管她的生活，中央下达的精神是给以适当的照顾，已告公社，

---

[1] 丁玲：1975 年 7 月 12 日致蒋祖林、李灵源信，《丁玲全集》第 11 卷。

由公社具体负责办，如需去市里医院看病，可通过公社联系，市里派车；二是她的"安全"，说她可以在长治市境内任意走动，但是若要离开长治市，那市委还要向北京方面有关领导机关请示。山西省委组织部也派人来看过。

根据这样的限制，所谓的"安置"就是将她流放、软禁于此。

长治算是山西省比较富裕的地方，位于上党盆地。可那时农民的生活还是比较苦的。粮食是种什么吃什么，玉米、小米多，麦子少，大米没有。老百姓在菜籽收获后，可以分点儿油，每人全年一斤到两斤，春节时可以买到十来斤肉。在当时实行票证配给制的情况下，当地干部的粮食为三分之一麦子、三分之一小米、三分之一杂粮，副食品每人每月三两油、半斤肉、半斤蛋。对丁玲有些优待，粮食是百分之五十麦子、百分之二十大米、百分之三十小米，油、肉、蛋等副食品的供应没有限量规定，可以到公社的供销社随意地买。可是丁玲对自己要求严格，不愿脱离群众，尽量少买，主动节约，以免同群众区别太大。饭菜很简单，一菜、一饭。

丁玲刚到嶂头的那个中秋节，公社供销社有月饼卖。县里的月饼质量当然比不上北京、上海这些大城市的，可是她多年没有吃到过月饼了，一高兴就买了两斤。过后她才知道，卖给老百姓有限量，一人一个月饼。她觉得自己买多了，十分后悔买时没有了解到这个规定。1975年底，长治市委为落实中央政策，派人去宝泉岭农场落实丁玲被抄物资发还的事情。在东北的东西，凡是留存的，基本上大部分都取回来了，但是她的长篇的原稿，却因人员的频繁变化，无法找到。原来的存款约五千元也取来了，还补发了陈明的六十一个月的工资（扣除了每个月十五元的生活费）。

五千元是存入银行时写在存折上的款数，加上一些年的利息，实际数额大约为七千多元。家里的存款，都是来源于母亲50年代的稿费。由于捐赠、超额交党费，用去好大一部分，到去北大荒前约有一万多一点存款和几千元国债券。因为她被划"右派"后，不给她生活费，十几年来，"坐吃山空"，就只剩下这些。补发的陈明六十一个月的工资大约为六千多元。陈明原为文艺三级，划"右派"后降五级。降级后的工资，大约每月一百二十元。两相合计为一万三千多元。

这时市里拨给嶂头大队购买一台拖拉机的指标，可村里却拿不出钱来。母亲一心想着人民群众，希望他们发展生产，改变贫苦面貌，就拿出一万元整捐赠给村里去买拖拉机，自己只留下一个零头。

1952年，她就曾将全部斯大林奖金捐赠给全国妇联用于儿童福利事业。1954年丁玲重返她搞土改的涿鹿县温泉屯，看到村里文化生活贫乏，就用自己的稿费为村里买了一部幻灯机和其他文化用品。这种尽自己之所能帮助群众的善举，在反右派斗争时，竟招致颠倒黑白的批判，说她此类举动是"沽名钓誉"，为个人"树碑立传"。但她"旧习"不改，1960年在汤原农场，场部电影放映队的发电机坏了，她花两千多元买了一个发电机捐给农场，方使得放映队继续工作。时过二十年，丁玲此时身处逆境，自己生活勤苦、节俭，穿着打补丁的衣服，吃着同当地农民差不多的饭菜，心思与过去一样，想着的仍是群众的疾苦，依然向当地的农民献出她的一颗赤子之心。

丁玲刚到嶂头的时候，村里的群众窃窃私语，说是下放下来一个大干部，是个老太婆，犯了大错误下来的。她走到哪里，人们都远远地望着她，不敢同她说话。她和她的房东一家相处得很融洽，慢慢地和村子里许多其他的群众也处熟了。她以她坦诚的心对待周围的群众，同他们相处得平平和和，随随便便，亲亲热热。诚实的农民自有自己的一杆秤。他们用自己的眼、自己的心来判断人。如果说丁玲初到嶂头时，人们对她还有点戒心的话，那么这种戒心经过他们用秤称过之后，很快地就消除了。他们认为她是一个好人，是一个善良的人。

最令丁玲感到懊恼的是，她的长篇小说《在严寒的日子里》的手稿遗失了。

丁玲到嶂头后，就打算继续写作这部长篇小说。她在给我的一封信中写道："我这几年想得最多的，你们知道我曾有一个长篇小说的计划，这部书，后来没有写作的条件，只好搁在那里，没有写下去。我自己反复思索，认为我可以完成这部著作，我一定要精心的把它写出来。"[1]

母亲在这封信里还说："我要把它写出来，一不为名誉地位，二不为自己翻身，也不是'一本书主义'，也不打算出版，如果能作为后人的参考资料也就行了，何况是可以给你们浏览的。"[2]

这年，她七十二岁，身患高血压、糖尿病等多种病症，还有"文革"中折磨带来的伤痛，可说是带病之躯。而且生活在农村，不比在城里方便，事事都得自己做，光每天三餐饭就够耗费时间的了。丁玲为了写作，简化了自己的生活。她把每日三餐饭改为两餐；原来每天擦澡一次，改为三天一次，又改为每星期一次，后来竟到两星期一次。

[1][2] 丁玲：1975年7月12日致蒋祖林、李灵源信，《丁玲全集》第11卷。

这样，洗衣服也就拉到两星期一次了。她这样地挤时间，就是决心一定要把这部书写出来。

丁玲是1976年初开始动笔重写这部书的。到1978年3月，共写成十三万字，因为自己政治问题的平反，思想转移到向党中央的申诉上，长篇小说《在严寒的日子里》便暂时搁笔了。在她复出之后的七年里，也因这样或那样的原因，没有再把这部长篇小说写下去。在她打算继续写的时候，却又天不假年，遽然离开了人世。

丁玲只完成了整个长篇小说计划的一小部分，终成未完成之作。非常可惜。

1977年1月，我去嶂头探望她。一个夜晚，我思索了一会儿之后，问母亲："1957年以来，你可一度浮现过一丝轻生的念头？"母亲摇摇头，答道："没有，从来没有过。我有信仰，我有信念，我相信党，我相信群众，我相信历史终究会为我作出我是无辜的公正的结论。当然，我希望我自己能够活着看到这一天，我为什么要自寻短见呢？我如果自己去死了，岂不是正合那么几个人的心意了吗？我若是死了，我的问题要说清楚就更不容易了。再说，我要是死了，你们怎么办？"我从她的话里，感到她的坚强，也感受到了一种伟大的母爱。多么坚强的意志，多么倔强的灵魂啊！

这时，"四人帮"被粉碎不久，那几个月里，全国正兴起揭批"四人帮"的高潮。丁玲和全国人民一样为国家的前途有了希望而欢欣鼓舞。不过，那时节，阳光还没有照到她身上，甚至还时有寒潮向她阵阵袭来。久已不见报了的"丁玲"的名字，这时又屡屡以反面人物出现在《人民日报》和其他的报刊上。而且定性的调子比1957年时还高，帽子还大。《人民日报》的一篇文章揭批：张春桥的一篇反动文章1938年发表在大右派丁玲为主编的杂志上，意即丁玲与张春桥乃一丘之貉，甚至还有专论她的文章。上海的《解放日报》上，有一篇剖析鲁迅的《悼丁君》的文章，藉以说她是叛徒。从这些情况来看，给人们的印象是：尽管"四人帮"打倒了，但你丁玲，右派还是右派，叛徒还是叛徒，别想翻身。

我去嶂头时正逢周恩来逝世一周年之际，很自然地说到周总理。母亲说："总理很懂文艺，也了解文艺界的情况，重视文化人的作用。"她接着对我说了一件事："1954年印度总理尼赫鲁访华，那是非常隆重的，从机场到城里下榻处沿路几十万人夹道欢迎，鲜花、彩旗一片，人们载歌载舞。通知我去机场参加迎接。去迎接的人一字排列，副总理、部长……我站在这些部长们的末尾。总理把各位副总理级的人物向尼赫鲁介绍后，没有介绍这些部长，而是带着尼赫鲁走过这些部长来到我面前，特意向尼赫鲁介绍我，说：'这是作家丁玲。'这体现了总理对文艺的重视。"她继续说："总理的逝世，我是非常悲痛的。我觉得总理是了解我的，所以他的逝世，就从我个人的角度来说，也是一个悲哀。"母亲复出后，心里一直想着要写两篇文章，一篇是回忆与纪念周恩来的，一篇是回忆与纪念任弼时的。她始终觉得对于她来说这两篇文章的分量很重、很重，心想要写得好些，再好些，所以没有轻易动笔。这两篇文章终未能完成，她只留下了不足五千字的访谈录音《回忆任弼时同志》。想来，是很遗憾的。

小延是我们唯一的女儿。出生后，我们打电报给在北大荒的母亲，要她给她的孙女取个名字。母亲回电：取名延。故她的全名是：胡延妮。

1978年1月，灵源带着小延去嶂头和母亲一起过春节。这时母亲已搬入新居。那里过去用作仓库，已经废弃好多年，十分破旧，院内杂草丛生。经村里同意后，母亲自己花钱，请人修好，前一年夏天搬了进来。她觉得自己有个小院，安静一些，便于写作；再说，也不能长久住在房东家，给房东一家带来许多不便。

这是一个独院，北屋相通五间房，一间作厨房，一间是作储藏室，三间为住房。院子很大，有好几棵树，还种了一些蔬菜，盖了一个鸡舍，养了十几只鸡。

灵源和小延的到来，令母亲非常地高兴。她还是第一次见到她的孙女！更是喜爱得不得了，小延也是，真不知道怎么爱她的祖母才好。祖孙二人形影不离。

母亲给我们的信中就说："小延的一切都使我们愉快，本来我们就爱谈到她，现在就更要谈到她了。未来就像清晨的绮丽的云霞，人们总爱在它身上萦回着许多梦境。当看到各种征兆要变成现实的时候，就更引人沉醉在更多的希望之中。"[1]

夏天，小延将从小学毕业，母亲这时更多地关注着小延的前途。

小延这时正在学大提琴，已经学了三年，在学大提琴之前，还学了两年钢琴。灵源为她请了一位很好的老师。学琴，最初的考虑还是出路问题。"文革"中，起初大学不招生，后来招收工农兵大学生，由组织上选拔。我们家的孩子是不会获得这样的机会的。所以，培养她拉琴，以后凭借这一技之长，自己找碗饭吃。小延对拉琴也有兴趣，还考进了上海市少年宫的管弦乐队。

母亲对这样的安排不大赞同，要我们从长远考虑，对她的发展应该十分有信心，不走以大提琴为专业这条路，

---

[1] 丁玲：1975年7月12日致蒋祖林、李灵源信，《丁玲全集》第11卷。

应将其作为业余爱好,现在全面发展,然后再选择专业。要把她作为一个有大能耐的人培养,要有一门专长,这个专长应由小延自己决定。[1]

1977年冬季,大学开始公开招考,又创办市、区两级重点中学。一般的看法是,进了重点中学,就等于一只脚踏进了大学的门槛。我们认为母亲的话是对的,但决定起来却感到两难。一是学了五年琴,放弃了有点儿可惜;但主要的是担心小延考不上重点中学,从而今后难进大学深造。因为她为了拉好琴,拉到专业水平,在功课上没有下多少功夫。

母亲对小延的前途之所以有这样坚决的想法,在她后来给小延的一封信里说得很明白:"我喜欢你是一个能全面发展,有见识,有能力的全人。一个人就是要这样,是一个有远见的,高尚的人。雕虫小技不是我们能满足的。你奶奶、爷爷,以至你爸爸、妈妈都为环境所迫,没有达到理想,都有缺陷和不足之处,我们就希望我们的下一代能完成我们的理想。"[2]

这时的小延,真不知道如何爱她的祖母才好。当她稍懂事时,我们就告诉她,她的祖父胡也频是革命烈士,她的祖母丁玲是老革命,但现在是"右派",是被冤屈的。她很懂事,最后这一点从不在外面讲。她多年埋藏在心底里的对祖母的爱和思念,在嶂头尽情地倾泻出来,当然她也充分地享受着她祖母对她的爱。她说:"我听奶奶的话,我有信心考取市重点中学,我决不辜负奶奶对我的期望。"我们有些担心,怕她难以如愿,她回答说:"考不上就进普通中学,自己努力成材。"我们把这一情况告诉母亲后,母亲非常满意,认为小延有志气。

小延放弃学琴到考试,只有四个月时间。最终,通过努力,她在全区应届小学毕业生数学考试比赛中得了第一名,继而考取了市重点上海市第二中学。

当母亲知道小延已考取市重点中学后,她是极为高兴的。小延按照她指引的路去努力了,获得了成功。母亲在中秋节时,用了四天的时间,以"亲爱的小延"开头,给小延写了一封一万字的长信,向小延讲述了她自己的中学生活,并对小延加以勉励。我们见到信后,十分理解她写这封信将理想寄托于孙女的心情。

这封信,当时并没有想到会发表。后经少量删节后,以《我的中学生活的片断——给孙女的信》为题,在《作

[1] 丁玲:1978年3月4日致蒋祖林、李灵源信,《丁玲全集》第11卷。

[2] 丁玲:1978年5月15日致胡延妮信,《丁玲全集》第11卷。

家的童年》第一集上发表（天津新蕾出版社1980年出版），成为众多作者书写她的这段历史的重要参考文献。

后来，小延进了全国重点大学，选择了企业管理专业，她对这个专业十分热爱，很有兴趣。大学毕业后，她去美国留学深造，进入芝加哥大学，用一年半的时间，读完了两年的研究生课程，以优异成绩获得了工商管理硕士学位。遗憾的是，她的祖母未能等到这一天，此前三年，她已离开了人世。

1978年3月中旬，我去北京参加一个会议。会议期间，抽空走访了几个延安时代的同学，从他们那里听到平反冤、假、错案的事已开始有了大的动作。这时，邓小平已经复出，不久前，胡耀邦接任了中央组织部部长。他们告诉我，胡耀邦上任后说，光是人人熟知的"文革"期间的重大案件，究竟有多少受害者，谁也说不清，加上"文革"前历次政治运动的冤、假、错案，还有建国前乃至一直推到当年苏区时代，真正是积案如山。胡耀邦还说，"文革"中的冤、假、错案要清理，要落实政策，对建国后历次政治运动中的冤、假、错案也要清理，落实政策，甚至对建国前历史遗留的问题也要解决。胡耀邦还表示，不管在落实这些干部政策上如何步履艰难，也一定要平反这些冤、假、错案。他还指示中组部，对每一个申诉上访的同志都要热情接待，不要阻拦。

我想，母亲对自己问题的申诉，应是提到日程上来了，可母亲肯定不知晓最近两个月来北京的形势，她住在太行山下的小山村里，消息十分闭塞。所以，我觉得有必要去一次嶂头，把这些新的情况告诉母亲。尽管研究所里还有工作等着我回去做，也管不了那许多了。

三月下旬，我再次来到嶂头。母亲惊喜地问："你怎么来了？"她感到意外，因为灵源、小延刚回去不多天。我说："我在北京了解到一些情况，觉得该让你们知道，所以挤出时间赶来。只是不能久住，只住两天。"

母亲听了北京政治气候的变化，情绪很好，尤其听到胡耀邦的那些话，感到振奋。她的眼里闪烁着希望之火。

第二天早晨，母亲经过一夜思考之后，说："我打算现在就着手写申诉材料。""对于我的问题的平反，在时间上，我们还是要有充分的思想准备，不大会很快解决。一是'文革'中积案如山，迫切需要首先解决；二是，胡耀邦讲'文革'前的冤、假、错案也要平反，那是决心和打算，目前还没有关于解决'右派'问题的具体政策。所以，还需等待。但是以现在的情况看，中央一定会对1957年反右派斗争作出实事求是的评价和制定出相应的政策，所以我们可以有信心。尽管如此，我还是决定现在就申诉，二十多年了，我应当向中央表明我的态度；另外，我这一案也牵连了不少人。"

丁玲给中组部的申诉书于4月中旬写好。申诉书中明确提出，请求中组部重新审查与她政治生命有关的几个关键问题，并作出相应的结论。这些问题是：(1)被囚南京三年的历史问题；(2)1955年所定"丁、陈反党集团"问题；(3)1957年划"右派"问题；(4)"文革"中的结论。在申诉书里，丁玲对这几个关键问题的事实作了陈述，并对过去所作结论，提出了不同意的意见及其理由。申诉书中明确提出希望中组部主持审查。这份申诉书写好后，曾寄给我一份誊写稿，要我提意见。申诉书不长，考虑到中组部任务重，时间紧，而类似的问题，或比这更重要的问题，一定很多，所以写得尽可能简短、扼要，需要时当再作补充。

陈明携带这份申诉书，于4月20日离开嶂头前往北京。他去中组部送了材料，与负责接待的一位老同志谈了两次话（他对这位同志印象极好），还去了胡耀邦家里（他原认识胡耀邦），因胡不在，未遇，留了信。因我之托，我延安时的同学苏绿野（曾在中组部工作，此时任国务院科技干部局副局长）给他以帮助。他在北京呆了二十天，看来还比较顺利，请求中组部主持审查，不仅获得同意，而且已在执行中；调回北京，以便面谈，也获原则上同意。但也仍有阻力。

这时，从文艺界方面发出了与时代步伐不谐和的音响。《人民文学》杂志1978年第五期发表了林默涵《解放后十七年文艺战线上的思想斗争》一文。这是他1977年12月29日在《人民文学》编辑部召开的文学工作者揭批"文艺黑线专政论"座谈会上的发言。这个座谈会于12月28日至31日在北京举行，是一个规模很大、影响也很大的会，由《人民文学》主编张光年主持，郭沫若、茅盾、周扬都与会并讲了话。林默涵当时是文化部副部长。林文中关于"丁、陈"问题说了不少话，其中有这样一段："丁、陈小集团和胡风小集团是两个长期隐藏在革命队伍中的反党和反革命集团。一个隐藏在革命根据地延安，一个隐藏在国统区。他们之间是遥相呼应的。"

在全国要求平反冤、假、错案的呼声一浪高过一浪，并且一些冤、假、错案正在陆续平反的形势下，林默涵的这个讲话自然引起了丁玲的重视。她在读了这个讲话之后给我和灵源的一封信中说："这次读了林副部长的发言全文，觉得他很有气魄，很有权威，帽子比二十年前更大了，可是很空，缺乏具体事实。我亦拟写点读后感。"[1]

"我亦拟写点读后感"，就是丁玲继 4 月送中组部的申诉书之后，又写了一份补充材料给中组部，针对林默涵的这个讲话所写。对林文的看法，她在补充材料中写道："林副部长的寥寥数语，是要把我定为如胡风一样的暗藏的反革命，便于作为不落实党中央的政策，不解放丁玲的借口和理由。因为党的'十一大'的政治报告中传达了毛主席的重要指示：'对于作家，要惩前毖后，治病救人，如果不是暗藏的，有严重的反革命行为的反革命分子，就要帮助。'"[2] 为此，她在补充材料中，陈述了她 1936 年去陕北和之后几十年的情况。

丁玲的申诉书送上去一个多月以后，从中组部方面有了一个反映。"6 月 12 日，长治市革委会人事局负责同志告诉丁玲，省委组织部转来中央组织部的通知，说按照中央指示，把她安排居住在太原，现正准备房子，搬家日期另行通知，如身体不好，可先到晋祠休养所（山西最好的地方）疗养，并问丁玲对此有什么意见等等。"[3]

丁玲见信后，很感意外。因为陈明在北京时中组部已同意让丁玲回北京，重新审查她的问题，为何现在又要她去太原呢？是什么原因促使产生这个变化呢？她十分不解。

由于通知没有说清楚去太原是长住还是暂住，也使丁玲捉摸不定。所以，她当日，即 6 月 13 日，就向中组部写了一封信。她在信中说，组织上的这一安排使她感到温暖、亲切，她十分感激。但是希望根据她的年龄和身体，按照政策规定，允许她和儿子或女儿住在一起，以便在生活上经常有所照顾，精神上也有所慰藉。

根据中共中央（1978）11 号文件的规定，长治市老顶山公社党委于 7 月 18 日在嶂头村公社办公室召开了为丁玲摘掉"右派"帽子的会议。

会议结束后，公社负责人交给丁玲一封由山西省委组织部转来的中央组织部给她的信，信是封好的，全文为：

[1] 丁玲：1978 年 6 月 24 日致蒋祖林、李灵源信，《丁玲全集》第 11 卷。
[2] 丁玲：1978 年 7 月 24 日致中央组织部信，《丁玲全集》第 10 卷。
[3] 丁玲：1978 年 6 月 13 日致蒋祖林、李灵源信，《丁玲全集》第 11 卷。

丁玲同志：

来信收悉。你所申诉的问题，中央领导同志已经知道了，请等候处理。关于你提出和儿子住在一起的问题，

> 我们的意见，可根据山西省委组织部的安排，暂住太原。
>
> 中央组织部办公室[1]
1978.7.6.

这样，问题明确了，是暂住太原。

于是，丁玲就打算待秋天时搬家去太原。可是去太原的事，一直到 10 月份都没有消息。她也就作好了在嶂头过冬的打算，买了冬天取暖的煤，储藏了过冬的白菜。

为复出文坛作准备，丁玲打算写几篇短文。她着手写的小文章就是《杜晚香》。杜晚香的原型人物即邓晚荣，是农场的先进模范人物，在工会作家属工作。母亲称她是"我最好的朋友和老师"。丁玲有"再写一二篇垦区短文"的想法，但没有进行。因为她觉得写这个题材的文章，有必要再去垦区，可她那时没有这个条件。这期间，她还写了一篇评论《我读〈东方〉》，向读者推荐魏巍反映抗美援朝的长篇小说。

这一年，形势在不断地变化。1977 年 7 月，邓小平复出后，他在中共十届三中全会上提出："必须准确地，完整地掌握毛泽东思想体系"，并提出要恢复党的实事求是的思想路线。这是对"两个凡是"的一个重大突破。但"两个凡是"的影响还在。1978 年 5 月 11 日，《光明日报》发表了《实践是检验真理的唯一标准》一文，引发了一场在全国范围内关于检验真理标准的讨论，从而从理论上彻底否定了"两个凡是"，进一步解放了人们的思想。

在这样的形势下，中共中央于 1978 年 9 月 17 日转发了中央组织部、中央宣传部、中央统战部、公安部、民政部《贯彻中央关于摘掉右派分子帽子决定的实施方案》，即中共中央（1978）第五十五号文件。这个文件明确了错划右派的改正问题。

母亲的补充申诉材料（第一部分是对林文的，第二部分是关于南京三年的补充说明）于 7 月底写好，8 月托人带给我们一份抄件，问我们的意见，9 月寄给中组部。母亲在附信中，向中组部表示希望去北京治病。这时，她的白内障加剧，视力下降，表示这个希望，实际上也还是想，回到北京解决问题比较方便，或许快些。

这时，丁玲"隐居"太行山下的情况也渐渐为世人所知。9 月份，丁玲忽然收到罗蓝和她丈夫马寅的信。马寅在中央统战部的一个《情况简报》中看到关于丁玲情况

---

[1] 丁玲：1978 年 7 月 18 日致蒋祖林、李灵源信，《丁玲全集》第 11 卷。

的报道,说她生活在长治嶂头村,在继续写长篇小说,还帮助村里买了拖拉机,群众很喜欢她等等。他们知道了母亲的地址,便写了信来。

这是丁玲在嶂头收到的第一封友人的来信;他们夫妇也是当时唯一给丁玲写信的友人。他们后来又写过两封信,罗蓝还打算去嶂头看望丁玲,但因身体原因没有成行。

11月初,祖慧和罗蓝一起去找周扬,谈了母亲的事。周扬说:"受国民党派遣来延安的疑点可以排除,但历史上仍有污点。"母亲对祖慧和罗蓝去找周扬,颇不以为然,她给我和灵源的信中说:"祖慧和罗蓝是好心、热心,但幼稚、天真。"此举也不合母亲希望由中组部直接主持复查她的问题的本意。母亲知悉周扬的这些话后,在给我们的这封信中叹道:"我们虽不仇人,人仍仇我,奈何!"

身居太行山下的丁玲,当然从周扬的话里感受到了她平反问题上的阻碍。但是她认为,党的实事求是的原则正在恢复,所以,她的问题最终必获解决。她在信里说:"我的问题,不大、不小,大好办,小也好办。阻碍又多。"

这年11、12月,作家马烽和刘真因公务先后去长治,打听到丁玲住在嶂头后,都去看望过她。他们的来访,使丁玲既兴奋,又高兴。他们都是坐小汽车来的。他们走后,村里的一些邻里乡亲就向丁玲说:"老丁啊!看来你的问题快平反了,要给你落实政策了,要不怎么会有坐小车的人来看你。"这是朴实的农民的朴素的想法,他们觉得你人好,就由衷地说出这样的话来。

12月1日,陈明离嶂头再次去北京,这时中央五十五号文件已传达。他主要是为他的"右派"改正问题而去,同时也催问一下丁玲的事。他在北京呆了一个月。中组部同意丁玲回北京治病,指示由文化部具体安排。我们都认为,能回北京就好,一是便于治病,二是可以就近解决问题,再就是从舆论上也有好处,那时来自群众的一般看法是,回到北京就意味着即将解放。

1979年1月8日,丁玲离开了她居住了三年半的嶂头。长治市委派专人专车及医生护送丁玲到太原。在太原,丁玲受到山西省委组织部周到的接待,她被安排住在风景区的晋祠宾馆。山西省文联的负责人孙谦、胡正、西戎、段杏绵热情地接待了她。

12日,丁玲回到北京,开始走上她申诉、平反的第二段路程。她的问题中组部指示由中国作家协会复查,提出意见报中组部。以后的事实表明,道路很不平坦。

◇图1：1960年，丁玲与黑龙江汤原农场畜牧队农工合影
◇图2：1966年春，丁玲（前排中）与胡冬莲等女农工在黑龙江宝泉岭农场合影

图1

图2

◇ 1966年秋，丁玲在宝泉岭农场遭受批斗

◇ 1966年,"文化大革命"开始后,丁玲被赶到这间草屋。在零下四十度严冬的北大荒,丁玲在这里住了三年

◇图1：1976年3月，丁玲摄于山西长治嶂头住所
◇图2：1976年，丁玲与房东在山西长治嶂头

图1

图2

◇图1：1978年春节，在山西长治嶂头村丁玲住的院子里。前排右起：丁玲、陈明；后排右起：李灵源（丁玲儿媳）、胡延妮（丁玲孙女）、蒋祖慧（丁玲女儿）、周欣（丁玲外孙）

◇图2：1978年1月，丁玲与孙女胡延妮、外孙周欣在山西长治嶂头村

图1

图2

◇图1：1978年，丁玲在山西长治嶂头村
◇图2：1978年，丁玲在山西长治嶂头村

图1

图2

◇ 1979年1月，丁玲回到北京，全家在北京合影。前排左起：丁玲、周欣（丁玲外孙）、陈明；中排左起：蒋祖慧（丁玲之女）、胡延妮（丁玲孙女）、李灵源（丁玲儿媳）；后排左起：周良鹏（丁玲女婿）、蒋祖林（丁玲之子）

第十八章 新生与涅槃

1979年1月12日凌晨，丁玲回到北京，住进位于和平里的文化部招待所。当天，她的老朋友罗蓝、甘露就来看望她。她打听到王会悟的住址，到京三四天，便去看望。我、灵源和小延于1月20日来到北京，和母亲一起过春节。1980年9月，我调到北京工作，以后便定居北京。

我们全家在文化部招待所过了一个十分简朴，但却是非常令人怀念的春节。母亲参加了在人民大会堂举行的春节晚会，这是她第一次走进人民大会堂。

丁玲于2月20日住进友谊医院高干病房。检查结果显示她不仅糖尿病严重，而且右乳腺上长了一个黄豆大小的肿瘤，疑是癌。医院邀请吴蔚然教授参加会诊，吴蔚然和医院的医生都建议她立即做手术，切片检查，如发现癌细胞，就立刻手术根治，如不是癌，也应切除，防止癌变。母亲很沉着、冷静，她不想立即即做手术，她不能一回到北京就躺到病床上，她还有许多事情要做，平反还没有着落，更主要的是她有文章要写，有话要向读者说。她同吴蔚然大夫商量，说她二十多年没有握笔了，请求给她一年的时间，让她先写点儿东西，在这一年里，她遵医嘱、吃药、打针、定时检查，注意它的变化、控制它的发展，一年以后再考虑手术。吴蔚然很理解她的心情，通情达理地同意了她的要求。

丁玲于4月14日出院，搬到友谊宾馆，住了一个套间，两间朝南的房子。这是中共中央办公厅决定并负责安排的。母亲还住在医院里时，托甘露向中央办公厅负责人冯文彬反映，出院后是否可以另外安排一个住处，因为文化部招待所的环境不适宜写作。冯文彬立即决定安排她住友谊宾馆，并通知中国作协，由作协负担费用。冯文彬还答应她，年内木樨地的部长楼盖好后，分配给她一套六室一厅的房子。这座部长楼是属于国管局管理的房子。

这期间来探望丁玲的人不少，当然大多是老朋友与同情者。她的平反问题一时没有着落。以当时的情势来看，所谓"反党集团""右派"问题的平反是无可阻挡的，只是在南京那段历史问题上会有所纠缠。

但是，组织上的态度是明确的。老朋友黎雪来告知："胡耀邦说：'丁玲的历史结论，应依照1940年中组部做的结论。'"[1] 黎雪是可以时常见到胡耀邦的人。

丁玲听说周扬将去日本访问，便约与周扬也熟悉的甘露（萧三原来的夫人）一起去探望他。丁玲与周扬自1960年第三次文代会后就没有再见过面，丁玲这时也已经回到北京四个月了。那天是1979年5月9日。

这次的会见，丁玲对周扬颇感失望。她和我谈起这事时说："我去看他，是想表示团结的愿望，不论过去有多少矛盾，都是'俱往矣'，现在从党的利益出发，须要团结起来。考虑到他将去日本，在日本势必有人向他问起我，我们见见面，他回答起来方便些。也想看看他的态度，可是他只是一味的说他自己在"文化大革命"中如何如何受迫害，也没有问我一句，我这些年是怎么过来的。对1957年整我的事，一字不提，一点歉意也没有表示。哪怕一句话也好。可是，没有。他对离他远一些的人、地位低一些的人、他的责任不那么直接或是只负领导责任的人，他可以道歉，到处道歉，换取好名声。对我，不行。他要是真想真诚地对待我的问题，向我道歉，那就不可避免的要真正地去触及自己的灵魂，这个，他做不到。"

同去的甘露的感受是："我只感到心里实在有点惘然。"[2]

如果从团结的愿望出发，按情理，周扬应该先去看丁玲，毕竟周扬是整人的，整错了人的，丁玲是挨整的。可丁玲主动去看了周扬，结果又是这样。

母亲还向我说："我原来也想去看望陆定一的。但是有人向我说，对于我的问题，陆定一说他与周扬是一致的，这样，我自然也就打消了去看他的念头。"

[1] 丁玲1979年3月23日、3月25日日记，《丁玲全集》第11卷，河北人民出版社2002年出版。

[2] 甘露：《一次难忘的探视——忆丁玲探望周扬》，载《新文学史料》1991年第3期。

后来，人民文学出版社编辑部出版《瞿秋白纪念文集》时，陆定一反对把丁玲写的那篇《我所认识的瞿秋白同志》编入。这使编辑部很为难，也使瞿独依为难，但是编辑部无法听从陆定一的意见，仍是把这篇文章编入了纪念集。再后来，丁玲去世的时候，陆定一没有参加遗体告别仪式，但送了一个花圈。

丁玲对于过去揭发、批判她的一些人都采取了宽容的态度。当康濯向她表示歉意时，她说："都过去了，你当时不过是想当一个好党员就是了。"女作家陈学昭在1955年揭批丁玲的会上不实事求是地胡说了好些事。丁玲当时在自己记录会议发言的本子上，感叹地旁批了一句："此人不可交。"1984年丁玲路过杭州时，还专门去看望了陈学昭。有的人向她表示歉意，她说："我都不记得你当时发过什么言，或是写过什么批判文章了，那是那时的形势，现在团结一致向前看吧！"

7月的一天，陈云同志的夫人于若木来友谊宾馆看望丁玲，陪她一起来的是她的妹妹于陆琳。她的来访，自然体现陈云同志对丁玲的关心。丁玲同她们姊妹二人在延安时就认识，但素无来往。只是我与于陆琳同年去苏联留学。那天我的女儿小延也在。

此时的中国作家协会的领导班子，由张光年担任党组书记。周扬则担任着中宣部"顾问"，这年9月补选为中央委员，10月四次文代会的主持者，并当选为中国文联主席，是名副其实的文艺界主要领导人。这也就是为什么丁玲希望由中组部主持她的平反问题的缘故。她预料到在中国作家协会她的平反势必有阻碍，这在她还在嶂头的时候，从林默涵的文章，周扬向罗蓝、祖慧讲的话，以及初到北京时看到的那篇周扬与赵浩生的谈话就明显地感觉到了。但是，按照复查的工作程序，中组部要中国作协党组作出复查结论，报中组部批。丁玲对她平反路途中的艰难，有充分的思想准备。

1979年5月3日，中国作家协会党组领导下的复查办公室作出了一个《关于丁玲同志右派问题的复查结论》，在简述丁玲"……在全国解放后历任全国文联党组副书记、中国作家协会副主席、党组书记、行政七级……"履历后，其意见为

一、关于一九三三年被国民党逮捕后在南京的一段历史问题

认为应维持中央宣传部一九五六年十月二十四日《关于丁玲同志历史问题的

审查结论》，属于在敌人面前犯过政治错误。

二、关于反党集团问题

一九五七年六月初，中宣部及作协党组领导同志已在作协党组扩大会上宣布，"丁、陈反党集团"不能成立，给丁玲摘去"反党集团"帽子。

三、关于右派问题

综上所述，丁玲同志的言行不属于反党反社会主义性质。把她定为右派分子，属于错划，应予改正：

撤销"关于右派分子丁玲的政治结论"。

恢复丁玲同志的党籍。

恢复丁玲同志的原工资级别（行政七级），建议适当安排工作。

中国作家协会复查办公室
一九七九年五月三日

就这个复查结论的内容来看，有许多可质疑之处：

首先，在历史问题上给丁玲留下一个"尾巴"，他们对胡耀邦的意见置若罔闻。胡耀邦对丁玲历史问题的意见是按照1940年中组部的结论，可是他们却偏要按照1956年中宣部《关于丁玲同志历史问题的审查结论》，定为"犯过政治错误"。这个1956年的"犯过政治错误"的结论，实际上是当时的专门审查小组内部相互妥协的产物，张际春、李之琏等认为不存在问题，周扬等认为是自首变节，七易其稿，达成妥协。丁玲本人不同意，附上书面保留意见。中宣部部务会议讨论后，上报中组部转中央审批，但是这个结论，中组部并没有履行批准手续，也就是说没有正式成立，现在怎么可以作为依据？

其次，说什么"一九五七年六月初，中宣部及作协党组领导同志已在作协党组扩大会上宣布，'丁、陈反党集团'不能成立，给丁玲摘去'反党集团'帽子"。

1957年6月初，作协党组前三次扩大会上周扬等几个人曾表示过"丁陈反党小集团"不能成立。难道以后的事实是这样的吗？事实是，周扬等人的表态，是在事实面前无可奈何之下作出的，并且在政治形势发生变化后，即在第四次会上，就推翻了自己的表态，更加猛烈地批判斗争丁玲的反党罪行，而且把这个反党集团大大地扩大了。

再其次，丁玲被打成右派，主要是她对 1955 年定她为"反党集团"不服，提出了申诉，因而被斥为"翻案"、"向党进攻"。复查结论却避重就轻，避开核心问题。

从这份"复查结论"，大体上可以看出其指导者和定稿者的心态。

把复查丁玲的属于敌我矛盾的右派问题和复查已属于内部矛盾的历史问题捆绑在一份文件里，给丁玲问题的解决设置了障碍。也就是说，若丁玲不同意这样的历史问题的结论，那你右派问题也得不到解决，什么恢复党籍、恢复级别就更无须说了。而这恰在几个月后的丁玲是否以党员身份参加文代会问题上就表现了出来。

复查办公室负责人张僖就说，在这个结论书上不签字同意，就不能恢复党籍、级别。张僖的背后就是周扬，还有张光年。

丁玲面对的就是这么一份"复查结论"。现实情况使她清楚地知道，由于周扬、张光年等人的阻碍，历史问题不可能一下子解决。她也清楚地知道，如果她要在包括历史问题在内的所有问题都彻底解决了之后才在复查结论上签字的话，那就可能正中某些人的下怀，就有借口、有理由把她的平反问题拖延，甚至搁置起来；不仅历史问题，连右派改正、恢复党籍、级别也一起搁置起来，而在说法上，还可以把其责任推到她这一方面。如果对上述那些条款中文过饰非的文字提出要修改，也势必发生纠缠，同样地给你拖延下去。所以她考虑分两步走，在复查结论上签字，先解决了右派改正、恢复党籍、级别再说，历史问题放在下一步解决，在签字的同时，附上不同意 1956 年的所谓历史结论的保留意见。她写信告诉了我这件事，信中最后说："分两步走是对的。"

母亲在信中，还告诉我们中宣部副部长廖井丹和她的谈话："我们曾经写了些意见，找廖井丹。并完完全全把我们的思想告诉了他。他说签字是好的。他也明白其中各种问题。他以为那些都不提为好（他会告诉胡耀邦的）。他说，历史结论根本不须要重做，就是 1940 年的结论，因为中组部并未提出问题。而全部只是作协闹了些名堂，其中 1956 年的结论是没有经中组部批了的。他说已经决定历史问题由中组部处理，叫我们放心。"[1]

分两步走，这是无奈之举。当时对反右派斗争的说法是"扩大化"，既然是"扩大化"，那总还是得留下若干"右派"不予改正，要不如何解释是"扩大化"。所以说，这种把右派问题和历史问

---

[1] 丁玲 1979 年 5 月 25 日致蒋祖林信，《丁玲全集》第 11 卷。

题捆绑在一起，放在一个文件里，"一锅煮"的做法真可说是"高招"，若你丁玲不签字，给你拖下去，那你也就实际上进入了留下来的"右派"之列，这岂不正合某些人的心意，而且还能将其原因归因于丁玲自己。

丁玲所附意见（写于1975年6月8日）是：

（1）撤消一九七五年五月十九日中央专案审查小组办公室《对叛徒丁玲的审查结论》；

（2）确认一九五六年十月二十四日中央宣传部《关于丁玲同志历史问题的审查结论》不能成立；

（3）确认一九四〇年中央组织部所作的结论是正确的，应该维持这个结论。

在丁玲的历史问题上，所谓中国作家协会复查办公室与丁玲的分歧，实际上就是丁玲与周扬，还有张光年的分歧。

尽管如此，中央首先采取了为丁玲平反的措施：增补她为全国政协委员，出席6月在北京召开的第五届全国政协会议。

1979年6月6日《人民日报》发表了包括丁玲在内的增补全国政协委员名单，并刊登了她的照片。发表消息的同时还刊登照片，这样的复出露面的方式，是不寻常的，此前还未曾有过。以这种方式复出，同日刊登出照片的还有贺子珍、罗章龙。

在当日的《人民日报》还刊登了叶圣陶赠丁玲的《六幺令》词一首。这是丁玲于5月26日去看望叶圣陶后，叶圣陶欣赋书赠。

在全国政协会议开幕时，丁玲得到政协党组的通知，通知她参加第三十三组的党员会议。这对于她来说，是意外的喜讯，因为她向中国作协党组提出恢复组织生活的要求，还没有得到答复。她非常兴奋、喜悦，这是她1957年反右斗争后，第一次参加党的会议。在政协会上，她见到邓颖超，并合影。

开完会，回到宾馆后，她就伏案疾书，把二十一年来被抛出党的怀抱的血泪辛酸和渴望回到党的队伍里的迫切心情尽泻纸上，题名《七一有感》发表于《北京日报》。

9月30日，丁玲应邀出席了人民大会堂纪念建国三十周年的庆祝会和晚会。

全国政协党组恢复了丁玲的党的组织生活，但那是临时的，会议散了，也就完了。可是却说明了中央的态度。正式恢复丁玲的党籍，只能由中国作协党组作出。6月21日，丁玲写信给中国作协党组，根据党的政策，根据改正右派的结论，要求恢复党的组织生活，以党员的身份参加即将召开的第四次全国文代大会。可是，没有得到来自作协党组的答复，连已收到此信的表示也没有。此后三个多月里，丁玲又两次致函作协党组，仍无结果。

因此，丁玲只好致信中组部提出要求。这不是如有的文章中所说的什么"越级"和"绕过"中国作协，她本来就是属于中组部直接管理的干部。她在信中写道：

> 我认为应该明确我参加会议的政治身份。既然作协的复查结论确认1955年的反党集团的结论是错误的，1957年的右派是错划的，并决定恢复我的党籍、行政级别，那么我便应像最早的两次文代会那样，以共产党员的身份参与这次文代会，这是自然的。早在六月间，我便向作协党组书面陈述了这一意见和要求，但是没有得到答复。时至今日，我的党组织生活仍然没有恢复，我的户籍仍在老顶山公社，我的生活费仍由长治按月寄来80元，这使一般人看来，我只是一个"改正右派"，与得到宽大处理的战俘差不多。但这毕竟是不合理的。难道因为我对历史结论有不同的保留意见，就能拖延党籍问题的解决吗？万一我认为历史结论不合事实被迫作长期保留（这是党章允许的），是不是这个问题就一直不予解决呢？我想这是不应该的。

1980年1月，我从上海来到北京，母亲向我说起这件事："不同意的人主要就是周扬、张光年，还有张僖，他是复查办公室主任。他们说，复查结论没有批下来之前，仍是右派，右派就不能参加党的活动。那么为什么要拖呢？要拖到文代会之后呢？最后是我向中组部提出后，在会议前夕中组部发来通知：先恢复党组织生活。这时张僖来告诉我，言谈之下，丑表功，好似我的恢复组织生活，还是他争取来的。"

关于这件事，黎辛回忆道：

> 秋初，在一次文代会筹备小组会议上，中组部宣教干部局副局长郝逸民在会

上传达了中组部关于丁玲问题的两个意见。他说,丁玲的复查结论作出来了,她本人还没有同意,但"右派"结论肯定要改正的,她是全国政协委员,政协开会时她已经参加了政协的中共党员会议。因此中组部建议让她参加文代会的党员会议。还说,丁玲现在在木樨地分了房子,要付房租与水电等费用,她现在每月只有80元生活费,不够开支,中组部建议先恢复她行政七级的待遇。郝副局长说完坐下,当时的作协秘书长、复查办公室主任说:"对于没有改正的'右派',不能够这么做。"主持会议的原作协党组书记周扬接着说:"对于没有改正的'右派'分子,我们不能这么做,如果中组部要这么做,请写书面意见给我们。"约10月份,中组部宣教局送来公函,同意丁玲参加文代会的党员会议。[1]

10月30日,第四届全国文艺工作者代表大会在北京开幕。经过斗争,丁玲实现了以共产党员的身份出席大会的心愿。在文代会上,丁玲以高票(票数名列第二)当选为中国文联委员,在中国作协代表大会上,同样以高票(也是票数名列第二)当选为中国作家协会理事并在理事会上被选为副主席。

在作家协会代表大会上,丁玲发表了讲话,后来略有删节以《讲一点心里话》为题,发表在中共中央刊物《红旗》上。她在讲话中说到文艺界的宗派主义:

> 就是要反文艺界的宗派主义(热烈的掌声)。我们要不把这个东西反掉,管你谈什么百花齐放,百家争鸣,团结起来向前看,讲的很多很多,但是,只要这个东西还在,就危险。

在这个讲话的最后一部分,丁玲对所谓延安文艺界存在"鲁艺派"与"文抗派"的说法讲了一些事实和看法。

1978年,美籍华裔记者赵浩生采访了周扬,以《周扬笑谈历史功过》为题发表于香港《七十年代》杂志1978年9月号上,后来转载于1979年2月出版的《新文学史料》第二辑。在《当时延安有"鲁艺""文抗"两派》一节中,周扬说道:"当时延安有两派,一派以'鲁艺'为代表,包括何其芳,当然是以我为首。一派是以'文抗'

---

[1] 黎辛:《文艺界平反冤假错案的我经我见》,《纵横》1999年第8期。

为代表,以丁玲为首。这两派本来在上海就有点闹宗派主义。大体上是这样:我们'鲁艺'这一派的人主张歌颂光明。而'文抗'一派主张要暴露黑暗。……"

这样一来,周扬在笑谈之间,就为自己的正确、丁玲的错误进行了定位。

丁玲认为,这样说不符合事实,"文抗"的作家也写了大量的"歌颂光明"的作品,丁玲自到陕北苏区以来就写了不少。而且,她那时不在"文抗",而是在《解放日报》社,何谓"文抗"头子。丁玲主编《解放日报》文艺栏时,对"鲁艺""文抗"一视同仁,发表"鲁艺"师生的文章还更多。她认为这样的分派,不利于增进团结。

文代会结束后,1980年1月,作协党组才通知丁玲:错划右派改正,恢复党籍,恢复原行政七级级别。

文代会期间,中宣部副部长贺敬之请政治局委员王震副总理出面约会周扬、丁玲、艾青一起在北京饭店吃餐饭以缓和周扬与丁玲、艾青之间的关系,以促进团结。王震欣然同意。丁玲、艾青也都同意。周扬起初也同意了,可是临到吃饭前,贺敬之去请周扬赴宴时,周扬却变卦了,说有必要去吗?我不去了,去了也不好谈什么,你就说我身体不太好嘛。贺敬之去到北京饭店,只好向坐待已久的王震同志和丁玲、艾青作如是解释,大家都引以为憾。后来贺敬之才说出实情。

为丁玲南京一段历史作出正确结论的问题,由于周扬等人持异议咬住不放,解决得很不顺畅。但是总不能因为这么几个人有意见就长久地拖延下去,这是对一个党员的政治历史结论和一生评价的问题。

丁玲于1983年再度写材料申诉,要求彻底平反。她的要求,得到时任中组部副部长李锐的关心与理解,也得到胡耀邦同志的支持。

经过大量调查研究后,经中央批准,中组部于1984年发出《关于为丁玲同志恢复名誉的通知》,其中,关于历史问题,维持1940年由陈云部长、李富春副部长签名的中组部的结论。即:"因对丁玲同志自首传说并无证据,这种传说即不能成立,因此应该认为丁玲同志仍然是一个对党对革命忠实的共产党员。"

中央政治局委员兼书记处书记胡乔木、习仲勋、邓立群等都支持为丁玲彻底平反,同意中组部拟发出的《通知》。同时指示中组部在发出通知之前,听听陆定一、周扬、林默涵、刘白羽、张光年的意见,并向他们作些解释。他们都是1955年、1957年负责处理丁玲问题的当事人。

林默涵、刘白羽都表示同意中组部的文件。陆定一也勉强地表示了同意。在第四次文代会上，林默涵就曾为他过去对丁玲的伤害作了道歉，用实际行动改正了他1977年12月29日讲话的观点。在三S（斯诺、史沫特莱、斯特朗）研究会成立大会上见到丁玲时说："中组部的文件好，平反了你的问题，也纠正了我的错误。"丁玲说："这都已经过去了。"他后来还向丁玲创作研讨会发去贺信，对丁玲的一生作出公允的评价。刘白羽更是在中组部文件下发后，去丁玲家拜访，一进门就说："我是负荆请罪来了。"丁玲连说不要这样，不要这样，并说："你有这样的态度，我们之间过去的一切就都过去了，都不存在了。"此后，丁玲心里对林、刘都不存芥蒂。刘白羽在丁玲逝世之时，更写了一篇动情的悼念散文，其中还说："在丁玲所遭受的苦难中，我必须承担历史的重责，因此对丁玲永怀深深内疚。"

周扬持不同意见。张光年对中组部文件的态度是，压了一个月不表示态度，退回文件时附上一份从香港收集来的徐恩曾的回忆录。

对于这份回忆录，张僖说：张光年把中组部的征求意见稿和徐恩曾回忆录拿给他看，他看后认为徐只写了给丁玲一百元钱养着，和他们一起打麻将，并未写她自首叛变，因此不能说明什么问题。[1]

所谓"打麻将"之事，也是徐恩曾无中生有在其回忆录中编造出来的。

周扬对丁玲何以顽固地采取这样的态度，总是要给丁玲的问题留点尾巴，头上戴顶"紧箍咒"，其症结在何处？实在令人难以理解。

中组部的文件经中央书记处批复同意后，于1984年8月1日下发。该文件全文为：

中央组织部文件
中组发〔1984〕9号

各省、自治区、直属市党委，中央各部委、国家机关各部委党组，各人民团体党组，解放军总政治部：

我部《关于为丁玲同志恢复名誉的通知》业经中央书记处批复同意，现发给你们，以消除影响。

[1] 李向东、王增如：《丁、陈反党集团冤案始末》，湖北人民出版社。

中共中央组织部

一九八四年八月一日

（此件请转发至县、团级）

关于为丁玲同志恢复名誉的通知

丁玲同志，湖南临澧人，一九〇四年生，一九三〇年参加"中国左翼作家联盟"，一九三二年春在上海入党，曾任左联党团书记，中央军委警卫团政治处副主任，西北战地服务团团长，陕甘宁边区文协副主任，延安解放日报文艺版主编，文学研究所主任，中央宣传部文艺处长，作家协会副主席、党组书记等职。现任作家协会副主席、全国政协常委。

一九五五年八月和一九五七年六月至九月，中国作家协会党组先后两次召开扩大会议，对丁玲同志进行批判，定丁玲同志为"丁玲、陈企霞反党集团"、"右派分子"，开除党籍。中央于一九五五年十二月、一九五八年一月先后批转了这两个会议的报告。"文化大革命"中丁玲同志遭诬陷迫害，并被关押五年之久。一九七五年五月，中央专案审查小组办公室，又将丁玲同志定为叛徒，并报经中央批准。

一九七九年，中国作家协会对丁玲同志被定为"反党集团"、"右派"、"叛徒"的问题进行了复查，作出了改正结论，并于一九八〇年一月由中央组织部报经中央批准同意，恢复丁玲同志的党籍，恢复政治名誉和原工资级别。但有些问题解决的不够彻底。且没有在适当范围消除影响。为此，特作如下通知：

一、一九五五年、一九五七年定丁玲同志为"丁、陈反党集团"、"右派分子"，都属于错划、错定，不能成立。对一九五五年十二月中央批发中国作家协会党组《关于丁玲、陈企霞等进行反党小集团活动及对他们处理意见的报告》和一九五八年一月中央转发中国作家协会党组《关于批判丁玲、陈企霞反党集团的经过报告》，应予撤消。一切不实之词，应予推倒，消除影响。

二、"文化大革命"中把丁玲同志打成"叛徒"，属于污蔑不实之词，应予平反。丁玲同志一九三三年五月在上海任"左联"党团书记时，因其丈夫叛变后把她出卖，被国民党特务机关逮捕，押解到南京；一九三六年四月鲁迅告诉冯雪峰，听史沫特莱说，丁玲想找党的关系。史沫特莱也向冯雪峰说了。九月冯雪峰通过张天翼，与丁玲取得联系，在冯的安排下，她由南京逃到上海，然后派人送她到西安，转赴陕北。丁玲同志历史上这段被捕问题，从一九四〇年以来，党组织进行过多次审查，同她本人的交代基本相符。关于说她在南京拘禁期间，曾与叛变的爱人冯达继续同居和在一段时间内接受过国民党每月给的一百元生活费问题，她一九三六年到陕北后即向组织上交代了。因此，一九四〇年，中央组织部进行了审查，并作出了"丁玲同志仍然是一个对党对革命忠实的共产党员"的结论。以后多年来的审查也未发现新的问题，因此仍应维持一九四〇年中央组织部的结论。一九四三年延安审干时，丁玲同志补充交代了她一九三三年十月给敌人写过一个申明书，其大意是"因误会被捕，生活蒙受优待，未经什么审讯，以后出去后，愿家居读书养母。"丁玲同志这个"申明书"只是为了应付敌人，表示对革命消极态度，没有污蔑党、泄露党的秘密和向敌自首的言词。

三、丁玲同志被捕期间，敌人曾对她进行威胁、利诱、欺骗，企图利用她的名望为其做事，但她拒绝给敌人做事、写文章和抛头露面，没有做危害党组织和同志安全的事。而且后来辗转京沪，想方设法终于找到党组织，并在组织的帮助下逃离南京，到达陕北。

四、丁玲同志是我党一位老同志，在半个多世纪以来的革命斗争中和文艺工作中，作了许多有益的工作，创作了许多优秀的文艺作品，在国内外有重大影响，对党对人民是有贡献的。一九五七年以后，她在二十多年的长时间里，虽身处逆境，但一直表现好。一九七九年恢复工作以后，她拥护党的十一届三中全会制定的路线、方针、政策，不顾年高体弱，仍积极写作，维护毛泽东文艺思想，教育青年作家，几次出国活动，都有良好影响。事实说明，丁玲同志是一个对党对革命忠实的共产党员。现决定为丁玲同志彻底恢复名誉；因丁玲同志被错定、错划而受株连的亲友和同志亦应一律纠正，推倒一切不实之词，消除影响。

中共中央组织部
一九八四年七月十四日

1984年5月，中组部的同志来到我们家里，把《关于为丁玲同志恢复名誉的通知》的征求意见稿给母亲看了，并征求她的意见。她当然完全同意。后来发的正式文件，几乎没有什么修改。母亲向我们说起这件事，心情既高兴又激动，她说："有了这样的结论，我可以死了。"这就是说，几十年压在身上的政治重负终于卸掉了，几十年泼在身上的污水终于洗清了。在她看到正式发下的《关于为丁玲同志恢复名誉的通知》中组发〔1984〕9号文件时，更是抑制不住内心的激动，当即向中组部并请转致党中央写了一封信，信中她写道："我只有向党盟誓：丁玲永远是属于中国共产党的，是党的一个普通的忠实战士。"

被打成右派之后的二十多年，丁玲被彻底地赶出了中国文坛，她的书全部被禁。可是她的影响仍然存在，她在文学上的地位也没有多少变化，国外对她的研究仍在进行，有许多学者发表研究她的文论，有许多学生以她的创作为题书写博士论文。在这期间，在外国出版的一些大型文艺工具书上，如苏联出版的《苏联大百科全书》和美国出版的《二十世纪世界文学百科全书》都专门列有"丁玲"的辞条。美国《二十世纪世界文学百科全书·丁玲》写道："自1958年她消失后，她的命运——假如她还活着，在何处生活，如何生活——是无从获知的。"并用肯定的语气说："然而，丁玲作为一个20世纪最有力量、最活跃的作家，在中国文学史上，仍占据着一个显著的位置。"

丁玲1979年复出，重现文坛。

丁玲从1979年复出到1986年长辞人世，一共七年时间。这七年，是她的又一个光彩夺目的创作高潮期，共创造了约一百万字作品，在十二卷本《丁玲全集》中，大体上占了将近三卷。

还在友谊医院的病房里，丁玲就动笔写作了。1979年3月，完成了《牛棚小品》。她为什么要写这篇散文呢？由于"左"的影响，一个时期内党的工作失误，尤其是"文化大革命"给人们造成的伤害，这时在文学上兴起了"伤痕文学"。这种"伤痕文学"的出现是必然的，对纠正"左"的路线，对清算"四人帮"的罪行是有益的。她读了一些"伤痕文学"的作品，也为其中一些作品所感动，但也认为一些作品，凄凄切切，格调过于低沉，虽能博得一些同情，但使人意志消沉，看不到前途。丁玲也有"怨"，也有"悲"，也有抒发的萌动。不过，丁玲对于这类作品写什么、如何写，有她自己的见解。她主张，写"伤痕"，也要使人感受到人在苦难中的一种坚忍不拔的顽强精神，从"伤痕"中奋发出一种前进的力量。她反复阐明："我们的作品在批判社会黑暗、揭露丑恶人性时，不是只让读者感到痛苦、失望、灰心丧气，或悲观厌世，还要能使读者得到力量，得到勇气，得到信心，得到鼓舞。"[1] 她的《牛棚小品》就是一篇这样的作品，哀而不伤，在"伤痕"作品中别具一格。《牛棚小品》发表于《十月》杂志，博得广泛的好评，获得1982年《十月》的散文奖。

1979年，母亲整个夏天都很忙。一时间成了新闻人物，中外记者、文学研究者都来采访，刊物的编辑也来约稿。出版社也打算重印她的《太阳照在桑干河上》，并编辑出版她的短篇小说集、散文集、论文集。她还要写文章，简直忙不过来。她来信说："祖林要来北京就好了，可以帮助选稿、看稿。"可是我工作在身，无法前来帮助她。

1980年1月，丁玲去医院检查，乳腺上的肿瘤有发展，医生的意见是不能再拖延了，应立即手术。她在住院前，因《诗刊》要发表胡也频的诗作，写了《也频与革命》这篇不足三千字的短文，指出沈从文《记丁玲》一书中不真实的记述与错误的议论。

1933年丁玲被国民党特务绑架后，社会上盛传丁玲已遇害，沈从文先后写了《记丁玲》和《记丁玲续集》。丁玲由于自那以后的生活环境，先是被囚南京，后长期生活在解放区农村，没有看到这本书。数十年间，沈从文曾数次见到并没有死去的丁玲，不知为什么他从未对丁玲说起这本书。1958年丁玲去了北大荒，当然更不可能知晓和看到这本书了。

1979年8月，日本汉学家中岛碧女士访问还住在友谊宾馆的丁玲。她送给丁玲两本书，即《记丁玲》与《记丁玲续集》。丁玲这才知道有这样两本关于她的书。可她难以理解的是，为什么沈从文从来也没有向她说起过。中岛碧并且告诉丁玲，海外学者把这两本书看成是研究丁玲的"入门书"，认为沈从文是胡也频与丁玲青年时代的朋友，他写的《记丁玲》当然是可信的，具有权威性。那一年间，不断有外国学者来访，也都说到这两本书，都说它们是研究丁玲的第一手资料，并且引出书中的一些问题请丁玲证实和解答。丁玲读完这两本书后很生气，在书上写了一百二十余条眉批，主要是认为一些事实不真实，甚至是编造臆想，和用一种低级的趣味来写她；更不能使她容忍的是沈从文对胡也频的写法，把胡也频写成一个既无文学才能也无政治才识的庸人，而且还带着嘲弄奚落

[1] 丁玲:《生活、创作、时代灵魂》，《丁玲全集》第8卷。

的语气，对左翼文学菲薄贬损。

这就迫使丁玲考虑，应该写篇文章，指出书中失实之处，以正视听，免得以讹传讹。但顾及沈从文的健康和情绪，丁玲一再犹豫，没有动笔。不久，因《诗刊》要选发胡也频的诗，来约稿，丁玲心想，这篇文章应该正确地阐明胡也频和自己与革命的关系，对《记丁玲》中的不实之说加以澄清。即使在这个时候，她也仍然有所犹豫，因为势必碰到沈从文。她考虑之后，认为要写就应该趁沈从文还健在的时候发表，以使沈从文有可能发表不同意见，而不要等到别人百年之后无法申辩。她决定不逐条批驳，而是写一篇短文。在这篇短文中，她指出沈从文的《记丁玲》是"一部编得很拙劣的'小说'"。沈从文应该是有可能与有机会对此作出公开答辩的，但是没有看到这样的文章。

母亲写这篇文章的时候，我正在北京，她的这些想法，和我说过，并把她的眉批给我看。她认为："几十年来，对我的什么反党、右派、叛徒等等的诬陷我都受了，相比之下，沈从文书里的这些编造、臆想、奚落、嘲弄，实在算不得什么，可是难在中外许多人把它看成是研究我的权威资料。写这篇文章的目的，不过是要告诉中、外研究者，《记丁玲》与《记丁玲续集》不是研究丁玲的'入门书'，同时要为胡也频和她自己作一些辩白。"然而，此时的沈从文的名声，在海峡两岸已是如日中天，研究沈从文的人蜂拥而至，崇拜沈从文的人逐日增多，她没有想到或是根本没有去想是不是能碰得的。

1980年，美国汉学家艾勃访问丁玲，也谈到沈从文的这两本书。当他听了丁玲的意见之后，问她是否可以去看沈从文，丁玲表示当然可以。过了几天，艾勃的翻译彭阜民在电话中告诉陈明说，他们去过沈家，沈先生对汉学家说："过去的事已隔多年，我记不清了。如果我和丁玲说得有不一致的地方，以丁玲说的为准。"[1]

不料，在沈从文去世之后，在1990年，杂志上发表了沈从文写于1980年7月和1982年1月给友人的两封信，让人们知道沈从文对丁玲的《也频与革命》很有意见。可惜这两封信写在丁玲还在世的时候，却没有公开发表，而是发表于丁玲死后，丁玲根本无法作答了。

丁玲和沈从文都已脱离凡尘。然而"幸存在莽莽红尘中的好事者们"却不耐寂寞。"由于立场、观点、情感的差异以及种种错综复杂的社会关系，他们不仅对活人的

---

[1] 陈明：《丁玲在推迟手术的一年里》，《新文学史料》1991年第1期。

是非功过争论不休，而且对于判断死者生前的恩恩怨怨也仍然有着不疲倦的兴趣"。[1]

也正因为"由于立场、观点、情感的差异以及种种错综复杂的社会关系"，所以之后发生的所谓的丁玲和沈从文的"文坛公案"也就各执其是，众说纷纭。不仅观点各异，在立论所依据的材料上，取其所需，摒弃于己不利之偏颇亦不少见。甚至有些已被证明并非事实的事，却仍采取避而不见，一而再地引用论定。

这样的争论或许还会进行下去。也有文章过分地渲染所谓沈、丁的"友谊"，为之"惋惜"，并将这"友谊"终结的原因归之于丁玲。其实，丁玲与沈从文的交往，在丁玲的整个历史长河中，不过是几个点滴而已。因胡也频的关系，丈夫的朋友也是朋友，而存在的友谊。20世纪30年代初，由于政治思想上的分歧，这种友谊早就淡化了，只是此后也都还念及旧谊就是了。沈从文在丁玲的文学生涯中，在丁玲的思想历程中，在丁玲的革命活动中，在丁玲的命运波折中，都没有多少瓜葛，不占据多少位置。

所谓朋友，彼此应该有所了解、有所尊重。对于死去的朋友尤应实事求是而不应加以嘲弄、奚落。书里有这样的一些说胡也频的话：

> 譬如两人的书想卖，必署丁玲的名，方能卖出。

> 那海军学生的小说，在发表以前，常常需那女作家的修正。

> 海军学生之被人重视，我以为对于他根本毫无好处。这人既无多大政治才识，有的只是较政治才识三倍以上的热情。

> 促成这人转变的，实在还只是一种南方人的单纯勇往的热情，并非出于理智的选择。不过由于过分相信革命的进展，为一束不可为据的"军事报告与农工革命实力统计"所迷惑，为"明日光明"的憧憬所动摇，彻底的社会革命公式把他弄得稍稍糊涂罢了。

> "文学左翼"在是时已经是个不时髦的名词，两人到这时节还去检取这样一个过时的题目，在熟人看

[1] 陈漱渝：《干涸的清泉》，《人物》1990年第5期。

来恐怕无人不觉得希奇的。

从这些文字看来，沈从文也实在是算不上是胡也频的知己。如果胡也频尚在人世，看到上面这些用嘲弄语气对他的评定，并且听到沈从文五十年后仍肯定"这是真人真事"（沈从文1982年1月22日与周健强的谈话），他与沈从文的友谊还能存之为继吗？所以丁玲的生气是可以理解的。

1980年3月4日，母亲住进了协和医院，10日，吴蔚然大夫为她做了右乳腺切除手术。切片检查，证明有癌细胞。手术很成功，直至她去世，也没有发现有这方面的问题。七十六岁的母亲，在这样大的手术下，挺过来了。从手术之日起，我就陪侍在侧，直到她基本康复。

丁玲回到了北京，心里想念着以前同她一起生活、战斗过的人民群众。1979年秋天她就去桑干河畔的涿鹿县看望那里的乡亲们。1981年7月间，她在应邀访问美国之前，冒着酷暑，专程去北大荒农场"探亲"。她前往普阳农场。这是一个新开辟的农场，原来汤原农场的大部分农工和干部迁移到了这里，把一片芦苇丛生的水洼子地改造成了有四十万亩地的国营农场。丁玲在会上以《人民哺育了我》为题，发表了亲切热情的讲话。丁玲此行还访问了汤原农场和宝泉岭农场。汤原农场是1958年她来的时候，最初安身立命之地，在那里生活、劳动、工作了六年半。大部分农工干部都迁去普阳农场了，只留下了少量的老职工。她去看了自己当年住的"鸡舍"和养鸡的地方，会见了一些老熟人。宝泉岭农场是丁玲下放北大荒日子过得最惨的地方。但是那里有许多好人，他们同情丁玲，在可能的条件下帮助了丁玲。

9月21日，丁玲起程赴美国访问。她是一位早已走向世界的作家，她的作品早在20世纪30年代就被译成英、日、俄、法等文字。还在战火弥漫的解放战争中，她就曾两度代表妇女界和文艺界去苏联和东欧的民主主义国家访问，此后又多次访问苏联。可是，此次出国离她此前最后一次出国已是四分之一世纪了。

此次访美是应美国爱荷华国际写作中心邀请，有三个月的时间逗留在美国。这期间，应加拿大政府文化理事会的邀请访问加拿大十天。整个10月份，丁玲在爱荷华国际写作中心与受邀来中心的其他国家的作家进行文化交流。中心对丁玲的来访很重视，专门为她配备了全职翻译———一个学比较文学的女孩子，在整个访问期间陪同她。

10月31日，丁玲在爱荷华国际写作中心举行的一次集会上，以《我的生平与创作》为题，作了发言。

她首先说：

> 我是一个中国作家，是中国人民的女儿。中国人民的艰难生活哺育着我，教导着我，使我一生都跟着人民的足迹生活、工作、写作，六十多年来，可以说是见过一点世面，经过一点风雨。现在我已七十七岁了，我只存一点希望，为人民继续战斗，鞠躬尽瘁，死而后已。

她从她出生时的社会情况，她出生时的家庭说起，说到她的不幸的童年、她的母亲对她的影响、她对革命的追求、她的步入文坛。当说到30年代的左翼文学以及"左联五烈士"的牺牲时，她强调地说：

> 这些正说明中国新文学的一个大特点。中国新文学的生长发展是同政治密不可分的，新文学的花朵是染着烈士们的鲜血的。

她说到自己的写作，她说：

> 我写作的时候，从来不考虑形式的框框，也不想拿什么主义来规范自己，也不顾虑文章的后果是受到欢迎或招来物议。我认为这都是写作完了之后，发表之后，由别人去说、去作，我只是任思绪的奔放而信笔所之，我只要求保持我最初的、原有的心灵上的触动和不歪曲生活中我所爱恋与欣赏的人物就行了。

她说到她到延安以后的经历和1957年之后的坎坷生活：

> 我知道，很多朋友，很多同行，对我几十年的经历感到关注、同情。也有人感慨中国革命者生活的坎坷，关心今天中国形势的发展，这都是很自然的，我能

理解。为此我向朋友们、同行们表示衷心感谢。

远在1955年,我受到了不公正的批判,1957年又被错划为右派,我在全国的报纸杂志上受到不断的公开的指责。这样,几乎有一个世纪的四分之一时间使我失去写作权利,但也使我经历了许多人世沧桑,学到了许多书本中学不到的社会人生,锤炼我一颗为人民的红心。……(在北大荒)的这几年里,我重新认识生活,结交了很多朋友。人民群众的热情和他们对我的新的了解和信任,是得来不易的,这是医治我心灵上隐痛的良药,我永远牢记他们。正当中央农垦部和农场党委答应给我写作条件,我准备重新提笔的时候,一场"文化大革命"爆发了,……在这场空前的浩劫里,党的政策被破坏,党的传统被抛弃,党和国家的干部、人民群众备受踩躏,我个人也受尽折磨。

对于这场所谓的"文化大革命",我们党已经作了历史的、全面的总结:"文化大革命"是一场由领导者错误发动,被反革命集团利用,给党、给国家和各族人民带来严重灾难的内乱。

她以宽宏的视觉、坦然的心情说出她的思想感受:

现在,我搜索自己的感情,实在想不出更大的抱怨。我个人是遭受了一点损失,但是党和人民、国家受到的损失更大。我遭受不幸的时候,党和人民也同受踩躏。许多功劳比我大得多的革命元勋、建国功臣所受的折磨比我更大更深。一个革命者,一个革命作家,在革命的长途上,怎能希求自己一帆风顺,不受一点挫折呢?

现在我的国家正处在大乱之后,疮痍满目,百废待兴,举步维艰。此情此景,很容易使人联想到古代的多少爱国诗人,他们曾长歌代哭,抑郁终生。但我绝不能沉湎于昨天的痛哭而呻吟叹息,也不能为抒发过去的忧怨而对现今多所挑剔,我更不愿随和那种少数虽有好心,但忽视全局、轻易作出的片面的论断。这些对于国家的安定团结,对于国家现代化的建设,都不会有实际的补益。我坚决相信,只有十亿人民,同心同德,在中国共产党的领导下,不断地总结经验,解放思想,

> 发扬民主，埋头实干，勤奋学习，我们的国家才能对人类进步和世界和平，作出新的伟大贡献，而我国的文学也必将带着我国民族的特色，丰富世界文学的宝库。[1]

丁玲的这些发自内心的肺腑之言，得到国内外很多人的赞扬与好评。但是也有对中国革命了解不足，对一个真正的共产党人的真实思想难以理解的人对此感到困惑。她的讲话更为一些不怀好意的人所反感和失望，他们原先期望丁玲在国外"吐苦水"，发泄对共产党的不满，发泄对共产主义制度的不满。丁玲让他们的想法落空了。

丁玲常常说："我首先是一个共产党员，其次才是一个作家。"她一生的言行，都说明了她对自己为人处事的这一准则。

11月份，丁玲应邀去哈佛、威士礼、芝加哥、耶鲁、哥伦比亚、普林斯顿、密西根、斯坦福、华盛顿、"三一"等十多所大学讲演，并和一些杂志编辑部座谈。

中国政府对丁玲的访美给予很大的重视。在华盛顿，中国驻美国大使馆为丁玲访问美国举行招待会，柴泽民大使主持会议致开幕词，丁玲发表了简短的讲话，到会的有美国政界、文化界、出版界人士百余人。中国文艺界人士访美，由大使馆为其访美举办招待会，丁玲是唯一的，此前没有，此后也未见有过。

丁玲在美国很想见的一位老朋友就是尼姆·威尔斯，也就是海伦·斯诺。来到美国之后，"四十几年前的一个身材苗条、穿灰色军装、系红色皮带的年轻白人女记者的倩影却一步步地由淡转浓的显现出来"。然而，岁月不饶人，丁玲和威尔斯都老了，在丁玲面前的威尔斯已是一个一头白发、微胖、有点儿龙钟的老太太。威尔斯对丁玲说："你是不自由过的，你的不自由是因为政治的问题。我呢？我现在也不自由，那是因为我穷，是经济问题。"

一股苦涩的味道噎在丁玲的喉间，真不知说什么才好。但是，威尔斯一下改变了话题，她甜美地笑着说："丁玲！我这里还有三十几本稿子，我一定设法把它出版，你看过我的书吗？那里都是些伟大的人物。我还要继续写。你呢？你一定也要写。我老早就讲过，我是多么的希望你，希望中国写出一部伟大的书，要像托尔斯泰，就是像《飘》，也是非凡的……"

丁玲看着威尔斯小小的一间房子的家，就已经知道了她的贫困，后来从她的信里更知道了她的收入：出租

[1] 丁玲：《我的生平与创作》，《丁玲全集》第8卷。

房子得一百三十五美元，社会保险金得一百五十美元，扣去交电费一百七十五美元后，就靠一百多一点儿美元生活。丁玲在回国前夕，从旧金山把所余五百美元全部寄给威尔斯，作为圣诞节给她的礼物。回国后，母亲同我说起威尔斯的状况，她很难受，她说，我们不应该忘记那些在我们革命处于艰难时候同情和支持过我们的老朋友，她说她想向组织上反映，是否可以考虑把威尔斯接来中国养起来，并且给她出书。我后来没有再问她这件事，不知道进行得怎样，但从以后的事实来看，并没有实现。

在波士顿，丁玲还去中国革命的老朋友伊罗生家里做客。一年前，丁玲与伊罗生在北京曾相见过。20世纪30年代，伊罗生是英文《中国论坛》的主编。在白色恐怖笼罩下，在中国革命处于艰难的时期，《中国论坛》经常向世界报道一些中国革命的真实情况，在支援中国革命上，作了许多有益、有效的工作。他与中国民权保障同盟的宋庆龄、蔡元培、鲁迅、杨杏佛有着经常的联系，与丁玲也相识。1934年，他请鲁迅、茅盾编选的中国左翼作家作品选《草鞋脚》，打算在美国出版，其中有丁玲的两篇。

11月下旬，丁玲应加拿大政府文化理事会邀请访问加拿大多伦多和蒙特利尔，应邀在加拿大麦锡尔大学讲演，介绍中国文坛和作家情况，经整理后，以《五代同堂，振兴中华》为题发表。她还参观了白求恩纪念馆。

丁玲在加拿大的访问日程是由加拿大著名女作家玛格丽特·劳伦斯和女诗人阿狄尔·怀斯曼安排的。在丁玲到达当晚的宴会上，加拿大的作家们称："丁玲是中国的玛格丽特·劳伦斯，玛格丽特·劳伦斯是加拿大的丁玲。"玛格丽特·劳伦斯是加拿大最著名、最有地位的女作家，年龄与丁玲相仿。从这样的表达中，可以看出这两位女作家在人们心中的地位。

丁玲访美回来后，陆续写成二十几篇散文，结集为《访美散记》。这部散文集，视野广阔，内容丰富，记述了她此次访美期间接触的各种人物，描述了她所看到的异国风光。她惊异地发现美国的物质丰富和现代化，为美国社会的进步，说了好话。但是，她同时以马克思主义的基本观点来观察、思考、判断美国的社会，揭示其自身掩藏着的或是已经显露出来的危机。

1984年4月，丁玲应法国总统密特朗邀请访问法国。密特朗总统在爱丽舍宫会见了她。法国国民议会会长路易·梅尔马兹和文化部长马尔罗尼也会见了她。丁玲曾于1946年、1948年、1949年三次欲去法国巴黎出席国际妇女与保卫和平会议，都因法国政府拒发签证而未能成行，此次，她受到高规格的热情接待。

之后，1985年6月，她访问了澳大利亚，回国时在香港停留，与香港的文化界人士进行了交流。

1986年2月，美国文学艺术科学院经选举，授予丁玲为该院名誉院士。

丁玲重返文坛后，创作和发表了约一百万字作品。这些作品主要是散文和评论（包括杂文、序、跋、讲话）。

丁玲不大写诗，一生只发表了几首诗作。其中一首诗就是献给国家副主席宋庆龄的。

丁玲复出后见过一次宋庆龄，也是最后的一次，那是在宋庆龄宴请伊罗生的家宴上。1980年冬天，伊罗生远涉重洋来到北京，他要求会见宋庆龄、茅盾和丁玲。宋庆龄在她家里宴请伊罗生夫妇，并邀茅盾、丁玲作陪。几十年不见，伊罗生已是一个老人，他是自费来的，是来看老朋友的，还要去上海参观鲁迅故居、鲁迅博物馆。丁玲也宴请了伊罗生，邀他当年的老朋友曹靖华、陈翰笙、戈宝权、李何林、唐弢作陪，他们共聚一堂，兴奋地回忆30年代在上海的战斗篇章。

母亲为宋庆龄副主席在她的寓所宴请伊罗生的那次家宴十分高兴，不仅高兴见到了伊罗生，而且很高兴见到了宋庆龄。记得那天她回到家，满面春风，似乎兴奋的情绪还没有平息，她向我们述说着宴会上的情景。宋庆龄对她说："我欢迎你常来我这里，我这里客人不多，你随时都可以来。"母亲非常感谢宋庆龄对她的好意。过了几天，母亲对我说："我对于我的创作计划有一个新的想法，就是我想写一本宋庆龄传。宋庆龄实在是一位非常非常伟大的女性。如果我能为她写成一本传记，哪怕我其他的创作计划都没有完成，那也不足为惜。"又过了几天，她对我说："我很想为宋庆龄写传记，但仔细想来，有点担心写不好。因为我对她生活的环境，接触的人物了解得太少了。必须有与她大量的交谈，可是我现在听上海话有些吃力。"听来似乎有些犹豫。可能她一时还拿不定主意，所以这个想法自然也没有向宋庆龄表达。几个月后，她获知宋庆龄病重，将《诗人应该歌颂你》献给病中的宋庆龄同志。文章发表两周后，宋庆龄就与世长辞了。丁玲去人民大会堂瞻仰宋庆龄的遗容，向她心中最伟大的女性作最后的告别。至于为宋庆龄写一本传记的想法，也就只有深深地埋葬在她的心底里了。

母亲曾经萌动过为两位伟人写传记的心思，一是毛泽东，一是宋庆龄。为此，她甚至决心放弃她原考虑的所有的创作计划，可惜她的心愿都没有实现。

丁玲在晚年所写的散文中，有许多篇章是忆人、怀人的散文。她先后写了《悼雪峰》《悼念刘芝明同志》《一块闪烁的真金——忆柯仲平同志》《向警予同志留给我的影响》《我所认识的瞿秋白同志——回忆与随想》《也频与革命》《我母亲的生平》《她更是一个文学作家——怀念史沫特莱同志》《元帅啊！我想念您》《胡也频》《鲁迅先生于我》《悼念茅盾同志》《会见尼姆·威尔斯女士》《回忆潘汉年同志》《回忆宣侠父烈士》《忆江丰》《伊罗生》《我与雪峰的交往》《回忆邵力子先生》《悼念伯钊同志》《林老留给我的印象》《纪念柯仲平》《忆弼时同志》等文。在为《成仿吾文集》《冯乃超文集》《周文选集》和艾思奇的《论文化和艺术》等书作的序言中，她也回忆了这些故友。

在丁玲悼念、忆念的人物中，有早年为革命牺牲的烈士，有为丁玲尊为师长的前辈，有丁玲的挚友与战友，也有同情与支持中国革命的外国友人。丁玲真实地记述了她与他们之间的交往，但是丁玲并不仅仅是客观地叙述事实，而是将记人述事与抒发情感、自我品评融会在一起，从而使人物既真实又生动。同时，她是把所写的人和事放在中国革命历史进程的各个特定环境下来写，更由于她多年的政治生活的阅历和马列主义的修养，她的品评具有鲜明的哲理性，常常引起读者长久的思考与回味。

《我所认识的瞿秋白同志》是这时期她所写的散文中最令人赞叹的一篇，可能也是迄今为止最真实、最深刻、最全面、最具体、最细致、最形象地记述瞿秋白的散文。此文完稿于丁玲刚刚恢复党的组织生活，瞿秋白在"文革"中被诬为"叛徒"尚未最终恢复名誉之时。

她通过记述她与瞿秋白的交往，对瞿秋白的思想、气质、品格、才识以及爱情生活作了全面、细致的描写。对瞿秋白内心的矛盾与苦闷作出了只有相知很深的人方能作出的剖析。她公正地评价瞿秋白对革命的贡献与失误。对于"四人帮"借《多余的话》把瞿秋白打成"叛徒"，表示了极大的愤慨。同时，她从当时的历史背景和瞿秋白的思想状态来客观地分析《多余的话》这篇文章，洗清泼在瞿秋白身上的污水，称其为"这正是一个真正的布尔什维克的品质"。而在为瞿秋白辩诬的同时，对于《多余的话》，她也客观地指出："但也有些遗憾，它不是鼓舞人的。"

读之，令人感到，丁玲是瞿秋白的一个最好的律师，在为她的挚友尽辩护的历史责任。

关于冯雪峰,母亲写出了他一生"对革命一贯忠诚,对人民极端热情,勤奋治学,严肃办事,艰苦备尝"之后,也意味深长地写了冯雪峰性格上的弱点:"只要有人(其实个人并不能代表党)对他说,他错了,他就检讨认错;如果有人对他表示一点自我批评,他不计较其真假;他是经得起委屈的人,勇于承认错误。"在我的记忆里,在母亲同我的闲聊当中,她几次说到冯雪峰的弱点时,都说冯雪峰的这个不辨其真假的弱点过去被人利用,现在也仍然在被人所利用。她感叹冯雪峰的善良,乃至天真。

在忆柯仲平的文章中,她深情地回忆了自1938年相识之后两人的交往,感叹地写道:"啊!我不能不记起当年,当我被诬为反党集团头头、大右派的时候,我真正担心过老朋友,老柯,你会不会受到株连?千幸万幸!你不在北京,我们又已阔别好几年了!老柯!以前我没有告诉你,也不会告诉你,我的确亲耳听见有人亲口对我说:'你、我、他、他……都曾是为人所戒备的一群!'我真不懂,这是为什么呢?我们专心写作,勤恳工作,我们有时不得不偶尔吐露几句'不平之鸣',说几句真话,此外,我们还有什么呢?可是我们不堕入这个罗网,就得陷入那个深渊!"

在其他的怀人散文中,每一篇都有不少精彩之笔。其散文有其独特的风格,无论写人、写景都有思想,有感情,着重刻画人,写出了时代。

丁玲早在延安就写了不少散文。20世纪50年代,因为担负领导工作,没有时间写长篇,因此也写了不少散文;晚年的她对散文情有独钟,并发表了很有见地的见解:

> 有的人把散文看得比小说低一些,这是不正确的,也不符合历史的实际。我国散文有悠久的传统和多种样式。古代许多感情强烈、语言优美的序、跋、记、传都是散文。司马迁的《史记》是散文,范仲淹的《岳阳楼记》和欧阳修的《醉翁亭记》也是散文。他们写得多好啊!这些散文之所以能够流传后世,不只是因为文字美,主要是有思想、有感情、有心胸、有气魄。后来有一种倾向,认为散文容量太小,不能把一个时代,一个历史过程写进去,读者读起来意思不大,要看气势磅礴的小说才过瘾。其实,历史本身就是一部宏伟的巨著,反映历史需要小说、戏剧、史诗这样的长篇大作,也需要短小精悍,情深意切的散文。一篇好的散文也能就历史的一页,一束感情,留下一片艳红、几缕馨香。不管是散文还

是小说,只要写出人物来了,写出时代来了,写得动人,写得能启发人,能感动人,能教育人,就是好作品,就会受到读者的欢迎。[1]

她所写的这些散文作品,就是上述观点的实践。

她身后发表的《魍魉世界》和部分文章身前发表,逝世后结集出版的《风雪人间》,既是研究现当代文学,研究丁玲生平和思想的重要史料,也是独具风格的散文创作。

丁玲在复出之后的七年间,发表了不少关于文艺问题的文字,包括杂文、评论、讲话与书的序、跋。

1979年初,根据党的十一届三中全会的方针,拨乱反正与改革开放开始起步。

> 在拨乱反正的过程中,广大干部和群众从过去一个时期内盛行的个人崇拜和教条主义的精神枷锁中解脱出来,党内外思想活跃,出现了努力研究新情况和解决新问题的生动景象。这是当时中国政治生活的主流。但与此同时,也发生了若干值得引起注意和警觉的现象。这就是,一方面,一些同志仍然受到"左"倾思想的束缚,对于三中全会以来党的路线和政策表现出某种程度的不理解甚至抵触情绪;另一方面,极少数人利用党进行拨乱反正的时机,打着"社会改革"的幌子,曲解"解放思想"的口号,采取"攻其一点,不计其余"的手法,把党的错误加以极端的夸大,企图否定党的领导,否定党所指引的社会主义道路。……在共产党内部,极少数人在党揭露和纠正自己所犯错误时,思想发生动摇。他们不但不承认这股否定党的领导和社会主义制度的思潮即资产阶级自由化思潮的危险,甚至直接间接地加以某种程度的支持。这种情况,如果任其发展,必将破坏安定团结的局面,造成极为严重的后果。
>
> 针对这种情况,邓小平受中央委托,于1979年3月在党的理论工作务虚会上旗帜鲜明的提出,坚持社会主义道路、坚持无产阶级专政即人民民主专政、坚持共产党的领导、坚持马列主义毛泽东思想这四项基本原则,"是实现四个现代化的根本前提。""如果动摇了这四项基本原则中的任何一项,那就动摇了整个社会主义事业。"他在批评怀疑三中全会路线的"左"的倾向的同时,着重尖锐地揭露了某些人以所谓"社会改革"

---

[1] 丁玲:《漫谈散文》,《丁玲全集》第8卷。

的名义鼓吹资本主义的实质,明确指出:我们要有计划、有选择地引进资本主义国家的先进技术和其他对我们有益的东西,但是我们决不学习和引进资本主义制度以及各种丑恶颓废的东西。他还对"解放思想"的内涵作了科学的界定,阐明"解放思想,就是要运用马列主义、毛泽东思想的基本原理,研究新情况,解决新问题",以便推进中国的社会主义事业;决不允许一些人借此攻击马列主义、毛泽东思想。这个讲话表明,中国共产党所实行的改革开放,一开始就具有明确的社会主义方向。[1]

这时,在文艺战线上,以毛主席《在延安文艺座谈会上的讲话》为代表的马列主义毛泽东文艺思想,受到了严重的挑战。也有一些人,在纠正过去贯彻执行马列主义毛泽东文艺思想工作中存在过"左"的错误时,发生了思想混乱,对这个《讲话》抱有怀疑,产生了动摇。面对这种情况,丁玲以一个"战士"的姿态,自觉地、积极地投入了战斗。她坚定地坚持毛泽东《在延安文艺座谈会上的讲话》的基本精神,积极宣传、坚决捍卫马列主义、毛泽东文艺思想,为我国社会主义文艺事业的发展繁荣作出了不可磨灭的历史贡献。

我曾亲耳听她对一个外国作家代表团向她问及关于《在延安文艺座谈会上的讲话》的问题时所作的回答:"毛主席《在延安文艺座谈会上的讲话》是一个非常伟大的文献,到现在都是如此,完全没有过时。"[2]

她进一步说:《讲话》是适应实际工作的需要,适应抗日战争的需要而产生的,它解决了"文艺运动中的一些根本方向问题",主要是"一个为群众的问题和一个如何为群众的问题"。毛主席看到当时延安文艺界存在很多问题,其中最基本的就是脱离群众,脱离实际。革命文艺工作者从上海亭子间搬入延安的窑洞,不等于就和群众结合了,熟悉了。"必须和新的群众的时代相结合。"《讲话》正确估价了革命文艺在整个革命事业中的特定地位和特定作用,提出文艺工作者在新的描写对象和服务对象面前所担负的新的任务。它反复教导我们不能脱离党的领导,不能脱离人民,只有在人民斗争生活中才能产生出有生命力的文艺。因此,"把《讲话》仅仅看成是一时的需要,或把它看成是政策条文,

[1] 胡绳主编:《中国共产党的七十年》,中共党史出版社 1991 年 8 月第 1 版。
[2] 丁玲:《1981 年 5 月 17 日,会见加拿大作家代表团的谈话》,《丁玲全集》第 8 卷。

没有永久价值和长远意义,是不符合实际的,是对革命文艺和革命事业发展有害的。"[1]

她的这些观点,与党中央是一致的。1979年全国第四次文代会上,邓小平曾指出:"我们要继承坚持毛泽东同志提出的文艺为最广大群众,首先是为工农兵服务的方向,坚持百花齐放、推陈出新、洋为中用、古为今用的方针。"在1981年召开的剧本创作座谈会上,胡耀邦也说:"毛主席的文艺理论是辉煌的,丢了是不好的,特别是《在延安文艺座谈会上的讲话》,帮助几代文艺家得到成长,在历史上起过重大作用,现在也还对我们的工作具有指导意义。"胡乔木在《当前思想战线的若干问题》一文中同样强调指出:"这个讲话的根本精神,不但在历史上起了重大作用,指导了抗日战争后期的解放区文学创作的发展,而且是我们今后任何时期都必须坚持的。"

面对贬损毛泽东文艺思想指导下的延安文艺成果和沿着延安文艺的道路发展的50年代的文艺成果,她热情地对延安文艺加以肯定。她说:"毛泽东文艺思想确使延安时期的文艺运动在中国现代文艺史上跨进了一个新的历史阶段,是一个重要的转折,一个质的飞跃。它是'五四'革命文艺运动的继续和发展,又是以全新的面貌和姿态出现。"[2] 她在历数解放区,尤其是《讲话》之后产生的成果后,说:"它的成果是突出的,经验是丰富的,影响是深远的。"

但是她也客观地加以看待:"延安文艺既然是一个运动,而且已经成为历史,它就不可避免地也会有这样那样的局限性。对此,我们不应当忽视,更不应当回避,而须以历史唯物主义的观点和方法,去热情地实事求是地加以分析、研究和总结。我们坚持毛泽东文艺思想,自然就要十分珍视延安文艺的宝贵财富,认真总结延安文艺的成功经验和教训。如若漠视延安文艺的成就,或是因为在贯彻执行中有过失误,就否定延安文艺的传统,那就既谈不到坚持,更谈不到发展。"[3]

针对当时文艺内部的一些人宣扬"文艺作品要远离政治","文艺作品,越没有政治性、思想性,艺术性越高"等等观点,丁玲认为:"只要是生活着的人,就脱离不了政治,文艺自然也是如此。"她在1981年的一次讲话中,在介绍了中国老中青五代作家的情况之后,就文艺与政治的关系,说:"从上列的五代作家来看,无论他们的作品,他们的思想,他们的感情,无一不与当时的政治形势和人民的要求密切相关。现在有些人忌谈政治,标榜文学脱离政治,国内也有少数

[1] 丁玲:《延安文艺研究》发刊词,《丁玲全集》第9卷。
[2][3] 丁玲:《延安文艺运动纪盛》序,《丁玲全集》第9卷。

人持这样的观点。这种观点可能是因为曾经有人把文学与政治等同起来，或者把文学只看成是政治的工具而引起的。固然，文学不等于政治，但文学要完全脱离政治，那也是不切实际的幻想。因为任何一个作家的思想的形成都不可能完全脱离当时的政治环境和社会生活。我们要求文学作品应该有较高的思想性和艺术性。我们提倡作家深入生活，和广大人民密切结合。我们希望我们的作品能够反映时代的精神，切合时代的要求，适合人民的需要，在提高人民物质生活的同时，提高人民的精神文明，促进社会的改革和人类的进步，尽到作家的一份责任。"[1]事实上，从客观效果来说，作家创作的作品，其所表现出的，不是适合这种政治的需要与利益，就是适合那种政治的需要与利益。与任何政治都绝缘的创作是从未有过的。

但是，在具体创作上，如何处理政治标准与艺术标准的关系，她有自己独到的见解："有些东西，我们过去的解释是很固定的，实际也是僵化，如政治第一、艺术第二的问题，就文学讲自然是艺术第一啦！怎么能说政治第一呢？政治第一，是社论；文学创作是艺术第一。事实上假如一个作品没有艺术性，光有政治性，第一是做到了，第二就没有了，那还算什么文学作品呢？起码要有艺术性，要迷住读者，什么人都想读你的，老少咸宜，有广泛的读者。没有艺术性能打动读者吗？但是不能否定与政治有关。哪个作品不是有高度的政治性它才更富有艺术生命？作品的艺术生命是跟着政治思想来的。我们就是这样辨证的来看问题。"[2]

当时，对于作家写什么和深入生活的问题，有各种不同的看法，她根据《讲话》的精神，阐发她的观点。她说："作家当然要写也只能写自己所熟悉的生活，这是毋庸置疑的。"但是"这里仍然存在一个继续深入生活的问题。一个作家的生活范围毕竟有限，他熟悉的生活也毕竟不足，仅仅局限于写自己身边之事，也许能写得精细入微，亲切动人，但未必能概括社会的本质，时代的精神，写出一定的深度来。作家深入生活，可以不断开阔自己的视野，开拓自己的生活疆域，从比较狭小的生活圈子里走出来，让更多更广泛的劳动人民生活都成为自己所熟悉的，这样，作家生活的底子才可能更加厚实，他的创作也才可能有思想艺术上的深度和广度，才能有新的突破，写起来也才能得心应手，左右逢源。有了滔滔不绝的生活源泉，才有长流不断的创作实践。因而不能强调写所熟悉的，写自己，就不深入生

[1] 丁玲：《五代同堂，振兴中华》，《丁玲全集》第9卷。
[2] 丁玲：《谈写作》，《丁玲全集》第8卷。

活,不去熟悉广大人民群众的生活,使自己的创作道路越来越狭窄,思路越来越闭塞。"她进一步说:"不是说,作家应该成为人民大众的代言人吗？如果只是熟悉自己身边那一个小圈子里的生活,不深入到广大劳动人民的生活中去,又如何去作为他们的代理人呢？而且,社会生活是多方面的,有沸腾的、绚丽多彩的、有意义的生活,也有凝滞的、平淡无奇的、没什么意义的生活,只有深入到人民大众沸腾的、发展变化的生活中去,使自己的思想感情与广大人民的思想感情一致起来,这样,作家从事创作,她的感受,他的想象才不是空泛的,虚无的,才有现实意义,才能感人至深。所以说,作家深入生活这条,千万不能丢"。[1]

在如何深入生活这个问题上,她认为:"问题在于,要进一步研究,用什么态度接近群众,用一个作家的身份去接触,还是用一个普通工作人员的身份去接触；是去做好工作的,还是去收集材料的。我觉得,应该是以普通人民,以一个普通人的身份到下面去。到人民之间找朋友、找知己、找'韩荆州',不一定要追求哪个领导说你好,重要的是要群众说你好。我说,'韩荆州'就是群众。不要以为群众文化水平低,脑子简单,你如不了解别人,别人怎么能了解你呢？你了解了别人,人家才会了解你,把你当知心朋友。将心换心嘛。你只是半条心下去,人家怎么能把心全给你！所以我说,要全心下去,在群众里面找朋友,在群众里面生活,不是一个短时期,要呆一个相当长时期,不要脱离。所以我有时候想到下面去跑一跑,去闻闻群众生活的味道。坚持到生活里去,同时还要读书。不读书不行,我们现在有些青年作家,因为历史、环境等许多原因,政治修养比较差,在文学艺术上懂得的也不是很多,凭一点简单的生活,一点感想,在那里写东西,要长期写下去是不容易的。写一两本就完了,没有再写的了。"[2]

在丁玲看来,文学源于社会生活,因此,深入生活对于一个作家来说是非常重要的。这些话是她几十年创作与深入生活亲身体会的肺腑之言。但她也不认为,深入生活就是唯一的,她提出读书的重要性,把深入社会生活、读书提高文学修养、政治修养与创作有机地结合起来。

1982年,当年在延安从事文艺工作的同志,集合纪念毛泽东《在延安文艺座谈会上的讲话》发表四十周年,决定成立《延安文艺丛书》编委会,组织全国各地的文

[1] 丁玲:《答〈当代文学〉记者问》,《丁玲全集》第8卷。
[2] 丁玲:《答〈延河〉记者问》,《丁玲全集》第8卷。

学艺术工作者,分卷编选在延安和写延安的各种文艺代表作。后来由湖南人民出版社出版了这套宏伟的丛书。编委会请丁玲为这套丛书写总序。丁玲以《浅谈"土"与"洋"》为题,为《延安文艺丛书》写了总序。

这个总序的题名,就是有针对性的,就是针对当时的一种说延安的文艺"土""旧",加以贬低甚至企图全盘否定的谬论。丁玲在这篇文章中,有力地驳斥了这种谬论,但并不"剑拔弩张",而是充分说理的。

她回顾那段历史,对那时的文艺,作了精辟的历史概括与充分肯定:"收集在延安文艺丛书里的这些作品,不是天上掉下来的,也不是少数英雄的天才创造出来的。这是在中国共产党的正确领导下,文艺工作者与广大人民密切联系,从苏区文艺、红军文艺,以及'五四'以后新文艺与左联提倡的大众文艺等优良传统发展起来的。这一辉煌成就,当年从延安出发,曾经影响全解放区、大后方蒋管区,为革命战争的胜利作出了伟大贡献,而且奠定了新中国建立以后文艺发展的基石。这些作品排斥了资产阶级、封建阶级的思想影响,反对崇洋、崇大,反对关门提高,继承民族传统,推陈出新……这是延安全体文学艺术工作者们不断学习努力,从旧变新,土洋结合,从低到高才获得的伟大成就。"

在何谓"土",何谓"洋",何谓"旧",何谓"新"的问题上,她辩证地提出她的看法:"在这些同志心目中,延安时代的文艺是早已过时、陈旧、落后,沦为'土'了;就是沿着延安道路发展壮大的五十年代的文艺,即社会主义现实主义文艺也都成了过时的土产,不足以为范的了。但究竟从哪里去学'洋',去创'新'呢?是否就是找一些在国外曾时兴过一阵,后来又被丢弃了的什么现代派、印象派、意识流,或者把三十年代被人们批评过的那些鸳鸯蝴蝶派、那些鄙视政治思想、只求趣味,实际也是从洋人那里运来的唯美派等等作为我们仿效的榜样呢?其实这些才都是旧的,在国外早就成了旧的。这自然不可能给我们的创作以新的血液,沿着这条路,才是一条真正的老路;走这样的老路,决不可能创新。这种'新'不符合我们的国情,也不符合我们人民的需要。"她说:"我以为没有固定的'土',也没有固定的'新'。好的、美的、有时代感的、能引人向上的就是新,无聊的、虚幻的、生编硬造的,不管是从哪一个外国学来的都是陈旧的,都是'土'的。"

丁玲一贯认为:"文学艺术一定不能墨守成规,一定要推陈出新,一定要有新意。"

所以她在肯定延安文艺，阐明"土"与"洋"的辨证认识之后，她说："但是，如果我们只保持着延安文艺的水平，那也是不行的。时代前进了，社会上的各种矛盾和从前的都不一样了。我们文学的内涵、形式如果不能随着时代的发展而前进，那就是停滞、保守、落后。客观变了，人们的认识不变，自然就不适应，所以我们就应大力创新。"至于如何创新，她说："立意创新时，我们可以借鉴古人，做到'古为今用'；也可以借鉴西洋，做到'洋为中用'，像鲁迅先生曾说的，对外国好的，于我有用的东西，采取拿来主义。对外国的洋东西，我们不应一概排斥，也不能盲目轻信，要有分析，有选择，我们要拿来的只是在外国人民中也是经过考验，并且于我有益的东西。就像果木嫁接，植物杂交，都要经过反复筛选，而且必定要以适合本乡本土的气候、土壤等条件的母本为主，本固才能枝荣，嫁接、杂交才能成功，才能结出新果。"

针对一些人提出的所谓"创作自由"，丁玲在西安陕西作协举办的一个座谈会上明确指出："自由包括两方面：一是外在的，客观的；另一方面是作家主观思想上的。作家的思想是解放的，我敢碰别人不敢碰的题材，我敢发表别人不敢发表的意见，我是自由的，这在于作家自己了。你要反社会主义的自由那是不行的，自由终究要有个边。打球也有四条线，乒乓球在桌上打，你老打擦边球是不行的，不保险。你要拼搏，你的球扣得再有劲，出界了就扣分，没有边的自由到哪个国家都是没有的。世界上没有绝对的自由。"[1] 她同时指出：违反文艺创作规律的行政干预必须摒弃，但是，党的号召与行政干预不同，党号召作家走向生活，反映时代，反映人民群众干四化，搞改革的崇高思想，给作家指出最广大的创作天地，这正是体现了党对作家的关怀。

她在西安的这个讲话，还谈到了创作要百花齐放，评论要百家争鸣，继承与发扬民族传统等触及当时文艺界的一些敏感问题，被新华通讯社及时以《国内动态清样》上报中央。主持中央书记处工作的习仲勋阅后批曰："丁玲同志讲得好，真不愧是革命的老作家。"并且批示《人民日报》社社长秦川："秦川同志：请你亲自去看看丁玲大姐，她如果同意发表她在西安的谈话，请她修改后，加按语或写短评，在《人民日报》发表。习仲勋 4 月 24 日。"

她在西安的另一次讲话中说："我到了西安还要去延安，到了延安自然要去杨家岭、王家坪、枣园，也自然会想起毛主席《在延安文艺座谈会上的讲话》。很不幸毛

[1] 丁玲：《扎根在人民的土地上》，《创作自由及其他》，《丁玲全集》第 8 卷。

主席晚年犯了严重的错误，这在党的六中全会的决议上已经写了。但今天有些青年人，不太知道毛主席过去的伟大。有的外国人说我不可理解；有的青年人说我心有余悸，被整怕了，所以老说共产党好话。我觉得这些人太不了解革命了。我当然要说共产党好。是共产党培养、教育了我，我怎能不说毛主席的好话呢？我参加了对毛主席的造神运动，这也不是谁强迫的，我自己从心里佩服毛主席，我以为在领导人里，最理解文学的是毛主席。我不能因为我受过委屈——我的委屈当然毛主席也说了话，但他怎么会说话的？因为上报的材料不正确嘛！材料不正确，毛主席的判断当然就不一样了。我们要总结教训，免得以后再犯。不能因为自己吃了苦，上了北大荒，就在每篇文章里骂毛主席。这个错误、失误，情况是很复杂的。"[1]

她认为，毛泽东于中国革命是有很大的功劳的，功劳是第一位的；同时毛泽东也是有错误的，有的错误也很严重，但毕竟是占第二位的。

从这里可以看到，一个真正的共产党人坦荡的胸襟。

丁玲在她复出之后的七年中，在宣传、坚持、捍卫马列主义毛泽东文艺思想上，起到了中流砥柱的作用，作出了不可磨灭的历史贡献。她的这些文字与言论即使在发表三十年之后的今天，仍然具有十分重要的现实意义。

几位来我们家做客的非文艺界但是关心文艺的老同志，在对当时文艺界出现的一些现象表示忧虑之后，对我母亲说："你一定要把解放区文艺这面大旗扛起来，现在也只有你才能把这杆大旗扛起来。"话的意思是不言而喻的：本来这面大旗，应该由当时也在延安的更合适的文艺界领导人来扛，但是他们认为现在已经难以指望了。至于《延安文艺丛书》编委会的同志们为何要请丁玲来写这套丛书的总序，大概也是出于这样的考虑吧！

老作家雷加如此评价丁玲的创作及其影响：

> 丁玲同志是当代文坛上我最敬爱的人。她的著作和她的文艺思想影响着和教育着我们这一代人。这不是一个理论家容易做到的，也不是另外一些作家所能做到的，只有她才能做到这一点。
>
> 她的"文艺源于生活"的思想，可能根深蒂固，与生俱来。因此，她是用自己的模范作为，丰富了毛

[1] 丁玲：《扎根在人民的土地上》，《丁玲全集》第8卷。

主席《讲话》的精神。

她从群众中来，又不曾离开群众，就象她从母体中出生，又不曾离开母体。在她的作品中，从使用革命武器之后，她也从未放弃自己的武器。有时她自身前进也好，方向总是向前，万流归宗，又不离开我们的视线。就像今天，她又以大海召唤的声音，引导我们前进。

我以为丁玲创作总的特点，在于她从开始到现在，一直在歌颂新时代和歌颂新社会。她在为无产阶级文艺的奠基工程中，孜孜不倦地塑造我们时代的新人物和新形象，这正是今天的理论家所应挖掘和把握的宝藏。象这样一位老一辈作家，又有如此丰富的创作实践，除丁玲外，实在不多了。

我又以为丁玲创作中有特色的，还有她的散文。她是那样不以为意地年复一年地随手写来。其实她正走出一条自鲁迅以后异于众多散文家的，更具时代精神的散文道路。

这是她为我们创造的另一财富。

她的散文，其思想内容，人物形象，都凝结着革命的激情，又极其真实，都与时代背景相连，从不无病呻吟。在其精到处，也不缺少刀光剑影。

尤其她的文论，如最近写的《延安文艺丛书总序》，它达到了另一个高度——只有她以她的宝贵的创作经验，特有的敏感和血肉相连的辩证观点，才具备了一个理论家只凭逻辑所做不到的震撼人心的说服力。[1]

雷加是延安时代的老作家，丁玲在陕甘宁边区文化协会的同事。只有像他这样对丁玲和丁玲的作品有充分的了解，并且亲身经历过延安文艺实践，方能写出如此贴切、如此深刻、如此精辟的评价。

事实上，当时的社会环境、气氛对丁玲并不有利，与她的言论相悖的声音比她这一类言论的声音要大得多。于是，一时间说她"左""保守""僵化"的言论甚嚣尘上，甚至贬义地称她为"红衣主教"。丁玲在"左"的错误下被打成右，在右的思潮中又被说成"左"，真是左右不是人。

丁玲曾气愤地说："有人过去说我是右派，后来说打错了，现在又有人说我是'左'派"，"我只晓得现在骂我'左'的人，

[1] 雷加：1984 年致郑楚信。

都是当年打我右派的人"。不言而喻,在文艺思想之争的背后隐藏着宗派主义情绪下的权谋。

我以为,丁玲既不"左",也不右。她的文艺思想,她的关于文艺问题的言论,都是坚持了社会主义文艺的方向。

在丁玲去世之后,对丁玲的所谓"左"的负面评价经久不息。于是,针对说丁玲"左",也出现了另一种声音,就是说丁玲并不"左"。其中,有的文章从丁玲的某一篇作品,某一页日记,某一封书信,或是某一次谈话中摘出只言片语,似乎发现了什么"宝藏",便断言:这才是丁玲的真实思想,这才是作家的丁玲,具有"自由""民主"思想的丁玲,她不"左"、不"保守"、不"僵化",甚至"思想解放"。然而却或明或暗,言下之意,那些文论中的文字,或是出于其政治地位,或是迫于政治环境,或是考虑斗争策略之言。其中,有的人的确是出于好意,认为对丁玲的评价不公正,而为文替丁玲辩护;然而,是好意却并不那么理直气壮。这样分析的结果,却是无意中似乎构制出了两个丁玲,一个是自由主义的作家丁玲,一个是革命作家的丁玲。

其实,只有一个丁玲,就是革命作家的丁玲、共产党员的丁玲,从来就没有两个丁玲。研究她的文艺思想还是要系统研究她的作品,看她作品中思想、观点的主流与实质,看她整个的文学创作实践。而且应该从历史的进程来看,把它们放在整个中国革命斗争发展的历史中来看。从她的文学思想来看,从起初的"为人生",到"左联"时期提倡的大众文学,再到延安时期明确的"为人民",以及以后不懈的坚持马列主义毛泽东文艺思想,她的文艺思想是一脉相承的,是一致的,只不过是随着革命斗争的发展,在认识上逐步深入,逐步升华。她为自己人生的定位,从参加共产党那天起,就是:首先是一个共产党员,其次才是作家。她的文品与人品是一致的。固然,她在谈文艺思想时,尤其是在谈文艺思想中的教条主义、文艺作品中的概念化等问题时,她会谈一些她从事创作实践的心得、感悟,但这些也都是她遵循马列主义毛泽东文艺思想实践所获得的心得与感悟。人遇见某一件事情,或是受到某一个挫折,偶尔闪现一点儿所谓的稍带点儿灰色情绪的感想,抒发几句感慨,也是不可免的。因此就说她的真实思想就是如此,这样地以偏概全的分析方法是不可取的。

母亲在家里同我的随意谈话中,也常常,而且是很多地谈到文艺问题。她在家里说的,与她所发表的文字,其基本思想和观点都是一致的。她没有必要在家里和我们说假话。我所要强调的是,她所发表的文字,都是她心里的真话。从她的这些话里可以看出,她的党性原则,已锤炼到炉火纯青,以致完全融合到她的思想感情里。所以她自觉地、坚决地维护马列主义毛泽东文艺思想。同时,也不计"个人恩怨",公正地评价毛泽东的功过。

中宣部副部长贺敬之在一封致丁玲作品讨论会的信上说:"丁玲同志是我从现实生活中所能见识到的一位真正名副其实的共产党员作家,是一位以她的党性的光辉使我感到确是为我们这些党员文艺工作者树立了榜样的人。"[1]

说实话,丁玲在阐释个人文艺观点方面投入的精力、时间过多。从一开始,也就是 20 世纪 80 年代初,我就认为,她可以有一点儿表明自己文艺观点的文字,有几篇文章、几次讲话,把自己的观点表明,就够了。她的主要的精力首先应该放在完成《在严寒的日子里》这部长篇小说上。一部长篇小说,若是没有完成,也就不算成书。若是半途而废,前功尽弃,那就太可惜了。以她这样的年纪,更应该只争朝夕。另外,她应该写出一本完整的、详尽的、准确的自己一生的回忆录,这是任何别的人都不能替代的。这不仅对她本人,对于中国现代文学史乃至革命史都有着十分重要的意义。倘使还有时间,她还应写一部自传体的长篇小说。小说不同于回忆录,在保持主要事实真实的前提下可以有虚构,人物、情节可以综合、提炼。我希望它是一部有很高文学性、艺术性的巨著。

我似乎觉得,对于她来说,文艺界之事不可为,她无权、无势、无人、无靠山,许多事,她无能为力。

可是母亲常常说:"我要做战士,不做隐士。"

我佩服她的精神,但并不完全赞同她的态度。我希望她在事情上分清轻重缓急,把首要必须完成的创作做完。

我也不希望母亲为中青年作家的某本书、某篇文章写评论。我觉得,这是没有多少意义的事,因为现在已不是三十年前的 50 年代初期。现在,在宗派主义积习仍存的情况下,说不定有人还担心你丁玲"捧"他哩,害怕因此而与你丁玲沾上边,从而断送了前程。如若对文章有所批评,哪怕是善意的、委婉的,

---

[1] 贺敬之:《她是无产阶级革命文学又一杰出作家——致丁玲作品讨论会》,自《丁玲与中国新文学》,厦门大学出版社 1988 年出版。

那也是不行的，一些中青年作家心高气盛，是碰不得的，也未必佩服你丁玲，绝对不像50年代文研所那批学员。可是母亲多年来有着一种习性，到老了也改不了。就是当她读到一本她认为写得好的书，或一篇她认为写得好的文章，她就会非常地喜悦、感动，乃至激动，就感到有话要说，甚至还想与作者见面交流，既说说长处也说说不足。所以她还是写了一些这方面的评论。对此，我也无能为力，只是觉得她多少有点儿"老天真"。

丁玲在晚年创办和主编了《中国》文学杂志，当时和后来都曾被许多人称誉。在我看来，杂志也许是有成绩的，但是于她来说，实在是一件不该做的事情。

我知道一点儿这件事的缘起。

1984年7月8日，一个星期天的上午，我和陈明一起去协和医院，母亲正住在那里检查治疗。那天上午舒群也去看望母亲。他们谈着谈着就谈到了要办一个杂志的事，也就是后来的《中国》文学杂志。听将起来，要办这个杂志是在一个多月前的一次创作座谈会上由魏巍首倡提出来的。在这个会上，一些老作家说发表文章有困难，没地方发表，所以希望有一个刊物发表文章，并提议由丁玲来领头。对于办刊物，丁玲在会上未表态，她知道其中的困难，再说，她还有自己的创作计划。可是会后舒群、曾克就开始活动起来。舒群的来访，就是来动员丁玲领头来办这个刊物。言谈之间，舒群极力动员母亲领头办这个杂志，而母亲基本上是推脱，说身体不行，时间不多，长篇小说《在严寒的日子里》还需抓紧进行等等。舒群就说，那你就挂个名好了……他们就这么说来推去的谈了一个来钟头，母亲的态度仍然坚定，我想这场谈话也应是可以结束了。我心里很同意母亲的这种态度，她已经八十岁了，哪有精力去办一个杂志，何况还有那么多该写的东西没有写完。他们交谈中，陈明话不多，有时附和我母亲，帮她说几句。我因为过几天因公务要去欧洲，打算买一个旅行箱，乘方便有车带回家，于是在他们谈得差不多的时候，就去了附近的百货商店。待半小时后我再回到病房时，他们已经不再谈论这个话题，我以为这件事已被母亲推掉了。这是我第一次听到关于《中国》杂志的事。

8月1日，我从国外回到北京，才二十来天工夫，发现情况已大变样。这个杂志的筹备工作，正在着手进行，正在酝酿向上面写申请报告，开始物色编辑的人选。这大大出乎我的意料。我向母亲说："你办杂志不合适，你还有好些书要写。"母亲说："一些老作家讲,写了文章没有地方发表,希望我领头办个杂志,我也不好推脱。"我说:"你都八十岁了,做这件事是力不从心的。再说,你的长篇小说《在严寒的日子里》从回到北京以后就再也没有动过笔,杂志一办,什么时候才能写完?还有自传体回忆录,也是必须要写的,是任何别的人不可替代的。我觉得你不该为他们作出这个牺牲。权衡比较,你这个牺牲是不值得的。"母亲说:"我办两年,等杂志走上正轨后,我再脱身出来写文章。"我见她主意已定,便没有再说下去。我心想,要母亲领头来办这个杂志,陈明是愿意的,如果陈明反对她办杂志,她是不会接受主编这个杂志的。

不久,灵源从上海来到北京。这时,他们这个《中国》杂志在申报审批中遇到了一些问题,一些困难。为此,母亲有些犹豫,似有打退堂鼓之意。一天,灵源陪母亲去看电影,在车上,母亲问灵源:"你说我究竟要不要办这个杂志?"灵源说:"你要我说真话,还是说假话?"母亲说:"当然是说真话。"灵源说:"那就是不办。"一天,吃晚饭时,母亲说到《中国》申报审批中诸多困难的事,灵源又说:"妈妈不应该去办这个杂志……"她的话还没有说完,就被陈明粗暴地打断了。陈明厉声说道:"别人能办杂志,丁玲为什么不能办。"他有意曲解人意。灵源是说,以母亲的实际情况,也就是以年龄、健康状况,以及还有那么多未完的创作计划而言,不应该去办杂志。一是应不应该去办,一是能不能办,或者说是有没有资格去办,这完全是两个不同的问题,两个不同的意思。

我和灵源如此地说了两三遍,也不过是尽人事而已。

这个刊物的外部环境不大好,无论是筹备期间,还是刊物运行以后,许多事情办起来都不顺畅,好像有些事非到党中央书记处方能解决,这使得丁玲不得不自己去跑中宣部,找书记处领导,甚至给总书记胡耀邦写信。

筹备工作总算是就绪,于1984年11月28下午举行了创刊招待会。这个会,可说是盛会,有三百多人参加。丁玲在会上作了题为《五世同堂,团结兴旺》的讲话。这个刊物,缘起为一些老作家发表作品困难,但办成后却并非仅此,而是"面向五湖四海"。

刊物最终定名《中国》文学双月刊,属中国作协党组领导。在当时的情况下,完全的自办公助还不行,经费还得来自作协。编辑部组成:主编丁玲、舒群;副主编魏巍、雷加、刘绍棠、牛汉;编委曾克等;编辑部主任牛汉(兼),副主任冯夏熊。

一些亲属也在编辑部里办具体事:陈明的五妹管财务,还有舒群的女儿,曾克的亲戚……

　　刊物开办之后，我作为旁观者，稍稍产生了些想法和疑惑。通常，无论政府机关、事业单位，还是社会团体，都只有一个正职。两个正主编，会不会潜伏着产生矛盾的因素？在这么小的一个单位里，亲属也在其间工作，是否方便？会不会同样潜伏着产生矛盾的因素？通常的做法是尽可能地将其分开。尽管杂志初创，缺少编制、人员，但安排亲属于内，恐怕也未必是一个好办法。而且，更主要的是，既非主编、副主编，也非编委，在编辑部里没有任何职务的陈明，也公开参与刊物的决策事务，这使我担心会给母亲带来不利的影响。

　　母亲这个人的性格就是认真、执著、实干。她一主编这个刊物，就认认真真地当起主编来，而不是挂名，这可能与舒群的想法相去甚远。由她聘来和调进的几个主要编辑，都是丁玲作品研究者，是有时来母亲这里走动的，冯夏熊（冯雪峰之子）更是常来走动，那几年母亲待他很不一般。

　　编辑部里的矛盾，很快就显露出来，离创刊招待会不到三个月。

　　首先是刘绍棠。其一，他的一个中篇小说未能在《中国》发表。编辑部的几位编辑看后觉得写得不大好，建议他修改，最后丁玲看了也有同感。刘绍棠对于自己一个副主编在所编的刊物上都发表不了文章不能接受。其二，他认为分工不明确，自己没权，连情况都不知道，说："哪里丁玲是主编，陈明才是主编"，"陈明是掌柜，我是小伙计"。经多次谈话协调劝说无效，宣布退出。

　　紧接着就是舒群。舒群也很不满意，认为自己无权，并说："陈明凭什么在编委会和编辑部里指手画脚，发号施令"，"名义上我是主编，丁玲是主编，但实际上丁玲是主编，陈明是主编，冯夏熊是编辑部主任"。

　　舒群的矛盾终因一个偶然的事情，公开爆发出来。一天，冯夏熊在编辑部办公室里和人议论舒群，说舒群本来没有资格当主编，是自己硬挤进来当的，还说舒群管得太宽，连编辑费也要管。这些话被舒群的女儿听到，回去告诉了她父亲。于是舒群大发雷霆，告到了作家协会党组。母亲为了平息这场风波，只好让冯夏熊去向舒群道歉、检讨。那天母亲在我们家客厅里同冯夏熊说话，我不知道他们谈的是这件事，以为他们在随意聊天，就走了进去，听到了他们谈的最后几句话。母亲向冯夏熊说："那你明天就去舒群那里，向他好好地检讨吧！"她说这话的时候，完全似一副因自家的孩子无理得罪了邻家的大人，而不得不让自家的孩子去赔礼道歉的那种既怜惜又无可奈何的语气和神情。冯夏熊走后，我问母亲，方才知道是这么回事。矛盾解决不了，舒群也宣布退出，不参与刊物任何事了。关于冯夏熊，母亲起初很重用他，后来情绪上也有点儿烦，因为惹出这么些事出来。

矛盾的各方，自是各有各的问题。

从丁玲的这一方来说，她的错处是不该放任甚至纵容陈明干预刊物的编辑事务。"夫人干政"，古今中外，谁都反感；反之亦然。《中国》杂志，不论是作家协会直接领导的也好，还是自办公助的也好，总之是公众事务，在这一问题上是应该加以注意的。陈明如果他觉得丁玲需要得到帮助，哪怕他在背后为她出些主意也好，但至少不要跳到台前。

再下来就是雷加。有一天晚上，我在自己的房间里忽然听见陈明在电话里高声地讲话，好像是在训斥什么人，仔细听来，原来通话的对方是雷加。这使我颇为惊讶。母亲与雷加在陕甘宁边区文协同事，雷加是秘书长，解放战争时期雷加在东北安东市担任一个日本人留下的很大很现代化的造纸厂的厂长，办得很有成绩，中共辽东分局、辽东军区机关的日常经费很大一部分就来自这个厂的利润，他很受辽东分局陈云等领导同志的赏识。建国之初，组织上要调他到中央某工业部当局长，他不去，决意继续当作家。所以母亲常说："雷加要是不回文艺界，五十年代后半期能当上副部长。"听了陈明在电话里这般态度的说话，我就在想，雷加可能会忍，为了同我母亲多年的友谊，会忍，可是如果老是这样，人家能干得下去吗？

果然，在舒群之后雷加也淡出了。原因是，在刊物内部的一些事务上，他与刘绍棠、舒群有同感，尽管之前他还向刘绍棠、舒群作了许多协调和劝解的工作。考虑到与丁玲的友谊，他不公开说什么意见，而是采取逐步淡化对于编辑部工作的关注和参与，到最后声言搞创作、深入生活，走了。

20世纪50年代及以前，母亲不是这样的，怎么到老年会在这样的问题上糊涂起来。在涉及到陈明的问题上，她常常因迁就陈明，而原则是非不清。

如此一来，从1985年2月份出现矛盾，到6月份时，一位主编、两位副主编先后离去，虽然其正、副主编的名义仍存，但已不参加任何工作了。魏巍虽是倡议者，却是一个基本上不过问具体事务的副主编，他在北京军区，远住在郊外八大处，来时开开会，发发言，遇到矛盾之事，从中调解调解。

副主编当中，只剩下一个牛汉。我听母亲不只一次地说过："牛汉放着《新文学史料》主编工作不做，来什么条件也没有的《中国》，不容易。"她倚重牛汉，牛汉也没有辜负丁玲的期望。后来，牛汉在他的《我仍在苦苦跋涉》一书中写到丁玲和《中国》："丁玲比较复杂，中国的大人物都如此"，"她太深广了"，"王蒙写过丁玲，片面，他不完全了解丁玲。丁玲'左'的话,为什么同意让一帮年轻人负责编《中国》？""丁玲没有官架子，从不板着面孔说话。""我对丁玲很尊敬，把她当长辈，也感到很亲近，没有上级对下级的感觉。大家都叫她丁老太。""1985年冬天,《中国》开过一次编辑会，改成月刊。丁玲意识到了，她去世后，《中国》肯定要被停刊，或是改变领导。《中国》内部也很复杂。丁玲很谨慎，办刊物，很认真。她知道难，但我了却了她的心愿，没有背叛她。"

我常常想，假如母亲不办这个《中国》文学杂志，那她定能多活几年，哪怕只多活五六年，她的《在严寒的日子里》和自传体回忆录，就都可以完成了。现在，办这么一个杂志，不仅外部境况不佳，杂志编委会内部又矛盾重重。为了团结一致把刊物办下去，她还不得不写信给杂志内的同人，对一些问题作出解释，乃至道歉、检讨。她办这个刊物，真是办得既吃力又窝囊。

没料到，鬼使神差地又出现一件事。

1985年春，一天中午，我回到家里，只见餐桌上摆满了菜，还有买来的烤鸭，原来是招待一家名东方公司的总经理。我方才知道这件事的原委：就是经人介绍联系到这家公司，告之，若《中国》贷给该公司一笔款，除按期返还贷款外，每年付百分之二十利息。真是"天上掉馅饼"。《中国》没有钱，于是丁玲、陈明求助于北大荒的农垦局。农垦局经费也紧张，但考虑到是丁玲办刊物有需要，所以无论如何应该支持，就借给了《中国》一百一十万人民币。而且这天上午已经签订了投资合同。这餐饭就是为庆贺签订合同。

这件事是陈明在一手操办、决策。丁玲作为《中国》杂志的法人代表在合同上签了字。我对母亲从商不大放心，她对于这方面的事可以说几乎是一无所知。晚上，我问母亲和陈明："这家公司可靠吗？"陈明说："没有什么问题，这个总经理原是在中央领导同志身边工作的。"并简单说了几句情况。尽管陈明如此说，我仍觉得很有必要提醒他和母亲："就凭这点，那是不行的。这家公司说这笔钱将用于他下面的工厂，那你们就应该知道是用于工厂的什么项目，应去实地考察一下这家工厂的实际情况，看是否具备投资条件，这是签约前就应该做的。可是你们没有去看，就签了合同，这是需要补救的。你们还应该通过有关机构，仔细了解这家公司的资信情况。既然现在合同已经签订，那么，可以借故拖一拖，暂缓给他钱，等了解清楚了再说。"陈明听后，没说什么，不言语，看来是不高兴听，也听不进去。后来的情况如何，也没有告诉我，自然是什么也没有做。

过了大约半年，陈明他们不知听谁说了什么，好像发现了什么问题，对这家公司产生了怀疑，但那一百一十万元早已给了这家公司。他们想要回来。对方回答，这些钱已经买了材料、设备，现在无现钱可还。

这些钱，是北大荒农工们的血汗钱，它凝集着农工们对丁玲的深情厚谊。现在这笔钱面临着有"打水漂"的危险，母亲怎么会不心急如焚，担心借北大荒的这笔钱还不上。这时母亲已重病缠身，住进医院，几个月后就离开了人世。毫无疑问，这件事对于她，又是重重的一击，从而加速了她的死亡。

母亲去世后，安放好骨灰的那天晚上，我正要从陈明那里回自己家里去。陈明把我叫到客厅里说："想商量商量，看现在有没有办法把给东方公司那笔钱要回来。"这令我颇感惊讶，他们回到北京之后的这些年，陈明从未主动过要同我商量什么事，现在居然破天荒地主动找上来了，我想他在这件事情上大概是感到走投无路了。我听他说了些情况后，觉得已没有什么办法可施。合同签了，钱已进了对方口袋，并说是已经花了，合同里又没有对这笔款使用的监督条款，连投资的具体项目是什么也没有明确，现在又没有到按合同规定返还贷款的日期，对方现在的所作所为都没有违背合同的地方，怎么要？或者，请黑龙江省农垦局帮助一起要，去争取一下。

一年后，《中国》停刊，债权人就又都全部推回到黑龙江农垦局头上去了。

七年后，1993年3月，在湖南桃花源举行丁玲创作研究讨论会。会议期间，我问黑龙江农垦局原局长王强，那笔钱要回来没有。王强说："要回来一半，五十几万，剩下的要不回来了。"那时的一百万，从这些年货币贬值的情况来看，大概不会少于现在的两千万。这笔钱就是王强在局长任上借给《中国》的。由于这笔钱落得这么个下场，他背了不少来自群众的意见和上级的批评。

王强是1952年时我在北京留苏预备部的同班同学，那时组织上拟派他去学习国营农场管理，我们同住一个宿舍，同在一个党小组，在一起学习了一年。借钱这件事本与我无关，可是见到我的这位老同学，我心里仍会感到几分愧疚。

1985年春天，母亲了却了一件多年来的心愿：回延安。

这次的旅程是前往桂林参加一个会，去南宁讲学，然后绕道长沙去西安，再去延安。还在广西的时候，因编辑部内事，就几次电话催她回京，但她执意不改行程，因为她担心此生再没有机会去延安了。她3月18日离京，4月1日晚飞抵西安，4月5日到延安，7日返回西安，她在延安只逗留了一天，只能作匆匆一瞥，但总算是了却了四十年来魂牵梦萦的心愿。

回到家，她兴奋的情绪仍未退去。延安，那是我们的第二故乡。

母亲极有兴味地向我说起她去参观离西安一百多公里的乾陵。乾陵是唐高宗李治和武则天的墓，她是2日，即到西安的第二天去的，也是在西安访古的第一处地方。她极为欣赏武则天的无字碑，她认为："武则天真是一个非常聪明的女人，一个非常具有政治智慧的女人，一个具有大政治家风度的女人，立一个无字碑，寓意着，一切功过是非由后人去评说，由历史去论定吧！"

接着她说了这样的话："今后我死了，不搞悼念活动，不搞悼词。"

1985年5月，丁玲出访澳大利亚，6月初回到北京。这年1月，她创办的《中国》文学杂志创刊号已刊行。她打算住到桑干河畔的蔚县继续撰写已搁笔七年的长篇小说《在严寒的日子里》。县委已经给她准备了四间住房。她想下去之前检查一下身体，这样，下去以后就放心些。7月中旬，她住进协和医院。一检查，发现糖尿病加剧，已严重影响了肾，医生要她留院治疗。这期间，她的身体似乎并没有明显地感到不适，治疗了一个月，便出院了。不料，出院半个月后，她左腿疼痛，而且越来越加剧，10月8日，她再次住进协和医院。医生的诊断是糖尿病严重，肾功能衰退，腿痛是尿中毒的症状。她这次住进去后，就再也没能出来。

医院会诊后的意见是需做透析，丁玲不愿意做透析，她认为，一做"透析"，就把她以后的日子全都捆绑在病床上了，她不希望那样，她不甘心她的余生是在病床上度过，她想工作。医生们理解丁玲的想法，研究之后，同意再用药物治疗一些日子，视情况再定。

1986年元旦过后，丁玲自我感觉不错，还打算回家过春节。但是，她的出院要求，没有得到医生的同意。

不曾料到，1月下旬母亲竟得了感冒，随即转成肺炎，高热不退，咳嗽不止，呼吸困难。老年人最忌在治疗别的病症时，再患上肺炎。于是，治疗转为以肺炎为主。并于春节前（2月6日）转到监护病房。

大年初一上午小延在她祖母病床前呆了好久，离去时带来她祖母一生中写的最后几个字："你们大家高兴吧！我肯定能成佛。"我们都不禁愕然，心，更沉重了。

2月13日晚，丁玲病情急剧恶化。她似乎有预感，13日下午，对围着她病床的医生、护士说："谢谢你们，谢谢你们，我愿记住你们每一个人。"

14日上午九时，我们赶到医院时，母亲已经昏迷，之后再也没有清醒过来。昏迷是因肺炎，痰太多，堵塞了气管，呼吸闭塞所致。

病症的状况是，患肺炎后，就只好以治疗肺炎为主，用的药轻，肺炎治不好，用的药重，又影响肾，发生了"尿闭"，尿里杂质增加，又影响到心脏，心力衰竭。当前主要是肺炎，因呼吸闭塞。医生们会诊后，主张切开气管，插入一根管子，用以呼吸。

切开气管之举，毫无作用。切开的第二天，即15日下午，母亲肺、肾、心急剧恶化，尤其是肾。16日早上，监护病房主任告诉我们："丁老的情况很不好，可能就这两三天了，如果有些领导和亲朋好友要来最后见一面的话，就来吧！"

16日这天，一早就大雪飞舞，中午时分才停下来，但是上午已有人来探视。十六七日两天，来探视的人很多，有王震、李鹏、胡启立、余秋里、陈慕华、马文瑞等党和国家领导人，还有文艺界的一些同志。

政治局委员中央书记处书记习仲勋是在开放探视的第二天，即17日下午三点钟来医院的。他探视完丁玲后，就在办公室里召集医院领导和主治医生询问丁玲的病情。陈明和我也在场。他说："我是今天上午看到作协的报告才知道的，才知道病情这么严重了，以前怎么连病情报告都没有？"

他听完院方的汇报后说："丁玲同志是对党和国家有重大贡献的老同志，只要有一线希望，就要尽最大力量抢救，继续治疗，而不能放弃。"语气中透出对这两天的处置不大满意。医院方面又汇报说，医院没有消炎的特效药先锋霉素（大概就是现在的头孢类药，那时很稀罕），进一步抢救，须做血滤，医院只有一个血滤器，两三天就用完了，得进口才行。习仲勋有点儿不高兴地说："那你们为什么不早报告？先锋霉素，马上到医药总公司去取；打电话到香港新华社分社，立即去买血滤器，尽快从飞机上带回来。"这时，一位医生冒出一句："我们不知道要用这么高的规格来治疗。"她可能有点儿感到委屈。习仲勋看了她一眼，然后面转向大家，说："中国有几个丁玲？！"随即，指示继续抢救。

习仲勋会见医方人员后，立即停止了这两天人们络绎不绝的探视，继续实施抢救。药很快拿来了；开始用医院的这个血滤器做血滤，第三天下午就用上了从香港买来的血滤器，正好衔接上，离习仲勋讲话不到四十八小时。

这两天来医院探视的大约有两百人，中央领导人中还有薄一波、胡乔木、邓力群等，中组部、中宣部领导和文艺界人士李瑞、朱穆之、郁文、曹禺、林默涵、刘白羽、楼适夷、姚雪垠、舒群、雷加、草明、曾克、魏巍、牛汉等。在外地的马烽、陈登科、徐光耀闻讯赶来北京，家乡湖南常德、临澧、桑干河畔、北大荒都派代表来探视。

丁玲终于不治，于3月4日上午十时四十五分离开了人世。

当晚，中央电视台《新闻联播》中，播发了她逝世的消息。3月5日，《人民日报》在第一版下方发表她逝世的讣闻。

在治丧过程中遇到一个在遗体上覆盖党旗的问题。中组部决定，在遗体上只覆盖红旗，不覆盖党旗。解释是，根据现在的规定，只有党政治局委员、书记处书记、国家副主席、全国人大常委会副委员长、全国政协副主席和国务院副总理、最高人民法院院长、最高人民检察院检察长等，以上的党和国家领导人才可覆盖党旗。我们家属曾提出，对于丁玲可否给一次例外，但经过一些讨论，最终没同意。政策规定也是变化的，时宽时严。覆盖党旗的规定，在此之前一两年就不是这样，面比较宽，这时变严，过了一两年，又放宽了。丁玲正好碰在这个严的时候，算是命运不济吧。

在此情况下，北大荒人为丁玲献了一面红旗，上面绣黄色"丁玲不死"四个大字，下款：北大荒人献。字为书法家范曾书。

3月15日下午二时，在八宝山革命公墓礼堂举行"丁玲同志遗体告别仪式"。

礼堂的正面中央悬挂着丁玲的巨幅遗像，礼堂里布满了花圈。身着藏青色西装的母亲安卧在鲜花翠柏之中，身上覆盖北大荒人敬献的那面红旗。

告别仪式持续了将近三小时。五时，母亲的遗体被抬上灵车，送往不远的火化室。我上了灵车，陪伴母亲走完这最后的一小段路程。同去的还有李之琏、甘露、冯夏熊、叶孝慎及作协的一两位工作人员。母亲的遗体在火化炉房间外面的走廊上停放了片刻，我见母亲的一丝头发被风吹乱了，便小心地用手把它理顺，俯下身去，轻轻地吻了母亲一下。她的脸是冰凉冰凉的。

当晚，中央电视台的《新闻联播》，播发了向丁玲遗体告别仪式的消息。3月16日《人民日报》用整整一个版面刊登了向丁玲遗体告别仪式的通讯、全文发表经中央书记处审定的《丁玲同志生平》和十余幅丁玲的照片。

杰出的无产阶级革命文艺战士
丁玲同志遗体告别仪式在京举行

新华社北京3月15日电　我国杰出的无产阶级战士丁玲同志的遗体告别仪式，今天在北京八宝山革命公墓礼堂举行。

鲜花翠柏丛中安卧着丁玲同志的遗体。遗体上覆盖着北大荒人献的一面红旗，上边绣着"丁玲不死"四个大字。

丁玲的丈夫陈明和丁玲的子女们献的花圈摆在灵前。陈明写在花圈白色缎带上的悼词是："你慢慢的走，从容的走……"

哀乐声中，党和国家领导人和各界人士五百多人从丁玲的遗体前缓缓走过，向这位国内外享有盛誉的作家和社会活动家致最后的敬意。

胡耀邦、陈云、彭真、邓颖超、聂荣臻、习仲勋、方毅、田纪云、乔石、李鹏、杨尚昆、余秋里、胡乔木、胡启立、邓力群、王震、薄一波、宋任穷、伍修权、刘澜涛、萧克、陆定一、黄镇、周谷城、荣毅仁、黄华、杨静仁、康克清、胡子昂、杨成武、吕正操、周培源、赵朴初、叶圣陶、巴金、马文瑞、茅以升等领导同志，人大常委会、全国政协、中组部、中宣部、文化部、中华全国总工会、全国妇联、共青团中央、中共湖南省委、临澧县委、县人大常委会、县人民政府、县政协，以及中国文联、中国作协等单位，社会各界人士和丁玲同志的生前友好送了花圈。

参加丁玲同志遗体告别仪式的有：习仲勋、田纪云、乔石、李鹏、杨尚昆、余秋里、胡乔木、胡启立、邓力群、王震、刘澜涛、萧克、黄镇、程子华、杨静仁、康克清、钱昌照、杨成武、陈再道、周培源、包尔汉、屈武、马文瑞，有关部门和中国文联、中国作协的领导人，丁玲同志的生前友好和文艺界人士。还有特地从湖南、山西、桑干河畔和北大荒等地赶来的一些丁玲的老朋友。

参加告别仪式的同志，向丁玲同志的亲属陈明、蒋祖林、李灵源、周良鹏、胡延妮、周欣等表示亲切的慰问。

丁玲逝世以后，全国各地文学艺术工作者和各界人士，许多国家文学界的朋友纷纷拍来电报，表示沉痛的哀悼。今天，人们又用成百上千幅挽联寄托自己的哀思。

正在国外访问的丁玲的女儿蒋祖慧，从美国发来唁电，表示要继承妈妈的遗志。

丁玲同志生平

1986年3月4日10时45分，丁玲同志走完了82年光辉的人生旅程，和我们永别了。

丁玲同志是我国杰出的无产阶级革命文艺战士、国内外享有盛誉的作家和社会活动家、中国共产党的优秀党员、中国人民的好女儿，我们怀着极其沉痛的心情，深切悼念这位为中国革命和中国革命文化事业艰苦奋斗了一生的、久经考验的文学家！

丁玲同志原名蒋冰之，1904年10月12日生于湖南省临澧县。在具有民主主义思想的母亲熏陶下，很早便萌生了强烈的反封建意识，她在桃源、长沙等地中学读书时，接受了五四运动的影响。1922年，到上海入陈独秀、李达创办的平民女校；1923年，进我党创办的上海大学中文系学习。1927年底开始发表小说，《莎菲女士的日记》等作品大胆揭露旧中国黑暗现实，表现五四运动后觉醒的知识青年的痛苦与追求，引起强烈的社会反响。

在革命文学运动中，丁玲是鲁迅旗帜下的一位具有重大影响的左翼作家。1930年5月，她参加了中国左翼作家联盟。1931年初，她的伴侣和战友、著名左翼作家、共产党员胡也频被国民党反动派杀害，在严酷的白色恐怖面前，她勇敢出任"左联"机关刊物《北斗》的主编；1932年3月，加入共产党。同年下半年，担任"左联"党团书记。她广泛团结知名作家，培养青年作者，为反击国民党文化"围剿"、发展革命文艺作了大量工作。这时期他创作的《韦护》、《水》、《母亲》等作品，显示了左翼革命文学的创作实绩，得到鲁迅、瞿秋白、茅盾等的肯定。

1933年5月，丁玲同志被国民党特务绑架，拘禁在南京。国内外著名人士宋庆龄、蔡元培、鲁迅、杨杏佛、柳亚子及巴比塞、瓦扬·古久里、罗曼·罗兰等曾发起抗议和营救活动。敌人曾对她威胁、利诱、欺骗，企图利用她的名望为其做事，但她拒绝给敌人做事、写文章和抛头露面。同时，她积极寻找地下党组织，终于在1936年9月，在党的帮助下逃离南京。11月初，化装转赴到当时中共中央所在地陕北保安县，受到毛泽东等领导同志的欢迎。

到达陕北，是丁玲同志革命生活和创作的新开端。从此，她更加热情投身于根据地人民的革命斗争，其革命现实主义创作也进入到新阶段。她历任苏区"中国文艺协会"主任、中央警卫团政治部副主任、西北战地服务团团长、《解放日报》文艺副刊主编、陕甘宁边区文协副主任。她深入前线，用文艺形式积极反映红军、八路军和人民群众的斗争生活。她创作的《彭德怀速写》、《一颗未出膛的枪弹》、《新的信念》、《夜》、《我在霞村的时候》等作品，是解放区文学的重要收获。1942年，丁玲同志参加延安文艺座谈会以后，更加积极地深入生活，她所写的《田保霖》等报告文学，受到毛泽东同志的肯定与赞扬。1946年，她到达晋察冀边区，参加了伟大的土地改革运动。1948年，写成著名的长篇小说《太阳照在桑干河上》，深刻而生动的反映了中国农村在新民主主义革命中的巨大变革。这部名著，是丁玲同志创作的里程碑，也是中国现代文学史上的突出成就。曾被译成多种外文，在各国读者中广泛传播。1951年，荣获斯大林文艺奖金。

新中国建立后，丁玲同志致力于社会主义文学事业，先后任《文艺报》主编、中央文学研究所所长、中共中央宣传部文艺处长、中国作家协会党组书记、副主席和《人民文学》主编等职；还担任了全国政协委员、国务院文化教育委员会委员、中国妇联理事、中国文联主席团委员和党组副书记、全国人大代表等职务。她多次参加国际和平促进活动和国际进步妇女活动，曾被选为世界民主妇联理事会执行委员。在繁忙的工作中，她还写出了大量的散文、评论和小说作品。歌颂中国人民的新生活、新风貌，提倡作家到群众中去与人民大众共命运。她积极贯彻党的文艺方针政策，扶植文学青年成长，对社会主义文学事业做出不少贡献。

1955年和1957年，丁玲同志先后被错误的划为"丁玲、陈企霞反党小集团"和"丁玲、冯雪峰右派反党集团"的主要成员，1958年遭到"再批判"，被下放到北大荒劳动。"文化大革命"期间，她更受到"四人帮"的残酷迫害，曾被关进监狱。直到1979年党的十一届三中全会后，经党中央批准，二十余年的错案才得到平反改正，回到党的怀抱。1984年8月1日，中共中央组织部经中央批准，颁发《关于为丁玲同志恢复名誉的通知》，彻底推倒强加给她的一切不实之词，再次肯定她半个多世纪来的革命生涯，重申她是一个对党对革命忠实的、有贡献的共产党员。

丁玲同志是受"左"的错误的迫害时间较长、创伤很深的作家，但她在长期逆境中，忠贞不渝地始终坚持对共产主义事业的信念，始终热爱党、热爱人民；在艰苦的条件下，坚持学习马列主义、毛泽东思想。重返文坛后，她积极拥护党的十一届三中全会制定的方针路线、坚持党的四项基本原则，维护社会主义文艺方向。先后担任全国政协常务委员兼文化组组长、中国文联委员、中国作家协会副主席、国际笔会中国中心副会长。她不顾年高体弱，多次出访，参加国际性文学交流活动，勤奋写作，热情培养青年作家，创办并主编《中国》文学杂志；逝世前在医院病床上，还顽强地写作和审阅稿件，关心文艺工作的健康发展。

丁玲同志的一生，是和祖国人民的命运紧密联系在一起的。她的逝世，是党和人民的一个重大损失。她在将近六十年的革命文学道路上，创作了许多思想深刻、为人民所喜爱的作品。在新文学的几个转折时期她的创作都体现了党所倡导的文学发展的方向。她的名字和作品，曾吸引和鼓舞许多青年走向革命，其影响远及海外。她留下的近三百万字著作，是中国人民宝贵的精神财富。她的光辉业绩，必将镌刻在中国革命和中国文学史册上。我们要化悲痛为力量，学习丁玲同志一生追求真理，坚持共产主义信仰，坚决拥护党的领导，坚持社会主义文艺方向的高贵品格；学习她热爱人民，始终与人民大众同甘共苦，全心全意为人民服务的革命精神；学习她顾大局、不计小我的广阔胸怀；学习她不畏艰难险阻、生命不息战斗不止的顽强斗志，为实现社会主义四个现代化、建设社会主义精神文明，同心同德，刻苦奋斗。

1986 年 3 月 15 日

这份经中共中央书记处审定的《丁玲同志生平》就是对她一生的盖棺论定吧！

20日，安放母亲的骨灰。我捧着母亲的骨灰盒，走在最前面，后面是其他亲人和三十多位母亲生前的亲朋好友及作协的代表，缓慢地走向骨灰的安放处——八宝山革命公墓骨灰堂第一室。

灵源后来回忆这一刻时说：

妈妈走完了她的人生旅程，她的一生是波澜壮阔的，只是有着过多的悲剧色彩。

这时，在我的脑海里泛起了1951年，我第一次见到她时的感想："一个非凡的人，却又是多么平凡的人。"只是比起那时，我对她的"非凡"与"平凡"，都有了更加广泛得多，更加深刻得多，更加细致得多的了解与感受。她的非凡，在于她的坚定不移的信仰，在于她的光辉的业绩，在于她坚毅顽强的性格。她的平凡，在于她也有缺陷，在一些事情上，也脱不开凡俗。

我们永远爱她，怀念她。

谨以此书献给我亲爱的母亲丁玲。

◇图1：1979年1月，丁玲与姚雪垠在文化部招待所
◇图2：1979年3月，丁玲与李纳（左）、刘朝兰

◆
图1

◆
图2

◇图1：1979年6月，丁玲与邓颖超交谈
◇图2：1979年8月，丁玲与日本女作家在北京友谊宾馆

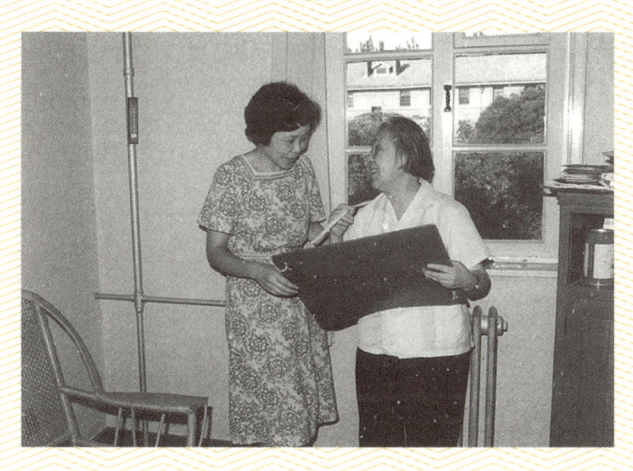

◆
图1

◆
图2

◇ 1979年11月，丁玲与欧阳山摄于第四届文代会期间

◇图1：1979年11月，丁玲与王震交谈
◇图2：1979年11月，丁玲与曹禺

图1

图2

◇ 1979年11月，第四届文代会期间，丁玲与部队作家合影

◇ 1980 年，丁玲在庐山

◇图1：1980年4月，美国作家保罗·安格尔（左）、美籍华裔女作家聂华苓夫妇前往北京协和医院探望丁玲
◇图2：1980年夏，丁玲与美籍华裔女作家於梨华在北京复兴门外大街22号寓所

◆ 图1

◆ 图2

◇图1：1980年，丁玲与巴金在上海
◇图2：1981年5月21日，丁玲与李何林在北京丁玲寓所

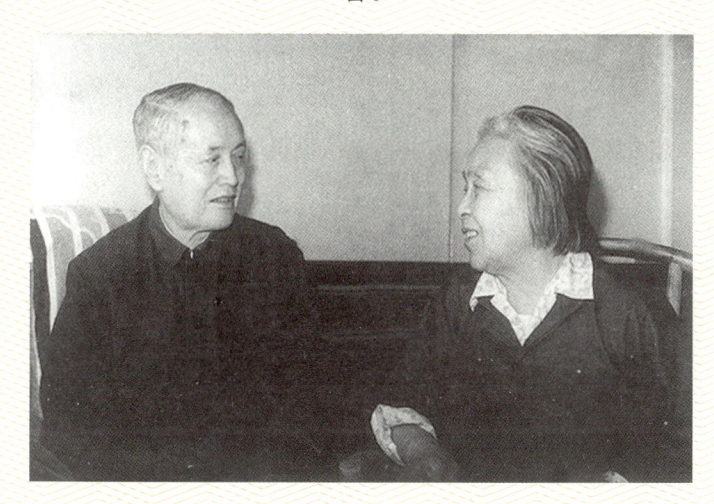

图1

图2

◇ 1981年5月29日，丁玲在京西宾馆举行的《十月》杂志中篇小说授奖茶话会上

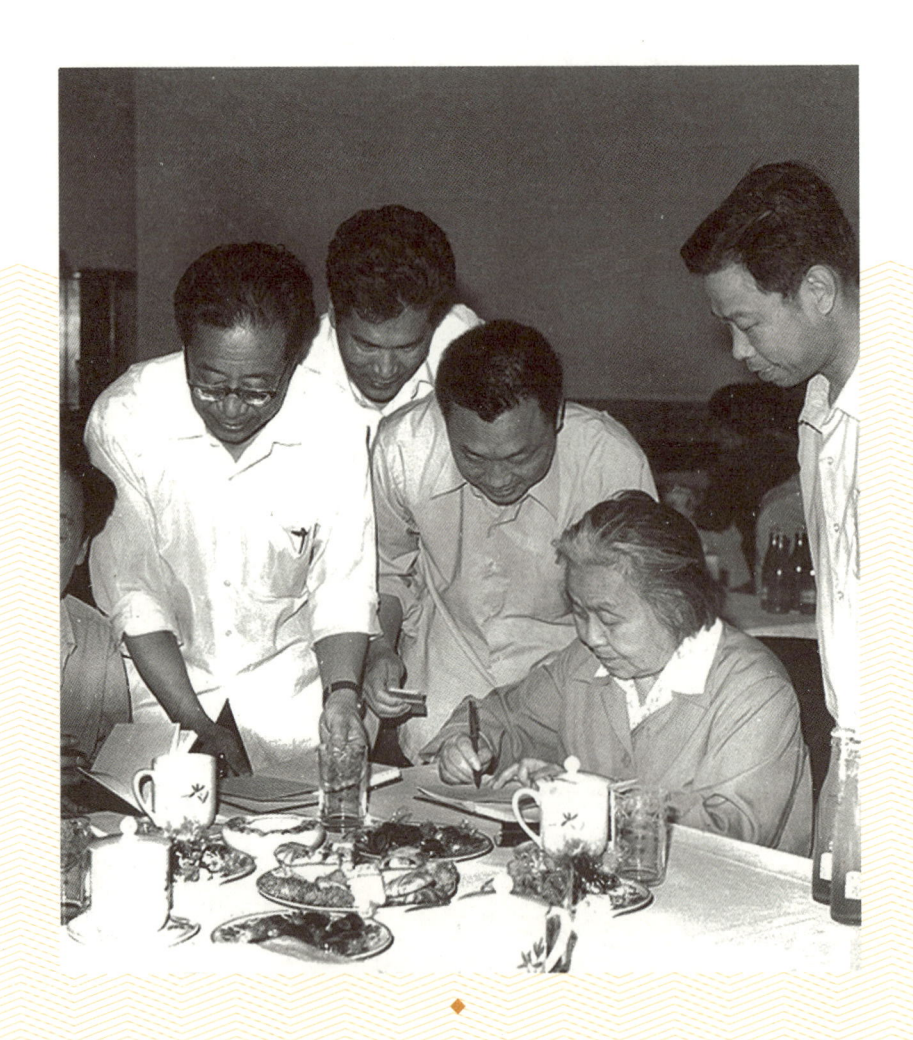

◇ 1981年秋，丁玲（前排左起第十人）应国际写作中心邀请访问美国，与各国作家合影于爱荷华约翰·迪尔农业机械公司大楼前

◇图1：1981年11月，丁玲与美国著名剧作家阿瑟·米勒在耶鲁大学
◇图2：1981年11月，丁玲与《中国革命与"天安门"》一书作者、美国汉学家斯彭思教授（左）在耶鲁大学校园内

◆
图1

◆
图2

◇图1：1981年11月，丁玲与美籍华裔女作家聂华苓（左一）及美国作家、记者苏珊·桑塔（右二）、威廉士·默文夫妇在纽约
◇图2：1981年11月，丁玲在纽约《新工》杂志座谈会上讲话

◆ 图1

◆ 图2

◇图1：1981年11月，丁玲在美国耶鲁大学讲课
◇图2：1981年11月，丁玲在美国耶鲁大学讲演

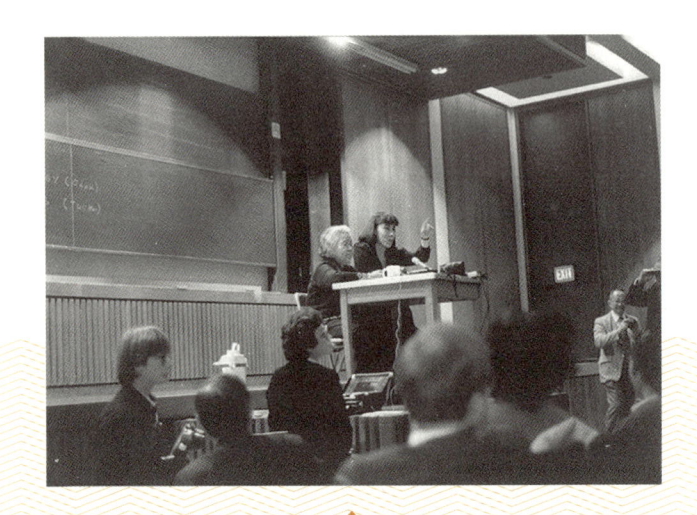

◆
图1

◆
图2

◇ 1981年11月21日，丁玲与延安时代的老朋友，美国女作家、记者尼姆·威尔斯（海伦·斯诺）在其寓所前合影

◇ 1981年11月,丁玲在加拿大蒙特利尔白求恩雕像前

◇图1：1981年，丁玲与萧三
◇图2：1981年，丁玲与文学讲习所（后改称鲁迅文学院）学员合影

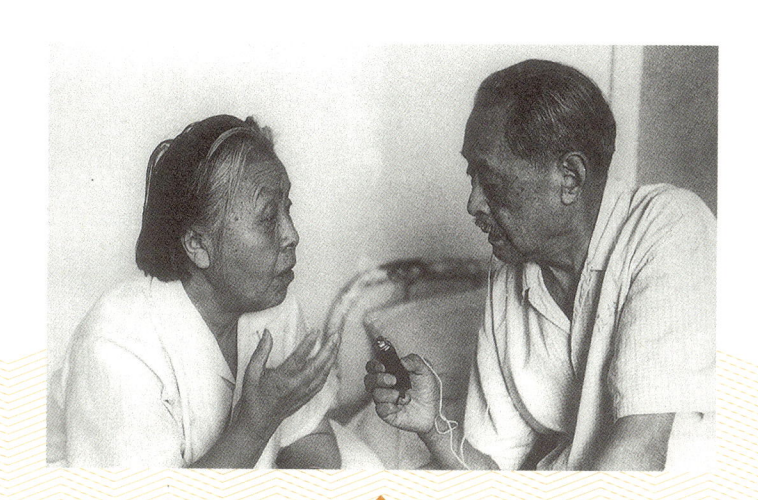

图1

图2

◇ 1981年，丁玲与胡孝绳（胡也频五弟，香港中文大学经济系主任、经济学家）于北京

◇图1：1981年，丁玲与孙女胡延妮
◇图2：1981年，丁玲与孙女胡延妮

图1

图2

◇图1：1979年，丁玲与外孙周欣在木樨地22号寓所
◇图2：1981年，丁玲给外孙周欣讲故事

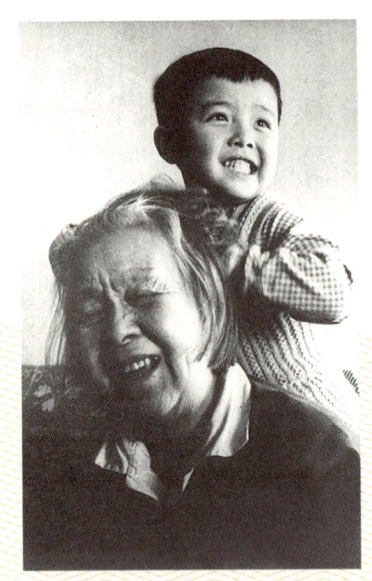

图1

图2

◇图1：1982年4月29日，丁玲参观刘宇一画展。前排右起：周而复、刘宇一、丁玲、江丰、文怀沙
◇图2：1982年5月21日，丁玲与孙犁在天津

图1

图2

◇ 1982 年 5 月 21 日，丁玲在天津作协座谈会上

◇ 1982年10月,丁玲回到母校长沙周南女中

◇图1：1982年，丁玲与艾青
◇图2：1982年，丁玲与 胡风（中）、骆宾基

◆
图1

◆
图2

◇ 1982年,丁玲会见罗马尼亚作家代表团

◇ 1982，丁玲参加"五四"青年文学奖发奖仪式后合影。前排右四丁玲，右五王震

◇图1：1983年3月12日，丁玲在云南个旧宝华山植树
◇图2：1983年3月12日，丁玲在云南个旧保华山植树

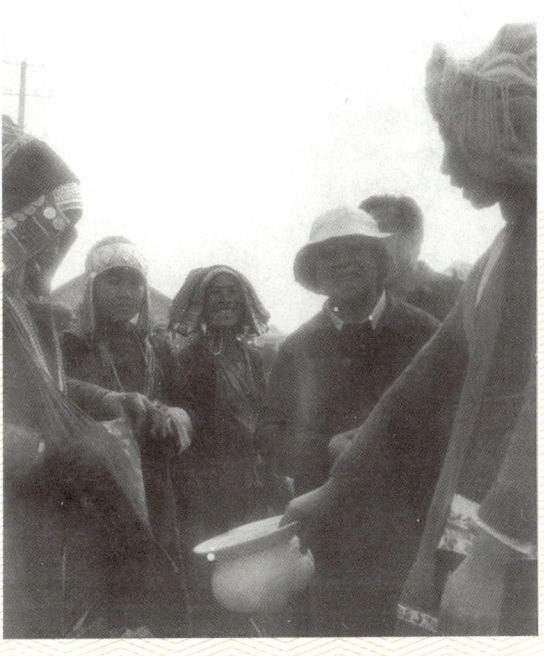

图1

图2

◇ 1983年4月26日，法国国民议会议长路易·梅尔马兹在国民议会会见丁玲

◇图1：1983年6月7日，丁玲在北京寓所会见美国女作家代表团托莉·马歇尔等
◇图2：1983年6月7日，丁玲在北京寓所会见托莉·马歇尔（左二）为代表的美国女作家代表团

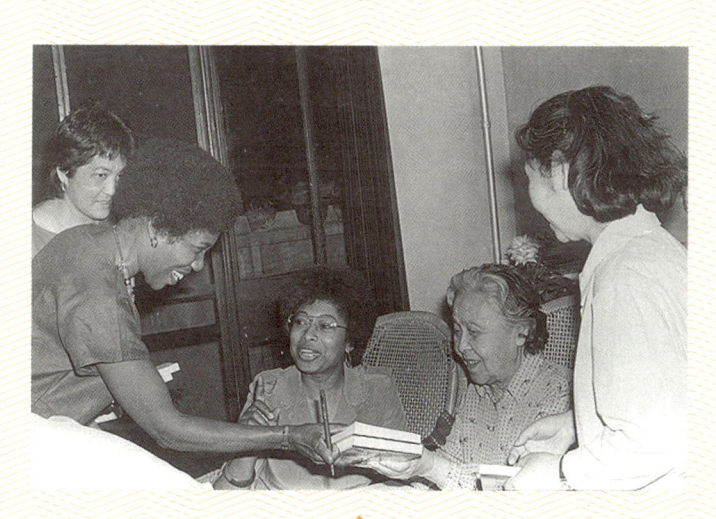

图1

图2

◇图1：1984年8月，丁玲与冰心
◇图2：1984年10月11日，丁玲与爱泼斯坦在《史沫特莱在中国》学术讨论会主席台上

◆
图1

◆
图2

◇图1：1984年10月，丁玲在武汉大学讲演。为庆贺丁玲八十寿辰，武汉大学附小学生代表全校师生向丁玲献花
◇图2：1985年4月，丁玲与杜鹏程在西安

图1

图2

◇图1：1985年4月6日，丁玲在延安毛主席旧居
◇图2：1985年4月，丁玲（中）在西安乾陵

图1

图2

◇图1：1985年5月，丁玲在堪培拉参观澳大利亚国家图书馆，与副馆长比尔·桑恩合影。桌上摆着该馆收藏的丁玲作品的英文译本
◇图2：1985年6月4日，丁玲与魏巍在北京丁玲寓所

图1

图2

◇ 1985年11月17日，丁玲（左二）患病，在协和医院治疗，与来探视的李兰丁（左一）、乌兰（左三）、陆士嘉（右一）合影

◇ 1986年3月15日，丁玲遗体告别仪式在北京八宝山革命公墓举行

◇图1：1986年3月15日，国家主席杨尚昆向丁玲遗体告别
◇图2：1986年3月15日，国务院副总理李鹏向丁玲遗体告别

◆
图1

◆
图2

◇图1：1986年3月15日，国家副主席王震向丁玲遗体告别

◇图2：1986年3月15日，蒋祖林、李灵源夫妇与女儿胡延妮向丁玲遗体告别

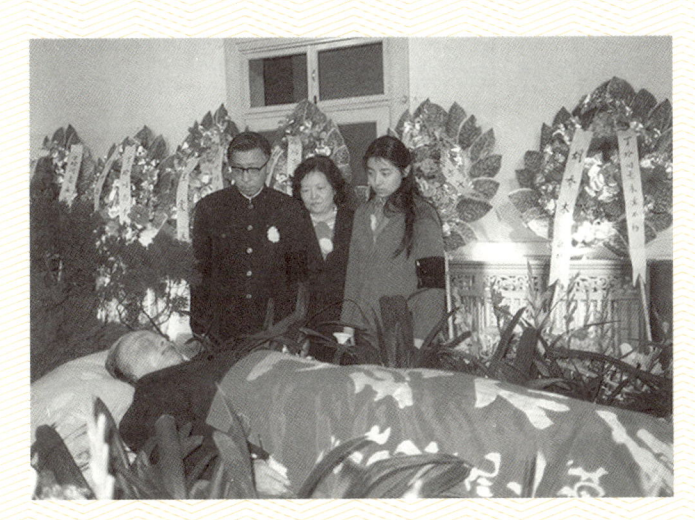

◆ 图1

◆ 图2

◇ 1989年10月，蒋祖林在湖南临澧母亲丁玲的雕像前

◇ 2014年10月在湖南常德丁玲公园内丁玲塑像前。自右至左：蒋祖林（丁玲的儿子），胡延妮（丁玲的孙女），李灵源（丁玲的儿媳）

◇ 2014年10月在湖南常德丁玲公园。自右至左：胡延妮（丁玲的孙女），李灵源（丁玲的儿媳），蒋祖林（丁玲之子），周良鹏（丁玲的女婿），蒋祖慧（丁玲之女），周欣（丁玲的孙外）。

尾声

为了纪念丁玲，中共常德市（省辖市）市委、市政府决定将城市建设规划中的一所公园命名为丁玲公园，并以纪念丁玲为主题建设。经过几年的努力，丁玲公园于2014年7月建成。公园面积约四百四十八亩，中心为一湖，名冰之湖，绕湖划为东南、西南、西北、东北四个景区。西南区即为丁玲纪念区。公园正门为南门，入门向左即为纪念区。在纪念区内修建了一座面积约四千平方米的两层楼纪念馆，展示丁玲的生平。纪念馆旁侧是丁玲墓。纪念区内树有四座丁玲的雕像，一座约五米高的形象为"武将军，文小姐"的雕像坐落在进南门后拾阶而上的山坡顶上，面南，俯瞰全市；一座少女时代形象的在纪念馆院内；一座中年时代形象的在纪念馆正厅；一座老年时代形象的在墓前。展示厅里还有一座"左联五烈士"的群体雕像。

2014年10月16日是丁玲一百一十周年诞辰日。常德市委、市政府举办了隆重的纪念活动。

国庆节假期一过，受常德市委市政府委派，市文化广播新闻局局长黄修林、文物局局长常健、市博物馆馆长孙泽洪便专程来到北京，代表市委、市政府与丁玲的亲属一起将丁玲的骨灰从八宝山革命公墓骨灰堂移出，奉迎到丁玲的家乡常德。

10月11日上午举行了丁玲骨灰安放仪式。丁玲的亲属，我、李灵源及我们的女儿胡延妮，蒋祖慧、周良鹏及他们的儿子周欣参加了仪式。仪式庄严、肃穆，市领导及有关人士二百余人参加，军乐队伴奏。仪式由副市长陈华主持，市委常委宣传部长刘进能致词,他说:"丁玲是一座大山,一条大河,她的悲壮的一生和她的光辉的业绩足以装点、照耀一部中国现代文学史。她值得我们永远纪念,她的精神将永远激励家乡的人民向前奋进。"我代表亲属讲话,简要回顾了母亲一生中对家乡的感情、眷念与关心,着重对常德市委、市政府给以母亲丁玲如此的深情厚谊和家乡父老乡亲对母亲丁玲的关爱表示深切的谢意。

在军乐队奏起的哀乐声中,我与妹妹蒋祖慧一起将母亲丁玲的骨灰盒放入墓穴。

丁玲叶落归根,魂归故里。

整个纪念活动都在市委书记王群主持下进行。10月12日举行了纪念座谈会,市委副书记宋冬春讲话。市领导及各界人士约三百人出席座谈会,其中参加"丁玲创作研讨会"的学者(包括多名外国学者)约一百人。

后记

1991年，一个天空不太晴朗的春日的上午，我办完了离职休养的手续，回到办公室，最后一次打开了我的放置文件资料的柜子。柜子里空无一物，在前一天就已经清理干净。该归档的资料归档了，该上交的文件上交了，该移交的材料移交了，办公桌的抽屉也清理了。我把钥匙分别插入锁孔，关上柜门，交代几句后，便走出了这个我常常早到晚离的办公大楼。当轻轻将柜门关闭的那一时刻，我的从事了近四十年的事业就此划上了句号。我的事业就是在建设一支强大的人民海军、使中国成为世界第一造船大国的宏伟目标下，用己之所学，尽己之力，为实现这个伟大任务添一块砖加一块瓦。现在，就如同接力赛一样，我跑完了自己的这一棒，该退场了。

原来的事业离去，新的事业即竖立在眼前，那就是利用余下的时日，为母亲丁玲（也为父亲胡也频）做一些事情。

退下来的第一年，我协助中国现代文学馆举办了《丁玲创作与生平展览》，反应良好。

继而，拟在这个展览的基础上编一本《丁玲影集》。出版《影集》，十分艰难，要事先给出版社一大笔钱，作为预支购书款。尽管请老摄影家罗光达（这家美术出版社的第一任社长）担任《影集》的主编，出版社放低了一点儿条件；但由于资助者少，而我的关系又不多，从而筹不足款。最后，还是我的工作单位中国船舶工业总公司（即原第六机械工业部）的几位领导同志知悉后，对我表示愿意帮助。他们研究后，决定由公司资助两万元，以补足缺额。两万元在当年是一大笔钱，以现在币值看，可能翻几十倍。由于他们主动、热心的帮助,方使《丁玲影集》得以出版。这一帮助是破例的,也可能是唯一的。我十分感谢他们。《影集》的出版,也得到中共陕西省委宣传部的支持与资助,一并致谢。

上世纪90年代,我写了十多篇回忆母亲丁玲的文章,分别发表在一些杂志上。它们与我的妻子李灵源写的两篇回忆合编在一起,经结构调整,以《我的母亲丁玲》为名由辽宁人民出版社于2004年2月出版(此书于2011年再版一次)。之后,我又写了一本《往事的回忆——我与父亲胡也频母亲丁玲》。这本书主要是以我的生活历程为主线,书写他们和我之间的一些事情及对我的影响。可说是对前一部书的补充。该书由上海文艺出版社于2014年1月出版。

1998年年初,河北人民出版社决定出版《丁玲全集》,聘请张炯先生任主编,王中忱先生和我任副主编。由于他们两位都在职,有研究、教学工作,还担负行政领导职务,工作繁忙,我于是承担了大部分编辑工作。

上述两本回忆丁玲的作品写就、《丁玲全集》编辑工作完成,也为写这部传记的着手做了准备。

母亲丁玲曾说:"我要告诫我的子女,我死以后,你们可以纪念我,也可以写文章,如果你们觉得有话说的时候。但千万不要吹牛,不要无中生有,不要把白的写成黑的。"

我遵母训,力求写出一本事实准确、内容详实的丁玲传记。

《丁玲传》已成,真有如释重负之感。毕竟是尽了一份义务,完成了一项任务,了却了一个心愿。

在此,我要感谢我的妻子李灵源给予我的帮助。在写作过程中我们曾无数次就书的内容、写法进行讨论;李灵源仔细阅看了每一稿文字,提出许多好的修改意见。在这本书里凝结着她与我共同的心血与辛劳。我还要衷心地感谢人民文学出版社王一珂同志,感谢所有为本书出版付出心血的朋友们。

2015年10月16日
丁玲一百一十一周年诞辰日